本书为浙江省哲学社会科学重点研究基地浙学研究中心重点课题最终成果

本书由浙江省社会科学院省级社会科学学术著作出版资金资助出版

"浙学研究丛书"主编　何显明　陈　野

综合研究系列

浙学通史

徐儒宗　著

浙江大学出版社

图书在版编目(CIP)数据

浙学通史 / 徐儒宗著. —杭州：浙江大学出版社，
2021.12
ISBN 978-7-308-22041-5

Ⅰ.①浙… Ⅱ.①徐… Ⅲ.①地方文化—研究—浙江
Ⅳ.①G127.55

中国版本图书馆 CIP 数据核字(2021)第 252316 号

浙学通史

徐儒宗　著

策　　划	宋旭华　　王荣鑫	
责任编辑	徐凯凯	
责任校对	李瑞雪	
封面设计	项梦怡	
出版发行	浙江大学出版社	
	（杭州市天目山路 148 号　邮政编码 310007）	
	（网址：http://www.zjupress.com）	
排　　版	浙江时代出版服务有限公司	
印　　刷	浙江省邮电印刷股份有限公司	
开　　本	710mm×1000mm　1/16	
印　　张	38.75	
字　　数	720 千	
版 印 次	2021 年 12 月第 1 版　2021 年 12 月第 1 次印刷	
书　　号	ISBN 978-7-308-22041-5	
定　　价	138.00 元	

自　序

　　余自幼家贫失学，惟爱本家传，农余随先尊攻读经史，兼及诸子与诗文，虽于十年动乱之际，亦未尝稍有懈怠也。庚申（1980）冬，余以自学身份经中国社会科学院统一考试，录取在浙江省社会科学院从事研究工作，遂以弘扬儒学之精华为己任。数十年来，潜心探索儒家六艺之学，忽焉不觉老之既至。

　　尝考儒家六艺，是我国自伏羲乃至唐虞三代圣贤的思想精华，并经孔子删定而垂训万世，其不容否认的真理性，已从古今中外的历史实践中得到证明。其一，从远古而言，以六艺作为指导，才出现了唐虞三代的繁荣盛世及其高度文明。其二，从中古而言，礼崩乐坏导致春秋战国之乱世；秦代虽以法家之学作为指导统一全国，但由于违背六艺之道，从而迅速灭亡。其三，从汉代以来的历史看，只有遵循六艺之教的时期才是治世，而违背六艺之教的时期必是乱世。其四，中国的科举时代，把科学研究排除在学问之外，违背了六艺重视创造发明的宗旨，乃导致近代科学逐渐落后。其五，从现代而言，我国长期以某种所谓"阶级斗争哲学"作为指导思想，诚然，这在革命年代确实获得了成效，但在获取政权之后仍不转变其指导思想，导致十年动乱的毁灭性破坏，几乎重踏嬴秦覆辙，幸亏改革开放的拨乱反正，才挽救了危局。其六，从世界的历史看，古代的巴比伦文明、哈巴拉文明、玛雅文明几乎与中华文明同时出现，但前三者之所以遭到毁灭，重要原因在于其粗暴地破坏自然，最终被自身所引发的灾难所吞噬；独有中华民族及其文明成果之所以生生不已，绵延至今，实得益于六艺之教的适应自然和保护自然的"天人合一"观念。据此而言，儒家的六艺之道确实是放之四海而皆准的真理。

　　然而历代以来，儒学虽备受尊崇，也为中华民族的文化发展作出了巨大贡献,但由于专制统治的时代局限,许多合理内容皆无从实施,以致一直未能充分发挥其应有的积极作用。这是因为,在古代,儒家不得不把实行六艺之教的希望寄托在圣君和贤臣身上,然而作为世袭的君主及其所委任的官吏又难保其必为圣贤,所以六艺之道在实际运用时就难保其全不走样;再则,历代统治者之所以独尊儒术,目的全在于为其专制统治服务,而作为一种学说,不管其本身如何正确,但一旦被专制统治者所利用,就难免产生负面影响。这主要表现为统治者出于加强其专制统治的需要,将六艺中原本具有民主性精华的内容妄加篡改,使之成为"外儒内法"之学,打破了六艺中本来合乎中道的平衡关系,从而使之走向了专制的极端,背离了中庸之道的原则,导致社会各方面严重失衡,影响了各项事业的协调发展。

近代西学东渐,西方的思维方式和生活方式乘势而入。这对许多久已失中的专制陈旧观念起到了矫弊救偏的积极作用,推动了传统文明转向现代文明发展。然而,人们未能全面而恰当地把握好分寸,完全摧毁了儒家的传统,许多方面由于矫枉过正而走向了另一极端,从而产生了新的失中现象。

鄙意窃谓,儒家的六艺之学乃是中华民族垂数千年而不衰的文化主体。这有似乎人之本身所具有的元气,人体是否健康,必以自身的元气是否强盛为根本。元气或有亏虚之时,可取药物以补之;元气或有受邪之时,可取药物以祛之。假若专恃药物之力而不惜亏损其元气,则身体必不能持久。六艺之道就是中华民族文化本身的元气,而一切外来文化即使再好,对于本身所具的元气而言,充其量也不过是补虚祛邪的良药而已。假若将其反客为主,则民族必将走向危亡之境。所以,长期以来对于传统文化的批判和摧残,分明是自残其元气,若以此而求振兴,实无异于缘木而求鱼也。因此,若要复兴中华文化,必先弘扬六艺之教。六艺之道大行之日,乃是中华民族振兴之时,也是全人类走向世界大同之时!

浙江乃余生长之地、就业之所,自幼就在潜移默化中深受浙学的影响,故于历代浙江学者倍感亲切。诸如汉之王仲任,宋之范香溪、吕东莱、陈龙川、叶水心、王深宁,明之宋潜溪、王阳明、刘蕺山,清之黄梨洲、吕晚村、龚定庵乃至当代之马一浮先生等,皆为全国一流之旷世大儒,一脉相承,形成了主要以经世致用、求真务实为特色的"浙学"。既在继承和阐明六艺的精华方面独得先秦儒学之正传,更在开拓和发展浙江文化方面获得了卓越的成就,并对弘扬中华民族优秀文化作出了巨大的贡献。于是,余乃有志于浙学之研究,立志撰写《浙学通史》一书,既借以梳理"浙学"所以产生和发展的源流脉络,亦显现诸大儒之学术成就,以供建设中华民族尤其是浙江现代文明之借鉴。

余自知才疏学浅,不足以深究吾浙历代大儒之学术精微,惟以一生有得于心者自成一家之言。固陋谬误在所难免,愿海内外之高明不吝赐正焉。

岁次庚子孟夏之月(公历 2020 年 6 月)撰于杭州府苑寓舍

"浙学研究丛书"导言

浙江山川清丽,经济发达,人文鼎盛,地域文化传统源远流长。浙地学人在长久历史岁月里殚精竭虑、发微探真而成之学术思想精义,为本区域文化构建起丰富的内在层次。她以"浙学"的形态与名义,凭借理性思辨的学思与睿智,为浙江历史与当代发展注入了人文精神的厚重意蕴。

一、浙学的理论渊源与名义之辩

浙江省社会科学院研究员、著名浙学研究者吴光认为,浙学的理论源头,可从东汉王充算起。王充是浙江思想文化史上第一个建立系统哲学理论、形成思想体系的学者,他的"实事疾妄"学术宗旨代表了一种求真务实、批判创新的精神,而这正是浙学的基本精神。浙学形成于永嘉、永康、金华、四明之学异军突起的南宋。永嘉、永康之学给浙学打上了追求功利、讲求事功的思想烙印,金华、四明之学则分别传承了中原文献之学和江西陆学的精神传统。明代中后期,以王阳明为宗主的阳明学派遍及两浙,风靡全国,确立了良知心学理论体系。明清之际,刘宗周(蕺山)的诚意慎独之学独树一帜,形成涵盖两浙的蕺山学派;其高足黄宗羲接踵而起,力倡重视经世实践的"力行"哲学,开创具有民主启蒙性质和实学特征的浙东经史学派,使浙学升华到足以主导中国思想潮流的地位,成为推动近代思想解放和民主革命运动的思想大旗。自南宋至明清,浙学内部学派林立,宗旨各异,而其主流则是以"求实、批判、兼容、创新、民本"为根本精神的两浙经史之学。

据现有史料分析,浙学概念最早由南宋朱熹提出。朱熹在评论浙东学者吕祖谦、陈傅良、叶适、陈亮的学术时,首次将"永嘉、永康之说"称为"浙学"。明代中期以后,阳明心学风靡两浙,故有学者从学术传播的师承、地域上突破南宋以来以浙东永嘉、永康、金华之学为浙学的视野,而从两浙地区的大视野讨论浙学。如浙西德清学者蔡汝楠在其书函中,将明代两浙地区的阳明心学列入浙学传承脉络。又有曾任浙江提学副使的福建籍学者刘鳞长著《浙学宗传》,将宋明时代包括浙东、浙西在内的儒学流派归入浙学传统,粗具"大浙学"的概念。清代全祖望撰《宋元学案叙录》,多次使用浙学概念,并作肯定性评价。他认为浙学主要是指"浙东之学",但也包括"浙西之学",其学术渊源都与宋初大儒胡瑗在浙西湖州讲学时形成的"湖学"相呼应,地位堪与齐鲁之学、闽学、关学、蜀学相媲美,而且蔚为一大学统,对宋元学风有启迪之功。清乾嘉时的浙东学者章学诚在《文史通义·浙东学术》中认为,"浙东之学"与"浙西之学"的学术渊源与学风虽有不同,但都是儒家之学,其根本之道可以并行不悖、互相兼容。

溯源综述,综合比堪,浙学的内涵可作狭义、中义与广义之区分。狭义的浙学概念是指发端于北宋,形成于南宋永嘉、永康地区,以陈傅良、叶适、陈亮为代表的浙东事功之学。中义的浙学概念是指渊源于东汉、酝酿形成于两宋、转型于明代、发扬光大于清代的浙东经史之学,包括东汉会稽王充的"实事疾妄"之学,两宋金华之学、永嘉之学、永康之学、四明之学,以及明代王阳明心学、刘蕺山慎独之学和清代以黄宗羲、万斯同、全祖望为代表的浙东经史之学。广义的浙学概念指的是渊源于古越、兴盛于宋元明清而绵延于当代的浙江学术思想传统与人文精神传统,它是狭义浙学与中义浙学概念的外延:既包括浙东之学,也包括浙西之学;既包括浙江的儒学与经学传统,也包括浙江的佛学、道学、文学、史学等人文社会科学传统,甚至在一定意义上涵盖了具有浙江特色的自然科学传统。站在当今文化建设和弘扬文化精神的立场上,则应取广义的浙学概念,尤其重视对其人文精神的研究和应用。①

二、浙学的人文精神与当代价值

浙学不仅具有深刻的理论内涵,更具务实的实践品格;不仅熠熠生辉于历史天空,更呈现出蓬勃鲜活的当代价值。

浙江的地域文化传统孕育了以浙学为核心的浙江地域学术思想和文化精

---

① 以上有关浙学理论渊源与名义之辩的论述,详见吴光《简论"浙学"的内涵及其基本精神》,载《浙江社会科学》2004 年第 6 期。

神,浙江地域学术思想和文化精神又在历史的演进里引领着、支撑着浙江人民行进在建设美好家园的大道上。她以穿越时空的生命力、感召力和价值引领,不断吸纳融合优秀文化元素,不断淬炼升华精神品质,激励着浙江人民在各个不同的历史时期超越自我、开辟新境。例如,新民主主义革命时期,革命红船起航于浙江嘉兴。红船精神所蕴含的"开天辟地、敢为人先的首创精神,坚定理想、百折不挠的奋斗精神,立党为公、忠诚为民的奉献精神",正是浙江地域文化精神的重要价值核心,为浙学注入了深刻的时代精神内涵。

改革开放以来,浙江在缺乏区位优势、工业基础、政策扶持和资源禀赋等各种条件的情况下,千家万户办企业,千辛万苦搞经营,千山万水闯市场,千方百计创新业,创造了第一批发放个体工商执照、第一个闻名全国的农村专业市场、第一座农民城、第一批股份合作制企业等多个全国第一。浙江经济奇迹的产生并非偶然,分析其成因,实与隐藏在经济发展背后以浙学为人文基因的浙江精神密不可分。浙江曾于2000、2005年开展的两次研究表明,浙江精神与浙江发展的历史轨迹一路相伴,始终引领着浙江人民不断自我诊断、自觉反思,激励着浙江人民励精图治、开拓进取,推动着浙江经济社会的发展。

2000年,针对改革开放20多年来"真富、民富、不露富"的"浙江现象"和浙江民众在社会主义市场经济形成时期焕发出来的集体性创业意识开展的研究表明,基于浙学传统中经世应物、崇义谋利、工商并举等学术思想的讲究实效、敢闯敢拼、善谋实利等特质,是沉积于浙江人身上的文化基因。它们"一有阳光就灿烂,一遇雨露就发芽",在改革开放的环境里,形成具有时代特征的"自强不息、坚韧不拔、勇于创新、讲求实效"的浙江精神,使得浙江人特别能够适应和发展市场经济,锤炼出强大的民营经济,成为助推浙江经济持续高速发展的动因。

2005年,面对浙江发展"先天的不足"和"成长的烦恼",一些老问题未从根本上解决、一些新问题又不同程度地比全国先期遇到的实际状况,为使浙江人民在全面建设小康社会、加快推进社会主义现代化建设的不懈追求中具有现代的思想观念、价值取向、心理状态和社会道德标准,时任浙江省委书记习近平同志亲自主持开展了"与时俱进的浙江精神"研究,并淬炼出"求真务实、诚信和谐、开放图强"的浙江精神。

全面审视、提炼浙江传统文化基因、文化品格之于当代发展的价值,是此次研究的一个重要内容。经过深入调研、系统研究,提炼出"以人为本、注重民生的观念""求真务实、主体自觉的理性""兼容并蓄、自得创新的胸襟""人我共生、天人合一的情怀""讲义守信、义利并举的品行""刚健正直、坚贞不屈的气节""卧薪尝胆、发愤图强的志向"七项浙江传统文化特质,作为"与时俱进的浙江精神"的历史基础和传统基因。浙江的历史传统中,在浙东学派敢言功利的崇义谋利理念外,尚有更多丰富内涵和要素。例如,在学术人物上,有被英国科学史家李约瑟评价为"中国科学史上的坐标"和"中国科技史上的里程碑"的沈括,有近代启蒙思想家龚自珍,有清末民初思想家、革命家、国学大师章太炎,有革命家、教育家、政治家、民主进步人士蔡元培。在地域民风上,有义利双行的善谋实利,有人我共生的和谐互助,有尚德向善的品性修养,有崇学重教的耕读传家,有穷高极远的探微精研,有兼容并蓄的包容开放。如此等等,不一而足,人文璀璨,厚重灿烂。唯其如是,浙江方能走过数千年的时光,创造出丰富的文明业绩和历史传统。因此,与2000年的研究相比,这一研究更为客观准确地兼顾了体现于浙江境内不同区域的文化要素和浙学发展过程中历史性融合汇聚的多种思想成果,为引领浙江发展提供了更为全面的历史基础和思想资源的支撑。

综上所述,浙学作为一种内涵深刻、充满活力的区域学术思想传统,凝聚着浙江学人的理性智慧,贯穿着忧国恤民的社会关切,蕴含着人文精神的巨大能量。她不但在历史上促进了浙江乃至中国的文明进步,至今也仍然蕴含着推动经济社会发展的思想资源。其不朽之丰神品格,正如其地的青山秀水,百世不磨,魅力无尽。由此,我们认为,通过对浙学传统及其现当代演变发展做进入式的深入剖析,细致研究人、地、文、学之间涵育、形塑、认同、超越、反哺等共存互动的复杂关系,追寻其永恒不坠的内在精神,提炼并激活其中跨越时空、具有当代价值的文化元素和精神,融入当下社会生活的践行之中,当是研究传承浙江区域文化不可或缺的实务之举,也是丰富发展中华文化、实现其当代价值的可行路径。

三、浙江省社会科学院的浙学研究学术传统

浙江省社会科学院是浙江省浙学研究的先行者和主力军。1980和1981年,浙江省社会科学院先后在杭州发起并主办"华东地区宋明理学讨论会""全国宋明理学讨论会",是为新中国成立以来举行的首次区域性和全国性宋明理学研讨活动,在当时起到了"解放思想""拨乱反正"的开风气作用。

多年来,浙江省社会科学院形成了关于浙学的一系列研究成果。吴光研究

员主编了《黄宗羲全集》《王阳明全集》《刘宗周全集》《马一浮全集》和"阳明学研究丛书",率先提出"王充是浙学开山祖"的观点和"浙学内涵的广义、中义、狭义之分"等论述,在当代浙学研究领域具有开拓之功。浙江省社会科学院研究人员发表了数十篇浙学研究论文、出版相关专著、结合浙江当代文化建设提交应用对策报告,并系统整理了关于阳明后学、清代浙东学派的文献资料,获得国家社科基金重大招标课题等众多省级以上项目的立项。

浙江省委领导一直高度重视和关心浙学研究。时任浙江省委书记习近平同志对推进浙学研究作出重要指示,要求浙江学术界"要把大浙学的文章做深做大,从更深层次、更广阔的视野总结浙学与浙江精神"。2016年,省委常委、省委宣传部部长葛慧君同志在《关于大力弘扬优秀传统文化、建设浙江文化强省》的报告上批示,要求"把浙学研究先做起来"。省委领导的关心和重视,一直激励着我们精心谋划、整合力量、集中精力开展浙学研究,为擦亮浙学这张浙江省人文社科研究乃至文化建设的金名片而不懈努力。

四、浙学研究中心的科研定位和研究架构

浙学研究中心是浙江省专业浙学研究机构,依托浙江省社会科学院历史人文和浙学研究院,整合院文化研究所、历史研究所、哲学研究所、《浙江学刊》杂志社和省方志办科研力量开展相关研究。自2017年11月入选浙江省哲学社会科学重点研究基地以来,中心坚持"立足浙江、研究浙学、传承学统、创新浙学"的研究宗旨与发展方向,着力发挥作为省级重点基地应有的规划、组织、协调作用,大力整合浙江省社会科学院及院外相关文史哲基础理论研究资源,积极推动多学科协同研究平台建设;力求加强顶层设计,整合科研力量,拓展研究空间,通过多单位、多学科的协同研究,深化浙学研究主旨,建构浙学研究体系,提升"浙学"研究品质;按照"综合浙学研究""古典浙学研究""近现代浙学研究""专题浙学研究"的框架开展系统研究,打造具有全国影响和一流学科属性的浙学研究品牌。

"综合浙学研究系列"从宏观层面开展基础性的浙学研究,着力打造奠基性、综合性浙学研究成果。主要开展"浙学通论""浙学通史""浙学研究综合报告""阳明学研究综合报告"等省社科规划、本中心自设课题的研究。

"古典浙学研究系列"秉持浙江省社会科学院持之以恒、传承有序的浙学研究传统和厚重扎实的研究优势,立足永嘉学派、浙江朱子学、宋明理学、阳明心学、阳明后学、浙东经史学派等古典浙学传统研究领域,着力打造系统性、经典性浙学研究成果。主要开展"永嘉学派文献搜集、整理和研究丛书""阳明后学文献整理与研究丛书""清代浙东经史学派文献丛书""浙江儒学通史丛书"等国家社科基金重大招标课题、浙江省文化研究工程第二期重大系列项目以及其他相关项目的研究。

"近现代浙学研究系列"为本中心在传统浙学的研究基础之上、内容框架之外,着力打造的浙学研究新领域,旨在立足近现代中国社会转型、文化重构之历史场景,探索古典浙学萦回迁曲的现代化路径,研究其当代重光的内在逻辑和现实可能,着力打造开拓性、建构性浙学研究成果。主要开展"近现代浙江学术文化转型研究""近现代浙江社会文化变迁研究""近现代浙江中西文化交流研究""近现代浙江史学史研究""近现代浙江学人古典诗学研究""近现代浙江新文学家文学评论研究""近现代浙籍知识分子与近代中国社会主义思潮研究""近现代浙江佛教书籍综合研究"等本中心自设课题的研究。

"专题研究系列"整合浙江省社会科学院已有文史哲研究资源和既有成果,聚焦浙学某一专业方向的深入探讨,推进浙学相关分支领域的深化研究,着力打造专题性、多样性浙学研究成果。主要开展"浙江宋明理学研究""永嘉学派思想研究""浙江佛学研究""浙江词学研究""国际视野下的浙学:阳明文化海外传播研究""中国村庄发展的浙江样本研究""钱塘江文化研究"等浙江省第二期文化研究工程系列项目和本中心自设课题的研究。

系统梳理和汇编出版相关研究成果,有利于集中检视本中心取得的浙学研究成果,更为精准有序地谋划和开展下一阶段的深化研究;有利于形成整体性、规模化的集成效应,更好地发挥研究成果的学术价值、社会价值和文化价值;有利于增进本中心与国内相关学术研究机构间的学术交流,提升学术影响力。为此,我们以上述四个研究系列中本中心自设课题的研究成果为主,兼顾其他成果,汇编为"浙学研究丛书",集中出版,以期就教于学界前辈时贤。

浙江省社会科学院院长　何显明教授

浙江省社会科学院副院长、浙学研究中心主任　陈野研究员

2020 年 1 月 21 日

目　录

第一篇　唐虞至五代:从发源到奠定基础

第二篇　宋代:各派并兴的鼎盛时期

第三篇 元明两代:理学传承与心学崛起

第五篇　近现代：儒学的转型与创新

导　言

　　浙江山川秀丽，历史悠久，人文荟萃，文化昌盛，自古号称"文物之邦"。地灵而后人杰，故道德文章于斯为盛，因而形成既具有中华民族的共性又具有浙江地方个性的思想学术——浙学。《浙学通史》就是一部全面而系统地阐述浙学所以形成的源流脉络、发展历程及其价值意义的学术性专著。

一　浙学的涵义

　　浙学，顾名思义是指浙江学术界所反映出来的具有浙江地域特色的思想学术。"浙学"的概念最早是由朱子提出来的，不过他所指的仅限于在学术上与之颇有分歧的永康、永嘉的事功之学，而今天所指当不限于此。按照现代学者吴光先生的概括，所谓"浙学"，有狭义、中义与广义之分。狭义的"浙学"即系朱子所指的发端于北宋、形成于南宋的永康、永嘉地区的浙东事功之学；中义的"浙学"是指渊源于东汉、形成于两宋、转型于明代、发扬光大于清代的浙东经史之学；广义的"浙学"即"大浙学"，指的是渊源于古越、兴盛于宋元明清而延续至当代的浙江学术思想与人文精神传统。

　　然而，本书所指的"浙学"，与上述三者都有所出入。"浙学"不仅在地域上由浙东扩展到整个浙江，而且从渊源上追溯到远古，下限则止于现代新儒家。故本书之所谓"浙学"，就是在此时空范围内所发源、发展、兴盛并延续至现代的儒家学术思想，并包括在儒家思想指导下的关于经史、诸子等的文献考辨与研究；它不包括道、佛等其他各家本身的思想，但适当包括儒学与之交流、吸收等过程和内容。准确地说，"浙学"就是充分继承和弘扬了先秦儒家文化的思想内容，并与浙江境内的民风精神、社会结构、经济模式、文化传统相结合，形成了浙江境内自具显著特色的儒家学说。其学直宗孔孟,足乎心得,兼容众说而取其精华,证以现实而与时俱进。在以"仁"为宗旨的思想指导下,以心物相融为本体,以执中适时为方法,以求真务实为准则,以兼取众长为学风,以知行合一为实践,以经世致用为目的,而以内圣与外王的高度统一为其总体特色,是故独得孔门之正传。

浙学发轫于先秦,初创于东汉,延续于六朝隋唐之际,全盛于南宋元明之交,清代为之殿后,近代为之转型和创新,而现代仍在发挥其优势,并对全国乃至世界具有巨大的影响。

浙学之形成,既受中华民族传统学术的孕育,又受浙江具有地域性的自然环境和人文历史的熏陶,从而形成了既具有全国普遍性而又具有浙江特殊性的学术特色。"浙学"渊源深远,学者众多,内容丰富,情况复杂。若要对"浙学"的发展历程进行较为全面而系统的考察,其先务莫过于从整体上推原其学术背景与掌握其学术风貌,然后由广大而及其精微,则条理庶几乎不紊。

二　浙学形成的环境

浙学是一种具有浙江地方特色的学术。它的形成和发展,既依赖于浙江秀丽的自然环境,又得益于浙江深厚的人文环境。尤其在人文环境和历史条件方面,浙江具有孝悌仁义的民风习俗、深远浓厚的学术渊源和进取安定的政治环境,这一切都有利于学术思想的正常发展。

(一)孕毓浙学的自然环境

浙江位于中国东南沿海,南与福建接壤,西与江西、安徽相邻,北与江苏、上海交界。地处亚热带中部,地理条件优越,气候温和适中,环境宜居。

作为行政区域的"浙江",在《尚书·禹贡》属"九州"中的扬州之域。春秋时期属越国。战国时,楚灭越,乃属楚国。秦灭六国,分天下为三十六郡,浙江分属会稽郡和闽中郡。汉承秦制,但其郡治则从吴县(今苏州)迁至山阴(今绍兴)。唐肃宗乾元年间(758—760),始设"浙江东道"与"浙江西道"。浙江东道辖越、明、婺、衢、温、台、处七州;浙江西道辖苏南、浙北地区。宋置两浙路,至神宗熙宁年间(1068—1077)又分置浙东路、浙西路。于是,浙江乃有所谓"浙东"和"浙西"的"两浙"之称。元至正二十一年(1284),置江浙行省,而两浙始以省称,领九府。明洪武九年(1376),改浙江承宣布政使司;十五年(1382),割苏南的嘉兴、湖州二府属之,乃增为领十一府。清朝因之,康熙初年才确立了浙江省名,领府十一,省会杭州。而所谓"两浙",实以浙水(钱塘江)为界分为两块:浙水在浙江境内自西部向东北入海,故浙水东南的宁波、绍兴、金华、衢州、严州、台州、处州、温州凡八府,合称"上八府",是为浙东;浙水西北的杭州、嘉兴、湖州凡三府,合称"下三府",是为浙西。

浙东地区有其得天独厚的自然条件,名山大川分布其间,而有海陆交通之利。山有仙霞岭、洞宫山、雁荡山、括苍山、天台山、四明山、会稽山、龙门山、千里岗山等名山,群峰竞秀,万壑朝宗;江有钱塘江、曹娥江、甬江、灵江、瓯江、飞云江、鳌江等纵横航运,汇归东海;还有绍兴东湖、宁波东钱湖,上下天光,一碧万顷;而宁绍平原和金衢盆地田畴辽阔,盛产粮谷蚕桑;沿海的明州(宁波)与温州是浙东的两大对外贸易港口,有利于浙东地区的经济发展;金华乃浙东之重镇,手工产品和商品经济都很发达,而且民风淳厚,享有"小邹鲁"之美称;严州境域沿江分布,名山秀水交相辉映;台州东临海域,西接山区,水陆物产并皆充牣;衢、处两府虽居西部丘陵地带,然而林壑秀美,山地物产异常丰盛。

浙西杭嘉湖地区则为著名的经济地区。山有天目山,乃钱塘江与长江水系的分水岭;江有东、西两苕溪合流而向北流入太湖,还有京杭大运河自杭州发端经嘉兴向北直达北京;湖则北临太湖,内部最著名的则有杭州西湖、嘉兴南湖;而杭嘉湖平原则是浙江最大的平原,地势平坦,湖泊众多,溪流纵横,水网密布,物产丰富,经济繁荣。

浙江海域广阔,海岸曲折多港湾,主要有杭州湾、象山港、三门湾、台州湾、温州湾等。沿海岛屿星罗棋布,列如串珠,北自嵊泗县花鸟山,南至平阳县七星岛,共有岛屿2100多个,而以舟山群岛最为著名。

因此,浙江可谓山水清秀,海陆竞美,四季分明,气候宜人,物产丰富,水运畅通,郡邑繁盛,居民稠密,风俗淳朴,故素有"鱼米之乡,丝茶之府,文献之邦,人物渊薮"之誉。地灵而后人杰,山水之形胜,物产之充盈,自然成为文人学士探奇览胜、寻幽访古、讲论切磋、唱和吟啸的人文荟萃之区。因而人才辈出,思想活跃,于以形成自具浙江地域特色之思想学术——浙学。也就是说,山水名胜能给本地文化带来地灵人杰、人文荟萃的积极效果。这是浙学得以勃然兴起和长期发展繁盛的自然因素。

(二)滋养浙学的淳厚民风

中华民族的优良传统,形成于唐虞三代。相传虞舜出生于浙东上虞,孟子谓"舜,东夷之人也";而史载夏禹在浙东会稽大会诸侯,并最后归宿于此。故浙东的舜禹遗风,永久地影响着浙东的民风习俗。

《尚书·尧典》谓虞舜"瞽子,父顽,母嚚,象傲,克谐以孝,烝烝乂,不格奸"。父母虽然不慈,但虞舜仍能保持孝顺之心;其弟对舜虽然常怀恶意,但舜仍能保持友好之心。舜以自己的孝友美德感化他们,使家人也都改恶从善,家庭关系十分和谐。虞舜的孝友事迹,经孔孟儒家极力的推崇称誉,乃成为儒家思想中最著名、最理想的"大孝"形象。由于浙江传为虞舜的出生地和重要活动之地,故在此留有虞舜深厚的孝友遗风。

大禹治水,迹遍九州,历尽艰辛,归终于越。他的勤政节俭遗风,则永远成为浙江世代学者刻苦勤奋的楷模。

又据史书所载,西周时,徐国的徐偃王躬行仁义,广得民心而使诸侯心悦诚服,诸侯朝觐者三十六国。周穆王感到威胁,与楚连谋伐徐。但偃王为了保护民众,宁愿弃国而"不忍斗其民",不忍因战争导致生灵涂炭,所以不愿与之交锋,而主动弃国向南撤退。因而广大民众也都自愿随同偃王南撤,最后立足于浙西姑蔑,并散布于浙江各地。随同偃王南撤的广大民众,自然会在浙江境内广泛宣扬仁义爱民的思想。这种仁义爱民之遗风,后来与南传的孔孟以"仁义"为宗旨的儒学一拍即合,故浙江的儒学独得孔门之正传,实乃必然的结果。

"仁义"是儒家学说的核心宗旨,而儒家又认为"孝悌为仁之本"。当虞舜的"孝友"遗风和徐偃王的"仁义"遗风与儒家"孝悌为仁之本"之旨融合在一起,相得而益彰,自然就成为儒家道德的坚实基础。这种孝悌仁义之风,一代又一代地浸润着浙江居民的心灵,使浙江的孝悌仁义之风较之他处更为浓厚,因而历代出现了多不胜计的孝义忠烈之士。

秦代有乌伤县(今义乌市)孝子颜乌,汉代有句章人董黯,皆以孝名扬海内。传为虞舜出生地的上虞,到东汉又出现了著名的孝女曹娥,以孝名列《后汉书·列女传》,成为浙江境内在正史中列传的第一个女子。历代以来,会稽郡以孝著称于世并载于史册者多不胜计。

除了众多孝子孝女,浙江还有兄弟世代同居的传统,如邻郡婺州的浦江县,兄弟世代同居之风甚盛。早在梁代,就有何氏的四世同居,载于史册。宋元明以来,又有深溪王氏、吴溪吴氏、东隅张氏均五世同居,合溪黄氏七世同居,皆为世所称。而最具典型性的则是麟溪郑氏,全族同居共炊长达十五世之久,合家共食达二千余口之多,自南宋建炎初(1128年前后)至明天顺三年(1459),历时330余年。其规模之大,历时之久,制度之严,更为世所罕见,故号称"义门",并被明太祖表彰为"江南第一家"。据载,历宋元明三代 360 多年中,郑义门出仕173 位官吏,无不勤政廉政,无一贪赃枉法。郑义门可谓是中国家族史上以儒学治家而实行世代同居、共财、聚食的著名典型,更是浙学理论在现实社会中实践的成功典型。

儒家又以"忠孝"并称,又谓"出忠臣于孝子之门"。故在崇尚"孝"的基础上,浙江素多忠烈之士。即以历代大儒而言,如宋末的方凤、金履祥,明末的黄宗羲、吕留良等,都矢志不仕外族的新朝,而刘宗周更以绝食殉身的壮烈行动来保持自己的民族气节。可见他们著书立说所发的学术言论,并非言不由衷的浮辞,而是建立在道德修养上的至诚之言。这体现了浙江学者言行一致、知行合一的优良学风。

(三)造就浙学的学术渊源

中华民族的主体文化,发源于唐虞之世,经夏商周三代的发扬光大,到春秋末期,由孔子全面继承了尧、舜、禹、汤、文、武、周公一脉相承的优秀文化传统,并加以系统总结而创建博大精深的儒家学说,成为后世取之无尽的学术宝库。而浙江本是虞舜和夏禹的重要活动之地。故浙江的舜禹遗风与孔子的儒学本来就具有密切的同源关系。

孔子的儒学,本为中华民族广大人民所普遍遵循和尊崇的主体文化。然而孔子在浙江学术史上所起的特殊作用主要有四次。一次是孔子遣其弟子子贡出使吴、越等国,对越王句践的亡吴兴霸事业起有关键性作用;另三次则是孔氏家族的三次南迁,这使孔子的儒学在浙江地区形成更为正宗、更为巨大的影响。

据《史记·仲尼弟子列传》和《越绝书·越绝内传陈成恒》等篇记载,孔子为了保卫父母之邦鲁国不受齐国侵略,乃使子贡出使列国进行救鲁活动。子贡历说齐、吴、越三国,使吴出兵伐齐以救鲁,终致越国灭吴而成霸业。故《史记·仲尼弟子列传》谓"子贡一出,存鲁,乱齐,破吴,强晋而霸越;子贡一使,使势相破,十年之中,五国各有变"。五国之中变化最大的,当然是越国的由弱变强,亡吴而兴霸。这尽管只是列国之间的形势变化,但子贡对越国的巨大影响无疑也有利于孔子学说的传播;而子贡促成越国霸业,使越国的富强之道对浙江学术形成地域性特色更起有巨大的作用。

孔子学说对浙江学术直接起有特殊作用的,当数孔氏家族的三次南迁。第一次是东汉末年,孔子第二十二代孙、太子少傅孔潜避乱南迁会稽(今绍兴市),因家焉。其子孙名人辈出,官宦和名士众多,历东吴、两晋、宋、齐、梁、陈、隋、唐时期皆为江南显赫的望族,对浙江儒学的发展影响至为巨大。

第二次是五代后唐庄宗同光二年(924),孔子四十二代孙孔光嗣之堂兄孔桧避乱至浙江平阳,以"教授生徒为业",其后子孙繁衍,分布各地,对弘扬和传播儒学作出了巨大贡献。

第三次是南宋建炎三年(1129),高宗南渡,驻跸临安。孔子四十八世宗子、衍圣公孔端友与叔父族长孔传等扈跸相从。高宗念其忠诚,赐家衢州,并建孔子家庙,历代袭封,是为孔氏南宗。繁衍生息,发成望族。孔子五十三世孙孔洙(1228—1287),是南孔的著名文化人。他于宋末任通判衢州军事,宋亡后不仕。元世祖至元十九年(1282),朝廷议立孔子后,世祖乃召孔洙入朝,欲其返曲阜复爵奉祀。孔洙提出因先世墓庙在衢州,不忍离去,要求让爵于仍居曲阜的宗弟孔治,并且以母老乞请准其南还衢州。世祖大加赞赏,称其为"真圣人之后",在准其让爵的同时,仍令其奉祀南宗孔庙,并授以国子祭酒兼提举浙东学校,对宣扬儒学成绩巨大。孔洙著有《存斋集》2 卷,是南孔中较为著名的儒学著作。从此衢州南宗失爵,直至明弘治六年(1493),召以孔洙直系嫡孙、孔子五十九世孔彦绳世袭翰林院五经博士。从此以南宗嫡长继承沿袭。历元明清至民国二年(1913),孔子七十三世孙、翰林院五经博士孔庆仪改任"大成至圣先师南宗奉祀官",仍沿世袭。民国三十七年(1948),七十五世孔祥楷袭任"南宗奉祀官",至解放后不再沿袭。孔祥楷曾任沈阳黄金学院副院长,1992 年应邀南下衢州,任衢州市市长助理,兼衢州市孔子研究会会长,至今仍以弘扬儒学为己任。

孔氏家族的三次南迁,浙江成为孔氏家族与其后裔的主要聚居之地。尤其是第三次南迁受封,使衢州孔庙成为与山东曲阜孔庙南北并立的"南宗"。这对传承孔子儒学起有巨大的作用。特别是孔洙为了不离庙墓而自愿把世代袭封的爵位转让给宗弟孔治的"孝"和"让"的品德,对浙江浓厚的孝让之风起有很大的影响。南宋以来,孔氏南宗诗礼相传,贤才辈出,成为儒学在浙江传播的中心。孔氏家族除授高官显爵者外,其族人兼任或专司学官、山长者不可胜计,很多都是学有所成的名儒,其中不少人还撰有儒学著作,对传播、发展儒学贡献殊多。如随孔端友南渡的孔传,著有《杉溪集》《后六帖》《续尹植文枢纪要》《东家杂记》《洙南野史》等。其中如《后六帖》30 卷等多种收入《四库全书》;而《东家杂记》2 卷,广记孔氏史迹和庙学,特为简赅,诚为研究孔子的重要资料。又如孔萃夫、孔元龙、孔应得等,一面主持教育机构,一面勤奋著述,所著儒学著作有 22 部之多。孔元龙有《论语集说》《洙泗言学》《诲忠集》《鲁樵集》,其中《洙泗言学》

40章,使学人得知孔学源流。又有孔端朝的《续阙里世系》,孔端问的《沂川集》,孔行可的《景从集》,孔拱的《锡山草堂集》《习经》,孔应得的《家谱正误》,孔洙的《承斋集》等,皆为弘扬孔门、传承儒学之著作。

孔氏南宗以衢州为中心,在浙江各地分出众多支脉。邻近的龙游、江山、常山、开化等县都有支脉;又如温岭孔氏人口众多,历代至今研究孔学形成传统。关于孔氏家族在浙江的影响,现代学者郭学焕先生专门著有《孔子后裔在浙江》一书,足供参考。

综上所述,从虞舜、夏禹、子贡一直到孔氏南宗,浙江的儒家学术渊源可谓既深远又浓厚,这在除了孔子的家乡山东而外,其他省份是难以企及的。

(四)推动浙学的政治环境

在浙江的历史上,既蕴含有自强不息的奋发图强精神,也提供了比较安定繁荣的生活环境。前者以越王句践为代表,激发了积极进取的学术研究风格;后者以吴越国王钱氏的保境安民策略为代表,有利于学术研究的繁荣和发展。

春秋时,作为夏禹后裔的越王勾践,继承乃祖辛勤不懈的精神,在被吴军大败的境况下退保会稽,以卧薪尝胆的决心、忍辱负重的毅力,经过十年生聚、十年教训,能屈能伸,励精图治,体现了艰苦卓绝的奋发图强精神,终于反弱为强,灭吴而成霸业。这给浙江人民永远树立了自强不息、积极进取的榜样。

而在五代十国时期,其他各地都干戈纷扰,民不聊生,惟独割据在浙江的吴越国钱氏政权实行保境安民政策,使境内相对安定,有利于士人的读书和研究。吴越王钱镠以布衣之身奋然崛起,继承越王句践自强不息的精神以建立吴越国,并执行"立足两浙,尊奉中原"的立国方略。钱王在临终前还告诫子孙云:"十四州百姓,须用敬信节爱,使民之道,善为抚辑。""十四州百姓,系吴越根本。"当时,中原虽历经梁、唐、晋、汉、周五代,吴越国亦历传三世五王,但一直实行"尊奉中原"的国策而没有改变。及赵宋基本统一其他割据势力后,钱王不动干戈而"纳土归宋",完整地将所辖两浙之地归并于一统王朝,既维护了国家的统一,也避免了战争和破坏,使生灵免遭涂炭。

综观吴越国的立国之道,同时继承了越王句践的奋发图强精神和徐偃王的仁义爱民思想。也就是说,开始时钱王继承了越王句践的奋发图强精神以建国,然后又遵循徐偃王仁义爱民之道而实行保境安民之策;但是,他也吸取了徐偃王因"不忍斗其民"主动撤军南退而失国的教训,故又同时继承了越王句践警惕御敌的思想,在"安民"的基础上又不忘国防建设,以取得"保境"之实。而在天下大势趋向统一不可逆转之际,又能审时度势地继承徐偃王"不忍斗其民"的爱民之心毅然"纳土归宋",以实行其仁义之道。而在境内相对安定时期,又能崇尚儒学,发展文化,使浙江全境安定繁荣,百姓尽被其泽。由是观之,钱王可谓是徐偃王和越王句践的传统精神兼而有之。因而可以说,存仁义之心而济之以自强不息精神,正是浙学精神在政治上的实际践履者。

对浙江的学术发展起有巨大作用的,还有两个政治时期值得一提,这就是晋室南渡和宋室南渡。

晋室南渡,作为北方大族的王、谢二族的士人,南迁荟萃于会稽,自然成为衣冠首领。王氏尤以王羲之与其第七子王献之最为著名。王氏父子的影响不仅在于其书法成就,更在于其所代表的经史、玄学、诗文成就和优雅旷达的精神风貌。谢氏有谢安、谢万、谢玄等著名人物,还有著名的才女谢道韫和山水诗人谢灵运的诗歌成就。当时的浙江虽非政治中心,但他们使之成为实际上的文化中心。王谢两族,既是东晋政坛中举足轻重的人物,也是引领一代思潮的人物,所谓王谢风流,成为魏晋时代的象征,对南北文化的交流和浙学的形成起有巨大的作用。

宋室南渡而建都临安,则更使浙江成为政治、经济和文化的中心。这给浙江文化和学术的发展创造了得天独厚的条件,迎来了其发展历史上的鼎盛阶段。又由于是学派林立,大儒辈出,浙中婺州的范浚、吕祖谦、唐仲友、陈亮,浙南永嘉的薛季宣、陈傅良、叶适,浙东明州的"甬上四先生"等,皆擅一时之盛,共同形成了名符其实的"浙学"。而且,浙江也成为浙学与闽中朱学、江西陆学以及湖湘之学的交流中心,推动了整个学术界的空前发展。

此后历元明清三代乃至近现代,浙江境内的政治相对安定,使得经济发展,文化繁荣,乃孕育着大儒和名儒接踵辈出。如元代大儒"北山四先生",明代大儒宋濂、刘基、方孝孺、王守仁、刘宗周,清代大儒黄宗羲、陈确、吕留良、全祖望、章学诚,近现代学者龚自珍、章炳麟、王国维、周树人,现代新儒家马一浮等,各以其卓越的学术成就,使浙学一直保持其重要的地位。所以,学术的发展与一定的政治环境是分不开的。

三　浙学独得孔门之正传

浙学发轫于远古先秦,延续于汉晋隋唐,开宗于北宋中期,极盛于南宋乾、淳之际,历宋、元、明三代盛传不衰,至晚清随着社会思潮的激烈变化而转型。

其学流派众多,大儒迭出,内容丰富,辐射面广,在学术发展史上有其重要地位。然而过去为道学所掩,许多哲学思想、伦理思想、政治思想、教育思想和文史思想上的创见卓识,未能得到充分发扬。

历代以来的浙江学术,就其渊源的主流而言,学者大都直宗孔孟,所以在众多学派之中,可谓最得孔门之正传。虽然也受到各种外来学术流派的影响,然而旨在经世致用的求真务实精神永久不变。

尝考孔门儒学,其最高宗旨当然是"仁"。但若从哲学上的主体之"心"与客体之"物"的关系而言,则既非"唯心",亦非"唯物",而是既承认两者之间的对立,又主张两者之间达到高度的统一,而其所以追求高度统一的最终目的,则在于达到最高宗旨的"仁"。故孔子所提出的智、仁、勇三"达德",都是既出于心、又及于物的统一体;而他所提出的孝、悌、忠、信、恕等具体德目,无非都是主体之心与所施之客观对象之间达到协调统一而臻乎"仁"的体现。所以,孔子所追求的最高境界是"从心所欲不逾矩"。"心"是人的主体精神,"矩"是客观事物的规律。主体的"从心所欲"而能达到不逾越事物的客观规律之"矩",当然只有圣人才能达到的最高境界。

若从方法论上而言,则主张在"心"与"物"之间必须用一条适得其宜的法则贯穿起来,才能使两者之间达到协调融洽的高度统一,这就是孔子所谓"一以贯之"的中庸之道。由此出发,在人生修养方面,孔子是主张道德与知识并重的。他以"博学于文,约之以礼"为修养的方法,亦即《中庸》所谓"尊德性而道问学",强调道德与知识同时并进。而从人生目标而言,孔子又主张"内圣"的道德、智慧与"外王"的济世安民事业达到高度的统一。他从"修己以敬"到"修己以安人"乃至"修己以安百姓",就是一个由"心"及"物"、由"己"及"人"的扩充推广过程。也就是说,无论是"心"与"物"的关系,"道德"与"知识"的关系,乃至"内圣"与"外王"的关系,其间可以有本末、先后之分,但决无轻重之别。假若因为偏重一端而轻视甚至放弃另一端,都会偏离孔门的一贯之道而导致流弊,从而导致不利于实现"仁"的宗旨。

孔门儒学发展而为宋明理学(亦称道学),在哲学上已进入精微化的境界。但由于对心物关系的不同理解和对中庸之道的不同把握,因而在学术上产生了某些分歧。在南宋时期,主要有闽中朱子的理学、江西陆氏的心学和浙江的事功之学等学术流派。在各家学派中,究竟哪派的理论最符合孔门原儒的精神呢?

宋明理学的最高范畴是"理"或"天理",事物运行的总法则是"理一分殊",而人所以正确处理事物的法则在于合乎中庸之道。心、性、理、气等,都是理学中的重要范畴。浙江学者对于这些范畴以及它们之间的关系与作用,都曾有过独到的探讨,然而在具体理解上与程朱理学和陆氏心学皆有所不同。

在宇宙论上,宋明理学家都把"气"看作客观物质,把"道"看作物质据以运动变化的总规律,而"理"则是"道"的条理化。对此,浙学的观点与程朱陆王基本相同。然而对于它们之间的关系,则浙学不同于程朱理学的"理在气先"之说,也不同于陆王心学的"心即理"说,而是主张"理在气中"和"道在事中"。如陈亮《六经发题》云:"夫盈宇宙者无非物,日用之间无非事。"又《勉强行道大有功论》云:"夫道,非出于形气之表,而常行于事物之间者也。"道并非独立于形气之表的自在之物,而是恒常运行于事物之中并与事物共存的。

关于客观事物的运行规律之"理"与主观认识事物之"心"的关系,浙江学者大都既不同于程朱理学之偏重于"理",亦不同于陆氏心学之偏重于"心",而是主张"心"与"理"并重,强调"心与理合""道与心一",亦即"心"的活动必须符合事物之"理",从而达到两者高度统一的"心物相融"之境。其实,浙学所主张的"心与理合",也就是孔子所说的"从心所欲不逾矩"的境界。可见"心"与"理"是对立统一的关系,而不能用"心即理"那样画等号。

在方法论上,宋明理学家都从理论上认为事物运行的总法则是"理一分殊",而人用以正确处理事物的法则在于合乎中庸之道。对此,浙江学人也不例外。而其所不同的乃在于具体的主张上。因为程朱理学和陆王心学的某些主张未免流于偏重一端之弊,而浙学则始终主张两端并重而达到平衡和统一。其实,无论是程朱理学之偏重于"理"抑或陆王心学之偏重于"心",都在不同程度上偏离了中庸之道;而只有婺学之主张"心与理合"以达到两者高度统一的"心物相融"之境,才符合"中庸"的原则。具体而言,程、朱、陆、王都主张重本轻末、重内轻外,故具体表现为重经轻史、重道轻文、专重内在的心性(内圣)而讳言外在的事功(外王),这无疑是偏于一端而有违中庸之道的;比较而言,在道德与知识的关系上,程朱理学是主张两者并重的,而陆王心学则明显具有重道德而轻知识的倾向,因而偏离中庸之道也就更远;然而浙江学者则大都提倡内外并重,本末并举,从而倡导一种经史并重、文道并重、道德与知识并重、心性与事功并重的合理主张,这是在实际主张上坚持中庸之道的体现。

在人道方面,对于人生目标而言,宋明理学家都是遵从孔子"修己以安人"

乃至"安百姓"这一宗旨的。然而在具体理解上,则浙学与朱、陆心性之学的观点大相径庭。朱陆心性之学所讲的"修己"主要是明心见性和存天理、灭人欲之类,把修养心性看作超越于功利之外的独立学问;所讲的"安人""安百姓"主要是以伦常教化来感化和引导百姓。而浙学诸家所讲的"修己"则是以明道义、积实学为主,所讲的"安人""安百姓"则是以开物成务、使民生日用得以阜蕃为主。质言之,朱陆心性之学偏重于精神修养和道德教化,而浙学诸家则主张道德与事功并重,精神生活与物质生活并重,主张应把修养道德贯穿于事功之中,即道德的价值应从济世安民的事业中体现出来。

在理欲观上,"存天理,灭人欲"是宋明道学家的共同观念,浙学也主张人心应力求达到"人欲都忘而纯乎天理"的境界。然而浙江学人对"存理灭欲"的具体看法则与程朱理学、陆氏心学并不相同。他们大都认为"欲"是人的自然本性,不管是圣人还是常人都是相同的,都有基本的生活需求和欲望,问题在于满足这些需求和欲望的手段是否合乎义理。他们对"人欲"的解释,指的是私心、私意、私利、恶念等不正当的思想和欲望,所以对于人的正当的"欲"都是肯定的。结论是"天理在人欲中,未尝须臾离也"。这实际上为后来"天理存在于人欲之中"的理欲观开了先河。而陈亮所倡导的不是"灭人欲",而恰恰是要在"有以制之者"的前提下利用"人欲"作为"鼓动天下"以成就事功的工具,将其导入合理的方向。其在《勉强行道大有功》中认为当好色、好货、好勇等自然欲求仅仅局限于某一个体自身的时侯,它未必为善,而可能为"害道之事";但当其突破个体的自身局限,扩充于"人心之所同"时,便即转化为善,而"非道之害也"。[①]因此,仁义道德之心就是以己之所欲扩充于民之所同欲,故道德乃是自然人性之社会化的结果。

朱、陆两派都不重视文献,尤其是陆氏心学尚超悟,主张直指本心,不假经籍,故而不主张多读书;程朱派虽然重视读书,他们本人也确实都能博通群书,但在立言上由于受重经轻史的理论指导,故教人读书的范围仅囿于四书、五经而排斥文史。浙学诸家则继承孔子的"礼乐射御书数"的六艺之教,故在教学内容上,提倡经史并重,兼及百家九流及各种实用术业皆可学。

在教学方面,浙学与朱、陆两家虽然都以《六经》为主要教学内容,但由于对经书的看法不同,对受教者所提的要求亦不同,而受教者所得也就大异其趣。

---

① 《陈亮集》卷之九,河北教育出版社,2003年,第80页。

朱、陆两家要求门人用经来悟道,在内心上用工夫以存天理;而浙学则认为经书所讲的道是人道,所讲的理是事物之理,所以要求门人从经书所载的治迹治道中得到启发参证,研究当前的事物器数,因时制宜,发为平施于民生日用之间的实政,以达到经世致用的效果。

朱、陆两派的一条重要修养方法就是涵养心性,都主张着重做内向治心工夫而不重耳目之实。尤其是心学一派受禅宗影响甚大,因而他们的治学,就是做"发明本心"的工夫,主张用一点灵明或直觉去悟。而浙学诸家都反对脱然有悟,并指出这是从佛学中得来,不是儒家的传统。浙学讲实学,认为人的造就全靠积学,故反对静坐涵养、收拾心性的修养方法,而讲格物致知,认为道在事物之中,故而非常重视"耳目之实",包括当前的器物和历史的事实。并认为只有从这些耳目之实进入理性认识,才能获得实在的知识。

关于"文"与"道"的关系,本来,在宋明道学诸家之中,无论周、张、程、朱乃至陆、王,都以能诗能文著称。然而他们在立言上,却又莫不重道轻文,甚至贬斥致力词章为玩物丧志。而浙学诸大师则不仅都以文雄,而且在理论上主张文以载道,强调文道并重,且能重视文学的社会影响和教化作用。浙学讲开物成务,故主张文章也要为经世致用服务。

朱、陆两家一般都固执地坚持己说而排斥他说。浙学诸家则皆遵循孔子的"和而不同"之旨,主张"兼容众说,不主一家",还提倡学者对于不同的学术观点要广泛接触交流,才有利于自身学术水平的提高。

当时朱陆两派的道学家大都重道德心性而讳言功利,而浙学的基本宗旨是经世致用,虽然也谈道德性命,但是并不讳言功利,大都主张道德与事功并重,应把修养道德与建立功业统一起来。这是两者的最大差异。浙江学者重事功,是与当时的时代背景密切联系的,尤其是南宋时期,国家偏安于东南一隅,国势不振,财力不厚,还不得不忍辱向金国纳贡称臣,因而当时的浙江学者都能针对复仇雪耻的恢复大计上发挥其经世事功之学。他们的见解具体表现在关心民生日用,重视政策制度,重视农、工、商等各行各业的协调发展,并着意边防战备等各方面的实际设施。

在政治上,宋明道学家都主张君明臣贤,故很重视为君之道。所谓为君之道,朱、陆两家都认为君主只要做到正心诚意,即所谓"格君心之非",就能平治天下。而浙江学人则认为这样是不够的,故而主张:第一要有仁心。如范浚《太甲三篇论》认为"君能止于仁,则心为仁心;心为仁心,则言皆仁言,术皆仁术,政皆仁政"。第二要有深谋远虑的大局规划。如陈亮《酌古论·吕蒙》认为"成天下之大功者,有天下之深谋者也;制天下之深谋者,志天下者也。……其深谋远虑,必使天下定于一而后已"。第三要善于任用人才而不宜躬亲细务。如吕祖谦在《轮对札子》中提出了合理任用人才之道并极陈皇帝"独运万机"之弊,认为君主治国在于总揽大纲而任人,不必躬亲庶务。第四要赏罚分明。如范浚在其《赏功》中专门论述了赏罚分明的重要性。宋濂亦曾向明太祖进言:"赏罚适中,天下可定也。"然而,若要做到善于用人和明于赏罚,最重要的还得有一套完整的选拔人才和合理赏罚的政治制度。对此,浙江学人提出了许多可供实施的政治见解(具体见各章正文所述)。

　　在经济上,无论是程朱理学抑或陆王心学,都很少论及人的物质需求,故也很少具有经济思想。然而浙江的学者,都很重视民生日用所需,因而也体现出某些颇为精辟的经济思想。如范浚《易论》认为,《周易》所阐发的圣人之道,其实就是"备物制用,立成器以为天下利",亦即创造人所不可缺少的日常用具,以满足民生所需而已。所以在他的《进策》二十五篇中,就有《节费》《议钱》《平籴》《实惠》四篇专论理财之文。吕祖谦和叶适还率先提出"本末并举"的主张。其实,先秦儒家原本提倡"通商惠工"政策。自从法家主张重农轻商,而汉儒吸收法家之说纳入儒学之后,厚本抑末才成为历代统治者所奉行的基本国策,宋明各派道学家亦继其说。这显然抑制了工商业的正常发展,使社会经济失去平衡,导致了许多流弊。吕、叶竟能在积习弥深的"崇本抑末"观念大行其势的时代,率先提出"本末并举"的主张,可谓是值得大书特书的独具卓识的高明见解。陈亮又进而具体地提出"商藉农而立,农赖商而行"的"农商相通"之说。可见作为浙学代表的吕、陈、叶三家在经济观点上的一致性。

　　孔子早就曾提出"有文事者必有武备"的观点。故南宋时期的许多浙江学者从当时的恢复大计出发,大都在军事上有所创见。如范浚的《进策》二十五篇中,在其《庙谟上》中论述了战前精心谋划之重要,在《形势上》和《形势下》中则对南北大势作了战略上的论证,在《用奇》中还从具体战术上进行分析,特别对战争的奇正变化之道作了精辟的论证。陈亮的军事思想,集中体现在《酌古论》中。他主张文武兼资,并强调战略战术的重要性。其《曹公》云:"夫运奇谋,出奇兵,决机于两阵之间,世之所谓术也。此其为术,犹有所穷。而审敌情、料敌势、观天下之利害、识进取之缓急,……而后可与言术矣。……夫所谓术者,当审敌之强弱难易而为之先后。"其所谓"运奇谋、出奇兵、决机于两阵之间",是关于具体的战术运用的问题;而所谓"审敌情,料敌势,观天下之利害,识进取之缓急",则是关于总体战略规划的问题。陈亮的同调倪朴,则在其《上皇帝书》中制定抗金兴复的战略,从政治、经济、军事各方面进行全面论证。尤其是朱学传人金履祥,竟能在宋末国势垂危、执政者束手无措之际,独向朝廷进献奇策,请以舟师重兵由海道直趋燕、蓟,俾捣虚牵制,以解襄、樊之围。而且,他所陈述海船沿途所经州县及海道中的岛屿险易,历历有据。可见他的计策并非冒险的空谈,而是经过实地调查所得的可用之策。可惜未被采用,卒至于亡国。即此可见浙江学人对于军事的高度重视。

从上述可知,浙学无论在哲学、伦理、教育、政治、经济、军事等各方面,都体现了内外兼修、道德与事功并重,亦即内圣与外王高度统一的学术思想。

若用孔门儒学所主张的中庸之道为标准来对各学派加以考察,就不难得出一个明确的结论:道学中的程朱理学一派,在"心"与"物"的关系上主张"致吾之知"以"即物穷理",在"道德"与"知识"的关系上主张"涵养须用敬,进学在致知"的观点,基本上是符合孔门之旨的;然而在"内圣"与"外王"的关系上,只重道德而讳言事功,认为只要君主做到正心诚意,就可以平治天下国家,这就偏离了孔门道德与事功并重之旨。道学中的陆王心学一派,在"心"与"物"的关系上提出"吾心便是宇宙,宇宙便是吾心",以及"心即理"的观点,把"心"与"物"以及物所遵循的运行规律"理"完全等同起来,只强调"心"与"物"的统一而否定两者之间的区别和对立,就已从本体论上偏离了孔门之教;在"道德"与"知识"的关系上只要求发明本心而不主张多读书,在"内圣"与"外王"的关系上,则与程朱理学一样只重道德而讳言事功,可见陆王心学较之程朱理学偏离孔门儒学更远。不过,两派尽管在偏离孔门儒学的程度上有五十步与百步之差,然而都在偏离孔门之旨的轨道上运行的实质则是相似的。所以,他们共同的具体表现则为:重内轻外,重本轻末,重经轻史,重道轻文,重道德而轻知识,重性理而轻事功,崇尚高谈道德性命而不屑从事具体实务,从而不可避免地导致种种流弊。而浙学与道学中的程朱、陆王两派的不同之处,正在于浙学不存在这些偏重一端之弊而独具特色。

这里必须指出的是,阳明王氏的心学当然是浙学内部的显学,在理论上与陆氏心学同样偏离了孔门之旨,但由于他深受浙江务实之学的影响而注重"知行合一"的实践工夫,所以他一生的功业仍与浙学重视事功之旨相合。至于他的弟子王畿提出"良知现成说",不谈修养工夫,只高谈"良知现成",使其理论日益空疏,以致不仅偏离孔门之旨和浙学的务实精神更远,而且也偏离了王门心学本身的"知行合一"之教,从而导致明代后期学术界出现严重流弊。这一偏离,有幸经王门后学刘宗周、黄宗羲诸大儒从内部力挽狂澜加以批判纠正,使之回到浙学务实宗旨的正常轨道上来,这也体现了浙学善于自我纠正偏失的求真务实精神。

还必须指出的是,即使是传承程朱理学和陆王心学的浙江学者,也都深受本土务实之学的影响,也对程朱陆王之学有所纠正,使之脱离空疏而崇尚实学。如朱学嫡传的婺州北山学派之兼重经史和崇实尚文可资说明,如上述金履祥之洞察军事即其显例。这在下文各章具体论述中可以领会,这里未能一一论述。

那么,我们应该怎样理解"浙学"与当时盛行于全国的"道学"的关系? 如果从学术性质的归属而言,两者都是属于儒学范围之内的名称。如果从两者的本身而言,"道学"是儒学发展到宋明时期而盛行的一种以探索"圣人之道"作为最高目标的哲学体系,因其以探讨"理"或"天理"为重要内容,故亦称"理学",其后分为以客观事物之"理"为基本范畴的程朱"理学"和以主体精神之"心"为基本范畴的陆王"心学"两大派系;而"浙学"则是浙江范围内具有地方特色的儒学。一是就学说的哲学体系而言,一是就学术的地方特色而言,故两者并非同一层面上的并列关系。

有人认为,浙学是崇尚事功而反对道学的,这种看法其实是不正确的。实际上,浙江的著名学者大都是卓有成就的杰出道学家。身为朱门嫡传的学者如黄震、徐侨、何基、王柏、金履祥、许谦诸儒之为道学家自不必说;就是自成体系的学者如范浚、吕祖谦、唐仲友、叶适、王守仁、刘宗周诸贤,乃至兼师诸家的学者如柳贯、黄溍、吴莱、胡翰、宋濂、方孝孺诸贤,无不都是举世公认的道学大家;而且,即使是倡言事功最激烈的陈亮,虽不在道学家之列,但他也只反对脱离实际而空谈道德性命,而不反对贯彻于日常伦理中的言行相符的道德心性之学,何况他对于道德心性之学也曾有所研究。所以,在宋元明时代的道学鼎盛时期,浙学中的绝大部分学者都可归属于道学家的范围之内。

然而,浙江的道学较之一般的道学有否其特殊性呢? 当然是有的,这就是由浙江的环境、民风、习俗以及浙江士人的学风所形成的地方特色。一般而言,浙学之所以有别于程朱理学和陆王心学之处,主要在于如下两点:其一是程、朱、陆、王都专重内在的心性而讳言外在的功利,而浙江学者则大都主张心性与事功并重;其二是程、朱、陆、王都把修养心性看作超越于功利之外的独立学问,而浙江学者则大都主张应把修养心性贯穿于事功之中,即道德的价值应从济世安民的事业中体现出来。所以,程、朱、陆、王之"道学",是旨在修养道德心性之学;而浙江之"道学"亦即"浙学",则是旨在经世致用之学,主张把修养道德心性的内容包含在造就经世致用之学的内容之中。

其实,若以程、朱、陆、王本身的学行实践而言,可谓都是有志于济世安民且能有所作为和成就的学者。如程子曾经上书向皇帝提出过许多改革弊政的具体措施;朱、陆为官时,所过之处都能做出很多于民有利的政绩;王氏的功业则更为人所尽知。所以,若从他们本身而言,无论是程、朱抑或陆、王,都不愧为师表当世、垂范千古的儒门大贤。而他们的不足之处,仅在于立言上有所偏重,从而导致世之不善学者的末流之弊。

若以儒家宗旨而言,藉以修己的心性之学和用以安人的经世之学,是儒者所不可或缺的两个方面,故在立言上偏重一端而放弃另一端,必将有违儒家的中庸之道。比较而言,浙学坚持"内圣"的道德与"外王"的事功并重而且高度统一的主张,最符合孔门的本旨,也最符合立身处世和社会发展的客观规律。因此,我们讨论浙学,问题不在于浙学是否谈心性或者是否反道学,而在于其谈心性的出发点何在,以及浙江学者所推崇之道学的本质何在。在当时众多学派之中,惟有浙学能直宗孔孟而独树一帜。它既承认存在于事事物物中之普遍规律亦即"理"或"天理"是无始无终、不生不灭的永恒存在,又认为"心"是认识"理"和驾驭"气"的主宰,并主张运用适得事理之宜的中庸之道将它们高度统一起来。由此出发,故主张本末并举,内外并重,从而倡导一种经史并重、文道并重、道艺并重、道德与知识并重、心性与事功并重的合理主张而形成浙学的总的基本特色。这在当时道学界高谈道德性命、不屑治理实事的风气下,确实有其独树一帜的鲜明特色。总而言之,"浙学"就是浙江学者主张"内圣"与"外王"的高度统一,上承孔门之正传,下开清代实学之先河,旨在经世致用的求真务实之学。它在坚持先秦原儒基本精神的前提下,能随着历史的前进而开拓发展,使之适应现实的变化趋势,因而具有永久值得弘扬的意义。

第一篇

唐虞至五代：从发源到奠定基础

第一章 浙学溯源

浙江具有系统性的学术思想虽然发轫于东汉,鼎盛于南宋,历元、明、清数代而不衰,然其所蕴含的基本精神,实可追溯到远古时代。古籍记载最早与浙江具有密切关系的历史人物当数虞舜和夏禹,其次是西周时期的徐偃王,然后是春秋后期的越王句践和范蠡、文种、计倪等辅相之臣以及孔子弟子子贡等。他们的言论和事业中都蕴含有深刻的思想见解,长期指导着浙江人民的行动;他们的流风遗韵,长期影响着浙江人民的乡风习俗。因而他们的垂范和遗训对浙江学术的形成和发展都有一定的影响。

第一节 虞舜的孝友遗风

《水经》卷四十《浙江水注》引晋《太康三年地记》云:"舜避丹朱于此,故以名县……亦云舜与诸侯会事讫,因相虞乐,故曰上虞。"而同属会稽郡的余姚,其地名的来源据《元和郡县志》卷二十六的解释是"舜支庶所封之地,舜姓姚,故曰余姚"。

又据民间传说,浙江各地还有许多与虞舜有关的古迹,这些古迹大都集中在绍兴、上虞、余姚三地。诸如:会稽县东南百里有虞舜巡狩台,传为虞舜巡狩处;会稽县东南五十里有舜王庙,据传舜曾到此;山阴县西南四十里的握登山,传为舜母生处;余姚县西北八十里的历山,传为舜所耕处;上虞县西南四十五里的指石山,相传舜曾登此石;上虞县西南四十里的握登圣母山,亦传为舜母生处;上虞县西南四十里有象田山,传为舜死后象为之耕田处;上虞县西南四十里有虞井,传为舜避父母相害处;上虞县龙山麓有虞桥,传为舜率百官渡水处;上虞县东南有渔浦桥,传为舜渔处;上虞县南有粟里,相传舜供储于此;上虞县西四十里有姚邱,传为舜所葬处;上虞县西四十里有谷林,传为舜所生处;上虞县西南四十五里有虹祥村,亦传为舜所生处;分别在绍兴、上虞、余姚境内有"越中三舜庙"(今仅存绍兴大舜庙),皆为纪念虞舜而建;绍兴王坛镇有舜王山,传为舜游憩处;绍兴县南九十里有小舜江,系为舜而得名,因江畔的上浦传为舜出生处,等等。

诚然,这些民间传说并非信史,未足为据,但是假若虞舜对当地民间毫无影响,能产生这么多的传说吗? 所以,这些传说和古迹是在虞舜对当地的巨大影响之下才得以产生,则是毋庸置疑的。那么虞舜对浙江当地的民风习俗和学术思想究竟有哪些影响呢? 主要应该有如下几方面:

第一,孝顺父母、友爱兄弟的"孝悌"品德。《尚书·尧典》谓虞舜"瞽子,父顽,母嚚,象傲,克谐以孝,烝烝乂,不格奸"。这段话的大意是说:虞舜是瞽瞍的儿子,其父心术不正,继母善于说谎,异母弟象十分傲慢,常有害舜之心。而舜和他们却能和睦相处,以自己的孝行美德感化他们,家庭关系处理得十分和谐,家人也都改恶从善,行为不至流于奸邪。又据载,"舜耕于历山,历山之人皆让畔",则舜又具有谦恭礼让的品德。

又据《史记·五帝本纪》载,舜早年丧母,其父瞽瞍后娶生弟名象。瞽瞍因听信后妻的谗言,与象日以杀舜为事,而舜每次都能预先提防而以巧妙的方法得免于死,使父、弟无计可施。例如有一次父使舜到仓库顶上去检修,舜上去后,即抽去梯子,从下放火烧之,舜即双手分持预先准备好的两笠飞降而下。又一次,父使舜下井挖泥,又从上以土掩之,舜即从井的旁洞中潜身而出。舜处在所谓"父顽、母嚚、弟傲"这样恶劣的家庭环境之中,仍能尽其事奉父母和友爱兄弟之诚心,最后终于使父母和弟得以感化,保持了全家和睦的天伦之乐。所以孔子评论道:"舜之事父也,索而使之,未尝不在侧;求而杀之,未尝可得。小箠则待,大箠则走,以逃暴怒也。"意思是说,舜既能尽到事奉父母的孝心,又能躲开父母的伤害。父母若以小棒打来,他可以承受一下,以适父母之心;但若以大棍打来,他就立即逃跑以免身体受到伤害。孟子也评论道:"舜尽事亲之道而瞽瞍底豫,瞽瞍底豫而天下化,瞽瞍底豫而天下之为父子者定,此之谓大孝。"意思是说,舜能尽事亲之道,使得顽固不化的父亲也喜欢起来;而且,舜的品德为人们树立了榜样,使人们都受到感化,于是,天下的"父子"的伦理也由此而确定了。虞舜的孝友事迹,经孔孟儒家极力的推崇,乃成为儒家思想中最著名、最理想的"大孝"形象。

虞舜本是一介布衣,由于他的孝行不仅感化了顽劣的父母兄弟,而且感化了社会,因而为尧所破格提拔,并让以帝位,泽被四海。格外值得注意的是,孔孟都特别强调虞舜既能尽到事亲之道、又能避开父母的伤害以保护自己身体这一行为是"大孝"的重要内容,即此足以说明后世那种"父令子亡,子不得不亡"的子对父绝对服从的"愚孝"行为,是完全违背儒家的孝道原则的。因此,虞舜的孝行,确实达到了合乎儒家理想的尽善尽美的"大孝"之境。

正因为父母虽然不慈,但虞舜仍能保持孝顺之心;其弟对舜虽然常怀恶意,但舜仍能保持友好之心。这种孝友之风,一代又一代地浸润着浙江居民的心灵,使浙江的孝义之风较他处更为浓厚,不仅出现了许多孝子孝女,而且还出现了许多兄弟世代同居的孝义之家。如传为虞舜出生地的上虞,到东汉又出现了著名的孝女曹娥;在邻郡的浦江则出现了兄弟同居长达十五世的大家族郑义门。这种孝义风俗的形成,就与虞舜的影响有关。

第二,从容应付困难的智慧和能力。《尚书·尧典》又谓虞舜"慎徽五典,五典克从;纳于百揆,百揆时叙;宾于四门,四门穆穆;纳于大麓,烈风雷雨弗迷"。这段话的大意是说:虞舜诚心诚意地推行德教,教导臣民以父义、母慈、兄友、弟恭、子孝五种美德指导自己的行动,臣民都能听从这种教导而不违背。然后又让虞舜总理百官,百官都服从命令,使百事振兴无一荒废。又让虞舜在明堂的四门负责接待四方前来朝见的诸侯,使诸侯们都能和睦相处。最后让舜进入山麓的森林中经受风雨的考验,舜在烈风雷雨中也不迷失方向。——这些考验都是从现实生活中体现了舜的诚心、智慧、能干和克服困难的能力。

第三,在哲学上最早提出了"道心"和"执中"思想。《尚书·大禹谟》记舜谓禹曰:"人心惟危,道心惟微,惟精惟一,允执厥中。"蔡注曰:"心者,人之知觉主于中而应于外者也。指其发于形气者而言,则谓之人心;指其发于义理者而言,则谓之道心。人心易私而难公,故危;道心难明而易昧,故微。惟能精以察之,而不杂形气之私,一以守之,而纯乎义理之正,道心常为之主,而人心听命焉,则危者安,微者著,动静云为,自无过不及之差,而信能执其中矣。"舜的这十六字,被后儒称为"十六字心传",是后世心性之学的纲领。其中"人心"和"道心"成为后世心性之学的热门话题;而"允执厥中"则是继承了尧所传授的"中道"思想,并为后来孔子发展为中庸之道,成为儒家学说贯穿于任何事物中的方法论和道德修养的最高准则。

第四，在伦理学上最早提出"五伦"思想。《尚书·舜典》载舜谓契曰："百姓不亲，五品不逊，汝作司徒，敬敷五教，在宽。"据蔡注解释，"五品"是"父子、君臣、夫妇、长幼、朋友五者之名位等级"；"五教"是"以父子有亲、君臣有义、夫妇有别、长幼有序、朋友有信五者当然之理作为教令"。那么这就应该是虞舜君臣之间关于"五伦"的讨论。"五伦"是先秦孔孟原儒所提倡的伦理学纲领，与汉儒吸取法家之说而冒充儒学的"三纲"之说实有本质的区别。

第五，实行选贤举能的"无为而治"思想。《论语·卫灵公》记孔子曰："无为而治者其舜也与！夫何为哉？恭己正南面而已矣。"何晏《集解》："言任官得其人，故无为而治。"刘向《新序》："故王者劳于求人，佚于得贤。舜举众贤在位，垂衣裳恭己无为而天下治。"关于舜的"任官得其人"和"众贤在位"，《尚书》都有记载。据《尚书·舜典》所载，舜因洪水泛滥，使伯禹作司空，以平水土；因黎民阻饥，使弃任后稷，播时百谷；因百姓不亲，五品不逊，乃使契作司徒，敬敷五教，在宽；因蛮夷猾夏，寇贼奸宄，乃使皋陶作士，惟明克允；使垂作工，又使益作虞；使伯夷作秩宗，以典三礼；使夔作典乐，教胄子；使龙作纳言，夙夜出纳朕命，惟允。……所有这些，都足以说明虞舜实行选贤举能以达到"无为而治"的政治境界。必须指出的是，儒家主张任用贤人，以德化民，使国家自然而然达到"无为而治"的思想，与道家主张顺应自然，不求有所作为而使国家得到治理的"无为而治"思想完全不同。

第六，最早提出礼乐教化和文艺思想。《尚书·舜典》载舜使伯夷作秩宗，以典三礼；使夔作典乐，教胄子，并谓"直而温，宽而栗，刚而无虐，简而无傲，诗言志，歌永言，声依永，律和声，八音克谐，无相夺伦，神人以和"。这应该是虞舜君臣之间关于"礼乐"的讨论。舜分别使伯夷和夔"典礼"和"典乐"，分明是使他们施行礼乐教化；而"诗言志，歌永言，声依永，律和声，八音克谐，无相夺伦"，讲的是诗歌和音乐方面的文艺理论；"直而温，宽而栗，刚而无虐，简而无傲"，是说文艺作品必须符合"中和"的准则；而所谓"神人以和"，则是礼乐文艺教化所取得的效果。

第七，最早明确提出了法律思想。《尚书·舜典》载舜谓皋陶曰："蛮夷猾夏，寇贼奸宄，汝作士，五刑有服，五服三就，五流有宅，五宅三居，惟明克允。"又《大禹谟》记舜谓皋陶曰："皋陶，惟兹臣庶，罔或干予正。汝作士，明于五刑，以弼五教，期于予治，刑期于无刑，民协于中，时乃功。懋哉！"皋陶曰："帝德罔愆，临下以简,御众以宽,罚弗及嗣,赏延于世,宥过无大,刑故无小,罪疑惟轻,功疑惟重,与其杀不辜,宁失不经,好生之德,洽于民心,兹用不犯于有司。"这段记载应该是虞舜君臣之间关于法律思想的讨论。

以上所述,虞舜的行为和言论都是儒家所倡导的基本思想。所以,虞舜的美德,长期体现在浙江历代的居民之中,而他的思想则对浙江学术具有纲领性的巨大影响,并为浙江学者所继承和弘扬。

第二节　夏禹的勤政节俭遗风

据很多古籍记载,浙江会稽地区是夏禹成长、成家、立业、大会诸侯以及死后归葬之地,也是夏文化崛起之地,因而留下了许多夏禹的古迹。

山阴县西北四十五里的涂山,传为禹会万国之处;会稽县东南十五里有宛委山(又名玉笥山),传为禹在此处得金简之书;绍兴城北三十里有禹山,传为大禹驻跸处;绍兴市区西北三十四里有型塘(又名刑塘),传为禹筑高台杀防风氏处;今绍兴市柯桥区夏履镇境内原有夏履桥,传为大禹治水,遗履于此,后人建桥纪念(1991年因拓宽夏履江被拆);上虞县龙山麓有百官里,传为禹会诸侯百官,曾聚于此;上虞县城以北二十三里有夏盖山(又名夏驾山、大禹峰),传为神禹曾驻此;余姚县北一里有秘图山,传为禹藏秘图于此;余姚县丞廨之前有秘图湖,岩石隈处镌有"神禹秘图"四字;会稽县南的禹陵,则是夏禹的下葬之处。而与宁绍平原隔钱塘江相望的余杭,相传是夏禹会诸侯于江南,在此舍杭(通航)登陆之处,故名禹航,后改称余杭,这也说明夏禹在会稽地区的这些古迹和传说并非虚言。这些夏禹的古迹与传说,有力地说明了夏禹对于浙江会稽地区的密切关系和巨大影响。

然而,夏禹对于浙江地区的民风习俗和学术思想方面究竟有哪些影响呢?那就得考察一下古籍所记载的关于夏禹的事迹了。鄙意窃谓,主要可以概括为如下几方面:

第一,勤政为民的崇高品德。《尚书·尧典》载禹自谓"予娶涂山,辛壬癸甲。启呱呱而泣,予弗子,惟荒度土功"。这是说,禹娶涂山氏之女为妻,婚后仅三天便出门治水。待到儿子启生下时,呱呱地哭着,禹虽从门前经过,却不曾进去看看,而是全力忙于治理水土之事。《史记·夏本纪》亦载,禹"乃劳身焦思,居外十三年,过家门不敢入"。"十年,帝禹东巡狩,至于会稽而崩。……因葬焉。"《越绝书·越绝外传记地传》亦云:"禹始也,忧民救水,到大越,上茅山,大会计,爵有德,封有功,更名茅山曰会稽。"又云:"及其王也,巡狩大越,见耆老,纳诗书,审铨衡,平斗斛。"《吴越春秋》卷六谓禹"三载考功,五年政定,周行天下,归达大越,登茅山,以朝四方群臣,观示中州诸侯。防风后至,斩以示众,示天下悉属禹也。乃大会计治国之道,内美釜山州镇之功,外演圣德以应天心。遂更名茅山曰会稽之山。因传国政,休养万民,国号曰夏后。封有功,爵有德,恶无细而不诛,功无微而不赏"。这些古籍,既记述了夏禹一生与会稽地区的密切关系,又记述了夏禹带领众多百姓,经过艰苦卓绝的不懈努力,终于使洪水大治,天下太平,于是在会稽山大会诸侯。夏禹也因为治水的成功,乃成为中国历史上第一个王朝——夏王朝的缔造者。可以说,夏禹这种勤劳耐苦的精神,一直激励着世代的浙江人民。

第二,薄于自奉、厚于国计民生的节俭品德。《论语·泰伯》记孔子评禹曰:"禹,吾无间然矣。菲饮食,而致孝乎鬼神;恶衣服,而致美乎黻冕;卑宫室,而尽力乎沟洫。禹,吾无间然矣。"这是说,夏禹薄于自奉、厚于民生,其所致勤者国计民生之事,所致饰者宗庙朝廷之礼,或丰或俭,各适其宜。故孔子再三感叹以赞美之。《越绝书·越绝外传记地传》亦载:"(禹)因病亡死,葬会稽。苇椁桐棺,穿圹七尺,上无漏泄,下无即水,坛高三尺,土阶三等,延袤一亩。……以为禹葬以法度,不烦人众。"这是说,禹的安葬非常节俭朴素,毫不越礼,故而不烦民众。夏禹这种薄于自奉、厚于国计民生的优良风格,长期影响着历代的浙江人民。现在的浙江民间,不管自己如何贫苦,但对待宾客或者公事,必定力求丰盛尽礼,无疑是继承了夏禹自奉节俭、待人丰厚的优良传统。

第三,提出君臣施政为民的重大责任。《尚书·大禹谟》记禹曰:"后克艰厥后,臣克艰厥臣,政乃乂,黎民敏德。"蔡注云:"孔子曰'为君难,为臣不易',即此意也。……禹言君而不敢易其为君之道,臣而不敢易其为臣之职,夙夜只惧,各务尽其所当为者,则其政事乃能修治而无邪慝,下民自然观感速化于善,而有不容已者矣。"作为君主和官吏之所以艰难,即在于"夙夜祗惧,各务尽其所当为者",而不是追求享受。君臣"所当为者"就是为了"政乃乂,黎民敏德"。

第四,提出从物质和精神两方面提高人民的生活水平。《尚书·大禹谟》记禹曰:"德惟善政,政在养民,水火金木土谷,惟修;正德、利用、厚生,惟和。"这段话是夏禹关于政治思想的见解。蔡注云"且德非徒善而已,惟当有以善其政;政非徒法而已,在乎有以养其民。下文六府、三事,即养民之政也。'水火金木土谷惟修'者,水克火,火克金,金克木,木克土,而生五谷。或相制以泄其过,或相助以补其不足,而六者无不修矣。'正德'者,父慈、子孝、兄友、弟恭、夫义、妇听,所以正民之德也;'利用'者,工作什器、商通货财之类,所以利民之用也;厚生者,衣帛食肉、不饥不寒之类,所以厚民之生也。六者既修,民生始遂,不可以逸居而无教,故为之惇典敷教以正其德,通功易事以利其用,制节谨度以厚其生,使皆当其理而无所乖,则无不和矣。"这里,所谓"水火金木土谷惟修"者,就是广泛地利用自然资源以发展农业生产,以使粮食富足,黎民得以饱食。"正德"是施行道德教化以提高全民的素质修养;"利用"是发展工商业以有利于人民生活之用;"厚生"是使人民的物质生活得到满足。总的目标就是从物质文明和精神文明两方面来提高人民的生活水平。

第五,《禹贡》开创地理学研究。《尚书·禹贡》曰:"禹别九州,随山濬川,任土作贡。禹敷土,随山刊木,奠高山大川。"又曰:"东渐于海,西被于流沙,朔南暨声教,讫于四海,禹锡玄圭,告厥成功。"大禹奉命治水,平定九州而作《禹贡》。他把九州的山川、土质、物产、贡赋等都详加记载,成为最早的地理学经典著作,对后世的地理学研究起有开创性的作用。浙江学者从事地理学研究者代不乏人,著作迭出,所受《禹贡》的影响至深至巨。诚然,《禹贡》不一定是夏禹所作,但是他平定水土,足迹所到,才能对九州的情况了如指掌。这对于《禹贡》的写成,当有一定的联系。

正因为夏禹平定水土,建有大功,所以虞舜对他大加褒奖,并让以帝位。《尚书·大禹谟》载虞舜谓禹曰:"来,禹!洚水儆予,成允成功,惟汝贤!克勤于邦,克俭于家,不自满假,惟汝贤!汝惟不矜,天下莫与汝争能;汝惟不伐,天下莫与汝争功。予懋乃德,嘉乃丕绩。天之历数在汝躬,汝终陟元后。"于是大禹成为夏朝的创始者。夏禹的业绩,对于他的后裔越国的影响尤为巨大。

第三节　徐偃王的仁义爱民遗风

根据古代文献以及各地徐姓宗谱所载,徐国的远祖可以追溯到黄帝。黄帝裔孙伯益,佐禹治水有功。禹受舜禅,任伯益为相。伯益次子若木,受封于徐,为徐国始封之祖,历夏、商、周,世有大功,子孙因以受封之国为姓。徐族祖籍的发祥地原在姑蔑(今山东泗水县东),因其氏族声望很高,远近部落尽服其德,声望所及,远至淮海地区,而淮海地区在《禹贡》九州之中属徐州之域,这大概就是徐族始祖若木受封之国被命名为"徐国"的缘由。徐国自若木初封,传三十二代至西周时期的徐偃王时最为强盛。偃王名诞,躬行仁义,广得民心,诸侯朝觐者三十六国。其时周穆王方乐于西游,闻之,惧,乃长驱而归,遣使至楚,与之连谋伐徐。偃王爱民,不忍因战争导致生灵涂炭,故而主动弃国向南撤退,到今浙江衢州境内才定居下来。由于徐国的发祥地是山东姑蔑,为了纪念祖籍,故称国号为"姑蔑",以示不忘本之意。

《韩非子·五蠹》云:"徐偃王处汉东,地方五百里,行仁义,割地而朝者三十有六国。荆文王恐其害己也,举兵伐徐,遂灭之。"《淮南子·人间训》亦云:"昔徐偃王好行仁义,陆地之朝者三十二国。王孙厉谓楚庄王曰:'王不伐徐,必反朝徐。'王曰:'偃王,有道之君也,好行仁义,不可伐。'"在王孙厉劝以利害后,楚王才举兵伐徐,遂灭之。两书都记述了偃王好行仁义而使诸侯信服,引起楚王恐慌的事实。

考以史籍所载,徐偃王之所以强盛,并非怀有任何野心,而是躬行仁义、广得民心而使诸侯心悦诚服,致使三十余国共朝于徐,乃引起周天子和楚王的恐慌,于是合谋相伐。但偃王宁愿弃国而"不忍斗其民",所以并未与之交锋而是主动向南撤退。可见偃王的失国,并非为楚所灭,而是为了保护民众,不忍因战争导致生灵涂炭,才主动作出了弃国南撤的选择,因而广大民众也都自愿随同偃王向南撤退,最后立足于浙西,并散布于浙江各地。随同偃王南撤的广大民众,自然会在浙江境内广泛宣扬仁义爱民的思想。这种浙江本就具有的仁义爱民之遗风,后来与南传的孔孟以"仁义"为宗旨的儒学一拍即合,自然融合为一,故浙江的儒学独得孔门之正传,实乃必然的结果。

根据史籍文献所载,参考野史传说,并考察与徐国有关的古迹故址以及后世徐姓聚居之地的分布情况,加以综合分析,可知徐偃王弃国避兵时,徐国全族共分两支撤退:一支由偃王之子宗,率万余家避居彭城(今江苏徐州市)。及周穆王卒,其子共王即位,以徐偃王深得民心,复封其子宗继爵为徐国之君,即置都彭城,故徐州亦为后世徐姓主要聚居之区。另一支由徐偃王亲率其余族人从今江苏境内经洪泽湖、太湖一线一直南撤,最终到达今浙江境内。偃王卒,后世子孙皆奉他为祖,故徐偃王的祠宇古迹及其传说遍及浙江各地。其中某支强宗又在今龙游之境建国,但因当时偃王之子宗已在彭城受周共王之封继为徐君，为避免国号重复，故追溯徐氏发祥地之"姑蔑"以为国号，建立姑蔑国。

西周后期，周宣王曾"屡伐徐夷"。于是建都彭城的徐国又逐渐退却到今安徽泗县与江苏泗洪一带立国，因而其地也多存徐国古迹。徐国传到偃王十一世孙章禹时，吴国于周敬王八年（前 512）举兵伐徐，引水灌城，徐国乃亡。徐国余众避吴南撤至今浙江境内，乃与姑蔑国之徐族汇合。因徐国为吴吞并，乃与越国同仇敌忾，共同抗吴。越国亡吴之后，又攻灭姑蔑国，于是姑蔑始成越地。《越绝书》所谓"大越故界，浙江至就李南姑末、写干"，说的就是姑蔑国亡后的越国疆界。这就是徐国自山东泗水之姑蔑逐步南迁到浙江龙游之姑蔑的发展简史。

关于徐文化对吴越文化影响的深度和广度，在先秦时期是极其明显的。这不仅有文献记载、传说遗迹，而且还有考古发掘为证。徐偃王的后代在浙江这方土地上扎下了根，至今浙江还有许多徐姓的家族，均奉徐偃王为祖先，就是明证。

徐偃王古迹遍及浙江各地。从浙江地方志所载，浙江的龙游、黄岩、温岭、舟山、鄞州、嘉兴均有徐偃王的传说和遗迹。

浙北嘉兴有徐偃王庙，《至元嘉禾志》载"在县西二十里，偃王逃之会稽，王之宗族尝有散在邑者，故后世为庙以祀"；"旧传在县西复礼乡"有徐偃王墓。这里明确记载偃王逃往会稽，而嘉兴的徐姓是偃王南撤时中途留下的族人。

在浙东的鄞县，据《成化四明郡志》云："隐学山在鄞县东钱湖畔，旧名栖真，徐偃王隐学于此；一云在翁洲，王十朋《会稽赋》'翁洲访偃王之庐'。"翁洲更在今东海之中的舟山群岛。《太平寰宇记》卷九六引《郡国志》："徐偃王昔居翁洲。"《元和姓纂》载，於潜县（今并入临安区）大姓徐氏，是"偃王之后，为杭州望族"。

在浙西龙游境内的徐偃王庙，则因韩愈为之写有《衢州徐偃王庙碑记》而著名。碑文始言周穆王"与楚连谋伐徐"之事，然后说："徐不忍斗其民，北走彭城武原山下，百姓随而从之万有余家。偃王死，民号其山为徐山，凿石为室，为祠偃王。偃王虽走死失国，民戴其嗣为君如初。……衢州，故会稽太末也，民多姓徐氏，支县龙邱有偃王遗庙。或曰偃王之逃战不之彭城，之越城之隅，弃玉几砚于会稽之水；或曰徐子章禹既执于吴，徐之公族子弟散之扬徐二州间，即其居立先王庙云。"韩愈这篇碑记，对于徐偃王避兵撤退时其子宗"北走彭城武原山下"

的一支作为历史来叙述,而对于徐偃王亲自率众南迁浙江的一支则运用"或曰"的置疑笔法,作为传说来叙述,则是因为春秋以前的历史,都是详北而略南,吴、越两大国的早期史实皆成阙文,何况较之吴、越更为偏远的姑蔑国!所幸韩愈毕竟已将其作为传说写入庙碑之中,可见其事虽为史家所忽,而在民间的传说历久未绝,而浙江各地的徐偃王古迹,又足可成为此一传说之铁证。

浙江东南海滨的温岭市,则有著名的"徐偃王古城址"。据《嘉定赤城志》载:"徐偃王故城在黄岩县东南大唐岭东(今属温岭市),外城周十里,内城周五里,有洗马池、九曲池、故宫基址",而"城东偏有偃王庙、碑、墓等"。《舆地纪胜》卷十二载,台州有"古城,在黄岩县南三十五里大唐岭东。外城周十里,高仅存二尺,厚四尺;内城周五里。有洗马池、九曲池,故宫基崇十四级。城上有乔木可数十围,城东偏有偃王庙"。《台州府志·古迹》载:"偃王古城在太平县(今温岭市)西北三十五里,又县南有叶、鲍二将军庙,或谓即偃王将也。"20世纪80年代,在徐偃王故城址附近出土了一件青铜大盘和三把青铜剑,都属春秋晚期江淮形制,有人认为是徐人由北带来。

在浙江腹地的绍兴,则有近年发现并为很多考古学者考证为徐国墓的306号大型墓葬,等等。以上所述古迹,皆为史家所习知,并已有很多专家著文论证。

徐偃王的遗迹和传说在浙江民间流传如此之广,这对浙江带来什么影响呢?其实,徐偃王最为人们所称道的就是躬行仁义,广得民心,即使受到侵伐,也宁愿弃国撤退而"不忍斗其民"。这使楚王也称之为"有道之君",认为"好行仁义,不可伐"。他这种出于真诚的爱民之心,自然获得万民的崇敬,并深受其影响。

王充《论衡·非韩》云:"徐偃王修行仁义,陆地朝者三十二国,强楚闻之,举兵而灭之。此有德守,无力备者也。夫德不可独任以治国,力不可直任以御敌也。韩子之术不养德,偃王之操不任力。二者偏驳,各有不足。偃王有无力之祸,知韩子必有无德之患。"这里,王充把养德而不任力的偃王与任力不养德的韩非对举而言,认为偃王之所以失国,在于"有德守"而"无力备",由于"操不任力",则难免要受"无力之祸"。其实,正因为偃王只行仁义而不任力终致失国,以致使他的仁义爱民之心也无从得以继续贯彻。为了纠正徐偃王只行仁义而不任力的偏失,因而在浙江历史上的越王句践和吴越国王钱镠都既继承了偃王的仁义爱民遗风,也吸取了他不任力导致失国的教训。

春秋时的越王句践既听取了文种的"爱民"建议,又接受了他的"坚厉甲兵"之策,从而成就了富强兴霸的大业。而千余年后五代十国时期的吴越国王钱镠,为了爱民而执行"保境安民"之策,在内部施行仁义以实现"安民"之政,边境则加强兵防以实现"保境"之实。当时其他地方都干戈扰攘,战争不断,民不聊生,惟有浙江地区社会相对安定,经济繁荣,万民安居乐业。这正是因为在浙江建立吴越国的钱氏躬行仁义,诚心爱民,实行"保境安民"的国策,善与邻国修好关系而反对战争,才使浙江之民避免战争之苦,从而受到万民的感戴,到处建祠纪念,显然有徐偃王之遗风。

而且,浙江历代还出现了许多爱民如子的官吏。诸如北宋永康人胡则,在历任多处地方官时,皆爱民如子,多有政绩。其任工部侍郎时,适逢长江、淮河流域大旱,百姓饿死者甚众。胡则毅然上疏,请求永远免除江南各地的身丁钱(一种五代以来施加于江南一带的苛税),诏令永远免除胡则家乡衢、婺两州的身丁钱,获得当地人民的称颂。胡则死后,衢、婺人民纷纷立祠祭祀,被民间尊为"胡公大帝",至今祭祀不衰。这种事例在浙江多不胜举。

这种情况,一方面说明浙江人为官多有爱民之举,另一方面也说明民众对好官的爱戴。这显然是徐偃王的爱民之心与民众爱戴之心的一脉传承,从而使浙江地区形成官民互动的好善之风。

第四节　子贡存鲁霸越的影响

春秋末期,孔子在周公封地的鲁国创立儒家学说。孔子(前 551—前 479),名丘,字仲尼,春秋时鲁国昌平乡陬邑(今山东曲阜)人。先世为殷商后裔宋国贵族,避难迁鲁。孔子自幼好学知礼,长而首创私学从事教育。曾任鲁国中都宰、司空、大司寇,摄行相事三月,后率弟子周游列国。晚年返鲁,以整理文献教授弟子终其一生。孔子继承和总结唐虞三代的文化精华而成《诗》《书》《礼》《乐》《易》《春秋》六种典籍以教授学生;创建以"仁"为宗旨,以"礼"为表现形式,以"诚"和"忠""信"为基础,以"义"为准则,以"中庸"为方法,以"智""勇"为行道之能力的具有系统性的儒家学说,成为当时的显学。汉代以后,儒学更成为中华民族的主体文化,深深扎根于广大人民的意识形态之中,为中国历代人民所遵循和尊崇。

据《史记·仲尼弟子列传》和《越绝书·越绝内传陈成恒》等篇记载,春秋末期,齐国权相陈恒为了扩张自己的势力而出兵伐鲁。孔子为了保卫父母之邦鲁国不受侵略,乃使子贡出使列国进行救鲁活动。子贡(前520—?),姓端木,名赐,春秋卫国人。子贡乃孔子入室高弟,长于辞令,具有外交才能。奉孔子之命先到齐国向陈恒建议伐鲁不如伐吴有利。陈恒深以为然,但认为"吾兵已在鲁之城下,若去而之吴,大臣将有疑我之心"。子贡曰:"君按兵无伐,臣请往见吴王,使之救鲁而伐齐,君因以兵迎之。"乃南见吴王,说以伐齐救鲁之利,且谓:"救鲁,显名也;伐齐,大利也。以抚泗上诸侯,诛暴齐以服强晋,利莫大焉。名存亡鲁,实困强齐,智者不疑也。"吴王虽认为说得很有理,但以越王常存报吴之心为虑。子贡为了消除吴王顾虑,又南赴越国。"越王除道郊迎,身御至舍而问曰:'此蛮夷之国,大夫何以俨然辱而临之?'子贡曰:'今者吾说吴王以救鲁伐齐,其志欲之而畏越,曰"待我伐越乃可"。如此,破越必矣。且夫无报人之志而令人疑之,拙也;有报人之志,使人知之,殆也;事未发而先闻,危也。三者举事之大患。'句践顿首再拜曰:'孤尝不料力,乃与吴战,困于会稽,痛入于骨髓,日夜焦唇干舌,徒欲与吴王接踵而死,孤之愿也。'遂问子贡。子贡曰:'吴王为人猛暴,群臣不堪;国家敝以数战,士卒弗忍;百姓怨上,大臣内忧;子胥以谏死,太宰嚭用事,顺君之过以安其私:是残国之治也。今王诚发士卒佐之以徼其志,重宝以悦其心,卑辞以尊其礼,其伐齐必也。彼战不胜,王之福矣。战胜,必以兵临晋,臣请北见晋君,令共攻之,弱吴必矣。其锐兵尽于齐,重甲困于晋,而王制其敝,此灭吴必矣。'越王大悦,许诺。送子贡金百镒,剑一,良矛二。子贡不受,遂行。"①由于子贡说服了越王,使之派兵随从吴王伐齐。于是吴王果兴兵与齐大战于艾陵,大败齐师,使鲁国转危为安;又以兵临晋,与晋人战于黄池,为晋所败。越王闻之,涉江袭吴,攻入吴国,遂成霸业。

子贡善于审时度势,利用各国之间的利害关系,使其互为牵制,并使当时各国的形势发生了巨大的变动。故《史记·仲尼弟子列传》谓"子贡一出,存鲁,乱齐,破吴,强晋而霸越;子贡一使,使势相破,十年之中,五国各有变"。五国之中变化最大的,当然是越国由弱变强,亡吴而兴霸。这尽管只是列国之间的形势变化,但子贡对越国的巨大影响无疑也有利于孔子学说的传播;而子贡的一番

---

① 《史记·仲尼弟子列传》。

活动,促成了越国的霸业,使越国的富强之道对浙江学术形成地域性特色更起有巨大的作用。

第五节　越国的富强之道

春秋时代,越王句践的图强兴霸之业,一直以自强不息的精神激励着浙江人建功立业的意志;而其贤臣范蠡的经世之道、文种的治国之策、计倪的理财之术等,不仅对浙学提供了丰富的内容,而且对浙学的成型和发展具有开创性意义。

一　句践图强兴霸之业

句践(？—前465),为春秋末期越国国君。相传越国始封之君无余,是夏禹六世孙帝少康之庶子,封于会稽,以奉守大禹之祀。历二十余世,至于允常,越国开始强盛,而与吴王阖闾相怨伐。允常子句践,乃灭吴称霸。

越王句践元年(前496),允常新丧,句践初立,吴王阖闾发兵攻越,句践率军败吴军于槜李(今浙江嘉兴西南),阖闾受伤,于次年病卒。阖闾子夫差继位,日夜练兵,誓报父仇。句践闻讯,企图先发制人,乃于三年(前494),仓促兴师攻吴。夫椒一战,越军大溃。句践退保会稽,向吴求和,并携妻与范蠡等入吴为人质。三年后,被释放归国。句践立志要灭吴复仇,乃卧薪尝胆,励精图治,在范蠡、文种等辅佐下,整顿国政,实施了一系列富国强兵的政策。

首先,发展人口。在古代人口稀少的情况下,发展人口乃治国之先务。因为只有具备充足的人口,平时才不会缺少劳动力,生产才能正常进行与发展;战争时才不会缺少兵员,国家才能巩固强盛。因而发展人口乃成为句践所追求的重要目标。《国语·越语上》载,越王句践"乃致其父母昆弟而誓之曰:'今寡人将帅二三子夫妇以蕃。'令壮者无取老妇,令老者无取壮妻。女子十七不嫁,其父母有罪;丈夫二十不娶,其父母有罪。将娩者以告,公令医守之。生丈夫,二壶酒,一犬;生女子,二壶酒,一豚。生三人,公与之母;生二人,公与之饩。当室者死,三年释其政;支子死,三月释其政。必哭泣葬埋之,如其子。令孤子、寡妇、疾疹、贫病者,纳宦其子。其达士,絜其居,美其服,饱其食,而摩厉之于义。四方之士来者,必庙礼之"。越王极力实行发展人口的措施,经过"十年生聚,十年教训"，二十年后终于灭吴复仇。

其次，任用贤才。《国语·越语上》载，越王句践号令于三军曰："凡我父兄昆弟及国子姓，有能助寡人谋而退吴者，吾与之共知越国之政。"大夫文种进对曰："夫虽无四方之忧，然谋臣与爪牙之士，不可不养而择也。譬如蓑笠，时雨既至必求之。今君王既栖于会稽之上，然后乃求谋臣，无乃后乎?"句践曰："苟得闻子大夫之言，何后之有?"执其手与之谋。——这段记述体现了句践渴求贤才的迫切心理。《越绝书·越绝外传计倪》载，计倪向句践陈说用人之道："夫仁义者，治之门；士民者，君之根本也。阖门固根，莫如正身；正身之道，谨选左右。……愿君王公选于众，精炼左右，非君子至诚之士，无与居家；使邪僻之气，无渐以生；仁义之行有阶。人知其能，官知其治，爵赏刑罚，一由君出，则臣下不敢毁誉以言，无功者不敢干治。故明主用人，不由所从，不问其先，说取一焉。是故周文、齐桓，躬于任贤；太公、管仲，明于知人。"句践乃"折节下贤人，厚遇宾客"。句践正因为任用了范蠡、文种、计倪等贤才，才获得了成功。

其三，发展经济。对此，句践"身自耕作，夫人自织，食不加肉，衣不重采"，以鼓励发展生产；并任用经济学家计倪，施行一系列发展经济的政策，极力发展农业和手工业，广储粮食和货物；又"振贫吊死，与百姓同其劳"，以广收人心。

其四，加强军备。《越绝书·越绝外传记军气》云："夫圣人行兵，上与天合德，下与地合明，中与人合心；义合乃动，见可乃取。……故圣人独知气变之情，以明胜负之道。"在军事上，句践大力扩充军队，训练兵士，大造战船，还不惜代价地制作兵器，具备了强大的战斗力量。

此外，还对吴国实行了某些压制打击的措施。如给吴王贡献美女财帛，以麻痹其斗志；诱使吴王大兴土木，以消耗其财力；鼓动吴王穷兵黩武，以削弱其军队；离间夫差和伍子胥的君臣关系，使其矛盾激化等等。在一系列政治和外交的策略下，形势终于发生彼消此长的巨大变化。

句践十九年(前478)，句践乘吴国北上与齐、晋争强以及国内遭受严重自然灾害的机会，出兵攻吴，大败吴军于笠泽(今太湖)，并包围吴国都城(今苏州)。二十四年(前473)，攻陷吴都，夫差自杀。复仇雪耻，建成霸业。

句践灭吴后，引兵北渡淮河，迁都琅邪(今山东青岛市黄岛区琅琊台西北)。《史记·越王句践世家》载："句践已平吴，乃以兵北度淮，与齐、晋诸侯会于徐州，致贡于周。周元王使人赐句践胙，命为伯。句践已去，渡淮南，以淮上地与楚，归吴所侵宋地于宋，与鲁泗东方百里。当是时，越兵横行于江、淮东，诸侯毕贺，号称霸王。"又云："句践苦身焦思，终灭强吴，北观兵中国，以尊周室，号称霸王。句践可不谓贤哉！盖有禹之遗烈焉。"这里明确指明了越王句践深受夏禹勤苦发奋、成就大业的巨大影响。

二 范蠡经世务实之学

范蠡，字少伯，楚国三户（今河南淅川县西南）人。与文种一同投奔越王句践，正逢句践新败，栖于会稽之上。曾陪同句践入吴为奴三年，备受屈辱与艰辛。归国后，尽心为句践出谋划策。及灭吴后，遂即离开越国出走，不知所终。或谓到齐国，改名"鸱夷子皮"；或谓后至陶，自谓"陶朱公"。可能到齐国后，隐姓埋名，弃政从商，由于他善于经商，屡致巨富，因而产生了一些传说。

《国语·越语下》载，越王句践即位三年而欲伐吴。范蠡进谏："夫国家之事，有持盈，有定倾，有节事。""持盈者与天，定倾者与人，节事者与地。……天道盈而不溢，盛而不骄，劳而不矜其功。夫圣人随时以行，是谓守时。天时不作，弗为人客；人事不起，弗为之始。今君王未盈而溢，未盛而骄，不劳而矜其功，天时不作而先为人客，人事不起而创为之始，此逆于天而不知于人，王若行之，将妨于国家，靡王躬身。""夫勇者，逆德也；兵者，凶器也；争者，事之末也。阴谋逆德，好用凶器，始于人者，人之所卒也；淫佚之事，上帝之禁也。先行此者，不利。"越王不听，兴师伐吴，果为吴所败，栖于会稽。又问范蠡"与人奈何"。范蠡曰："卑辞尊礼，玩好女乐，尊之以名。如此不已，又身与之市。"越王乃与范蠡入吴为奴。

三年后归国，又问范蠡"节事奈何"。范蠡答道："节事者与地。唯地能包万物以为一，其事不失。生万物，容畜禽兽，然后受其名而兼其利。美恶皆成，以养其生。时不至，不可强生；事不究，不可强成。自若以处，以度天下，待其来者而正之，因时之所宜而定之。同男女之功，除民之害，以避天殃。田野开辟，府仓实，民众殷。无旷其众，以为乱梯。时将有反，事将有间，必有以知天地之恒制，乃可以有天下之成利。事无间，时无反，则抚民保教以须之。"[①]这是说，人所依赖的一切物质生活资料（万物）都是在遵循天时的前提下从地里生长出来的。从而总结出只有遵循天时、地利，才能使国家强盛的道理。

范蠡又说："古之善用兵者，赢缩以为常，四时以为纪，无过天极，究数而止。

---

① 《越绝书》卷十三《越绝外传枕中》。

天道皇皇,日月以为常,明者以为法,微者则是行。阳至而阴,阴至而阳;日困而还,月盈而匡。古之善用兵者,因天地之常,与之俱行。后则用阴,先则用阳;近则用柔,远则用刚。后无阴蔽,先无阳察,用人无艺,往从其所。刚强以御,阳节不尽,不死其野。彼来从我,固守勿与;若将与之,必因天地之灾。又观其民之饥饱劳逸以参之,尽其阳节,盈吾阴节而夺之。"①这是向越王详陈用兵之道。《史记·越王句践世家》亦记范蠡云:"兵者凶器也,战者逆德也,争者事之末也。阴谋逆德,好用凶器,试身于所末,上帝禁之,行者不利。"这也说明范蠡强调在天时、地利、人事尚未具备的情况下不能轻易用兵。

《越绝书·越绝外传枕中》载,越王句践问治国之道,范蠡回答说:"臣闻圣主之治,左道,右术;去末,取实。""凡此四者,邦之宝也。"

关于"道"与"术"的关系,范蠡说:"道者,天地先生(按:当作"先天地生")不知老,曲成万物不名巧,故谓之道。道生气,气生阴,阴生阳,阳生天地。天地立,然后有寒暑、燥湿、日月、星辰、四时,而万物备。术者,天意也。盛夏之时,万物遂长,圣人缘天心,助天喜,乐万物之长。故舜弹五弦之琴,歌《南风》之诗,而天下治,言其乐与天下同也。"范蠡认为,所谓"道",就是自然规律,天地是由自然规律的"道"与自然物质的"气"互相作用所生成的,而日月运行,阴阳消长,四时变换,都是一种自然现象,是"天道";而所谓"术",就是国君遵循天道运行而施行的治国方法。只有掌握"天道",遵循"天道",行动才能获得成功。"故天下之君,发号施令,必顺于四时。四时不正,则阴阳不调,寒暑失常,如此,则岁恶,五谷不登;圣主施令,必审于四时,此至禁也。"范蠡又云:"故天生万物之时,圣人命之曰'春',春不生遂者,故天不重为春。春者,夏之父也。故春生之,夏长之,秋成而杀之,冬受而藏之。春肃而不生者,王德不究也;夏寒而不长者,臣下不奉主命也;秋顺而复荣者,百官刑不断也;冬温而泄者,发府库,赏无功也。此所谓四时者,邦之禁也。""夫阴阳错谬,即为恶岁;人生失治,即为乱世。夫一乱一治,天道自然。"这里说明了"道"与"气"的作用形成了四季运行的变化规律;而政治的好坏则造成了治乱的规律。

关于"末"与"实"的关系,范蠡说:"所谓末者,名也。故名过实,则百姓不附亲,贤士不为用,而外□诸侯,圣主不为也。所谓实者,谷□也,得人心,任贤士

---

① 《国语·越语下》。

也。"①这是说,治国在于不务虚名,而重实效。而务实的根本则在于"得人心,任贤士"。这可视之为范蠡务实之学的精髓。

越王问兴亡之道,范蠡回答说:"执其中则昌,行奢侈则亡。""臣闻古之贤主、圣君,执中和而原其终始,即位安而万物定矣;不执其中和,不原其终始,即尊位倾,万物散。文、武之业,桀、纣之迹,可知矣。古者,天子及至诸侯,自灭至亡,渐渍乎滋味之费,没溺于声色之类,牵挛于珍怪贵重之器,故其邦空虚,困其士民,以为须臾之乐,百姓常有悲心,瓦解而倍畔者,桀、纣是也。身死邦亡,为天下笑,此谓行奢侈而亡也。汤有七十里地,务执其中和,举伊尹,收天下雄隽之士,练卒兵,率诸侯兵伐桀,为天下除残去贼,万民皆歌而归之,是所谓执其中和者。"这是说,只有执行中和之道以任用贤人,国家才能兴盛。

越王问守国复仇之道,范蠡回答说:"臣闻圣主为不可为之行,不恶人之谤己;为足举之德,不德人之称己。舜循之历山,而天下从风;使舜释其所循,而求天下之利,则恐不全其身。昔者,神农之治天下,务利之而已矣。不望其报,不贪天下之财,而天下共富之;不以其智能自贵于人,而天下共尊之。故曰:富贵者,天下所置,不可夺也。今王利地贪财,接兵血刃,僵尸流血,欲以显于世,不亦谬乎?""且夫广天下尊万乘之主,使百姓安其居,乐其业者,唯兵;兵之要,在于人;人之要,在于谷。故民众,则主安;谷多,则兵强。王而备此二者,然后可以图之也。"这是说,强国之道不仅在于民众、谷多、兵强,最重要的还在于"不贪天下之财,而天下共富之",即与民众共同享受利益。

综上所述,范蠡主张在天时、地利和民心所向等有利条件都具备的基础上,复仇兴霸的事业才能获得成功。

三　文种强国制敌之策

文种,字子禽,楚国人。楚平王时曾任宛城令,到三户巡视,闻范蠡佯狂不羁,且有驳世之才,遂慕名拜访,成莫逆之交。因楚王无道,就应范蠡之邀,辗转吴国又至越国。越王句践乃师事范蠡、文种二人。越王入吴为奴三年,文种留守国内,主持日常事务。越王归国后,文种向越王进献灭吴兴越之"九术"。及吴亡后,被越王赐剑自尽。

《越绝书·越绝内经九术》载,越王向文种询问伐吴之策。文种答以"伐吴

---

① 《越绝书》卷十三《越绝外传枕中》。

有九术"。他说:"一曰尊天地,事鬼神;二曰重财币,以遗其君;三曰贵籴粟稿,以空其邦;四曰遗之好美,以为劳其志;五曰遗之巧匠,使起宫室高台,尽其财,疲其力;六曰遗其谀臣,使之易伐;七曰强其谏臣,使之自杀;八曰邦家富而备器;九曰坚厉甲兵,以承其弊。故曰:九者勿患,戒口勿传,以取天下不难,况于吴乎!"文种提出的"九术",其中第一和第八、第九共三条是强国之策;而第二至第七共六条则是制敌之策。

所谓"尊天地,事鬼神",目的是提高民众的信仰度以凝聚民心;而所谓"邦家富而备器"和"坚厉甲兵,以承其弊",则分别是富国和强兵之策。全民团结一心加上国富兵强,这是战胜吴国的基础。

所谓"重财币,以遗其君",就是赠送吴王以大量财币,使之增长奢华之心;所谓"贵籴粟稿,以空其邦",就是以高价收购粟米,使吴人缺乏粮食;所谓"遗之好美,以为劳其志",就是使用美人计,把西施、郑旦等美女送给吴王,以消磨其志气;所谓"遗之巧匠,使起宫室高台,尽其财,疲其力",就是向吴国输送能工巧匠,使之大兴土木以敝其财力;所谓"遗其谀臣,使之易伐",就是向吴国的宰嚭之类谀臣送礼,使之向吴王阿谀奉承,以增长其骄纵之心;所谓"强其谏臣,使之自杀",就是激发吴国的伍子胥之类忠臣,使之向吴王强谏,以速其杀身之祸。这样一来,吴国自然非由强变弱不可了。

不过,"九术"之中最重要的还是最后的富国和强兵两条国策了。

《吴越春秋·句践入臣外传》载,大夫种曰:"夫内修封疆之役,外修耕战之备,荒无遗土,百姓亲附:臣之事也。"在越王入吴为奴之际,文种主动承担起主持国政的重任,为越国内部的安定并走向富强作出了贡献。

《吴越春秋·句践归国外传》载,越王内修其德,外布其道;内实府库,垦其田畴,民富国强,众安道泰。越王问政,大夫种曰:"爱民而已。"越王曰:"奈何?"种曰:"利之无害,成之无败,生之无杀,与之无夺。"越王曰:"愿闻。"种曰:"无夺民所好则利也,民不失其时则成之,省刑去罚则生之,薄其赋敛则与之,无多台游则乐之,静而无苛则喜之;民失所好则害之,农失其时则败之,有罪不赦则杀之,重赋厚敛则夺之,多作台游以罢民则苦之,劳扰民力则怒之。臣闻善为国者,遇民如父母之爱其子,如兄之爱其弟。闻有饥寒为之哀,见其劳苦为之悲。"越王乃缓刑薄罚,省其赋敛,于是人民殷富,皆有带甲之勇。这里,文种提出了以"爱民"为纲领的为政之道。

四　计倪理财致富之术

计倪,《史记》作计然,《吴越春秋》作计研,此从《越绝书》。葵丘濮上(今河南兰考、滑县一带)人,姓辛氏,字文子。原是晋国的流亡公子,学阴阳之术,见小而知大。经营商业,游说列国,"处于楚吴之间,以渔三邦之利"。南游于越,范蠡师事之。越王句践囚吴返国后,乃召计倪询问灭吴雪耻之计。计倪为句践谋划发展经济以富国强兵之策,可谓是越国的经济学家。《嘉庆山阴县志·古迹志》载"种山之上有计然亭",至今尚存。

《史记》《越绝书》《吴越春秋》都载有越王句践欲伐吴复仇,向计倪问计的内容。据载,计倪向越王建议:"兴师者,必先蓄积食钱布帛。不先蓄积,士卒数饥,饥则易伤,重迟不可战。""必先省赋敛,劝农桑。饥馑在问,或水或塘,因熟积以备四方。""其主能通习源流,以任贤使能,则转毂乎千里,外货可来也;不习,则百里之内,不可致也。……视民所不足,及其有余,为之命以利之;而来诸侯,守法度,任贤使能,偿其成事,传其验而已。如此,则邦富兵强而不衰矣。"[①]又曰:"夫兴师举兵,必且内蓄五谷,实其金银,满其府库,励其甲兵。凡此四者,必察天地之气,原于阴阳,明于孤虚,审于存亡,乃可量敌。"[②]计倪认为,强国必先富国,富国则须发展生产,经营商业,从中获取利益,而且还要有未雨绸缪的预见性。因而他善于用自然规律来阐发经济现象,确定国家的致富之道。

首先,计倪强调对天道的认识和把握。他说:"几举百事,必顺天地四时,参以阴阳。""审金、木、水、火,别阴阳之明,用此不患无功。""故圣人早知天地之反,为之预备。"[③]并提出"知斗则修备,时用则知物"的理财纲领,即预测什么季节或水旱情况需要什么商品,并根据市场需求决定经营品种。又提出"旱则资舟,水则资车,物之理也"的经营观点,当大旱之时,就应准备舟船的经营业务,因大旱时舟船无用而且价贱;大旱过后可能就有大水,舟船必将成为特别需要的商品而涨价。大水时预备做车子的生意,亦同此理。也就是说,经商要具备长远的眼光,不能只顾眼前,而更要掌握未来的趋向。

其次,计倪以天道推论人事,从中演绎出一条基本的商品价值规律,即"贵贱论"。他说:"论其有余不足,则知贵贱。贵上极则反贱,贱下极则反贵。贵出

---

① 《越绝书·越绝计倪内经》。

② 《吴越春秋·句践归国外传》。

③ 上引均见《越绝书·越绝计倪内经》。

如粪土,贱取如珠玉。"他认为,商品价格涨落的内在规律在于市场供求发生变化,故要求根据市场供求关系来推断价格的涨跌。当商品价格上涨到一定程度,就应该把它像粪土那样毫不吝惜地及时抛出;而在商品价格相当低贱时,则又应把它视作珠玉那样大胆地收进。所谓"贵上极则反贱,贱下极则反贵",正是宇宙法则在经济领域中的具体运用。

其三,计倪还主张"农末俱利,平粜齐物"的"平粜法",也就是摆正"本"(农)与"末"(商)的位置。他说:"夫粜,二十病农,九十病末。末病则财不出,农病则草不辟矣。上不过八十,下不减三十,则农末俱利,平粜齐物,关市不乏,治国之道也。"这是说,如果一石谷价二十钱,农民就要吃亏;价九十钱,商人就要吃亏。农民吃亏了,田地就会荒芜;商人吃亏了,就会影响商品流通。所以必须把粮价保持在每石三十至八十钱之间,使农和商都有利益,才有利于经济的发展。若要保持这样的价格,主要是"平粜",即明码标价,价格公平合理,促进"齐物",使各业平衡发展。这条"本末并重"的理论,一直为历代浙江学者所继承。

其四,计倪还认识到商品、货币的周转时间与利润的大小有密切关系。周转愈短,增利就愈大。因而他提出"财币欲其行如流水"①,切不可把货币滞压在手中,久"息币则无利";也不可囤积居奇,贪图过分的高价,即"无敢居奇",高额利润应从加速商品周转中实现。

计倪的经济理论,推进了商品经济的蓬勃发展。《史记·货殖列传》载,句践用计然之策,"修之十年,国富,厚赂战士,士赴矢石,如渴得饮,遂报强吴,观兵中国,称号'五霸'"。

越王勾践"卧薪尝胆",体现了忍辱负重、自强不息的奋发进取精神;"十年生聚,十年教训",体现了以民为本、注重民生素质的爱民精神;越国大夫范蠡、文种、计倪为勾践"兴越灭吴"而出谋划策,体现了积极入世、经世致用的创业精神。其中由范蠡从全局出发制定了大政方针;由文种和计倪分别在政治和经济两方面制定并落实具体措施。三人共同配合,为越王句践制定了图强兴霸的策略。而范蠡的功成身退,经商成功,则体现了审时度势、本末兼重的开拓精神;而其生财有道,散财于民,更体现了其富而好德、回馈社会的崇高精神。正是由大禹、勾践、范蠡、文种、计倪等古圣先贤所首创的人文精神,才开启了浙江学术所蕴含的经世致用的基本精神。

---

① 上引均见《史记·货殖列传》。

第二章　王充的实事疾妄之学

秦并六国,汉承秦制,大儒董仲舒为了适应中央集权的大一统形势,把先秦原儒中本来具有的民主性内容加以淡化,而把诸子百家特别是法家、阴阳家学说中有利于专制统治的内容吸收到儒学之内。于是汉武帝提出了"罢黜百家,独尊儒术"的政策。从此这种阳儒阴法的儒学就成为整个专制时代的指导思想。

董子从政治上树立君威和控制君权两方面的考虑,在阴阳家学说和谶纬迷信之学的基础上创建"天人感应论"和"神学目的论",流行于汉代。然而从学术上说,这些谶纬迷信之说既违背先秦原儒思想也违背常理。于是,会稽著名学者王充从学术研究出发,以"实事疾妄"为纲领,对这些谶纬迷信之说进行了严厉的批判,从而建立了自己独树一帜的思想体系,成为浙江学术史上第一个具有系统理论体系的学者,奠定了浙学求真务实和敢于批判的总体特色。

第一节　生平著述和学术背景

王充(27—约97),字仲任,东汉会稽上虞人。祖籍魏郡元城(今河北大名),因世有军功,封于会稽阳亭,乃家于此,以农桑为业。因父辈游侠仗义,结怨豪家,故又徙居上虞。少孤,乡里称孝。被荐赴京受业于太学,师事儒学大师班彪学《论语》《尚书》。又博览群书,精通百家之言。但对当时流行的附会儒经的谶纬之学极为反感,认为都是"伪书俗文,多不实诚","俗儒守文,多失其真",因而谢师归家"屏居教授"。在此期间,也曾担任过椽、功曹、从事、治中等幕僚属吏之类差事,因与当道不合而"自免还家"。此后一直独立从事专门研究和著述。晚年,为同郡友人谢夷吾所荐,章帝曾特诏公车征用,然已病不能行。著有《论衡》八十五篇,今存八十四篇;另有《讥俗》《政务》《养性》三种,已佚。故现在对王充进行学术研究,都根据《论衡》一书。

王充生活在东汉前期,历经光武、明帝、章帝、和帝四帝。当时在政治上,正处于国家兴盛,社会相对安定时期;而在学术界,汉代正统儒者为了适应大一统的局势,以先秦儒学为主导,并揉合阴阳方术,统驭百家之言,制造出一个谶纬神学体系,借尊崇儒家经典的名义而附会杜撰为谶纬迷信之学,因而普遍流行着君权神授的"天人感应论"和"神学目的论"。

西汉大儒董仲舒为了适应中央集权的大一统形势,把先秦原儒的内容加以改造,使之成为整个专制时代的指导思想。他在改造儒学的过程中,把先秦原儒中本有的民主性精华加以淡化,而把商周以来的有神论天道观加以系统化而成"天人感应论"。他宣称天是有意志的至高无上的神,自然界日月星辰的运行,四时寒暑的更替,以及社会国家的治乱兴衰,都是上天意志的表现。皇帝秉承天命治理百姓,就必须体认天有好生之德的精神而怀有仁心,施行仁政,才能获得天的认可而使国家保持长治久安。据此,现代学者一般都指责董仲舒的天人感应论是完全为专制统治者服务的欺骗人民的学说,其实,这一观点有失片面。

董子作为一代大儒和政治家,自然以济世安民为己任。所以,他的天人感应论实际上具有两方面的作用。一方面为了维护汉代大一统国家的永久安定,必须加强君的权威;而另一方面,又应防止君权无限制的过分独裁骄纵而丧失民心,必须在一定程度内限制君权。君权之难以控制,一直是儒家为政的一桩心病,因而在这方面,儒家动用了各种方式:一是借重历史直笔的作用,所谓"左史记言,右史记事",使皇帝对历史记载有所顾忌;二是鼓励忠臣进谏和歌颂明君纳谏来诱导皇帝获得贤君之名;三是神道设教,利用灾祥之说以使皇帝对上天有所敬畏。董子的天人感应论就是神道设教之意,既提高了君的权威,又收到了控制君权的效果。尽管这种效果是极其微弱的,但不能不说是董子的一片苦心。王充在《对作》篇亦云:"董仲舒作道术之书,颇言灾异,政治所失,书成文具,表在汉室。"所以,从政治上说,天人感应论确实在一定程度上起到了控制君权的作用;但从学术上说,确实是非常虚诞而具有欺骗性的,因为它既欺骗了百姓同时也欺骗了皇帝。王充从学术上求真务实的原则出发,以探索天道自然无为的真面目,对天人感应论进行无情的批判,当然是值得肯定的。

"谶纬"是谶语和纬书的合称,是盛行于东汉时期的一种宣扬宗教迷信的社会思潮。《四库提要》谓:"谶,诡为隐语,预决吉凶";"纬者,经之支流,衍及旁义"。谶,即巫师或方士借经义编造出来的预决吉凶的预言;纬,即与儒家经书相对应的、以术数占验等手段附会经典的书。谶起于秦,始皇时有"亡秦者胡也"即为谶语。两汉之际,王莽"改制",光武"中兴",都曾以谶纬迷信作为神学依据。光武"宣布图谶于天下",谶纬之风遂盛,并在思想上可与今、古文经学并立。谶与纬原非一类,至汉代渐趋合流,酿成社会思潮;谶纬更非原儒思想,而且违背经义,但因其盛行于儒家经典被神圣化之后,故虽以妖妄不经之语解释经义,却仍托孔子之名而大行其道。当时经学家多兼习谶纬。东汉章帝"亲制临决"所撰《白虎通义》虽倡经学,却仍"傅以谶记,援纬证经",以谶纬附会儒家经义,使谶纬与经学杂糅结合,乃成为社会上各种政治力量相互斗争的思想武器。谶纬之学虽然假托儒家经典立论,而实际上则完全是违背儒家经典的伪作。

王充的学说,正是有志于批判天人感应论和神学目的论所依据的谶纬迷信之学而创建的。在政治上,他以经世致用的目标为指导,从社会发展的事实出发,对汉代的制度和功业基本上予以肯定;而在学术上,则以肯定自然无为的天道观为理论基础,发扬"疾虚妄"的批判精神,对当时所流行的天人感应论、神学目的论以及谶纬迷信等伪作给予严厉的批判,以还经典的本来面目,这确实是学术上的巨大贡献。这就是王充"实事疾妄"的求真务实之学。

第二节　天道观和人道观

王充的天道观直接源于《易传》和《荀子·天论》。他认为,天地自然界是没有意志的,所以它的运行是自然无为的;而人则是有意志的,因而他们的行动是主动有为的。天道本身虽自然无为,然而它的不断运行的现象,则足以启发人类自强不息的有为精神。

一　自然无为的天道观

王充学说的立足之处，在于元气自然论："万物之生，皆禀元气。"①他认为宇宙的本原是元气。其《谈天》云："天地，含气之自然也。"又云："说《易》者曰：'元气未分，浑沌为一。'儒书又言：'溟涬濛澒，气未分之类也；及其分离，清者为天，浊者为地。'"并断言云："儒书之言，殆有所见。"而"气"又是天地万物原始的物质基础。而且他又把天看成与地同为物质的实体。其《祀义》云："夫天者，体也，与地同。天有列宿，地有宅舍。宅舍附地之体，列宿着天之形。"由此可见，王充认为天地是由元气所构成，天地形成之后，又充满着化生万物的元气。

王充还认为气是无限的，不生不灭的；因而天地也是无限的，不生不灭的。《道虚》云："天地不生，故不死；阴阳不生，故不死。死者，生之效；生者，死之验也。夫有始者必有终，有终者必有始。惟无终始者，乃长生不死。"从而否定了天有生命、有意志之说。

王充认为，天地的运行和生人生物并无预定的目的。其《道虚》云："夫天道自然，自然无为。"《自然》云："天之动行也，施气也，体动气乃出，物乃生矣。……天动不欲以生物，而物自生，此则自然也；施气不欲为物，而物自为，此则无为也。"又云："天道无为，故春不为生，而夏不为长，秋不为成，冬不为藏。阳气自出，物自生长；阴气自起，物自成藏。"这是说，一年四季的变化并无预定的目的。《命禄》云："日朝出而暮入，非求之也，天道自然。"这是说，一天时辰的变化也无预定的目的。其《自然》云："天地合气，万物自生，犹夫妇合气，子自生矣。""夫天覆于上，地偃于下，下气蒸上，上气降下，万物自生其中间矣。"这是说，天地生人生物也无预定的目的。在万物当中，"谷愈饥而丝麻救寒"，"物自生而人衣食之"，天地生物并无目的，"人衣食之"乃人的需求。总之，天地生人生物是一个自然的过程，并无一个最高主宰在那里安排。

因而王充认为，无为而有为的，只是气。其《自然》云："谓天自然无为者何？气也。恬淡无欲，无为无事者也。"然而这种气又是无不为的："故无为之为大矣！"这里，王充否定了道家"道生天地"的观点，但肯定了道家"天地无为"的观点。其《谴告》云："夫天道，自然也，无为。……黄老之家，论说天道，复勘人实矣。"然而，他又指出道家忽视了"人道有为"的作用。其《自然》云："道家论自

<hr />

① 王充《论衡·言毒》。

然,不知引物事以验其言行,故自然之说未见信也。然虽自然,亦须有为辅助。耒耜耕耘,因春播种者,人为之也;及谷入地,日夜长大,人不能为也;或为之者,败之道也。"天道无为,人道有为;人道有为,又必须利用天道无为,才能达到其预期的目的。

他又认为,自然界万物的多样性,是由于禀受"元气"的厚薄精粗不同而造成。其《物势》谓万物"因气而生,种类相产";《无形》则谓"气性不均,则于体不同","禀性受气"不同,而发生形体上的差别。

天人感应论的表现形式主要是符瑞和灾异。王充从"天道自然而无为"的观点出发,对当时流行的天人感应论如符瑞、灾异、风水、卜筮、祭祀、厌胜、祈禳、解除、谴告、求雨、恐雷、拜龙等迷信现象作了严厉的批判。其《自然》云:"夫天无为,故不言,灾变时至,气自为之。夫天地不能为,亦不能知也。"《变虚》云:"人不晓天所为,天安能知人所行?"《明雩》云:"夫人不能以行感天,天亦不随行而应人。"这是说,人与天是互不相知的。这就从根本上否定了天人感应论的依据。故其《顺鼓》云:"久雨不霁,试使人君高枕安卧,雨犹自止;止久至于太旱,试使君高枕安卧,旱犹自雨。何则?阳极反阴,阴极反阳。"《变动》云:"寒温之气,系于天地,而统于阴阳,人事国政安能动之?"晴与雨用不着人去求,寒与温也与政治无关。《谴告》云:"夫天道,自然也,无为。如谴告人,是有为,非自然也。"《指瑞》云:"人不能知鸟兽,鸟兽亦不能知人,两不能相知。"天根本不会谴告人,而所谓麒麟、凤凰献瑞都是谎话。

汉儒把日月说成君臣关系,日月食就表示"三纲"失序。王充在《说日》指出:"大率四十一、二月,日一食;百八十日,月一蚀。"《治期》云:"食有常数,不在政治。"日月食是有规律可寻的自然现象。

其《讥日》云:"百祀无鬼,死人无知。百祀报功,示不忘德;死如事生,示不背亡。祭之无福,不祭无祸。祭与不祭,尚无祸福,况日之吉凶,何能损益?"《解除》云:"如祭祀可以得福,解除可以去凶,则王者可竭天下之财,以兴延期之祀;富家翁姬可求解除之福,以取逾世之寿。"祭祀择日乃是迷信,解除去凶、祭祀求福,都是无益的行为。

王充还提出了生与死的关系。因为他认为"天地不生,故不死",而"人,物也,禀天地阴阳之气以生",所以人有生必有死。又从生理上论证了人有生必有死的道理。其《论死》云:"五常之气所以在人者,以五脏在形中也。……人死,五脏腐朽,腐朽则五常无所托矣,所用藏智者已败矣,所用为智者已去矣。形须气而成,气须形而知。天下无独燃之火,世间安得有无体独知之精?"对于形体与精神的关系,王充认为形亡则神灭。故《论死》又云:"人之所以生者,精气也,死而精气灭;能为精气者,血脉也,人死血脉竭。竭而精气灭,灭而形体朽,朽而成灰土,何用为鬼?"这里,他指出了精气对五脏、血脉,血脉对形体的依存关系。又云:"计今人之数不若死者多,如人死辄为鬼,则道路之上,一步一鬼也。人且死见鬼,宜见数百千万,满堂盈庭,填塞巷路,不宜徒见一两人也。"世上本来无鬼,为何又有人见鬼呢? 其《订鬼》云:"人病则忧惧,忧惧则鬼出。……畏惧则存想,存想则目虚见。"病人心中有鬼,所以才见鬼。

二　主动有为的人道观

王充认为,人道与天道之自然无为不同,而是主动有为的,而其主动有为的实质,则在于人的才智高下、贤愚善恶,都可由后天培养而得。虽然每个人的禀赋都由先天所定,但都可以通过后天的努力加以改变,这就体现了人的主动有为的本质。正因为如此,教育和修养才具有实际的意义。

其《自然》云:"物自生,子自成,天地父母何与知哉! 及其生也,人道有教训之义;天道无为,听恣其性。"人道和天道是相济相成的,天道的"无为之为"虽大,也须有人道的"有为辅助",才能成其功。"万物之生,含血之类,知饥知寒,见五谷可食,取而食之;见丝麻可衣,取而衣之。……谷愈饥而丝麻救寒,故人食谷衣丝麻也。"这里,"知饥知寒"是其自然本性,而"教训之义"则是可以主动有为而加以改变的社会功能。

王充认为人之寿夭,在于禀气之强弱。其《无形》云:"人禀元气于天,各受寿夭之命,以立长短之形。"《气寿》云:"人之禀气,或充实而坚强,或虚劣而软弱。充实坚强,其年寿;虚劣软弱,失弃其身。"又云:"夫禀气渥则其体强,体强则其命长;气薄则其体弱,体弱则命短。"

王充认为,人和物都是禀天地之元气以生,其《道虚》云:"夫人,物也。虽贵为王侯,性不异于物。"他所谓的性,包括生理与意识两个方面。

从生理方面看,人和物不同,是由于"人物受性有厚薄"之异;人是禀天地之"正气"以生,物是禀天地之"偏气"以生。同是为人,也有善恶的不同,这是由于所禀之气有善恶之异。其《本性》云:"人禀天地之性,怀五常之气,或仁或义,性术乖也;动作趋翔,或重或轻,性识诡也;面色或白或黑,身形或长或短,至老极死不可变易,天性然也。"

王充在《率性》篇云："论人之性,定有善有恶。其善者,因自善矣;其恶者,故可教告率勉,使之为善。凡人君父审观臣子之性,善则养育功率,无令近恶;近恶则辅保禁防,令渐于善。善渐于恶,恶化于善,成为性行。"《本性》篇云："情性者,人治之本,礼乐所由生也。故原情性之极,礼为之防,乐为之节。性有卑谦辞让,故制礼以适其宜;情有好恶喜怒哀乐,故作乐以通其敬。礼所以制,乐所以作者,情与性也。"关于人性,王充认为孟子、荀子和扬子关于人性善恶的说法都有片面性,"唯世硕、公孙尼子之徒颇得其正"。"周人世硕,以为人性有善有恶。举人之善性,养而致之则善长;性恶,养而致之则恶长。如此,则情性各有阴阳,善恶在所养焉。……宓子贱、漆雕开、公孙尼子之徒,亦论情性,与世子相出入,皆言性有善有恶。"故在《本性篇》提出了自己的"人性三品"说:"余固以孟轲言人性善者,中人以上者也;孙卿言人性恶者,中人以下者也;扬雄言人性善恶混者,中人也。若反经合道,则可以为教;尽性之理,则未也。"并任为:"人性有善有恶,犹人才有高有下也。高不可下,下不可高。谓性无善恶,是谓人才无高下也。禀性受命,同一实也。命有贵贱,性有善恶。谓性无善恶,是谓人命无贵贱也。"他把"人性"和"人才"相提并论,是把性看作一种素材和资质,通过教育、培养,才能成才。素质好,教育、培养较易;反之则必须多下工夫,也能成才。而实际上,他把人性之善恶与人才之高下相比而谈,还是有待商榷的。

王充又认为,培养人性需要学和习。学的内容是"圣人之教"。《率性》云:"不患性恶,患其不服圣教。"习,是指习染。其《程材》云:"蓬生麻间,不扶自直;白纱入缁,不染自黑。此言所习善恶,变易质性也。"并举儒生与文吏为例:"儒生之性,非能皆善也,被服圣教,日夜讽咏,得圣人之操矣;文吏幼则笔墨,手习而行,无篇章之诵,不闻仁义之语,长大成吏,舞文巧法,徇私为己,勉赴权利,考事则受赂,临民则采渔,处右则弄权,率上则卖将,一旦在位,鲜冠利剑,一岁典职,田宅并兼,性非皆恶,所以为者违圣教也。"故王充认为,人性是可以改造的。其《量知》云:"夫儒生之所以过文吏者,学问日多,简练其性,雕琢其材也。故夫学者所以反情治性,尽材成德也。"故王充特别强调后天的磨练,并加以多番比喻:"骨曰切,象曰瑳,玉曰琢,石曰磨,切瑳琢磨,乃成宝器。人之学问知能成就,犹骨象玉石切瑳琢磨也。""谷之始熟曰粟。舂之于臼,簸其秕糠,蒸之于甑,爨之以火,成熟为饭,乃甘可食。……夫人之不学,犹谷未成粟,米未为饭也。""不入师门,无经传之教,以郁朴之实,不晓礼义,立之朝庭,植笋树表之类也,其何益哉!"因而王充认为,人之资质虽有高下之分,而能否成才,主要还在于后天的培养与教育。

对于人的才能上的差异，王充认为是后天形成的。其《实知》云："人才有高下，知物由学，学之乃知，不问不识。""实者，圣贤不能性知，须任耳目以定情实。其任耳目也，可知之事，思之辄决；不可知之事，待问乃解。"又云："以今论之，故夫可知之事者，思虑所能见也；不可知之事，不学不问不能知也。不学自知，不问自晓，古今行事，未之有也。故智能之士，不学不成，不问不知。"即后天的"学"和"问"决定了人们的才能。即使是所谓"圣者"，也是靠"学以圣的"。既然圣人是由学问而成的道德智能之士，那么，每个人只要勤奋学习，持之以恒，就都可以成为圣人。

王充还认为，由"任耳目"所得的学问，还需提高到"以心意议"，亦即由感性认识提升到理性认识。其《薄葬》云："通人知士，虽博览古今，窥涉百家，条入叶贯，不能审知。唯圣心贤意，方比物类，为能实之。夫论不留心澄意，苟以外效立事是非，信闻见于外，不铨订于内，是用耳目论，不以心意议也。夫以耳目论，则以虚象为言；虚象效，则以实事为非。是故是非者，不徒耳目，必开心意。"圣人就是在感性认识的基础上善于运用理性思维的人。故《知实》云："圣人据象兆，原物类，意而得之。其见变名物，博学而识之。巧商而善意，广见而多记，由微见较，若揆之今睹千载，所谓智如渊海。孔子见窍睹微，思虑洞达，材智兼倍，强力不倦，超逾伦等，耳目非有达视之明，知人所不知之状也。"圣人的道德智能虽然高于常人，但常人只要加以学习，也是可以达到的。

第三节　政治观和历史观

王充原著有《政务》一书，大概是专为论述施政致治之道而作，惜已失传。在《论衡·对作》篇有云："《政务》言治民之道"，"《政务》为郡国守相、县邑令长陈通政事，所当尚务，欲令全民立化，奉称国恩。"《自纪》云："闵人君之政，徒欲治人，不得其宜，不晓其务，愁精苦思，不睹所趋，故作《政务》之书。"看来主要是向国君与各级执政者陈述为政之道。而在所存《论衡》一书中，正面提出政治主张的内容并不多，本书兹试作简要的陈述。

在政治上，《宣汉》云："夫太平以治定为效，百姓以安乐为符。孔子曰：'修己以安百姓，尧舜其犹病诸。'百姓安者，太平之验也。夫治人以人为主，百姓安而阴阳和,阴阳和则万物育,万物育则奇瑞出。……是故王道立事以实,不必具验;圣王治世期于平安,不须符瑞。"《定贤》主张贤者"治家亲戚有伦,治国则尊卑有序"。这显然体现了家齐而后国治之意。

《非韩》云:"国之所以存者,礼义也。民无礼义,倾国危主。今儒者之操,重礼爱义,率无礼之士,激无义之人。人民为善,爱其主上,此亦有益也。""治国之道,所养有二:一曰养德,二曰养力。养德者,养名高之人,以示能敬贤;养力者,养气力之士,以明能用兵。此所谓文武张设,德力具足者也。事或可以德怀,或可以力摧。外以德自立,内以力自备。慕德者不战而服,犯德者畏兵而却。徐偃王修行仁义,陆地朝者三十二国,强楚闻之,举兵而灭之。此有德守,无力备者也。夫德不可独任以治国,力不可直任以御敌也。韩子之术不养德,偃王之操不任力。二者偏驳,各有不足。偃王有无力之祸,知韩子必有无德之患。"这是强调治国对于"养德"和"养力"必须并重而不可偏废的思想。

在历史观方面,王充针对汉儒颂古非今,提出了一些历史进化观点;又针对汉儒的历史循环论,提出了自然主义的社会治乱观。

首先,王充在《齐世》篇中对汉儒颂古非今的现象作了揭示:"述事者好高古而下今,贵所闻而贱所见,辩士则谈其久者,文人则著其远者。""比喻之证,上则求虞夏,二则索殷周;秦汉之际,功奇行殊,犹以为后;又况当今在百代之下,言事者目亲见之乎!"针对这种风气,王充进行了批判:"世论桀纣之恶甚于亡秦,实事者谓亡秦恶甚于桀纣。秦、汉善恶相反,犹尧舜、桀纣相违也。亡秦与汉,皆在后世。亡秦恶甚于桀纣,则亦知大汉之德不劣于唐虞也。唐之万国,固增而非实者也;有虞之凤凰,宣帝已五致之矣;孝明帝符瑞并至。夫德优故有瑞,瑞钧则功不相下。宣帝、孝明如劣,不及尧舜,何以能致尧舜之瑞?光武皇帝龙兴凤举,取天下若拾遗,何以不及殷汤、周武?"故《须颂》篇自谓:"《宣汉》之篇,论汉已有圣帝,治已太平;《恢国》之篇,极论汉德非常,实然乃在百代之上。"其《宣汉》云:"汉之高祖、光武,周之文武也;文帝、武帝、宣帝、孝明、今上,过周之成、康、宣王。"王充这样说,虽有避免"造作之罪"的成分,但是,说汉代超过了古代,也是符合事实的。正如他紧接着说:"非以身生汉世,可褒增颂叹,以求媚称也;核事理之情,定说者之实也。"这里,王充还专作说明,他之所以"高汉于周",并非讨好当代,而是核定事理所作出的结论。于是他又云:"周时仅治五千里内,汉氏廓土收荒服之外。……古之戎狄,今为中国;古之裸人,今被朝服;古之露首,今冠章甫;古之跣跗,今履高舄。……夫实德化则周不能过汉,论符瑞则汉盛于周,度土境则周狭于汉,汉何以不如周?"故在《恢国》篇中历举史实以论汉盛于周之义。王充从"实事"出发,对所处的东汉前期的比较发展的生产力和安定的社会生活深表赞同,对汉代在历史上所起的进步作用表示肯定。

其次,王充不仅从朝代上说明今胜于古,而且还肯定了社会物质生活的进步。其《齐世》云:"上世何以质朴?下世何以文薄?彼见上世之民,饮血茹毛,无五谷之食;后世穿地为井,耕土种谷,饮井食粟,有水火之调。又见上古岩居穴处,衣禽兽之皮;后世易以宫室,有布帛之饰。则谓上世质朴,下世文薄矣。"王充认为,世人所谓上世人质朴,当时人奢华,实际上是物质生活改善所致,与人之道德没有关系。

其三,汉儒吸收了阴阳家邹衍的"五德终始"之说,认为每个朝代代表金、木、水、火、土中之一德,相克相胜;后来刘歆又宣扬赤统、黑统、白统之所谓"三统"说,朝代依此循环更替,周而复始。王充不赞同这些说法,而是以社会物质生活作为出发点,把社会治乱、朝代兴亡看成不依人的意志为转移的自然现象。其《治期》云:"夫世之所以为乱者,不以盗贼众多、兵革并起、民弃礼义、负畔其上乎?夫饥寒并至,而能无为非者寡;然则温饱并至,而能不为善者希。传曰:'仓廪实,民知礼节;衣食足,民知荣辱。'让生于有余,争起于不足。谷足食多,礼义之心生;礼丰义重,平安之基立矣。故饥岁之春,不食亲戚;穰岁之秋,召及四邻。不食亲戚,恶行也;召及四邻,善义也。为善恶之行,不在人质性,在于岁之饥穰。由此言之,礼义之行,在谷足也。"这里本来包含有很多合理成分,但在进一步探索这个问题时走向了极端。他认为,年成好坏,"非政所致,时数然也"。所以,社会的治乱就在于有无自然灾害,同人事国政毫无关系,"世治非贤圣之功,衰乱非无道之致"。"国当衰乱,贤圣不能盛;时当治,恶人不能乱。世之治乱,在时不在政;国之安危,在数不在教。贤不贤之君,明不明之政,无能损益。"王充还认为,社会的治乱是自然循环进行的,"昌必有衰,兴必有废"。国家有自然的命数,治世自然会出贤君,乱世自然要出恶君,一切都取决于自然之命。这样一来,完全否定了政治在社会治乱中所起的作用。这就难免陷入自然宿命论了。

第四节　实事疾妄的批判精神

王充在学术上建立起自己的天道观、人道观、政治观和历史观的基础上,进而发挥"实事疾妄"的求真务实精神,在深刻揭露和严厉批判各种谶纬学说的迷信虚妄之言的同时,从而形成了独树一帜的善于批判的学术体系。

王充的思想学说,作为一个独立的思想体系,在学术上有其自身的固有标准。他既立足于天道自然的实际情况,故对于社会人事,亦以求实、求是为基本目标。他崇尚实知、知实,故勇于疾虚妄、反增饰、批谴告、订鬼神,一切背离客观实际的言论、典籍,均在其抨击之列。

他对秦汉时代流行的思想学说,全然以自己坚定明朗的"求实"精神加以检验,合之者即予吸取,离之者即予批驳。汉代的天人感应说、神学目的论弥漫一时。王充面对这一现实,对于儒学的基本态度,就是进行合理的取舍和批判。其取得的成就是多方面的。这对儒学得以较为正常的发展产生了重大影响。

《论衡·佚文》云:"《诗》三百,一言以蔽之,曰'思无邪';《论衡》篇以十数,亦一言也,曰'疾虚妄'。"现代学者往往将"疾虚妄"作为王充学说的根本精神。但吴光先生认为这种看法有失片面,不足以全面反映其精神。因举《论衡·对作》篇王充自述其著作宗旨云:

> 是故《论衡》之造也,起众书并失实,虚妄之言胜真美也。故虚妄之语不黜,则华文不见息;华文放流,则实事不见用。故《论衡》者,所以铨轻重之言,立真伪之平,非苟调文饰辞为奇伟之观也。其本皆起人间有非,故尽思极心,以讥世俗。世俗之性,好奇怪之语,说虚妄之文。……是故才能之士,好谈论者,增益实事,为美盛之语;用笔墨者,造生空文,为虚妄之传。听者以为真然,说而不舍;览者以为实事,传而不绝。不绝,则文载竹帛之上;不舍,则误入贤者之耳。至或南面称师,赋奸伪之说;典城佩紫,读虚妄之书。……虚妄显于尊,实诚乱于伪,世人不悟,是非不定,紫朱杂厕,瓦玉集糅。以情言之,岂吾心所能忍哉!……故为《论衡》,文露而旨直,辞奸而情实。……实得,则上教从矣。冀悟迷惑之心,使知虚实之分。实虚之分定,而华伪之文灭;华

　　伪之文灭，则纯诚之化日以孽矣。

据此，吴先生认为："王充著书立说，是有感于当时各种经书传文荒唐失实，混淆与蒙蔽了历史与现实的真相；有感于各种华文虚言制造了迷信，颠倒了是非曲直，迷乱了世俗人心；有感于当政者遭蔽遇惑，不懂治国理政之道。总之，是为了评定虚实，匡正是非，启蒙解惑，治国化民。"故"在篇末画龙点睛地指出'《论衡》实事疾妄'，点明了全书的宗旨大纲，也恰当地概括了他的学说的根本特点。其'实事疾妄'包括两个基本方面：'实事'是立的方面，'疾妄'是破的方面"①。吴先生的这一阐述，是符合王充著书之本旨的。正如《对作》所云："《论衡》就世俗之书，订其真伪，辩其实虚。""论则考之以心，效之以事，浮虚之事，辄立证验。"所有这些，都体现了他的"实事疾妄"的本色。

　　其实，王充在建立天道观、人道观、政治观、历史观等方面，正体现了他遵循"实事"而进行"立"的方面；正是在这种"立"的基础上，才能合理地施展其"疾虚妄"的功用，充分发扬其敢于批判的精神。故在他的整个思想体系中，始终贯彻着"实事疾妄"这一求真务实而敢于批判的学术特色。

　　两汉之际，灾异迷信思想盛行，天人感应说、寒温谴告说、拜神求雨、指瑞祈祥，这些毫无根据的妄说居然占据了社会意识形态中的统治地位。《论衡》皆专文析论之。凡当时灾异迷信之所及，几乎无一可以逃脱王充的批驳。若以今日之科学衡之，其所批驳亦未必允当，然而他旗帜鲜明的求真、求实、求是的务实学风，相当全面而坚定的无神论思想，均给予神学迷信思想以沉重的打击。

　　其《对作》云："夫贤圣之兴文也，起事不空为，因因不妄作，作有益于化，化有补于正。"从实事疾妄的宗旨出发，王充承认孔子是"圣人"，孟子是"贤圣""大才"，但反对神化孔子；他继承了许多儒家的政治、伦理主张，但对孔孟的言论也敢于提出质疑。对于先秦的诸子百家，也作了实事求是的评判。

　　王充专门写有《实知》和《知实》两文以表明其实事疾妄的观点。其《实知》云："如无闻见，则无所状。""不目见口问，不能尽知也。""巢居者先知风，穴处者先知雨。""实者，圣贤不能性知，须任耳目以定情实。"又《超奇》云："入山见木，长短无所不知；入野见草，大小无所不识。"

---

　　① 吴光：《王充学说的根本特点——实事疾妄》，见上海古籍出版社2005年版《浙学研究集萃》68页。

王充在承认感觉经验重要性的基础上，又强调了"心意"即思维在认识中的作用。认为局限于感觉或经验，容易陷入谬误，如果"用耳目论，不以心意议"，即"学而不思"，可能会把假象当作真实，犯"以虚象为言"的错误。所以他认为，应在耳目直接见闻的基础上，经过思维活动"精思之"，方能认识"大"而"难"的事情。因此，认识必须经过"闻见于外"和"论订于内"两步，看到了感性认识与理性认识之间的关系。

在检验认识的标准问题上，认为"事有证验，以效实然"，"事莫明于有效，论莫定于有证"，反对不以实事作根据的"空说虚言"，主张用实际的"效验"来检查认识的真实性。《语增》云："凡天下之事，不可增损，考察前后，效验自列。自列，则是非之实有所定矣。"可见他很重视真实地反映客观情况。

在儒学至尊的两汉时代，《论衡》书中公然出现《问孔》《刺孟》的篇目，是需要勇气的。然而王充的"问"与"刺"，并非无原则的反对，而是依据一定的逻辑推断，追求事理的真与实。其《问孔》云：

> 世儒学者，好信师而是古，以为贤圣所言皆无非，专精讲习，不知难问。夫贤圣下笔造文，用意详审，尚未可谓尽得实，况仓卒吐言，安能皆是？不能皆是，时人不知难；或是，而意沉难见，时人不知问。案贤圣之言，上下多相违；其文，前后多相伐者，世之学者，不能知也。

有错误，就要辩难；有隐晦，就要诘问。如是，方可认清真理。对于孔子，亦当如此。"苟有不晓解之问，追难孔子，何伤于义？诚有传圣业之知，伐孔子之说，何逆于理？"王充并非不尊重孔子，他还是主张要"传圣业"的。然而，正因为要传圣业，所以他更认定：真知、真理高于孔子；为了追求真理、真知，完全可以诘难孔子。全篇诘问辩难约 20 余条，所辩未必尽当，但确实把问题引向了更深更细的层次。《刺孟》《非韩》亦属同类之作，为了追求真理，对任何人都不能盲目信从。

王充云："儒家之宗，孔子也；墨家之祖，墨翟也。且案儒道传而墨法废者，儒之道义可为，而墨之法议难从也。"[①]儒、墨并为显学，为何"儒道传而墨法废"呢？王充认为，原因正在于儒家学说在现实中具有可行性，而墨家学说则难以

---

① 王充《论衡·案书》。

实行。汉儒习五经,时人或以儒生不及文吏之材智,王充乃作专文为之辩难:

> 夫五经亦汉家所立,儒生善政大义,皆出其中,董仲舒表《春秋》之
> 义,稽合于律,无乖异者。然则《春秋》,汉之经,孔子制作,垂遗于汉。
> 论者徒尊法家,不高《春秋》,是暗蔽也。《春秋》五经,义相关穿,既是
> 《春秋》,不大五经,是不通也。五经以道为务,事不如道,道行事立,无
> 道不成。然则儒生所学者,道也;文吏所学者,事也。……道本与事末
> 比,定尊卑之高下,可得程矣。[①]

显然王充认为,儒家经典,为本根之道;法律文吏,为用世之事。"事"应该以
"道"为指导,方免失误。故其尊卑相异,不可同一视之。

当然,王充也并不认为五经完美无缺:"《易》据事象,《诗》采民以为篇,《乐》
须民欢,《礼》待民平。四经有据,篇章乃成。《尚书》《春秋》,采掇史记,史记兴,
无异书。以民事一意,六经之作皆有据。由是言之,书亦为本,经亦为末;末失
事实,本得道质。……知屋漏者在宇下,知政失者在草野,知经误者在诸子。诸
子尺书,文明实是。"[②]诸子虽居卑贱之位,却可纠正经典之失。

然而,王充对汉儒以"纬"解"经"则极为不满。其《正说》指出:"儒者说五
经,多失其实。前儒不见本末,空生虚说;后儒信前师之言,随旧述故,滑习辞
语。"以致"虚说传而不绝,实事没而不见,五经并失其实"。故对于当时的"谶书
纬文",王充认为那不过是预言吉凶祸福的巫师之作,必须予以鉴别而摒弃之。
其《书虚》云:"世信虚妄之书,以为载于竹帛上者,皆贤圣所传,无不然之事,故
信而是之,讽而读之;睹真是之传与虚妄之书相违,则并谓短书,不可信用。夫
幽冥之实尚可知,沉隐之情尚可定,显文露书,是非易见,笼总并传非实事,用精
不专,无思于事也。"

王充不仅批判汉儒,对先秦诸子也抱着批判的态度。其《虚书》云:"夫世间
传书诸子之语,多欲立奇造异。作惊目之论,以骇世俗之人;为谲诡之书,以著
殊异之名。"他指责墨家薄葬右鬼,自相矛盾;非难韩非,比之于舞文弄法的刀笔
吏。王充对于先秦诸子的批判,可谓颇得其要领。

---

① 王充《论衡·程材》。
② 王充《论衡·书解》。

由是观之,《论衡》之作,乃以立准则,辨是非为要义。故其《书虚》《变虚》《异虚》《感虚》《福虚》《祸虚》《龙虚》《雷虚》《道虚》等篇,均专门驳斥当时流传的各类虚妄之言;《语增》《儒增》《艺增》等篇,亦就经传书中增饰之语进行辨析。而其驳斥虚妄、辨析增饰的实质,则在于求真务实以期有利于经世致用的目标。这正是他在学术上的价值所在。

第五节 开创浙学之先驱

王充的《论衡》因为著书于越地,没有广为宣扬,故在当时并未发生多大影响。直至东汉末年始传入中原,逐渐引起重视。王充学说之所以能自成体系,主要在于他在治学上有其自己遵守的原则和有其取舍的标准。

王充推崇孔子,尊为"圣人",《别通》称之为"百世之圣"。《自纪》谓"可效仿者,莫过孔子";《超奇》看重孔子作《春秋》,以为"素王之业";《感虚》谓《春秋》"采善不逾其美,贬恶不溢其过"。继承了孔子主张养德、用贤、礼义和忧世济民,以及重祭祀而少言鬼神怪异等思想,但摒弃了孔子厚葬久丧的主张。《本性》篇部分地肯定孟子的性善说,而《刺孟》篇则批评其"五百年必有王者兴"的观点。《率性》篇受《荀子·劝学》的影响,承认后天学习对完善人性的作用,但对其性恶说则加以限制和批判。

对于汉代儒家,赞同董子的动机论,《定贤》谓"治不谋功","行不责效",以善心正言为准;又主张人性分上中下三等,与董子相合;又看重其政论,《案书》谓"仲舒之言道德政治,可嘉美也";但批判其天人感应论和谶纬之学。在哲学上最推崇的儒者是扬雄和桓谭。

王充明确表示自己的天道观以道家的理论为依据,但认为"道家论自然,不知引物事以验其言行,故自然之说未见信也",颇能切中道家的弱点。而王充的命定论则是受《庄子》绝对命定思想的影响。王充反对神仙思想,在《道虚》集中批判道家的宗教化倾向;《定贤》则批判道家消极避世的倾向。

王充肯定墨子的薄葬论和感觉论,反对他的天鬼论。王充善于运用逻辑方法证明或反驳,经常使用类比推理,亦与墨家的逻辑学有联系。

从总体上说,王充在学术上的贡献主要有如下几方面:

其一,在哲学上提出"气"的一元论。在先秦诸子中,道家以虚无之道作为宇宙之本源,其后黄老学派把虚无之道解释为精气,但对精气的解释仍然含混不清。王充首先明确提出"气"作为世界的本源。"气"分为阴阳,化为五行,形成天地,产生万物。一切皆本于"气",由"气"产生了一切。这样系统的"气"一元论以前是没有的,它在中国哲学史上产生了巨大的影响。

其二,在"气"一元论的基础上提出了彻底的无神论。在先秦诸子中,墨家是有神论者;儒家主张"敬鬼神而远之",不作明确判断;法家和黄老学派虽有一些无神论思想,但直到桓谭以前并未把无神论作为重要的理论问题。王充继承桓谭,发展了系统的无神论,并提出了形、神二者的关系问题,把无神论上升到哲学的高度。他的无神论为南北朝时的无神论者范缜的《神灭论》所继承,在中国思想史上起有巨大的积极作用。

其三,在认识论上,发展了唯物论的反映论。名实关系问题是先秦诸子中的重要问题,而如专论名实关系的名家,则走向了诡辩的极端。王充不仅驳斥了名家的诡辩,而且在反对先知和先验论的知识时,主张认识来源于实际,又为实际所验证,对唯物论的反映论作出了重大的发展。

其四,在方法论上,继承了先秦儒家的中庸之道,强调事物两端以及各方面的协调平衡。这对后世某些偏重一端而轻视另一端的失中现象,诸如重经轻史、重文轻道、重道德轻事功甚或兼轻知识等失去平衡的现象,起有矫偏救弊的作用,从而体现了"执两用中"和"和而不同"等法则的合理性。

以上所述,是就王充学说的总体贡献所产生的影响而言。但对于"浙学"来说,在上述总体成就的基础上,根据其崇尚实用的宗旨和追求平衡的原则,又有其较为特殊而具体的开创性意义。这主要体现在如下几方面:

其一,在治学目标上,崇尚经世致用,因而主张为政应"德"与"力"并重。其实孔子也曾提出过"有文事必有武备"的观点,故其《非韩》篇云:"徐偃王修行仁义,陆地朝者三十二国,强楚闻之,举兵而灭之。此有德守,无力备者也。夫德不可独任以治国,力不可直任以御敌也。韩子之术不养德,偃王之操不任力。二者偏驳,各有不足。偃王有无力之祸,知韩子必有无德之患。"他既总结了徐偃王"有德守"而"无力备"导致失国之祸的教训,也批判了韩子只任力而"不养德"的治国之道。这为浙学崇尚经世致用的事功之学指明了根据。

其二,在理论上,主张以求真、务实、求是为原则和方法。故在学术上强调理论要符合实际,以"实事"反对"虚妄",才能使学术发挥其实际的应用价值。这为浙学讲究求真务实的特色定下了基调。

其三，在以求真、务实、求是为原则的基础上，进而发扬"疾虚妄"的批判精神，对当时所流行的天人感应论、神学目的论以及谶纬迷信等荒诞不经之说进行了严厉的批判。这为浙学开启了敢于批判的精神。

其四，在学风上，王充博通百家之学而取其精华。其《自纪》自谓"淫读古文，甘闻异言"。《效力》赞扬文儒"怀先王之道，含百家之言"。《别通》强调博通，"通人胸中，怀百家之言"，"其于道术，无所不包"，"圣人之言，贤者之语，上自黄帝，下至秦汉，治国肥家之术，刺世讥俗之言，备矣"。《定贤》认为自己能总揽百家之学，"决错谬之言，定纷乱之事"。故其《论衡》远承先秦诸子之学，近接两汉儒道两大思潮，通过选择、融合而形成自具特色的学术体系。这一风格，直接开创了浙学兼容众说，不主一家的优良学风。

总之，王充是浙江具有系统性学术的先驱。他所主张的内圣与外王高度统一的经世致用思想，强调实事疾妄的求真务实原则和敢于反对迷信邪说的批判精神，提倡不主一家而各取其长的兼容学风等，都从理论上给浙学定下了基调，对浙江学者形成自具地域特色的学术思想起有巨大的作用。

第三章 秦汉六朝浙学综述

在秦汉大一统的政治格局下,随着北方士人的南迁和中原文化的南传,越国故地在继续保持越族文化基本精神的基础上,全面接受了中国主流文化——儒家文化的内容,从而形成了既具有中华民族普遍性而又具有地方特色的儒学。

第一节 南北文化之交流

秦始皇上会稽,祭大禹,立石刻颂秦德,确认越为禹之后,第一次实现了全国性的南北文化的交流。汉武帝时,司马迁上会稽,探禹穴,通过实地考察,从全国的历史层面确认越为禹之后,他说:"越王句践,其先禹之苗裔。"这是最早的学者有意识地把儒学带到了越地,实行了南北文化的交流。此后,南北文化交流日益频繁,促进了浙江学术的不断发展。

一 中原文化南传

西汉时期,虽然随着中原士人的南迁把儒家文化传入越地,但对越国故地大多数的居民来说,儒学的影响还是有限的。及东汉建立后,由于一些循吏重视兴建学校,优待士人,任用儒生,培养人才,移风易俗,越国故地北部逐渐开始形成尊重知识、尊重文化的社会风气。如东汉初年,会稽都尉任延一到任就聘请高行如董子仪、严子陵等,敬待以师友之礼。其间,一些循吏对辖区内的陋俗,区别情况,或兴学校以教化,或铲除以绝之。如建武二十九年(53),第五伦出任会稽太守,因越国故地俗多淫祀,好卜筮,乃"移书属县,晓告百姓,其巫祝有依托鬼神诈饰愚民,皆案论之"①。汉代官吏们都很重视儒学的传播。

儒家文化在越国故地的传播,首先是官吏教化,即由汉朝的循吏按照儒家礼治德化,对百姓进行教化,把中原的生活方式传播到这里;其次是家学渊源或师门授受,通过传承关系传授道德和知识;再次是通过文献传播,主要是儒家经典的南传,使故越地区都把儒家典籍作为主要的诵习内容。

现代学者陈寅恪曾指出:汉代"主要之士大夫,其出身则大抵为地方豪族,或间以小族,然绝大多数则为儒家之信徒。职是之故,其为学也,则从师受经,或游学京师,受业于太学之博士。其为人也,则以孝友礼法见称于宗族乡里。然后州郡牧守京师公卿加以征辟,终致通显。故其学为儒家之学,其行自必合儒家之道德标准,即仁孝廉让等是"②。

越地本来就具有虞舜的孝友遗风和徐偃王的仁义遗风,及至儒家的仁孝之风南传,互相融合,使得越地的仁孝之风较之其他地方更为浓厚。最早有秦代乌伤县(今义乌市)孝子颜乌,据南朝宋时刘敬叔《异苑》卷十载:"东阳颜乌,以纯孝著闻。后有群乌衔鼓,集颜所居之村,乌口皆伤。一境以为颜至孝,故慈乌来萃。衔鼓之兴,欲令聋者远闻。即于鼓处立县,而名为乌伤。王莽改为乌孝,以彰其行迹云。"后因"伤"字不祥,故改县名为"义乌"。

儒家提倡孝道,汉代更进而主张"以孝治天下"。故随着儒学南传,《孝经》开始在会稽郡流行。《孝经》云:"夫孝,始于事亲,中于事君,终于立身。""夫孝,德之本也,教之所由生也。"《论语》亦云:"孝悌也者,其为仁之本与!"在这种提倡"孝治"的风气下,虽远处东南边陲的会稽郡亦盛行忠孝之风。人们以讲究孝悌节义为荣,故以孝流芳百世者大有其人。

句章人董黯,字孝治,以孝名扬海内。据《会稽典录》载:"董黯家贫,采薪供养,得甘果,奔走以献母,母甚肥悦。邻人家富,有子不孝,母甚瘦。不孝子疾孝治母肥,常苦辱之,孝治不报。及母终,负土成坟,鸟兽助其悲号。丧竟,杀不孝子置冢前以祭。诣狱自系,会赦得免。"虞翻称"孝子句章董黯,尽心色养,丧致其哀,单身林野,鸟兽归怀,怨亲之辱,白日报仇,海内闻名,昭然光著"。董黯擅杀不孝子的行为实不足训,但他的孝行确实使人感动。

① 《后汉书》卷四一。
② 《金明馆丛稿初编》,上海古籍出版社1980年版,第42页。

　　会稽郡形成重孝好义之风,以传为虞舜故乡上虞县为最。这大概是虞舜的孝友遗风与儒家"孝悌为仁之本"之旨融合,相得而益彰所致。其最著者为孝女曹娥,以孝名列《后汉书·列女传》,成为浙江境内在正史中列传的第一个女子。其传云:

> 　　孝女曹娥者,会稽上虞人也。父盱,能弦歌,为巫祝。汉安二年五月五日,于县江溯涛婆婆迎神,溺死,不得尸骸。娥年十四,乃沿江号哭,昼夜不绝声,旬有七日,遂投江而死。至元嘉元年,县长度尚改葬娥于江南道旁,为立碑焉。

　　虞翻称"上虞女子曹娥,父溺江流,投水而死,立石碑纪,炳然著显"。又如魏朗之兄为乡人所杀,朗白昼操刃报仇于县中。朱俊"以孝养致名,为县门下书佐,好义轻财,乡闾敬之"[①]。孟尝"其先三世为郡吏,并伏节死难",而尝在仕郡为户曹史时,极力为受诬的孝妇申冤[②]。

　　除此之外,自秦以来延及三国吴,会稽郡以孝著称于世者尚有由拳人张武,富春人夏先,乌程人费汜、沈瑜,山阴人皮延、祁庚,上虞人樊正,余姚人虞国,吴宁人斯敦。贤女有松阳人柳朱,永宁人翟素等。

　　汉武帝"独尊儒术"以后,会稽郡的士人开始拜师受经。都城长安,尤其是太学则是会稽郡士人的主要受业之处。如西汉末年,余姚人严光与光武帝同游学,受业于长安。东汉,除了上虞人王充受业太学,师事班彪,还有山阴人赵晔到犍为资中诣杜抚受《韩诗》,长达20年之久;上虞人魏朗先在陈国从博士郤仲信学《春秋图纬》,后又诣太学受"五经";余姚人董昆,少游学,师事颍川荀季卿;会稽人周昕少游京师,师事太傅陈蕃,博览群书;由拳人张武至太学受业。此外,诸如《后汉书》的《循吏列传》载有上虞人孟尝,《酷吏列传》载有余姚人黄昌,《独行列传》载有上虞人戴就等,皆以业儒而著名。

　　汉平帝元始三年(3),始设学宫,郡(国)称学邑,侯国(县邑)称学校,各设经师一人,由德行学问皆高的名儒担任,传授启蒙识字的小学乃至《诗》《书》《礼》《易》《春秋》《孝经》《论语》等儒家经典。东汉时,山阴、上虞、余姚等县都有学

---

　　① 《后汉书》卷七一。
　　② 《后汉书》卷七六。

校。建武十一年(35),上虞已有书馆。据王充《论衡·自纪篇》载,王充"八岁出于书馆,书馆小僮百人以上"。可见当时书馆已成规模。根据王充自述的情况,当时教育儿童的学校,小孩入学先学识字写字,具备一定基础后再诵读儒家经书,经书读熟即算毕业,就可独立研究各种学问。王充弃官回上虞后,一面著述,一面收徒教授。曾官江夏太守的宋辅,于山阴县种山(亦名重山,即今卧龙山)设立学校讲学。余姚人黄昌,"本出孤微,居近学官,数见诸生修庠序之礼,因好之,遂就经学,又晓习文法,仕郡为决曹"①。会稽人韩说,博通五经,曾数陈灾眚,及奏赋、颂、连珠,参与朝廷正定六经文字。由此可见会稽郡当时儒学逐渐兴盛的趋势。

东汉和帝永元年间(89—105),张霸为会稽太守,表用郡人处士顾奉、公孙松等。顾奉后为颍川太守,公孙松为司隶校尉,并有显名。其余有业行者皆见擢用。郡中争厉志节,习经者以千数,道路但闻诵声。张霸在任三年,能使会稽郡出现如此好学读经氛围,与他本人就是一位经学大师分不开的。张霸曾"就长水校尉樊鯈受《严氏公羊春秋》,遂博览五经。诸生孙林、刘固、段著等慕之,各市宅其傍,以就学焉","以樊鯈删《严氏春秋》犹多繁辞,乃减定为二十万言,更名《张氏学》"②。故在会稽任上,遂能振起一郡之学风。即此可见,郡县长官对于经学和教育的重视,促进了文化教育的发展和儒学的兴盛。

东汉时,会稽郡的士大夫大多遵循礼法,以儒家思想作为精神支柱。从王充到赵晔、魏朗、韩说、虞翻等,莫不如此。

至东汉末年,一批北方儒生南下,经学在会稽等地进一步传播,促进了会稽儒学的发展。会稽、吴兴及吴郡钱塘县等地的儒学家们,为儒学的传承和发展起了重大的作用。

二　越文化北传

历经秦始皇亲上会稽祭大禹,司马迁上会稽探禹穴,吴越贤者编辑《越绝书》,山阴学者赵晔撰写《吴越春秋》,确立越国为夏禹之后,从而架构起越地历史时空,进而确认民族国家大一统的观念。人们将个人的命运、家庭的生活同地域的稳定与团结、国家的统一与安定联系在一起。儒家所主张的"修身、齐

---

① 《后汉书》卷七七。
② 《后汉书》卷三六。

家、治国、平天下"的系统理论,已成为故越地区士人的共识。

然而,源远流长的越文化对汉魏六朝中原文化思潮的影响,往往被后人所忽略。当时,中原士人以正统自居,对越地文化认识不足。越地一些儒者写出的迥异于中原文化特性、内容上博大精深、思想上无所顾忌的典籍,长期间保存在越地,没有流入中原。这主要基于历史原因和地域因素,早期的越文化有其相对的独立性,与中原文化的交流较少,远不如所谓西戎的秦文化、荆蛮的楚文化等与中原文化交流之频繁,但亦正因为如此,越文化的个性也就较为明显。

秦汉统一后,随着中原士人南迁和通过文献传播,越文化历经民族性转型,成为中华民族文化的一个区域性文化,主要也是儒家经典的南传,而越国故地的著述如王充的《论衡》等则一时难以北传,故当时南北之间实处于一种不对称的交流。迄东汉末年,以越地著作的传播为标志,成为越文化向中原传播的一个重要时期。在此期间,韩说和蔡邕两位著名学者从中起有巨大的作用。

韩说,山阴人。据《后汉书》卷八二所载,韩说博通五经,尤善图纬之学。举孝廉,数陈灾眚,及奏赋颂、连珠。稍迁侍中,与议郎蔡邕友善。灵帝熹平四年(175),与蔡邕等参与正定六经文字。光和元年(178)十月,言于帝,云其晦日必食,乞百官严装。帝从之,果如所言。中平二年(185)二月,又上封事,剋期宫中有灾,至日南宫大火。可见他把越地所重的天文学传到了中原。他又曾与马日䃅、蔡邕等并在东观,校中书五经记传,补续《汉纪》。后迁江夏太守。据此,韩说不仅精通儒家经典,而且对历法也有研究。作为一个来自越地的儒生,能够成为正定六经文字者之一,参与校中书五经记传,补续《汉纪》,其过程就是自身著述和思想传播的过程,也是越文化北传的过程。

蔡邕(133—192),字伯喈,陈留圉人。博学多才,精通经史、天文、音律、书法等。他曾从中原远游会稽,即广泛搜集和涉猎越地著述,并将之带回中原。于是,这些著作开始在中原传播,并因此而得以保存下来。诸如王充的《论衡》,尽管同乡谢夷吾对其评价甚高,但真正对其尊重的人还不多,其思想并未被当时越地的儒生广为接受。而蔡邕独具慧眼,将《论衡》携归中原。不过,开始时因厚爱而秘不示人,但由于他受《论衡》思想影响,中原士人明显觉察到他谈吐迥异于前,终于待到有人搜出《论衡》时,他还一再告诫,勿使随意扩散。然而在中原已经掀起的文化思潮背景下,这样一部足令中原士人耳目一新,内容涉及大量理论问题,特别是包括大量自然与社会知识的著作,一经传出,是不可能受到控制的。《论衡》终因蔡邕的携至中原而得以广泛传播开来。从蔡邕对《论衡》的珍视与《论衡》对蔡邕影响之深，足见《论衡》在蔡氏心目中的地位。此外，蔡邕在会稽还读到赵晔所著《诗细历神渊》，并认为长于《论衡》，蔡邕将之携回京师，广为学者所诵习。《诗细历神渊》惜已失传。

在当时造纸术刚刚发明，文献主要靠传抄的情况下，加上路途遥远，越地的著作尽管有很高的学术价值，但要向外传播实非易事。这需要具有高水平的有心人的搜求和传播。即此而言，王充、赵晔等人的著作能得以流传中原，蔡邕之功实不可没。而且，这些越人著作由于思想上标新立异，完全不同于独尊儒学文化氛围下的中原士人的著作，故传入中原后，恰如一股新鲜空气，吹进了比较沉闷的中原文化界，并对东汉末年中原士人心态的变化乃至后来魏晋玄学产生了深远的影响。

三　南北文化之融合

三国时期，以洛阳为中心的中原地区，逐渐兴起玄学之风。但在孙吴境内的故越地区，传承的仍然是汉代提倡的儒学；而汉代流行的天体学，依然为会稽士人所重视。经学与天体学的探讨相互交织一起。如余姚人虞翻承孟氏之学而注《易》，又通阴阳五行、天象历算，著有《周易集林律历》。其子虞耸有《穹天论》。吴兴人姚信既注《易》，又造《昕天论》。

孙吴时，山阴人阚泽家世农夫，至泽好学。居贫无资，常为人佣书，以供纸笔。所写既毕，诵书亦遍。追师论讲，究览群籍，兼通历数，由是显名。

西晋时期，以洛阳为中心的北方，玄学之风达到鼎盛，但在故越地区始终没有形成气候。忠孝之道依然是这里大多数名士的人格支柱。如山阴人孔愉，晋灭吴后被迫北迁洛阳，至惠帝末年才辗转返回会稽，乃一度入新安山中以稼穑读书为务。东晋初年苏峻乱中，孔愉身为太常，朝服守宗庙。事平之后，平南将军温峤握孔愉之手泣曰："天下丧乱，忠孝道废，能持古人之节，岁寒不凋者，唯君一人耳。"因而可以说，到两晋之交，南北文化基本上已达到持平状态。

晋室南渡，侨姓世族的名士一般热衷于玄学或佛理的探究，而会稽世族的儒者则热衷于经学和史学的钩沉。一般知识、思想、信仰的传播，依然从家庭启蒙教育开始，家庭启蒙教育则是儒家思想的灌输。故一般人所遵行的善恶伦理原则都是儒家的价值标准，而外来的佛教则通常只起有补充辅助的作用。故在东晋南朝时期，会稽的士人成为儒学的主体力量。如南朝时，余姚人虞龢，少好学，居贫屋漏，恐湿坟典，乃舒被覆书，书获全而被大湿，时人以比高风。盐官人顾欢家贫,父使驱田中雀,欢作《黄雀赋》而归,雀食过半。父怒,欲挞之,见赋乃止。乡中有学舍,欢贫无以受业,于舍壁后倚听,无遗忘者。八岁,诵《孝经》《诗经》《论语》。及长,笃志好学。母年老,躬耕诵书,夜则燃糠自照。

聚众讲学之风盛行,促进了知识传播和深化。如南朝宋时,沈麟士隐居武康县余不溪吴差山,讲经教授,从学者数十百人,各营屋宇,依止其侧。齐时,徐伯珍叔父璠之与颜延之友善,于家乡太末县祛蒙山立精舍讲授,伯珍往从学,积十年,究寻经史,游学者多依之;伯珍受业生凡千余人。钱唐人全缓治《周易》《老》《庄》,时人言玄者皆推之。

东晋时期,人们的思想和学术明显分成两个可以说是并行发展的体系,即侨人与土著体系。一方面,这里沿袭汉代的儒学传统,经学依然是人们世代相传的家学;同时,本土世族面对掌权的侨居世族,不得不对其行为举止加以留意,甚至出现模仿,从而引起这里民风和思想的变化。另一方面,侨居世族虽然为玄学所笼罩,但为了与本土世族的政治合作,也得兼顾本土世族的思想,如王导的学习吴语即系其例。于是,双方逐渐形成了融合之势。南朝,随着世族政治的式微,他们的思想和学术走向与本土士人的融合,儒家文化又逐渐趋于一统地位。

第二节　经学与儒学

六经本为儒家典籍,故经学即为儒学。然习惯所指又微有区别:言经学,则偏重六经文字本身的训诂之学;言儒学,则偏重六经义理之发挥。而汉魏六朝时期之儒者,既有六经训诂之作,又有发挥六经义理之作,或二者兼之,故本节以两者并列为题,以示训诂与义理兼容之义。

一　汉魏经学简述

自汉武帝"罢黜百家,独尊儒术"以来,随着朝廷对于孝道的倡导,乡里组织的建立与乡三老对于教化的掌管,官学和私学的并举与经学的盛行,越国故地的思想与文化在继续保持其本土独有精神的基础上,融入了儒家文化的大一统洪流之中。故儒家经典即成为读书人所诵习和研究的主要对象。

汉武帝时,有会稽人朱买臣通《春秋》,由庄助推荐,受武帝召见,说《春秋》,

言《楚辞》，武帝甚悦之，被拜为中大夫，与庄助俱为侍中。

东汉时，余姚人虞光自幼治孟氏《易》，平生讲学不辍，门徒常数百人。至三国时东吴名臣虞翻，已五世治《易》。

虞翻（164—233），字仲翔，余姚人。禀承家学，著有《易注》，主要存于李鼎祚《周易集解》之中，又清代学者多有辑佚之作。仲翔作为易学大家，对于汉代诸家如荀爽、马融、郑玄、宋忠等均有批评。他在上奏中有云：

> 臣闻六经之始，莫大阴阳，是以伏羲仰天垂象，而建八卦，观变动六爻为六十四，以通神明，以类万物。臣高祖父故零陵太守光，少治孟氏《易》，曾祖父故平舆令成，缵述其业，至臣祖父凤为之最密。臣亡考故日南太守歆，受本于凤，最有旧书，世传其业，至臣五世。前人通讲，多玩章句，虽有秘说，于经疏阔。臣……蒙先师之说，依经立注。……所览诸家解不离流俗，义有不当实，辄悉改定，以就其正。
>
> 经之大者，莫过于《易》。自汉初以来，海内英才，其读《易》者，解之率少。至孝灵之际，颍川荀谞号为知《易》，臣得其注，有愈俗儒，至所说西南得朋，东北丧朋，颠倒反逆，了不可知。……又南郡太守马融，名有俊才，其所解释，复不及谞。……若乃北海郑玄，南阳宋忠，虽各立注，忠小差玄而皆未得其门，难以示世。①

仲翔既陈说了其家五世治《易》的家学渊源，又对汉代治《易》诸家进行了批判。他又认为自己之所以注《易》，实出于对现实政治之关注，"孔子曰'乾元用九而天下治'，圣人南面，盖取诸《离》，斯诚天子所宜协阴阳、致麟凤之道矣"。即此可见其注《易》所具有的现实关怀。虞氏《易注》一出，即受到时人推重，并对后世形成巨大影响。如朱子《周易本义》即依据虞氏卦变说作《卦变图》加以发挥，清儒惠栋则推虞氏《易》为汉易之正宗。

仲翔又奏郑玄解《尚书》违失事目，举其误训多处，并谓"玄所注五经，违义尤甚者百六十七事，不可不正。行乎学校，传乎将来，臣窃耻之"。又谓宋氏解《玄》颇有谬错，更为立法，并著《明杨》《释宋》以理其滞。虞氏可谓开创了浙江学者治经的批判务实之风。

---

① 裴松之注《三国志》卷五七引《翻别传》。

虞氏为余姚世家大族,自东汉以来,历六朝,直至唐朝初年,文化名人辈出,著述宏富。大都博通诸经,而尤以《易》学著称于世。

曹魏则有山阴人阚泽,以经传文多,难得尽用,乃斟酌诸家,刊约《礼》文及诸注说以授二宫;每朝廷大议,经典所疑,辄咨访之。乃以儒学勤劳,封都乡侯。

东晋,以会稽郡儒学家为多,如贺循为当时儒宗,孔安国以儒素显,孔坦通《左氏传》,谢沈博学多识,明练经史;虞喜、虞预兄弟以儒学立名,虞喜入《晋书·儒林传》;杨方辄读五经,通儒经大义,受到贺循、虞喜、虞预的称美。

二 六朝儒学世家

六朝时期,今浙江境内出现众多儒学世家,除了余姚虞氏继续传承,尚有山阴贺氏、孔氏、谢氏、武康沈氏,盐官顾氏、钱唐范氏、朱氏、杜氏,太末徐氏等。各家名儒辈出,经学著作不断涌现。

山阴贺氏,其先世在汉代师事庆普学《礼》,即所谓庆氏学,自东汉以来一直为礼学世家。至晋代有贺循,博览众书,尤精礼传。晋室南渡,朝廷在礼制上有疑滞之处,皆咨之于贺循,循常依经礼而对,《晋书》卷六八称之"为当世儒宗"。南朝时,贺循曾孙贺道力善三《礼》,其子贺损亦传家学。贺损子贺玚炬硕儒,于《礼》尤精。天监四年(505),兼五经博士。贺玚子贺革、贺季并传父学,皆通三《礼》。贺玚侄贺琛幼时,玚授其经业,一闻便通义理,尤精三《礼》。贺文发、贺淹、贺德基三世业儒,世传《礼》学。

山阴孔氏,东晋时有孔安国,以儒素显;孔坦,通《左氏传》。南朝时有孔金,少师事何胤,通五经,尤明三《礼》《孝经》《论语》,讲说并数十遍,生徒数百人,三为五经博士。其子淑玄,颇涉文学,官至太学博士。金兄子元素,又善三《礼》,有盛名,早卒。又有孔子祛,通经术,尤明古文《尚书》,兼国子助教,讲授《尚书》,听者常数百人。梁武帝撰《五经讲疏》和《孔子正言》,专使子祛检阅群书以为义证。事竟,敕子祛与朱异、贺琛于士林馆递日执经。孔子云,博通诸经,官至五经博士。孔休源,就吴兴人沈麟士受经,略大义。

山阴谢氏,在南朝梁、陈之际有谢达为梁太学博士。其子谢岐,少机警,好学,见称于当时;谢峤,笃于学,为世通儒。

武康沈氏,儒学首推南朝宋、齐之际的沈麟士。宋元嘉末,文帝令尚书仆射何尚之抄撰五经,访举学士,武康县以沈麟士应选。梁时,沈峻师事沈麟士,在门下积年,遂博通五经,尤明三《礼》。当时,特精《周官》者唯沈峻一人。为国子助教时,开讲《周官》,群儒刘岩、沈宏、沈熊等并执经下坐,北面受业。天监四年(505),兼五经博士,于馆讲授,听者常数百人。弟子张及、孔子云等后来都为五经博士。其子沈文阿,少习父业,研精章句。祖舅太史叔明、舅王慧兴并通经术,而文阿颇传其学。又博采先儒异同,自为义疏。通三《礼》、三《传》,位列五经博士。及至陈时,仍为国子博士,撰《仪礼》八十余条,《春秋》《礼记》《孝经》《论语》义记七十余卷,《经典大义》十八卷,并行于时,儒者多传其学。沈山卿,梁时为国子博士。其子沈洙,精识强记,五经章句、诸子史书,问无不答,尤通三《礼》《春秋左氏传》。梁大同年间,学者多涉猎文史,不为章句,而洙独积思经术。

　　盐官顾氏,世代业儒,以顾欢、顾越为最著。顾欢,八岁能诵《孝经》《诗经》《论语》。二十多岁时,从豫章雷次宗咨玄儒诸义。顾越,所居新坡黄冈,世有乡校,由是顾氏多儒学。越家传儒学,并专门教授。越遍该经艺,深明《毛诗》,旁通异义。

　　钱唐范氏,孙吴时有范平,博览群书,而敦悦诸经,以儒学知名于世。吴兴人姚信、山阴人贺邵等皆从受业。卒谥文贞,贺循勒碑纪其德行,《晋书·儒林传》有传。其子三人,并以儒学为显官。南朝时有范述曾,从余杭人吕道惠受五经,略通章句。道惠学徒常有百数,独称述曾曰:"此子必为王者师。"齐文惠太子、竟陵文宣王幼时,高帝引述曾为之师友。注有《易·文言》。范悦之,以太学博士征,不至。其孙范元琰,好学,博通经史,兼精佛义。

　　钱唐朱氏,南朝梁时有朱异,遍治五经,尤明《礼》《易》。梁武帝召见,使说《孝经》《周易》之义,甚悦之,谓左右曰:"朱异实异。"后谓明山宾曰:"卿所举殊得其人。"仍召异直西省,继又兼太学博士。梁武帝自讲《孝经》,使异执读。大同六年(540),异启于仪贤堂奉述梁武帝《老子义》,敕许之。及就讲,朝士及道俗听者千余人,为一时之盛。时城西又开士林馆以延学士,异与贺琛递日述梁武帝《礼记中庸义》。皇太子又召异于玄圃讲《易》。撰有《礼易讲疏》及《仪注》。

　　钱唐杜氏,世代业儒,长于《礼》学。有杜之伟,专以三《礼》著称于世。

　　太末徐氏,齐时有徐伯珍,"征士沈俨造膝谈论,申以素交。吴郡顾欢摘出《尚书》滞义,伯珍训答甚有条理,儒者宗之"①。时有东阳郡人楼幼瑜,亦通儒学。

①　《南齐书》卷五四。

梁代,今浙江境内收入《梁书·儒林传》者有六人,山阴人孔佥、孔子祛、贺场及子贺革,武康人沈峻,乌程人太史叔明(沈峻舅)。

陈代,《陈书·儒林传》九人,属今浙江境内者七人。分别是武康人沈文阿、沈洙、沈不害,钱唐人全缓,盐官人戚衮、顾越,信安人郑灼。附传四人,属今浙江境内者二人,分别为吴兴人沈德威、会稽人贺德基。

三　儒学与道佛的辩论与交流

思想界的丰富多彩,是六朝文化的一大特征。晋室南渡以后,这里传统的经学仍是本土士人热衷的对象,而道教、佛教的传播发展,在意识形态上出现以儒学为主体的传统文化与外来文化佛教间既斗争又融合的局面。同时,围绕夷夏优劣、神灭与神不灭等,曾展开激烈的辩论。思辩之风盛行,这里的士人不少也参与了辩论。如当时儒者所宗的名士徐伯珍,亦佛亦道,"好释氏、老庄,兼明道术"。围绕这些问题展开的激烈辩论,其本身说明当时思想界的丰富多彩。

孔子在《春秋》中主张尊王攘夷,在《论语》中主张用夏变夷。到汉武帝罢黜百家,独尊儒术之后,严夷夏之分的看法也为一般社会所接受。东晋、南朝宋之际,夷夏问题因佛教的传播引起纷争。如谢灵运、顾欢可谓是当时之代表。

谢灵运(385—433),出生于会稽始宁(今上虞),东晋名相谢玄之孙。早年受玄学熏陶,长而兼信佛教。所著《辨宗论》认为夷夏之分为渐、顿之分。其曰:"华民易于见理,难于受教,故闭其累学,而开其一极;夷人易于受教,难于见理,故闭其顿了,而开其渐悟。渐悟虽可至,昧顿了之实;一极虽知寄,绝累学之冀。良由华人悟理无渐,而诬道无学;夷人悟理有学,而诬道有渐。"故认为渐与顿之辨为夷夏之辨。

本土的道教发展及其势力增强,严夷夏之分的儒家学说又变成了儒、道两家共同反对外来佛教的武器,特别是道教反对佛教尤为激烈。佛、道二家立教既异,学者互相非毁,而以顾欢著《夷夏论》掀起的一场夷夏之辩最为著名。

顾欢,字景怡,一字玄平,出身于盐官顾氏世家。前半生治儒学,注王弼《易》二《系》,撰有《尚书百问》和《毛诗集解叙义》等。隐居天台山,曾开馆聚徒讲学,受业者常近百人。晚年服食,事黄老,崇奉道教,是上清派的信奉者和重要传人,撰有《老子义纲》《老子义疏》。他见佛、道二教互相非毁,乃作《夷夏论》以论二教的是非和优劣。表面上虽然承认孔、老、佛同为圣人,而实际上却坚执夷夏界限来排斥佛教。他说道教是产生于华夏的圣教,佛教则是出于西戎的戎法。虽然二教皆可化俗,但只能各自适用于自己的国度,即道教适用于中国,佛教只适用于西戎。他指出,产生于西戎的佛法,有些思想是与中国的礼教不相容的。他认为佛教"下弃妻孥,上废宗祀。嗜欲之物,皆以礼伸;孝敬之典,独以法屈。悖礼犯顺,曾莫之觉。弱丧忘归,孰识其旧"? 意谓对一切鸟兽虫蚁皆以慈悲为怀,不得伤害,而唯独对父母不存孝敬之心,怎能适合华夏之民情? 因而他问:"舍华效夷,义将安取?"他还针对佛道二教信仰及其他特点论述了两者的差异,认为华夏之邦只能施行道教,不能述效戒法,佛教应该回到它的本土去。顾欢虽然名义上站在道教立场上反对佛教,实际上很多内容是运用了儒家尊王攘夷的理论。此论一出,立即遭到佛教徒及其信仰者的强烈反对,纷纷著文反驳,形成一场规模颇大的佛道辩论。

神灭与神不灭的论争,东晋以来已开始,到南朝梁时范缜《神灭论》出,儒、道两家与佛教的思想斗争达到了高潮。《神灭论》抓住了形神关系这一哲学的重大问题,以"形存则神存,形谢则神灭"的观点,对佛教的有神论进行了全面的批判,然而当时众僧难之而不能屈。在这场激烈的讨论中,今浙江境内的不少学者如沈约、丘仲孚、沈宏、沈绩、贺玚等都撰有《答释法云书〈难范缜神灭论〉》,站在范缜的对立面参与辩论。不论他们是主张有神还是无神,参与辩论本身就是当时思想活跃的标志。

传统的儒家思想、老庄思想对传入的佛教产生影响,使之成为中国式佛教。佛教"六家七宗"中,就具有儒学、玄学的思想和语言。到南朝梁、陈之世,今浙江境内逐渐形成了以儒家思想为主流,兼容道、佛二教的局面。

第三节　东汉时期的史志

孔子作《春秋》,虽以鲁纪年,实为东周二百余年间之编年史,而学者皆奉之为经。汉司马迁撰《史记》始创纪传体,后世因之,称为正史。又有诸侯国史如所谓晋之《乘》、楚之《梼杌》,则早已无考。今所存地方史志,当以东汉时越地贤者所著《越绝书》《吴越春秋》两书为最早,即此可见其价值。

东汉初,会稽郡出现了一部记载吴、越两国史地为主的地方性史籍《越绝》,后又称《越绝书》;稍后,又有一部记述吴、越两国兴衰历史的《吴越春秋》流行于越国故地。《越绝书》以资料赡富著称,《吴越春秋》以情节生动取胜。两部史书成为最早记载吴、越两国史实的地方史,也是中国历史上现存最早的地方史。这就开启了浙江学者的重史之风。

一 首部地方志书《越绝书》

《越绝书》本名《越绝》,据今人研究,"绝"字是古越语"记录、记载"之意。按《越绝书》首卷云:"何谓越绝? 越者,国之氏也。何以言之? 按《春秋》序齐鲁,皆以国为氏姓,是以明之。绝者,绝也,谓句践时也。……其后贤者辩士见夫子作《春秋》而略吴越,……盖要其意,览史记而述其事也。"据此,"越绝"当为越王句践时史事记录之意,即与《孟子·离娄下》所谓"晋之《乘》、楚之《梼杌》、鲁之《春秋》"同一类型,是越国史记的专名。六朝以后,越语中的"绝"字本义逐渐失传,又因当时的史籍往往以"书"为名,如《汉书》《后汉书》《晋书》《宋书》等,故在"越绝"后加"书"字而成《越绝书》,后世史志著录沿用至今。

《越绝书》作者,南朝梁时阮孝绪《七录》说"或云伍子胥撰",《隋书》《旧唐书》《新唐书》皆谓子贡撰,而唐司马贞《史记索隐》和宋陈振孙《直斋书录解题》则以《越绝书》记有吴越亡后之事,故对子贡所撰之说提出了怀疑。及明代杨慎则根据《越绝篇叙外传记》的一段隐语断定为会稽人袁康、吴平所撰。其实,《越绝外传本事》即有"非一人所作"之语。所以,可以认为,《越绝书》各篇的资料出于众手,最后由袁康、吴平整理成书。

《越绝书》卷数,《七录》《隋书》《旧唐书》《新唐书》皆作十六卷,《崇文总目》《宋史》作十五卷。据《崇文总目》载,原本内纪八篇,外传十七篇,凡二十五篇。今存十五卷凡十九篇,其中内经二篇,内传四篇,外传十三篇。首篇《越绝外传本事》为陈述书名、作者及经、传、内、外之别,阐明编纂宗旨;末篇《越绝篇叙外传记》综括全书,再次申述编纂之旨及用隐语暗记编者姓名。中间十七篇,大多围绕一个人物或一个主题展开,记载吴、越两国之人论述治国用兵之道等,以使后人能察其得失。诸如《越绝荆平王内传》详记子胥由楚奔吴之事,《越绝外传记范伯》记述范蠡自楚入越之事,《越绝计倪内经》和《越绝外传计倪》载计倪向句践进陈富国强兵之策,《越绝内传陈成恒》记述子贡经吴入越游说之事,《越绝外传记吴王占梦》记吴王夫差之事,《越绝外传春申君》记春申君事。对此,其《越绝德序外传记》有云:

盖夫子作《春秋》,记元于鲁,大义立,微言属,五经六艺,为之检式。垂意于越,以观枉直,陈其本末,抽其统纪,章决句断,各有终始。
吴越之际,夫差弊矣,是之谓也。故观乎《太伯》,能知圣贤之分;观乎
《荆平》,能知信勇之变;观乎《吴越》,能知阴谋之虑;观乎《计倪》,能知
阴阳消息之度;观乎《请籴》,能知□人之使敌邦贤不肖;观乎《九术》,
能知取人之真,转祸之福;观乎《兵法》,能知却敌之路;观乎《陈恒》,能
知古今相取之术;观乎《德叙》,能知忠直所死,狂僭通拙。经百八章,
上下相明。齐桓兴盛,执操以同。管仲达于霸纪,范蠡审乎吉凶终始,
夫差不能邦之治。察乎冯同、宰嚭,能知谄臣之所移。哀彼离德信不
用,内痛子胥忠谏邪君,反受其咎。夫差诛子胥,自此始亡之谓也。

　　关于《越绝书》的编撰目的,则在于通过"贬大吴,显弱越",确定越国的历史
地位,肯定越王句践的功德,以美其邦族。这正如刘知几《史通·杂述》所谓"郡
书者,矜其乡贤,美其邦族"也。对此,其《越绝外传本事》以问答形式阐述道:

　　　　问曰:"桓公九合诸侯,一匡天下,任用贤者,诛服强楚,何不言'齐
　　绝'乎?"曰:"桓公,中国兵强,霸世之后,威凌诸侯,服强楚,此正宜耳。
　　夫越王句践,东垂海滨,夷狄文身,躬而自苦,任用贤臣,转死为生,以
　　败为成。越伐强吴,尊事周室,行霸琅邪,躬自身约,率道诸侯,贵其始
　　微,终能以霸,故与越专其功而有之也。"问曰:"然越专其功而有之,何
　　不第一,而卒本吴太伯为?"曰:"小越而大吴。""小越大吴奈何?"曰:
　　"吴有子胥之教,霸世甚久,北陵齐楚,诸侯莫敢叛者,鲁卫骖乘,薛、
　　许、邾、娄,莒旁毂趋走。越王句践属刍莝养马,诸侯从之,若果中之
　　李。反邦七年,焦思苦身,克己自责,任用贤人。越伐强吴,行霸诸侯,
　　故不使越第一者,欲以贬大吴,显弱越之功也。"

据此可见,"贬大吴,显弱越之功"乃是编撰《越绝》之目的。然而,在"美其邦族"
的同时,更突出其以史为鉴的宗旨。这在末篇《越绝篇叙外传记》有云:"述吴、
越也,因事类,以晓后世。著善为诚,讥恶为诫。"可见"著善讥恶",乃是《越绝》
之本旨。

　　《越绝书》作为地方志之祖,在于内容兼涉会稽郡之地理。其《越绝外传记
吴地传》《越绝外传记越地传》两篇,记述吴、越两国山川湖泊、城邑、乡里、交通、

墓冢以及建置沿革，基本按类记述，有一定的体例。如述山川湖泊，记其方位及与县城距离，其中湖泊还记其面积大小；记述城池，则言其周围大小，兴废情况。在山川、湖泊、城池的具体记述中，有时将有关人物事迹、逸闻传说有机地融合于一体。因此，明清以来不少方志学家将《越绝书》视为方志之祖。如明万历《绍兴府志》卷五十八云："其文奥古多奇，《地传》具形势，营构始末、道里远近，是地志祖。"清毕沅《醴泉县志序》云："一方之志，始于《越绝》。"因而可以说，《越绝书》不仅是浙江的首部志书，而且也是中国方志史上的第一部地方志书。

二　最早的地方史《吴越春秋》

东汉赵晔所撰的《吴越春秋》，是稍晚于《越绝书》的一部记述先秦吴、越两国历史的编年体史籍。赵晔，字长君，山阴人，是今浙江境内唯一入选《后汉书·儒林列传》的人物。

《吴越春秋》首见于《后汉书》著录，《隋书》和新、旧《唐书》均作十二卷，《崇文总目》和《宋史》则作十卷，大概到北宋已无全本，故此后即以十卷残本流行于世。卷名依次为：吴太伯传、吴王寿梦传、王僚使公子光传、阖闾内传、夫差内传、越王无余外传、句践入臣外传、句践归国外传、句践阴谋外传、句践伐吴外传。其中第一至五卷记吴国君王，始自太伯，迄于夫差；第六至十卷记越国君王，始自无余，终于句践。

吴、越两国君王中，以吴王阖闾、夫差和越王句践为最重要，而句践为最有雄才大略的君王，故一身而独占四卷，是为该书的重中之重。《吴越春秋》虽采用编年体记叙形式，却又未陷于呆板的逐年纪事的惯例，而是在所选重要君王的传中，也只记其若干重要年代的事迹。又如吴国方面，立传有太伯、寿梦、王僚、阖闾、夫差五人，而诸樊、余祭、余昧等则放在《吴王寿梦传》中作简要记载，而阖闾、夫差则是着重记述的吴国君王，其余重要人物如伍子胥、要离、专诸、宰嚭等则都围绕着阖闾、夫差的事迹而展开。越国方面，除追溯句践先世的《越王无余外传》外，其余四卷都是记述句践事迹，可见越王句践才是全书所要记叙的重点，而其余重要人物如范蠡、文种、计倪、西施等，则都围绕着句践的事迹而展开。这样将人物重要的生活时期及其最重要的事迹和功业反映出来，为后世方志人物传的撰写提供了借鉴。

赵晔作为越国故地学者，对广泛流传于民间口头的吴越两国的遗闻逸事收集颇为丰富。正如明代钱福《重刊〈吴越春秋〉序》所云："《吴越春秋》乃作于东汉赵晔,后世补亡之书耳,大抵本《国语》《史记》而附以所传闻者为之。"从内容上看,大大超过以前记述吴越两国的著作,许多史料为《越绝书》所无,并能补《左传》《国语》《史记》之遗漏。六朝以来,《吴越春秋》一直受到学者们的重视。如郦道元《水经注》引用《吴越春秋》就有九处之多,足见其史料价值之高。然而如《四库全书总目提要》称其所记"处女试剑,老人化猿,公孙圣三呼三应之类,尤近小说家言"。这其实是光武"中兴之后,儒者争学图纬,兼复附以妖言"[①],社会上弥漫着笃信图谶的氛围,口传的吴越两国历史掺杂一些虚诞怪妄的内容实无足怪。

《吴越春秋》搜集资料的广博,编年体的运用,以及突出记述的重点,注意人物记叙的形象性,在语言上充分体现地方特色和时代精神等,对后世编纂志书有很大影响。自赵晔《吴越春秋》问世后,晋代山阴人杨方更撰《吴越春秋削繁》五卷,又有皇甫遵撰《吴越春秋》十卷,以及不著名氏的《吴越记》六卷。即此可见赵晔《吴越春秋》的影响之巨大,可视为浙江方志的源头之一。

据现存书目所录,除《越绝书》和《吴越春秋》外,汉代尚有寿春人梅福所撰《四明山记》,是今浙江境域最早的山记;东汉杨孚所撰《临海水土记》,大抵记临海山川、物产之类,为今浙江境域最早的风土记;佚名的《会稽贡举薄》,记录有关会稽郡长官推举的本郡人员以及长官之属官的名氏、行状等。这些史籍的流传,对后世志书发展起有很大的作用。

第四节　六朝时期的史学

六朝时,私家修史盛行,史家辈出,史书众多,诸体皆备,史学空前繁荣。除了传统的纪传体和编年体,诸如地方志、人物传,以及直接记录人君言行动止之事的起居注,记载国家典章制度的职官、刑法、仪制等专门史,记载家族源流的谱牒及各种传记等等,皆蓬勃涌现;史注盛行,名著迭出;史学评论逐步开展,产生有较高水平的史评之作。这一史学繁盛的局面,吴兴、会稽等郡本土士人以及流寓于此的外地士人作出了巨大的贡献。

---

① 《后汉书》卷五九。

一　六朝的国史编纂

六朝时期的统治者对私家修史实行宽容政策,史家可以比较自由地著书立说,各抒己见。记述同一朝代历史的史书不一而足,各家修撰并行不悖,叙事或评论各有所长。当时,编撰国史成为越地士人的一大文化特色。

六朝时期出现多部记述汉代历史的史学著作。孙吴时,山阴人谢承撰有《后汉书》一百三十卷。东晋,又有山阴人谢沈撰有《后汉书》一百卷及《汉书外传》。南朝梁时,故鄣人吴均注范晔《后汉书》九十卷。陈时,武康人姚察撰有《汉书训纂》三十卷。其中谢承《后汉书》为东汉以后第一部私撰纪传体东汉史。其书虽佚,但后人有多种辑本,从中可见其概略。其书类目,除百官、舆服志外,又有兵志、风教传,此为当时史书所仅见。内容因受地域局限,记载偏重于江东,区域特色浓厚。南朝宋时,范晔在谢书等多家《后汉书》的基础上,博采众长,写成《后汉书》九十卷。范书着眼于全国各地,对谢书所载江东人物多所删略,但谢书的《东夷传》则为其所沿用。

东晋南朝的史家继承司马迁修撰当代史的传统,如东晋史家重视对西晋亡国原因的探讨而修撰晋史。按《隋书》所载,晋人撰写的纪传体、编年体晋史有十家,其中今浙江境内的史家修撰的占三家,即干宝《晋纪》、虞预《晋书》、谢沈《晋书》。元帝时,干宝为著作郎,曾领国史,所著《晋纪》,自宣帝迄于愍帝五十三年,凡二十卷。他在《晋纪总论》中尖锐地揭露西晋吏治的腐败:"毁誉乱于善恶之实,情慝奔于货欲之涂。选者为人择官,官者为身择利。""悠悠风尘,皆奔竞之士;列官千百,无让贤之举。"[①]表现出史学家应有的史德。故《晋书》卷八十二称"其书简略,直而能婉,咸称良史"。虞预雅好经史,著《晋书》四十余卷,讫于晋明帝。至《隋书》著录尚存二十六卷残本。谢沈,为著作郎,有史才,撰《晋书》三十余卷。

南朝时,晋朝的兴亡依然是今浙江境内史家所关注的。据《隋书》卷三十三著录,谢灵运撰《晋书》三十六卷,沈约撰《晋书》一百十一卷。此外,据《宋书》卷六十载,曾寓居乌程县的王韶之,"当世诏命表奏,辄自书写,太元、隆安时事,小大悉撰录之",因而私撰《晋安帝阳秋》。书成,时人谓其宜居史职,即任为著作佐郎,使续后事,讫义熙九年(413)。沈约称其"善叙事,辞论可观,为后代佳史"。

---

① 《全晋文》卷一二七。

南朝史家或私修,或受命参与朝廷组织修撰前朝史或国史。如裴松之奉宋文帝之命,"上搜旧闻,傍撅遗逸",略者详之,缺者补之,谬者正之,疑者存之,撰成《三国志注》,与《三国志》交相辉映,如双玉合璧。又如历经宋、齐、梁三朝的沈约,在齐永明五年(487)奉诏修撰宋史,历经一年多时间撰成《宋书》一百卷,列为正史之一。其实,沈约之《宋书》,乃是利用宋代徐爰所撰宋史纪传和何承天所撰诸志撰成,他仅补充宋代最后十几年之事。沈约除撰《晋书》《宋书》外,还撰有《齐纪》二十卷,《高祖纪》十四卷,《谥例》十卷,《迩言》十卷,《宋文章志》三十卷,惜皆亡佚。

梁时,奉朝请吴均撰齐史,向梁武帝求借《齐起居注》及《群臣行状》,不许,但他还是撰写出《齐春秋》三十卷。书成上奏,梁武帝以其书不实,使中书舍人刘之遴诘问数条,竟支离无对,敕付省焚之,坐免职。但不久又召见吴均,使撰《通史》,起三皇,讫齐代。吴均草本纪、世家已毕,唯列传未就而去世。吴均还撰有《庙记》十卷,《十二州记》十六卷,《钱唐先贤传》五卷等。

梁、陈之际的许亨,博通群书,多识前代旧事。初撰《齐书》并《志》五十卷,遇乱而亡;所撰《梁史》,成者五十八卷。

武康人姚察,仕陈官吏部尚书。他博览群书,尤善人物,至于姓氏所起,枝叶所分,官职姻娶,兴衰高下,举而论之,无所遗失。专志著书,白首不倦,手自抄撰,无时暂辍。所著《汉书训纂》三十卷,《说林》十卷,《西聘》《玉玺》《建康》《三钟》等记各一卷,悉穷赅博,并《文集》二十卷,皆行于世。其中以《汉书训纂》影响最大,后之注《汉书》者,多窃取其义以为己说。入隋后又奉命撰写梁、陈二代史,惜书未成而卒,由其子姚思廉继撰成书(详见下章)。

二 六朝时期的地方志书

六朝时期,随着地域开发和山水之美的发现,私人撰写地记之风盛行,产生了一批对方志学有重要影响的著作,使得方志编纂大放光彩,成为地域开发的标志之一。所惜者,六朝地记已无完本行世,今所见者,大多为后人辑录之书。

(一)六朝的地记和人物传

从时间和内容上看,孙吴时地记关注的主要对象是"异物"。东晋南朝,对山水风光的关注成为地记的重要内容之一。这一变化的原因是地域开发的深入和社会思潮的演变。从地域空间看,有以郡级行政区划为范围的地记,如《吴兴记》《会稽记》《临海记》等;有以三吴为记述对象的区域性地记,如《三吴郡国志》《三吴土地记》等;有以山水为记述对象的地记,如谢灵运的《游名山志》《山居赋》等;而以县级行政区为范围的地记,则仅钱唐县有编纂。

异物志是六朝方志的一种,大多记录各地的动植物,与官府编绘的地图可相参照。以"异物志"冠名记载一个地域风土民情的地记,所记对象几乎都是当时的边疆地区,与汉人对这些地区的开拓相呼应。孙吴时有万震撰《南州异物志》,朱应撰《扶南异物志》,沈莹撰《临海水土异物志》等。

孙吴时,涉及今浙江境域的尚有韦昭撰《三吴郡国志》和《吴兴录》,朱育《会稽土地记》,陆凯《吴先贤传》四卷,谢承《会稽先贤传》七卷等。

东晋时,有顾长生《三吴土地记》,顾夷《吴郡记》,张勃《吴地记》,环氏《吴地记》,张玄之《吴兴山墟名》,贺循《会稽记》,孔晔《会稽志》,虞预《会稽典录》二十四卷,《会稽先贤像赞》五卷,钟离岫《会稽后贤传记》二卷,贺氏《会稽太守像赞》,留叔先《东阳朝堂像赞》一卷以及记载先秦吴、越两国历史的杨方《吴越春秋削繁》等。

南朝宋时,有董览《吴地记》,王僧虔《吴郡地理记》,刘道真《钱唐记》,山谦之《吴兴记》,王韶之《吴兴郡疏》,孔灵符《会稽记》,郑缉之《东阳记》《永嘉郡记》,谢灵运《永嘉记》,孙诜《临海记》等。齐时,有陆道瞻《吴地记》,虞愿《会稽记》。梁时,有吴均《钱唐先贤传》。陈时,有夏侯曾先《会稽郡志》。

此外,还有撰者和时间不明的《分吴会丹阳三郡记》《吴郡缘海四县记》《会稽县十城地志》《会稽土地志》《会稽记》《钱唐县记》等。从志书形式看,多种多样;以品类分,计有记、志、传、典录等。

地志与人物传编撰者,大多出身世族,且是史学家,如谢承、虞预、谢灵运、吴均等,并以当地人士及流寓于此者为多,地方官吏主持撰写者少。他们博通经史,又熟谙一地山川形势、物产民俗、人物典故。由于出自当地世族之手居多,故对其地理文化极为夸耀。诚如刘知几《史通·杂述》云:"地理书者,朱赣所采浃于九州,阚骃所书殚于四国,斯则言皆雅正,事无偏党者矣。其有异于此者,则人自以为乐土,家自以为名都,竞美所居,谈过其实。又城池旧迹,山水得名,皆传诸委巷,用为故实。"东晋时,会稽本土人士有四人先后撰写会稽人物传,其目的显然是夸耀乡里多贤俊。南朝时,地记比例增多,区域人物传比例减少,仅见吴均《钱唐先贤传》一种。

(二)地记、人物传的内容与体裁

地记是六朝方志的主要形式,内容大致包括建置沿革、山川形势、水利兴修、风土物产、著名人物、神话传说、遗闻轶事等，各地记具体内容有所差异。如会稽地记大多数记载春秋末期越国的遗事，禀承《史记》越为禹后之说，并屡记当时世族名士居所等情形，充分反映会稽地方特色及其时代风貌；临海、永嘉开发较晚，地记内容偏重于风土、物产的记载；吴兴郡衿带重山，地多汙泽，水灾问题尤为突出，故吴兴的地记以记载物产、水利、种植业等经济方面的内容较多。这与各地开发的历史进程和撰写者的侧重点不同有关。

地记体裁，尽管六朝地记已无完本行世，但从辑录的各地记佚文尚可约略知其基本面貌。一是地记大多横排门类，记述建置沿革、山川形势、风土物产等内容。二是寓褒贬于记事之中，如《会稽志》载："始皇崩，邑人刻木为像祀之，配食夏禹。后汉太守王朗弃其像江中，像乃溯流而上，人以为异，复立庙。"表达出作者对秦始皇东巡会稽功绩的肯定。三是采取以事系人的编纂方法，这可能与当时世族的政治格局有关，即通过以人系事的方法记载世族的活动。四是此时方志记载山的体例已经完善，即通常先记山的位置及距县城或郡城的里数，然后记山名之由来、山之形状及其有关神话传说，名士在山中的遗闻逸事或为山所作诗文点缀其间。这种记山的方法，为后世定型方志所沿用。

六朝时以区域为范围的人物传，乃汉以来郡书之发展，成为与地记并行的一种志书形式。收录的对象都为本地先贤耆旧、节士德行，用以叙旧劝善，夸耀乡邦。除《会稽太守像赞》记一地长官，北方流寓于此者显然不在人物传收录范围之列。从现存书目看，南朝区域人物传编纂式微，而地记用"以事系人"的方法将有关流寓于此的北方名士事迹记入志书的形式却流行起来。这一变化的重要原因之一是世族政治格局发生了变化。

区域人物传的作者，如谢承、虞预等本是史学家，他们熟谙史事，精通史法。从现存一些人物传佚文看，人物传一般记人名、字、号、生卒年、平生事迹及人物的识量器局等，体例同于《史记》《汉书》等正史人物传的写法。大抵传首追叙传主先世，传末详叙传主子孙，和当时家传体例差不多。方志人物传体例至此业已完备。

（三）重视山水的记载

东晋南朝时所编纂的有关今浙江境内山水的记载相当丰富。以郡县为范围的地记，记载山水开始成为重要内容。据现在所见《会稽志》《吴地记》《吴兴记》《东阳记》等成书于南朝的地记，其佚文以山的记载最多。同时，出现了专门以山水为记载对象的山志（赋、赞、铭）。如东晋时孙绰《游天台山赋》《太平山铭》,支遁《天台山铭序》;南朝宋时谢灵运《山居赋》《游名山志》《居名山志》,刘峻《山栖志》等。此外,张玄之还将他记载吴兴山、田等的著作取名为"吴兴山墟名"。

晋室南渡,侨居世族为避开与本土世族在经济上的直接冲突,他们将求田问舍的目光投向未开拓的丘陵山地。出于经济利害关系,他们必须对山泽物产有个通盘了解。而随着经济活动向山泽延伸,自然清新的山水风光进入视野,对山水的关注也很自然了。世族名士封略山泽,开发庄园,发现山水,进入新天地。可见重视记载山水,乃是区域开发、社会风尚变化和文化发展的结果。这里的崇山峻岭、茂林修竹、清流激湍,使流寓于此的名士们为之神往,感觉到这是自己精神的归宿之地。王羲之一入会稽,便有终焉之志,其子王献之说:"从山阴道上行,山川自相映发,使人应接不暇。若秋冬之际,尤难忘怀。"他们的生命与会稽的明山秀水相通,感受到了人生的短暂和人生的快乐。"会稽有佳山水,名士多居之。"一时间,会稽郡的曹娥江流域名士云集。而山水之美与发现山水之美者,便都成了地记的记载对象。《会稽郡记》曰:"会稽境特多名山水,峰崿隆峻,吐纳云雾。松栝枫柏,擢于竦条,潭壑镜彻,清流泻注。王子敬见之曰:'山水之美,使人应接不暇。'"名士寄情山水使山水的内涵大为丰富。

南朝,名士好为山水之游并好记载山水。如谢灵运撰有《游名山志》《居名山志》各一卷和以韵文形式写的山志《山居赋》,使山志真正成为今浙江境内志书的一类。萧幾为新安太守,郡多山水,适性游履,遂为之记。刘峻游东阳紫岩山,筑室居焉,为《山栖志》,其文甚美。他们将游历山水时所见所闻记述下来,写成文即为山水记,写成诗即为山水诗。山水记的发展和山水诗的兴起,是六朝人从对山水中异物的关注转向对山水本身的关注的标志。

谢灵运的《山居赋》近四千字,首叙撰写宗旨:"今所写既非京都宫观游猎声色之盛,而叙山野草木水石谷稼之事。"然后对会稽山、四明山一带的自然环境作了综合性的描述。除山川地形和季节变化等写得十分细致外,还详细记载了他始宁墅中的经济情况。如记有动植物百余种,并对其地理分布作了规律性研究。这既为后世保存了当时社会经济状况的资料,还为后世山志注意地貌的记述开了范例。

从异物志到地记的演变,正是六朝地域社会发展、华夏文明弘传的标志。

三　姓氏之书与族谱家传

国史、地方志与家谱三者为史学的三大支柱。东晋南朝时,与门阀世族制度相联系，谱学作为史学的一个分支正式形成，以家族为单位的家传编纂之风绵延不绝。《隋书·经籍志》中，家传和个人传记归入杂传类，家谱归入谱系类。这些家谱、家传都已散佚，今所见一些搜辑的佚文，为后人研究六朝史事和人物提供了大量有用的资料。

谱牒是门阀的标志，世族用以维护特权地位的重要工具。当时，谱学有着多方面的功用：朝廷选官，必稽谱籍；世族间通婚、社交、言谈、书信，乃至标榜门第、郡望，常以谱牒为准。侨姓和本地世族都注重谱系的编纂，并出现综合性、地域性的家谱。如南朝齐时，王俭撰《百家集谱》十卷。梁时，王逡之撰《续百家谱》四卷、《南族谱》二卷、《百家谱拾遗》一卷；王僧孺撰《百家谱》三十卷、《百家谱集抄》十五卷、《十八州谱》七百十卷、《东南谱集抄》十卷，并行于世；顾协撰《异姓苑》五卷；姚最撰《述系传》一卷等等。这些家谱集成，自然包括吴郡、吴兴及浙江东五郡世族在内。

越地世族编纂家谱，仅刘孝标注《世说新语》所引家谱，山阴孔氏有《孔氏谱》，山阴谢氏有《谢氏谱》，余姚虞氏有《虞氏谱》，上虞魏氏有《魏氏谱》，吴郡陆氏有《陆氏谱》，吴郡顾氏有《顾氏谱》。流寓于此的侨姓世族，王氏有《王氏谱》，许氏有《许氏谱》，戴氏有《戴氏谱》，庾氏有《庾氏谱》。而谢氏不仅有《谢氏谱》，还有《谢女谱》，专门记载谢氏家族妇女，如《世说新语·言语》注引《谢女谱》曰："重女月镜，适王恭子愔之。"可谓家族谱之特例。

越地世族根深叶茂，竞相作谱立传，炫耀家世，故家传编纂之风盛行。余姚虞氏，有虞预《诸虞传》十二篇行于世，虞览《虞氏家记》（又名《虞氏家传》）五卷；会稽邵氏，有《会稽邵氏家传》；钱唐褚氏，有褚凯《褚氏家传》一卷；吴郡陆氏，有陆煦《陆史》十五卷、《陆氏骊泉志》一卷，并行于世。

流寓于此的侨姓世族亦撰家传。东晋时，谢玄家族有《谢车骑家传》；南朝宋时，曾任故鄣令的裴松之撰《裴氏家传》四卷；齐梁间，留居故鄣的裴松之孙裴子野撰《续裴氏家传》二卷。

此外，当时为某位名士写传赞很是流行，如孔稚珪撰《陆先生传》一卷。仅刘孝标注《世说新语》所引，贺循有《贺循别传》，孔愉有《孔愉别传》，虞骙有《虞光禄传》；流寓于此者，阮裕有《阮光禄别传》，郗超有《郗超别传》，郗愔有《郗愔别传》，王献之有《献之别传》等。

第四章　隋唐五代浙学综述

隋朝统一中国,结束了南北分裂的局面。隋文帝为了能合理地培养和选拔人才,乃废除魏晋南北朝以来的九品中正制而实行科举制,从而把仕途从世家大族推向了平民。唐代继之,并逐步加以完善,终于形成一整套较为完备的科举制度。这有利于推动文化教育和学术研究的进一步发展。然而唐代主要以诗取士,致使士人大都重文而轻道,虽然在文学史上登上了诗的高峰,但是在学术史上未能出现自成体系的思想大家。浙江也不例外,尽管在经学和史学方面人才辈出并取得了一定的成就,但未能出现旷世大儒以振起之。其间惟陆贽的经世致治之学和罗隐的警世疾俗之学较为突出,值得详加研究。而吴越国钱氏的图强立国和保境安民之道,则是把自强不息精神与仁义爱民思想加以统一并施之于实践,给浙江人民营造了一方相对安定的生活环境,这对浙江而言,是应该给予肯定的。

第一节　隋唐的经学与儒学

隋文帝大力提倡儒学,在中央设置国子寺职掌教育,以儒学教育为主,国子学、太学、四门皆为研读儒学之所。《隋书·儒林传》收录十四人,其中属浙江的有顾彪、鲁世达二人。顾彪,字仲文,余杭人。炀帝时为秘书学士。明《尚书》《春秋》,撰有《古文尚书疏》二十卷。鲁世达,余杭人。炀帝时为国子助教。撰有《毛诗章句义疏》四十二卷。

唐高祖早在立国之初,就设置了国子学、太学和四门学。武德二年(619),

又下诏"于国子学立周公、孔子庙各一所，四时致祭"。武德七年，诏令"州县及乡里，并令置学"。唐时浙江境内的州、县学，见于后世地方文献记载的尚有18所。

唐代官学以研习儒家经典为主的所谓经学学校为主导。国子学、太学、四门学、弘文馆、崇文馆、广文馆、崇玄学及地方州、县学，均属经学学校。并规定："凡《礼记》《春秋左氏传》为大经，《诗》《周礼》《仪礼》为中经，《易》《尚书》《春秋公羊传》《春秋穀梁传》为小经。通二经者大经、小经各一，若中经二；通三经者大经、中经、小经各一；通五经者大经皆通，余经各一，《孝经》《论语》皆兼通之。"

唐太宗继位之前就"锐意经籍，于秦府开文学馆，广引文学之士，下诏以府属杜如晦等十八人为学士，给五品珍膳，分为三番，更直宿于阁下。及即位，又于正殿之左置弘文学馆，精选天下文儒之士虞世南、褚亮、姚思廉等，各以本官兼署学士，令更日宿直，听朝之暇，引入内殿，讲论经义，商略政事，或至夜分乃罢"[①]。不仅尊重儒生，而且通过"讲论经义，商略政事"，开启由儒学"经义"通向现实社会"政事"，由现实社会"政事"归回儒学"经义"之道，并由此恢复传统儒学的经世安民之旨。在文学馆"十八学士"中，属浙江的有褚亮、姚思廉、虞世南、许敬宗四人；而在置弘文学馆时所提到的"天下文儒之士虞世南、褚亮、姚思廉"三人，则都是浙江儒者，足见三人在当时儒学界中的地位。其中余姚人虞世南(558—638)，为唐初名臣，也是有唐一代之著名儒者。

太宗还下诏颜师古、孔颖达等诸儒编纂《五经正义》，使儒学结束了南北经义各行其是的局面，在版本和经义方面达到了形式上的统一。这在统一人们的思想行为等方面也起到了一定的作用。但是在一定程度上也封闭和束缚了儒学，阻碍了儒学的向前发展。

唐玄宗开元十三年(725)夏四月丙辰，玄宗与中书门下及礼官、学士宴于集仙殿，曰："仙者凭虚之论，朕所不取；贤者济理之具，朕今与卿曹合宴，宜更名集贤殿。"[②]并改丽正殿书院为集贤殿书院，诏以张说、徐坚、贺知章、东方颢、康子元、赵冬曦、咸廙业、韦述、李子钊、陆去泰、吕向、毋煚、余钦、赵玄默、孙季良、侯行果、敬会真、冯朝隐等为学士、直学士，号称"开元十八学士"。其中徐坚、贺知章、康子元三人为浙江人。

---

① 《旧唐书》卷一八九上《儒学上》。
② 《资治通鉴》卷二一二《唐纪二十八》。

唐代浙江籍的儒学人士,有徐岱为《旧唐书·儒学传》所载。徐岱,字处仁,嘉兴人。家世务农为业。岱好学,六籍诸子悉所探究,问无不通,难莫能屈。大历(766—779)中,转运使刘晏表荐之,授校书郎,后为朝廷推援,官至给事中,加兼史馆修撰,并充皇太子及舒王已下侍读,卒赠礼部尚书。

《新唐书·儒学传》列传六十八人,浙江籍有徐齐聃、徐坚、徐峤、沈伯仪、孔桢、孔若思、孔至、褚无良、康子元、陈京共十人。

徐齐聃,字将道,湖州长城(今长兴)人。八岁能文,太宗召试,赐所佩金削刀。高宗时为潞王府文学、崇文馆学士,侍皇太子讲修书于芳林门。卒赠礼部尚书。

徐坚,字元固,齐聃之子。秀才及第,睿宗时授太子左庶子兼崇文馆学士,修史,进东海郡公。玄宗改丽正书院为集贤院,以徐坚为学士,副张说知院事。尝与柳冲等奉诏撰《姓系录》。卒赠太子少保,谥曰"文"。

徐峤,字巨山,坚之子。开元(713—741)中为驾部员外郎、集贤院直学士,迁中书舍人。

沈伯仪,湖州吴兴人。历官国子祭酒、修文馆学士。

孔桢,越州山阴(今绍兴)人。第进士,高宗时为绛州刺史,封武昌县子,谥曰"温"。桢之子季诩,字季和,永昌(689)初擢制科,授校书郎,终于左补阙。陈子昂称其神清韵远,可比卫玠。

孔若思(？—719),孔桢从子。南朝陈时吏部尚书孔奂四世孙,祖孔绍安(577—622)与兄孔绍新为六朝名儒。陈亡,客居于鄠(今陕西西安市鄠邑区北),励志于学。若思之父早亡,由其母训教成长,以博学闻。中宗(705—710)初,凡大政事,必咨质若思而后行。三迁礼部侍郎,出为卫州刺史。以清白擢银青光禄大夫。卒谥曰"惠"。

孔至,字惟微,若思之子。官历著作郎。擅长氏族学,与韦述、萧颖士、柳冲齐名。"时,述、冲皆撰《类例》,而至书称工"。

褚无良(646—720),字弘度,杭州盐官(今海宁西南)人。自幼刻意坟典,尤精《礼》《史记》。擢明经第。景龙(707—710)中任国子博士,迁司业,兼修文馆学士。开元(713—741)初为左散骑常侍、侍读,封舒国公。著有《翼善记》《帝王记录》等。

康子元,越州会稽(今绍兴)人。开元(713—741)初,玄宗下诏举荐能治《易》《老》《庄》者,子元得举为侍读,后官秘书少监,兼集贤侍讲学士。卒赠汴州刺史。

陈京，字庆复，湖州长城(今长兴)人。其父陈兼为右补阙，翰林学士。陈京擢进士第，累迁太常博士。

隋唐时期，浙江虽乏旷世大儒，但至唐朝中期，随着以韩愈、李翱和柳宗元等为代表的"古文运动"的兴起，关心社会政治教化的儒者力图"求圣人之志"，"明先王之道"，尝试以"古人之道"济时艰，拯民困，恢复儒学在现实社会政治上的领导地位，并在挤斥道、佛的同时，吸纳道、佛教义，兴起了一次儒学复兴运动，从而为宋明新儒学奠定了基础。

第二节　隋唐的史志之学

隋唐以前，史书大都出于私家一二人之手，虽有官修史，也是个人直接受命于皇帝，与私人修史并无多大区别。隋唐以后，为之一变。隋文帝开皇十三年(593)下诏："人间有撰集国史，臧否人物者，皆令禁绝。"唐贞观三年(629)，于禁中设置史馆，专修国史，并由宰相担任监修。又调其他官员兼任纂修，下设修撰、司直，从事编纂，号曰史官。所修诸史，每部皆派定一人为主修。从此，编纂纪传体正史的大权全由政府掌握，由宰相监修国史也成为以后历朝的定制。

中国古代就有记载帝王事迹的传统，所谓"左史记言，右史记事"，"君举必书"。到汉代，据说专由宫中女史担任此职。汉以后，历代都有史官专职记录皇帝每天言行，称为"起居注"。隋代在内史省(中书省)设起居舍人，唐代于门下省设起居郎、起居舍人，专掌"起居注"。武周长寿二年(693)，又设"时政记"制度，由宰相记录每日廷议奏对，每月封送史馆。而且，唐代史馆每当新君即位，都要命史官汇总前任皇帝的起居注、时政记，纂修一部编年史长编，称为"实录"。基于隋唐时代修史制度的逐步完善，浙江史学家也在此环境中取得了更大的成就，如姚察、姚思廉、虞世南、许敬宗等。

姚察(533—606)，吴兴武康(今属德清)人。历经梁、陈、隋三朝。隋文帝曾谓群臣曰："闻姚察学行当今无比，我平陈唯得此一人。"[①]诏授秘书丞，受命撰梁、陈二代史，惜书未成而卒。其中序论及纪传有所阙者，临终前以体例嘱其子

① 《陈书》卷二七。

姚思廉,奉朝廷之命撰成《梁书》《陈书》。

姚思廉(557—637),本名简,以字行,姚察之子。仕陈为会稽郡主薄,入隋为杨谅汉王府参军事,炀帝时补为河间郡司法书佐。其间,向炀帝表白其父姚察让其撰修梁、陈二史的遗言,炀帝下诏准其续修二史,又令与起居舍人崔祖浚共修《区宇图志》。唐高祖登位后,以姚思廉为十八学士之一,文学馆学士。太宗贞观初,迁著作郎、弘文馆学士。贞观三年(629),诏与秘书监魏徵同撰梁、陈二史。他又采谢炅等诸家梁史续成父书,并推究陈事,删益傅縡、顾野王所修旧史,撰成《梁书》五十六卷,《陈书》三十六卷。魏徵虽裁其总论,而编次笔削,皆思廉之功。加通直散骑常侍。

《梁书》五十六卷,其中有二十五卷的史臣论署"陈吏部尚书姚察曰",可见《梁书》几乎一半为姚察原本,其余为姚思廉所撰。《梁书》诸夷、海南诸国及西北诸戎卷共收录三十二个外国及国内少数民族,比《宋书》《南齐书》为多,反映出梁代声教远播;文学传分为二卷,收录有二十四人之多,反映出梁代的文风之盛。此外,收录了不少有史料价值的诏策表疏等。而且,论赞一反原先的四六文而改用散文,亦为姚氏修史之特色。然而书中往往把将相大臣卒后赠谥诏书等例行文字载入本传,显得重复雷同,于史无补。同时由于多沿梁代旧史,时有回护,以致史事(如临川王宏北伐失败)、人物(如萧颖胄、王琳、萧察等)有所疏漏。

《陈书》三十六卷,其高祖纪、世祖纪的史臣论署"陈吏部尚书姚察曰",可知系姚察原本。《陈书》为二十四史当中最小的一部,叙述也颇为简略。这可能因为姚氏父子都曾在陈朝为官,而且时世较近,旧人存者尚多,难免顾虑,因而宁可简略,以免纠纷。但由此也成为《陈书》的特色。后人于《陈书》的增删都很少,可见也并无大不当。

虞世南(558—638),字伯施,余姚人。隋末任秘书郎时,在秘书省北堂抄辑古书成类书《北堂书抄》一百七十三卷。所抄古书,上起三代,下迄陈、隋,本为文人作诗属文时采撷词藻、典故所用,后竟成了类书的先行者。史学著作主要有《帝王略论》五卷。大概是与太宗暇日商略古今过程中所陆续撰写。是书采取问答方式,选择上古至隋历代帝王之贤恶昭著者,略陈事迹以论其治乱得失。运用历史比较法,或以同一君主的前后期相比较,或以同一王朝的不同君主相比较,或以不同时期王朝的君主相比较,或以同一时期的王朝相比较,从各个不同的角度论述自己的历史观。虞世南是唐初运用比较法研究历史、评论历史事

件和历史人物比较早、比较自觉的史学家,其《帝王略论》则是这种形式的代表
作品。另有诗文集三十卷。

许敬宗(592—672),杭州新登(今属富阳)人,隋礼部侍郎许善心之子。幼
善属文,大业(605—618)中举秀才,授淮阳郡司法书佐,后仕谒者台,奏通事舍
人事。炀帝死后,曾投李密为元帅府记室。唐武德初,补为涟州别驾。秦王李
世民闻其名,召为秦王府学士。太宗贞观(627—649)中除著作郎,兼修国史,累
转中书舍人,复修国史。高宗时为礼部尚书,助立武昭仪为皇后,并与李义府等
称长孙无忌、褚遂良、韩瑗等谋不轨,长孙无忌等流死于岭外。显庆元年(656)
拜侍中,监修国史。三年,进封郡公,代李义府为中书令,任遇之重,当朝莫比。
但颇遭人非议,故两《唐书》本传颇多贬伐,《新唐书》更将其列为奸臣传之首。

许敬宗作为史学家有其家学渊源。其祖许亨曾撰《齐书》并《志》五十卷,惜
已散失。又撰《梁史》,成者五十八卷,梁太清(547—549)之后所制《文笔》六卷,
未就而殁。其父许善心继其父志,修续家书,终于完成《梁书》七十卷。许敬宗
长期担任监修国史,其著作有:《隋书》八十五卷,魏徵总知其事,许敬宗与孔颖
达、颜师古等撰;《晋书》一百三十卷,许敬宗与房玄龄、褚遂良监修,令狐德棻等
十八人撰;《高祖实录》二十卷,敬播撰,房玄龄监修,许敬宗删改;《贞观实录》三
十卷;《文馆词林文人传》一百卷;《姓氏谱》二百卷,许敬宗、李义府、孔志约等
撰;《永徽五礼》一百三十卷,许敬宗与长孙无忌等撰;《累璧》四百卷;《目录》四
卷;《文馆词林》一千卷,许敬宗与刘伯庄等撰;《芳林要览》三百卷,许敬宗与赵
胤等撰;《西域图志》六十卷;《丽正文苑》二十卷;《目》十二卷,许敬宗与高士廉、
房玄龄、魏徵、褚遂良、姚思廉等撰;《瑶山玉彩》五百卷,许敬宗与孟利贞、郭瑜、
顾胤等撰;《东殿新书》二百卷,许敬宗与李义府撰;《图经》七卷,许敬宗与李勣、
长孙无忌、孔志约、李淳风等撰;《许敬宗文集》八十卷。

许敬宗著述之多,可谓洋洋大观。但后人称其史德卑劣。《旧唐书·许敬
宗传》云:"敬宗自掌知国史,记事阿曲。初,虞世基与敬宗父善心同为宇文化及
所害,封德彝时为内史舍人,备见其事,因谓人曰:'世基被诛,世南匍匐而请代;
善心之死,敬宗舞蹈以求生。'人以为口实,敬宗深衔之,及为德彝立传,盛加其
罪恶。敬宗嫁女与左监门大将军钱九陇,本皇家隶人,敬宗贪财与婚,乃为九陇
曲叙门阀,妄加功绩,并升与刘文静、长孙顺德同卷。敬宗为子娶尉迟宝琳孙女
为妻,多得赂遗,及作宝琳父敬德传,悉为隐诸过咎。太宗作《威风赋》以扬长孙
无忌,敬宗改云赐敬德。白州人庞孝泰,蛮酋凡品,率兵从征高丽,贼知其懦,袭

破之。敬宗又纳其宝货,称孝泰频破贼徒,斩获数万,汉将骁健者,唯苏定芳与庞孝泰耳,曹继叔、刘伯英皆出其下。虚美隐恶如此。初,高祖、太宗两朝'实录',其敬播所修者,颇多详直,敬宗又辄以己爱憎曲事删改,论者尤之。"《新唐书》本传亦多记其曲事删改之迹。

许敬宗歪曲历史、篡改历史当然殊不足取,但其内容究竟有多少,程度又有多深,现已无法确知。不过他在史学方面还是有一定贡献的。例如,《晋史》原有十八家之多,自从许敬宗、房玄龄、褚遂良监修的《晋书》完成以后,刘知幾《史通》赞云:"自是言晋史者,皆弃其旧本,竞从新撰者焉。"又如许敬宗参与编撰的《隋书》,清儒赵翼《陔余丛考》也给予很高评价,谓"《隋书》最为简练。盖当时作史者,皆唐初名臣,且书成进御,故文笔严净如此"。另外,许敬宗所参与修撰的"实录"、国史之类史籍,在后来修撰两《唐书》《资治通鉴》时,也都是重要的参考资料。

姚思廉之孙姚璹、姚珽亦善史学。姚璹(632—705),字令璋。高宗时举明经第,补太子宫门郎,进秘书郎,迁中书舍人,封吴兴县男。武周时,官至地官、冬官二尚书。长寿二年(693),姚璹认为"帝王谟训,不可暂日无纪述,若不宣自宰相,史官无从得书。乃表请仗下所言军国政要,宰相一人专知撰录,号为'时政记',每月封送史馆"①。宰相之撰"时政记"由此而始。"时政记"作为记载每日廷议奏对的日志,是资政和治史的重要档案资料。

姚珽(641—714),少而好学,以勤苦自立。举明经,先后任定、汴、沧、虢、幽等州刺史,加银青光禄大夫,转秦州刺史,终户部尚书,以善政名当时。因有感于曾祖姚察所撰《汉书训纂》多为人剽窃,乃撰《汉书绍训》四十卷以阐发其义。

此外,隋唐时期,浙江籍学者撰有史学著作的尚有如下诸家:

朱君绪(? —720),字法满,余杭人。著有《要修科仪戒律钞》十六卷。

徐坚(659—729),字元固,徐齐聃之子,长兴人。曾七入书府,熟悉典章制度,参与修撰《三教珠英》《唐六典》《初学记》《则天皇后实录》等,著有《大隐传》三卷,文集三十卷。

沈既济(约750—约800),吴兴人。著有《宪宗实录》《建中实录》等。

陆贽,嘉兴人。撰有《遣使录》。

凌准,新城人。撰有《汉后春秋》。

---

① 《旧唐书·姚璹传》。

冯宿(767—836),字拱之,东阳人。修律令文书《格后敕》三十篇。

徐灵府,号默希子,钱塘人。居天台虎头岩,以修炼自乐。撰有《天台山记》《三洞要略》《玄鉴》等。

第三节　陆贽的经世理财之学

陆贽(754—805),字敬舆,嘉兴人。唐代中期卓越的政治家和思想家。十八岁登进士第,任华州郑县(今陕西渭南市华州区)尉。德宗即位,召为翰林学士,历官考功郎中、谏议大夫、中书舍人、兵部侍郎、中书侍郎、门下同平章事。后因户部侍郎裴延龄谗言中伤,被贬为忠州别驾。顺宗即位,召还诏令未至而卒。著有《制诰奏议》《诗文赋集》《今古集验方》等,现存《翰苑集》,亦名《陆宣公奏议》,以制诰和奏议为主。

陆贽从政之时,由于藩镇割据,阶级矛盾及统治阶级内部矛盾尖锐复杂,政治斗争已发展成为军事对抗。陆贽从维护中央统治出发,先后论谏数十百篇,阐述一系列政治和经济思想。《新唐书·陆贽传》称其论谏"可为后世法"。明末清初大儒王夫之在《读通鉴论》中认为"唐室为之再安,皆敬舆悟主之功也"。

在政治思想方面,针对德宗"国家兴衰,皆由天命"的无可奈何,陆贽提出"天所听视,皆因于人","天命由人",断然否定"听天由命"的错误思想。又说:"人事理而天命降乱者,未之有也;人事乱而天命降康者,亦未之有也。"亦即治乱由人,不在天命。陆贽劝谏德宗说:"今生乱失守之事,则既往不可复追矣,其资理兴邦之业,在陛下克励而谨修之。……何扰乎乱人,何畏乎厄运,何患乎天下不宁?……勤励不息,足致升平,岂止荡涤妖氛,旋复宫阙而已!"[1]这种反天命、重人事的哲学思想,构成了其政治思想的理论基础。在这一基础上,陆贽进一步阐发了"民为邦本,本固邦宁"的传统儒家思想,提出"立国之本,在乎得众","理乱之由,……未有不兴于得众,殆于失人"[2]

陆贽对于提供生产力的劳动者给予很大的关注。他从传统的民本论出发,把人作为立国之本。他引用《大学》中言,说"有德必有人,有人必有土,有土必

---

① 陆贽《陆宣公集》卷十二《论述迁幸之由状》,浙江古籍出版社,1988年,第104—105页。
② 陆贽《陆宣公集》卷十二《奉天论前所答奏未施行状》,浙江古籍出版社,1988年,第107—112页。

有财"①。而"财之所生,必因人力"。又云:"以人为本,以财为末,人安则财赡,本固则邦宁。"②盖见于此,他尤其重视"养人",即保护劳动力的生存和发展。其在《均节赋税恤百姓第四条》又云:"立国而不先养人,国固不立矣。"他将儒家"民为邦本"的古老命题,由浓厚的伦理规范还原为被一定的物质经济条件决定的"人",主张明君赋人取材而不害百姓所养,"恤人所乏","敛必以时",以保护"人力不殚"。将"人"和一定的社会经济生活联系在一起,并不抽象地谈论"民为邦本",这是他在新的历史条件下对儒家思想的有选择的继承。正因为如此,他的思想中多有对劳动人民的同情和对地主阶级残酷剥削的抨击。

陆贽针对其时藩镇割据日趋严重的趋势,提出了"居重驭轻",即加强皇权实力,削弱地方势力。针对德宗的用人弊端,他提出了集思广益的思想,"求才贵广,考课贵精"③之策,"总天下之智以为陪明,顺天下之心以施教令"④

陆贽的经济思想主要反映在其《均节赋税恤百姓》等六条奏状之中。他对于土地问题、财政税制问题、货币问题、对外贸易问题等,都提出一系列建议。

关于土地问题,陆贽在《均节赋税恤百姓第六条》中,一方面指出均田制已经瓦解,土地兼并已到了"富者兼地数万亩,贫者无容足之居"的程度。同时也指出旧制"为日已久,顿欲修整,行之实难",已经不可能恢复。根据他对京畿地区的调查,发现"每田一亩,官税五升,而私家收租,殆有亩至一石者",因而贫者愈贫,富者愈富,"稼人安得足食?公廪安得广储?风俗安得不贪?财货安得不壅?"所以他建议"参酌古今之宜,凡所占田,约为条限,裁减租价,务利贫人","微损有余,稍优不足,损不失富,优可赈穷",亦即所谓"安富济贫"。这种思想及由此而产生的方案虽然很不彻底,未能根本触及土地所有权,也不可能解决土地兼并及贫富两极分化的现象,但是实际上比那些侈谈"井田"、王田的土地方案更符合时宜,也比较可行。他的减租思想虽然仍存在传统儒家思想的局限,而且在专制时期抨击暴敛、要求薄敛轻税的思想家也不乏其人,但是如此深刻抨击重租、要求减租的,实以陆贽为第一人。他要求对地租量"约为条限",进行限制的思想,也属发前人所未发。

关于财政税制问题,陆贽反对两税法,反对"量出制入",并且针锋相对地提

出"宰制国用,量入为出"的财政税制思想。其《均节赋税恤百姓第二条》云:"地力之生物有大数,人力之成物有大限,取之有度,用之有节,则常足;取之无度,用之无节,则常不足。生物之丰败由天,用物之多少由人。是以圣王立程,量入为出,虽遇灾难,下无困穷。""量入为出"可以避免由于统治阶级穷奢极欲的开支而无节制地扩大剥削量,在一定程度上减轻农民的负担。

关于制订征课的标准,陆贽主张"计丁而税"。他在《均节赋税恤百姓第一条》中认为"财之所生,必用人力,工而能勤则丰富,拙而兼惰则窭空,是以先王之制赋入也,必以丁夫为本。无求于力分之外,无贷于力分之内"。财富既然是人的劳动创造的,赋税理当按人丁征收。而且他认为金玉锦绣珠宝,"藏于襟怀囊箧,物虽贵而人莫能窥";土地粟米房屋,"积于场圃囷仓,直虽轻而众以为富";流通资产即"流通蓄息之货,数虽寡而计日收赢";固定资产即"庐舍器用之资,价虽高而终岁无利"。"计资而税"实际上很难做到准确地"计资",反而容易给拥有货币的商人以隐匿之机,不利于拥有地产的地主阶级,由此还可能造成人们背本趋末,弃农经商,并最终危及经济基础的巩固。所谓"由是务轻费而乐转徙者,恒脱于徭税;敦本业而树居产者,每困于征求。此乃诱之为奸,驱之避役,力用不得不弛,风俗不得不讹,闾井不得不残,赋人不得不阙"。应该说"计资而税"反映了商品货币经济的发展以及人身依附关系的削弱,而"计丁而税"则是一种人身依附关系紧密相连的比较落后的税制。陆贽从儒家传统的"爱民"观出发,片面强调"计丁而税"的优越性和"计资而税"的弊端,却忽视了商品货币关系已有长足发展的重要时代特征。不过他关于流动性、生产性资财与固定性、消费性资财的区分,以及关于流动性、生产性资产能日计赢利,而固定性、消费性资产不能增值的理论,在中国财政思想史上仍属创见。

同时,陆贽与齐抗、韩愈、李翱、白居易等人一样,也反对货币税,主张恢复征收实物的租庸调制。他在《均节赋税恤百姓第二条》中认为国家征收赋税,必须"量人之力,任土之宜。非力之所出则不征;非土之所有则不贡"。又谓:"谷帛者,人之所为也;钱货者,官之所为也。人之所为者,故租税取焉;官之所为者,故赋敛舍焉。"只有征收实物,才"可以勉人功","各修家技,皆足供官,无求人假手之劳,无贱鬻贵买之费,无暴征急办之弊,无易常改作之烦。物甚贱而人之所出不加,物甚贵而官之所入不减。是以家给而国足,事均而法行"。如果征收货币税,将赋税折合为现金缴纳,则"所征非所业,所业非所征",百姓"遂或增价以买其所无,减价卖其所有,一增一减,耗损已多",无端增加了百姓的负担,所以他主张行实物赋税。由于唐代商品货币关系虽然有所发展,但社会生产关系的内部结构尚未发生基本改变,在当时的经济条件下,推行货币赋税,无论是国家或百姓,都确实存在着许多困难。他的主张自有其客观依据。

陆贽关于货币问题仍沿袭"王者制钱"之说,其在《均节赋税恤百姓第二条》云:"古之圣人,所以取山泽之蕴材,作泉布之宝货,国专其利,而不与人共之者。"又云:"钱货者,官之所为也","钱之多少,在于官之盈缩",把货币看作国家用来进行宏观调控的工具。又云:"先王惧物之贵贱失平,而人之交易难准,又立货泉之法以节轻重之宜。敛散弛张,必由于是。"反映了他对货币的价值尺度(平贵贱)和流通手段(准交易)这两个基本职能有了认识,而且对货币调节价格的作用也有了认识。他根据自己对货币的认识,也提出了对于货币数量的看法:"物贱由乎钱少,少则重,重则加铸而散之使轻;物贵由乎钱多,多则轻,轻则作法而敛之使重。是乃物之贵贱,系于钱之多少;钱之多少,在于官之盈缩。"这是对《管子》中货币数量最完整的发展,也是中国古代社会中货币数量说的典型公式。而且,他关于货币数量的理论,要比被推为货币数量理论鼻祖的法国人博丹的理论,足足早了七百多年,仅此亦足以显示其学术思想的水平。

关于工商业,陆贽一方面仍坚持以农为本,但在《均节赋税恤百姓第六条》中也认为国家的任务就是使"商农工贾,各有所专",使商农工贾"咸安其分"。实际上已把商、工、贾列在与农同等的地位。

唐代,政府在经济上已实行"和籴"与"和雇"两种形式。"和籴"又称"和市",是指官府与百姓之间按市场价格进行买卖的交易行为;"和雇"是指由官府出资雇用劳动力。这表明商品经济观念已经开始引入官营体制。陆贽基于对这一适应商品经济发展的经营形式的深刻认识,坚决主张将财政所需的多种物资按照市场价格进行交易(和籴),甚至不惜用"加倍之价"收购以刺激生产。他还建议以茶税收入作为"和籴"资本。其在《均节赋税恤百姓第五条》云:"如时当大稔,事至伤农,则优与价钱,广其籴数;谷若稍贵,籴亦便停。所籴少多,与年上下,准平谷价,恒使得中。每遇灾荒,即以赈给,小歉则随事借货,大饥则录奏分颁,许从便宜,务使周济,循环敛散,遂以为常。"将"和籴"发展并延伸为历代的常平,作为平抑物价、救济灾荒的手段。他还主张将政府公共工程所需征发的徭役一应改为"和雇",所谓"交易往来,一依市利,勿令官吏催遣,道路遮邀,但不抑人,自当趋利"。可见他已经意识到了商品货币关系在社会经济生活当中的重要地位。

关于对外贸易，陆贽在《论岭南请于安南置市舶中使状》中明确表示："远国商贩，唯利是求，绥之斯来，扰之斯去。"只要政府或地方官吏不是"侵刻过深"，"招怀失所"，那么"交易之徒，素所奔凑"。所以他主张对外来商人采取安抚、怀柔政策，并给予优惠条件，以吸引外商前来经商贸易。这种对外贸易思想，不仅在当时允称杰出，即或当今，也有一定的借鉴意义。

第四节　罗隐的疾俗警世之学

唐末诗风衰落，杂文小品的创作却放出耀眼的光芒。罗隐就是当时创作杂文小品文的佼佼者。他的《谗书》运用短小精悍的文章讽刺现实，抨击当权，以发表自己的政治见解；他的《两同书》则以对立统一的事物命题，是一部具有辩证法思想的理论著作。两书都具有较高的学术价值。

罗隐（833—909），原名横，字昭谏，号江东生，新登（今属富阳）人。年少负时名，好讥讽公卿，因之触犯忌讳。曾十次应进士举，不第，于是改名为隐。唐懿宗咸通八年（867），在穷愁困苦中著有《谗书》，讽刺时政。后历任湖南、淮、润州从事，都不得意。《唐才子传》谓其"恃才忽睨，众颇憎忌。自以当得大用，而一第落落，传食诸侯，因人成事，深怨唐室。诗文多以讽刺为主，虽荒祠木偶，莫能免者"。僖宗光启二年（886），钱镠知杭州，次年拜杭州刺史，罗隐归为钱镠宾客。钱镠表荐他为钱塘县令，后又授镇海军掌书记、节度判官、盐铁发运副使、著作佐郎、司勋郎中等职，历迁谏议大夫、给事中。著有《吴越掌记集》三卷、《罗隐赋》一卷、《罗隐启事》一卷、《江东甲乙集》十卷、《江东后集》十卷、《湘南应用》三卷、《吴越应用集》三卷、《灵璧子》《两同书》二卷（十篇）、《谗书》五卷、《广陵妖乱志》一卷、《淮海寓言》七卷、《罗隐集》二十卷等，多已散佚。今存《江东甲乙集》十卷并补遗一卷、《谗书》五卷、《两同书》二卷、《广陵妖乱志》一卷及杂著三十余篇。清人辑有《罗昭谏集》八卷，今人整理有《罗隐集校注》，可供研究。

罗隐在十上应考不第的穷愁苦闷中，表现出对当时专制制度的不满，故其文往往采用寓言的形式以讽谕现实。他特意将自己含有讽刺性的小品文集子题名为"谗书"，其自序有云："取其所为书诋之曰：'他人用是以为荣，而予用是以辱；他人用是以富贵，而予用是以困穷。苟如是，予之书乃自谗耳。'目曰谗书。"其愤激之情跃然纸上。他因憎恶君主专制制度之下的统治者昏庸腐败及对劳动人民的掠夺,遂以儒家民本思想为武器,大胆反对专制。他并在《谗书重序》中自称其用意在于"有可以谗者则谗之"。且云:"著私书而疏善恶,斯所以警当世而戒将来也。"这里指明了所以撰写《谗书》的宗旨。他在唐末政局动荡、民不聊生的混乱局面中,能对现实有感而发,寓有深刻的感慨与批判精神。

其《丹商非不肖》篇,赞同尧舜的禅让帝位制度,并以此推测尧舜不传位于其子,是出于至公之心。尧废丹朱、舜废商均,并非由于丹朱、商构之不肖,"盖唐虞欲推大器于公共,故先以不肖之名废之,然后俾家不自我而家,而子不自我而子"①。他以为尧舜的至公之心,是以天下为公有,以不肖之名废其子,使帝位的传受不成为一家的私授,亦即天下应是天下人之天下,不应是帝王一家之天下之意。他这种赞扬尧舜不搞"家天下",打破专制世袭帝位世代传子的思想,是有进步意义的。

在《英雄之言》篇中,指出专制统治者为了夺取统治天下的大权,标榜"救彼涂炭"的口号,果真是为人民,没有个人的私心么? 他借用刘邦羡慕秦始皇宫室而谓"居宜如是"和项羽见秦始皇游会稽而谓"彼可取而代"的所谓"英雄之言",指出他们隐藏的私心,何曾是为救济老百姓着想。他们为一己之利夺取天下之帝王实与强盗劫掠财物无异。这其实是推衍《庄子·胠箧》"窃钩者诛,窃国者为诸侯"的论点,进一步指出以救民为号召的所谓英雄豪杰,其真正目的,只不过是满足个人的私欲而已。

《辩言》篇说闹革命是"以百姓心为心",而持保守见解的是要"全礼义"。"以百姓心为心",就不能不脱略于礼义。他指出,闹革命就是所存者大,所去者小;持保守见解的,就是计菽粟而顾钧网,所存者小而所去者大。

在《汉武山呼》篇中,论述人君听信谀美之辞是败德的根源。其文谓地位的尊贵,穷奢极侈,由于臣下的奉承,为人民的蠹害。汉武帝追求个人的享受与长生,而不是追求时和年丰,使人民快乐。他们在东封嵩山时,错觉中恍惚有人高呼"万岁"。后来汉武帝"逾辽越海,劳师弊俗,以至于百姓困穷",他认为这是"东山万岁之声"长其骄傲之心所致。他指出:"以一山之声犹若是,况千口万舌乎! 是以东封之呼不得以为祥,而为英主之不幸。"他通过汉武帝居功骄纵、迷信神仙而造成不幸的历史教训,说明"前后左右之谀佞者,人坏之

---

① 《罗隐集校注》,浙江古籍出版社,1995年,第409、410、445页。

也；穷游极观者，事坏之也；发于感寤者，物坏之也。是三者，有一于是，则为国之大蠹"①。

《荆巫》篇通过寓言故事，说明为己就不可能为人的道理，并在篇末以小喻大，揭示出全篇宗旨：国家政治腐败，人民遭受祸殃，都是由于各级统治者因私害公，"牵于心，不暇及人"的缘故。

罗隐揭露和批判唐末社会的腐败黑暗和官僚的愚昧无知的书，还有《广陵妖乱志》等。另如《罗隐赋》中的《秋虫赋》，抨击专制法网"绳其小而不绳其大"。如此等等，都具有警切的立意和犀利的笔锋。

罗隐的讽刺性小品文成就很高，其书的主导精神就是抒发其对专制社会现实愤闷不平之意。他亦常有短小精悍、一针见血的议论之作。他的杂文所写的大都不是具体和直接的社会生活事件，而主要是那个时代的矛盾冲突和思想情绪。他善于通过对历史和现实的深刻观察和分析，敏锐地抓住事物的本质，一针见血，所以能超越前人，多有创见。在表现形式上也十分灵活巧妙，有的直接发议论，有的借寓言托讽；有的用散文体，有的用赋体。总之随物赋形，不拘一格，而嬉笑怒骂，尖锐泼辣，确实起有匕首和投枪的作用。罗隐反对专制的言论，可称得上明清思想家反对专制思想之先声。

罗隐的《两同书》具有朴素辩证法的思想。其书共有十篇，篇名是以对立的范畴为名，共分贵贱、强弱、损益、敬慢、厚薄、理乱、得失、真伪、同异、爱憎等，指出了一系列事物的对立统一关系，是一部从哲学角度表达政治理想的理论著作。所谓"两同"，亦即矛盾的对立统一。他一方面将前五篇归本于老子，后五篇中有四篇归本于孔子，认为老子和孔子表面上有内外之别，实质上却有内在联系。前者是后者的基础，后者是前者的目的。老子学说与孔子学说既对立又统一，所以称为"两同"。另一方面，《两同书》每一篇都从对立的两个方面论述对立双方无不既有区别又有内在联系的关系，认为关键在于能否符合一个"仁"字。以"仁"修身，则贵、强、益、敬、厚，不然则贱、弱、损、慢、薄；以"仁"治国，则理、得、真、同、爱，不然则乱、失、伪、异、憎。他这样以"仁"为出发点，将老子与孔子的某些观点"同"合，将老子的某些理论纳入儒学的轨道，借以宣传儒家政治理论，最终达到以儒家爱民、仁政治国的目的。

在《贵贱》篇中，他以为万物之中，唯人为贵，人中分为尊卑、贵贱，但是尊

---

① 《罗隐集校注》，浙江古籍出版社，1995年，第409、410、445页。

卑、贵贱之分,不在势位而在德行。他指出人们所羡慕的是孔子、伯夷,而羞恶的是殷纣、齐景公。"贵者愈贱,贱者愈贵,求之者不得,得之者不求"。这是值得统治者深切考虑的。

《强弱》篇说明强与弱不是单独存在的,而是互相依赖、互相转化的对立统一关系,并且强调不能以力量大小为标准,如侨如"大可专车"反为鲁人所杀,南宫万壮士,反为宋人所醢,他们都多力,反为人杀;而晏婴为齐相,甘罗为秦上卿,则侏儒、童子反居人上。这就证明人在有德不在多力。

《损益》篇认为君主节俭最有益,奢侈的享受最有损。"俭则天下无为而百姓受其赐;奢则天下多事而万姓受其毒。损一人之爱好,益万人之姓命。人且共益,则君孰为损? 人且共损,则君孰为益?"他指出,"损己以益物者,物既益矣而物亦益之;……益己以损物者,物既损矣而物亦损之"。他这种相反相成的损益之道,是针对儒家"百姓不足,君孰与足;百姓足,君孰与不足"以及老子"天之道损有余以补不足"的辩证法思想的发挥。

《同异》篇试图阐明同异的辩证关系。指出父子兄弟非不亲而心未必同,朋友非不疏而心未必异。因此,"有面同而心不同者,有外异而内不异者,有始同而终异者,有初异而末同者,有彼不同我而我与之同者,有彼不异我而我与之异者"。故他主张"随时之宜,唯变所适,因其可同而与之同,因其可异而与之异","能同异者为福,不能同异者为祸"。关于同异的问题,他看到矛盾变化的实质,有祸福倚伏、对立统一等关系。这里具有朴素辩证法思想。

罗隐又是晚唐一位重要的诗人,其诗也颇具批判现实的意义。他的诗大致可分为两类:一类是下第诗,一类是咏物和咏史诗。他因屡试不中,甚为怨愤,故在诗中抒发自己久困场屋的不平,从中揭露科举的腐败。如《东归》云:"难将白发期公道,不觉丹枝属别人。"自叹屡试不第之情。其咏史、咏物诗,同样深刻而生动。如《西施》对传统的西施亡吴的"女祸"思想提出反驳,从委婉的语调中蕴含辛辣的讽刺。又如咏物诗《蜂》云:"采得百花成蜜后,为谁辛苦为谁甜。"以蜂暗喻辛勤劳动的农民,字里行间流露着对农民的深切同情。他的诗和小品文都好为谐谑讽刺而多愤世嫉俗之词,在晚唐别树一帜。

由于罗隐对现实问题能够采取比较清醒的批判和揭发的态度,因而其作品在思想上有一定光彩。他的言论虽然是对专制制度的不满而要求财产、土地和权力再分配的呼吁,但在当时专制统治已趋腐败的情况下,是有一定进步意义的。可以说,罗隐不仅是晚唐五代浙江学术史上的重要人物,也是整个儒学史上的一位重要人物;而且,他在中国古代辩证思想发展史上也是一位值得重视的人物。

第五节　吴越国的保境安民之策

唐末藩镇割据,贫民举兵,干戈纷扰,天下大乱。越人钱镠以布衣之身奋然崛起,继承越王句践自强不息的精神以建立吴越国,又遵循徐偃王仁义爱民之道而实行保境安民之策。更在境内崇尚儒学,重视历史,提倡诗文,发展文化,使浙江全境安定繁荣,百姓尽被其泽。斯可谓是浙学精神之履行实践者。

一　吴越国的立国方略

钱镠(852—932),字具美,杭州临安人。出身于石镜乡临水里一个世以田渔为业的殷实之家。据《钱氏家乘·武肃王遗训》载:"自幼常与群儿聚戏于树阴、石上,或伐薪,必使群儿聚以供己,随多少而赏罚焉。"可见他在总角之年已经表现出领导才干。他七岁从师读书,十六岁贩盐谋生,十七岁习武和始学兵法,二十岁学射箭,二十一岁从军,二十二岁练习剑戟。自谓"稍有余暇,温理《春秋》,兼读《武经》,十七而习兵法"。其为文,粗通笔墨。《宣和书谱》称其"喜作正书,好吟咏,通图纬学。……所书复刚劲结密,似非用武手";《图绘宝鉴》称其"善墨竹"。可见他是一位勤奋好学而又多才多艺的人。

唐懿宗咸通十三年(872),江南溪洞猖獗,乡团皆起。钱镠亦大散家财,广招勇士,训练义师,助州县平定溪洞。石镜镇将以钱镠为副职。此后参与平定朱直、孙端,抵御入浙黄巢军等战争,行军作战骁勇绝伦。唐僖宗光启二年(886),钱镠佐董昌大破刘汉宏。董昌乃尽得浙东之地,而以杭州至浙西之地授钱镠。唐授董昌为浙东观察使,钱镠为杭州刺史。唐昭宗乾宁二年(895),董昌据越州称帝,起兵反唐。钱镠致书劝董昌:"与其闭门作天子,与九族、百姓俱陷涂炭,岂若开门作节度使,终身富贵无忧也。"董昌不听。钱镠奉诏出师征讨董昌,次年灭之。继又攻取温州、处州,基本统一了两浙之地,完成了吴越国疆域的开拓。

唐哀帝天祐四年(907),朱全忠废唐自立,改国号为梁,进封钱镠为吴越王。当时有人劝钱镠拒命,钱镠曰:"古人有言,屈身于陛下,是其略也,吾岂失为孙仲谋耶?"欣然拜而受之。后梁末帝龙德三年(923),册封钱镠为吴越国王,于是正式建立了吴越国。

钱镠治理吴越国的立国方略可概括为"立足两浙,尊奉中原"。此后,中原虽历经梁、唐、晋、汉、周五代,吴越国亦历传三世五王,但一直实行"尊奉中原"的国策而没有改变。可见吴越国之尊奉中原,并不局限于一时一朝,而是与时俱进。对此,有人认为,钱镠本是唐臣,后梁篡唐自立,理应拒命反抗,方尽臣职。其实,此乃不通之论。第一,从当时的形势看,摆在钱镠面前的只有两条路:一是拒命反抗,但必然引起兵端,而以吴越一隅之众抗梁,无异以卵击石,不仅危害百姓,也将自取灭亡;除此之外,就只有奉命受封一条路可走了,显然钱镠的选择是明智的。第二,从儒家的思想出发,尊奉中原,乃是"大一统"思想在当时藩镇割据导致诸国并列的特殊政治环境之下的合理发展。根据先秦的儒家思想,天下乃天下人之天下,而非一家之天下。尝考春秋时的杞、越二国,皆为夏后,竟历臣商周两朝;宋本殷后,亦臣于周。对此,圣人均无异言。而且,周武王伐纣之后,纣之叔父箕子即以"洪范九畴"贻周。对此,孔子不仅没有加以叛国之罪,而且还把箕子与殷商之贤臣微子、比干并称为"殷之三仁"。由此可见,忠于一姓,乃是秦汉以后的专制统治者所要求的品德,先秦儒家并无此观念。所以,从朱梁之篡唐立国本身而言,确实有失臣节,可谓是唐室之罪人;但从钱镠的立场出发,他在自己力所能及的范围之内,内以保境安民之策来施行仁政,外以尊奉中原的形式来维护"大一统"的《春秋》大义,这才是儒家思想的真正实行者。

钱镠在临终前还告诫子孙云:"十四州百姓,须用敬信节爱,使民之道,善为抚辑。""十四州百姓,系吴越根本。"可见钱氏对百姓是很重视的。诚然,当时处在天下分裂战乱之世,既要向中原朝廷贡献财物,又要加强兵防以御侵凌,因而当时的赋税还是很重的。不过,比起其他战乱连年不断的地方来,两浙之民还是很幸运的,这自然应说是钱氏实行保境安民之策的功劳。

宋太宗太平兴国三年(978),第五任吴越国王钱弘俶纳土归宋。钱氏立国72年而亡。有人讥钱弘俶为不战而降的亡国之君,实为苛论。须知宋朝统一中国毕竟是历史发展的必然趋势。若以区区吴越与宋抗衡,显然必败无疑。面对这样的形势,钱王不动干戈,完整地将所辖两浙之地归并于一统王朝,既维护了国家的统一,也避免了战争和破坏,使生灵免遭涂炭。所以钱氏"纳土归宋"历来被认为是顺应历史潮流之义举,因而历来为人们所尊重,并在杭州钱王祠中受到人们的瞻仰。

在浙江历史上，春秋时有越王句践，以卧薪尝胆的毅力亡吴霸越；纵观钱王的立国过程，显然是继承了越王句践自强不息的精神。而西周时则有从徐州退居姑蔑的徐偃王，躬行仁义，在受楚国侵伐时，因"不忍斗其民"主动撤军南退而失国；钱王有鉴于此，在躬行爱民的宗旨下，加强兵备以行保境安民之实，可谓是既继承了徐偃王"不忍斗其民"的仁义爱民之道，又吸取了他导致失国的教训。由是观之，钱王可谓是继承了徐偃王和越王句践的传统精神而兼有之。因而可以说，存仁义之心而济之以自强不息精神，乃是弘扬浙学精神的实际行动。

二　吴越国的经学和儒学

五代时的吴越国王钱镠及其子孙，皆崇尚儒学。据《钱氏家乘》所载《武肃王遗训》云，钱镠尝自称："稍有余暇，温理《春秋》。又云：'圣人有言，敬事而信，节用而爱人，使民以时。'又云：'恭则不侮，宽则得众，信则民任焉。敏则有功，惠则足以使人。'又云：'省刑罚，薄税敛。'又云：'惟孝友于兄弟。'此数章书，尔等少年所读。"以上所言，皆出《论语》《孟子》等儒家典籍。他在"遗训"中告诫子孙要"心存忠孝，爱民恤民"，"民为贵，社稷次之"，要"宣明礼教"，"倘子孙不忠不孝，不仁不义，便是坏我家风，须当鸣鼓而攻"等等，都是儒家思想的反映。

钱镠的子孙中，研习儒学者代有其人：

钱元瓘"虽少婴军旅，尤尚儒学"。

钱元玑"多尚儒释，不喜奢侈"。

钱传英，钱镠第三子。天性英敏，颇敦儒学，聚书数千卷。

钱传璟"学礼闻诗，资忠履孝"。

钱弘仰"通儒术"。

钱文奉，钱元璙之子。涉猎经史、音律、图纬、医学、鞠击，皆冠绝一时。所聚图籍、古器无算，雅有鉴裁，一时名士多依之。

钱俨，钱元瓘第十四子。谨慎好学，虽祁寒溽暑，未尝暂辍图籍。

钱昱，钱弘佐长子。尤好学，喜聚书，多所吟咏。

钱惟治，钱弘倧长子。幼好读书，家聚法帖图书万余卷，多异本。

钱惟演，钱弘俶次子。于书无所不读，家储文籍侔秘府。尤喜奖励后进。钱弘俶弥留之际，还"命左右读《唐书》数篇，命诸子孙诵调章诗什数篇"。

大概是因为钱氏王室重视家教，所以后人称颂"钱氏子弟俱擅文采"，而且学有专长者亦不乏其人。即此可见钱氏对于儒学的重视。

吴越国时,官学大多废弃,惟民间私人聚徒讲学和家庭教育之风仍很流行,尤以钱氏王室家族为最盛。为了加强儒学教育与研究,吴越国在政府机构中专门设立了通儒院,聘用名儒担任学士。钱塘人林克己、崔仁冀等,就曾任职为通儒院学士,在儒学方面成绩卓著。

浙江的儒学人物,主要有孙郃、黄晟、宋荣等人。

孙郃,字希韩,明州奉化人。唐乾宁间(894—898)中进士,累迁左拾遗。朱梁篡唐,著《春秋无贤人论》,即脱冠裳,服布衣,归隐于奉化山,著书纪年悉用甲子,以示不臣之义。

宋荣,婺州义乌人。通《尚书》《春秋》。隐居于本州覆釜山下。忠懿王钱弘俶累征不就。学者私谥曰"文通先生"。

此外,流寓湖州的钟廷翰,"儒素修身","素有贤名"。

黄晟,明州鄞县人。黄昌据浙东时授为左散骑常侍、浙东道东西副指挥使、明州刺史。董昌称帝,曾移书规劝,董昌不听,遂响应钱镠平定董昌。为人"颇尚礼士,辟前进士陈鼎、羊绍素为宾客,江东儒学多依之。其对江东儒学的贡献功不可没。

方昊,字太初,青溪(今淳安)人。唐亡后,耻非所仕,遁隐岩谷之中。钱镠招其出山,不就。聚徒讲学于上贵精舍,以终其身。乡人化之,称为静乐先生。

林鼎,原籍侯官(今福州),随父诗人林无隐寓居明州。读书必达曙,所聚图籍悉手抄数过,好残编断简,亦较雠补缀,无所厌倦。

崔仁冀,钱塘人。少笃学,有文采。曾为通儒院学士。

吴越国时期,浙江的儒学类著作有钱弘俶《政本》十卷。

其时,尚有世仕南唐的徐铉博通儒学。徐铉(917—992),字鼎臣,世为会稽人,父延休为吴江都少尹,遂家广陵。十岁能属文,长与韩熙载齐名。仕吴为校书郎。仕南唐历中书舍人、吏部尚书等。后入宋为直学士院,出为散骑常侍。著有《质论》一卷,乃儒学著作。

尽管吴越国时期浙江并没有著名的儒学家,也没有留下多少著作,但是儒学的传统终究还是继承下来了。

三   吴越国的史志之学

吴越国时期,浙江籍的史学家主要有罗隐、杜光庭、钱俨、钱惟演、林鼎以及世仕南唐的徐铉等人。

罗隐(833—909),新登人。撰有《湘南应用集》三卷,《吴越掌记集》三卷,《启事》一卷,皆系表、状类的著作。

杜光庭(850—933),字圣宾,号东瀛子、登瀛子,缙云人。著有《帝王年代州郡长历》二卷,《历代忠谏书》五卷,《谏书》八十卷等,皆史学著作,多为吴越国史及五代史的重要文献。

徐铉(917—992),会稽人。流寓广陵(今扬州),世仕南唐。曾与高远、乔舜、潘祐等撰有《吴录》20卷,又与汤悦撰有《江南录》十卷。

钱俨(937—1003),字诚允,文穆王钱元瓘第十四子。本名弘信,后去弘名信,宋淳化(990—994)初改名钱俨。幼年为沙门,及长,谨慎好学,虽祈寒溽暑,未尝暂辍图籍。吴越国时为镇东军安抚副使、衢州刺史。入宋后历官随州、金州观察使,出判和州。著作有前集五十卷,后集二十四卷及《贵溪叟自序传》一卷等。史学著作有《吴越备史》《备史遗事》《钱氏戊申英政录》《忠懿王勋业志》等。《吴越备史》,钱俨托名范坰、林禹撰,顾櫰三《补五代史艺文志》作十五卷。《四库全书总目》云:“《备史》所记讫太祖戊辰,《补遗》所记讫太宗丁亥,与《中兴书目》所载前十二卷尽开宝元年,后增三卷尽雍熙四年者正合。特并十二卷为四卷,并三卷为一卷耳。陈振孙谓今书起后晋开运,前阙三卷。勘验此本所佚亦同。则是书自宋季以来已非完帙,今无从校补,亦姑仍其旧焉。”《吴越备史》采用编年体,记载钱镠以下三世五王事迹,起自唐僖宗乾符二年(875),终于宋太祖开宝元年(968);《补遗》始自开宝二年(969),终于宋太宗端拱二年(989)钱俶成葬为止。卷首有舆地图、世系图、十二州考。钱俨系吴越国宗室成员,有机会获得丰富的文献及口碑等资料,所著条理清晰,结构严谨,为研究吴越国史及五代史的重要文献。

钱惟演(962—1034),字希圣,忠懿王钱弘俶次子。少年时补牙门将,后从钱俶归宋,历官右神武将军、兵部尚书、武胜军节度使。他“于书无不读,家储文籍侔秘府”。著有《典懿集》三十卷,及《金坡遗事》《飞白书叙录》《逢辰录》若干卷。其史学著作主要有《金陵事实》三卷,《钱俶贡奉录》一卷,《家王遗事》二卷,《钱氏庆系谱》二卷,《奉藩书事》十卷等。

林鼎撰有《吴江应用集》二十卷。

另有《乾宁会稽录》一卷,记董昌之叛,但不著作者。

吴越国时期,浙江籍史学家主要以记叙当代史实为己任,虽无巨著,但对五代十国的史学仍有不可磨灭的贡献。即此可见,经史并重之风乃是浙东学者的优良传统。

吴越国在儒学、史学、文学、书法、绘画诸方面成绩卓著。当时浙江虽乏旷世大儒,但儒家的经世致用和经史并重、文道并重、道艺并重等基本精神,仍得以充分传承。这乃是浙江学术藉以形成的人文历史条件。

本篇小结

自从有文字记载的远古时代开始,与浙江有关的虞舜的孝友遗风、夏禹的勤政节俭遗风、徐偃王的仁义爱民遗风,无疑都在无形之中从道德上和精神上永久地影响着浙江人的心灵,也在无形之中成为浙江学者从事学术研究的意蕴和底气。而子贡的存鲁霸越之游,则为浙江士人接触儒家学说开辟了交流的途径。

在学术上,据《尚书·舜典》记载,虞舜曾与契讨论了关于"五教"亦即"五伦"的理论问题;分别与伯夷和夔讨论了关于"礼"与"乐"的理论问题。《大禹谟》记载,虞舜给禹传授了"十六字心传";又与皋陶讨论了关于法律的思想;还记载,夏禹曾发表过关于"德惟善政,政在养民"以及"正德、利用、厚生"等政治见解。这些记载都是学术上的重要理论问题,可以视为浙江学术的最早源头。后世的浙江学者对这些问题都有详尽的解释和讨论,因而对于开创浙江的学术有其非常重大的意义。

西周时期,徐国的偃王因躬行仁义而受楚侵伐,偃王因"不忍斗其民"而主动南撤至浙西姑蔑地区定居,其后裔又向浙江各地分布,并传播了仁义之说。及至孔子以"仁"为核心、以"孝悌为仁之本"的儒学南传至浙江,与虞舜的孝悌遗风、夏禹的勤政节俭遗风和徐偃王的仁义爱民遗风互相融合而成"仁义孝悌"思想和勤劳俭朴品德,成为浙江历代居民遵奉的基本道德,也成为浙江历代学者从事学术研究的道德基础。因而浙江学者大都具有出仕则勤政爱民、忠烈正直,治学则刻苦严谨、求真务实等优秀品德。

春秋时期,越王句践继承远祖夏禹的勤政节俭遗风而复兴越国。他的卧薪尝胆、勤苦卓绝的奋发进取精神,为浙江人树立了自强不息的榜样;他的忍辱负重而终获成功的图强兴霸功业,则成为浙江人建功立业的思想动力。于是,讲求学问应以经世致用为目的,乃成为浙学的总体目标。而越国的贤臣范蠡的经世务实之学、文种的强国制敌之策、计倪的理财致富之术等,都成为服务于经世致用的具体内容。越国君臣的富强之道,为浙江人提供了可资学习的历史经验。

秦并六国,为全国的文化交流创造了有利条件。汉代,一方面随着北方士人到越地为官以及普通士人的南移,另一方面则随着越地士人到中原从师问学甚或进入太学深造,中原文化也逐渐南传而渗入故越之地,而当时的会稽郡亦即今浙江境内乃成为中原文化与故越文化的融合之区。

在学术上明确开创浙学之特色的,则始于东汉初的会稽学者王充。王充在继承故越文化的基础上,又北上长安受业于太学,师事儒学大师班彪,吸取了中原文化的优秀内容,从而建立了独树一帜的思想体系而撰成《论衡》一书,成为浙江学术史上第一个具有系统理论体系的学者。他认为天地的运行是自然无为的,而人的行动是主动有为的;在政治上提出"太平以治定为效,百姓以安乐为符"以及"德"与"力"并重的经世致用主张;在历史观上提出"汉盛于周"以及物质生活进化等观点;并以"实事疾妄"为纲领,极力批判当时盛行的天人感应说和神学目的论等谶纬之学,奠定了浙学经世致用、求真务实、治学严谨、敢于批判、勇于创新和兼取众长等总体特色,可谓是开创浙江学术研究的先驱。

东汉史学名家会稽人袁康、吴平著有《越绝书》,重视史迹与地理的记载,以资料赡富著称;山阴人赵晔著有《吴越春秋》,偏重人物故事,以情节生动取胜。两部史书记载吴、越两国史实,成为现存浙江最早的地方史,也是现存中国历史上最早的地方史。这两部史书不仅记载了浙江先秦时期的重要历史,同时也开启了浙江学者的重史之风。

东汉末期,有余姚虞氏五世治《易》。至三国时,东吴名臣虞翻禀承家学,著有《易注》,对于汉代易学诸家如荀爽、马融、郑玄、宋忠等均有批评,成为影响较大的易学大家,也体现了他善于批判的学风。

六朝时期,除了余姚虞氏,尚有山阴贺氏、孔氏、谢氏,武康沈氏,盐官顾氏,钱唐范氏、朱氏、杜氏,太末徐氏等儒学世家。各家名儒辈出,经学著作不断涌现。而且私家修史盛行,浙江史家辈出,史书众多,诸体皆备,除了传统的纪传体和编年体,诸如地方志、家族谱、人物传等众体纷呈,史学空前繁荣,其中沈约的《宋书》一百卷为正史"二十四史"之一。由于诗文名家辈出,文学理论亦异常兴盛。

隋文帝统一中国,废除魏晋以来的九品中正制而实行科举制。唐代继之,并逐步加以完善,又设立了以学习儒学为主的各级教育机构,儒学获得空前发展。唐代初期,余姚人虞世南、杭州人褚遂良,既为有唐一代名臣,也是著名儒者和经史学家;武康(今属德清)人姚察、姚思廉父子和新登(今属富阳)人许敬宗,皆为杰出的历史学家,著有大量历史著作,其中姚思廉的《梁书》五十六卷和《陈书》三十六卷都列于正史"二十四史"之中。

唐代中期,嘉兴人陆贽,著有《陆宣公奏议》,对政治上的吏治问题、藩镇割据问题,经济上的发展生产力问题、土地兼并问题、工商业管理问题、财政税制问题、货币问题以及对外贸易问题等,都提出了自己的建议,其中不乏精辟卓越的思想见解。他是浙江学术史上杰出的政治家和经济学家。

晚唐时期,新登(今属富阳)人罗隐,著有《两同书》,这是一部从哲学角度表达政治理想的理论著作;其《谗书》则以儒家民本思想为武器,大胆反对专制,可谓是浙学中反对专制统治的开创人物,也是明清思想家反对专制思想之先声。

五代时的吴越国王钱镠实行保境安民之策,在全国干戈纷扰的乱局中保持了一方相对安定的生活环境,这为浙江的经济发展和文化发展创造了条件。而且钱氏及其子孙,皆崇尚儒学,专设通儒院以延儒士。由于钱氏王室重视家教,故其族人皆通经史,后人称颂"钱氏子弟俱擅文采",学有专长者亦不乏其人,也有不少学术著作。

隋唐五代时期,浙江虽乏旷世大儒,但儒家的经世致用和经史并重、文道并重、道艺并重等基本精神,仍得以充分传承。这为宋代以后浙江学术的发展繁荣打下了坚实的基础。

第二篇

宋代:各派并兴的鼎盛时期

第一章　北宋理学之开宗

孔子开创的中华主体文化儒学,经由汉唐经学家以考据名物、详备训解为主的"汉学",至北宋前期,由安定胡瑗、泰山孙复、徂徕石介三先生直接继承先秦孔孟儒学并加以开拓,逐渐发展转变而为以阐发义理为主之"宋学",亦谓之"新儒学",学风乃为之一变。浙江的胡门弟子始将胡安定的"明体达用"之学传入浙江,乃成为浙江探求儒家义理以资经世致用之学的先驱。

第一节　浙江理学之先驱

宋仁宗宝元二年(1039),开宋学之先河的大儒安定胡瑗任湖州教授。胡瑗(993—1059),字翼之,泰州如皋人,学者称为安定先生。初以经术教授吴中,更定雅乐。继而在湖州任上倡明正学,以身先之。开立经义、治事二斋,以明体达用之学教东南诸生。"经义"旨在研究儒家经典的义理;"治事"则教习处理各项事务的知识和能力。而所谓"明体达用",就是要把所学到的儒家义理,贯彻运用于立身处世和齐家、治国、平天下的具体事务之中。这一教育方针,显然是直接继承了孔子的教学传统。庆历(1041—1048)中,仁宗下诏取其教学之法作为太学制度。而安定门下的众多浙籍弟子如滕元发、顾临、徐中行等,皆成为当时名儒;同时,两浙地区一批儒学俊彦亦崭露头角。这对推动浙学的兴起具有开创的作用。

从地域上说,浙江的学术及其流派主要集中在四个地方,一是浙江中部以金华为中心的婺州地区,二是浙江东部以余姚为中心的明州地区,三是浙江南部以永嘉为中心的温州地区,四是钱塘江以北以杭州为中心的浙西地区。这四地,可谓浙江学术之重镇。追溯其源,则各有其学术的开创者。

一　婺州学术之开端

当时,地处浙中之婺州,即有滕元发、朱临、杜汝霖等受业安定之门。

滕元发,字达道,东阳人。在安定同门中,其文常居首。在居官任上,即将所学贯彻于政治和军事之中。他曾上书神宗极论朋党之弊。治边威行西北,边功卓著,有贤将之称。著有《孙威敏征南录》一卷,记皇祐四年孙沔平侬智高事,备陈实录以辨勒铭之讹,其说实为考史者所宜兼存。

朱临,字正夫,浦江人。从安定受《春秋》,得其"明体达用"之旨。安定所著《春秋辩要》,惟朱临所得为精。历官宣德郎守光禄寺丞,以著作佐郎致仕。晚年爱好唐代陆淳的《春秋》之学,研究陆淳所著《纂例》《辨疑》二书,深佩陆淳敢于怀疑经传的胆识,认为:"孔子没千有余年,说《春秋》者皆胶于偏见,无有出淳书之右者。虽董仲舒为两汉通经第一,然犹拘于《榖梁》不克别白,余可知也。"乃将探究所得撰为《春秋私记》一卷,《春秋统例》二十卷,以及《春秋外传》等书,皆深有卓见,开一郡的理学风气。

杜汝霖,字仁翁,兰溪人。从安定学,六经皆通,尤邃于《易》,学者宗师之。其孙杜陵,克传家学。生五子:杜旟字伯高,杜旞字仲高,杜斿字叔高,杜旟字季高,杜㫛字幼高。兄弟皆博学,并善古文,人称"金华五高",皆为通儒。

滕、朱、杜三人都是胡门高弟,他们把安定的"经义"和"治事"相结合的"明体达用"之学带回婺州,传授子弟及门生,从而开创了婺州学术界义理与事功并重的经世致用之风。

与之同时又有徐无党,永康人,从庐陵欧阳修学古文词,庐陵尝称"其文日进,如水涌山出";又谓"其驰骋之际,非常人笔力可到"。曾注《五代史》,妙得良史笔意。以南省第一人登进士第,仕郡教授,开创了婺中兼重文史的学风。

以上所述,可视之为婺州学术之先声。

二　永嘉学术之开端

仁宗庆历年间,大致稍晚于安定在湖州办学之时,地处浙南的永嘉(今温州),已有儒志王开祖、经行丁昌期二先生倡学其间,而塘奥林石则继起于邻县瑞安。

王开祖,字景山,号儒志,世称儒志先生,永嘉人。皇祐五年(1053)进士,尝出任秘书省校书郎、丽水县主薄,"既而退居郡城东山设塾,倡鸣理学于濂、洛未作之先"①。从此杜门著书讲学,从学者常数百人。当时宋学方兴,开祖倡导修己安人之学,发明经义,其学与当时的新儒学运动有相同旨趣。他与王安石友善,故亦主张变革,认为"拘庸庸之论者,无通变之略;持规规之见者,无过人之功"。他在六经中特重《周易》。其学以明性、养心、至诚为主,亦涉及心性、性情之讨论。他说:"复者性之宅,无妄者诚之原。"又说:"情本于性则正,离于性则邪。学者离性而言情,奚情之不恶?"他认为"孟子以后,道学不明。今将述尧舜之道,论文武之治,杜淫邪之路,开皇极之门"。卒年仅三十二。著有《儒志编》。全谢山曰:"是时,伊洛未出,安定、泰山、徂徕、古灵诸公甫起,而先生之言实遥与相应。永嘉后来学问之盛,盖始基之。"②可见儒志之学与"宋初三先生"实有相通之处,乃成为永嘉之学的开创者。

林石(1004—1101),字介夫,居瑞安塘岙,学者称塘岙先生。初习进士声律,既而刻意诸经。从龙泉管师常学《春秋》。师常与胞兄师复同学于古灵陈襄、安定胡瑗,故塘岙乃安定、古灵之再传弟子。时王安石"三经"行,塘岙独不趋新学,而以所受《春秋》教授乡里。既而《春秋》为时所禁,乃绝意仕进,日以讲学为务,生徒众多,在温州影响很大。讲论古今,必先实行而后文艺。他说:"本之不立,末于何有?"著有《塘岙集》《三游集》。

丁昌期,字逢辰,号经行,世称经行先生,永嘉人。家世以笃行称,至先生尤明经术。哲宗元祐三年(1088),举明经行修科不获用,归隐于郡城东郊,筑醉经堂讲学授徒。三子:宽夫,乡贡进士;廉夫,举八行;志夫,进士。兄弟好古清修,自相师友,各以所得质于其父,不为苟同。尤斥佛说,丧祭皆本于古礼。

自王开祖及林石、丁昌期,世称"皇祐三先生"。他们均以讲学为主,尤其是林、丁二人,长期在温州地区讲学,文教盛于一时。《宋元学案·士刘诸儒学案》评云:"永嘉师道之立,始于儒志先生王氏,继之者为塘奥先生林氏,安定、古灵之再传也,而(经行)先生参之。"由此可见,儒志、经行实为永嘉学术之先声,而塘岙又始将安定、古灵之学传入永嘉,故三子实乃胡瑗等"宋初三先生"到"永嘉九先生"之间的过渡环节。

---

① 王开祖《儒志编·儒志传赞》,文渊阁四库本。
② 《宋元学案》卷六《士刘诸儒学案》。

三　明州学术之开端

仁宗庆历年间,大致与永嘉王开祖、丁昌期二先生同时,地处浙东的明州(今宁波),有杨适、杜醇、王致、王说、楼郁五位著名儒者从事讲学,号称"杨杜五子",亦称"庆历五先生"。他们深受安定胡瑗的教学方法的影响,亦以讲学育人著称,讲贯经史,倡为有用之学,实开四明学派之先河。

杨适,字安道,慈溪人。隐居大隐山,学者称大隐先生。为人醇厚介特,议论辩博平正。为学之要在行乎己,毁誉荣辱,不能动其心。其学识德行,闻名京师。仁宗诏求遗逸,钱公辅荐之,授将仕郎,试太学助教,州遣从事舆从迎之,辞不受,逃去。范仲淹守越时,闻而就见,舆致府中,澹焉无求,范公益重其贤。与同乡王致、杜醇、王致、王说结交,相聚鄞县妙音书院,讲贯经史,后进尊为宗主,开四明讲学风气。治经不守章句,究历代治乱之原,善言治道,黜佛老之说。歌诗卓越超迈,为世所重。年七十有六,遗命篆石圹前,曰"宋隐人之墓"。

杜醇,世称石台先生,慈溪人。孝友称于乡里,耕桑钓牧以养其亲。学以为己,不求人知,经明行修,学者以为楷模。庆历八年(1048),鄞县始建学,县令王安石再次致书相邀,才出任学师。同年,慈溪建县学,知县林肇亦聘为师。鄞、慈二邑文风之盛,自先生始。平生谈《诗》《书》不倦,为诗质朴而清新。

王致,字君一,鄞县人。因其讲堂名鄞江书院,故世称鄞江先生。安贫乐道,浩然无闷,乡人皆重其德行。与同郡杨、杜二先生为友,讲学授徒,俱以道义教化乡里,为诸生子弟所尊重。曾致书与王安石言政事。王在复书中称:"无事于职,而爱民之心乃至于此,可以为仁矣。"年七十卒。

王说,字应求,为王致从子。受学于季父,也是杨适的门人,与弟王该皆著名。教授乡里三十余年,虽缺衣食,仍怡然自得。曾协同季父王致,招楼郁、杨适、杜醇诸公在妙音院立孔子像,讲贯经史,倡为有用之学,学者宗之。经人推荐,朝廷曾召为明州长史,辞不就。在县西武陵村建书院,神宗书赐"桃源书院",受聘讲学其中,学者称桃源先生。后朝廷赠以银青光禄大夫。著有《五经发源》五十卷,奏议书疏诗文二百十一篇。

楼郁,字子文,自奉化徙鄞,卜居城南,学者称西湖先生。志操高厉,学以穷理为先。庆历八年(1048),鄞建县学,应聘掌教县庠数年。皇祐中置郡学,又教授郡学十余年。登皇祐五年(1053)进士,调庐江主簿。后辞退,又主持州学十余年,成为当地士子的师范,前后凡三十余年,终于家。朝廷赠正议大夫。有遗集三十卷。

"杨杜五子"的道德文章为当世所重。他们的著述虽不传于今,但从史传所载,尚可约略见到他们的学术思想和教育方法。他们在教育思想上以"穷理为先",又"倡为有用之学"。其基本精神,与胡瑗的既重"经义",又务"治事"的思想实有相通之处。可见杨杜五子实开四明学派之先河。

王致门人丰稷,字相之,举进士,为毂城令,以廉明称。官至工部尚书兼侍读,因积忤近贵,以枢密直学士守越。蔡京又以怨贬海州、道州,又徙建州,历任皆能以所学经义贯彻于济世安民践履之中。追谥清敏。著有《孟子注》。

此外,又有翁升,字南仲,慈溪人。从安定受《易》,第元丰进士,出仕以廉谨称。曹粹中,字纯老,号放斋,定海人。元城刘安世门人李光之婿,故为涑水司马光之三传弟子。举进士,终秦桧之世未尝求仕。著有《诗说》,实为明州《诗》学之大宗。

四　浙西学术之开端

黄梨洲《宋元学案·安定学案》云:"庆历之际,学统四起。……浙西则有杭之吴存仁,皆与安定胡学相应。"全谢山于《士刘诸儒学案》按语亦照录其言,然而在正文内无吴存仁而有吴师仁传。王梓材按语云:"谢山《学案序录》稿底及刊本并作'杭之吴存仁',遍阅简册,古灵时杭之乡先生止有名师仁者,存仁之'存'当由笔误。"而全谢山于《古灵四先生学案》正是谓陈古灵"知杭州,则荐吴师仁,为枢密直学士"。可知吴师仁、吴师礼兄弟才是浙西学术之开创者。当时浙西还有胡瑗的弟子莫君陈、卢秉、陈舜俞等人皆闻名于世。

吴师仁,字坦求,钱塘人。履行醇正,器识高远。尝肆业太学,名闻缙绅。应举不第,退居田里,甘贫守道。每授学者以诚明义理之学,而不为异端之说,士习为之向风。陈古灵(襄)为郡守,以遗逸荐于朝。元祐(1086—1093)初,召为大学正,迁博士,后充吴王宫教授。

吴师礼,字安仲,师仁之弟。太学上舍赐第,历官右司员外郎。工翰墨,徽宗尝访以字学,对曰:"陛下御极之初,当志其大者。臣不敢以末伎对。"终直秘阁,知宿州。游太学时,其兄为正,守《春秋》学。他学官有恶之者,条其疑问诸生,安仲悉以兄说对。学官怒,鸣鼓坐堂上,众质之,先生引据三《传》,意气自如。江公望时在旁,心窃喜,后遂定交。

莫君陈,字和中,归安人。少时从胡安定学,笃志力行,不乐仕进。嘉祐

(1056—1063)进士及第,不赴调。熙宁(1068—1077)中,新置大法科,中首选,甚为王安石所器重。治家严整,无论长幼皆以坦诚相待。

卢秉,字仲甫,德清人,光禄卿卢革之子。少时即有俊誉。尝谒见蒋希鲁,坐于池亭。希鲁曰:“池沼粗适,恨林木未就耳。”卢秉曰:“亭沼如爵位,时来或有之。林木非培植根株弗成,大似士大夫立名节也。”希鲁赏味其言曰:“吾子必为佳器。”后中进士甲科,累迁制置发运副使,加集贤殿修撰,出知渭州,击夏酋有功,迁龙图阁直学士。元祐中知荆南,又降待制,提举洞霄宫。著有文集。

陈舜俞,字令举,嘉兴人。强记博学。幼从胡安定游,长师欧阳修,而与司马光为友。举进士。嘉祐中,制科第一。熙宁初,以屯田员外郎知山阴。适值王安石施行青苗法,他拒不奉令,上疏躬自劾责,被贬为监督南康酒税。在贬所,日与名儒刘凝之跨双犊,穷泉石之胜,自号白牛居士。乡人名其所居曰白牛镇青风里。诗画皆传于世。著有《卢山记》若干卷,《都官集》三十卷,今存《永乐大典》本十四卷。

吴师仁、吴师礼兄弟以杭州本土之学与胡瑗的“湖学相应”。而莫君陈、卢秉、陈舜俞则是直接受业于胡瑗之门。他们分别在杭州、嘉兴、湖州三郡之间互相交流响应,共同带动了浙西学术的迅速发展。

五　其他地区的早期学人

除上述婺州、明州、永嘉、浙西四处学术重镇而外,安定胡瑗诸儒的门人散居浙江各地者甚多,其较著者,简辑如下:

绍兴属下,有安定门人顾临、张坚、吴孜,涑水司马光再传弟子李光等人。

顾临,字子敦,会稽人。学于安定,通经学,长于训诂,且喜论兵。

张坚,字适道,诸暨人。家贫笃学,力以圣贤自任,闻安定教授苏、湖,负笈徒步往从学,尽得六经之奥。辞归乡里,开门授徒,从游者甚众。每语诸弟子曰:“人皆可以为尧舜,自信得过,则精一之传在我。”后以八行举,贫不能自给,啸吟自若,当时称为醇儒。

吴孜,萧山人。学于安定,有《尚书大义》二卷。

李光,字泰发,上虞人。学于元城刘安世,故于涑水为再传。举进士,官至吏部尚书、参知政事,因面折秦桧被贬。著有《易说》,自号读易老人。孝宗即位,追谥庄简。

衢州属下,有安定门人祝常、周颖,泰山孙复门人刘牧及其私淑徐庸等人。

　　祝常，字履中，常山人。从安定学，操履端毅。登进士第，时有诏解王氏三经义，先生屡出正义，反覆辨难之，遂忤王安石。著有《蓬山类苑》《元浩正谟》诸论及《清高集》。

　　周颖，字伯坚，江山人。从安定学，以行义称。门人私谥"正介"，有《正介先生集》。

　　刘牧，字先之，号长民，衢之西安人。从学于泰山之门，又受《易》于范谔昌。谔昌本于许坚，坚本于种放，实与康节同所自出。著有《卦德通论》一卷，《鉤隐图》三卷，《先儒遗论九事》一卷。

　　徐庸，三衢人。长民私淑弟子。著《周易意蕴》，亦长民之学。

　　严州属下有安定门人倪天隐，字茅冈，学者称千乘先生，桐庐人。所述《周易上下经口义》十卷，《系辞》上下及《说卦》三卷。晚年主桐庐讲席，弟子千人。

　　处州属下有古灵陈襄门人管师复，世称卧云先生，龙泉人。与弟师常同师古灵。著有《白云集》。

　　台州属下有安定门人徐中行及其子徐庭筠，安定私淑弟子罗适，古灵门人陈贻范、吕逢时等。

　　徐中行，字德臣，临海人。执经于安定，晚年教授，远近来学者甚众。其为教，必自洒扫应对、格物致知，达于治国平天下，俾不失其性、不越其序而后已。郡守李谔以八行荐，忠肃陈瓘谓与山阳节孝徐积齐名，称为八行先生。子庭筠，字季节。秦桧当国，试题问中兴歌颂。季节叹曰："今日岂歌颂时邪？吾不忍欺君。"因疏未足为中兴者五，忤主司意，黜黄岩尉。永嘉郑伯熊受其教，迄为名臣。其学以诚敬为主，无惰容，无戏言，不事缘饰，不苟臧否。朱子行部，拜墓下，题诗有"道学传千载，东瓯数二徐"句，且大书表之。兄庭槐、庭兰，皆有父风。孙日升，苦节有守。《宋史》称"徐氏诗书不绝者六世"。

　　罗适，字正之，号赤城，宁海人。私淑安定。治平进士，为官多惠政。台士有闻于世，自先生始。著有《易解》《赤城集》一百卷。

　　陈贻范，字伯模，临海人。尝游安定之门，又师事古灵。著有《庆善集》。

　　吕逢时，字原道，仙居人。古灵为令，首执弟子礼，仙居人知学自此始。

　　上述诸儒，在各地推动浙学之形成皆起有巨大作用，洵可谓开创浙学之先声。

第二节　永嘉九先生及诸儒简介

北宋中期,又有濂溪周敦颐、横渠张载、明道程颢、伊川程颐诸大儒,继承宋初三先生的义理之学并加以发挥,从而发展成为致广大而尽精微的道学。二程兄弟着重发展了安定的义理方面,并辅之以濂溪的性理之说,从而创建了自成体系的正宗理学,世称伊洛之学。其学始由永嘉学人传入浙江,与本土之学交流融合,乃形成了既具有全国普遍性又保持了浙江本土特色的浙学。

神宗元丰年间,永嘉学界继儒志、经行二子之后,又有周行己、许景衡、沈躬行、刘安节、刘安上、戴述、赵霄、张辉、蒋元中九位儒者,号称"永嘉九先生",亦称"元丰九先生",以及鲍若雨等诸儒,受业或私淑程门,将伊洛之学传入浙江。于是,伊洛之学乃成为浙江学者所普遍尊崇的正宗儒学。

周行己(1067—1123?),字恭叔,永嘉人。因筑浮沚书院讲学,故学者称浮沚先生。游太学时王氏"新经"之说方盛,而先生独之西京从伊川学。吕大临时在同门,先生亦师事之。元祐六年(1091)进士。曾任原武(今河南原阳)县令,太学博士,秘书省正字。出知乐清县,山东郓州司录。《文献通考》载其有《浮沚集》十六卷,后集三卷,因久失传。《四库全书》编者从《永乐大典》搜辑,共得九卷。南渡后郑景望私淑之,遂以重光。

许景衡(1072—1128),字少伊,世称横塘先生,瑞安人。《宋元学案·周许诸儒学案》谓"伊川讲学,浙东之士从之者自先生始"。登元祐九年(1094)进士。历仕哲宗、徽宗、钦宗、高宗四朝,先后出任监察御史、侍御史、中书舍人。高宗时应诏任御史中丞,官至尚书右丞。为官清正刚直,体察民情。曾多次直言疏奏,揭露奸邪误国,反映百姓赋税过重,军政纵弛,边备不严等弊政。主张"轻赋役,慎命令,明赏罚,平寇资,严武备,汰奸贪,抑亲党,申公论,以革往事之弊"[1]。"虽厄于权幸,屡起屡踬,而终始不挠。"[2]后罢为资政殿大学士,提举洞霄宫。卒谥忠简。著作据《宋史艺文志》载有《横塘集》三十卷,因传本久绝,《四库全书》编者从《永乐大典》中辑出,排为二十卷。

---

① 《宋元学案》卷三二《周许诸儒学案》。
② 《四库全书·横塘集提要》。

沈躬行,字彬老,号石经,世称石经先生,永嘉人。不喜举业,而好古学。初从塘奥先生林石游,后从学伊川,兼师同门蓝田吕氏。其学以《中庸》《大学》为本,笃信而力行之,卓然以圣贤为依归,并对礼经丧葬之制颇有深究。曾有手摹《石经春秋》藏于家,惜已散佚。

刘安节(1068—1116),字元承,永嘉人。游太学,师事伊川。元符三年(1100)进士,历官监察御史、起居郎、太常少卿。为宫官所诬劾,谪守饶州,正遇大饥,乃大发廪赈,使饥者充,乏者济,逃者复还。移知宣州,饶之民遮留之,涕泣不忍别。后来宣州亦遭大水,他分遣所属,具舟拯溺,并亲自躬督,昕夕不休,将万数流民,辟佛寺以处之,并发廪充饥,命医治疾。居官为政清简,大节凛然,所至多惠政。卒于官。曾手辑《伊川先生语录》一卷,著有《刘左史集》四卷。

刘安上(1069—1128),字元礼,永嘉人。与从兄安节同受业于伊川之门。绍兴四年(1097)进士。累迁至提举两浙学事,由监察御史再迁至侍御史,屡劾宰相蔡京"十大罪状",终罢其相。迁右谏议大夫,又劾给事中蔡窑。除中书舍人、给事中,因其伉直不阿,敢于直谏,得罪奸党,故以徽猷阁待制历知寿州、婺州、邢州、舒州,浮沉外郡者十六年。今存《刘给事集》五卷。

戴述,字明仲,永嘉人。少工于文,尝试广文馆。继与内兄刘安上同游程门,求为己之学。元符三年(1100)进士,调婺州东阳县主簿,后选为临江军军学教授。居母丧,得病而卒,仅三十七岁。周行己《戴明仲墓志铭》谓"明仲不惑于老释阴阳之说"[①]。蓁弟戴迅,字几仲,私淑洛学于其兄,时称为大小戴。门人曾合二人文曰《二戴集》,久已散佚。

赵霄,字彦昭,瑞安人。十岁即赋《猛虎行》,甚工。曾入太学,与横塘诸公为洛学。崇宁进士,官济州教授,教导诸生以躬行之实,不专事科举。官至太学正。时有"赵颜子"之称。

张辉,字子充,世称草堂先生,永嘉人。自六经诸子、历代史记,以至百家之说,皆通习而辨析之。曾与横塘诸公从事于治心养气之学,学者从之日多。政和二年(1112)进士,调泰兴主簿,三舍法行,选为洪州教授,因荐召为国子学禄。所著有《草堂语录》,已失传。

蒋元中,字元中,永嘉人。曾与横塘诸公为洛学。据说他曾作"经不可使易知论",太学诸生盛传诵之。

---

① 周行己《浮沚集》卷七。

据史传所载,在"永嘉九先生"中,周、许、沈、戴与二刘皆亲受学于程门,得其传以归,教授乡里;而赵、张、蒋三人则是程门的私淑弟子。于此可见,"永嘉九先生"都是传承二程伊洛之学的儒者。而其中周行己、沈躬行、许景衡,又从横渠张载门人蓝田吕大临游,兼传关学。在"永嘉九先生"中,留存部分遗著的,有周行己的《浮沚集》,许景衡的《横塘集》,刘安节的《刘左史集》和刘安上的《给事集》。而周、许和二刘,可谓是九先生中的主要代表,兹试以周、许、二刘的学术思想作为代表加以剖析,以见九先生思想之一斑。

第三节　周行己学术简述

周行己先问学于横渠门人吕大临,后又从伊川游,既传洛学,又兼传关学。周氏的思想虽未形成体系,但《浮沚集》中的哲学思想、伦理思想、教育思想、政治思想的内容较为丰富。

在哲学思想方面,周氏继承了《周易》的思想。他在《易讲义序》中认为"《易》之为书,……皆所以顺性命之理,尽变化之道。散而在野,则有万殊;统之在道,则无二致。……万物之生,负阴而抱阳,莫不有太极,莫不有两仪。絪缊交感,变化无穷"。"故易者,阴阳之道也;卦者,阴阳之物也。"他在《经解》中还把"太极"与"两仪"看成是体用关系,指出"万物皆有太极。太极者,道之大本。万物皆有两仪。两仪者,道之大用。无一则不立,无两则不成。……所以太极之中,絪缊相盈,升降浮沉,动静屈伸,不离乎两端。散殊而可象者为物,阴阳之迹也"。这种"统之在道","散有万殊";"絪缊交感,变化无穷";"无一不立","无两不成"等思想,在理学的形成和发展中有重要影响。

在周氏那里,已经提出了"心"的地位和作用的问题。他在《佛老与儒者之道同异》中认为,只有"略其立教之迹,而明其为心之道",才能"定异同之论"。他在《礼记讲义序》中认定:"人者,位乎天地之间,立于万世之上。天地位与吾同体也,万物育与吾同气也。"这种天地万物与吾同体的思想,很可能直接受到关学的"民胞物与"思想的影响。但更重要的是继承了孟子的"万物皆备于我"的"天人合一"论。这种"天地与吾同体"思想,对于后来浙学的发展趋向具有特别重要的意义。

在伦理思想方面,周氏在《经解》中阐述了他的"性善论"和"天理论",而这二者又是密切联系在一起的。他对孟子的“性善论”作了富有见地的解释。他认为孟子所说的“可欲之谓善”和“性无有不善”，其意思是：“夫善者，对不善之称也。可欲者，对可恶之称也。无不善，则亦无善之可称；无可恶，则亦无欲之可称。”这就把“善”与“不善”、“可欲”与“可恶”，看作是相对峙的关系。那又怎么解释“性本善”呢？周氏阐发了“失性”“得性”的观点。他说：“失性者，天下之不善也。”“得性者，天下之善也。”“人之有善，皆得乎性者也。”由此出发，浮沚认为“君子所以知天者，知其性也；所以事天者，事其心也”。如果“性之不明，心之不存”，就会“长傲以悖天德，从欲以丧天性”，甚至导致“天道亏”“天理灭”的地步。他说：“人之所以为人者，天也。失其天，岂可谓天之人乎？”人的本性是天生的，失掉这种自然的本性，就不成其为人了。

那么，为什么会出现“失性”的状况呢？周氏从内外两个方面找原因，一则“命于阴阳者，气质之禀不同，则昏明之性亦异”；二则“所乐在物，物得其乐必极，乐极者必淫”。这种内部和外部的因素相结合，就有可能“丧天性”“灭天理”。为此，他劝人不要成为“强此而劣彼”的“有傲者”，从而“彼我既分，胜心生焉”。他也告诫人们不要做“忘己而徇物”的“有欲者”，以至“物我既交，爱心生焉”。他还认为“志固不可满”，有人所以成为“可满者”，因其“所志者利也”。总之，“天下之所以好胜者，为其不能忘我也。天下之所以多得者，为其不能遗物也”。综观周氏的这些思想，可见其对程门理欲观的传承。

周氏还对“为仁由己”等义作了阐发，其《斋揖文》认定：“为仁由己，而由人乎”，“仁在我者也”；“明则诚，诚则明”，“明在我者也”；“存其心，养其性”，“养在我者也”；“君子务本，本立而道生”，“本在我者也”。他很重视道德修养上主观努力的作用。浮沚在《经解》中还把“敬”“诚”看作“君子修身之道”；把“存心养性”视为“学者入德之要”。其《送季商老下第序》还提倡“自养也厚”，“自待也重”，“自信也笃”；“求之则必知”，“知之则必用”，“用之则必尽”。正因为他强调“笃信”“厚养”、言行一致的品格，所以痛斥当时那种空言性命、饰伪悖德的坏风气。他在《送何进孺序》中揭露“世之学者，大言阔论”，“以道德性命之说，增饰高妙，自置其身于尧舜之上，退而视其闺门之行，有悖德者多矣。若人者，其自欺者欤”。在周氏看来，“盖子之于父，亲也，近也，故其为孝也，莫不得其所欲”。然而，他在《代上执政书》认为“臣之于君，尊也，远也，故其为忠也，有未必获其所愿”。所以，君要博得臣的忠诚，“著空言，不若行事之深切著明”。臣只有在君的实际行为上“亲见其君之为尧舜”，才会真诚地“忠于其君”。很明显，周氏把"君臣之义"的主要责任放在君主一方,并且明白地反对"愚忠"观念。

在教育思想方面,周氏在《学校科举》指出"为天下者莫急于得才,学校所以养才也,科举所以取才也"。并在《孔门四科两汉孰可比》认定:"尝谓有圣人之学,而无不可成就之才。"后世有些人才不及古人,"非出于天者不同,而所以造就之者异也"。他在《风俗盛衰》针对"仓廪实而礼节或未治,既庶富而教化未及"的状况,说明道德教育应当"勤而不怠,缓而不迫",才能达到"廉耻兴而忠厚之俗成"的目的。为此,他在教育中很重视"知道"的问题,在《储端中字序》指出:"人学然后知道,知道然后善学。"如果博于古今而不知道,说他"多闻"是可以的;善于辞章而不知道,说他"能文"是可以的;但都"不可谓之善学"。所谓"知道""善学","在于明吾之善以诚吾之身"。不难发现,周氏的教育思想是把"尊德性"放在首位的。

当时,朝廷"患人才之难"。周氏在《上皇帝书》中认为这是由"养之之道有所未至","取之之法有所未尽"而造成的。为此,他明确主张养士取士之法应当加以改革。

在政治思想方面,周氏所本的是儒家的"仁政礼治"和"民本思想"。其《书李氏事后》云:"三代之得天下也以仁,其失天下也以不仁。非独三代为然,继三代者莫不然。""夫善,天下之所同也。为善莫大于爱人,为不善莫大于害人。"正因为如此,周氏强调为政要得人心。其《论语序》云:"世之治,在于得人而已;世之乱,在于失人而已。"故其《上皇帝书》云:"夫守位莫大于得人心。"且谓"得人心之说有四:一曰广恩宥,二曰解朋党,三曰用有德,四曰重守令"。对于革除弊政、选用人才等方面,周氏提出了一些革新的建议。他企求统治者要为"公"而不为"私",其《经解》云:"天下之蔽,莫大于私;天下之明,莫大于公。"其《跋李文叔李欧公帖》谓作为"当世之主",应当"忘一己而忧天下"。《原武神庙祈雨文》谓"民之父母,民忧亦忧,民喜亦喜"。其《煮海榷酤之禁》则谓"利之所在,民自从之,虽日杀之不可禁"。对于"煮海榷酤之利",应当有禁有弛,要是"迫之已甚,则群聚而为盗,此不可以不长久虑也。如欲弛其禁,使国有岁入之常,而民免抵罪之虞,岂无策乎"? 意思是说,"为国者曰利吾国"和"为民者曰利吾身",这二者是可以求得统一的。

在边患严峻的北宋,周氏非常重视国家的安危治乱问题。他在《王道》篇中一再提醒统治者"有道而兴,无道而亡"。其《贾谊马周所言》则把这种思想与加强礼治联系起来,认定"礼治则治,礼乱则乱,礼存则存,礼亡则亡"。其《经解》

云:"礼者,中而已矣。"又云:"君子不敢过,小人不敢不及","犹规矩设而不可欺以方圆,绳墨陈而不可欺以曲直"。"礼者,正而已矣。妄说人,非正也;辞费,非正也。""礼者,分而已矣。居下而犯上,则逾上之节,不知下之分也;居上而偪下,则逾下之节,不知上之分也。"总之,正如《礼记讲义序》所谓"圣人循此制","尊卑分类,不设而彰"。人们皆安于自己所处的社会地位,规范自己的言论和行动,国家就可长治久安了。

第四节　许景衡学术简述

横塘许景衡的《横塘集》二十卷,其内容主要是他的伦理思想和政治思想。在《宋元学案·周许诸儒学案》中录有他《论学诗》一首:"咨尔学者,学古之道;惟古善教,有伦有要。其学维何,致知格物;反身而诚,物我为一;匪曰我私,推之斯行;亲亲长长,而天下平。"可见其为学之宗旨。

许氏的伦理思想颇具特色,一些道德观念都是在相对待的关系中阐发的。

其一,"正心"与"多闻"。许氏《乞涓日讲读札子》说:"三代之王,所以治天下国家者,必本于正心诚意,其次莫如多闻。"这一方面是他把"多闻"作为君主能得当谨慎地处理一切事情的重要条件。要是脱离实际,情况不明,就会"言动则未必慎","号令则未必信","赏罚则未必当",以至"盗贼未消而边鄙未报","如是则中国之安强未可冀"。另一方面,"正心诚意"不能光凭言论,而要考其行事。其《答义仲书》云:"夫载籍之在天下,其是非舛异固多矣。然考其言不若考其事,考其事不若考其理。"如果"其事如此,其理如此","而其言则如彼",当然不能"从其言"。总之,只有"至诚以格物,据古以鉴今",才能"使盛德日新,聪明日广",做到"事至能立,物来敢名,以图天下之治,而成中兴之业"[①]。这种强调"多闻""考事"的精神,既在道德修养上继承了中华民族的优良传统,也为浙学的"务实"学风开了先河。

其二,"义利"与"善恶"。许氏是歌颂"疏财好义""安贫乐道"的,他把仁义作为首要的道德标准。其《代赵征上太守书》云:"君子以仁存心,以义存心。仁则有所不忍,义则有所不苟。"因为在他看来,"义"同"善"是一致的,而"利"却往

---

① 许景衡《横塘集·乞涓日讲读札子》。

往与"恶"相关连。所以,对于君子来说,"其所可为者义也,其所不可为者利也"。"其所可为者善也,其所不可为者恶也"。他赞美"向之贫贱足以为乐""藜藿足以为美"的情操,而鞭挞"今也穷天下而不足以为乐""不足以为美"①的贪得无厌的行为。许氏很重视人民的"实惠",足见他反对的是与"恶"相联系的个人私利,其目的是规劝统治者要维护其整体的长远的利益。因此,他明确主张"先王之道",提倡"为天下""建功立业"。他歌颂"功高一时,名垂后世"的"古者英雄之君"②。并亲自保护那些具有"尽忠报国之大节"③的官员。同时,他还忠告朝廷不要在"敌势纵横"的情况下,"不知大体",大兴土木,修建豪华宫殿;而应"图刷国耻,节省浮费,以应军需";"以革近世豪侈之习,以成中兴节俭之化"④。

其三,"生死"与"祸福"。许氏不信鬼神祸福之说,但人的遭遇往往有"幸"与"不幸"之分,而许氏认为"然世所谓幸,未必不为不幸;其所谓不幸,未必不为幸也"。如有人"愚且蠢","不得仕",虽"不自意",但"无意外分神","尽力而学","进而不止",指可达"圣贤"境界。这说明,"是前日之不幸,盖未为不幸也"。相反,"遽得仕","既为事物侵夺",欲学"有不可得者"。"是世之所谓幸,乃予所谓不幸也。"⑤这种观念,与他的人生观有着密切联系。在许氏看来,"君子未尝有择","苟吾所学不悖于圣人,而所行不愧于圣人,则虽死生祸福之变,未尝有所择也"⑥。他还说:"凡人之所爱,宜莫如爱其身之甚也。"但有人却"不能自已","持梃刃而斗","负亦死,胜亦死"。"而吾之所谓死,则有不死者存焉。"何况"君子之所为,则未必至于死耶"⑦。意思是说,人生是可贵的,应当善于自爱,要死得有意义,其精神留给后世,有"不死者存焉"。

许氏的政治思想,与伦理思想有密切联系,而且涉及多方面的内容。

一曰"奉法循理","至仁博爱"。许氏《与冯守》认为,"奉法循理,古循吏之事";"虽至仁博爱,不间疏昵"。为此,他对于"贪吏""猾吏"之"困虐无告","欺压无辜",进行无情的揭露。

二曰"宽其徭役","实惠及民"。许氏对人民的生产和生活极为关注。他曾

---

① 许景衡《横塘集·杂说》。
② 许景衡《横塘集·试士策问》。
③ 许景衡《横塘集·论宗泽札子》。
④ 许景衡《横塘集·乞罢后苑工匠札子》。
⑤ 许景衡《横塘集·送徐长世序》。
⑥ 许景衡《横塘集·送俞叔通序》。
⑦ 许景衡《横塘集·杂说》。

视察三路及京东西州县,发现那里由于战乱而"户口减耗","横敛频烦";"官吏贪残,侵剥尤甚"。其《乞宽恤东南札子》奏请朝廷"宽其徭役","实惠及民","使得安居,尽力耕织,以供常赋"。

三曰"难于去国","人之至情"。生活在民族矛盾困扰的时期,许氏处处流露出忧国忧民的心情。其《代人上知县书》云:"易于安土,而难于去国者,人之至情也。""安土之忧十,未足为去国之忧一也。""与其托异国而乐也,孰若处其故国而乐也。""每企首北望,未尝不慨然也。"他一再痛斥"金人残破,户口减耗"①;"金人扰攘,生灵涂炭"②。他曾呼吁:"顺安军为金人围城危急,奏乞差军兵救援。"并建议朝廷对于"固守不屈"的顺安军,"特嘉奖励"③。说明他直接参与了抗金活动。

四曰"公共讨论","尽革旧弊"。在许氏的政治思想中,最富时代感的是关于革除弊政,并让士大夫"公议"的主张。《上十事札子》可以说是他的一个改革纲目。所谓"十事",就是他列数的十个方面的弊政,这就是:"臣窃观方今,人才未备而政事不立,法度未修而宿弊尚存,浮费不节而国用空虚,赋税烦重而民力困弊,命令不行而事多壅滞,赏罚未明而人无惩劝,盗贼继作而吏民被害,边境危急而武备弗严,奸赃未逐而贪暴滋多,公议未伸而亲党害政。"他认为"凡此十事之利病,实系国家之安危"。只有速去"十事之害",才能"立见治效"。在《乞宽恤东南札子》中,许氏突出强调"若非尽革旧弊",则百姓"必破产流亡","或盗贼群起,意外警扰"。而要推行改革,就要皇帝"旨下三省枢密院公共讨论","稽参士大夫之公议",做到"下从民欲,上取圣裁"④。在他看来,"朝纲之不振,忠义之难得",在于"言路之梗塞也"。所以必须重视"养忠诚义士敢言之气,以为宗社无穷之计"⑤,使群臣"诚心体国,知无不言"⑥。这种提倡"公议""敢言"的思想,对后来浙学启蒙思想的产生和发展是有积极影响的。

---

① 许景衡《横塘集·乞宽恤东南札子》。
② 许景衡《横塘集·乞罢詹度赴行在札子》。
③ 许景衡《横塘集·乞救援顺安札子》。
④ 许景衡《横塘集·上十事札子》。
⑤ 许景衡《横塘集·论救李光程瑀疏》。
⑥ 许景衡《横塘集·跋遗直碑》。

第五节　二刘学术简述

刘安节、刘安上,时称"二刘",思想虽各有侧重,但基本一致。刘安节的学术思想较全面,其哲学思想颇具特色;而刘安上则着重于政治伦理思想。

在哲学思想方面,二刘阐发"有物必有道,万以一而分"的思想。刘安节对"道""器"关系作了相当精辟的论述,认为"道"与"器"只是"形之上下而言","形一也,而名二者"。可是"世之昧者不知其一,乃以虚空旷荡而言道,故终日言道而不及物"。还有,"以形名象数而言物,故终日言物而不及道,道与物离而为二,不能相通,则非特不知道,亦不知物矣"。他说:"盖有道必有物,无物则非道;有物必有道,无道则非物。是物也者论其形,而道也者所以适乎物者也。""一名于道","则其散著万物也"。"道行不已,物之形所以生;物生不已,道之运所以著。"在他看来,孔子所说"立天之道曰阴与阳,立地之道曰柔与刚,立人之道曰仁与义",讲的就是这一道理。总而言之,"道一也,即其所行于天地人而言之"。"物各有道,则道亦万也,而不害其为一者,万物之生本于一故也。非一则不能运万物,万物非各有一则不能以自运。人知一之为万,而不知万之为一,则并行而不悖于道,岂不昭然矣乎!"[1]至此,刘安节对于"道"与"物"、"一"与"万"之关系的论述,特别是对于"终日言道而不及物"与"终日言物而不及道"这样两种"道与物离而为二"的错误见解的批评,是很有见地的。

将这种道器关系的理论运用到分析人类社会现象,刘安节又阐述了"以天下为心","与天地为一"的问题。他说:"君子之学,未尝不以天下为心。以天下为心,则天下亦犹我也。"而"君子之所以待天下者,可谓仁矣。……天下之所以与我者,莫不有仁义礼智信五者之善也"[2]。于是,他又把"仁"与"道"联系起来。他先肯定"仁"与"道"是有分别的,因为"性既分于道","而仁又出于性","此仁与道之所分也"。而且人"于物为灵,其出于道亦已不可谓之全矣"。也就是说,"道"与"仁"相比,它的层次更高,是最本源的东西,这在理论上倒是讲得通的。但他最终还是把"仁"与"道"合而为一了,指出:"虽然道一也,散而为分,不失吾

---

①　刘安节《刘左史集·行于万物者道》。

②　刘安节《刘左史集·达则兼善天下》。

一；合而为一，不遗失万。则夫人之于仁，独可以自异于道乎。盖不合于道，累于形者之过也。人能忘形以合于心，忘心以合于道，则天地万物且将与吾混而为一，不知吾之为天地万物耶，天地万物之为吾耶。进乎，则天而不人矣，且得谓之人乎。"①并进而指出："诚能斋心沐形去智与故，以神求之则廓然心悟，瞬然目明，向之所见无非物，今之所见无非道矣。见无非道，则是道在我也；道在我也者，所以行道非道行于我者也。"②对此，刘安上亦云："道之为道，交物而不失于物。""道在天下，则天下重。"③"唯诚则存，不诚无物。"④"能养其中，仁之道玄。"⑤试观二刘特别是刘安节强调"道在我也"等观点，已颇具"心学"的萌芽。

　　在伦理思想方面，二刘基本上沿用了"惟忠惟孝"⑥"事君尽心"⑦等传统观念。他们的伦理思想同政治思想有着密切的联系，在他们的伦理观念中，有同情人民疾苦，敢于扶正祛邪的内容，能较完整地阐发我国传统道德的积极成分。二刘怀着忧国忧民的心情，竭力伸张民族大义。刘安上非常赞颂范仲淹的"先天下忧，后天下乐"的思想，说范氏"世家以忠义传，父子兄弟，一门俱贤"⑧。刘安节也强调"惟义所在，天下之公也"⑨。他系统地阐述了义利观，肯定"义利之心，人兼有之"；"先王以为人之欲利之情，吾固不能绝其欲也"。所以，他并不主张"塞利""绝欲"，而赞同"重义而轻利"，"见利而思义"，"以义而受利"；反对那种"重利而轻义"，"弃义而逐利"，"趋利而犯义"的行为。他告诫"天下之人臣"，应当有"羞恶之端"，"凡不以义而得者有所不为"。只有这样，才能达到"无争夺之患，无祸乱之变，中正之俗成，节义之风著"⑩。从这种观念出发，二刘较为注重国家利益和人民利益的统一，提倡为国为民多作贡献。刘安节认为，"民财所以裕"，"国用所以充"，这二者是"相资而为用"⑪的关系。因此，他赞赏那种"丹诚许国"，"洪业在民"⑫的有为精神。刘安上也说："治财犹治水"，要"洞究源

---

① 刘安节《刘左史集·合而言之道也》。
② 刘安节《刘左史集·行于万物者道》。
③ 刘安上《给事集·子温而厉》。
④ 刘安上《给事集·诚斋铭》。
⑤ 刘安上《给事集·请问其目》。
⑥ 刘安节《刘左史集·饶州谢到任》。
⑦ 刘安上《给事集·陈善闭邪谓之敬》。
⑧ 刘安上《给事集·祭范忠宣公》。
⑨ 刘安节《刘左史集·论尚同之弊》。
⑩ 均见刘安节《刘左史集·义胜利为治世》。
⑪ 刘安节《刘左史集·以任地事而令贡赋凡税敛之事》。
⑫ 刘安节《刘左史集·代贺梁右丞》。

流",这才能达到"国裕而民亦裕"①的目标。

二刘对于"忠"道作了一些有积极意义的阐发。刘安上认为"事君尽心",就得做到"陈善闭邪"。也就是说,"尽吾心之所以可欲者以事君,则凡所谓善者无不陈也;尽吾心之所欲去者以事君,则凡所谓邪者无不闭也"。那种以"谀言柔色"对待君主的"贪夫","君以为忠,臣以为贼者也"。"孟子之所以敬其君者,不在于声音笑貌之间,而在于中心之诚。"所以孟子能大胆地"引其君以当道而格其心之非"②。为此,刘安上颂扬的是"刚不可折,荣不可辱"③的气概。刘安节也强调"君臣同心",就得"有事相戒"。要做到"同心协德",就要反对"徇私阿党",而主要责任在"君"这一方。因为:"盖德者我也,而用不用者君也。故欲有同心之臣,必先有一德之君。""夫欲平治天下,则必生大有为之君以为之先;有大有为之君,必有一德之臣以为之助。"如此,君臣之间"有事则相戒以不怠,成功则相推而不居"。"同心者治,徇私者乱。"④可见二刘所理解的"忠"道,不是绝对的"愚忠"。他们标榜孟子敢于"格君心之非",借鉴所谓"唐虞三代之治",提倡"君臣之相戒",这是很有胆识的。

二刘还注意教育问题。刘安节批评当时教育中溺于"繁文",流于"空言","所求几于无用","所学亦非可行"的弊端,并力主加以改进。他说:"先王育材于学,本于取人;君子修善于身,固将从政。惟所用出于所教,故能言必也能行。"⑤在他看来,"为学"要与"从政"结合起来,这就是他所说的:"有圣王之志者,必求知圣王之学;有圣王之学者,必求知圣王之政。盖君子之学,非期于美己而已也,必将施于有政以兼善乎天下也。"凡有"问"者,"必有所欲为而未达者也"。"非其所欲为,则学者不问。""非其所可为,则教者不学。"⑥这充分表达了他的"学以致用"的思想。刘安上提倡的为学目的是:"学者学为圣贤者也,不知所以为圣贤而学也,宁不谬用其心乎!"⑦同时,主张以多种渠道培养各类有用的人才。他说:"处文学之士于儒馆,置翰敏之士于寺监,求心计之士于漕台,养智

---

① 刘安上《给事集·都水使者吴玠为徽猷阁待制河北路都转运使》。
② 均见刘安上《给事集·陈善闭邪谓之敬》。
③ 刘安上《给事集·山中四偈》《竹径》。
④ 均见刘安节《刘左史集·君臣同心》。
⑤ 刘安节《刘左史集·谢免省》。
⑥ 刘安节《刘左史集·颜渊问为邦》。
⑦ 刘安上《给事集·策问一》。

勇之士于将帅,可谓得养士用人之道矣。"①

综观二刘的这些主张,处处包含着"先王之道""圣王之志""圣王之学"的传统观念。但他们的有些建议,用心良苦,切中时弊,为的是"宜获异材之间出,以彰新法之大成"②。不管当时统治者所持的态度如何,作为总结历史经验和评价历史人物来说,毕竟还是有意义的。

在政治思想方面,二刘也继承"仁政""礼治"之说。刘安节提倡"秉法度之权,修仁义之教"③。刘安上则要求"德平施于万方,仁不遗于一物"④。二刘都对当时弊政恶吏进行了无情的揭露,并提出了一些改革主张。

刘安上接连上奏《论蔡京》《再论蔡京》,列数其"纳叛启仇""谋动边衅""陷及无辜""株连旁逮""邀功生事""煽惑国本"等十大罪状,并以万分义愤的心情写道:"虽斩臣头以谢蔡京,斩京头以谢天下,臣死之日,犹生之年。"⑤刘安上还谴责有的官员"误国欺君,臣之大恶";"玩法纵囚,长奸害民";"不思秉义","辄复朋奸";"刑狱纷张,道涂怨仇"。他对于那种"有迎合要权之意"的"鄙夫之心"⑥,深恶痛绝,指出有些人"一旦得其君",就"甘心巧语,柔颜佞色,伊娴阿谀,趋附机会"。他们所以如此"矫饰百端",为的是"以中主欲","未尝有丝毫之善"⑦。

对于这些弊政,二刘都主张进行改革。刘安节着重为革新法制和礼治作了论证。他说:"道与时变,法随俗易。昔之所成,今见其亏;昔之所得,今见其失。亏者补之,失者救之,此法则之损益有不可已者,所以修之也。"当然,作为维护专制统治的"法之大常所不可得而变易也",只有"法之小变所可得而损益也"。"小变者,与之修而无弊,所以救法之失"。这样,"一常一变,而邦国之法尽在是矣"⑧。礼制也是如此,"因时以制礼,因礼以定名,如斯而已矣"⑨。但作为"礼之常"也是不能变易的。"若夫礼之变者,特出于一时之故。"⑩这种"出于一时之

---

① 刘安上《给事集·策问三》。
② 刘安节《刘左史集·谢免省》。
③ 刘安节《刘左史集·君师治之本》。
④ 刘安上《给事集·知舒州谢到任》。
⑤ 刘安上《给事集·弹事·再论蔡京》。
⑥ 均见刘安上《给事集·外制》各篇。
⑦ 刘安上《给事集·可谓明也已矣可谓远也已矣》。
⑧ 均见刘安节《刘左史集·达瑞节同度量成牟礼同数器修法则》。
⑨ 刘安节《刘左史集·时见日会》。
⑩ 刘安节《刘左史集·王大旅上帝何以谓之旅》。

故"的变易,只不过是小变而已。

在上述变革的理论和原则的指导下,二刘提出了多方面的改革主张。他们提倡加强法制。刘安节主张按照"地利之肥瘠","人力之多寡",推行"适当其平"的"均土之法"①。刘安上认为,"纲纪法度,所以维持防范,不可一日废也"。应当"协赏罚,明法令,严分守,因官以察治,因事以训饬"②。

二刘还建议改进吏治。刘安节认为政治好像"水之为性","人之有血气"那样,"顺则通,逆则塞","壅塞之患"③是最危险的,从而主张学习和恢复古代的"行人之职",加强监察工作。他认为"周之盛时",所以能"知天下",就是因为设有"小行人之职","以巡邦国诸侯治其事",收到"察邦国之政",了解"民之利害,事之得失"④的实效。刘安上同样认为:"天下之祸,本于下情之不通;而王政之施,常患幽隐之不达。"他的可贵之处,在于把"壅塞之患"与"暴吏""虐政"联系了起来。凡"情无不达",就能做到"不虐无告,不废困穷"⑤。反之,就会造成"积恶稔奸""民不聊生""天怨人怒"⑥的惨景。

二刘更重视用人问题。刘安上要求朝廷"广开言路","群才并用"⑦,"博识人才,因事审用"⑧。特别强调选用官员要"劳绩居先,孤寒获进"⑨。而且主张用人要根据"人材不同,遇事乃见;概求其全,则贤或有遗;苟以常格,则用或不尽"⑩。刘安节认为,识才、择才虽然是一件难事,其实只是难在"以一人之明不足以遍知天下之贤",只要实行"以上下相委以广求之之道",难题就可以解决,这正是"择才之大法也"⑪。他竭力提倡"养刚大之气,挺瑰玮之才"⑫,而要警惕那些"徇私阿党"的小人"用于朝廷"⑬。

---

① 刘安节《刘左史集·以任地事而令贡赋凡税敛之事》。
② 刘安上《给事集·策问》。
③ 刘安节《刘左史集·善沟者水漱之》。
④ 刘安节《刘左史集·以周知天下之故》。
⑤ 均见刘安上《给事集·以肺石达穷民》。
⑥ 刘安上《给事集·弹事》。
⑦ 刘安上《给事集·谢除给事中》。
⑧ 刘安上《给事集·策问三》。
⑨ 刘安上《给事集·奏议》。
⑩ 刘安上《给事集·策问三》。
⑪ 刘安节《刘左史集·用人》。
⑫ 刘安节《刘左史集·代贺朱右丞》。
⑬ 刘安节《刘左史集·君臣同心》。

第二章 范浚的修身经世之学

北宋末期，虽然在浙江的婺州、明州、永嘉、浙西等地都已有胡瑗或二程之学传入，但是都没有形成独立的体系。在浙江境内最早自觉形成具有系统性理学的，当数两宋之交卓然崛起于婺州兰溪的香溪范浚的修身经世之学。其学立足于浙江本土而直宗孔孟遗经，其言居然与伊洛之学相合，实乃浙江理学的实际开创者，故后世称之为"婺学之开宗，浙学之托始"。

第一节 范氏家学之崛起

全祖望《宋元学案·范许诸儒学案》按语云："伊洛既出，诸儒各有所承。范香溪生婺中，独为崛起，其言无不与伊洛合，晦翁取之。"①

范浚（1102—1150），字茂明，兰溪香溪镇人，世称香溪先生。出身膴仕名门，家世显贵。祖锷，父筠，皆为上柱国，封公爵。筠十子，浚行八，除二兄深为举人外，余皆进士，故有"一门双柱国，十子九登科"之称。五兄浩，于高宗南渡时护驾殉国，七兄洵，因拒审岳飞冤案，被秦桧派人追杀于严州白石滩，故又有"一门双忠烈"之誉。子侄四十五人，其中举人二十四人，进士七人，皆从正途入仕。世代家学相传，文风蔚盛。

范香溪天资高迈，虽昆弟尽居显贵，而香溪独能不近荣利，笃志圣贤之道，举凡经史百家之书，无不博读精研。他主张治学贵在自得，其《与潘左司书》自

---

① 《宋元学案》卷四十五《范许诸儒学案》，《黄宗羲全集》第四册，第754页。

称所学"本无传承,所自喜者,徒以师心谋道,尚见古人自得之意",故全谢山谓其学直接"得之遗经",乃"承伊洛之风而出者,虽不在见知闻知之列,而同车合辙,可谓豪杰之士也"①。可见范氏之学,乃是直宗孔孟"遗经"的婺州土生土长的本土之学。朱子曾两造其门拜访求学,皆未遇,录屏书《心箴》以去,后原文注入《孟子集注》。绍兴二年(1132),举贤良方正,朝官多次引荐,因秦桧当国,屡诏不起。绍兴四年(1134),高宗下诏御驾亲征,乃作《进策》二十五篇,为秦桧所阻,不得进。婺守延之入学主讲,亦辞不就,闭门讲道。可见香溪原本是一个有志于济世安民的人,只是因为秦桧当国而不愿出仕,即此可见其胸襟和气节。晚年在宝惠书院设帐授徒。其言经术,如亲得圣人而授其旨;其论古成败事,如目击而身履之;其为文则辩博而峻整,与其间所言论相表里。对四方游学之士,必教以孝悌忠信之行,物理性命之学,因而远近负笈而至者甚众。朱子《香溪范子小传》谓"授徒至数百人,吾乡亦有从其游者"②。卒年四十九岁,朱子亲临吊唁。一生著作甚丰,今存《香溪集》二十二卷。

香溪之学,以治心养气为本,阐发心性之学,推明"理一分殊"之理,而以"皇极""大中"之道贯穿乎其间。朱子在所作《香溪范子小传》中称其"所著文辞多本诸经而参诸子史,其考《易》《书》《春秋》皆有传注,以发前儒之所未发",并称"其学甚正"。其实,朱子所谓"其学甚正"以及全氏所谓"其言无不与伊洛合",都是仅就他的心性之学而言。

然而香溪并非专重心性,而是以此为本,进而在对世情时势进行实际考察分析的基础上,探讨国是民生之大计,以期成就圣王济世安民之事业。尽管所撰《进策》未能进呈帝览以付诸实行,然而他的学识及其贯义理于经世致用的治学宗旨于斯可见。这种心性与事业并重之旨与程朱理学重性理轻事功之旨是略有区别的。也正是香溪的这一治学宗旨,实为婺学道德与事功并重的特色定下了基调。再如朱子称香溪"文辞多本诸经而参诸子史",说明他的治学方法是文道并重、六经与子史并重的,这与程朱理学重道轻文、重经而轻子史之见有所区别。也正是香溪的这一治学方法,开启了婺学文道并重、经史并重、经子并重的治学之风。因而可以说,香溪乃是婺学乃至浙学的实际开创者。

明嘉靖十九年(1540),敕建范香溪祠于兰溪城南仓岭,给袼春秋二祭。清

---

① 《宋元学案》卷四十五《范许诸儒学案》,《黄宗羲全集》第四册,第755页。

② 本章凡引自《香溪集》者只标篇名。

乾隆十九年(1754),浙江督学使雷鋐为范香溪祠题有"婺学开宗"四字匾额;而《光绪兰溪县志》则谓雷氏之题词,"以明婺之道学由于先生,婺学之开宗,浙学之托始也"①。由此可见,香溪范氏之学,不仅为"婺学"的特色定下了基调,而且也是"浙学"之先导。

第二节　经史文献之学

在经学方面,香溪撰有《诗论》《易论》《书论》《春秋论》《月令论》等。其中《诗论》戒穿凿,似针对郑樵而言;《易论》鄙象数,则似针对陈抟而设;又有《读周礼》一篇,亦为针对王安石而发。这些对于经术颇为有功。其《春秋论》尚载唐卢仝所注数条,为儒者所罕传,亦足资参考。又特撰《书总论》以专论《尚书》诸篇之义,包括《尧典论》《汤誓仲虺之诰论》《伊训论》《太甲三篇论》《咸有一德论》《说命三篇论》《洪范论》《大诰康诰酒诰梓材召诰洛诰多士多方论》《君牙景命吕刑论》九篇。

在历史观方面,香溪撰有多篇史论,开创了以史为鉴的传统。其《对秦问》针对"秦始皇帝焚《诗》《书》以愚天下"之问,答云:"天下不可愚也。始皇之愚天下,是自愚也,愚其子也,非愚天下也;其焚《诗》《书》,非焚《诗》《书》也,焚其国也。……《诗》《书》既焚矣,而秦之纪纲日以隳败,天下豪俊圜睨并起,皆知拟神器,逐走鹿,其有为焚书而愚者,几何人哉!……计能远筑长城以捍边鄙,而不知荆卿匕首接于肘腋,博浪之椎近起于属车之下,是非自愚乎?始皇既没,胡亥嗣世,自幽深宫,不分马鹿之异,阎乐之祸,已侵肌骨,而犹不自知,是非愚其子乎?亥之愚,赵高劫之;高之奸,子婴诛之。秦君秦臣,内相吞噬,而国随以亡,虽有咸阳宫室,曾不足以供楚人三月之火,是非焚其国乎?自愚其身,又愚其子,又焚其国,此始皇所以取讥万世而不已也。天下其何愚之有哉!"阐发了天下不可愚,焚书即焚国的道理。其《秦论》云:"秦得兼天下之数,而失所以守天下之道。"全篇旨在通过秦之兴亡的历史教训,劝导当局必须以行仁术、施仁政作为平治天下之道。

其《六国论》则总结六国所以败亡而为秦所并的历史教训,在于"六国异心,

① 《光绪兰溪县志》卷三。

而秦有一定之计"。"异心"之病,正点中了时弊。宋自开国以来,朝廷与将帅之间相互猜忌,边疆不设重兵,以致边防空虚,一触即溃;战败了就割地赔款,几乎成为宋代的基本国策。六国的互相猜忌、割地求和而导致败亡的历史,正是宋代的前车之鉴。

其《楚汉论》重点论述用人问题。香溪谓高祖善用"三杰","三子皆人豪,役于高祖术中而皆不知,此汉所以取天下也";而项羽则"得范增不能用,得陈平不能用,得韩信不能用,皆使之怨愤弃去,徒以匹夫小勇,欲决雌雄于挑战间,至力蹙势穷,犹将驰杀一二汉将以见技能,此楚所以失天下也"。而用人不当,正是徽宗朝败亡,高宗朝失计的重要原因。

其《唐论》则论唐太宗传位懦子之失策。香溪认为太宗"有贤子不能立,而曰必立所爱,亦以惑矣。此唐太宗之所以不明也"。太宗以一旦之爱,欲立晋王,不惜以拔刀自向要挟群臣。结果是弃吴王而立晋王,弃英果而立柔懦。"勤勤托孤于李勣,而卒所以立武乱唐者,勣也。岂不惟不明于知子,而又不明于知臣耶?""已而付于败家之子,其能传之久耶? 然则唐中遭革命,宗枝剥丧,酷吏日出,生人毒痛者,皆太宗立懦子之祸也。人君可不戒哉!"

其《五代论》则极论五代之乱的原因:"大抵五代之所以取天下者皆以兵。兵权所在,则随以兴;兵权所去,则随以亡。而其所以起废之亟者,无忠臣义士以维持之也。"这些史论,都是旨在以历史的教训作为现实之借鉴。

此外,如《书曹参传后》,则隐戒熙宁之变法;其《补翟方进传》,则深愧靖康之事仇。这些都具有批判时弊之现实意义。

第三节　明道修德之学

香溪的哲学主要是人文方面的道德哲学,故对道德心性之学以及修身养德和治学之法都有较为系统的论述。其学虽自得于孔孟遗经,但与当时的二程伊洛之学颇相契合。

一　讲道明理之论

范香溪在宇宙生成论上,认为一切事物源于一个统一体。他在《咸有一德论》中说:"粤自元气未判,混然纯全,命之曰太一。及其分而为天地,转而为阴阳,变而为四时,列而为鬼神,散而为万物,则是一也,无乎不在。故天地以是一而独化,阴阳以是一而不测,四时以是一而变通,鬼神以是一而体物不遗,万物以是一而各正性命。"由此而推论到人,也是一个统一体:"视以是一而明,听以是一而聪,言以是一而从,动作以是一而顺。由是一而不知者为愚,知是一者为智,守是一者为贤,性是一者为圣。至于圣,则无往而不一矣。是故会万物以为一身,一体之也;合万殊为一物,一同之也;洞万理为一致,一贯之也;冥万世为一息,一通之也;摄万善于一德,一该之也;应万变于一心,一统之也。至于一天人,一有无,一死生,一情性,一内外,无往而不一,用能与天地配其体,与鬼神即其灵,与阴阳挺其化,与四时合其诚。天地,鬼神,阴阳,四时,吾之一与之为一矣,则于治天下何有哉?论一至此,盖性是一者也,则于圣人何有哉?"这是说,宇宙是一个统一体,人本身是一个统一体,万物本身也是一个统一体。也就是说,包括人和万物在内的整个宇宙是一个统一体,而每个人和每一物本身也是一个统一体。这个"一",就是指"理"而言。就整个宇宙而言,有其统一的"理"贯穿于其间;而就每一个具体的人和物而言,又有其本身所独具的"理"行乎其间。这种宇宙的总体之"理"与具体事物所独具的"理"之间的关系,就是理学之所谓"理一而分殊"的理论。

然而,若从方法论上说,香溪又认为,一切事物之中莫不自始至终贯穿着大中至正之道。其《洪范论》云:

> 盖皇极者,大中也。天下之道,至中而极,无余理矣,宜乎九畴之叙,皇极居中,总包上下,为其至极而无余,可以尽天下之理故也。今夫易有太极,是生两仪,是天地之道本乎皇极也;人受天地之中以生,是人亦本乎皇极也;中庸之道与鬼神之道相似,是神亦本乎皇极也;凡所立事,无得过与不及,当用大中之道,是事亦本乎皇极也;春为阳中,万物以生,秋为阴中,万物以成,是物亦本乎皇极也。天地人神事物,万殊一皆本乎皇极。则九畴之义,非皇极则于其间可乎?是故一五行,得皇极,则水润下,火炎上,木曲直,金从革,土稼穑,无不得其中矣;二五事,得皇极,则貌恭、言从、视明、听聪、思睿,无不得其中矣;三八政,得皇极,则食、货与祀、司徒、司空、司寇、宾、师,无不得其中矣;四五纪,得皇极,则岁、月、日、星辰、历数,无不得其中矣;六三德,得皇极,则正直、刚克、柔克,无不得其中矣;七稽疑,得皇极,则卜五、占用

二、衍忒,无不得其中矣;八庶徵,得皇极,则雨、旸、燠、寒、风,无不得
其中矣;九五福,得皇极,则寿、富、康宁、攸好德、考终命,无不得其
中矣。

据此,香溪总结道:"盖五行、五纪、庶徵之类,言天地万物之中也;五事、八政、三
德、五福之类,言人与事之中也;八政之祀、五纪之历数,与夫稽疑、命卜筮之类,
言人与神之中也。天地人神事物,莫不有中,而九畴该之,皇极一以贯之,可不
谓大法耶!"所以他说:"天地人神事物,莫不有中。"又云:"天地人神事物,万殊
无不综贯,极其同归,则一于皇极而已矣。"这是从本体论的高度论述了天、地、
人、神、事、物之中所贯穿的理一分殊的规则,而这一规则,最终又归宗于"大中"
之道。他把"大中"作为贯彻于一切事物中之基本"大法",就是把中庸之道作为
哲学方法论。

香溪又从天地与人同出一理这种关系出发,认为人事必须合乎天理。其
《尧典论》云:

《易·系辞》曰"一阴一阳之谓道",推本而言之也。又曰:"立天之
道,曰阴与阳;立地之道,曰柔与刚;立人之道,曰仁与义。"三者一道
也。在天则谓之天道,在地则谓之地道,在人则谓之人道。扬雄曰:
"善言天地者以人事,善言人事者以天地。"故合天地人而言之,其致一
也。古之王者,必承天意以从事,是天理即人事也;王者欲有所为,必
求端于天,是人事即天理也。……又况圣人和同天人之际,使之无间,
先天而天弗违,后天而奉天时,圣人所行动无非天。

所谓"道",是指一切事物的总体规律而言,而所谓"理",则是指"道"的条理而
言。所以香溪认为,"道"是万物之所共由的。其《读〈老子〉》云:

万类莫不共由谓之道,在我得之谓之德。仁也,义也,礼也,智也,
皆得之在我者也,故四者异名,总而名之曰"道",若所谓"立人之道,曰
仁与义"之类是也;亦总而名之曰"德",若所谓"君子行此四德"之类是
也。然则在我得此道矣,以止而觉焉者言之,则谓之"仁";以履行而言
之,则谓之"礼";以行得其宜而言之,则谓之"义";以知仁、义、礼之用

而察焉者言之,则谓之"智"。是特其名异耳,岂道与德有二哉! 岂仁、义、礼、智与道、德为六哉! ……仁之觉,智之知,亦非二也。智之知,知之用也;仁之觉,兼知之体而为言也。礼也,义也,智也,虽不可谓之"仁",而"仁"之觉无不在焉。……此《易》所以谓"仁"为"元"也。然则道、德、仁、义、礼、智,初非有二也。

在这里,香溪对道、德、仁、义、礼、智六者之间既有内在联系而又各有所指的关系作了明确的分析。于是,对《老子》把它们割裂开来的说法提出了批评:

老氏之书,乃曰"失道而后德,失德而后仁,失仁而后义,失义而后礼",是岂老聃之言乎? ……昔者曾子言"孝",而曰:"仁者,仁此者也;礼者,履此者也;义者,宜此者也。"孟子言"仁义",而曰:"智之实,知斯二者弗去是也;礼之实,节文斯二者是也。"以参与轲之言,求之仁、义、礼、智,初非有二,谓"失仁而后义,失义而后礼",奚可哉! 学者读《老》书,宜慎所择。

从儒家而言,道、德、仁、义、礼、智六者,是融合在一起不可分割的统一体,而《老子》将其割裂开来,显然是错误的。所有这些,确实是较为完整地继承了孔孟的思想传统,也与二程理学"同车合辙",而又深得乎务实之义。

二 尽心知性之论

根据"理一分殊"和"大中"的理论,香溪又进而讨论天地与人之间的关系。其《心箴》云:

茫茫堪舆,俯仰无垠,人生两间,眇然有身。是身之微,太仓稊米,参为三才,曰惟心耳。往古来今,孰无是心? 心为形役,乃兽乃禽。唯口耳目,手足动静,投间抵隙,为厥心病。一心之微,众欲攻之,其与存者,呜呼几希! 君子存诚,克念克敬,天君泰然,百体从令。

在心性方面的论述,这篇《心箴》乃是被朱子录入其《孟子集注》的,故最为人所熟知。它从天地与人的关系着手,阐发了"心"在人身中的主体地位以及"心"与

"物"的关系,论证了"心"的重要性,又揭示了心所必须具有的诚的品质。在茫茫无垠的天地之间,"人"本是微不足道之物;但"人"又作为万物之灵而能与天、地并列为"三才",则在于"人"具有与其他万物不同的"心"。"心"的本质在于"诚",而存诚之道则在于"敬"。这确实可以视之为香溪心性之学的纲领,而与二程伊洛之学如出一辙。由此出发,香溪乃论及"心"之本体的"性"。其《性论上》云:

> 天降衷曰命,人受之曰性,性所存曰心。惟心无外,有外非心;惟性无伪,有伪非性。伪而有外者曰意。意,人之私也;性,天之公也。心主之也,意迷之也。迷而不复者为愚,知而不迷者为智,不迷而止焉者为仁。仁即心,心即性,性即命,岂有二哉!

这里对命、性、心、意等不仅下了明确的定义,而且还阐发了它们的性质和关系。香溪认为,"命"是先天赋予的,而且是中正不偏的;"性"是人之所受于天,而存在于每个人的心里,故不会有假;"心"是就内在于人的主观意识而言,与外在于人的客观事物相对;"意"是有感于外物而杂有虚伪之思的念头。所以,意是人的私心,性是先天赋予的公心。心应主公,而意则以私迷乱。达到公而无私的境界就是仁,只有达到仁的境界,心性才能实现和谐统一。故香溪进一步指出:"能尽其心则意亡矣,意亡,则'寂然不动'者见焉,是之谓性。记曰:'人生而静,天之性也。'静所以强名夫'寂然不动'者也。然而又曰'感而遂通天下之故',故必于寂静之中,有不可以动静名者焉,然后为性。"这是说,作为"心"之本体的"性"而言,是静的,寂然不动;然而作为"心"之功用而言,又是动的,感而遂通的。所以,"性"是"不可以动静名"的。

他又认为:"善虽不足以尽性,而性固可以善名之也。"理由是:"桀、纣诚恶矣,龙逢、比干言其不善,则讳而怒之,是知不善之可耻者,固自善也。"又批评扬雄"善恶混"之性说云:"水之源无不清,性之本无不善。谓水之源清浊混,是未尝穷源者也;谓性之本善恶混,是未尝知本者也。"然而他又认为"善不足以尽性",其云:

> 《易·系辞》曰:"一阴一阳之谓道,继之者善也,成之者性也。"善继乎道,则非道也;性成乎道,则与道一矣。然则善不足以尽性明矣。

且孟子亦岂以善为足以尽性哉？其言曰："可欲之谓善，有诸己之谓
信，充实之谓美，充实而有光辉之谓大，大而化之之谓圣，圣而不可知
之之谓神。"使孟子以善为足以尽性，则一言而足矣，岂复以信、美与大
与圣与神为言乎？故曰：孟子道性善，以性之用教人也。

于是，香溪又讨论了"性"与"气""习"的关系。其《性论下》云："天下一性也。愚
与明，气之别也；善与恶，习之别也；贤与圣，至之别也。气、习与至虽异，而性则
同也。故曰：'能尽其性，则能尽人之性；能尽人之性，则能尽物之性。'非天下一
性耶？"所以，从人之"善"与"恶"而言，香溪认为："如是，则恶人舍其习而之善，
不害为善人；善人忘其习而之恶，未免为恶人也。"从人之"智"与"愚"而言，香溪
认为："上智下愚，性之相近固自若也；所谓不移，非不可移也。上智知恶之为
恶，介然不移而之恶；下愚不知善之为善，冥然不移而之善。故曰：'惟上智与下
愚不移。'"有人说，尧之圣不能化丹朱。香溪认为："可移者，丹朱之习；不移者，
丹朱之愚也。愚，非性也，气也。夫人之禀生，气浊则愚，气清则明；气清之纯，
则为上智；气浊之纯，则为下愚；清浊之气两受而均，则为中人；气清不纯，则智
而非上智也；气浊不纯，则愚而非下愚也。愚而非下愚者，或能移之，故曰'虽愚
必明'；下愚，则冥然不移矣，故曰'惟下愚不移'。"这是说，善恶之别在于"习"，
智愚之别在于"气"。"习"为后天所染而可移，故善恶亦可移；气虽与生俱来，但
常人之气亦可移，故可学以求智；惟纯清之气与纯浊之气则不可移，故上智与下
愚不移。

三　修身养德之论

在上述理论的基础上，香溪提出了不少修身养德的具体方法。

其一，香溪认为好善与好利的一念之差，可以导致入圣与入狂的不同结果。
其《舜跖图说》云："欲知舜与跖之分，无他，利与善之间也。夫善利之念，间不容
发，一发之差，遂分舜跖，学者可不戒且惧哉！……夫善利之念，起于心者，其始
甚微，而其得失之相去也，若九地之下与重天之颠。虽舜也，一罔念而狂；虽跖
也，一克念而圣。……人能于危微之际而得之，则亦几矣。"所以他告诫人们：
"孜孜为善，所以熟吾仁也。苟为善而一罔念，则非孟子所谓孜孜者，为利之心
始将乘间而起矣。故又以克念罔念之说系于舜跖。好学之士，必有能知予心
者。"故在《题史记货殖传》中提出了"夫惟义之所安，然后可以为利"的"义"与

"利"相统一的义利观,认为:"盖义既安矣,何利如之!"

其二,强调"不自欺"以立"诚"。其《慎独斋记》云:"人谁不欲使人谓己士君子也? 然而卒多不免为常人,至或陷于大恶者,患在心违其貌,而安于自欺。夫人之自欺,殆非一物。晓然知善之可好而弃勿为,是自欺;晓然知不善之可恶而姑为之,是自欺;实无是善而贪其名,是自欺;实有是恶而辞以过,是自欺;知有是过而吝不改,是自欺;实所不知,而曰我知之,是自欺;实不知行,而徒欲有闻焉,是自欺;色取仁而居之不疑,是自欺;言浮于行,而言之不怍,是自欺;求诸人而无诸己,是自欺;有诸己而非诸人,是自欺。其余所谓自欺之目,殆未可殚言而遽数也。而好欺者,动欲设诈以欺人,殊不知一日之间,百念纷起,所自欺者实多,而欺人者曾不十一;又其欺人者,必诡谲不情,不情则未能欺人,而实先自欺也。……几何其不陷于大恶邪! ……夫人有杀心,辄形于声;有欲炙心,辄形于色;有惧心,目动而言肆;有异心,视远而足高。其心一动,虽甚微也,而形于外者,已不可揜如此。彼小人乃欲揜其不善于君子之前,……自欺孰甚焉! ……是以古之学者皆知慎独。"

其三,强调"耻"的重要性。其《耻说》云:"孟子曰:'耻之于人大矣。'孟子何大乎耻? 夫耻,入道之端也。人之知非而耻焉者,必惕然动乎中,赧然见乎色,瞿然形乎四体。是孰使之然哉? 其必有觉知之者矣。然则无耻则无觉,与木石等矣。耻之为义,顾不大哉! ……然有是耻心而能充之者,千百而一焉。穿窬,士之所耻为也,而所以耻穿窬之心则不能充焉。是于穿窬则耻之,于穿窬之类则不耻,其于有耻亦寡矣。有耻者寡,则其无觉亦甚矣。……孔子曰:'色厉而内荏,其犹穿窬之盗。'又曰:'情疏而貌亲,在小人则穿窬之盗也欤!'孟子亦云:'士未可以言而言,是以言餂之也;可以言而不言,是以不言餂之也。是皆穿窬之类也。'圣贤之于耻心,必使人充之如此。……故曰:耻,入道之端也。"

其四,倡导"悔过"为修道之要。其《悔说》云:"传有之曰:'日悔昨,月悔朔。'至哉,古人之善学也! 夫人非尧舜,不能每事尽善,谁无过者? 惟过而悔,悔而改,则所以为过者亡矣。且古之圣贤,未有不由悔而成者。成汤悔,故改过不吝;太甲悔,故自怨自艾;仲尼悔,故曰'于予与改是';颜渊悔,故有不善未尝不知,知之未尝复行;子路悔,故人告之以有过则喜;子夏悔,故投杖而拜曾子;曾子悔,故曰'我过矣,我过矣'。……然予所谓悔者,非必失诸言行而后悔之之为悔也。过生于心,则心悔之,勿复失诸言行而已矣。"

其五,倡导俭德。其《太甲三篇论》云:"所谓俭者,非特俭以足用之谓,苟能守约,而心不恣纵,是俭德也。是故俭于听可以养虚,俭于视可以养神,俭于言可以养气,凡俭而守约,皆可以悠久而无穷。”

香溪以上所言修身养德之法,显然皆从实践体验而得,并深合圣门之旨。

四　下学上达之论

在修身养德方面,香溪很重视学的重要,故提出了不少为学之道。

其一,香溪要求学必须“得其正”。其《养正斋记》云:“夫人生而有知,不学则愚。愚则视不明,听不聪,思不达,虽有知,犹无知也。既学矣,不得其正则哆,哆则缘目而逐色,缘耳而逐声,缘思而逐欲,所以祸其生者,殆有甚于不学而愚,是以君子正之为贵。……夫人受命于天,正性本具,君子保是正性,毙而后已,……由是则可以无愧于天。……古之人欲见正事,闻正言,习正人;邪室不坐,邪蒿不食;行容必直,立容必跂;不倾听,不睨视,皆所以养正。而其要则曰先正其心,……是可以为圣之功也。水未必遽至于海,言水者必期于海;学未必遽至于圣,言学者必本于圣。盖道无本末,趋进唯诺,掬溜播洒,幼学也,而上达之理存焉。”

其二,香溪强调为学之要在于存心。其《存心斋记》云:“夫君子之学本诸心。……是以学者必先存心。心存则本立,本立而后可以言学。盖学者,觉也。觉由乎心,心且不存,何觉之有?……然而人之念虑横生,扰扰万绪,羡慕耽嗜,厌恶憎疾,得丧欣戚,触望狠忿,怵迫忧惧,与凡私意妄识,交互丛集,纷纭于中,汩乱变迁,无或宁止。……求一息之安且不可得,则存其心者不亦难乎?然心虽未尝不动也,而有所谓至静,彼纷纭于中者,浮念耳,邪思耳,物交而引之耳。虽百虑烦扰,而所谓至静者,固自若也。……孟子曰:‘养心莫善于寡欲。’养以寡欲,使不诱于外,此存心之权舆也。至若藏心于渊,则必有事焉而勿正,用能于勿忘、勿助长之间,默识乎所谓至静者,此存心之奥也。……凡学始于存心,中于尽心,终于尽性。方其存心也,犹有存之者焉,非所谓尽心。未能尽心,乌能尽性?孟子曰:‘尽其心者,知其性。’盖心既尽而空洞清明,然后知性之为性,皆天理也。然则存心者,所以存天理,求尽其心而已。”

其三,香溪认为学不宜自足。其《拙懒轩记》云:“学者之患,莫大乎自足而止。……殊不知道之深,德之奥,学问之大,曾非揭流涉波者所能测知,譬犹溯沿上下,不出于绝潢断港,则必以为天下之水止是而已,因又以为天下之观水者,举莫吾若,故偻然有轻天下之心。试使之浮沧江,并溟渤,渺弥漫汗,不见边靡,彼将眩掉缩恧,怅悔自失,愧前所见,自比于蹄涔杯坳之不暇。然则世之造大好高而过自标置者,庸非不学之过也哉!"

其四,香溪认为士当以弘毅自期。其《答罗骏夫书》云:"处人所难处,始见学力至与未至。士当以弘毅自期,乃能任重而力行不怠,居困而心亨自如。今人质既薄,学且不固,一落莫则大戚戚以闷,苟可以脱寒饿而济其欲者,无不为也。彼不知士君子所谓穷,特其人穷耳,其人之天,孰能穷之哉?是心如太虚,外物如浮云。浮云有去来,太虚无得丧;浮云有变灭,太虚未尝动也。能明此,则心广体胖,无入而不自得,虽临死生,如履坦途,况外物乎?"

其五,香溪强调为学要有良师益友,但对于师友,又有自己的看法。其《答胡英彦书》云:"大抵古人之学,不越乎穷理。理之所存,师之所存也。取诸物理,皆可为吾法。能会万物之理,为己事之用,非得师而何?"香溪认为师是随处存在的。其《三益斋记》云:"凡益之道,非能赘夫固有而增多之也。惟性至大,初无限量。益动而巽,日进无疆。则凡德之裕,皆所固有。……惟夫短于自知,故友直;不足于信,故友谅;末学寡陋,故友多闻。然卒所以得益者,皆自得之,信乎在我不在彼也。"

香溪这些为学之法,深合圣门下学上达之道。

第四节　经世致治之学

婺州学者虽然也谈道德性命,但是并不讳言功利,而且大都能把修养道德与建立功业统一起来。即使像范香溪这样被称为与伊洛之学"同车合辙"的理学家,也并不局限于高谈心性义理,而是有志于济世安民之业。其《上潘大著书》云:"君子有所谓忧国爱民之心,未尝一日忘之也。有言于君,不恤其用不用也。用固君子之愿也;如不用,特于言弗克伸耳,其于忧国爱民之心亦何损哉!"其《上致政胡待制书》自谓"常自安于穷巷,不敢忘怀求进之心"。所以他写成《进策》二十五篇,全面而系统地陈述了抗金立国的兴复大计,其中对于任相、御将、用人、战略、制度、形势、兵制、钱谷等具体事宜,都有切实可行的论述;而在其他篇章中,亦随时论及经世致治之道。兹择要试述之,以见其纲领。

一　理财节用之议

范香溪著有《易论》以明易理,其旨在于黜象数而崇义理,非卜筮而重民生实用。他说:"伏羲、神农、黄帝、尧、舜此数圣人者,后世仰望,意其道若登天然,不可几及。逮考其取易象而制民用,则不过网罟耒耜,日中为市,制丝麻布帛之衣,与夫舟楫臼杵,服牛乘马,重门击柝,上栋下宇,棺椁书契,类皆日用易知之浅事,然亦皆不可一日无有,而历万世所必行者。盖备物制用,立成器以为天下利,是乃《易》之所以为精微深赜,而圣人所以通其变,神而化之者也。"香溪认为,《周易》所阐发的圣人之道,其实就是"备物制用,立成器以为天下利",亦即创造人所不可缺少的日常用具,以满足民生所需而已。所以在他的《进策》二十五篇中,就有《节费》《议钱》《平籴》《实惠》四篇专论财政之文。

其《节费》云:"理财之道,莫先于节费。费不节,而欲求财之丰,是犹因风纵火,而望山木之丛茂,不可得也。⋯⋯昔人尝谓天下财赋,耗斁大者唯二事:一兵资,二官俸。自他费十不当二者一。是以由汉至唐,征战艰难,未尝不省吏员以救弊。"故他主张:"省冗官之大费,以益募兵;省遣使之大费,以赏战士。则不必商功利,而用或几乎足矣。"

其《议钱》中主张收私铜以广冶铸,平谷值以省民费。其云:"钱之所由耗者,有五说焉:运艘贾舶,绝江浮海,涛波覆没,一也;通都大邑,火所延烧,灼烁融液,二也;闾井习俗,送终含死,瘗埋滋多,三也;几事不密,而泄之疆场者广,四也;禁令不严,而破为铜器者众,五也。五者交耗,故不藏之官,不积之民,而钱日以乏。将救其弊,则当从其耗之甚者,而为之禁。"又云:"古以钱少故物贱也。今钱货既乏,而百物皆翔贵,岂今之钱货与古之钱货异哉?盖谷甚贵之所致也。东南播殖之利不加于旧,而西北之人寓食于东南者益众,此谷之所以甚贵而未平也。⋯⋯且谷所积储,皆豪民大家,乘时徼利,闭廪索价,价脱不高,廪终不发,则谷不得不甚贵;彼市百物者,皆非不饥之人,固将量食费,以取百物之值,则百物亦不得不甚贵。此铸虽乏,而物不为贱,所以与前世异也。今欲百物贱,则当平谷值;谷值平,则民费省矣。且官收私铜以广冶铸,又平谷值以省民费,则钱虽乏,未为甚患。"

其《平籴》中主张平籴减粜,敛散利时。其云:"所谓平谷值者,非欲严法密令以抑损之也。盖闻食货有轻重敛散之权,有司失之,则奸民得以乘人急而专其利。故曰:民有饥饿者,谷有所藏也。又曰:岁有凶穰,故谷有贵贱;令有缓急,故物有轻重。人君不理,则蓄贾游于市,乘民之不给,百倍其本矣。然则将平谷值,使无甚贵,则轻重敛散之权,有司可不制之乎?……收敛散之权,而制于有司,使豪民足谷者,欲索高价而不可得,则臣所谓平谷值之说也。"其具体办法则谓:"诏州县各量所部土地广狭,出谷多寡,参以往岁和籴斛数,制为定额,亦视上中下熟而三分其收,每岁西成,亟行广籴,必以时价偿民,无得亏除;及来岁春夏,谷直腾跃,则少损时价而出之,亦视所收多寡,三分而出其二,复储粜资,以为当岁籴本,其一则以待军兴之须。如此则敛散之权尽归公上,豪夺者不得固闭困廪,挟所蓄以邀重利,谷直岂复甚贵而不平乎?"所以他认为:"臣窃观世之计利者,类以剥下为言,所谓'㭪凿万端,穷朝抵暮,千按百牍,皆取之民'者也。殊不知理财之义,固自有不害民而利于时者。"

其《实惠》中主张减免钱租,实惠于民。他分析当时胥吏逼租状况云:"凡逋租负钱,岁久不能入者,皆贫民窭户水旱札瘥之余,衣不足以蔽肤,食不足以糊口,既迫于饥寒矣,而追胥督吏,临门谴呵,责以不可得之积欠,而遂其不可厌之私求,攘衣襦,掠器具,鸡栖豚阱,无不夺取,大吏未去,小吏复来,朝索夕须,剥肤椎髓,偿官之实曾未毛铢,而吏之所得车载石量矣。朝廷何忍收毛铢之逋负,使民抱无涯之疾苦乎?……丰年富岁,已困于追呼矣,一有饥馑,则操瓢囊流转为沟中瘠而已。可胜哀哉!"所以他建议:"与其以督欠之虚名,为胥吏渔夺之因,不若捐毛铢之小得,为贫民无穷之利。况夫逋负在十年之外者,民顾所责既多,终无可输,破数少偿,则惧应尽入,因厚以赂谢许请吏曹,虽毛铢无入官者,是又徒为瘠民以肥吏,而公家初无损益者也。臣愿申行累下赦诏,条列民所逋欠可蠲除者,自何年为率,明降德音,尽削欠籍。官吏不即削籍,后复责偿为奸者,重加窜罚,庶几民沾实惠,知朝廷赦令,诚以利泽雕瘵,非虚文也。"

此外,各篇还都提出了具体实行的有效措施。

二　远虑致治之要

在政治上,香溪首先很重视为君之道。其《进策·策略》中云:"臣闻主道在先正心,正心所以自治也。心不正于中,则过事形于外,天下之人,因得而议之。故用人言以自治,其要莫切于正心。"而正心之道则在于:"习与正人居之而已。左右前后皆正人也,则闻正言,见正事,行正道,欲其心之不正,胡可得邪?"只有正心才能达到知人和择言:"陛下能正心矣,则判忠邪、察贤佞,如辨黑之与白,如观高山之与深湫,于以听言,洞然不惑。……从宜而言,惟归于当,惟陛下择之而已。"其《太甲三篇论》亦云："《大学》曰：'为人君，止于仁。'君能止于仁，则心为仁心；心为仁心，则言皆仁言，术皆仁术，政皆仁政，无所往而不为仁矣。然仁，天理也，必敬以直内，然后天理存。故欲止于仁，不可以不敬。不敬且不可以求仁，其况能止于仁乎？"

其次，香溪还认为施政必须有深谋远虑。其《远图》云："臣观方今天下之事，固有宜为深谋远虑者：民日益困，而敛日益繁；财日益乏，而兵日益聚；官日益多，而入仕之门日益广；谷日益贵，而浮食之人日益众。此数者皆为患之细耳，故臣得以遽言之。抑又有大于此，在陛下详求其故，预防而逆为之所。……今陛下拨乱用武，事出一切便宜者为多；而臣所言，亦固有不得已而应变者。至若从一时之权，又存万世之利，以尽经国远图，可不念哉！"因此，香溪主张政策制度必须根据实际情况进行随时改革。其《更化》云："世异则事变，时移则俗改。……盖久则弊，弊则变，理之自然，非固相戾为也。传曰：'为政不行，甚者必解而更化之，乃可理也。'……夫作有利于时，制有便于物，可守也，祖宗之成宪是也；事有乖于数，法有玩于时，可改也，臣所谓宜更化者是也。是故士大夫奔竞之风未息，由荐举之法弊也；州县苟简之政尚多，由考课之法弊也；民庶逐末之俗愈甚，由税赋之法弊也。……此三弊，皆风俗之大患，宜为之变通者，而未闻所以革之，臣故曰失不更化也。"

其三，香溪认为政治的关键在于正确任用人才。其《任相》云："何以知其可相而任之？曰：相固自有体。不动声气，而危疑以平，相之体也；偃息谈笑，而坐折遄冲，相之体也；隐然镇静，遭变事而不乱，相之体也；一言足以折奸辩，使憸人夺气，相之体也。……即是四者以择相，其有不得人乎？得人矣，任之久而不移，信之专而不贰，假之权而不疑，此则责成之道也。"其《御将》云："惟当推赤心置其腹中，务以诚感，俾之用命，赏罚明信，并用而必行，则御将之长算也。……然人主于将，不但驾驭之而已，又当审其才而用之。……然则忠勇而不知怯者，又当戒以轻敌，亦使将帅知朝廷知之，尽其才也。"《朋党》云："君子与小人分党者，理之常；而君子亦各自以其所亲爱为党者，祸之大也。……宰相之职，固将为天子求人材而进之，……苟一相去位，门生故吏与所亲爱，无论贤不肖，率以其类相次废黜，否则自疑而引去，虽天子所自识擢之士，于罢相有一日雅，亦必见逐，曾不得少留于班列之下。夫人材由宰相进，虽未必皆贤，亦未必无奇能异士，卓然可以资世者，类以朋党废不用，则人主虽有呼俊之心，安得而器使之？夫以一相去位，士坐朋党废者，不知几人？而又鼎轴之任，未几辄易，则人材之沉滞闲散,可胜计耶?此人材常患乎乏使之因。……臣故曰:'君子与小人分党者,理之常;而君子亦各自以其所亲爱为党者,祸之大。'然则人主其可不念,而为臣者可不戒哉!"此外,还必须正确对待归降之人。其《用人》云:"且兵兴以来,岂无士民自贼中归我者,而未闻有所恤;岂无将士自贼中降我者,而未闻有所用。此吾赤子之陷于盗区,所以犹有疑心而为贼用也。……陛下何不命诸将,择来降及俘获之人可用者,随才授任,命以爵秩,一或有功,遂加优赏,仍以尺檄广行诱谕,能以邑降者,即使宰邑;以郡降者,即使守郡;以首级降者,以兵众降者,各差劳绩大小厚赏之。使未效顺者望风相告曰:'某先降而得某赏,不徒释罪,又宠荣焉。'必相率而俱降。此则降者见遇,贰者思奋之说也,尚宁为贼用哉!"

其四,香溪认为施政之要在于赏罚分明。其《赏功》云:"方今爵禄,盖有不当用而虚授,不当靳而顾惜者。窃以为有厉世磨钝之具而不能用,用而不得其当,则人心有所不服,欲忠之臣有所未劝。爰自军兴以来,赏功所司,初无稽核,或虚张首功,或增叙勋绩,或缘世荫名,或行赂冒奏。断筋绝骨、先登陷阵、搴旗折馘之人,未必见旌异;殒身丧元、膏流节离、忘私死事之家,未必蒙隐恤。凡所补授,下而至于校尉,上而至于横行,车载斗量,不可算数,未必皆殊勋异效之人,往往伪滥不公,十尝五六。彼困无援、贫无资者,虽绩用章著,文据显白,吏方邀索赇谢,难问百绪,弥年累岁,终不沾赏,莫之告语,相与怨叹。使义夫节士,迟疑于立功,顾虑于身后,每视冒名冒禄者,抵掌愤咤,为之不平。此天下所以欲忠而未劝也。……今有功而见遗亦多矣,将何以慰天下之望而服其心?谓朝廷于爵禄有所慎用耶,则滥赏者不加察;有所轻用耶,则宜赏者不加恤。臣故曰:'有不当用而虚授,有不当靳而顾惜者。'"

其五,在对待盗贼方面,香溪主张剿抚得宜。其《除盗》云:"岁适旱蝗,民不赖生,脱死自救,攘金夺饷,而不知愧,甚则群行为奸,依凭狐邱,栖宿兔穴,此其为盗,盖迫于不得已耳,固宜绥抚安集之,而勿穷其诛。若夫豪奸巨猾,乘危投隙,弄兵拥众,大而翱翔转寇,噬螫齐民,小而攻据城邑,鸱跱观变,此其为盗,又可阔略而不诛之耶?异时官军讨贼,于豪奸巨猾,不惟阔略不诛,仍每命以爵秩,弄兵拥众者,相视踊起,驱掠残暴,无所不至,金粟子女,靡衣丰食,鲜车怒马,既饱其志,顾得厌兵,乃始以降约自通,差次酋从,坐邀官级,礼优者先下,爵卑者后服,官军力或不制,则屈意顺许惟惧贼心之小忤,而不即就降,至示以告身,诱使投兵,往往朝黄巾,暮紫绶,斩木揭竿之徒,摺笏曳履,雁行于士夫间,国威不振，无甚于此。是以江湖岭海，跳梁猖暴，攻劫市邑者，至今犹时有也。……故凡为遵养姑息之陋者，皆启奸之弊政。能革启奸之弊政，则除盗之先务也。"

三　兵防御敌之策

在军事上，香溪首先很重视战前的精心谋划。其《庙谟上》云："未战而庙算胜者，得算多也；未战而庙算不胜者，得算少也。人主议战于庙堂之上，兵形已成，然后付之于将，是谓庙谟。"又认为战前谋划乃是重大机密，切忌预泄。他说："奇谋至计，情实之所在，殆未有不密而不害于成者也。……倘尚若异时谋未定而计已传，兵未动而敌已知，成算未授于将帅，而市人行路已宣言吾情实之所生，则非臣之所敢知也。……兼听而独断者，大谋之术也。收群策所以兼听，故白屋之士，皆得以关其说；定庙谟以独断，故非腹心之臣，非指授之将，不可使知。……凡臣所陈，或妄议兵形，则皆发其端而不敢尽，惟畏夫机事之不密而已，然犹有不得已而及之者。"而谋划之关键，则在于知彼知己。其《庙谟下》云："今王师讨伐，固将收中原，清大憝，以悉复祖宗故地，然根本所恃，实在江左。……陛下当与腹心之臣议于庙堂之上：审我徇地辟国者才为如何，训兵总众者才为如何；彼所出者何策，我所出者何策；彼所固守者何地，我所固守者何地；吾将所以破彼者何人，彼所以当吾将者何人。孰贤孰否，孰智孰愚，孰强孰弱，孰勇孰怯，彼己洞见，则胜负之势，未战而已分矣。……故夫决胜之策，在乎察将之才能，审敌之强弱，断地之形势，观时之宜利。今庙堂之谋，能先审彼己，知必胜之道，则何患功之不速乎？"谋划既定，则在于不失时机。他说："然而功不可以速成者事之势，时不可以不趋者人之力，苟惟玩日弃时，而曰功不可以速成，则亦何功之有？"

其次，香溪很重视战略形势。他在《形势上》中对南北大势作了战略上的论证，说明长江天险之不足为据。他说：

> 吴、蜀、襄阳，可以为取胜之资，而不足以尽天下之形势。今之议者皆曰："长江数千里，实天下之形势，故魏文帝至广陵，临江见波涛汹涌，叹曰：'固天所以限南北也。'苻宏亦云：'晋君臣戮力阻险，长江未可图也。'岂非天下形势无逾于长江乎？"臣窃陋之。夫吴之所不能吞曹氏而据中原，晋之所以不能灭胡丑而复境土者，殆无他焉，正以其谋

陋而无复远略,区区恃长江之险以为形势而止耳。吴人之谋,则曰"取徐州,不如全据长江",故当时仅能擅有江表,成鼎峙之业;晋人之谋,则曰"我所以设险而御寇者,正以长江耳",故当时划淮以北,大抵弃之。然则为今之计,讵可恃长江如吴晋之陋乎? 必将克复神州,不失旧物,则又当纵观天下形势,为经略之宏规,而臣所陈吴、蜀、襄阳者,取胜之资也。

据此,香溪又认为:"吴有三江之阻,蜀有重险之固,合此二长,共为唇齿,其势足以患。……夫江左与蜀,虽犹辅车,而川途回远,声问往来,动以数月,或道路壅隔,则音邮旷绝。故以重师镇襄阳,通川蜀声援,诚今日所宜急也。"并进而论证道:

> 襄阳北接宛、许,西接益、梁,南阻汉水,其险足固,北去河、洛,不盈千里,故吴人欲据之以蹙曹操,晋人欲镇之以保上流,荡秦寇。唐人又谓襄、邓之西,夷漫数百里,其东汉舆、凤林为之关,南菊潭环屈而流属于汉,西有上洛重山之险,北有白崖联络,乃形胜之地,沃衍之墟,若广浚漕渠运,天下之财,可使大集,是襄阳亦取胜之资,而又可以用吴、蜀,岂非所谓形势者乎? 晋人有言:"虽未获长驱中原,馘截凶丑,亦不可以不进据要害,思攻取之宜。"是据形势以经略中原,正急务也。

于是,他在《形势下》又论证了战略上必争的形胜之地,认为武昌、夏口、豫章、夷陵、睢阳、彭城、兖州、许都、长安、河中等地,都是兵家必争的形胜之地。

在充分洞悉战略形胜的基础上,香溪乃提出当时的取胜之道:"我既镇襄阳,用吴蜀之势,又命大帅宿重兵,镇武昌、夏口、豫章,以制上流而备不虞,藩翰固矣,然后中原为可图。凡诸军所临,因利乘便,苟可以进取,则形胜之地皆所宜知。我师得利于西,则可以出长安,临河中;得利于东,则可以出彭城,临兖州;得利于宿泗,则可以取睢阳;得利于陈汝,则可以取许下。数道并取形胜居之,或鼓行劲攻,或犄角合势,则大河之北,虏必连营固守,所以备我者近而不暇及远。彼汴城僭叛,知虏援之不力,必为收兵闭垒之计,非得带甲数十万且不能守,则抗我之众,皆将入汴自保矣。此得形势之地,虽不专于用奇,亦可以图贼也。"

香溪关于战略形势的分析,完全从当时的实际出发,了如指掌。并云:"然而形势固有彼我共之者,又成败之机,不可失也。我得亦利,彼得亦利,我知之,彼亦知之,我能用之,彼亦能用之,先人有夺人之心,此其时。……今臣所陈形势,固不可不知,然知而不能用,用而不能先人,又皆非所以取胜也。"虽有形胜之地,但关键还在于有人善于运用;若无人善于运用,则非所以取胜之道也。

其三,香溪还从具体战术上进行分析,特别对战争的奇正变化之道作了精辟的论证。其《用奇》云:"夫战久则兵钝,攻久则力屈,暴师久则国用不足,此兵所以贵速也;敌有可乘之隙,我有决胜之机,行之有疑,反为彼利,此兵所以贵速也。欲无钝兵、屈力、殚财,动合机会,则莫若用奇,以求速胜之功。而用奇者,又莫神于得奇正之变也。……惟夫用寡以敌众,用弱以当强,转危而安,转败而胜,胜则彼必摧溃而我独全,不胜则不至于甚乱,而敌无以乘我,是岂庸人悍夫所能知哉!盖有奇正之变行乎其间,因形制胜,神张鬼翕,变化莫测,虽吾士卒,犹不能窥吾所以胜,况敌人乎?兵法曰:'战势不过奇正。'奇正之变,不可胜穷,奇正相生,如循环无端,必有独得于心,不可以智识,不可以情求者,为能尽之。……历观自古善用兵者,未尝不以奇胜。或示赢而用其锐,或示怯而用其勇,或示缓而用其急,或示近而用其远,或示之败而致其怠,或示之退而致其追,或示以击东而实攻其西,或示以击左而实攻其右,皆因机应变,示敌以可见之形,而不示以不可知之计。……夫先人有夺人之心,投机之会,间不容发。……惟能出奇正之变,示以可见之形,不示以不可知之计,以成速胜,则善矣。"

此外,其《揆策上》从战略战术上详论攻守变化、声东击西等克敌制胜之策。其《揆策下》则根据具体形势详论避实击虚、主客互变等克敌制胜之术。这些论述,都是讲出奇制胜并可以实际运用的作战方法。

第三章　吕祖谦的中原文献之统

东莱吕氏是宋代的仕宦显族和文献世家,并得儒学之正传。其族于北宋时由孔孟之乡山东莱州迁居京都开封,南渡时随驾南迁,定居于金华。于是始将中原文献之统传入婺州,经吕祖谦更加发扬光大而成鼎立于全国的显学,代表了婺学的基本特色,也体现了浙学的基本特色。

第一节　深厚的家学渊源

吕祖谦(1137—1181),字伯恭,金华人,故世称其所传之学为婺学或金华学派,因其祖籍为山东莱州,故学者称东莱先生,谥成公。幼承家学,继又从学于白水刘勉之、三山林之奇、籍溪胡宪、玉山汪应辰之门,兼传诸家之学。曾居明招山讲学,创丽泽书院。他与紫阳朱子、南轩张栻齐名,为南宋道学三大师之一,世称"东南三贤";而他的吕氏婺学,则是南宋道学朱、吕、陆三大派中颇具特色的一派。曾任严州州学教授、太学博士、左宣教郎、秘书省正字、著作郎兼国史院编修和实录院检讨等职。一生除短期从政而外,主要是治学、讲学及著述。年仅四十五岁而逝,天年不足,且长期患病而不辍读书著述。著作宏富,其中体现了自己的学术特色。吕学的基本特色,主要有三个方面:

一曰"得中原文献之统"。吕氏世代都是学有根柢的著名儒者,又是宋代"累朝辅相"之世臣,先后有吕蒙正、吕夷简、吕公弼、吕公著、吕希哲、吕好问等历任显职,封侯赐爵,他们都能把儒家思想贯彻实行到国计民生的具体政务中去。因此,吕氏既是渊源有自的文献世家,又是卓有政绩的仕宦显族,故全谢山

《宋元学案·紫微学案》云:"故中原文献之传,犹归吕氏,其余大儒弗及也。"①其所谓独得"中原文献之传",在于其不仅兼重道德和知识,而且也兼重道德和事功,故能悉得儒学之正传。

二曰"多识前言往行以畜其德"。《易·大畜象》云:"君子以多识前言往行,以畜其德。"意思是要多学习古代的典籍,研究古人的言行,吸取历史经验,以涵养自己的德性。这也是吕氏家学的一个特点。东莱继承和发扬这一家学的特色,体现在对历史的重视上。他在《杂说》中说:"看史非欲闻见该博,正是要识前言往行以畜其德。"②所以在他的著作中,都贯穿着"由经入史"的精神。

三曰"不私一说,兼取众长"。东莱的高祖吕希哲,在继承家学的基础上,又从焦千之、胡瑗、孙复、石介、二程、张载等诸大儒游,闻见由是益广;伯祖吕本中,历登二程高弟游酢、杨时、尹焞之门,又能恪守家学。这种"不名一师""不私一说"的治学态度,形成了吕氏的家风。东莱继承并发扬了这种治学家风。他与当时众多学派的儒者都相友善,讲学讨论,往复交流,共同营造了良好的学术风气。他认识到各派之间既有异同,又互有长短,所以他旨在汲取他家之长而不作争论;而且,他还在其他学派之间起着和解协调的良好作用。全谢山《宋元学案·东来学案》云:"小东莱之学,平心易气,不欲逞口舌以与诸公角,大约在陶铸同类,以渐化其偏,宰相之量也。"③又云:"朱学以格物致知,陆学以明心,吕学则兼取其长,而复以中原文献之统润色之。"④正是东莱具有兼取众长的襟怀,才使得他所创建的婺学成为一个兼容众说、开阔宏大的学派。

以上三项基本特色,鲜明地体现在东莱的整个学术体系之中。

第二节　经史文献之学

吕东莱是思想敏锐和学识宏富的经学家、文献学家、思想家和教育家。他在仅二十多年的学术生涯中,考证了大量的古代典籍,编纂修定了众多经学和史学著作,撰写了不少学术专著,几乎包括六经、文史以及百家等全部内容。

---

① 《黄宗羲全集》第四册,第 518 页。
② 《吕祖谦全集》第二册,第 259 页。
③ 《黄宗羲全集》第五册,第 5 页。
④ 《黄宗羲全集》第五册,第 7 页。

在经学方面,专门探索《易经》的专著就有《古周易》一卷,《古易音训》二卷,《易说》二卷,《周易系辞精义》二卷,《读易纪闻》一卷;探讨《尚书》的则有《书说》十卷;《诗》学则有《吕氏家塾读诗记》三十二卷,《诗说拾遗》一卷;《礼》学则有《周礼说》一卷,《礼记详节》(已佚)和《礼记说》一卷;《春秋》学有《春秋集解》三十卷,《春秋讲义》一卷,《春秋左氏传说》二十卷,《春秋左氏传续说》十二卷,《纲领》一卷,《春秋左氏传类编》不分卷,《东莱左氏博议》二十五卷,《左氏统纪》三十卷(已佚),《左氏手记》一卷;以及《论语说》一卷,《孟子说》一卷。

在理学方面,则有《家范》六卷,《闺范》十卷(已佚),《少仪外传》二卷,《正学编》一卷,《紫微语录》一卷(已佚),《吕氏读书记》七卷(已佚),《杂说》二卷;《卧游录》一卷,又与朱子共编《近思录》十四卷。

在史学方面,有《大事记》十二卷,并附《通释》三卷,《解题》十二卷;《左氏国语类编》二卷(已佚),《历代奏议》十卷(已佚),《国朝名臣奏议》十卷(已佚),《读史纲目》一卷,《读汉史手笔》一卷;《西汉精华》十四卷,《东汉精华》十四卷,《西汉财论》十卷(已佚),《历代制度详说》十二卷,《欧公本末》四卷,《史说》一卷;又有《十七史详节》,凡收书十种,合二百七十三卷,《通鉴节要》二十四卷(已佚),《宋通鉴节要》五卷(已佚),《诸史类编》六卷;又为范祖禹所著的《唐鉴》作注,凡二十四卷。在纪事方面则有《入越录》一卷,《入闽录》一卷,《庚子辛丑日记》一卷。

在文学方面,则编有《离骚章句》一卷(已佚),《杜工部三大礼赋注》十卷,《东莱标注三苏文集》五十九卷,《宋文鉴》一百五十卷,《古文关键》二卷,《丽泽集诗》三十五卷,《丽泽集文》十卷(已佚),《东莱集注观澜文集》七十卷,《诗律武库》十五卷,《诗律武库后集》十五卷。东莱去世后,其亲友广泛搜集东莱一生所作的单篇诗文,汇编而成《东莱吕太史文集》四十卷(另一种作《吕东莱先生文集》二十卷)。

东莱的大量著作,大都是中国学术史上的重要文献,有的还成为历代家喻户晓的读本。今举现存最有代表性的几种试予简要介绍。

《古周易》一卷,系为恢复《周易》原貌而考定其篇目编次之作。因为《周易》在编次上有所谓"分经合传"的"今易"和"分经异传"的"古易"两种不同的系统。古时《周易》经、传各自独立成篇,自汉末郑玄作《周易注》,把《彖》《象》两传分属各卦经文之后,魏王弼作《周易注》,又进而把《彖传》《大象》移置卦辞之下,六爻之前,而把《小象》逐条分附各爻之下(唯《乾》卦因《小象》内容难于分割,所以仍存郑氏之旧），再把《文言》分置《乾》《坤》二卦，于是乃成为"今易"的基本体例。唐孔颖达奉命修《周易正义》，独取王弼《注》而为之疏，宋程颐亦据以作《易传》，故王弼所改乃成为后世最通行的编次，而《周易》古时的原貌反致失传。然而，以"分经合传"为特色的"今易"虽然便于诵习，但经、传各篇的完整性受到破坏，导致支离破碎的流弊。于是宋、元以降诸儒力求恢复《周易》的原貌，乃形成以"分经异传"为特色的"古易"系统。众多的"古易"本子，由于各出己见，故在经文格式以及传文的篇名、篇数和篇序等方面各不相同。其中以东莱所定的《古周易》编次最为合理。尤其是他力破"费直为乱经之始"的成说，而提出了"费氏《易》在汉诸家中最近古，自康成、辅嗣合《彖》《象》《文言》于经，学者遂不见古本"的新观点，纠正了《易》学史上的严重误会。故朱子取东莱所定《古周易》而作《周易本义》。于是，东莱的《古周易》的编次乃成为"古易"系统中影响最大的一个本子。

《古易音训》二卷，又名"周易音训"，系门人金华王莘叟所笔受，书甫毕而东莱病殁，故系东莱晚期之作。本书是东莱在考正《周易》的编次而作《古周易》的基础上，又进而考正《周易》的文字音义的著作。他汇纂陆德明《经典释文》和晁说之《古周易》而成此书，内容可谓详实丰富。今传世诸本《易释文》多有舛误，惟此编所载与宋抄本合。晁说之生于北宋，犹见郑玄《周易注》四篇以及唐代诸家之说，其书吸收了许多今已失传的宋代以前的资料。然而晁氏的《古周易》今亦失传，全赖东莱此书以存其梗概，即此可见本书之价值。朱子注释群经，悉有音训，惟作《周易本义》，因有东莱此书而音训独阙，故其子朱鉴取此书与《本义》合刊行世。

《易说》二卷，乃东莱门人所记师说，由弟祖俭辑录，又经祖俭之子乔年补缀编次成书。故收入《丽泽论说集录》时题名"门人集录易说"，而收入文集及其他丛书者皆径题"易说"。《易说》是东莱在继承程子《易传》所阐释的义理的基础之上，进一步发挥易理的讲学记录。但因系出众门人所记，而非东莱亲手著述，故全书内容缺少完整性和系统性；而且各卦详略不等，或多达上千字，或少仅数十字，甚至有十八卦内容全缺。然其所论见解精辟而多卓识，且能时出新意，堪称《易》学义理派的上乘之作，故在学术史上有其较大的影响。

《周易系辞精义》二卷，是东莱有鉴于程子所作《周易程氏传》只解六十四卦经文而不解《大传》，故集周、张、二程诸家经说、语录及二程门人共十四家之说为此书以补其阙。当时朱子即对此书有所评论，认为此书"编得亦杂，只是前辈说话有一二句与《系辞》相杂者皆载","这文字虽然是裒集得做一处,其实于本文经旨多有难通者"①云云。尽管朱子认为此书在取舍上未臻精当,但也即此可见此书在收集资料方面确乎丰富而全面,更可藉以证明此书确为东莱所编殆无疑义。然而陈振孙《直斋书录解题》则引《馆阁书目》以是书为"托祖谦之名",以致后人多沿其说,对此实有辨正之必要。该书内容虽然比较庞杂,但能广集诸家之说于一书,确实给研究《周易》提供了方便;其中尤其对于《周易程氏传》曾取尹氏本和朱子本参定其异同,又从小学家是正其文字,用力至深;而其中所载如《龟山易说》等书久已失传,而此书为之保存了不少翔实的资料。因而此书仍不失为一本有重大价值的书。

《读易纪闻》一卷,乃东莱读《易》时所记下的心得体会,共六十六条,多为独具卓识的精辟见解。

《古周易》《古易音训》《易说》《周易系辞精义》与《读易纪闻》同为东莱的重要《易》学著作。《古周易》在于考正恢复《周易》古本的编次,《古易音训》即根据《古周易》的编次而进行文字考正,《易说》和《周易系辞精义》则在前两书的基础上分别发挥《周易》经、传的义理,而《读易纪闻》则是随时所录的读《易》札记。五书共同组成东莱自成体系的《易》学系统。

《书说》十卷,据《直斋书录解题》的说法,认为"其始为之也,虑不克终篇,故自《秦誓》以上,逆为之说,然说仅能至《洛诰》而止"。这是说,东莱在开始撰写此书之初,就已担心自己生前可能来不及完成,才从最后一篇《秦誓》开始,从后向前逆写,只写到《洛诰》而止,故《书说》是一部未写完成的书。其实,东莱的《书说》乃继其师少颖林之奇《书集解》而作。因林氏《书集解》至《洛诰》而止,故东莱《书说》始《洛诰》而终《秦誓》,凡十八篇,以补师说之未及。盖林少颖受学于东莱之伯祖吕居仁,东莱又受学于少颖,本以终始其师说为一家之学也。

《吕氏家塾读诗记》三十二卷,卷一为总论,分《纲领》《诗乐》《删次》《大小序》《六义》《风雅颂》《章句音韵》《卷帙》《训诂传授》《条例》等项,卷二以下始分篇释《诗经》本文及《大小序》。其书汇集自毛、郑以来八十多家《诗》说,存其名氏;先列训诂,后陈诗义,剪裁贯穿,如出一手;己意有所发明,则别出之。朱子为之作《序》,谓其"兼总众说,巨细不遗,挈领提纲,首尾该贯,既足以息夫同异之争;而其述作之体,则虽融会通彻浑然若出于一家之言,而一字之训、一事之

① 《朱子语类》卷一二二,中华书局,1986年,第八册,第2950页。

义，亦未尝不谨其说之所自；及其断以己意，虽或超然出于前人意虑之表，而谦让退托，未尝敢有轻议前人之心也"。此书大体上持论公允、通达，择善而从，并不碍于成说或偏见，总的特点是"兼总众说，巨细不遗，挈领提纲，首尾该贯"，这也突出地反映出东莱学术上博采兼综、不存门户之见的风格。正如陈振孙《直斋书录解题》所谓"诗学之详正，未有逾于此书者"。东莱此书还在一定程度上纠正了宋人力诋《毛传》《郑笺》，以己意解经之弊，这是应该肯定的；但他坚守毛、郑，信从《小序》，以为得其真，则又未免成为此书的局限。此书大致在淳熙元年居丧期间写成初稿，又于淳熙三年、六年复加修订，以期修成正稿。遗憾的是直到逝世前两日，才修订到《公刘》一章为止，未能最后修订完成。尤袤作《跋》谓东莱一生"六经皆有论著，未就，独此书粗备"。今从东莱的《吕氏家塾读诗记》与朱子的《诗集传》两部《诗》学名著的内容看来，前者是对《诗》学旧说的全面总结，而后者则是对《诗》学新说的大胆开拓。两书观点不同，然而各有千秋。

《东莱左氏博议》二十五卷，亦名"东莱博议"，共一百六十八篇。其中每篇文章都以《左传》所载史实为题，发挥其哲学、伦理、政治、经济、史学等各方面的思想观点，以作为诸生应试学习作文技巧而写的范文。其格式于时文为近，所以广泛地运用了立意、布局、修辞、炼句等各方面的艺术技巧。这是一部融合阐发经义、通贯理学、切合题旨、文章作法等多种功能于一炉的论文专集，也可以说是东莱具有独创意义的著作。其书立论纯正深刻，精于义理；议论新颖奇兀，常出人意表；文情跌宕起伏，富于变化；文字淳朴精当，明白流畅。故作为学生习作时的范文而广为流传，并深受当时及后世读者所喜爱而习诵不衰。

《大事记》十二卷，并附《通释》三卷，《解题》十二卷，合二十七卷。此书取司马迁《年表》所书编年系月的体例，复采辑《左传》、历代《史》《皇极经世》《稽古录》《资治通鉴目录》等书举要以广之。本欲历辑自春秋至五代的重大历史事件，以供后人借鉴。可是，当他带病撰写到临去世前二十天的时候，突然病情恶化，不得不就此搁笔。所以只辑自周敬王三十九年至汉武帝征和三年(前481—前90)这段历史时期的一些历史事件，最后未能完成编辑计划，永远留下了一桩未竟的事业。在当时的讲学家中，惟东莱博通史传，不专言性理，故朱子颇讥吕学为"杂"。然而独对于《大事记》，不得不叹服其编述之"精密"。他说："其书甚妙，考订得子细。"又说："伯恭《大事记》辨司马迁、班固异同处最好。……渠大抵谦退，不敢任作书之意，故《通鉴》《左传》已载者，皆不载；其载者皆《左传》《通鉴》所无者耳。"又谓："他当初作题目却煞有工夫,只一句要包括一段意。"①诸如书中周慎靓王二年所载魏襄王问孟子事,取苏辙《古史》之论,后来朱子作《孟子集注》,即引用其说,可见朱子亦心服其淹通。《四库提要》谓东莱"所学终有根柢,此书亦具有体例。即如每条下各注'从某书修'云云,一一具载出典,固非臆为笔削者可及也。《通释》三卷,如说经家之有纲领,皆录经典中要义格言。《解题》十二卷,则如经之有传,略具本末而附以己见。凡《史》《汉》同异及《通鉴》得失,皆缕析而详辨之。又于名物象数旁见侧出者,并推阐贯通,夹注句下"②。

《读史纲目》一卷,综论读史之法。分官制、兵制、财赋、刑法、政事、君德、相业、国势、风俗、辨《史记》十篇有录无书等十目。其谓："读史先看统体,合一代纲纪、风俗、消长、治乱观之。……既识统体,须看机括。国之所以兴所以衰,事之所以成所以败,人之所以邪所以正,于几微萌芽时察其所以然,是谓机括。"又谓："读史既不可随其成败以为是非,又不可轻立意见易出议论,须揆之以理,体之以身,平心熟看,参会积累,经历谙练,然后时势事情渐可识别。"

《宋文鉴》一百五十卷,为编集宋代文章之巨著。朱子谓"此书编次,篇篇有意,……其所载奏议亦系一时政治大节,祖宗二百年规模与后来中变之意,尽在其间,非选粹比也"③。可见此书文献价值至钜,有宋一代诸多佳作全赖此书得以传世。

《丽泽论说集录》十卷,包括《易说》二卷,《诗说拾遗》一卷,《周礼说》一卷,《礼记说》一卷,《论语说》一卷,《孟子说》一卷,《史说》一卷,《杂说》二卷,则是东莱讲课时,由众门人所记的讲学内容。东莱去世后,经其弟祖俭广为搜录,又经祖俭之子乔年补缀编次而成。各卷皆冠以"门人集录"或"门人所记"等字,表明并非东莱亲手所著。书末乔年《跋》云："伯父太史说经,唯《读诗记》为成书,后再刊定,迄于《公刘》之首章;《尚书》自《秦誓》上至《洛诰》,口授为讲义;其他则皆讲说所及,而门人记录之者也。伯父无恙时,固尝以其多舛,戒勿传习,而终不能止。伯父殁,流散益广,无所是正。然其大义奥旨,盖犹赖是以存。"从这则题跋可推知,《书说》《吕氏家塾读诗记》《春秋讲义》,都是东莱为教学而编写的教材,只因东莱过早去世,故未能写成全书;而此书所收,都是"门人杂录其师之

---

① 三条均见《朱子语类》卷一二二,中华书局,1986年,第八册,第2953页。
② 《四库全书总目》卷四七,中华书局,1965年,第425页。
③ 《四库全书总目》卷一八七,中华书局,1965年,第1698页。

说"①,而且是东莱生前"尝以其多舛,戒勿传习"的未经审定的讲课记录。假若天假其年,东莱必将所讲内容分别写成各种完整的专著传世了。从此书所收的内容看,东莱讲学除了全部儒家经典而外,还包括各种史籍和子书。其中《史说》是讲史的记录,而《杂说》则是关于各家之说的见解。今天从此编之中,犹可窥见东莱讲学时的大致内容和风格。

东莱这些著作,其中《大事记》和《吕氏家塾读诗记》两书则是临终前的未成之作。《大事记》只写到汉武帝征和三年而止,这时离东莱逝世仅二十天;《吕氏家塾读诗记》修订到《公刘》首章而止,离东莱逝世仅隔一天。这就永远成为东莱一生中的未竟之业,既是东莱毕生的遗憾,也是当时和后世许多学者的遗憾。

第三节　论道明理之学

吕东莱的婺学标举由经入史、经史致用的学术思想,从而形成兼容理学、心学和事功之学等各种思想于一炉的理学体系。而在哲学思想上更有其极为开阔的论述。

一　心物相融的本体论

东莱之学,素以重理亦重心为其基本特色。他把包含在事物中的普遍规律亦即"理"或"天理"作为哲学最高范畴的同时,又将"心"上升为世界的本原,从而使其本体论呈现客观事物之"理"与主观之"心"并重的观点。

东莱认为"理"是超时空的绝对。世界上其他事物都有始有终,有生有灭,唯有理是永恒的存在。其《易说·离》卦云:"大抵天下道理本自相续,以明继明,……常事虽不见,而理常在。"②《复》卦云:"天地生生之理,元不曾消灭得尽。""草木萌动,根芽初露","枝枝叶叶,渐渐条达",都是"天地生生之理",是"自然之天道"。③《左氏博议·颍考叔争车》云:"理之在天下,犹元气之在万物

---

① 《四库全书总目》卷九二,中华书局,1965 年,第 783 页。
② 《吕祖谦全集》第二册,第 56 页。
③ 《吕祖谦全集》第二册,第 42—43 页。

也。""天理与乾坤周流不息。"①《梁亡》云:"天下之不容泯者,天理也。"②很显然,东莱的观点,与朱子所谓"万一山河大地都陷了,毕竟理却只在这里"③的理论如出一辙。而所谓"理",就是天地生生之理。

东莱关于程子"理一分殊"的命题,在《乾》卦中作了具体论证:"乾道变化,各正性命,保合太和,乃利贞。易有太极,是生两仪,非谓两仪既生之后无太极也,卦卦皆有太极;非特卦卦,事事物物皆有太极。乾元者,乾之太极也;坤元者,坤之太极也。一言一动,莫不有之。"④因为事事物物都是从"太极"这里出去的,所以事事物物都有属于自己的"太极"。易之太极是事事物物太极的总名,而事事物物的太极则是易之太极的体现。东莱指出"天下只有一个道理",而由"一个道理"产生出来的事物虽然从现象上看有千差万别,形性各异,但其本质则完全是一致的。其《睽》卦云:"天下事有万不同,然以理观之,则未尝异。君子须当于异中而求同,则见天下之事本未尝异。"⑤这就是对于伊川所谓"一理摄万理","万理归于一理"之理论的进一步发挥。

东莱还认为,不仅自然界有必须遵循之理,人事也是有理可循的。其《贲》卦云:"日月、星辰、云汉之章,天之文也;父子、兄弟、君臣、朋友,人之文也。此理之在天人,常昭然未尝灭没。人惟不加考究,则不见其为文耳。……唯能观察此理,则在天者可以知时变,在人者可以化成天下也。"⑥他以为天理昭示于人之处即此,必须精加考察,洞悉底蕴。故《同人》云:"如天同一天,而日月、星辰自了然不可乱;地同一地,而山川、原隰自秩然不可乱;道同一道,而君臣、父子自了然不可乱。"⑦东莱在论述了自然界的"各得其所"之后,进而论述了人类社会的"各得其分"。《颖考叔争车》又云:"理之在天下,遇亲则为孝,遇君则为忠,遇兄弟则为友,遇朋友则为义,遇宗庙则为敬,遇军旅则为肃,随一事而得一名。名虽至于千万,而理未尝不一也。"⑧其《叔孙得臣获长狄侨如》云:"鲲鹏不以大

① 《吕祖谦全集》第六册,第58页。
② 《东莱博议》卷三,宣统三年石印本。
③ 《朱子语类》卷一,中华书局,1986年,第一册,第4页。
④ 《吕祖谦全集》第二册,第2页。
⑤ 《吕祖谦全集》第二册,第92页。
⑥ 《吕祖谦全集》第二册,第37页。
⑦ 《吕祖谦全集》第二册,第18页。
⑧ 《吕祖谦全集》第六册,第58页。

自夸,蜩鸠不以小自慊,冥灵不以久自喜,蟪蛄不以短自忧。"①东莱认为"各得其所"与"兼容"都是天理的重要原则。因为要使天地万物"各得其所",所以规定人住在城邑市井,虎狼居于山林薮泽,鱼龙安游于江海沮洳之中;鲲鹏体格长大,蜩鸠身体微小;灵龟长寿,蟪蛄短夭。唯有这样,天地万物才能相安无事,共居于同一世界之中。如其不然,而让人与虎狼、鱼龙居所颠倒或混杂而居等等,那世界就会引起紊乱而不成其为世界了。因为"兼容",所以不必将虎狼、鱼龙这些异类消灭殆尽,可以保留其在自然界的一席之地。因此"各得其所"是"兼容"的前提,"兼容"是"各得其所"的延伸。

若从人的主观能动性而论,东莱又把"心"提到最高的范畴,认为人的一切思想行动都必须受"心"的支配。东莱认为,宇宙间的一切,"仰而观之","俯而察之","皆吾心之发见也"。②他在《杂说》中说:"本然者谓之性,主宰者谓之心。"③又说:"心是活物,流而不息。"④因而认定这种"心"的主宰作用。他在《左氏博议·楚武王心荡》中说:"圣贤君子以心御气,而不为气所御;以心移气,而不为气所移。"然而他又说:"心由气而荡,气由心而出。"⑤这说明了心与气之间的相互作用。

又若从客观之"理"与主观之"心"的关系而论,他主张"心与理合""道与心一",亦即"心"的活动必须符合事物之"理",才是达到了最高的境界。他在《易说》中还以"生生之意"的"仁",来论述"天人合一""万物一体"的观念。认为《易经》所说的万物"生生"之意,亦即是"天地之心";而"圣人之心"即"仁心""道心",可以体察"天地之心",做到与天地合德同心,包容天地万物,即孟子所谓"万物皆备于我"。他说:"天地以生物为心,人能于善心发处,以身反观之,便见天地之心。""圣人以天地为本","先王以天人为一体"⑥意思是说,圣人之心可以参天地,"人心"与"天理"、"人事"与"天道"是相通的。所以他对朱子的"理学"和陆象山的"心学"都有所吸取,并将其贯通融合为一。其实,这也就是孔子所说的"从心所欲不逾矩"的境界。所谓"矩",就是客观事物的法则,从心所欲而能达到不违背客观事物的法则,乃是儒家认为只有圣人才能达到的最高

---

① 《吕祖谦全集》第六册,第 453 页。
② 《吕祖谦全集》第六册,第 180 页。
③ 《吕祖谦全集》第二册,第 244 页。
④ 《吕祖谦全集》第二册,第 256 页。
⑤ 《吕祖谦全集》第六册,第 107 页。
⑥ 《吕祖谦全集》第二册,第 44 页。

境界。

东莱在继孟子提出扩充良知良能的修养方法之后,还较早地对"良知"概念作了阐发。其《易说》云:"凡人未尝无良心良知也,若能知所以养之,则此理自存,至于生生不穷矣。"①因此,"与生俱生"的"良知""良心"能否保持并光大,关键在于人的道德自觉:"有以继之,则为君子;无以继之,则为小人。""故学者不忧良心之不在,而忧良心之不继。"但对于任何人来说,"继之""复之"的可能性总是存在的。"虽为穷凶极恶之事积于身"的人,"然固有之良心亦自具在",只要有"悔过之心",就可能改恶从善。由此可见,这种"良知"说,充分强调了主体道德意识自觉的作用。这显然已开王阳明的"致良知"说之先河。但由于王氏"心外无物"之说过分夸大了"心"的作用,以致王门后学陷入"现成良知"的末流之弊,故其说反不若东莱此说之纯然无弊也。

二 相济相成的执中之道

关于对立面相反相成的作用,东莱也作了较为系统的讲论。他在《易说·坤》卦云:"理一而已矣。理虽一,然有乾即有坤,未尝无对也。犹有形则有影,有声则有响,一而二,二而一者也。"②"一"指事物对立面的统一,"二"指事物对立的两个方面。《恒》卦云:"天下之理,未尝无对也。"③《晋》卦云:"大抵天下之理,有进必有退,有荣必有辱。不待进极而后有退,当进之初,已有退之理;不待荣极而后有辱,当荣之初,已有辱之理。"④《大壮》云:"天下事必有对。盛者衰之对,强者弱之对。"⑤《蛊》卦云:"天下之事常相对,有一病则有一治法。"又云:"天下之事,有终则有始,乃天道如此。"⑥

东莱在承认了矛盾的普遍性的基础上,还进而提出了"相反处乃是相治"的可贵命题。其《蹇》卦云:"大抵天下之理,相反处乃是相治。水火相反也,而救火者必以水;冰炭相反也,而御冰者必以炭;险与平相反,而治险必以平。"⑦《睽》卦云:"世之所谓相反者,无如水火,而其理初未尝有异。故一动一静,互为其

---

① 《吕祖谦全集》第二册,第51页。
② 《吕祖谦全集》第二册,第7页。
③ 《吕祖谦全集》第二册,第68页。
④ 《吕祖谦全集》第二册,第80页。
⑤ 《吕祖谦全集》第二册,第75页。
⑥ 《吕祖谦全集》第二册,第27、29页。
⑦ 《吕祖谦全集》第二册,第95页。

根;一阴一阳,互为其用。君子须是得'同而异'之理,方可以尽'睽'之义。然《象》言'天地睽而其事同,男女睽而其志通,万物睽而其事类'三句,则自异而同,此则言同而异。盖圣人使人于同之中观其异,异之中观其同,非知道者不足识此。"①在《蛊》卦中还提出"盖易盈虚、消长、成败常相倚伏"②的观点,正如《豫》卦所谓"人多在顺中坏了"③。故其《泰》卦云:"大抵人当'否'之时,自然忧深思远;至'泰'时,人民安富,国家闲暇,所失多由虑之不远。殊不知乱每基于治,危每基于安,讵可遽遗乎!"④这是说,统治者在国家多事之秋,天下动荡不定(否)之时,一般能够"忧深思远";而在"人民安富,国家闲暇"(泰)之际,也必须虑之甚远。只有这样,才能使国家始终保持强盛,立于不败之地。

东莱还认为对立的双方是相互渗透的,不可以将它们截然分开。其《观》卦云:"治中有乱,乱中有治。"⑤正如《左氏博议·妖祥》所云:"阳之发见,阴之伏匿。阳明阴幽,常若不通,及二气和而为雨,则阳中有阴,阴中有阳,孰见其异哉!"⑥也是同样的意思。

东莱认为对立的双方不是固定不变的,而是在一定条件下发生转化。其在《左氏博议·宋穆公立殇公》中论述"常"与"奇"的关系云:"殊不知道无不常,亦无不中。传贤之事,自众人视之,则以为奇,以为高;自尧舜视之,则见其常而不见其奇也,见其中而不见其高也。扛万钧之鼎,乌获以为常,而他人以为勇;游千仞之渊,没人以为常,而他人以为神。未至尧舜而窃效焉,是懦夫而举乌获之鼎,稚子而入没人之渊也,何往而不败哉!"⑦乌获、没人分别是古代传说中的大力士与善泅者。这是说尧、舜实行禅让制,传贤不传子,也像乌获举万钧之鼎,没人游千仞之渊一样,在一般人眼中这是"奇"不是"常",但在尧、舜和乌获、没人看来这是"常"不是"奇"。"常"与"奇"因人之异而发生了转化。而在同书《郑伯侵陈大获》中又进而论证了对立面互相转化的观点:

天下之事成于惧而败于忽。惧者,福之源也;忽者,祸之门也。陈

① 《吕祖谦全集》第二册,第92页。
② 《吕祖谦全集》第二册,第27页。
③ 《吕祖谦全集》第二册,第21页。
④ 《吕祖谦全集》第二册,第16页。
⑤ 《吕祖谦全集》第二册,第33页。
⑥ 《吕祖谦全集》第六册,第122页。
⑦ 《吕祖谦全集》第六册,第10页。

侯以宋、卫之强而惧之,以郑之弱而忽之,遂以为"郑何能为",而不许其成。及兵连祸结,不发于所惧之宋、卫,而发于所忽之郑,则忽者岂非祸之门耶？……然推"郑何能为"之一语,实亡国败家之本。……是则"何能为"者,万恶之所从生也。苟不探其本,则"何能为"之言,虽有致乱之端,而未有致乱之形；虽有可畏之实,而未有可畏之迹。非知几之君子,孰能遏滔天之浪于涓涓之始乎！①

既然对立面经常发生转化,因此在观察问题时,不仅要从事物之"顺"的方面看,还要从事物之"逆"的方面看。同书《晋赵盾侵郑》有云：

物以顺至者,必以逆观。天下之祸,不生于逆而生于顺。剑楯戈戟未必能败敌,而金缯玉帛每足以灭人之国；霜雪霾雾未必能生疾,而声色畋游每足以殒人之躯。久矣夫,顺之生祸也！物方顺吾意,而吾又以顺观之,则见其吉而不见其凶,溺心纵欲,盖有陷于死亡而不悟者矣。至于拔足纷华,寓目昭旷,彼以顺至,我以逆观。停箸于大嚼之时,覆觞于剧饮之际,惟天下之至明者能之。②

东莱认为,国家处于武装威胁之际,则能唤起国人自强不息,从而可以抵御敌人的进攻；假若敌国奉献"金缯玉帛"以示卑顺,则容易使人放松戒备。人们在气候恶劣的条件下,时时注意对身体的养护调理,故而未必会生病；但当处于顺境之中,人们往往会忘乎所以,而不注意对身体的养护调理,以致于弄垮了身体而不自觉。从这个意义上说,身处逆境未必是坏事,而身处顺境未必就是好事。故在同书《管仲言晏安》中意味深长地说：

地之于车,莫仁于羊肠,而莫不仁于康衢；水之于舟,莫仁于瞿塘,而莫不仁于溪涧。盖戒险则全,玩平则覆也。生于忧勤,死于宴安,厥理明甚。

---

① 《吕祖谦全集》第六册,第31—33页。
② 《吕祖谦全集》第六册,第534页。

车行于羊肠小道,因其坎坷险峻,车夫不敢有半点疏忽大意;船驶于水湍流急之瞿塘,船夫则会全神贯注,故而能避免倾复之患,而能顺利地通过。但往往也有这样的情况:因为车行平坦大道,船驶水流平稳之河面而漫不经心,落得车翻船覆的悲惨结局。他的这段话决非危言耸听,而是以众多而确凿的历史事实为依据提炼出来的警世之言。故在同书《楚屈瑕败蒲骚》中以楚人习操舟之术为喻来说明这一道理:一楚人向舟师学习操舟之术,不久即能在舟师的指导下,于风平浪静的河面上,"投止所向,无不如意",因而楚人"傲然自得",以为自己完全掌握了"操舟之术",可以不必再向舟师请教。于是辞退舟师,独自到有"吞天浴日之涛,排山倒海之风"的海洋中操舟,"乃彷徨四顾,胆落神泣,堕桨失柁,身膏鱼鳖之腹"。东莱指出,楚人"今日之危",实是一开始"无不如意"所致。认为楚人以前"小试于洲渚之间"太顺利了,因而使他产生错觉,以为操舟之术不过尔尔,不肯再向舟师学习,而且对于汹涌澎湃的江海也掉以轻心,贸然去"椎鼓径进,呕犯大险",终于使自己舟覆身亡。假若楚人在"小试于洲渚之间",就遇到风涛之变,则会知难而退,"终身不敢言舟楫矣",当然也不会"身膏鱼鳖之腹"了。①

操舟如此,治国又何尝不是如此,《楚子问鼎》篇所论即是显例。鲁宣公三年,楚人见周室德衰势穷,"观兵于周疆","问鼎之大小轻重",大有取周以代之意。后来由于周使者王孙满善于辞令,楚师为其所动,放弃了原来的企图。这件事从表面上看是极为难得的好事,但东莱认为这是"喜在今日,忧在他日"。他分析道:

> 一夫而抗强敌,一言而排大难,此众人之所喜,而识者之所忧也。楚为封豕长蛇,荐食上国,陈师鞠旅,观兵周郊,问九鼎之轻重。其势炎炎,若岱华嵩岳将覆而未压。王孙满独善为说辞,引天援神,折其狂僭,使楚人卷甲韬戈,逡巡自却。文昭武穆,钟簴不移;洹水洛都,城阙靡改。其再造周室之功,实在社稷,是固众人之所同喜也,夫何忧? 忧之云者,非忧其一时之功也。喜在今日,而忧在他日也。天下之祸不可狃,而幸不可恃。问鼎,大变也,国几亡而祀几绝。王孙满持辩口以御之,所以楚子退听者,亦幸焉耳。周人遂以为强楚之凶焰如是,尚畏

①　《吕祖谦全集》第六册,第 90 页。

> 吾之文告而不敢前,异时复有跳梁黉旬者,正烦一辩士足矣。是狙寇
> 难为常,而真以三寸舌为可恃也。①

王孙满以辞令退楚师,纯属侥幸,实不可恃。但它造成了周之君臣侥幸投机的心理,认为只要凭"一辩士"的"三寸舌"就可以退却强敌了,而"君臣上恬下嬉,奄奄略无立志,……玩于宴安,浸以媮惰",再也不"怵惕祇畏,怀覆亡之虞",国势日趋衰颓。及至"一旦秦兵东出,辩不能屈,说不能下",终于"嗫无所施",只好"稽首归罪,甘为俘虏"。东莱由此得出了一条发人深省的结论。其《楚屈暇败蒲骚》云:

> 遇事之易者未足喜,遇事之难者未足忧。盖先遇其易,则以易为常,是祸之源也;先遇其难,则以难为常,是福之基也。世固有以一胜累一国,以一能败一身者矣,岂不甚可畏耶!②

"难"与"易"是相对的,"以难为常",自强不息,"难"则为"易";"以易为常",掉以轻心,"易"则变"难"。这就是历史的辩证法。故东莱指出,作为国家的统治者,应该居安思危。

在历史观方面,东莱的"理"论,不仅承认自然有变化之理,而且肯定人事有变化之道。其《易说·贲》卦认为,若能懂得这一变化道理,"则在天者可以知时变,在人者可以化成天下也"③。同书之《蛊》卦云:"天下之事,向前则有功,不向前,百年亦只如此,盖往则有功也。"④"天下事若不向前,安能成其大。"这是说,人们如果能顺应历史"向前"的趋势办事,就一定会成就大功。然而历史的向前发展,是一个"有因有革"的过程,故他在《轮对札子》中主张:"今日治体,其视前代未备者,固当激励而振起;其远过前代者,尤当爱护而扶持。"⑤对历史上好的东西要继承发扬,但更要爱护和扶持新的东西,至于旧的不适合时势的东西则要"更革"。其《易说》认为,事物总是要变化的,"事极则须有人变,无人变则其

---

① 《吕祖谦全集》第六册,第 544 页。
② 《吕祖谦全集》第六册,第 91 页。
③ 《吕祖谦全集》第二册,第 37 页。
④ 《吕祖谦全集》第二册,第 28 页。
⑤ 《吕祖谦全集》第一册,第 59 页。

势自变"。他在《易说·蛊》卦还说："祖宗之意,只欲天下安。我措置得天下安,便是承祖宗之意,不必事事要学也。"①如果事事效法祖宗,就不可能"向前有功"了。为此,他批评了"今不如古"的思想,而提倡"达于事变"。其《诗说拾遗》云:"常人之情,以谓今之事皆不如古,怀其旧俗而不达于消息盈虚之理,此所谓不达于事变者也。达于事变,则能得时措之宜,方可怀其旧俗。若惟知旧俗之是怀,而不达于事变,则是王莽行井田之类也。"②这是说,"达于事变",才能"得时措之宜",也才能分清哪些"旧俗"尚能适应事变的需要,应当加以继承;哪些"旧俗"业已过时,必须加以变革。这样,就不会象"王莽行井田"那样盲目法古了。

三　理欲观和义利观

在伦理思想上,"存天理,灭人欲"是理学家的共同观念。吕东莱也希望达到"人欲都忘而纯乎天理"③的境界,但也阐发了一些新的内容。他对"人欲"的解释,指的是私心、私意、私利、恶念等不正当的思想和欲望,所以他对人的正当的"欲"是肯定的。其《左氏博议·楚子文使成得臣为令尹》云:"何人而无欲?"④同书《管仲言宴安》云:"君子之耳目鼻口,所欲与人无异也。"⑤《晋怀公杀狐突》云:"乐也,荣也,安也,人之所同嗜也。"⑥其《史说》云:"布帛粟菽,人人所须;泉货金贝,人人欲用。"⑦《诗说拾遗》云:"易曰:崇高莫大乎富贵,圣人之大宝曰位。圣人未尝以富贵、宝位自嫌,……若后世之人以是自嫌者,宜乎以为可鄙可耻而不敢言也。"⑧他的结论是"天理在人欲中,未尝须臾离也"。这说明,不管是圣人还是常人,都有基本的生活需求和欲望,问题在于满足这些需求和欲望的手段是否合乎义理。这实际上为后来"天理存在于人欲之中"的理欲观开了先河。

东莱也认为"义"与"利"是可以达到统一的。他在《易说·乾》卦中说:"利者,义之和也。老苏之说,不合分利、义为两涂。盖义之和处,即是利也,苟有徒义、徒利之辨则非矣。"⑨所谓"利者义之和",就是承认"义"与"利"有其一致性,

---

① 《吕祖谦全集》第二册,第30页。
② 《吕祖谦全集》第二册,第113页。
③ 《吕祖谦全集》第二册,第115页。
④ 《吕祖谦全集》第六册,第312页。
⑤ 《吕祖谦全集》第六册,第196页。
⑥ 《吕祖谦全集》第六册,第316页。
⑦ 《吕祖谦全集》第二册,第221页。
⑧ 《吕祖谦全集》第二册,第117页。
⑨ 《吕祖谦全集》第二册,第2页。

因而不赞成苏洵"分义、利为两涂"的观点。他认为,"利"有公、私之分,"公利"与"义"是一致的,"私利"与"义"是有矛盾的。不过他并没有把"公"与"私"截然对立起来,他在《史说》中说:"世俗多谓公私不两立,此大不然。所行若合道理,则公私两全,否则公私两失。""庶或公不败事,私不伤义,便是忠厚底气象。"①这种"义利相和""公私两全"的观点,是既符合儒家义理又切合民生实用的进步思想。

第四节　教学育才之道

吕东莱在其一生的讲学活动中,不仅授予从学的弟子们广博的知识,而且也使自己增长了不少见解。他既从实践中积累了许多宝贵的经验,又从理论上得到了充分的升华,从而形成了自己较为成熟的教育思想。

一　关于教学宗旨

东莱早在武义明招山讲学时的《规约》中就提出了明确的教学宗旨。这就是:以"孝悌忠信"为本,以"讲求经旨"为教学内容,以"明理躬行"为教学目的。也就是说,教学是以"孝悌忠信"的素质为基础,用"讲求经旨"的方式以达到"明理",然后反过来以所"明"之"理"去指导"躬行"人伦道德和立身处世之实践,从而强调了理论与实践的结合。后来在《太学策问》中,更进而总结为"讲实理、育实材而求实用"②的教学方针。"讲实理"是其教育指导思想,"育实材"是其教育培养的目标和任务,"求实用"是其治学态度和根本目的,而其基本精神就在于"务实"。所以他强调不仅要"骛于言",而且更应"从事所以言",要求诸生必须"各发身之所实然者,以求实理之所在",而不要用"角词章、博诵说、事无用之文"来应付了事。这一教育方针显然是在明招讲学过程中总结出来的心得体会。

首先,东莱从务实的精神出发,认为对于有志于学的人来说,最根本的问题在于要具备"忠信"的素质,故坚持以"德教为本"。其《易说·乾》卦云:"大抵为

---

① 《吕祖谦全集》第二册,第232页。

② 《吕祖谦全集》第一册,第84页。

学之道,当先立其根本。忠信乃实德也,有此实德,则可以进德修业。"①并认为官场上之所以出现"高爵重禄,一得所欲,畏缩求全,惟欲脱去,无复始来之慷慨"的情况,就在于这些人缺少"忠信"的缘故。所以在《规约》的第一条即规定"以孝悌忠信为本"。他从经世致用的务实精神出发,力倡学者必须具备"惇厚笃实"的学风。故又云:"大抵为学,不可令虚声多,实事少。非畏标榜之祸也,当互相激扬之时,本心已不实,学问已无本矣。"②学者之所以不要贪图虚名声,而要真正潜心于学问,就在于唯有如此,才能使自己的功力扎实,可以学到真本领。这与永嘉、永康学派讲求"名务其实"的学风完全一致。

其次,在于"讲求经旨"以"明理",而"明理"的精神则在于"讲实理"。他在《礼记说》中对讲求圣学的目的作了这样的解释:"不能择乎中庸而守之,便是纳诸罟擭陷阱之中而莫知辟也。盖不入此,必入彼也。且如行道,若知此是坦途,决然自此行去,若稍有坎坷崎岖处,必不肯行,况明知罟擭陷阱之害乎? 所以莫知辟者,只是见之未明耳。若见之果明,不待劝勉而自行坦途矣。圣贤亦只是从安稳处行而已。"③人们之所以不能遵从中庸之道行动,主要是因为不知道中庸的高明所在,才误入"罟擭陷阱"而不自知。讲圣学的目的,就是帮助人们对伦理道德从"见之不明"到"见之果明",分清"坦途"和"罟擭陷阱"的区别,从而使他们沿着人生的"坦途"前进,这就是"明理"的过程。

其三,则在于"明理"以"躬行",亦即在于"育实材而求实用"。他在《礼记说》中又指出:"圣贤千言万句,会其有极,归其有极,皆在乎致知。致知是见得此理。于视听言动、起居食息、父子夫妇之间,深察其所以然;识其所以然,便当敬以守之。"④东莱认为,圣贤们教育人们的准则就是体察日常言行和"父子夫妇"之间的人伦道德之"所以然",以便让人们"敬以守之"。所谓"识其所以然"就是"明理",而"敬以守之"就是"躬行"。"明理"的目的即在于"躬行"。东莱规定身体力行人伦道德乃是学习的根本任务,并认为进行道德教育,仅仅在书本上探索是不够的,最重要的是在日常生活中认真践履。其《与学者及诸弟》云:"如事亲、从兄,处家、处众,皆非纸上所可记。此学者正当日夕点检,以求长进

---

① 《吕祖谦全集》第二册,第 4 页。
② 《吕祖谦全集》第二册,第 263 页。
③ 《吕祖谦全集》第二册,第 152 页。
④ 《吕祖谦全集》第二册,第 153 页。

门路。"①他在《杂说》中更明确指出,读书当求实用:"百工治器,必贵于有用;器而不可用,工弗为也。学而无所用,学将何为也邪?"②读书而不求实用,则何贵乎读书。

其四,东莱从"育实材而求实用"的教育方针出发,主张德才并重。东莱虽然注重德行,强调"德教为本",但并不轻视"才能",并认为道德不能代替"才能",如果一个人只有"道德"而无"才能",对于国计民生也起不到多大作用。必须是既有道德又有才能的德才兼备者才是有益于国计民生的有用之人。

由是观之,东莱之所谓"讲求经旨,明理躬行"的教育宗旨,与胡安定的"明体达用"之旨以及朱子提出的"穷天理,明人伦,讲圣言,通世务"的教育思想基本一致。东莱在本体论上明显具有心学倾向,反映到教育思想上就是主张以"存养此心"和"立实心"作为学习伦理道德的先决条件。其《与朱元晦》云:"学者若有实心,则讲贯玩索,固为进德之要。"③《太学策问》云:"立心不实,为学者百病之源。"④然而,东莱虽然重视"心"的作用,却又不同于陆象山的心学。象山轻视"教"的作用,主张无师自通的"悟";而东莱则最重视"教"对学者成材所起的作用。显然,这较之象山的观点要显得合理而全面。

以上论述中一联串所提出的实心、实德、实理、实材、实用、实事、笃实等,无不集中体现了婺学的"务实"精神。

二　关于教学内容

宋代其他理学家,大都抱有重经轻史和重道轻文的倾向。然而吕东莱却不同,他在具体的教学实践中体现了经史并重和文道并重的态度。他讲学时,在以解经为主的基础上也讲史;既阐发义理,也传授作文之法。

东莱教学的内容主要是儒家经典"五经"、《论语》和《孟子》,以及《史记》《资治通鉴》等各种史籍,体现了经史并重的特色。这些经、史虽然都有现成书籍可资讲解,但东莱讲学并不受书籍所囿,常常提出自己独到的见解而随时加以引申和发挥,往往能引人入胜,吸引住学生们的兴趣,使之听而不厌。关于这些内容,弟子们都作了记录,而成《丽泽论说集录》十卷。

---

① 《吕祖谦全集》第一册,第509页。
② 《吕祖谦全集》第二册,第263页。
③ 《吕祖谦全集》第一册,第430页。
④ 《吕祖谦全集》第一册,第84页。

东莱教学内容的另一项更为突出的特色则是"文道并重"。因此他亲自编有《古文关键》,明确提出了文章的作法及其欣赏方法;而且还选编《文海》,撰写《东莱左氏博议》,以作为学文之范本。

东莱先从编辑古文开始。他在唐宋名家中精心选定六十篇文章编为《古文关键》二卷。各篇标举其命意、布局之处,指示学者以欣赏文章和写作文章的门径,故谓之"关键"。卷首冠以《总论》,通论"看文"和"作文"等关键问题。

在《总论》中,首先在《看文字法》中提出了欣赏文章的方法。他认为各家文章都有其不同的特色,故读者也应从不同角度加以欣赏,因而提出了欣赏和学习各家文章的不同方法①。其次,他在《论作文法》中提出了作文必须善于处理的问题,诸如"上下,离合,聚散,前后,迟速,左右,远近,彼我,一二,次第,本末"等相反相成的关系;文章还应分别具有"明白,整齐,紧切,的当,流转,丰润,精妙,端洁,清新,简肃,清快,雅健,立意,简短,闳大,雄壮,清劲,华丽,缜密,典严"等各种不同特色和风格②。最后,他还在《论文字病》中强调作文必须避免各种弊病,诸如"深,晦,怪,冗,弱,涩,虚,直,疏,碎,缓,暗;尘俗,熟烂,轻易,排事;说不透,意未尽,泛而不切"③等等。这些确实是很切合实际的学文方法。然后,他把这些作文方法分别标注于所选的各篇文章的必要之处,随时加以指点,以便读者有效地进行欣赏与学习。《古文关键》编成之后,不仅深受弟子们欢迎,而且还广为流传。

然而,《古文关键》尽管对于起、承、转、合之类的文章作法问题作了精当的指导。但作为学习应试文章的范文而言,《古文关键》仍有其严重的不足之处。这是因为,科举应试之文主要是以儒家经典命题的,文章必须以阐发经旨为任务;即使是"策问""应对"之类,也是根据当时的政治需要而命题,故必须讲究文章如何切合题旨的方法。而《古文关键》所选虽系唐宋名篇,在文章的行文结构上确有其典型性,但因并非专为应试而作,所以在阐发经义和切合题旨上,未免有所不足。因此,东莱认为有必要再写一部将阐发经义与文章作法融为一体的教材。于是,东莱决定以《春秋左传》的内容命题来撰写文章,写一部适合于学习应试文章的教材,这就是《东莱左氏博议》一书。

其书每篇文章都以《左传》所载史实为题,发挥其政治、哲学、伦理之观点,

---

① 本段内引文均见《吕祖谦全集》第十一册,第1—2页。
② 本段内引文均见《吕祖谦全集》第十一册,第3页。
③ 《吕祖谦全集》第十一册,第3页。

以作为诸生课试学习之范文。其《自序》云："《左氏博议》者，为诸生课试之作也。……予思有以佐其笔端，乃取《左氏书》理乱得失之迹，疏其说于下。旬储月积，浸就篇帙。……凡《春秋》经旨概不敢僭论，而枝辞赘喻，则举子所以资课试者也。"①《博议》之书，本系为诸生应试学习作文技巧而写的范文，其格式于时文为近，所以广泛地运用了立意、布局、修辞、炼句等各方面的艺术技巧，因而乃成为历代传诵的作文范本。

三　关于教学方法

其一，东莱认为，读书教学必先存心、治心。其《杂说》云："善学者之于心，治其乱，收其放，明其蔽，安其危；守之必严，执之必定。少怠而纵之，则存者亡矣。"②又云："看书须存长久心。"③所谓"长久心"，也就是"恒心"。故其《易说·恒》卦云："大抵立天下之功，必悠久胶固，然后能成；若振动躁扰，暂作易辍，安能成功？"④所以他规定学生要"肄业当有常，日记所习于簿"⑤。《杂说》又云："大抵人之为学，须是一鼓作气，才有间断，便非学矣。所谓再而衰也。"⑥所以"学者最不可悠悠"⑦，即使天资聪颖的人也不可"怠惰苟且"。为此他规定要将"徒恃资质"，"虽漫应课程，而全疏略无叙者"开除学籍⑧。

其二，东莱认为，为学最宜谦虚，而不宜"讳过自足"。其《复》卦云："未满而有增，既满则招损而亡，尚安能复增乎？"为了防止自满，他在《礼记说》中从"学"与"教"两方面进行阐发："'学，然后知不足；教，然后知困。知不足，然后能自反也；知困，然后能自强也。'人皆病学者自以为是，但恐其未尝学耳；使其果用力于学，则必将自进之不足，而何敢自是哉？……不能自反、自强，皆非真知者也。"⑨大凡自以为是的人和好向别人炫耀自己才能的人，一般都是没有学问的人。正如其《谦》卦所云："无文学者，恐人轻其无文学，必外以辞采自炫，实有者

① 《吕祖谦全集》第六册，第575页。
② 《吕祖谦全集》第二册，第263页。
③ 《吕祖谦全集》第二册，第253页。
④ 《吕祖谦全集》第二册，第71页。
⑤ 《吕祖谦全集》第一册，第360页。
⑥ 《吕祖谦全集》第二册，第257页。
⑦ 《吕祖谦全集》第二册，第254页。
⑧ 《吕祖谦全集》第一册，第361页。
⑨ 《吕祖谦全集》第二册，第151页。

却不如此。"①

其三,东莱主张治学要勇于存疑。其《杂说》云:"读书无疑,但是不曾理会。"②故又云:"学者不进则已,欲进之,则不可有成心,有成心则不可与进乎道矣。故成心存,则自处以不疑;成心亡,然后知所疑矣。小疑必小进,大疑必大进。"③只有消除了"成心",才能对书产生疑点,不囿其所说,然后破疑解惑而有所进步。然而其《易说·随》卦云:"今之为学,自初及长,多随所习熟者为之,皆不出窠臼外。唯出窠臼外,然后有功。"④故东莱十分重视"反复论难"对于破疑的作用。他在《学规》中规定学生"凡有所疑,专置册记录,同志异时相会,各出所习及所疑,互相商榷"⑤。"反复论难"以集思广益,相互取长补短,乃是有效的治学之道。

其四,东莱强调治学贵在多加体会以知其所以然。其《杂说》云:"夫人之作文既工矣,必知其所以工;处事既当矣,必知其所以当;为政既善矣,必知其所以善。苟不知其所以然,则虽一时之偶中,安知他时之不失哉!"⑥其《礼记说》亦云:"古人一事一物之微,莫不欲知其所由来,为学欲至于贤圣,岂可不知其本始!"⑦这里所谓"所来""本始",亦即指隐藏在事物深层的所以然而言。

吕氏家学的一项重要特色就是"多识前言往行以畜德",亦即学习历史经验以提高自身的修养。所以东莱在《读史纲目》中提出了"揆之以理,体之以身"的读史方法。所谓"揆之以理",就是要审度出历史事变的道理:"国之所以兴所以衰,事之所以成所以败,人之所以邪所以正,于几微萌芽时察其所以然,是谓机括。"⑧所谓"机括",就是要善于在历史事变"机微萌芽"之时"察其所以然"。这是一种由现象深入到本质的认识方法在考察历史事件时的运用。所谓"体之以身",就是观史"当如身在其中"去体察思考问题。其《史说》亦云:"观史当如身在其中,见事之利害,时之祸患,必掩卷自思,使我遇此等事,当作如何处之。如

---

① 《吕祖谦全集》第二册,第19页。
② 《吕祖谦全集》第二册,第241页。
③ 《吕祖谦全集》第二册,第258页。
④ 《吕祖谦全集》第二册,第24页。
⑤ 《吕祖谦全集》第一册,第361页。
⑥ 《吕祖谦全集》第一册,第715页。
⑦ 《吕祖谦全集》第二册,第149页。
⑧ 《吕祖谦全集》第一册,第561页。

此观史,学问亦可以进,知识亦可以高,方为有益。"①这说明,东莱研究历史,为的是从中吸取经验和教训,为现实政治服务。

其五,东莱明确提出了求同存异的治学态度。其《史说》论兼容之道云:"大凡天生万物,不无善恶,要之欲各得其所。如城邑市井则人居之,山林薮泽虎狼居之,江海沮洳鱼龙居之,虽有善恶而各得其所,故谓之兼容;非必黑白不分,贤愚混杂,始可为兼容也。"②这里,他提出了"各得其所"以互相"兼容"的观点。从"兼容"的观点出发,东莱认为在学术问题上应该具备求同存异的度量。其《杂说》云:"人之相与,虽道合志同之至,亦不能无异同。且如一身,早间思量事,及少间思之,便觉有未尽处。"③因而他主张学者应专心致志于治学,而反对学派之间无谓的论争。他在《学规》中一再告诫学生们"毋得……訾毁外人文字",明确要求门人对学术观点不同者要宽容温和;同时也不要在同一学派内部互相吹捧,彼此标榜:"毋得互相品题,高自标置,妄分清浊。"④正由于他能平和地对待各种学术观点,因而他在学术界有着广泛的联系。

东莱在反对学派之间的争论的同时,还进而提倡学者对于不同的学术观点要广泛接触交流。他认为只与自己意见相同的人交往,而拒绝与不同观点的人交流,是不利于自身学术水平提高的。其《与刘衡州》云:"近日思得吾侪所以不进者,只缘多喜与同臭味者处,殊欠泛观广接,故于物情事理多所不察,而根本渗漏处,往往鲁莽不见,要须力去此病乃可。"⑤故他在《与朱侍讲》中坚决反对"道不同不相知"的观点,认为这样做"诚未允当",未免"颇乏广大温润气象"⑥。基于这种认识,他的学术"兼取其长",形成了博大宏富之学术体系。

总的看来,可以把东莱的讲学效果概括为如下特色:在教学目标上,讲求务实;在教学内容上,提倡经史并重和文道并重;在不同观点之间,主张兼容。这些教学特色,也为形成自己的学派特色定下了基调。

---

① 《吕祖谦全集》第二册,第 218 页。
② 《吕祖谦全集》第二册,第 222 页。
③ 《吕祖谦全集》第二册,第 264 页。
④ 《吕祖谦全集》第二册,第 360 页。
⑤ 《吕祖谦全集》第一册,第 453 页。
⑥ 《吕祖谦全集》第一册,第 397 页。

第五节　经世致治之学

东莱本乎经世致用之旨,在政治和经济上都提出过一些精辟的见解。如在政治上非常重视为君之道和君臣相得之道,尤其是针对孝宗专断独裁之要害而提出为治之大原,针对宋代重文治轻武绩之积弊而提出文武并重之策;在经济上提出"取民有制"和"本末并举"等主张,皆不失为适时务实的治本之论。

一　提统执要的为政之道

东莱在《馆职策》中提出了"治道有大原"的观点,列举汉唐史实以论证其"统宗会元之说"。所谓"为治之大原",就是"提其统,据其会"。也就是说,只要掌握其为治之原则,提纲挈领,然后纲举目张,万事并举。

（一）合于君子之道,留意圣学

东莱认为,君主所出的政令必须符合君子之道,其《易说·观》卦云:"九五,居人君之位。故须观我之所生德教刑政之类,事事合于君子之道,人人归于君子之域,方始无咎。……盖使天下皆为君子,是人君本分职事才得恰好。"①只有君主所定的德教刑政之类,事事合于君子之道,才能使人人归于君子之域,天下才能治好。然而,如何才能知道"我之所生德教刑政"符合君子之道呢? 东莱认为检验的标准在于俗美时治。故又云:"人君居尊位,最难自观,盖左右前后阿谀迎合,然却自有验得处。俗之美恶,时之治乱,此其不可掩而最可观者也。"②这是说,君主应把社会实践与社会效果作为检验政令得失之标准。显然,东莱的这一观点具有很高的政治价值。

乾道六年(1170),东莱在太学时曾有两次轮对。他在第一次轮对时所上的《札子》,内容主要是明"圣道"。他说:

> 夫不为俗学所汩者,必能求实学;不为腐儒所眩者,必能用真儒。
>
> 圣道之兴,指日可俟。臣所私忧过计者,独恐希进之人,不足测知圣意

---

① 《吕祖谦全集》第二册,第 34 页。
② 《吕祖谦全集》第二册,第 34 页。

之绲,妄意揣摩,舐排儒学。谓智力足以控制海宇,不必道德;权利足以奔走群众,不必诚信;材能足以兴起事功,不必经术。……姑以目前事言之,……智力有时而不能运,权利有时而不可驱,材能有时而不足恃,臣所以拳拳愿陛下深求于三者之外,而留意于圣学也。……宅心制事,只畏就业,顺帝之则,是圣学也;亲贤远佞,陟降废置,好恶不偏,是圣学也;规模审定,图始虑终,不躁不挠,是圣学也。陛下诚留意此学,日就月将,缉熙光明,实理所在,陛下当自知之而自信之矣。本原既得,万事有统,若网在纲,若农有畔,非若乍作乍辍,漫无操约者之为也。①

这个札子的主要精神是希望孝宗能首先从思想上恢明"圣学";而所谓"圣学",乃是"宅心制事""亲贤远佞""规模审定"之类"实理所在"之学。东莱认为,施政要从圣学出发,事事合于君子之道,这是为政之根本。

（二）规模当定,方略当审

东莱认为当时国家的大事在于"恢复"的大业。他在乾道六年第二次《轮对札子》中说:

> 恢复,大事也。规模当定,方略当审;始终本末当具举,缓急难易当预谋。……大抵欲实任此事,必不轻受此责。盖成败利钝,其责将皆归于一身,故先尽其所疑,极其所难,再三商榷,胸中了然无惑,然后敢以身任之,虽死不悼。……陛下方广揽豪杰,共集事功,政患协心者之不多。……唯愿陛下精加考察,使之确指经画之实,以何事为先,以何事为次,意外之祸若之何而应,未至之患若之何而防,周密详审,一无所遗,始加采用,则尝试侥幸之说,不敢复陈于前矣。然后与一二大臣合群策,定成算,次第行之,无愆其素。大义之不伸,大业之未复,臣弗信也。②

这个札子的主要精神是主张通盘筹划"恢复大事",强调"规模当定,方略当审,

---

① 《吕祖谦全集》第一册,第54—55页。
② 《吕祖谦全集》第一册,第55—56页。

始终本末当具举,缓急难易当预谋",重视"确指经画之实",而反对"尝试侥幸之说",表明他是一个稳健而务实的抗金论者。

东莱还在《馆职策》一文中着重批评了在抗金问题上存在的"一切不为"与"一切呕为"的两种倾向,指出"天下之患,懦者常欲一切不为,锐者常欲一切呕为",呼吁宋孝宗广开言路,以杜绝"群情众论,隐匿壅遏,而不得上闻"的现象发生。这正是体现了婺学在重视事功上的务实之风。

(三)扶持文治,振起武绩

东莱认为国家治体之原则在于文治与武绩并重。他在淳熙四年(1177)第二份《札子》中说:

> 臣窃惟国朝治体,有远过前代者,有视前代犹未备者。夫以宽大忠厚建立规模,以礼逊节义成就风俗。……此所谓远过前代者也。然文治可观,而武绩未振;名胜相望,而干略未优。虽昌炽盛大之时,此病已见。如西夏元昊之难,汉唐谋臣从容可办,以范仲淹、韩琦之贤,皆极一时之选,曾莫能平殄,则事功不竞可知矣。此所谓视前代犹未备者也。……臣窃谓今日治体,其视前代未备者,固当激励而振起;其远过前代者,尤当爱护而扶持。①

重文治而轻武绩,乃是赵宋一代最大的弱点,故东莱从根本上提出了文治与武绩必须并重的国策。其他在吏治方面则主张"勤政廉政""轻徭薄赋""诚心惠民""更革弊政",等等。所有这些,莫不贯穿着"务实"这一基本精神。

二　君主独运万机之弊

吕东莱认为,天下能达到大治的根本条件,在于君明臣贤,以及君臣之间的和谐关系,而其中君主肩负着天下治乱兴衰的主要责任。

在君臣关系上,东莱推崇君臣相得、相互尊重、融洽无间、配合默契的和谐关系。正如其在《易说·临》卦所谓"上厚于下,下厚于上,上下相应,固尽善矣"②。故在同书《睽》卦中论述"上下相应"之道云:"君降志以应乎刚明之臣,臣

---

① 《吕祖谦全集》第一册,第 59 页。
② 《吕祖谦全集》第二册,第 33 页。

尽道以辅乎柔顺之君。君臣之间尽道相与,于睽乖之时,虽不能大有所为,亦可以小吉。大抵天下之治,患君臣之不相与。"①其《晋》卦亦云:"大抵君臣之间,惟降志以相接,则治可日彰,德可日明;若在下者方命,在上者骄亢,则治与德俱退矣。惟是上柔顺以接下,下柔顺以辅上,则为晋盛。"②

然而,能达到君臣"降志以相接""尽道相与"的,古来并不多;更多的是在上者骄亢暴虐,刚愎自用,在下者惟命是从,曲意奉承;抑或是在下者方命专权,桀骜不驯,在上者受制于臣,失去控制全局的能力。无论是前者还是后者,都有失致治之道。故东莱认为,作为君主,既要"全天子之尊"以总揽治乱兴衰之大纲,又不宜躬亲细务。其《左氏博议·王赐虢公晋侯玉马》云:"圣人欲上全天子之尊,必先下谨士庶人之分。守其下,所以卫其上也。"③而其《易说·晋》卦则云:"既得尊位,……但恐用明太过,虑事太详,恤其失得而凡事迟疑。……大抵人君之体,若屑屑亲细务而恤其得失,以此为明察,安能'无不利'?惟夫俨然在上,总其大纲,委其大臣而得失勿问,使在下者得尽心力为之,则无往而不利。"④东莱认为,真正的贤明之君总是俨然在上,总其大纲,而把具体的事则放手让大臣去处理,不作过多的干预。这样,在下之贤者就会为君主尽心尽力去做,而君主可收垂拱而治之效。

淳熙四年(1177),东莱又趁孝宗召对之机,当面呈上两份《轮对札子》,其中第一份《札子》即大胆地极陈皇帝"独运万机"之弊:

> 夫独运万机之说,其名甚美,其实则不可不察焉。……治道体统,上下内外不相陵夺而后安。……如曰臣下权任太隆,惧其不能无私,则有给舍以出纳焉,有台谏以纠正焉,有侍从以询访焉。诚得端方不倚之人分处之,自无专恣之虑,何必屈至尊以代其劳哉!……愿陛下虚心屈己,以来天下之善;居尊执要,以总万事之成。勿以图任或误,而谓人多可疑;勿以聪明独高,而谓智足遍察。勿详于小,而遗远大之计;勿忽于近,而忘壅蔽之萌。诚意笃而远迩各竭其忠,体统正而内外

---

① 《吕祖谦全集》第二册,第 91 页。
② 《吕祖谦全集》第二册,第 79 页。
③ 《吕祖谦全集》第六册,第 148 页。
④ 《吕祖谦全集》第二册,第 82 页。

各得其职,则二帝、三王之治不能加毫末于此矣。①

所谓"独运万机",就是直指孝宗把本应由臣下处理之事揽在自己手里的专断独裁而言。这确实是直言无讳地击中了孝宗的要害。

东莱在其《汉太史箴》中则高扬史官"持于公议"的重任,以期统治者有所戒惧。这显然也是针对孝宗当时业已初见端倪的日益专断独裁之风而言的。他说:

> 史官者,万世是非之权衡也。禹不能褒鲧,管、蔡不能贬周公;赵盾不能改董狐之书,崔氏不能夺南史之简。公是公非,举天下莫之能移焉。是故人主极天下之尊,而公议复尊于人主;公议极天下之公,而史官复持于公议。自古有国家者,皆设史官,典司言动。凡出入起居,发号施令,必九思三省,奠而后发,兢兢慄慄,恐播于汗简,贻万世之讥。是岂以王者之利势,而下制于一臣哉?亦以公议所在,不得不畏耳。汉绍尧运,置太史令以纪信书,而司马氏仍父子纂其职,轶材博识,为史臣首。迁述黄帝以来,至于麟止,勒成一家,世号实录。武帝乃恶其直笔,刊落其书。呜呼!亦惑矣!公议之在天下,抑则扬,塞则决,穷则通。纵能削一史官之书,安能尽枳天下之笔乎!②

在政治上如何控制至高无上的君权,一直是儒家难以彻底解决的大问题。以历史的公论来告诫君主,使之有所戒惧,虽然收效不大,但较之汉儒专以灾祥妖异之类神道设教来警诫君主要切实一些;也较之宋代理学家专从性理上"格君心之非",使之发扬道德的自觉性要有效一些。这也是东莱既重经也重史,从而推崇司马迁及其《史记》的原因。东莱与朱子在如何控制君权这一问题上的不同处,就在于朱子偏重于从道德上"格君心之非",而东莱则兼重历史公论之监督。这无疑是吕学的一项长处。

纵观东莱的四篇《轮对札子》以及其他有关文章,无论从思想上抑或在政治上,莫不贯穿着以经世致用为宗旨的"务实"这一条基本精神。

---

① 《吕祖谦全集》第一册,第 57—59 页。

② 《吕祖谦全集》第一册,第 652 页。

三　本末并重的理财之道

在经济思想上，吕东莱认为首先必须在根本上重视耕织。其《左氏博议·宋人围曹》云："天下之所以有侥幸而得帛者，以蚕妇阴为之织也；天下之所以有侥幸而得粟者，以农夫阴为之耕也。如使天下尽厌耕织，焚其机，斧其末，则虽有巧术，何从而取帛？虽有巧计，何从而得粟？皆将冻于冬而馁于涂矣。"①所以执政者应珍惜人民的辛勤劳动，才能换取他们的甘心奉养。其《诗说拾遗》云："民之服田力穑，岂不甚劳？君若以为宝，民则以为好。谓其甘心代人君之力而奉养也。"②故在《易说·损益》中提出了"取民有制"的思想：

> 《损》之卦，损下益上，故为"损"。盖上虽受其益，殊不知既损其下，则上亦损矣。然其下为兑，兑，悦也。……是下乐输以奉上，人君固可以安受之，何名为"损"乎？盖损下益上，人君之失也；乐输于上，人臣之义也。两者自不相妨。……凡上有取于民，皆为之损。合上下二体而观之，下当乐输而不怨，上当取于民有制，不可无所止也。③

他主张"上"接受"民输"过程中，要有一定的分寸，有所节制。假如无止境地强迫"民输"，重敛不已，超出民众所能负荷的限度，这就变为"人君之失"了。所以又谓"损下益上为《损》"，"损上益下为《益》"④。这里所谓"损上"，是指损去一些过度的骄逸奢侈，变横征暴敛为薄赋轻徭。这在客观上减轻了人民的负担，也有利于国家的长治久安。因此，东莱在任严州州学教授时，受太守张南轩委托，为张代作《乞免丁钱奏状》，请求朝廷免去严州的丁盐钱绢的数额，减轻人民的负担，让老百姓有一个"息肩之日"。后来又在上皇帝的《轮对札子》中，再次提出了在经济方面应"取民有制""与民休息"等主张。

若要做到"取民有制"，关键在于国家要"节用"。故东莱在《史说》中云："大抵朴素简约，即兴之渐；奢侈靡丽，即衰之渐。天下、国、家皆然。"⑤

---

① 《吕祖谦全集》第六册，第290页。
② 《吕祖谦全集》第二册，第133页。
③ 《吕祖谦全集》第二册，第100页。
④ 《吕祖谦全集》第二册，第102页。
⑤ 《吕祖谦全集》第二册，第234页。

东莱还率先提出"本末并举"的主张。自秦汉以后习惯于视农为"本",工商为"末"。然而先秦儒家不仅不"抑末",而且《春秋》主张实行"通商惠工"的政策。《中庸》亦把"来百工"列为治天下的"九经"之一,且谓"来百工则财用足",可见对于百工之重视。孟子则曰:"市,廛而不征,法而不廛,则天下之商皆悦而愿藏于其市矣;关,讥而不征,则天下之旅皆悦而愿出于其路矣;耕者,助而不税,则天下之农皆悦而愿耕于其野矣。"[①]可见孟子主张应给各行各业的发展创造有利条件。荀子亦曰:"故仁人在上,则农以力尽田,贾以察尽财,百工以巧尽器械,……夫是之谓至平。"[②]可见荀子也主张百业平衡协调地发展,并无重农轻商之意。自从法家主张重农轻工商,而汉儒则吸收法家之说纳入儒学之后,厚本抑末才成为历代专制统治者所奉行的基本国策,宋明各派道学家亦继其说。这显然抑制了工商业的正常发展,导致了许多流弊。然而,东莱竟能在积习弥深的"崇本抑末"观念大行其势的时代,率先提出"本末并举"的主张,不啻是一种直接继承先秦儒学的独具卓识的高明见解。

---

① 《孟子·公孙丑上》。
② 《荀子·荣辱》。

第四章　唐仲友的经制之学

说斋唐仲友立说于金华，与东莱吕氏、龙川陈氏形成婺州三家鼎立之局。其学深究帝王治世之大谊，旨在以经学立治术，谓之经制之学。三家立言虽异，但其旨在经世致用则同。

第一节　朱唐相厄之案

唐仲友（1136—1188），字与政，号说斋，金华人，侍御史唐尧封之子。说斋于绍兴间中进士，兼中宏辞。乾道八年，通判建康府。召试，除著作郎，疏陈正心诚意之学。出知信州，以善政闻。移知台州，为朱子所劾，遂奉祠不出。主管建宁武夷山冲道观，益肆力于学，开席授徒，从学者常数百人。著有《帝王经世图谱》十卷，《六经解》一百五十卷，《孝经解》一卷，《九经发题》一卷，《诸史精义》一百卷，《陆宣公奏议解》十卷，《经史难答》一卷，《乾道秘府群书新录》八十三卷，《天文详辩》三卷，《地理详辩》三卷，《愚书》一卷，《说斋文集》四卷，以及《故事备要》《辞料杂录》等诸种；又曾精选韩子之文合于道者三十六篇，定为《韩子》二卷。可谓成就卓著。

然而可怪的是，他不仅与同治经制之学的永嘉诸子没有交流，而且同郡的陈龙川甚至同里的吕东莱也未有一字道及，这确实是一桩疑案。全谢山云："说斋以经术史学负重名于乾、淳间。自为朱子所纠，……而遂为世所訾。"[①]这是

---

① 《宋元学案》卷六十《说斋学案》，《黄宗羲全集》第五册，第364页。

说,因唐氏曾被朱子所劾,故后世不重其学。兹将此案的主要脉络试予简述。

宋孝宗淳熙八年(1181)九月,新任宰相王淮推荐朱子调任提举浙东茶盐公事,主持浙东赈灾。朱子于九年七月十六日赴台州,途中发现被官府催逼赋税的台州灾民,成群结队向外地逃亡,故于十九日上了弹劾台州知州唐说斋的第一状。二十三日抵达台州,马上发现说斋在重灾之中提前严催赋税的"舞智徇私"罪行,导致民不堪命而不得不外逃避难的惨景,于是当日就上了弹劾说斋的第二状。接着,陆续查出说斋的累累严重罪行,诸如:偷盗公库,贪污官钱,伪造纸币,仗势经商,姻党横行,养蓄亡命,科罚虐民,狎妓淫滥等等。朱子一面纠查审讯,一面具实上奏,先后共上六篇弹劾状,言之凿凿,触目惊心。试举数例以窥一斑:

其一,挪用公款刻书。说斋用公使库的钱刻印《荀子》等书六百余部,除以少数分赠上司、同僚和戚友等作"赠阅",其余则"悉数发归婺州本家书坊货卖"。本来,刻书未尝不是文人雅事,但若在职官吏利用公款牟私利,那就非所宜为的了。

其二,更为严重的是伪造纸币。纸币南宋时称为"会子",由政府统一印制发行,功能与今钞票一样。按照当时法律,凡制造伪币者"不分首从并行处斩"。而说斋竟利用自己的条件,并依仗朝中宰相王淮是同乡和姻亲(王淮之妹乃说斋弟媳)又是好友这一层关系和背景,竟然带头做起了制造假币的勾当。他让为他刻《荀子》的工匠蒋辉刻板、印刷。而蒋辉精于雕板,是个制造伪钞的前科犯,所印的假钞可以乱真。他总共为说斋印了假钞二千六百余道。后来案发,详情有蒋辉口供为证。

其三,关于狎妓淫滥之事。说斋又用公款将妓女沈芳、王静、沈玉、张婵、朱妙等养在府中,轮流供自己洗浴、陪宿;其中沈芳还使之参预政事,凡"引断公事",多由沈芳"先入私约";又有名妓严蕊,跟唐父子亲戚多人淫滥,并且依仗唐的庇护,逢迎官场,干预讼事,招权纳贿,危害平民。说斋又用公款为严蕊赎身,准备送回金华家中养起来。淳熙九年五月十六日,说斋为严蕊脱籍设宴时,说斋的表弟高宣教代严蕊的口吻作了一首《卜算子》词给严歌唱。词云:"不是爱风尘,似被前缘误。花落花开自有时,总赖东君主。去也终须去,住也如何住?若得山花插满头,莫问奴归处。"高宣教借严蕊的身世作为词的主题,代她抒发当时的处境和心情:去住两难,希望设筵的"东君主"尽快替她脱籍。

其他所劾罪行大都类此。而这些罪状,证据确凿,当然不可能是朱子所捏造。但若朝廷对说斋作出公正处理，那就不仅仅是进行降职处分即可了事，而是掉脑袋甚至还有毁及全家的可能。六道弹劾状先后呈到王淮手里，王淮当然很清楚此事的严重性，这就不能不使王淮大费心机。如果把这些事实捅出去，不仅会毁掉亲妹的全家，而且还有可能牵连到自己。因此，他一方面压下了朱子奏劾说斋罪行最详细、最严重的第二、三、四状，只把较简略的第一状连同说斋的自辩状呈送孝宗，并以"秀才争闲气耳"一句圆滑话轻轻搪塞过去了；另一方面，策动吏部尚书亦即说斋的密友郑丙等人纷起荐举说斋，把说斋荣迁为江西提刑，以避开朱子的弹劾；再一方面，又唆使吏部尚书郑丙和监察御史陈贾上疏攻击道学为"不宜信用"的"伪学"，造成孝宗对朱子的疑虑。在王淮的精心策划下，不久即把说斋一案移交浙西提刑审理，而把朱子调任江西提刑，正是取代说斋的现职，使朱子处于避嫌而无法接任的难堪地位。于是，朱子只得辞职，退居武夷山讲学著述。而说斋则名为罢免，实际上是保护起来，避开了一场灭身大祸。从这些有条不紊的部署中不难看出，王淮为了保护姻亲，确实费尽了心机。

以上案情及其处理过程，本是脉络非常清楚、毫无疑义的事实，然而出乎意外的是，竟因一则野史和一篇虚构的小说，混淆了后世的视听。原因是洪迈所著《夷坚志》卷十载道：

> 台州官奴严蕊，尤有才思，而通书究达今古。唐与正为守，颇属目。朱元晦提举浙东，按部发其事，捕蕊下狱，杖其背，犹以为伍伯行杖轻，复押至会稽，再论决。蕊堕酷刑，而系乐籍如故。岳商卿（霖）提点刑狱，因疏决至台，蕊陈状乞自便。岳令作词，应声口占云："不是爱风尘……"岳即判从良。

这样看来，《卜算子》词当是后任提刑岳霖复审此案时，由严蕊当场所作？假若果真如此，那为什么早在朱子的弹劾状中就已提到此词，并指出据严蕊所供，词系说斋之友高宣教所作？这岂非一条无法解说的矛盾！即此足以证明，《夷坚志》所记实不可信；更不必说在淳熙八年至十年间，岳霖根本没有任过浙东提刑之职了。如果把这样一条严重违背史实的野史视为可信，岂不荒唐！可是五十年之后的周密，又把这条野史加以铺张，当作遗闻轶事写进了自己的《齐东野语》之中。然而到了明末小说家凌濛初手里，又把这条野史极力加以敷衍虚构，写成"硬堪案大儒争闲气，甘受刑侠女著芳名"一篇小说编进《二刻拍案惊奇》。小说绘声绘色地把一个交际花式的营妓严蕊，描写成一个既是备受酷刑的可怜弱女子，又是一个出口成章的才女，更是一个为了维护正义而不屈于权势的侠女，其艺术效果确实使得人们为之长期大抱不平。殊不知，凌濛初小说所描写的岳霖判案、才女作词等情节纯属虚构的乌有之事且不必说，即使他所据以写作的原始资料《夷坚志》和《齐东野语》所记亦不足信。对此，大学者王国维在《人间词话》中就曾指出：

> 宋人小说多不足信。如《雪舟脞语》谓：台州知府唐仲友，眷官妓严蕊奴，朱晦庵系治之。及晦庵移去，提刑岳霖行部至台，蕊乞自便。岳问曰："去将安归？"蕊赋《卜算子》词云"住也如何住"云云。案：此词系仲友戚高宣教作，使蕊歌以侑觞者，见朱子《纠唐仲友奏牍》。则《齐东野语》所纪朱、唐公案，恐亦未可信也。

本来，对于小说的虚构情节是不值得认真考证的，但问题的严重性在于，现代问世的一些严肃的词论著作和诗词选本，对《卜算子》一词的作者都误作严蕊，而其诠释亦与小说持同样的观点，诸如：唐圭璋《宋词纪事》，唐圭璋、潘君昭、曹济平《唐宋词选注》，胡云翼《宋词选》，郑孟彤《唐宋词赏析》，徐育民、赵慧文《历代词赏析》，张璋、黄畲《历代词萃》等等，概莫能外。而这些词论家，对于王国维《人间词话》所提出的卓见竟置若罔闻，而把道听途说的《齐东野语》当作可信的依据，这就不能不说是词学史上的一桩严重的错案了。

关于朱唐一案的是非曲直，在当时的政治界和学术界即有很多评论。从中不难看出，凡属历史上称为比较正直的官吏和学者，对于朱子不顾王淮的荐己之恩和权势之大，竟能秉公弹劾不法官吏的精神是深表赞许的。即以朱子最大的论敌陆象山而言，他在学术观点上与朱争论得非常激烈，丝毫不肯相让，但对于朱子一生的道德和政绩，则给予充分肯定并深表钦佩，对于此案亦是如此。象山在《与陈倅》书中云：

> 朱元晦在浙东，大节殊伟，劾唐与正一事，尤快众人之心，百姓甚

惜其去。虽士大夫议论中间不免纷纭,今其是非已渐明白。①

在象山这几句简短的话中,已足以看出当时的人心所向和百姓的公论;而其所谓"士大夫议论中间不免纷纭",当然是指王淮、说斋等人所散布的不利于朱子的流言蜚语而言。而这种流言蜚语虽能蒙混一时,但终于"是非已渐明白"。象山这条针对朱唐之案所发的评语,完全可以代表当时比较正直一派的观点。

至于写《夷坚志》的洪迈,本是以善舞文墨而"受知孝宗"的弄臣,曾因出使金国屈辱而归被人嘲笑,又因擅改周濂溪《太极图说》首句曾受朱子责备。他的《夷坚志》成书于朱子晚年受政治迫害最严重的"庆元学禁"之际,对于说斋的其他罪行一字不提,即使对妓女中较之严蕊问题更为严重的沈芳也没有提及,偏偏利用高宣教所作的一首词移花接木地加在严蕊身上,把她写成一个才女,以期诋毁朱子的政声品格,其乘人之危、报复宿怨而又迎合当局之用心,不是昭然若揭吗?而小说家凌濛初生当明季,因屡试不第,愤慨之下而作《绝交举子书》。根据他对于科举制度的逆反心理,以其生花之笔,借前代野史敷演故事,以抒发胸中的愤懑,本是文人常有之事,并不足怪。但若著书立说者,诸如现代一些词论家和宋词选家,若置当时的诸多正论于不顾,而把移花接木之野史奉为直笔,虚构情节之小说当作信史,那就陷于荒唐无知而不可原谅了。

基于上述事实,在宋代那样特重道德名节的时代,难怪各派学者皆不屑与说斋交往,致使说斋处于"孤行其教"的景况之中,也就不难理解了。这虽然与"为朱子所纠,遂为世所訾"有联系,但归根到底,毕竟由说斋本身有失检点所致。说斋而能保全首领奉祠归家,不能不说是借重姻亲之力而获天大之幸了。

从说斋本身而言,在奉祠家居之后,即能安心地专心于学问,潜心于著述,终于在学术上获得了巨大的成就,这不能不说是一种善于改过自新的优良学风。因此,对于说斋一案,既不能为了推重其学术上的成就而掩饰其行为上的过错,更不应因为其行为上有过错而否定其学术上的成就,而是应该本乎"不以人废言"的原则,对其学术应该如实地进行研究,才是客观公正的态度。

鄙意窃谓,说斋的著作应该都是免职家居之后所作。因为他所阐发的如此深刻透切的圣人之道,在当年居官时沉溺于利欲之中而专作枉法之事者是绝对写不出来的。只有在经历巨大曲折之后,通过切实的悔过反省,才能获得如此

---

① 《陆九渊集》卷七,中华书局,1980年,第97页。

巨大的变化。即如当年曾挪用公款刻印《荀子》,说明那时他颇喜荀子之学。但在现存著作中,对荀子多有严厉的批判,可见他到晚年才发现荀学之流弊。由此可知,说斋到晚年不仅人生观点有很大改变,而且在学术上有很大的精进。即此而言,他在仕途上的曲折,正好玉成了学术上的成就,亦可谓收之于桑榆矣。

第二节　阐经明道之学

在治学方面,说斋与婺州其他学者一样,都是主张经史并重的,而其目的,则在于经世致用,故在经学方面有他自己的独立见解。

一　阐发经术

说斋在经学方面的见解,在他的《九经发题》中有较为系统的论述。

其论《春秋》云:"《春秋》纪事,事实而后书法明。三《传》释经,借曰未可执一论;至于载事,《左氏》为实。……《左氏》载事得实,《春秋》之案牍也。譬诸用法,后人莫得其意,得案牍而考之,犹庶几焉。舍案牍而臆测之,岂无偶合于用法之意? 而其事已不可考,是则《公》《穀》而已矣。《公》《穀》犹尔,况啖、赵乎? 况后之诸儒乎?"说斋认为,根据《左传》所纪的事实来解读《春秋》,犹据案牍以断案,方免臆测之病。

其论《周礼》云:"先王太平之典,仅存者《周官》五篇而已。……诸儒……于义理名物稍有不合,不加思虑考证,遽以非圣人全书藉口,不知古文质略,有互见,有省文。官有不常设,禄有不常受,能加考究,触类而长,无不通者。至如《考工》明堂之说,通诸经传,无不合者。先儒不通互见之义,自枝其说,至今聚讼,是可叹也。名物度数,不比文义可诞说相高,若言封建井田使之分画,言军法乘马使之计算,言寝庙明堂使之营缮,自当汗颜束手,岂得抵掌高谈!"说斋认为,研究《周礼》中的名物度数,才是真实的学问,不像解释文义那样可以随意发挥。

其论《礼记》云:"《礼记》四十九篇,郑康成为之注,与《周礼》《仪礼》通为'三礼'。本朝胡翼之、程颐、吕大临、杨时专以《大学》《中庸》二篇传授,谓之精义,而制度文为之学浸以微绝。……然先王之制颇在于是。至《曲礼》《少仪》《内则《玉藻》之属,曲折细微,皆道所寓,未可以洒扫应对进退废也。《中庸》《大学》诚为入道之门,此外四十七篇之书,孰非道者? 视为土苴绪余,则学者将荡而无守。"说斋对于宋儒在《礼记》中抽出《大学》《中庸》二篇为教的作法颇有微辞,而认为其他详载典章制度的各篇都是传道之作而不可废弃。

其论《论语》云:"传《论语》者,汉儒数十家,大抵训诂通而已,以为圣道深远,未易以言语发明,略著大义,使学者自求而自得之。近世释者,各以己意为说,以为圣人之道尽在是,他所说者皆非,则过矣。"说斋认为,读《论语》贵在"学者自求而自得之",即各人可有见智见仁的不同理解,而不可以一己之意强加于人。①

说斋以上这些治经方法,都从经书的具体内容和经世致用的实际出发,从而形成了自己源本经术的思想体系,充分体现了婺州学人所同具的务实精神。

二　明辩道体

在宇宙观方面,说斋认为,万物之运行是由"道"与"气"在天地之间互相作用所致。他在《帝王经世图谱·大易阖辟往来之图》中说:"乾坤之妙用,阖辟而已。阖辟更相用,而乾坤之妙无所不通,兹其所以为易也。"又说:"道之与气,常相往来,而天地不交,卦乃为'否'。圣人即天泽以明其定位,即天地以戒其不交,兹所以为并育而不相害,并行而不相悖也。"②在这里,"气"指物质,"道"指包含在物质中的规律。物质按照一定的规律运行,才导致天地万物的变化发展。故其《愚书·圣贤》云:"天道不常盈,物理不常信。时虚则虚,乃所以为盈;时屈则屈,乃所以为信。"这是以辩证的观点论证了天地万物不断地变化发展。于是,说斋又从天人合一的立场出发,认为圣人正是以天地之理来推衍人道的。故其同篇云:"不以天为心者,偏心也;不以天为道者,私道也。达而用之以赏罚,穷而用之以褒贬,圣人者,天而已。"又云:"道出于天,体于圣,法于贤,由于众。观其所出,体者可知也;观其所体,法者可知也;观其所法,由者可知也。天地圣人,吾见其同;圣贤众人,吾见其异。《法言》曰:'观乎贤人,则见众人;观乎圣人,则见贤人;观乎天地,则见圣人。'"这充分体现了圣人法天立道的天人合一思想。

---

① 以上引文皆据《金华唐氏遗书》,《续金华丛书》本。本章凡引本书只注篇名。

② 唐仲友《帝王经世图谱》卷一,台湾商务印书馆影印文渊阁《四库全书》本。

在方法论方面,说斋以《书·洪范》之"皇极"和《中庸》之"中庸"为依据,认为天地万物变化发展所遵循的法则在于中庸之道。他在《帝王经世图谱·皇极建用之图》中云:"本末精粗该贯而两得者,其惟《皇极》《中庸》之书乎!"①又在同书《大衍揲蓍之图》中云:"过犹不及,皆非《易》之本旨。"②其《三德会极之图》云:"以阴居二,以阳居五,谓之中正;以阴居五,以阳居二,谓之得中。而三德之理著矣。"③故在《图书卦章经纬表里图》中又云:"《易》之中爻,《范》之皇极,则贯象数而通之者,'中'而已。"于是,说斋又基于中庸之道,反对好高骛远的行为而推崇日用平常之道。其《愚书·圣贤》云:"道者,天下之大公也。高则难及、难及则废;中则易从,易从则免。圣人能其高,而用其中;贤人好其高,而过其中。是以子发之辞赏,废功;子贡之不受金,废赎。《曲礼》曰:'太上贵德,其次务施报,礼尚往来。'"

说斋还认为,"中"应与"权"相济为用。其《帝王经世图谱·三德会极之图》云:"圣人之道,皇极而已;皇极之德,正直而已。人受天地之中以生,使人皆秉彝,则无往而非平康者,何以三德为哉?然而人不能以皆中,故德必有权。彊弗友刚克,燮友柔克,此因人而为德之权也;德不可以反中,故权必有道。沉潜刚克,高明柔克,此依乎中而行权之道也。有正直而刚柔辅焉,有刚柔而正直成焉。圣人之用刚柔,岂得已哉!其思之必审,其用之必当。故有一世之刚柔,刑罚世轻世重是也;有一事之刚柔,歼厥渠魁、胁从罔治是也;又有施之于一人者,格则承之,否则威之是也。讵可执一而偏胜哉!……徒知德之不可执一,而不知偏胜之失,无异于执一者。故论为治之德,而至于箕子之三德而无余蕴矣。"④这就是说,"中"必辅之以"权",方能变通而免执一之弊;"权"又不宜离乎"中",方能合道而免偏胜之病。故其《愚书·圣贤》云:"太公达天下之大权者也,伯夷立天下之大经者也。权以救斯民之患,经以垂万世之教。一权一经,相反所以相成。孟子曰:'二老者,天下之大老也。'"在这里,"经"也就是"中",正是论述了"中"与"权"相反所以相成的道理。

在人性论方面,说斋在主张性善论而反对性恶论的基础上,也有其深刻的见解。其《性论》云:"性者生之质,人所受之于天者也。……夫子言性曰'性相

---

① 唐仲友《帝王经世图谱》卷三,台湾商务印书馆影印文渊阁《四库全书》本。
② 唐仲友《帝王经世图谱》卷一,台湾商务印书馆影印文渊阁《四库全书》本。
③ 唐仲友《帝王经世图谱》卷三,台湾商务印书馆影印文渊阁《四库全书》本。
④ 唐仲友《帝王经世图谱》卷三,台湾商务印书馆影印文渊阁《四库全书》本。

近也,习相远也';又曰'一阴一阳之谓道,继之者善也,成之者性也'。子思言性曰'天命之谓性,率性之谓教';又曰'自诚明谓之性,自明诚谓之教'。二圣贤之言固已较然明甚,故孟子祖述其意,专道性善以晓天下。……至荀卿乃有性恶之说,至扬雄乃有善恶混之说,至韩愈乃有上中下之说。……性恶之说,为害尤大。……世之言性恶者,皆以象藉口。吾观象之行事,适足以见性之善,不知其为恶也。象之往入舜宫,……郁陶之思,以伪为也;忸怩之颜,以诚发也。欺形于言,愧见于色,象之本心,固知伪之不可为也,其性岂不善哉!使象而性恶,则欺舜之言,居之必安,何愧之有?《易》言天地之情,则于'咸';言天地之道,则于'恒';至言天地之心,必于'复'。盖方群阴剥阳,而至于六阴之用事,则天地之心或几乎隐;及一阳动于下,有来复之象,则天地之心始可见矣。人之诱于物也,何异乎阴之剥阳;及其俄然而复,亦一阳之复也。象之忸怩,盖其复性之际,复则不妄,至诚之道也。善言性者,当于'复'观之。"①这是说,人之所以有恶,乃是性为物欲所蔽;若能去其所蔽以复其初,方见性之为善无疑。故其《愚书·道学》云:"镜固莹,尘则昧之;水固清,风则浊之。尘去镜明,风息水止。外物不干,天性乃见。"

三　批判霸道与释老

说斋又从性之诚伪论王霸之异。其《荀卿论》曰:"王霸之异,自其外而观之,王者为仁义,霸者亦为仁义;王者有礼信,霸者亦有礼信;王者有刑政,霸者亦有刑政。及自其内而观之,王者之心一出于诚,故正其谊,不谋其利;明其道,不计其功。霸者之心杂出于诈,故假仁以为利,利胜而仁衰;仗义以率人,人从而义废。汤武、桓文由此分也。……荀卿之书,若尊王而贱霸矣,……乃言性则曰'人性恶,其善者伪也'。夫善之可以伪为,则仁、义、礼、信,何适而非伪?四者既出于伪,何适而非霸者之心?吾以是知卿而用,必为霸者之佐也。……性者,与生俱生;诚者,天之道:初非二物也。既以性为恶,则诚当自外入;外入则伪,乌睹所谓诚乎?……孟之言王霸,不外诚伪之说,其言深知王霸之本,则其为王佐断可识也。吾观告子以义为外,以性为'犹杞柳',故孟子力诋之。荀卿'化性起伪'之说,告子之俦也。"②又其《读荀子礼乐二论》曰:"卿谓圣人恶乱,

---

① 唐仲友《说斋文抄》卷八,《续金华丛书》本。
② 唐仲友《说斋文抄》卷八,《续金华丛书》本。

故制礼,然则苟卿之礼,强人者也;恶乱,故制乐,然则正声乃矫揉,而淫声乃顺其情者乎? 见礼乐之末,而未揣其本,即性恶之说,吾故谓告子之流。"①

说斋对于当时所流行的"心学"则持有异议。其《颜曾论》云:"圣人之传道必以心,……其端则始于至诚力学。后世求其说而不得,反流而入于释,以为道者当超诣顿解,径进于圣人之域,相与用心于不可测度之地,而学问修为之功,几于尽废,捕风捉影,卒无分毫之得。乃曰:'吾之学,心学也。'内以欺于己,外以欺于人。"②这是说,圣人所传的心学在于"至诚力学",而不是"超诣顿解",这显然是针对当时陆氏轻视学习知识而追求顿悟的"心学"而发的批判。

说斋又对释、老二教所导致的危害作了探讨和批判。其《释老论》曰:"自释老之说炽于中国,使吾民人不蓄,田畴不辟,财用不足,兵甲不坚,土木无度而奇巧之技众,男女怨旷而淫辟之罪多。其害比之百家数十倍矣,然犹不足与之辩;所不可不论者,陷溺人心之甚也。天下有君子,有中人,有小人,而道、释之说,皆有以中其欲。报应、祸福,足以惑小人;超升、解化,足以移中人;清净、寂灭,足以疑君子。……小人、中人,既不可以道理深责,而报应、祸福、超升、解化之说,皆诞幻诡谲,不待攻而自破;至于君子,则吾道之所赖以传,天下所视以为法也,乃惑于疑似之际,荡然而莫之返,吁! 可悲矣。……昔孟子比杨、墨以禽兽,为其似是而非;今道、释者,为己则一毛不拨,责人则摩顶放踵,是兼杨、墨而为之,其为禽兽也大矣。"③这段话深刻地揭示了释、老之说足以惑人的根源,可谓入木三分。

第三节　修身立德之学

说斋根据"身修而后家齐,家齐而后国治"的圣训,认为治国平天下必须以修身为本,所以他特别重视"修身"的重要性。

其一,说斋从"道"的高度来探讨君子的修身之道。其《愚书·道学》云:"仁义,道之经权也;中庸,道之体用也;孝弟,道之本根也;忠恕,道之操术也。君子谨操术,植本根,全体以致用,守经而行权。心以及亲,亲以及人,措之万事,放

---

① 唐仲友《说斋文抄》卷九,《续金华丛书》本。
② 唐仲友《说斋文抄》卷八,《续金华丛书》本。
③ 唐仲友《说斋文抄》卷八,《续金华丛书》本。

之四海,百世以俟圣人。"这是从理论上全方位地给君子修身指出了所应遵循的准则和所应努力的方向。所以同篇又云:"仁者,心之常也;义者,事之权也;礼者,情之防也;智者,理之镜也。小惠害仁,小节害义,小敬害礼,小利害智。君子舍其小,取其大。"这是说,君子修身应从大道出发,而不应以小德危害大道。

其二,说斋认为,君子修身必须从根本上具有"诚"的素质。其《学论》云:"为学之道,在于务实而专心。务实则可用,专心则有功,此学之大要也。……古之学者,用心贵乎至诚,不以好高自欺;操行贵乎笃实,不以立异骇俗;造道贵乎力行,不以空言惑众;为文贵乎济用,不以华藻相尚。用其长,不强其所短;得于此,不慕其在彼。终其身而不倦,世其业而不易。是以学必可用,而用则有功。后之学者,其才未必如古人也,而欲为古人不可到之事,凡世之所谓可贵可尚者,必欲兼取而尽为之。其学荒唐而无统,其言夸诞而无当,其行诡谲而不情,其心矫伪而不悫。平居听其议论,若无所不能;及措诸事业,往往不及古人万分之一。此患起于好名而不专也。"①这是说,君子修身必须具备求真务实的精神,凡是一切好高骛远、索隐行怪的行为,必然有害于修身之道。故其《愚书·道学》亦云:"顺命如顺亲,保性如保子,养心如养苗,驭气如驭马,防欲如防川,待物如待寇。一言蔽之,诚而已矣。"

其三,在具体品德上,说斋认为修身必先立志。故在其《愚书·士民》有云:"民莫先于士,而可以自后乎? 道莫尊于士,而可以自卑乎? 守吾仁,天下之禄不能易也;行吾义,王公之威不能屈也。如此而后可为士。孟子曰:'士尚志。'"然而说斋认为,士又必须具有开阔的气度和持久的毅力,故又云:"中狭常易盈,内荏常易屈。易盈者,不可以大受也;易屈者,不可以重任也。过而受之,必覆;强而任之,必折。曾子曰:'士不可以不弘毅。'"说斋又认为,人的羞耻之心对于修身起有重大作用,故云:"所耻在道,耻不可无也;所耻在利,耻不可有也。重外而轻其内,逐末而丧其本,则去道也远矣。子曰:'士志于道,而耻恶衣恶食者,未足与议也。'"这是说,君子所耻者,在于道德之未立,而不在乎物质享受之不及于人。故云:"乐道者,欲必寡;富义者,利必轻。道虽同有,不学胡得? 义虽同然,不由胡行?"

其四,说斋认为,君子必须具有广博的知识和实际的才能。其《愚书·道学》云:"道者事之理,事者道之实。于道默而识之,于事敏以求之。不以道而废

---

① 唐仲友《说斋文抄》卷八,《续金华丛书》本。

事,不以性而废学,其惟圣人乎!"显然,这是针对当时那种空谈心理而不务实事的现象而发。说斋认为"道"与"事"乃是辩证的统一体,脱离事实而空谈道理乃是不足取的。故同篇又云:"失其义,陈其数,虽礼乐,犹艺也;见其粗,知其精,虽书数,亦道也。"这显然又是针对当时所流行的那种重道轻艺的现象而发。对此,说斋在其《道艺论》中作了充分的发挥。其云:

> 古之学者兼于艺,后之学者耻于艺。《周官》之教万民以艺,养国子以六艺,……后世不然。礼乐不素习,曰"吾将求其义";射不屑为,曰"吾将专于文";书数不求精,曰"吾将志其大";见笾籩笾豆、牲牢珪币之陈,则曰"彼有司存焉";睹钟鼓管磬、干戚羽旄之设,则曰"彼太师掌之"。至于祝史、射御、医卜、百工之事,则曰"彼皆执技以事上,出乡不与士齿者也。此后世之士所以耻于艺也。呜呼!周公,大圣人也,而曰"多材多艺";孔子,大圣人也,而曰"执射执御"。况下于周、孔者,而可耻于艺乎?学者猥曰:"德成而上,艺成而下,行成而先,事成而后,吾当学德行而已,乌在其为六艺?"是特知圣人之言,未知其所以为言也。圣人之为是言,不欲学者之专于艺,而欲其兼于艺;不欲学者为艺之艺,而欲其为道之艺也。道散乎形气之间,无乎不在,故六艺之中各有道焉。先王之教必曰道艺,盖取乎有道之艺,而不取乎非道之艺也。……夫子曰:"志于道,据于德,依于仁,游于艺。"善学者志夫子之言,以求得于道艺,其庶几乎![1]

说斋认为,像古代周公、孔子那样的"大圣人",在道德与知识、道德与文章、道德与才艺等各方面都是兼备而统一的,所以当时那种重道轻文、重道轻艺、重道德轻知识的偏见都是违背圣人之道的。于是,说斋力求道德与知识、文章、才艺的辩证统一。故其《愚书·道学》云:"闻不厌博,识不厌精。不博无以为学,不精无以为道。"同书《圣贤》云:"知觉,性也;见闻,学也。上焉者,先知觉而后见闻;下焉者,先见闻而后知觉。及其知觉,一也。故傅说以学进高宗于汤,群臣以学进成王于文武。"然而,说斋又认为,无论知识、文章、才艺,都必须以合乎道义为标准,一切违背道义甚至危害道义的异端之学都在摈除之列。其同书《道学》

---

① 唐仲友《说斋文抄》卷八,《续金华丛书》本。

云："文以明道，或以蔽道；传以通经，或以乱经；学以知性，或以汨性：其患同出于好异。背大公，徇小见，舍至正，由他歧，说日益新，理日益昧。子曰：'攻乎异端，斯害也已。'"其实，这仍然是从"道"与文、艺、知识等各方面辩证统一出发所作的正论。

其五，说斋认为，在处理人际关系方面必须适得其宜而符合中庸之道。其《愚书·道学》云："亲疏固有情，远近固有势，贵贱固有分。因其情，顺其势，明其分，微而草木各得其所，是吾道之所以为同也；拂其情，逆其势，忘其分，闺门之内有所不行，是墨氏之所以为同也。吾道之异，适以为同；墨氏之同，只以为异。"这是说，亲疏、远近、贵贱等乃是客观存在的差距，如果勉强使之等同起来，反而是违背客观规律的，只有根据具体情况给予适得其宜的分别对待，才是合情合理的。故同书《圣贤》云："君子不绝人之情，亦不徇人之情。财可以得，不固辞以为廉；难可以免，不轻死以为勇。贫乐于富，然后害富而居贫；义重于生，然后舍生而取义。故子在则颜回不死，有辞则孟子不拒。"这是说，固执地"绝人"或"徇人"的行为，都是片面而违"道"的，只有区别不同情况作出适得其宜的处理，才是正确而合"道"的。

最后，说斋在其《愚书·圣贤》中云："有见于此，无见于彼，是偏见也；可言于此，难言于彼，是偏言也。一德而刚柔兼济，一辞而抑扬两存，惟圣人能之。故圣神文武所以为尧，始终条理所以为孔。中庸曰：'道并行而不相悖。'"这是要求对于他人的不同观点有求同存异的兼容度量。同篇又云："圣人之道，与时偕行；忠臣之心，因事乃见。是故流言之变，所以彰周公之圣；陈蔡之厄，所以知夫子之大。子曰：'岁寒然后知松柏之后凋也。'"这是要求对于自己所坚持的真理有至死不变的操守。说斋认为，对于不同观点的兼容度量与坚持真理至死不变的操守两者的辩证统一，乃是人生立身处世的最高境界。

第四节　经制致治之学

说斋之学，旨在以经义立治术，故其学问都能与当时国计民生的实际情况联系起来。这在他的《愚书》《文集》尤其是《帝王经世图谱》中有其系统的阐述。

一　为政之道

关于为政之道，说斋对于君道、臣道以及君臣关系、君民关系、举贤任能等方面都有较为系统的论述。

其一，在为君之道方面，其《愚书·君臣》云："人君有三畏：畏天命，畏民心，畏辅相之臣。畏天则敬，畏民则仁，畏臣则正。畏其一，无不畏也；忽其一，无不忽也。畏忽萌于心，治乱效于国。"君主必须随时以"敬、仁、正"三字为大纲而不可有所疏忽。又云："任人而犹亲其劳，人不可得而任也；享逸而不知其节，逸不可得而享也。无为以受委任之福，儆戒以尽持守之道，可以无忧矣。"君主治国在于总揽大纲而任人，不必躬亲庶务。

其二，在为臣之道方面，其《愚书·君臣》有云："大臣正君，其次谋国，其下谨身。伊、傅、周、召，可谓正君矣；管仲、子产，可谓谋国矣；季文子、公仪休，可谓谨身矣。孟子曰：'惟大人为能格君心之非。'"同篇又云："为臣之难，在正其君；正君之难，在制其欲。不窒其源，如决流何？不剪其根，如滋蔓何？防微销萌，力少而功多。"这是发挥孟子"大臣格君心之非"的道理。又云："位尊难安，德盛难全。大中以达天下之道，小心以守人臣之分，其惟大臣乎！"这是论述为臣者既能为国尽职又能保身保位之道。

其三，在君臣关系方面，其《愚书·君臣》篇云："君体刚而用柔，臣体柔而用刚。过刚则亢，非柔无以接下；太柔则佞，非刚无以方外。刚柔济，君臣之道尽矣。"又云："制命在君，然不可居物之先；代终在臣，然不可享功之成。故用九以无首为吉，六三以含章为贞。"

其四，关于民的地位和作用，说斋也作了论述。同书《士民》篇云："莫神于天，以民从违；莫尊于君，以民安危。天且灵之，孰能愚之？君且高之，孰能下之？是故仁人，不以天下易一民之命，不以大欲失一民之心。孟子曰：'民为贵，社稷次之，君为轻。'"这是进一步论证了孟子的民贵君轻的观点。

其五，说斋对于用人之道作了较为系统的论述。其《愚书·士民》云："物物而生，天地亦小矣；人人而济，圣人亦劳矣。六子运化，万物得其和；众贤在位，万民被其泽。《易》曰：'天地养万物，圣人养贤以及万民。'"这是论证任用贤人的重要性。其《君臣》云："道，全于圣，偏于贤。以全纳偏，无不用之才；以全责偏，无可用之士。"这是说，用人不宜求全责备，而在于量材使用，用得其当。说斋又认为，用人的根本原则在于亲君子而远小人。其《帝王经世图谱·易阴阳消长之图》中解释临、遁二卦云:"阳奇而阴耦,君子少而小人多,故君子常难进而易退,小人常易进而难退,是以圣人切于戒君子而急于远小人,于二卦见之。"又释夬卦云:"专任君子而折小人于未进之萌者,圣人之本心;资君子之助以决小人于已用之后者,其不得已耳。"①

此外,说斋还主张施治之道应以治本为先。他在《馆职备对札子二》中建议为治应以治安为本,富强为末。他说:"用心于其本,则所进皆道德仁义之士,所行者皆保民治国之术,其初若无可喜之迹,其终乃有不可胜计之功;用心于其末,则所任者皆权谋功利之臣,所谋者皆攻战聚敛之事,其初似有目前之利,其终乃有不可胜救之弊。"②其实这也是针对当时的弊端而发。

二　理财之道

说斋根据孔子所提出的庶、富、教的施政步骤,认为在当时人口稀少的情况下,应先发展人口以增加社会的创造力,然后发展经济使百姓富起来,乃是为政之先务。其《愚书·兵财》篇云:"为国者,务众其民而已。士众则官备,农众则土辟,商众则货通,工众则用足。众其民而授之职,国之不富,我未之见也。"所以他在《馆职备对札子四》中,极论益民利民之重要性。他说:"国家之益莫大于益民,国家之利莫大于利民。……盖益民乃所以自益,利民乃所以自利也。"又说:"臣愚以为劝农治兵,具有成宪;生聚训教,本无奇策。若谨守成法,虽不多为纷更,日积月累,为益甚大。若百姓滋殖,则无求不获,无为不成。较之轻为数变,卒无所利,得失甚明。"③

在发展经济的具体方法方面,说斋主张遵循孔子所提出的"因民之所利而利之"的生财之道。其《愚书·士民》云:"荐三牲于一食,不若疏食常饱也;假狐裘于终朝,不若缊袍常温也。惠莫难于久,利莫大于因。在我无费,在彼自遂。知此者,可与言养民矣。"然而,说斋也主张施行赏罚在发展经济中所起的积极作用。其同书《农事赏罚之谱》云:"先王利以和义,服田力穑者不容无赏;义以禁非,惰农自安者不容无罚。赏罚行而民有所劝,其不竭力于南亩乎!"④这是说,在发展民生经济方面,既应遵循其自然发展的规律,也应辅以赏勤罚惰等政

---

① 唐仲友《帝王经世图谱》卷二,台湾商务印书馆影印文渊阁《四库全书》本。
② 唐仲友《说斋文抄》卷一,《续金华丛书》本。
③ 唐仲友《说斋文抄》卷九,《续金华丛书》本。
④ 唐仲友《帝王经世图谱》卷十一,台湾商务印书馆影印文渊阁《四库全书》本。

策所起的杠杆作用。

在有效地保障人民生活方面，说斋主张应以养民为主，救灾为辅。他在《愚书·兵财》篇云："养民，王道之本也；救灾，民事之末也。无本而恃其末，谓之小惠；有本而兼其末，谓之仁政。"又在《帝王经世图谱·补助荒政委积之谱》云："先王之于民，制为常产，教之稼穑，既足以生养而有余，虑天时之无常，则又为之委积。其有不足，则补助行焉；其有灾患，则荒政行焉。荒政之目不一，大抵损上益下，上以厚下，安宅而已。……盖先王以井地为常法，以荒政为非常之备。委积、补助、荒政之条目，皆助常法之所不及。废其常法而恃其助，非《益》之有孚惠心也。"①

此外，说斋还提出了民与兵自养自卫的理财之道。其《愚书·兵财》篇云："取民之财以养兵，不若使兵自养之易供也；用兵之力以卫民，不若使民自卫之甘心也。彼能其全，吾用其偏，输者死贫，战者死寡。人君欲救民之死，亦本其情而已。"而在《士民》篇则云："财尽则民散，力疲则民怨，武黩则民不堪，刑严则民苟免。是故什一之征，三日之役，干羽之舞，皋陶之刑，圣人所以用中于民也。"这是进一步体现了《中庸》的"执其两端，用其中于民"的施治之道，在财政上则体现为"取于民有制"的保民思想。

三　教以化民，刑以辅教

自从孔子提出"性相近也，习相远也"的观点之后，就在人性论上赋予了实行教化的根据。说斋继承孔子的这一思想。

关于教化的重要性，其《帝王经世图谱·视学养老饮射名数之谱》云："人之情，富不可以不教，不富不可以教。先王之于民，养之闾井而教之学校，先后有序，终始相成。虑其救死不赡，奚暇治礼义也；虑其饱食、暖衣、逸居而无教，则近于禽兽也。学校因闾井而兴，闾井因学校而睦，法是用久，化是用行。……故建师儒以教民也。"②这段话充分地论述了"富"与"教"两者之间的辩证关系。其《愚书·治教》云："治莫善于教，教莫善于化。未尝无言，鼓舞乎言之先；未尝无法，观感乎法之外。默然而喻，旷然而变，其神之所为乎！"这是论证施行教化对于治国的重要性。

---

① 唐仲友《帝王经世图谱》卷十一，台湾商务印书馆影印文渊阁《四库全书》本。
② 唐仲友《帝王经世图谱》卷十，台湾商务印书馆影印文渊阁《四库全书》本。

在实行教化的方法方面,其《愚书·治教》云:"土有宜,民有性,善教者因而已。因其宜,天下无不行之教;因其性,天下无不同之俗。"这是进一步论证了"因材施教"的理论,也就是说,施行教化的方式既不宜勉强,也不宜强求一律,而是应该顺着各人的性之所近加以合理引导。

然而说斋又认为,单靠教化平治天下是不够的,还得辅之以刑;反之,刑虽治天下之具,但若专靠刑来平治天下,那就更加不行了。正确的办法则是以教为主,以刑为辅。其《愚书·治教》云:"古者以刑辅教,后世以刑为教。教不改而诛之,圣人犹不忍也;不教而听其狱,可不哀哉!"其《帝王经世图谱·刑罚世轻世重图》云:"圣人之有刑,将以爱民,非以残民;将以辅教,非以害教。是故立之欲其严也,禁之欲其渐也,议之欲其熟也,行之欲其当也,临之欲其哀矜,处之欲其忠厚也。有间之当去,不免于用狱,不明敕之,是罔民也。"①这就充分表达了他主张"以教为主,以刑为辅"的经世思想。

在古代,"刑"与"法"是同义的,故说斋所谓"刑",也就是"法"。说斋认为,"法"是必须服从"道"的;违反"道"的所谓"法",则是行不通的。其《帝王经世图谱·周道八统废兴之图》云:"法固治天下之具也,然必有道以揆之,有人以行之。"②这就是说,"法"必须合乎天理人情。然而,其同书《五纪庶征贯通之图》又云:"职存乎人,时协乎天;情在于下,法在于上。以人而合天,治之所以兴也;舍法而徇情,乱之所以致也。"③这是说,"法"既符合天理人情,却又不能徇乎私情。

其《愚书·治教》云:"善教者,一发而蒙解;善刑者,一罪而民服。当其可而已矣。"这是赞叹"善教"和"善刑"所获得的预期效果。若能"善教"和"善刑"相济为用,则"化成天下"的最终目标也就不难达到了。

四　治兵之道

说斋之学既然是以经义立治术,旨在经世致用,故在南宋当时偏安的局势下,不可能不涉及兵战之事。因而,他对于治兵理论和抗金策略都有系统的论述。

在治兵理论方面,其《愚书·兵财》篇中有较为系统的论述。说斋认为,兵战之事虽资于"势",但更须合乎"道"。其云:"兵以势胜,势以道成。以强大胜

---

① 唐仲友《帝王经世图谱》卷四,台湾商务印书馆影印文渊阁《四库全书》本。
② 唐仲友《帝王经世图谱》卷十,台湾商务印书馆影印文渊阁《四库全书》本。
③ 唐仲友《帝王经世图谱》卷三,台湾商务印书馆影印文渊阁《四库全书》本。

弱小，势也；由弱小制强大，道也。商之兴也，以亳，其胜也三千；周之兴也，以岐，其胜也八百。孟子曰：'得道者多助，失道者寡助。'"又云："有战之势，君子求胜于其道；有战之道，君子求胜于其辞。不以道逆势，太王之去邠也；不以道废辞，武王之观政也。"所谓"道"，在于有本、有教、有习三者的统一。故云："兵有本，有教，有习。本在人心，教在礼义，习在学校。本立教行而习成，则威加于强敌矣。"而所谓"有教"，则在于教之以孝悌忠信。故又云："古之为兵者，教之以孝弟忠信，惟恐其不君子也；后之为兵者，教之以权谋变诈，惟恐其不小人也。是故古之衰世，其民犹愿；后之治世，其兵犹悍也。"

在战略战术上，说斋认为既要有常法，又要有权变。其《愚书·兵财》有云："兵有权宜，昧之则泥；兵有常法，废之则败。达权以救败，则民莫不趋其事；守法以制变，则敌无所乘其隙。"这就是说，既要有正兵，又要有奇兵；既要有常守的法度，又要有应变的能力。只有把常法与权宜两方面辩证地统一起来，才能取得战争的预期效果。

说斋更重视把战争理论贯彻于当时实际的战略形势之中。所以，他对当时的实际形势作了深刻而细致的分析。他在《上张相公书》中说："兵之为道，诚多变矣，其大要不过天时、地利、人和而已。今之所谓天时，虽不论可也；所急者，地利耳；所赖者，人和耳。"①然而，当时在"地利"与"人和"两方面的实际情况究竟如何呢？说斋在同书中作了这样的论述：

> 越淮而战，最上策也。虽然，天下未有无其本而有其末，无其事而有其功者。使吾兵强而众，将智而勇，罗落周密，财力充裕，中原有响应之诚，狂寇有必败之势，长驱而前，一战而定，忠臣义士孰不愿之？今乃不然，将不抚士，不足恃也；士轻新毗，未可用也。长淮以南，鞠为邱墟，而无藩篱之固也；鬻爵度僧，尽用弊法，而无岁月之储也。向义之民，惩陈蔡之祸，有狐疑之心也；新立之寇，袭累世之业，未见可取之形也。②

说斋认为，当时在"地"方面的实际情况是"长淮以南，鞠为邱墟，而无藩篱之固

---

① 唐仲友《说斋文抄》卷三，《续金华丛书》本。
② 唐仲友《说斋文抄》卷三，《续金华丛书》本。

也";在"将"与"士"的关系上是"将不抚士,不足恃也;士轻新岫,未可用也";在"民心"方面的实际情况是"向义之民,惩陈蔡之祸,有狐疑之心也";而在敌国方面的实际情况则是"新立之寇,袭累世之业,未见可取之形也"。看来,无论在"地利"抑或"人和"方面的条件都是不具备的。所以,从当时的形势看来,说斋认为要想取胜是困难的。

然而,说斋并非反对抗金的主和派,而是强烈主张抗金复国的学者,所以,他在看到这种不利于抗金事业的恶劣形势时,当务之急在于探索所以造成这种恶劣形势的原因,才能有针对性地从根本上创造有利于抗金复国的"地利"和"人和"的条件。为此,他在《上四府书》中对导致这种恶劣形势的时弊作了深切的探讨。他说:

> 当今之急务,无问和之与守皆当深知而熟察之者,其患有四:眩于虚数,以兵为足用;惑于闲言,以敌为无能;财力屈而妄费;官爵滥而轻与。此皆已失之于前,当察之于今者也。国之所恃在兵,而寡固不可以敌众,古之以少胜众者,非巧拙之相远,则一时之侥幸也。学者徒见孟、荀不取强兵之说,遂以为强兵非王者事,殊不知三代之时,兵民未分,民众则兵强矣。孟子欲得民,而荀卿欲附民,是不务强兵之末,而深得强兵之本者也。今吾则异是,不教之民既不可驱而强,则所恃者,素养之兵耳。①

说斋认为,当时造成恶劣形势的弊端主要有四方面。这四种弊端必将造成兵微、财竭、官场腐败无能而又养成轻敌之心。而这样的劣势,岂足以取胜?后来韩侂胄冒进伐金以致造成大败丧师的严重恶果,正好证明说斋知彼知己的卓识。由此可见,说斋论战,并不单从军事出发,而是从政治、经济、军事以及敌我双方的实际情况进行全面论证,这无容置疑乃是他的高明之处。

---

① 唐仲友《说斋文抄》卷三,《续金华丛书》本。

第五章　陈亮的事功之学

　　婺州之学,除东莱吕氏和说斋唐氏而外,又有龙川陈亮崛起于永康而成鼎足之势。龙川素以王霸功利之说激励当世,旨在襄成恢复大业,故谓之事功之学。

第一节　坎坷的生平

　　陈亮(1143—1194),字同甫,世称龙川先生,永康人,世称其所传之学为永康学派。龙川性格豪爽,才气超迈,一生力主抗金,以图恢复。十九岁时,"考古人用兵成败之迹"而写成《酌古论》,自谓"独好霸王大略,兵机利害,颇若有自得于心者",故而总结了汉、唐以来许多军事活动的经验教训,作为抗金方略的借鉴。郡守周葵读后,目之为"他日国士"。及周葵执政,使龙川"得交一时豪杰",并授以《中庸》《大学》之旨。

　　乾道五年(1169),龙川向孝宗连上五疏,指陈形势,剖析利害,力主北伐,提出了中兴复仇的方案,即为《中兴五论》。因权臣所阻,其疏未能进呈帝览。不得已"退修于家,学者多归之,益力学著书者十年"①。他在当地创保社设帐讲学,益潜心钻研,进一步"穷天地造化之初,考古今沿革之变,以推极皇帝王霸之道,而得汉、魏、晋、唐长短之由"②,并写成了《三国纪年》等著作,其思想亦达到

---

① 《宋史》卷四三六《陈亮传》。
② 《上孝宗皇帝第一书》,《陈亮集》,第7页。

成熟发展的时期。

十年后,即于孝宗淳熙五年(1178)再赴临安,连续三次上书孝宗,主张移都建业,广开才路,充足财源,洗雪国耻。力劝利用当前大有可为的时机,北向复仇,不可苟安于东南一隅。其陈词激昂慷慨,孝宗为之动容,朝野亦为之震动。书中列举历史事实、山川形势、军事部署,有利于抗金的政治措施,以及鼓励民气等,道理实在,办法具体。孝宗预备擢用,为大臣所阻,仍回乡授徒。

淳熙十五年(1188)春,龙川亲到建业、京口(今镇江)一带实地察看形势,回到临安,再次上书孝宗,陈述复仇之义,重申移都建业、激励抗金以力图恢复之意,但被权臣目为"狂怪"。他对抗金的策划,可谓殚精竭虑,既有军事上的策略,又有政治上的措施,而且是从研究历史和亲自到建康一带观察地理形势得出来的务实之论。因孝宗即将禅位光宗,没有结果,又渡江而归。

光宗绍熙四年(1193),龙川应试进士,时光宗不朝重华宫(孝宗所居之宫),朝臣迭相进谏皆不听,而龙川在其对策中却似有为光宗辩解之意,故光宗见策大喜,本应名居第三,而御笔擢为第一。此事曾使龙川的声誉大受玷污,当时即有人认为是"阿谀上意",至全谢山修《宋元学案》时对他尚有"晚节尤有惭德"之评。龙川及第后,虽被授金书建康军节度判官厅公事之职,但未及上任,即于次年去世,未能展其抱负。所著有《龙川集》三十卷。

龙川终身为布衣之士,但其志存高远,慨然有经略四方之志。虽屡次上书而屡受挫折,乡居期间又曾为奸人所陷而两次下狱,但抗金复国之志终身不泯。为之奔走呼号,为之激切陈词,其感动人心,至为深远。

其学无所师承,然其为学,自孟子后唯推文中子王通。王通以经世为目的的学术归趣,为龙川所心仪,故龙川之学,可谓从王通而来。在学术主张上,龙川与吕东莱、薛士龙、陈君举、叶水心等均为同调,而其议论之率直、措辞之慷慨则大过之。

第二节　明道崇文之学

陈龙川虽以崇尚事功立言而反对高谈道德性命,但他把"礼乐刑政"和"仁义孝悌"二者交修并用作为治平天下之道,实合先秦儒家之本旨,亦与东莱之学颇为一致,因而进一步开拓了婺州之学的经世务实之风。

一　道平施于日用之间

极力倡言事功的陈龙川,在哲学上反对朱子理在气先的观点,认为"道"存在于具体的事物之中,是事物之理,不应离开事物而空讲"道"或"理"。其《六经发题》云:"夫盈宇宙者无非物,日用之间无非事。""道之在天下,平施于日用之间。……而其所谓平施于日用之间者,与生俱生,固不可得而离也。"①《勉强行道大有功论》云:"夫道,非出于形气之表,而常行于事物之间者也。"②他又在《与应仲实》中指出:"夫道之在天下,何物非道,千涂万辙,因事作则。"③这既表明道的存在具有绝对的普遍性,又表明其在特定情境之中所蕴含的实际内容具有特殊的确定性。又《与徐彦才大谏》云:"夫阴阳之气,阖辟往来,间不容息。……此天地盈虚消息之理,阳极必阴,阴极必阳,迭相为主而不可穷也。"④正是阴阳之气的不断运动,才使天道获得其自身存在的恒久。也就是说,道之存在的普遍性是通过其运动的绝对性来实现的,而其存在的永恒性又伴随着变化的必然性。因而对道的把握,应体现为实践上合乎事理之宜的行动。

关于人与天地之关系,龙川在《与朱元晦》书中云:

> 人之所以与天地并立而为三者,非天地常独运而人为有息也。人不立则天地不能以独运,舍天地则无以为道矣。夫"不为尧存,不为桀亡"者,非谓其舍人而为道也。若谓道之存亡非人所能与,则舍人可以为道,而释氏之言不诬矣。⑤

龙川认为,世界是为人而存在的,也是为人所改变的,天地之运的客观性只有在人的世界中才具有意义,而人道的本质则体现为对现实世界实施能动之干预的实践精神。因此,世界现象的普遍联系及其统一性便同样是人的社会性实践的结果。故龙川在《问答下》云:

---

① 《陈亮集》,第82—83页。
② 《陈亮集》,第79页。
③ 《陈亮集》,第253页。
④ 《陈亮集》,第249页。
⑤ 《陈亮集》,第273页。

万物皆备于我,而一人之身,百工之所为具。天下岂有身外之事,而性外之物哉!百骸九窍具而为人,然而不可以赤立也,必有衣焉以衣之,则衣非外物也;必有食焉以食之,则食非外物也;衣食足矣,然而不可以露处也,必有室庐以居之,则室庐非外物也;必有门户藩篱以卫之,则门户藩篱非外物也。至是宜可以已矣,然而非高明爽垲之地则不可以久也,非弓矢刀刃之防则不可以安也。若是者,皆非外物也。有一不具,则人道为有缺,是举吾身而弃之也。然而高卑小大,则各有分也;可否难易,则各有力也。徇其侈心而忘其分,不度其力,无财而欲以为悦,不得而欲以为悦,使天下冒冒焉惟美好之是趋,惟争夺之是务,以至于丧其身而不悔。然后从而告之曰:"身与心内也,夫物皆外也。徇外而忘内,不若乐其内而不愿乎其外也。"是教人以反本,而非本末具举之论也。①

在这里,龙川以"物我一体"为依据,反对理学家所谓心为内,物为外,"徇外而忘内,不若乐其内而不愿乎其外"的说法。而是认为,人既是创造世界的主体,便亦应该是享受世界的主体,一切物质设施都为人事所建立,一切自然之物都为人生所利用,故天下万物都与己身相切,与己心相关。这一统一性观念的确立,不仅表明龙川将整个世界都纳入了人的存在与实践范畴,而且表明他对主体性实现了极大的高扬。主体的能动性实践活动是实现人道自身完善的方式。其《六经发题》云:"人道备,则足以周天下之理,而通天下之变。"②其《人法》云:"天下大势之所趋,天地鬼神不能易,而易之者,人也。"③

龙川对于"理一分殊"之说,也有自己的见解。在他看来,作为宇宙总法则的"理一",与作为各种事物的具体法则的"分殊",是密切联系而不可分割的。其《西铭说》云:

今之言曰:"亲亲而仁民,仁民而爱物。"彼以其分之次第自取尔,非吾心之异也。取之虽异,而吾心则一,故曰"理一而分殊"。……尝试观诸其身,耳目鼻口,肢体脉络,森然有成列而不乱,定其分于一体

---

① 《陈亮集》,第 34 页。
② 《陈亮集》,第 83 页。
③ 《陈亮集》,第 98 页。

也。一处有阙，岂惟失其用，而体固不完矣。是"理一而分殊"之说也，是推理存义之实也。……故理一所以为分殊也，非理一而分则殊也。苟能使吾生之所固有者各当其定分而不乱，是其所以为理一也。[①]

龙川将"理一分殊"理解为全体与部分的关系。全体是部分的有机整合，部分则是全体的有机构成。惟当部分森然有序而不乱，各处于其恰当合宜之地位，全体才可能是完整统一的；若一处有缺，即全体为不完。故就全体之大用而言，它便是部分一定之用(即所谓"定分")的整合。部分的缺失或其职分的失当，必将造成全体之用的偏废，故一物有阙，即不得其义(义者宜也)，即理为不完。由此可见，龙川之所谓"理一"，实际上就是构成全体的各个部分在其职分上的共同指向，而"分殊"的共同指向即为全体之"理一"。所以，"理一"与"分殊"，即为统一体本身的内部和谐，故《西铭》既以天地万物为吾一体，则天地的全体大用便须由一切万物各当其定分来实现，这正须由吾的主体性来承担。

龙川论心，主张"心主于仁"，而以"明于事物之故"为前提。其《六经发题》云："古之帝王独明于事物之故，发言立政，顺民之心，因时之宜，处其常而不惰，遇其变而天下安之。"[②]他还认为，心是事功的主宰，合乎人的目的性是检验历史过程的正当性的唯一标准。他说："今而后知三百三千之仪，无非吾心之所流通也。心不至焉，而礼亦去之。尽吾之心，则动容周旋，无往而不中矣。"[③]这是强调了人的目的之实现，在于符合人自身的需要。

二　理以制欲之论

在理欲观上，龙川从其"天下无性外之物"的理论出发，认为"欲"是人的自然本性。凡与人之现实生存密切相关的一切物质设施，在本质上都不能视之为"外物"，因为它们共同构成了人生的必要条件。这种生存条件的缺乏，即意味着人生本身有所亏缺。所以必要的物质条件的完具与满足，便自然地为人性所包容；而追求这种条件的满足，便是人性的当然要求。然而他在《勉强行道大有功》中认为，人在现实世界中，"目与物接，心与事俱，其所以取吾之喜、怒、哀、

---

①　《陈亮集》，第 208 页。
②　《陈亮集》，第 82 页。
③　《陈亮集》，第 84 页。

乐、爱、恶者不一端也,安能保事事物物之得其正哉! 一息不操,则其心放矣"①。
所以,他认为如果只顾满足个人的私欲,那是害道的,所以对于人们的物欲应加
以节制,将其纳入伦理的"分"中去,而把道德看成是对物欲的限制和规定。故
其《问答下》云:

> 耳之于声也,目之于色也,鼻之于臭也,口之于味也,四肢之于安
> 佚也,性也,有命焉。出于性,则人之所同欲也;委于命,则必有制之者
> 而不可违也。富贵尊荣,则耳目口鼻之与肢体皆得其欲;危亡困辱,则
> 反是。故天下不得自徇其欲也,一切惟君长之为听。君长非能自制其
> 柄也,因其欲恶而为之节而已。叙五典,秩五礼,以与天下共之。②

所以,龙川所倡导的不是"灭人欲",而恰恰是要在"有以制之者"的前提下将"人
欲"作为"鼓动天下"以成就事功的工具,亦即要利用人欲并将它导入于合理的
方向。其《勉强行道大有功》云:

> 齐宣王之好色、好货、好勇,皆害道之事也,孟子乃欲进而扩充之:
> 好色人心之所同,达之于民无怨旷,则强勉行道以达其同心,而好色必
> 不至于溺,而非道之害也;好货人心之所同,而达之于民无冻馁,则强
> 勉行道以达其同心,而好货必不至于陷,而非道之害也;人谁不好勇,
> 而独患其不大耳。人心之所无,虽孟子亦不能以顺而诱之也。③

好色、好货、好勇,代表了人的自然欲求,当它仅仅局限于某一个体自身的时候,
它未必为善,而可能为"害道之事";但当其突破个体的自身局限,扩充于"人心
之所同",便即转化为善,"非道之害也"。因此,仁义道德之心是从自然人性那
里自然诱导出来的,是以己之所欲扩充于民之同欲,故道德乃是自然人性之社
会化的结果。故又云:"夫喜、怒、哀、乐、爱、恶,所以受形于天地而被色而生者
也,六者得其正则为道,失其正则为欲。……夫道岂有它物哉,喜、怒、哀、乐、

---

① 《陈亮集》,第 79 页。
② 《陈亮集》,第 32 页。
③ 《陈亮集》,第 80 页。

爱、恶得其正而已；行道岂有他事哉，审喜、怒、哀、乐、爱、恶之端而已。"[1]在他看来，六情是人欲，但其价值并不必然地与恶相联系，反而是与道相联系的。六情之正即是道，故若天下人之六情皆能得其正，则国家平治，人民安康，道义光明，然则所谓行道，其实质原不在于内心的体察涵养，而在于使天下人之六情皆能得其正而已。所以，"因其欲恶而为之节"，不仅不与自然人性相冲突，而且这种限制的目的，正在于使社会共同体中人人皆能达其同欲。

三　文以载道之论

陈龙川极力主张文以载道。其《六经发题·诗》云："当先王时，天下之人，其发乎情，止乎礼义，盖有不知其然而然者。……圣人之于《诗》，固将使天下复性情之正，而得其平施于日用之间者。"[2]龙川认为，《诗经》之所表现的无非是道，故诗人发而为诗，遂为道的载体。"平施于日用之间者"即是"道"，故只有"道"成为诗所表现之内容的时候，才能发挥其"使天下复性情之正"的功能。

诗如此，文也同样如此。其《复吴叔异》云："古人之于文也，犹其为仕也。仕将以行其道也，文将以载其道也。道不在我，则虽仕何为？虽有文，当与利口者争长耳。"[3]若为仕在于行道，则为文将为传道。道便是文之内在的本质限定，逸出这一限定，则虽有华词美文，无异"与利口者争长"，毫无现实意义。文之所以载道，即其"根乎仁义而达之政理"，发乎性情之正而足以摇感民心。因此，文足为传道之器，必非为害道之资，道与文不是相互乖离而是相互一贯，并且文本身有其不可被取代的干预现实的独特功能。故就文与道的关系而言，它们是相互扶持、相辅以行的，道应成为文所蕴含的内容，故为文有益于世教，学文有裨于明道。可见龙川的文学思想，继承了唐宋以来的古文家所倡导的基本精神，反对专事文字之美艳的追求，而要求言之有意，载之有道，使道义的精深、立意的超远与造语的平淡、文风的简朴相互融会。

龙川认为写作论文之法，应"意与理胜"。其在《书作论法后》云："大凡论不必作好语言，意与理胜则文字自然超众。故大手之文，不为诡异之体而自然宏富，不为险怪之辞而自然典丽，奇寓于纯粹之中，巧藏于和易之内。不善学文者，不求高于理与意，而务求奇巧于文彩辞句之间，则亦陋矣。故杜牧之云：'意

---

① 《陈亮集》，第 79 页。
② 《陈亮集》，第 83 页。
③ 《陈亮集》，第 314 页。

全胜者,辞愈朴而文愈高;意不胜者,辞愈华而文愈鄙。'昔黄山谷云:'好作奇语,自是文章一病,但当以理为主。'理得而辞顺,文章自然出群拔萃。"①这是阐明文章之"意与理"与语言文辞之间的关系,亦即内容与形式的关系。

所谓"意与理",除开道德仁义的内容,亦指作者的独特立意与篇章结构之文理。立意超拔,格调高雅,必要求作者有其独特的思想感情之投入。立意之高卑,是作者对道德体味之深浅及其人格之高卑的体现,故学文必求高于意与理。写好文章的根本,在于意与理,而不在文辞的工丽。当然,这是针对"论"这一文体而言,并非所有文体都是如此。

龙川不善作诗而好填词,世谓龙川善于以词代论,主要就是以词的形式,重申他所坚持的以恢复中原为核心的政治思想,词与政论之内容相互一贯,使其作品带上了一层浓厚的政论色彩,形成了以词为论的鲜明特色。

第三节　事功经世之学

龙川的经世之学,重在阐明其"治天下贵乎实"的基本原则。他主张治国必须着眼于社会政治的实际情形,变通古今,参合异同,以达夫时措之宜。这明显体现了求真务实的基本精神。

一　王霸功利之论

在历史观上,龙川有所谓皇帝王霸之论。其《问皇帝王霸之道》云:"一阴一阳之谓道,而三极之立也,分阴阳于天,分刚柔于地,分仁义于人,天地人各有其道,则道既分矣。伏羲、神农用之以开天地,则曰皇道;黄帝、尧、舜用之以定人道之经,则曰帝道;禹、汤、文、武用之以治天下,则又曰王道;王道衰,五霸迭出以相雄长,则又曰霸道。皇降而帝,帝降而王,王降而霸,各自为道,而道何其多门也邪? 无怪乎诸子百家之为是纷纷也。"②依龙川之见,从历史有其发展的连续性与统一性而言,则"皇降而帝,帝降而王,王降而霸",仅仅是社会现实之历史性变动的体现;斟酌这种现实的历史性变动而施以合乎时宜的政治之道,正

---

① 《陈亮集》,第228页。

② 《陈亮集》,第135页。

是切于世用而又根本有效的政治原则。故其《谋臣传序》云:"昔尧舜之际专尚德化,三代之王以仁政,伯国以谋,战国以力。治乱之不同,所从来异矣。由汉迄今,有国家者始兼而用之。"①汉以降之兼用王霸之道,并非对于三代王道的背叛,而是合乎时势变化之宜。

龙川认为,三代之王道乃是对皇道、帝道之合乎现实的修正,五霸之不用王道,乃至汉唐之"霸王之杂",同样是历史的选择。其《问皇帝王霸之道》云:"孔子之叙《书》也,上述尧舜而不道其前,则皇道固已不可为法于后世矣。""帝王之道,万世之法程也,然而子思称夫子之言曰:'王天下有三重焉',则帝道又或可略也。"降及汉唐,"董生、刘向、扬雄,汉儒之巨擘也,相与世守其法而不废,诸儒之说既一于王道矣,而汉家之制度乃以霸王之道杂之。李氏之兴,一曰仁义,二曰仁义,而详考其制度,则无以异于汉氏也,虽不曰霸王之杂,可乎? 儒者专言王道,而趋事功者必曰霸王之杂"。②故在龙川看来,自禹、汤、文、武所推行的王道衰微以后,儒家所理想的王道、仁政就从未以其所构想的原本样式在历史上被实现过,而以"综核名实,信赏必罚"为基本精神的霸道与"霸王之杂"的治世之道,则不仅被实现过,且取得了极大的成功。这其中的历史经验是值得深刻反思的。

龙川之所以倡言皇帝王霸之论,归根结底在于为本朝探求致治的历史经验。故其《问皇帝王霸之道》又云:"本朝专用儒以治天下,而王道之说始一矣。然而德泽有余而事功不足,虽老成持重之士犹知病之,而富国强兵之说,于是出为时用,以济儒道之所不及。……今翠华局处江表,九重霄旰以为大耻,儒者犹言王道,而富强之说慷慨可观,天下皆以为不可行,何也? ……始之以王道,而卒屈于富强,岂不将贻天下之大忧邪?"③值得深思的是,汉唐诸儒虽未尝辨析天理人欲以至于丝毫不谬,但汉唐之治能国力雄厚威服四邻;而本朝独主于王道,却终致山河破碎人民流离,国势不振而受邻邦之辱。所谓"德泽有余而事功不足","始之以王道而卒屈于富强",确乎是一种理论与现实的悖反。所以他最后表明:"王霸之杂,事功之会,有可以裨王道之阙而出乎富强之外者,愿与诸君通古今而论之,以待上之采择。"④

---

① 《陈亮集》,第 190 页。
② 《陈亮集》,第 136 页。
③ 《陈亮集》,第 136 页。
④ 《陈亮集》,第 136 页。

　　龙川认为,王道衰微而有霸道,五霸消亡而有汉家的霸王之杂,这其中体现了天人之际的历史性变动,具有某种不可逆转的必然性。政治之根本原则存乎慎辨当世的天人之际,审度其时代的实际情形而因时立制。无论是王道、霸道还是王霸之杂,均有其充分的合理性。而某种政治原则的合理性必须同时体现为实践上的有效性而与功利相联系,否则在现实性上乃是不合理的。故其《问古今治道治法》云:"故才智之士始得奋其说,以为治天下贵乎实耳。综核名实,信赏必罚,朝行暮效,安用夫大而无当、高而未易行之说哉!然则汉武之旧,宣帝之政,果不可易也,儒者徒自苦耳。"①正是在"贵乎实"这一意义上,王霸之道并非互不相容。朱子尝以动机之未本于纯粹道德而谴责汉唐尽是人欲,并亦不取其事功。龙川则认为动机必展现于行为之结果,并就其结果而判定汉唐虽杂以王霸,然其道固本于王,王霸在实践上是可以相互统一的。

　　若从孔孟学说本身而言,所言王道并不排斥事功。其《问古今治道治法》云:"孟子言王道,本之以农桑,而鸡豚狗彘之微,材木鱼鳖之用,往往无所不及;至于言经界、谷禄,其事为尤详。"②则孟子不仅不排斥事业功利,而且王道所藉以推行的现实基础正在于这种事功的开辟与建立。如果王道在本质上是对人民推行仁政,是属意于人民生活之实际状况的改善,那么它恰好必须建立在国家富足与人民生活安定的基础之上,而国家之富足的谋求就必然是功利性的。因此,一言功利就被指责为霸道,实际上正背叛了孔孟所言王道的本质精神。

　　乾道、淳熙间,朱、张、陆三家道学皆谈性命而辟功利,故在王霸的截然对立之中,朱子将纯粹道德的内容归诸王道,而将事业功利属诸霸道,似乎王道本身是排斥事功的,而"立功建业别是法门",并非王道所应有的内容。而龙川独谓:"禹无功,何以成六府;乾无利,何以具四德。如之何其可废也。"在龙川看来,如果将立功建业排斥于王道之外,便在本质上肢解了孔孟儒学,割裂了它内外涵摄的整体统一性,从而取消了它作为现实政治之指导思想的正当性,因为政治在实践上是不可能纯然排斥事功的。因而在道德观上,龙川主张功利与道德的统一,主张道德的"义"应从事功的"利"中体现出来。因而他在倡言事功的同时,并未否定道德的重要性。他认为,维护道德不能脱离关心民间疾苦和国计民生,道德修养不能徒事空谈而要通过实事实功来体现。

---

① 《陈亮集》,第 133 页。
② 《陈亮集》,第 132 页。

由此可见,龙川之论王霸,实际上是要求着眼于社会政治的实际情形,变通古今,参合异同,以达夫时措之宜。

二 为君执要之议

在政治上,龙川认为致治之原在于人主之心。其《汉论·文帝》云:"一人之心,万化之原也。本原不正,其如正天下何? 是故人主不可不先正其心也。此心既正,纯矣而固,一矣而无二三,培事物之根,濬至理之源,择善而固执之,不以他道杂之,虽非常可喜之说欲乘间而进,吾无庸受焉,则终始惟一,无间杂之病,施之治道,岂不粹然而明,浑然而全欤!"①显然,人主之心即为政治之根本,为治道之本原。因而人主之个体道德的完善,与作为其外向显现形式的政治之完善是一致的。

龙川很重视才智,但又认为天下不可以才智独运。其《汉论·光武》云:"人主之拨乱反正,非神武之才,聪明之智,未易以慑英雄而使之帖服。君子固谓欲成中兴之美,非才智不可也。"然而正如《汉论·宣帝朝》所云:"一己之聪明有限,有限则易以昏;众人之聪明无穷,无穷则难以蔽。"②所以龙川竭力反对"圣断裁制中外"的现象。其《上孝宗皇帝第一书》云:"圣断裁制中外,而大臣充位;胥吏坐行条令,而百司逃责。人才日以阘茸,臣恐程文之士、资格之官,不足以当度外之用也。"③其《中兴论·论执要之道》云:

> 臣窃惟陛下自践祚以来,亲事法官之中,明见万里之外,发一政,用一人,无非出于独断;下至朝廷之小臣,郡县之琐政,一切上劳圣虑。……今朝廷有一政事而多出于御批,有一委任而多出于特旨。使政事而皆善,委任而皆当,固足以彰陛下之圣德,而尤不免好详之名;万一不然,而徒使宰辅之避事者得用以藉口。④

龙川认为,"人主之职本在于辨邪正,专委任,明政之大体,总权之大纲"⑤。惟在

---

① 《陈亮集》,第 153 页。
② 《陈亮集》,第 181 页。
③ 《陈亮集》,第 5 页。
④ 《陈亮集》,第 21—22 页。
⑤ 《陈亮集》,第 21—22 页。

于秉枢执要而已。显然,这与吕东莱批判孝宗"独运万机"之弊的见解完全一致。故君主之治天下,切忌专恃一己之聪明才智,而须集思广益,兼天下之视听,用众人之聪明。

三　建制施政之议

龙川还主张因时制宜的治国之道。他不赞成道学家认为道不可变、三代之治尽善尽美,只可效法而不可立异的观点,而是主张因时制宜,该变就要变。他在《问答上》中说:"孔子之作《春秋》,其于三代之道,或增或损,或从或违,必取其与世宜者举而措之,而不必徇其旧典。"①在《上孝宗皇帝第三书》中说:"臣窃惟艺祖皇帝经画天下之大略,盖将上承周汉之治。太宗皇帝一切律之于规矩准绳之内,以立百五六十年太平之基。至于今日,而不思所以变而通之,则维持之具穷矣。"②主张不可守旧,应该根据时代的发展和实际情况适时变更。

关于法治与人治的关系,龙川是并重的。其《问汉唐及今日法制》云:"仁义、法制,帝王之所以维持天下之具也。"③《三先生论事录序》云:"夫法度不正则人极不立,人极不立则仁义礼乐无所措,仁义礼乐无所措则圣人之用息矣。"④《人法》云:"人心之多私,而以法为公,此天下之大势所以日趋于法而不可御也。"⑤又云:"天下不可以无法也,法必待人而后行者也。"⑥因此,龙川提出了"以人行法"的观点:

> 法固不可无,而人亦不可少。闻以人行法矣,未闻使法之自行也。立法于此,而非人不行,此天下之正法也。法一立而人主以用人为己忧,兢兢然惧任官之非其人而法不能行也,故上当其忧而下任其责,天下所以常治而无乱也。病无其人而一委于法,此一时之私心也,法一详而人君以用非其人为未害,纤悉委曲,条目具备,彼固不能尽出吾法之外也,故上无近忧而下不任责,天下之事所以常可虞也。⑦

---

① 《陈亮集》,第 31 页。
② 《陈亮集》,第 10 页。
③ 《陈亮集》,第 117 页。
④ 《陈亮集》,第 203 页。
⑤ 《陈亮集》,第 98 页。
⑥ 《陈亮集》,第 100 页。
⑦ 《陈亮集》,第 98 页。

显然,龙川很重视立法与执法的关系,并强调善择人以执法较之立法本身更为重要。任何一项立法本身都往往不能确保该项法令在实践上必能有效地被贯彻,法令之贯彻的有效性取决于人,故执法者的素质,实际上便成为立法本身是否有效的重要因素。假若用非其人,那么欲"恃法以为治"而求其无弊,的确非常困难。

龙川还认为,刑罚既轻而教之以礼乐,则民命可以完全,道德可以归厚,政事必至大理;若滥用刑罚,以杀为能,反至于风俗浇薄,良非治世之道。

龙川在强调减轻刑罚的同时,又给予"赏罚"以特殊的重视。其《六经发题·春秋》云:"夫赏,天命;罚,天讨也。天子,奉天而行者也。赏罚而一毫不得其当,是慢天也。慢而至于颠倒错乱,则天道灭矣;灭天道,则为自绝于天。"[1]其《问答下》云:"孔子之作《春秋》,公赏罚以复人性而已。……故私喜怒者,亡国之赏罚也;公欲恶者,王者之赏罚也。外赏罚以求君道者,迂儒之论也;执赏罚以驱天下者,霸者之术也。"[2]在这里,龙川实际上看到了在皇帝专制统治下,赏罚往往成为君主以一己之私制天下的工具而颠倒了善恶。对于道学界那种"外赏罚以求君道"的理论,他斥之为"迂儒之论";然而也不赞成"执赏罚以驱天下"的"霸者之术",这正说明其在潜意识中所蕴含的崇王黜霸之意。

由是观之,龙川虽特别重视事功,但也并非轻视道德,而是主张道德与事功并重。他在《廷对》中说:"礼乐刑政,所以董正天下而君之也;仁义孝悌,所以率先天下而为之师也。二者交修而并用,则人心有正而无邪,民命有直而无枉,治乱安危之所由以分也。"[3]他把"礼乐刑政"和"仁义孝悌"二者交修并用作为治平天下之道,实合先秦儒家之本旨。

四　理财足用之议

南宋所辖虽半壁江山,但国家财政收入的总量倍于北宋,其中的极大部分又都用于军费,故军费的巨额开支是造成当时财政困难的重要原因。故龙川认为,要解决国家困于养兵之弊,应推行古代兵农合一之道。其《问兵农分合》云:

　　三代之时,民生足以自衣食,而力足以自卫。五人之中,必有智过

---

① 《陈亮集》,第85页。
② 《陈亮集》,第33页。
③ 《陈亮集》,第92页。

五人者,等而上之,以至倍蓰、什百、千万而无算。先王为之农官,次第
以处之,使用其智力以养其所隶之人,故智愚各得其所,而上下各安其
业。无事皆良农,有事皆精兵,而将校又皆有常人,此兵农合一所以为
天地之常经也。井法坏而兵犹出于民,则业民犹有常法,恤民犹有实
惠。及兵民既分,则民知奉租税而已,兵知执干戈而已,无事则民偷而
兵惰,有事则民穷而兵骄。上之人又方计田亩以赋于民,业民之法不
暇论也。举天下之力不足以养兵,则恤民又安有实惠乎?①

兵农合一,既减省了军费支出,又密切了军民关系,且没有"无事则民偷而兵惰,
有事则民穷而兵骄"这种因兵民相分所带来的弊病。同时,消除了农民过于沉
重的军费负担,在经济上必将有所改善。故龙川竭力主张进行兵制改革,实行
兵农合一之道,则恤民可以见其实惠,财用也将为之不匮。

龙川又认为,社会的正常功能在于互通有无、相互帮助的"交相养"。他说:
"昔者先王居民之制,固使之交相养,而非欲其截然而各立也。井邑之间,有无
相通,缓急相救。是以疾病死丧,民无遗憾;鳏寡孤独,天有全功。"其《四弊》云:
"古者官民一家也,农商一事也。上下相恤,有无相通,民病则求之官,国病则资
诸民。商藉农而立,农赖商而行,求以相补,而非求以相病。……使得以行其意
而举其职,展布四体,通其有无,官民农商,各安其所而乐其生,夫是以为至治之
极。"②即此可见,他所谓的"交相养",一是指官民之间的"上下相恤",二是指农
商之间的"有无相通"。只要做到这两点,就能达到"官民农商,各安其所而乐其
生"的理想状态。他在继东莱提出"本末并举"之说后,又进而具体地提出"商藉
农而立,农赖商而行"的"农商相通"之说。可见作为婺学代表的吕、陈两家在经
济观点上的一致性。这不仅是对先秦法家思想乃至汉代以来杂用法家之说的
"重农抑商"的陈旧偏见之纠正,而且又使得婺学之中又增加了工商与农并重的
特色。

龙川在他设计的恢复大业的方案中,还提出了节浮费,斥虚文,繁殖户口,
增多财赋,充实禁旅之数,调度军旅之储等主张。限于篇幅,未及详论。

---

①　《陈亮集》,第129页。
②　《陈亮集》,第111页。

第四节　中兴恢复之策

陈龙川之所以潜心考究古今之变,创为皇帝王霸之学,其目的即在于振起国势,以实现中兴恢复之业。故关于中兴恢复的主张和建议,乃是龙川之学的中心内容。

一　复国雪耻之议

龙川积极主张报仇雪耻,恢复中原,统一全国;坚决反对议和妥协,苟安东南。他以孔子《春秋》之"尊王攘夷"与所谓"夷夏之辨"作为论恢复的理论依据。"尊王"之义,主于"大一统",惟天下之纪统于一,"尊王"之义方始大显,而"攘夷"即所以"尊王"也。其《上孝宗皇帝第一书》云:"中国,天地之正气也,天命之所钟也,人心之所会也,衣冠礼乐之所萃也,百代帝王之所以相承也,岂天地之外夷狄邪气之所可奸哉!"[1]中国乃为文明之渊薮,代表了一种与民族血液相交融的历史文化传统,为天命人心所以维系之所在。因此,"尊王攘夷"不仅仅是抵御外侮,而且是为捍卫文明而对野蛮的抗拒。

龙川认为,孔子作《春秋》,严夷夏之辨,正欲为人道立极,若坐视中原沦陷而不之恤,使"堂堂中国,而蠢尔丑虏安坐而据之,以二帝三王之所都,而为五十年犬羊之渊薮,国家之耻不得雪,臣子之愤不得伸,天地之正气不得而发泄"[2],便是使人道废绝,使天命乖离,使文明坠地,使圣人之道幽闭而不显。故其《问答下》云:"今中原既变于夷狄矣,明中国之道,扫地以求更新可也!使民生宛转于狄道而无有已时,则何所贵于人乎!"[3]故是否能实现中原恢复之业,实质上即为是否能真正继承圣人之道而实现人道的完善。可见龙川是把恢复中原这一事业,真正提到历史文化之传统的继承与发扬这一高度来认识的。正是在这一思想的指导下,他竭力主张恢复中原,反对和议。而其原则在于:"古者帝王之制夷狄也,叛则讨之,服则舍之,纵舍之权在中国,故不能为吾患。"

龙川更认为国仇未报,是学者和臣子的大耻辱、大责任。其《中兴论》云:

---

① 《陈亮集》,第 1 页。

② 《陈亮集》,第 2 页。

③ 《陈亮集》,第 38 页。

"赤子嗷嗷无告,不可以不拯;国家凭陵之耻,不可以不雪;陵寝不可以不还,舆地不可以不复。"①《上孝宗皇帝第一书》云:"今者举一世而亡君父之大仇,此岂人道之所可安乎! 使学者知学孔子,当进陛下以有为,决不沮陛下以苟安也。"②于是反对空谈心性,专讲经世致用的实务,主张以开物成务作为政治之大本,来建立复国雪耻的基础。

在具体措施上,他建议徙都建业,筑行宫于武昌,不要龟缩在临安。并要求:澄清吏治,选举贤能;核名实,明赏罚;置大帅以总边陲而委之专,任文武以分边郡而付之久;右武事以振国家之势,来敢言以作天子之气;精间谍以得虏人之情,据形势以动中原之心。凡此种种,都是恢复中原切要之图,必须努力以赴才能见效。这种切实而具体的抗金策略,完全不同于当时道学家所倡言的偏重于以正心诚意为本的观点。

二　选才任人之议

龙川主张任用德才交修之士以共图恢复大业。然而他认为当时朝廷之用人可谓弊陋已极,其《再上孝宗皇帝书》云:"才者以跅弛而弃,不才者以平稳而用。""朝得一才士,而暮以当路不便而逐;心知为庸人,而外以人言不至而留。"③其《中兴论·论开诚之道》云:"天下懦庸委琐之人,得以自容而无嫌;而狂斐妄诞之流,得以肆言而无忌。中实无能而外为欺罔,位实非称而意辄不满。平居则何官不可为,缓急则何人不退缩!"④故龙川认为,真正所缺乏的不是人才,而是朝廷任贤使能之策与君主求用人才的诚心。故龙川接着云:

> 何世不生才,何才不资世! 天下雄伟英豪之士,未尝不延颈待用,而每视人主之心为如何。使人主虚心以待之,推诚以用之,虽不必高爵重禄而可使之死,况于其中之计谋乎! 人主而有矜天下之心,则虽高爵重禄日陈于前,而雄伟英豪之士有穷饿而死尔,义有所不屑于此也。夫天下之可以爵位诱者,皆非所谓雄伟英豪之士也。陛下勿以其可以爵位诱,奴使而婢呼之。天下固有雄伟英豪之士,惧陛下诚心之

---

① 《陈亮集》,第 18 页。
② 《陈亮集》,第 2 页。
③ 《陈亮集》,第 15 页。
④ 《陈亮集》,第 21 页。

不至而未来也。①

这是说，天下乏才的真正原因是君主不善任用人才。若果有求才之意，那么在任用人才时，便应去其矜天下之心，虚心推诚，与其权，责其效，且须尊重其人格。若朝用而夕逐，奴使而婢呼，则英豪之士宁穷饿而死，不肯受此嗟来之爵禄。故君主是否诚心求之，善用人才并尊重人才，便是天下人才能否为朝廷所用的关键。故龙川又云：

> 自古大有为之君，慷慨果敢而示之以必为之意，明白洞达而开之以无隐之诚，故天下雄伟英豪之士，声从响应，云蒸雾集，争以其所长自效而不敢萌欺罔之心，截然各职其职而不敢生不满之念。故所欲而获，所为而成，而卓乎其不可及也。②

龙川认为，当此非常变故之际，欲求恢复之功，正需君主"慷慨果敢而示之以必为之意"，尤需突破寻常选拔人才的程序格式，以期求得度外之士与非常之才。其《再上孝宗皇帝书》云："有非常之人，然后可以建非常之功。求非常之功而用常才、出常计、举常事以应之者，不待智者而后知其不济也。"③并认为"非常之事非可与常人谋也"④，而所谓"非常之人"，也就是才智之士。他在《酌古论·崔浩》中认定"古之所谓英豪之士者，必有过人之智"；"天下有奇智者"，"其谙历者甚熟而所见者甚远也"⑤。故龙川认为，"苟得非常之人以共之"，则中原恢复之事业，将如"电扫六合，非难致之事也"⑥；若一仍其旧，故步自封，则不仅北向复仇必为空言，而且政权维持之具将至于穷而无复可恃也。

龙川还在《廷对》中说："吾夫子列四科而厕德行于言语、政事、文学者，天下之长俱得自进于极也。……而二十年来，道德性命之学一兴，而文章政事几于尽废。其说既偏，而有志之士盖尝患苦之矣。……臣愿陛下明师道以临天下，仁义孝悌交发而示之，尽收天下之人材，长短小大，各见诸用，德行、言语、政事、

---

① 《陈亮集》，第21页。
② 《陈亮集》，第20页。
③ 《陈亮集》，第12页。
④ 《陈亮集》，第14页。
⑤ 《陈亮集》，第64页。
⑥ 《陈亮集》，第15页。

文学无一之或废。"①孔子培养弟子,既要求德才兼备,又倡导多科并用而各尽所长。龙川根据孔子这种培养人才的原则,主张任用德才交修之士以共图恢复大业,以作为朝廷选拔人才的原则。

其实,任用人才与培养人才是密不可分的,故龙川在永康创立保社以教授弟子,旨在讲求"名务其实",并认为教育目的在教人"做人",而不是教人"作儒"。朱子希望龙川应"以醇儒自律",而龙川复信则以孔子的"成人"之道来加以反驳:"秘书不教人以成人之道,而教以醇儒自律,岂揣其分量则止于此乎?不然,亮犹有遗恨也。"②所谓"成人",就是指知、仁、勇、艺等各方面都具备的通才而言,其实也正相当于东莱所说的"实材"。龙川在复信中指出醇儒所修持的不过是"研习义理之精微,辨析古今之同异,原心于秒忽,较礼于分寸,以积累为功,以涵养为正"以及"睟面盎背"等,并说这一套自愧不如,但是像"堂堂之阵,正正之旗,风雨云雷交发而并至,龙蛇虎豹变见而出没,推倒一世之智勇,开拓万古之心胸",我却有所长。③所以,龙川不赞成培养"醇儒式"的人才,而是要培养具有实学和多方面艺能,有开阔的心胸和善于察古今之变的通经达用的才智之士。这就为国家选拔有用人才提供了理论来源。

三　战略兵防之议

龙川的军事思想,集中体现在《酌古论》中。他在序中主张文武兼资:"文武之道一也,后世始歧而为二。……吾以谓文非铅椠也,必有处事之才;武非剑楯也,必有料敌之智。才智所在,一焉而已。"④在正文中则进而强调战略战术的重要性。

在战略方面,其《酌古论·吕蒙》云:"成天下之大功者,有天下之深谋者也;制天下之深谋者,志天下者也。夫以天下之大,而存乎吾之志,则除天下之患,安天下之民,皆吾之责也。其深谋远虑,必使天下定于一而后已。"⑤战略的总体决策必须有明确的目标,即须有"必使天下定于一"的大志。同书《曹公》云:"取天下之大计,不可以不先定也。"⑥又云:"善图天下者无坚敌,岂敌之皆不足破

---

① 《陈亮集》,第 93 页。
② 《陈亮集》,第 270 页。
③ 《陈亮集》,第 269 页。
④ 《陈亮集》,第 39 页。
⑤ 《陈亮集》,第 50 页。
⑥ 《陈亮集》,第 43 页。

哉？得其术而已矣。夫运奇谋，出奇兵，决机于两阵之间，世之所谓术也。此其为术，犹有所穷。而审敌情，料敌势，观天下之利害，识进取之缓急，彼可以先，此可以后，次第收之，而无一不酬其意，而后可与言术矣。……夫所谓术者，当审敌之强弱难易而为之先后。"①这里所谓"运奇谋，出奇兵，决机于两阵之间"，是关于具体的战术运用的问题；而所谓"审敌情，料敌势，观天下之利害，识进取之缓急"，则是关于总体战略规划的问题。

在战术方面，龙川很重视谋夫策士对于料敌制胜、计策谋虑的运用。其《酌古论·薛公》云："所贵乎谋夫策士者，为其能审料敌情以释人君之忧也。……方敌人勃然而起，人君四顾惶惑，茫然未知所措，有一人焉奋身而出言之，设为定计，使中敌人之所为，晓然如目见其事而言之者，使人君得先为之规画处置，而向者之忧一旦释然，此谋夫策士所以为可贵也。"②而同书《崔浩》云：

> 两军对垒，临机料之，曲折备之，此未足为智也。天下有奇智者，运筹于掌握之间，制胜于千里之外，其始若甚茫然，而其终无一不如其言者，此其谙历者甚熟而所见者甚远也。故始而定计也，人咸以为诞；已而成功也，人咸以为神；徐而究之，则非诞非神，而悉出于人情，顾人弗之察耳。③

这种"奇智"非出于天纵，而原于"谙历者甚熟"，即对敌我双方之情势有笃实真切的了解，并富有生活与作战的实际经验。

龙川对于地形在战争中所起的重要性有充分的认识。其《中兴论》云："夫奇变之道，虽本乎人谋，而常因乎地形。一纵一横，或长或短，缓急之相形，盈虚之相倾，此人谋之所措而奇变之所寓也。"④是否占据有利的地理位置，有时对战争的胜负起着关键作用。就抗金复国这一最迫切的现实问题而言，龙川认为将是一场持久战。其《上孝宗皇帝第一书》云："今丑虏之植根既久，不可以一举而遂灭；国家之大势未张，不可以一朝而大举。"⑤故须为之详细谋划，而在战备时

① 《陈亮集》，第41—42页。
② 《陈亮集》，第59页。
③ 《陈亮集》，第64页。
④ 《陈亮集》，第19页。
⑤ 《陈亮集》，第3页。

预先占取有利的地理位置就更为重要。所以在抗金军事部署上,他主张移都建业,重镇荆襄。都建业乃示天下以必战之意;而荆襄之地,则正如《中兴论》所谓"控引京洛,侧睨淮蔡,包括荆楚,襟带吴蜀。沃野千里,可耕可守;地形四通,可左可右",具有战略上的重大意义,是最适宜于打持久战的根据地。因为襄汉自古就是战略重地,派重臣镇抚,发动群众,讲武屯田。经营好荆襄作为抗金的根据地,便进可以攻,退可以守,形势必然为之一变。然后,东(江苏、山东)西(四川)两臂并举,而以襄汉为中心。金人见我志在京(开封)洛(洛阳),把兵力移到这一带,就分了东西之势,然后兴师北伐,东西两臂便可乘此时机打击敌人。如此,则"中兴之功,可跂足而须"①。

关于战争的攻守之道,龙川顾多卓见。其《酌古论·刘备》阐发"攻守之道"云:"用兵之道,有攻法,有守法,此兵之常也;以攻为守,以守为攻,此兵之变也。攻专用攻法,守专用守法,其败也固宜;然守专用攻法,攻专用守法,亦焉得而不败哉!"②同书《羊祜》云:"攻必克而守必固者,天下之奇才也。……夫敌守而我攻之,此非善攻也;敌攻而我守之,此非善守也。善攻者,攻敌之所不守,动于九天之上,人莫得而御也;善守者,守敌之所不攻,藏于九地之下,人莫得而窥也。故以攻则克,以守则固。"③说明攻守都得根据实际情况灵活运用。

龙川还提出了"奇正之说"。同书《李靖》云:

　　兵有正有奇,善审敌者然后识正奇之用:敌坚则用正,敌脆则用奇;正以挫之,奇以掩之,均胜之道也。夫计里而行,克日而战,正也,非吾之所谓正;依险而伏,乘间而起,奇也,非吾之所谓奇。奇正之说,存乎兵制而已矣。正兵,节制之兵也;奇兵,简捷之兵也。节制之兵,其法繁,其行密:隅落钩连,曲折相对;进无速奔,退无遽走;前者斗,后者治力;后者进,前者更休;一以当十,十以当百;诈者不能袭,勇者不能突;当之则破,触之则摧。此所谓正兵,而以挫坚敌也。简捷之兵,其法略,其行疏:号令简一,表里洞贯;进如飚风,退如疾雷;地险峻则鱼贯而前,道迂曲则雁行而进;以一击百,以百击万;间者不及知,能者不及拒,望之则恐,遇之则溃。此所谓奇兵,而以掩脆敌也。然而奇兵

---

① 《陈亮集》,第19页。
② 《陈亮集》,第45页。
③ 《陈亮集》,第52页。

以简捷寓节制,非废节制也;正兵以节制存简捷,非弃简捷也。唯善治
戎者为能制之,唯天下奇才为能用之。①

显然,龙川之所谓"奇正",与《孙子》之所谓"奇正"不同。龙川之所谓正兵、奇
兵,主要是就军队的组织编制而言。正兵,犹言具有严密组织的主力军;奇兵,
则是精练简捷的轻兵。正奇之兵各有短长,各有发挥自己威力的特殊阵地。唯
奇正相生,交相为用,方能对敌灵活作战,充分发挥自己兵力的优势及其效用。

四　龙川同调倪朴的抗金战略

龙川同调之友倪朴,曾草就《上皇帝书》万余言,制定抗金兴复的战略,深为
龙川所叹服。

倪朴,字文卿,浦江人,世称石陵先生。喜谈兵说剑,耻为无用之学,必欲见
之于事功,故其学大略与龙川相近。当时,道德性命之学盛行,石陵独与龙川讲
明其学。认为用兵制胜,必须先审知地势,乃遍考群书,凡古今帝王之都,《禹
贡》山川之所经,《春秋》列国之所在,与夫古今关防、津要、战守、会盟之地,故基
遗迹,搜括无遗,而成《舆地会元志》四十卷,备列天下山川险夷,户口虚实,以证
其兵战之所出。又推古今华夷内外境土彻塞之远近,绘为一图,纵横各丈余,张
之屋壁,手指心计,何地可战,何地可守,时时豫筹其策,以期待机一效其用。他
曾草就《上皇帝书》万余言,制定抗金兴复的战略,全面地表现出他在政治、经
济、军事各方面的卓越思想。石陵的才识深为龙川所叹服,并引为知交。可见
他们在学识上是互有影响的。他一生欲以征讨自效,惜无从施展其抱负。晚年
犹著《鉴辙录》五卷,以痛国家御侮用策之失。

石陵的《上皇帝书》,制定抗金兴复的战略,从政治、经济、军事各方面进行
全面论证。他从敌我强弱、地理形势等各方面分析当时的战略大势,认为金可
以必灭者有五,不可以不灭者亦有五,而灭之之策有三,其事势相关而不可缓者
有七。于是建议在政治、经济、军事三方面充分进行战前准备。在政治上,提出
顺天、防奸、安民三项措施;在经济上,提出"权其所取以优民,时其所用以省费"
的理财政策;在军事上,提出立将、屯守、强兵三项措施。在此基础上全面制定
战略上的三种攻守之策。他又认为在当时的抗金策略上必须把握三条原则:一

---

① 《陈亮集》,第 65 页。

则要"先发制人",认为"出其不意以压之,乘其不备以入之,胜之决矣";二则应"避实击虚",即"坚守东南,运算西北",然后"吾得志于西北,则东南之兵不足虑也";三则应"以吾所长控彼之短",认为金兵长于骑马而短于舟楫,我若能"敛江淮之兵列江而守,虚两淮之地以待之",则敌军"虽百万之众无所用"。而且,他还特别提出了"强则易挫,柔则难折;灭强敌易,灭弱敌难"的观点,并进而作了论证:"向使嬴秦不并天下而独据关崤之险,刘、项虽强,能夷而灭之乎?向使符坚不有中国而独据边徼之地,谢安虽贤,能挫而败之乎?此成败之理,不在于强弱、众寡、大小也,审矣!"这诚然是出于振起统治者的抗敌信心而发,但其中也确实包含有一定的辩证思想。①

————————————

① 本段引文均见倪朴《倪石陵书》,《续金华丛书》本。

第六章　永嘉学派的事功之学

永嘉之学自北宋庆历年间由王开祖、丁昌期二人开其端,至神宗元丰年间,又有周行己等"永嘉九先生"受学程门而传入伊洛之学。迄南宋初期,更有薛季宣、陈傅良虽继伊洛二程理学,然又兼重事功之学,形成了自具特色的"永嘉学派",为叶适具有系统化的经制事功之学奠定了基础。此外,永嘉还有郑伯熊、伯英兄弟以及徐谊的学术思想,虽与"事功之学"有所区别而又有相互影响,故于本章给予阐述。①

第一节　永嘉学派之形成

"永嘉之学"发端于北宋,而"永嘉学派"形成于南宋。通常所说的"永嘉学派",是以薛季宣、陈傅良、叶适为代表的"事功之学"。但作为南宋的"永嘉之学",还应包括与"事功之学"有所区别而又有相互影响的郑伯熊、伯英兄弟以及徐谊的学术思想。

郑伯熊(1124—1181),字景望,世称敷文先生,又称大郑公,永嘉人。绍兴十五年(1145)进士及第,历任黄岩尉、婺州司户、太常博士、福建提举、江西提刑、婺州知州、吏部郎官兼太子侍读、国子司业、宗正少卿,以直龙图阁学士知宁国府,移知建宁而卒,谥文肃。为人谨厚,恂恂无华,行事悉本乎仁义,出言皆有关于教化。尊崇周浮沚之学,自称为周氏私淑弟子。其学以传播洛学为主,时

---

① 本章有多处采用王凤贤先生《浙东学派研究》的有关内容,但在文字上作了调整和增删。

因秦桧禁赵鼎、胡寅之学，以至伊洛之学暂衰，伯熊兄弟惟恐正学失传，故在福建印行二程之书，由是郑氏之学获得永嘉学界的尊崇。著有《六经口义拾遗》《戆语》《纪闻》等及文集三十卷，除《敷文书说》一卷行世外，均已失传。

郑伯英（1130—1192），字景元，又字去华，自号归愚翁，伯熊之弟，世称小郑公。资性俊健果决，每慷慨论事，自谓一日得志，必欲尽洗绍圣以来弊政，复还承平之旧。隆兴元年（1163）登进士第四名，曾任秀州判官、杭州、泉州推官等职。自度不能与时俯仰，遂以亲老乞养而归。与薛艮斋、陈止斋、陈龙川等为友，共相探讨学问。在薛艮斋《浪语集》附录中，存有他的《祭薛季宣文》，明确指出当时有"圣贤不作，道丧文弊，问学事功，歧而为二"；"学不适用，用者无学"的弊端，主张把"问学"与"事功"结合起来，达到"学以致用"的目的，明显含有重视事功的顷向。著有《归愚翁集》二十六卷，惜已不传。

郑伯谦，字节卿，二郑之从弟。官修职郎、衢州府学教授。著有《太平经国之书》十一卷，发挥《周礼》之义。首列四图，为目三十，皆以《周官》制度，类聚贯通，设为问答，推明建官之所以然。多参证后代史事，以明古法之善。这表明他是主张事功的学者。

《宋元学案·周许诸儒学案》云："乾、淳之间，永嘉学者连袂成帷，然无不以先生兄弟为渠率。"可见郑氏兄弟之学在当时具有较大的影响。

徐谊（1144—1208），字子宜，又字宏父，平阳人。乾道八年（1172）进士，历任池州教授、太学博士、吏部郎、检正中书门下公事兼权刑部侍郎、权工部侍郎、宝谟阁待制、临安知府、江淮制置使、隆兴知府等职，封信安郡公，卒谥忠文。全祖望在《宋元学案·周许诸儒学案·陈经正兄弟传》云："平阳学统，始于先生兄弟，成于徐忠文公宏父。"可见其学乃继承北宋陈经邦、经正兄弟之学。所著惜已失传。

其实，宏父之学主要受陆象山心学的影响。他虽非象山门人，但与象山关系密切。据《象山年谱》所载，乾道八年，宏父和象山同赴南宫试，题为"天地之性人为贵"。象山看到宏父之文后说："某欲说的，却被子宜道尽，但某所以自得受用底，子宜却无。"在《陆九渊集》中存有《与徐子宜》书信二封，赞扬宏父"质性笃厚，行己有耻"，"为学必日新"。这都说明二人之学颇有相通之处。宏父还曾介绍慈湖杨简向象山问学，慈湖《奠徐子宜辞》云："子先我觉，导我使复亲象山之学，某即从教。"由此可知，宏父是南宋永嘉始传象山心学的学者。又全谢山云："三陆先生（指陆氏九渊、九龄、九韶）讲学时，最同调者，平阳徐先生子宜、青田陈先生叔向也。"①又云:"时徐忠文公方起平阳,于永嘉诸儒中,又别为一家。"

关于宏父之学,叶水心在《徐公墓志铭》中云:"公少而异质,自然合道。天下虽争为性命之学,然而滞痼于语言,播流于偏末,多茫昧影响而已。及公以悟为宗,悬解昭彻,近取日用之内,为学者开示。修正所缘,至于形废心死,神视气听,如静中震霆,冥外朗日,无不洗然自以为有得也。"②这里所谓"以悟为宗",固然与朱子评论"江西之学只是禅"相近,因为象山心学确实受到禅学顿悟说的影响。但值得重视的是叶水心肯定宏父之学不同于"滞痼于语言","播流于偏末"那样的所谓"性命之学",而是"近取日用之内,为学者开示"。据宏父一生的事迹,也表明他以务实为旨。在朝廷内部的复杂斗争中,他始终站在主持正义的一方,故曾被列入所谓"伪学"党籍,"得祸最酷,流落十年不复用"③。他一直主张抗金,开禧北伐时,曾接任水心建康知府兼江淮制置使之职,后来也遭到主和派的打击。正因为宏父之学以"近取日用之内"为宗旨,所以影响到同调钱文子与门生黄中等人更加注重实用之学。

钱文子,乐清人。在"乾淳之际,永嘉诸儒林立"的情况下"遍从之游,而于徐忠文公宏父尤契"④。所著《补汉书兵制》(即《补汉兵制》)一书,被清代朱彝尊评论为"此非低头拱手高谈性命之学者所能括也"⑤。

黄中,平阳人。宏父门人。《宋元学案·徐陈诸儒学案》说他"欲实地用功,不徒托之空言而已"。这说明,以宏父为代表的心学派人物,也在注重"经世致用",可见心学与事功之学也有相通之处。

据上所述,郑氏兄弟是在传承伊洛之学的基础上兼有务实的倾向,宏父之学是受象山的心学影响而又兼有务实的倾向。他们虽然已具有务实的倾向,但仍未形成自己的特色。

然而,以"事功之学"为特色的"永嘉学派",是由薛艮斋、陈止斋建立起来的。全谢山云:"永嘉之学统远矣。其以程门袁氏之传为别派者,自艮斋薛文宪公始。艮斋之父学于武夷,而艮斋又自成一家,亦人门之盛也。其学主礼乐制度,以求见于事功。"⑥这是说,"永嘉之学"到薛艮斋才"自成一家"。黄百家亦

① 《宋元学案·徐陈诸儒学案》。
② 叶适《水心文集》卷二一。
③ 叶适《水心文集》卷二一。
④ 《宋元学案》卷六一《徐陈诸儒学案》。
⑤ 朱彝尊《曝书亭集》卷四五《钱氏补汉兵志书后》。
⑥ 《宋元学案》卷五二《艮斋学案》。

云:"季宣既得(袁)道洁之传,加以考订千载,凡夫礼乐兵农,莫不该通委曲,真可施之实用。又得陈傅良继之,其徒益盛,此亦一时灿然学问之区也。然为考亭(朱子)之徒所不喜,目之为功利之学。"①全谢山又云:"乾、淳诸老既殁,学术之会,总为朱、陆两派,而水心断断其间,遂称鼎足。"②即此可见,从薛艮斋开始,永嘉之学已具有事功之学的学派特色,陈止斋继之而其学益盛,叶水心又把这种崇尚事功之学加以理论化和系统化,而成为永嘉事功学派的集大成者。故谢山把以事功之学为主要内容的永嘉学派,作为与朱子为代表的理学和陆象山为代表的心学相"鼎足"的一个独立学派。可见永嘉的事功学派,在当时学术界具有举足轻重的地位。

第二节　薛季宣的事功之学

薛季宣(1134—1173),字士龙,亦作士隆,号艮斋,永嘉人。其父微言,为文定胡安国高弟,曾任起居舍人,以反对秦桧和议而著名。艮斋曾向二程弟子名儒袁道洁(溉)广受义理之辨,乃至六经、百氏、方术、兵书之学。后出任鄂州武昌县令,曾参加抗金斗争。又历任婺州司理参军、宣义郎差知平江府常熟县、大理寺主簿、大理正等职,并受朝廷派遣视察淮西。著有《古文周易》《书古文训义》《诗性情说》《周礼释疑》《春秋解经》《春秋旨要》《论语小学约说》《论语直解》《大学说》《伊洛礼书补亡》《伊洛遗礼》《资治通鉴约说》《汉兵制》《九州图志》《十国记年通谱》《武昌土俗编》等近二十部之多,足见其博学。可惜大多失佚,现存有《浪语集》三十五卷,其中有《中庸解》《大学解》各一卷。陈止斋云:"公自六经之外,历代史、天官、地理、兵、刑、农、末,至于隐书小说,靡不搜研采获,不以百氏故废。尤邃于古封建、井田、乡遂、司马之制,务通于今。"③吕东莱《薛常州墓志》亦谓其"博览精思几二十年,百氏群籍,山经地志,断章缺简,研索不遗"。并认定"其学确实有用"④。艮斋门人有陈傅良、王楠、薛叔似、徐元德等。

艮斋认为,圣人所贻的六经,犹如巧匠所贻的规矩、绳墨。其《论语直解序》

① 《宋元学案》卷五二《艮斋学案》。
② 《宋元学案》卷五四《水心学案》。
③ 《止斋集》卷五一《薛公行状》。
④ 吕祖谦《吕东莱集》卷三《与朱元晦书》。

云:"巧匠不世出,其法具乎规矩、绳墨;圣人不世出,其言在乎《易》《礼》《诗》《书》。然则《易》《礼》《诗》《书》,与夫规矩、绳墨,往之所以贻后,今之所以求古也。即规矩、绳墨以为方员,虽非巧匠,而巧匠之制作,于是乎在;由《易》《礼》《诗》《书》以趋理义,虽非圣人,而圣人之精微备于吾身。学者为道而舍经,犹工人而去其规墨也。虽有工倕之指,其能制器乎?"这是说,六经所载,乃是具有普遍性的原则和法度,而非具体的方法。犹如匠人的规矩绳墨,巧匠只有按照规矩、绳墨以为方圆,才能制器;假若离开规矩、绳墨,即使是巧匠,单凭巧手是无法制器的。也就是说,六经与规矩、绳墨一样是千古不变的,而事物和器具则是千变万化的。只有掌握不变的规矩、绳墨,才能制作变化无穷的器具;只有遵循不变的六经原则和法度,才能应付变化无穷的事物。

　　艮斋之学,在本体论上,主张"用"不离"体","道"不离"器"。他说:"夫道之不可迹,未遽以体用论,见之时措,体用宛若可识。卒之何者为体,何者为用?即以徒善、徒法为体用之别,体用固如是邪?上形下形,曰道曰器,道无形埒,舍器将安适哉?且道非器可名,然不远物,则常存乎形器之内。昧者离器于道,以为非道,遗之,非但不能知器,亦不知道矣。"①这是说,"体"在"用"时才能体现出来,"道"在"器"中才能体现出来,否则"道"与"体"皆为虚名,无从掌握其本质。

　　关于"天理"与"人事"的关系,艮斋主张"天理"在"日用"中自知自见。他说:"'礼仪''威仪',待夫人而后行,且苟不至德,谁能知味?日用自知之谓,其切当矣乎。""第于事物之上,习于心无适莫,则将天理自见。持之以久,会当知之。"②这是说,所谓"天理",只有实践贯彻于日常生活之中才有意义,否则只是一种不切实用的空谈。黄梨洲在《艮斋学案》云:"永嘉之学,教人就事上理会,步步着实。言之必使可行,足以开物成务。"艮斋正是开启了这种开物成务的务实学风。

　　在"知"与"行"的关系问题上,艮斋批评"不学而能"的说法。他说:"后世昧于诚明、明诚之分,遂谓有不学而能者。彼天之道,何与于人之道;致曲未尽,何以能有诚哉。"③并认为"虽非圣人,而圣人之精微备于吾身。学者为道而舍经,犹工人而去其规墨也,虽有工锤之指,其能制器乎?"④肯定人的活动要取得成

①　薛季宣《浪语集》卷二三《答陈同甫书》。
②　薛季宣《浪语集》卷二三《答陈同甫书》。
③　薛季宣《浪语集·与沈应先书》。
④　薛季宣《浪语集·论语直解序》。

功,既要正确思想("经""规墨")的指导,又要勇于践履,圣人和凡人一样,都不可能是"不学而能者"。其实,孟子之所谓"不学而能"之"良能",仅指先天所赋予的本能而已。至于后天实践中所学到的各种能力,是谁都不可能"不学而能"的。

在"义"与"利"的关系上,艮斋主张"利,义之和"。他在《大学解》中解释"生财之大道"时说:"《易》称'何以聚人,曰财'。财者,国用所出,其可缓乎? 虽然,为国务民之义而已。……务民之义,则天下一家,而财不可胜用,藏之于下,犹在君也。"在他看来,懂得"务民之义"的君子,才能"先正其本",身不"为财之役",而且能做到"为上有节,为下敦本","惟知利者为义之和,而后可与共论生财之道"。而那些"聚敛之臣,不知义之所在,害加于盗以争利之民也。民争利而至于乱,则不可救药矣"。"所见之小,恶知利义之和哉!"这种"利,义之和"的思想,实从《周易》所体现的义利观发展而来。这乃是永嘉"事功之学"的一个重要理论基础。

艮斋又以考证孔子、曾子、子思和孟子的年代为依据,对于唐韩愈和宋儒所谓的"道统说"提出了质疑。这对叶水心的思想也有直接的影响。其实,所谓"道统",如果从中华民族一脉相承的一种基本精神而言,实有其可取之处。如果仅以年代不符而加以否定,则韩子明言"禹以是传之汤,汤以是传之文武周公,文武周公传之孔子,孔子传之孟轲",难道韩子不知禹、汤、文武周公与孔子、孟子之间的年代全不相接吗? 因为韩子之所谓"道统",是把尧、舜、禹、汤、文、武、周公、孔子等人作为一个时代的代表人物看待的,实无可议之处;而宋儒"道统论"的主要弊端,在于只把自己当作道统的继承者而排斥他人,就未免显得器局狭小了。所以,仅以考证年代不符的方式来否定"道统论",未免陷于胶柱鼓瑟之弊。这也就是永嘉学派务实而过所产生的流弊。

第三节　陈傅良的事功之学

陈傅良(1137—1203),字君举,因其居室曰止斋,故世称止斋先生,瑞安人。受业于薛艮斋之门,又曾向郑景望问学。乾道六年(1170),入太学读书,与吕东莱、张南轩友善,问学质疑。乾道八年(1172)登进士。淳熙十一年(1184),与友人在瑞安创办仙岩书院,从学者除温州人外,还有台州、绍兴等地从游者数百人。曾历任太学录、承奉郎、福州通判,主管台州崇道观、湖南桂阳军知军、湖南常平茶盐事、湖南转运判官、浙西提点刑狱公事、实录院检讨官、秘书省少监、起居舍人、中书舍人兼侍讲、兼直学院士、宝谟阁待制等职,谥文节。为官耿直清廉,所到多惠政。曾为权者所劾,乃愤而辞官返里。后又被列入"伪学党禁"名单。著有《周礼进说》三卷,《春秋后传》十二卷,《左氏章指》三十卷,周礼进说》三卷,《进读艺祖皇帝实录》一卷,《读书谱》二卷,《淳熙三山志》及《止斋文集》五十一卷等;尚未脱稿的有《诗训义》《历代兵制》等若干种。今存《春秋后传》十二卷,《历代兵制》八卷,《祖论》四卷,《奥论》六卷,《永嘉先生八面锋》十三卷,《止斋文集》五十二卷。

止斋之学,从本质上说,实从孔孟而来。他之所以尊崇孔孟之学,一则在于能使天下之人各安其位,以达到天下安定;二则在于针对当时形势,以实行抗金恢复之大计。他说:"人所以相群而不乱者,以其有君父也。有君在,则上下、尊卑、贵贱之分定;有父在,则长幼、嫡庶、亲疏之分定。定则不乱矣。苟无君父,则凡有血气者,皆有争心。苟有争心,不夺不餍,是人心与禽兽无择也。""盖圣王不作,则教不明,禁不立。教不明,则曲学之论兴;禁不立,则朋邪之类胜;及其末流而莫之救也。由是观之,凡不本于孔子而敢为异说者,岂不甚可畏哉!"①这是说,只有遵崇君父之道,天下才能有序而不乱。

止斋又说:"当尧之时,洪水为天下害;商之末,夷狄、禽兽为天下害;周之衰,乱臣贼子为天下害;战国之际,邪说诐行为天下害。""禹、周公得君以行其道,则见之立功;孔孟不得君以行其道,则见之立言:凡以尽圣贤之责而已。且夫禹、周公,人臣也;孔孟,布衣也。夫为人臣,为布衣,不敢不以天下为己任,况尊为天子,富有四海之内乎?今敌国之为患大矣,播迁我宗祖,邱墟我陵庙,膻腥我中原,左衽我生灵,自开辟以来,夷狄乱华,未有甚于此者也。""陛下以仁圣之资,嗣有神器,岂得一日而忘此邪?陛下诚一日不敢忘此,则当以天下为己任,而不敢以位为乐。"②这是说,禹、周公、孔孟之所以要以天下为己任,就是因为当时"洪水夷狄之害,则生人不得安其居";"乱臣贼子之害,则生人不得定其分";"邪说诐行之害,则生人不得修其学"。所以禹、周公、孔孟志在为天下之民除害。然而"自开辟以来,夷狄乱华,未有甚于此者也",故殷切希望朝廷面对

① 陈傅良《止斋文集》卷二八《经筵孟子讲义》。
② 陈傅良《止斋文集》卷二八《经筵孟子讲义》。

"今敌国之患大矣"的严峻局面,不可"一日而忘"恢复中原之大业。

　　归根到底而言,实行孔孟之道,在于从儒家"民为邦本"的思想出发,认为"夷狄安能一旦入中国哉？民心离则天心不享,则其祸必及于此"①。于是止斋又说:"方今之患,何但夷狄,盖天命之永不永,在民力之宽不宽耳。"②所以,陈氏改革弊政的各种主张的着眼点,都放在"结民心""宽民力""救民穷"上;他明确提出,朝廷施政必须"以爱惜民力为本","以救民穷为己任"③。

　　然而,若要实行孔孟之道,不可单凭空谈,而必须切切实实地付诸实际行动。所以止斋认为必须发扬其师薛艮斋的务实之说,以作为事功之学的理论基础。对此,他的门人曹叔远对朱子说出了他的事功之学的基本含义。曹说:"少时好读伊洛诸书,后见陈先生,却说只就事上理会较着实。若只管去理会道理,少间恐流于空虚。"又说:"自年二十从陈先生,其教人书,但令事事理会。……说'道',形而上者谓之道,形而下者谓之器。器便有道,不是两样。须是识礼乐法度皆是道理。"④显然,止斋所说的这种"道"与"器"的关系,并主张"只就事上理会道理",认定"礼乐法度皆是道理"等等,实乃继承并丰富了薛艮斋的学说,而对于叶水心的事功之学体系的建立,也具有重要的意义。

　　叶水心《温州新修学记》云:"永嘉之学,必弥纶以通世变者,薛经其始而陈纬其终也。"这是说,对于永嘉事功学派而言,薛艮斋与陈止斋之间,实有开创与继承的关系。全谢山在《止斋学案》云:"止斋最称醇恪,观其所得,似较艮斋更平实,上得地步也。"可见止斋之学在"永嘉学派"的形成过程中占有重要的地位。

第四节　永嘉后学简述

　　永嘉的学者薛艮斋和陈止斋等皆从事教育事业,门人后学众多,兹择要简述如下:

　　朱伯起,师事郑景望,嗜地理学,著有《阴阳精义》二卷,叶水心为之作序。

---

① 陈傅良《止斋文集》卷十九《赴桂阳军拟奏事札子》。
② 陈傅良《止斋文集》卷二十《吏部员外郎初对札子》。
③ 陈傅良《止斋文集》卷二十《吏部员外郎初对札子》。
④ 转引《朱子语类》一二〇。

张淳,字忠甫,永嘉人。为艮斋同调,校定有《古礼》十七卷,《释文》一卷,《识误》三卷。

薛叔似,字象先,艮斋从子。官至兵部尚书、宣抚使,谥文节。雅慕朱子道德性命之旨,善谈天文、地理、钟律、象数之学。著有《薛文节公集》二十卷。

徐元德,字居厚,瑞安人。艮斋弟子。淳熙进士,为福建军学教授,身先矩矱,为多士倡。通判徽州,吏牍山积,迎刃而解,晋知通州。精于考索,著有《周官制度精华》二十卷,前半为止斋作,后半皆先生之笔。

王楠,字木叔,又字和叔,号合斋,永嘉人。艮斋弟子。乾道二年(1166)进士,为婺州推官,历官至吏部郎国子司业,秘书少监兼侍左郎。工于文,著有《王秘监诗文集》二十卷。

陈谦,字益之,号易庵,止斋从弟。乾道八年(1172)进士,历官宝谟阁待制,江西、湖北副宣抚使。著有《续毛诗解》《续周礼说》《续春秋后传》《续左氏章指》《易庵集》《永宁编》《雁山诗记》。弟陈说,字习之,亦从学于止斋。

陈武,字蓄叟,瑞安人。止斋族弟,又为同学,相与齐名,长于《春秋》。淳熙进士,历官至国子正,入庆元党籍。学禁解,起为秘书丞,终以右文殿修撰知泉州。

戴溪,字肖望,永嘉人。止斋同调。官至宣奉大夫龙图阁学士,谥文端。著有《易经总说》二卷,《曲礼口义》二卷,《学记口义》二卷,《诗说》三卷,《续读诗记》二卷,《春秋说》三卷,《通鉴笔议》三卷,《石鼓答问》三卷,《论语答问》三卷,《孟子答问》三卷,《岷隐文集》《复雠对》《清源志》等。

黄度(?—1213),字文叔,新昌人。止斋学侣。官至焕章阁学士知隆兴府,谥宣献。志在经世,而以学为本,于天文、地理、井田、兵法,即近验远,可以据依。著有《诗书》五十卷,《周礼说》五卷,又有《史通》《艺祖宪监》《仁皇从谏录》《屯田便宜》《历代边防》。中子黄章,字观复,学于止斋。

蔡幼学,字行之,瑞安人。自幼从止斋游。乾道八年(1172)进士,历任广德教授、太学博士、著作佐郎、吏部郎官、中书舍人兼侍讲、知泉州、知建宁府、权兵部尚书兼太子詹事。著有《国史编年政要》四十卷,《国朝实录举要》十二卷,《宰辅拜罢录》一卷,《续百官公卿表》二十卷,《质疑》十卷,《育德外制集》八卷,《内制集》三卷,《年历》《大事记》《文懿公集》《西垣集》《春秋解训》《宋通志》五百卷。第四子蔡范,字遵甫,守衢,终吏部侍郎。编《宋通志》五百卷。

曹叔远,字器远,瑞安人。自幼学于止斋,十九岁以《春秋》魁乡荐,绍熙进士,历官至徽猷阁待制,谥文肃。著有《周官讲义》,又有《永嘉年谱》《地谱》《名谱》《人谱》二十四卷。

吕声之,字大亨,新昌人。师止斋,友蔡行之。官至昭信节度推官。以能诗名,有《沃洲杂咏》。从弟冲之,亦师止斋,讲道白鹿书院。有《壁经宗旨》。

朱黼,字文昭,平阳人。学于止斋。著有《纪年备遗》一百卷,《统论》一卷,始于尧舜,迄于五代,若吕、武、莽、丕等皆削其纪年。水心为之序,且曰:"此书一出,义理所会,宝藏充斥,人始知其能传陈氏学也。"

倪千里,字起万,东阳人。学于吕东莱,又学于止斋,传其《春秋》之学。淳熙进士,历官监察御史,至侍讲。

徐筠,字孟坚,清江人。进士,知金州。记其所闻于止斋者为《周礼微言》十卷。尝述止斋之言曰:"《周礼》纲领有三:养君德,正纪纲,均国势。郑氏注误有三:以汉儒之书释《周礼》,以《司马法》之兵制释田制,以汉官制之袭秦者比周官。"

吴汉英,字长卿,江阴人。从止斋学,乾道进士,官至权兵部郎。著有《归休集》十九卷。

虞复,字从道,义乌人。学于倪起万,进士,官至尚书郎官。著有《成己集》《告蒙集》《告忠集》《远斋集》共八十卷。

第七章　叶适的经制事功之学

叶适继绪薛季宣、陈傅良的事功之学加以理论化和系统化,成为永嘉事功学派的集大成者。全谢山云:"乾、淳诸老既殁,学术之会,总为朱、陆两派,而水心断断其间,遂称鼎足。"①谢山把水心的永嘉事功学派,作为与朱子理学和陆氏心学相"鼎足"的一个独立学派,可见永嘉学派在当时学术界具有举足轻重的地位。

第一节　生平和经术

叶适(1150—1223),字正则,祖籍处州龙泉,出生于瑞安,后随父迁居永嘉,中年后定居永嘉城郊水心村,故世称水心先生。幼时随父光祖学,继向同里陈止斋受业。十八岁(1167)后到婺州游学,与陈龙川成为莫逆之交。淳熙二年(1175)秋,赴武义明招山拜访吕东莱,深受吕氏思想的影响。

淳熙五年(1178)中进士,授文林郎、镇江府观察推官,历任至兵部侍郎、兼国用参计官、朝请大夫等职。因反对轻率北伐,反被改任为吏部侍郎兼直学士院。北伐大败后,才又任命为宝谟阁待制知建康府(今南京市)兼行宫留守,后又兼沿江制置使。他带病到职,负责守卫南京及长江下游重任,终使金兵从六合、滁州一带退去,保住了建康的安全。升任宝文阁待制,改兼江淮制置使,采取防守的有效措施。终因病重归赴临安,又被劾罢官。嘉定元年(1208),归居

---

① 《宋元学案》卷五四《水心学案》。

永嘉城郊水心村,专心从事著述和讲学。撰有《水心文集》二十九卷,《水心别集》十六卷;又有《习学纪言序目》五十卷,对儒家经典、史书和主要人物进行广泛的评述,是一部以儒学发展为主要线索的学术史巨著。

在经学方面,其论《易》曰:"《易》者,易也。夫物之推移,世之迁革,流行变化,不常其所,此天地之至数也。""故夫圣人推为仁义礼乐,制为生杀赏罚,作为宫室器用,第为尊卑名品,文字以通其心意,权度以一其偏私,举皆归之于《易》。"①

论《书》《诗》《春秋》云:"《书》起唐虞,《诗》止于周,《春秋》著于衰周之后,史体杂出而其义各有属,尧舜以来,变故悉矣。"②他认为《书》是记载唐虞三代君臣行事为内容的书籍,"夫尧舜相继二百余年,而《书》之所记者十一篇,今其在者二篇而已"③。《诗》是详言周代史实的书,"言周人之最详者,莫如《诗》"。"故夫学者于周之治,有以考见其次第,虽远而不能忘者,徒以其《诗》也。"④

论《春秋》云:"《春秋》因诸侯之史,录世变,述霸政,续《书》《诗》之绝绪,使东周有所系而未失。"⑤又云:"盖笺传之学,惟《春秋》为难工。经,理也;史,事也。《春秋》名经而实史也。专于经则理虚而无证,专于史则事碍而不通,所以难也。"⑥认定经与史既有区别又有联系,而赞同经史的结合。

论《周礼》云:"盖《周礼》六卿之书,言周公之为周,其子建国、设官、井田、兵法、兴利、防患、器械、工巧之术咸在,凡成、康之盛,所以能补上世之未备而后世之为不可复者,其先后可见,其本末可言也。"⑦以记载这些世事为内容的书,当然也是研究周代历史的典籍。

第二节　明道修身之学

叶水心作为永嘉学派的集大成者,常被世儒目为功利之学。其实,水心并

---

① 叶适《水心别集》卷五《进卷·易》。
② 叶适《水心别集》卷六《进卷·史记》。
③ 叶适《水心别集》卷六《进卷·史记》。
④ 叶适《水心别集》卷五《进卷·诗》。
⑤ 叶适《习学记言》卷九《春秋·隐至庄》。
⑥ 叶适《水心文集》卷十二《序·徐德操春秋解序》。
⑦ 叶适《水心别集》卷五《周礼》。

非偏重功利而不重道德,而是主张道德与事功、义与利高度统一的求真务实的经世之学,而且是有其系统的理论作为指导的。

一　实学的理论基础

在水心的思想体系中,始终贯穿着这样一条基本精神:以"仁"为指导,以"诚"为基础,以"中庸"为方法和准则,并将这一精神贯彻于自己的理论和实践之中。这是由于他志在弘扬唐虞三代和孔子之道的目标所决定的。

"仁"是儒学的总纲。《中庸》引孔子曰:"仁者,人也。"这就是说,一个人一生的全部道德、言行、事业,包括立身、处世、齐家、治国、平天下,乃至赞天地之化育,都应以"仁"为指导思想。对此,水心在《李氏中洲记》云:"仁者,人之所以为人之实也。不求仁,则失其所以为人;求仁而不得其所以为仁,不可止也。"[①]可谓深得孔门之精神。故其《廷对》云:"仲尼亲见周之衰坏,中国、夷狄并起而争,以为本于其君之不仁。其君不仁,故其臣贪诈邪虐,而不为信谊忠厚之事以报其上。君臣流毒,被于天下,纲纪坠坏,人文不立,而天下之民物不能自必其命。当是之时,仲尼退与其徒求所以为仁之方,发其所厚,消其所薄,根于心术,见于事变。虽其质之所受者有异,性之所习者有偏,而仁之为道未尝远也。或曰爱人,或曰刚毅,或曰克己复礼,与其他不一之论,广大充满,上下周流,而仁在是矣。"[②]这是面对宋孝宗的策问而作,竟把夷狄相侵、天下扰乱的根本原因直接归结为"君之不仁"。所以在他的政治思想中,始终贯穿着轻敛薄赋、恤民惠民等"仁"的精神。

"诚"是整个儒学所凭以建立的基础。所谓"诚",从哲学上说就是真实,从道德上说就是诚实。《中庸》云:"诚者,物之终始,不诚无物。"某一事物假若失去了真实,则其本质也就不存在了。水心对此作了进一步发挥:"诚者,何也?曰:此其所以为中庸也。日月寒暑,风雨霜露,是虽远也而可以候推,此天之中庸也;候至而不应,是不诚也。艺之而必生,凿之而及泉,山岳附之,人畜附之而不倾也,此地之中庸也。是故天诚覆而地诚载。惟人亦然,如是而生,如是而死,君臣父子,仁义教化,有所谓诚然也;是心与物或起伪焉,则物不应矣,高者必危,卑者必庳,不诚之患也。"即此可见,水心论"诚",是与"中庸"直接联系起

---

① 叶适《水心文集》卷九。
② 叶适《水心别集》卷九《廷对》。

来的。"诚"与"中庸"互相依存：没有"诚"就不足以语"中庸"；同样，不符合"中庸"的准则就不可以为"诚"。所以，从人生道德而言，水心在《同安县学朱先生祠堂记》中认为："行莫如诚，止莫如善。"①他把"诚"的德行与《大学》所倡导的"止于至善"直接联系起来。

当然，"中庸"并非就等于"诚"。"诚"是事物所体现的真实本质，而"中庸"则是保证事物得以正常运行和发展的方法和准则。正因为"中庸"是保证事物得以正常运行的准则，所以"中庸"的实质就在于要求一切行动必须符合事物的客观规律。正是在这一意义上，"中庸"与"诚"就达到了高度的统一。因而，水心对于"中庸"这一方法和准则在《水心别集·中庸》中作了深层的阐释：

> 道原于一而成于两。古之言道者必以两。凡物之形，阴阳、刚柔、逆顺、向背、奇偶、离合、经纬、纪纲，皆两也。夫岂惟此，凡天下之可言者，皆两也，非一也。一物无不然，而况万物；万物皆然，而况其相禅之无穷者乎！交错纷纭，若见若闻，是谓人文。虽然，天下不知其为两也久矣，而各执其一以自遂，奇谲秘怪，塞陋而不弘者，皆生于两之不明。是以施于君者失其父之所愿，援乎上者非其下之所欲，乖迕反逆，则天道穷而人文乱也。及其为两也，则又形具而机不运，迹滞而神不化。然则是终不可邪？彼其所以通行于万物之间，无所不可而无以累之，传之万世而不可易，何欤？呜呼！是其所谓中庸者邪！然则中庸者，所以济物之两而明道之一者也，为两之所能依而非两之所能在者也。水至于平而止，道至于中庸而止矣。

所谓"皆两非一"，就是任何事物都包含有互为相反的两个方面；"相禅无穷"，就是事物相反相成运动前后相续的无限性。然而人们对事物的看法往往有两种错误倾向：一种是不知道一物为两，"各执其一以自遂"，只见一面，不见对面；另一种是虽然看到了两面，却不见两面之间的联系，"及其为两也，则又形具而机不运，迹滞而神不化"，看不出两面的推移转化、相反相成的关系。而所谓中庸之道，就是把握事物对立统一的客观规律以推动事物正常发展的法则。一方面，"道原于一而成于两"，首先要从统一中看到对立；另一方面，"济物之两而明

道之一"，相反的双方不仅是对立的，还是统一的。如果只看到双方的对立而看不到双方的联系，就是"不运""不化"而成为死板僵化的对立。因此，中庸之道就是既要从统一中看到对立，又要从对立中把握统一，让双方相反相济，以促成事物的推移转化。这样，才有事物内部生气蓬勃的"机运"和"神化"。所以，"道至于中庸而止"，中庸乃是事物运动所能达到的最高理想境界。

所以，水心接着又把"中庸"与"诚"联系起来阐述事物的运行发展之道："'致中和，天地位焉，万物育焉'，何谓也？曰：此明其所以为诚也。未发之前非无物也，而得其所谓中焉，是其本也枝叶悉备；既发之后非有物也，而得其所谓和焉，是其道也幽显感格；未发而不中，既发而不和，则天地万物，吾见其错陈而已矣。古之人，使中和为我用，则天地自位，万物自育，而吾顺之者也，尧、舜、禹、汤、文、武之君臣是也。夫如是，则伪不起矣。故中和者，所以养其诚也。中和足以养诚，诚足以为中庸，中庸足以济物之两而明道之一，此孔子之所谓至也。"这是说，以"诚"为本并合乎"中和"法则，就是孔子誉为"至德"的中庸之道。

其实，以"仁"为指导，以"诚"为基础，以"中庸"为方法和准则这样一个完整的思想体系，本是先秦原儒所提出的人之所以立身、处世、齐家、治国、平天下乃至赞天地之化育的圣人之道。然而，汉宋以来诸儒，为了适应专制统治的时代需要，逐渐偏离了这一正确的圣人之道。例如只重高谈道德性命而卑视事功的风气充斥士林，助长了虚浮不实之风。而偏重道德性命而轻事功这种现象的本身，就是有违两端并重的中庸之道的，因而导致了种种严重的弊端。水心有见于此，乃毕生竭力倡导一种既重道德又重事功的务实之学，并使之始终贯穿于自己的理论和实践之中。

二　本体论和认识论

水心肯定物质世界的客观存在。他说："夫刑于天地之间者物也。皆一而不同者，物之情也；因其不同而听之，不失其所以一者，物之理也。坚凝纷错，逃遁谲伏，无不释然而解，油然而遇者，由于理之不可乱也。"① 又说："夫天、地、水、火、雷、风、山、泽，此八物者，一气之所役，阴阳之所分；其始为造，其卒为化，而圣人不知其所由来者也。因其相摩相荡，鼓舞阖辟，设而两之，而义理生焉，故

① 叶适《水心别集》卷五《进卷·诗》。

曰卦。"①很明显,水心把"物"作为自然界的客观存在,各种不同形态的"八物",是由"气化"形成的,自然界之所以有条理而"不可乱",在于"物之理也",即事物内部的规律性。

从这种自然观出发,因而在本体论上,水心继承和发展了薛艮斋的"道不离器"的思想。他说:"古诗作者无不以一物立义,物之所在,道则存焉。非知道者不能该物,非知物者不能至道。道虽广大,理备事足,而终归之于物,不使散流。"②他还明确指出:"其道在于器数,其通变在于事物。"所以,"无验于事者其言不合,无考于器者其道不化,论高而实违,是又不可也"③。正因为"物在道存""道存于器",故水心反对"道先于器"的观点。水心承认"极之于天下无不有也",人有"一身之极也",家有"一家之极也",国有"一国之极也",天下有"天下之极也"④。他所说的这种"极"也就是"理""道",都是从具体事物中抽象出来的条理、准则。"若夫言而形上则无下,而道愈隐矣。"⑤据此,水心批评老子"道先天地生"的观点,指出其"言天地则多失之","老子私其道以自喜,故曰'先天地生'"。"按自古圣人,中天地而言,因天地而教,道可言,未有于天地之先而言道者。"⑥至于宋儒所谓的"无极太极"等说法,更是"后世学者""转相夸授,自贻蔽蒙"⑦之论了。

以这种朴素的唯物辩证的理论为基础,水心建立了他的认识论。在他看来,要客观的认识事物,必须重视对事物的考察。他说:"夫欲折衷天下之义理,必尽详考天下之事物而后不谬。"⑧他强调要"察其情,因其势,断之于理"⑨。这些观点,显然都是从他的务实的原则出发的。水心主张"立论"要"有的放矢","论立于此,若射之有的也。""故弓矢从的,而的非从矢也。"⑩他肯定人是具备这种认识能力的,"夫内有肺腑肝胆,外有耳目手足,此独非物耶? 其主是物"⑪。

---

① 叶适《水心别集》卷五《进卷·易》。
② 叶适《习学记言》卷四七《皇朝文鉴·言诗》。
③ 叶适《水心别集》卷五《进卷·总义》。
④ 叶适《水心别集》卷七《进卷·皇极》。
⑤ 叶适《习学记言》卷四《周易四·系辞上》。
⑥ 叶适《习学记言》卷四七《皇朝文鉴·律赋》。
⑦ 叶适《习学记言》卷一六《子华子·阳诚胥渠问》。
⑧ 叶适《水心文集》卷二九《题姚令威西溪集》。
⑨ 叶适《水心别集》卷五《进卷·春秋》。
⑩ 叶适《水心别集》卷十五《外稿·终论七》。
⑪ 叶适《水心别集》卷七《进卷·大学》。

"耳目之官不思而为聪明,自外入以成其内也;思曰睿,自内出以成其外也。故聪入作哲,明入作谋,睿出作圣,貌言亦自内出而成于外,古人未有不内外交相成而至于圣贤。"①这种"内外交相成"的认识方法,实际上包含着既强调"耳目之官"与外界事物接触,获得各种感性经验,即他所说的"见闻"之知,"物格之验",但"近世以心通性达为学,而见闻几废"②。又重视"思"与"睿",认识"物之理",即"推明其义理",掌握"其势之所以然"③。水心认为认识世界是一个"无穷"的过程,这是因为"天下之事变"是"无穷"的。人的认识"未有一造而尽获也,一造而尽获,庄、佛氏之妄也"④。水心认识事物有明确的目的性,他以人类认识和利用流水的规律为例,来说明正确地认识事物和建立事功的关系。他说:"泽之水以浸灌润说为用,坎之水以流行通达为用。""水行于地而上于井",说明是"人求于水,而水非求人"。如果"汔至而未繘井",那是"人之无功,而非水无功也"。"盖水不求人,人求水而用之,其勤劳至此。夫岂惟水,天下之物,未有人不及其劳而可以致其用者也。""目之色,耳之声,口之味,四肢之安佚,皆非一日之勤所能为也,智者知之。积一粒之萌芽,一缕之滋长,以教天下,天下由之而不自知也,皆劳民劝相之道。"⑤人们可以认识和掌握"天下之物"的规律,并通过辛勤劳动而"致其用"。那种不注重开发人们的智力和才能,不去发展生产,增加财富,只是要求大家去积"一粒""一缕",是消极的"劳民相劝"之道。这种重视实践目的的认识论和新观念,产生在南宋的浙江地区,应当说是很可贵的,它是水心事功之学的哲学理论基础。

三　修身养德之学

叶水心关于人生修养之学,无不贯穿有以"仁"为指导,以诚为本体,以中庸为方法和准则这样一条思想原则。故在道德观上,反对空谈道德性命而主张"行实德",批评"贵义贱利"之说而提倡贯道德于功利之中的义利统一观。

其《习学记言》云:"体孔子之言仁,要须有用力处,'克己复礼','为仁由己',其具体也;'出门如宾,使民如祭',其操术也;'欲立立人,欲达达人',又术

---

① 叶适《习学记言》卷一四《孟子》。
② 叶适《水心文集》卷二九《题周子实所录》。
③ 叶适《水心别集》卷五《进卷·易》。
④ 叶适《水心文集》卷一七《陈叔向墓志铭》。
⑤ 叶适《习学记言》卷三《易》。

之降杀者。常以此用力,而一息一食无不在仁,庶可矣。"水心认为,孔子谈"仁",并非仅仅是理论上的空谈,而是可以用为具体操作的方式方法。这就在自己的理论中贯穿了务实之义。又云:"古之圣贤无独指心者。舜言人心、道心,不止于治心。"这显然是针对专以"心"为本体的陆学而言。

水心对于"中和"法则更作了透辟的发挥。其《别集·诗》云:"古之圣贤,养天下以中,发人心以和,使各由其正以自通于物。"这是说,正心之道在于审察事物的客观规律,并以中和之道去"自通于物",然后才可以赞天地之化育。故《习学记言·礼记》云:"《书》称'人心惟危,道心惟微;惟精惟一,允执厥中'。道之统纪体用卓然,百圣所同,而《中庸》显示开明,尤为精的。盖于未发之际能见其未发,则道心可以常存而不微;于将发之际能使其发而皆中节,则人心可以常行而不危。不微、不危,则中和之道致于我,而天地万物之理遂于彼矣。"又同书《周礼》云:"《司徒》以五礼防万民之伪而教之中,以六乐防万民之情而教之和;而《宗伯》以天产作阴德,以中礼防之;以地产作阳德,以和乐防之。……礼乐兼防而中和兼得,则性正而身安,此古人之微言笃论也。若后世之师者,教人抑情以徇伪,礼不能中,乐不能和,则性枉而身病矣。"反对"抑情以徇伪",倡导以中和之礼乐和万民之情,防万民之伪,正体现了道德教化上的务实精神。

水心在其《别集·中庸》中还根据《中庸》所述而把人的素质与道的关系作了进一步论述:"《中庸》曰:'道之不行也,我知之矣,智者过之,愚者不及也;道之不明也,我知之矣,贤者过之,不肖者不及也。'何谓也?曰:此中庸之失也。由周而后,天下之贤者、智者常过之,愚者、不肖者常不及也。过者以不及为陋,不及者以过为远,二者不相合而小人之无忌惮行焉,于是智愚并困而贤不肖俱祸。呜呼!孰知君子之中庸耶?"水心认为,智者、贤者之专务好高骛远和愚者、不肖者之安于自暴自弃,才导致中庸之道的废失。然而,他又进一步认为,弘扬中庸之道的重任主要应由智者、贤者主动担任起来,而不应委过于愚者、不肖者。其《习学记言·礼记》云:"师之过,商之不及,皆智者、贤者也。其有过、不及者,质之偏,学之不能化也。若夫愚、不肖,则安取?道之不明与不行,岂愚、不肖致之哉?今将号于天下曰:'智者过,愚者不及,是以道不行','贤者过,不肖者不及,是以道不明',然则欲道之行与明,必处智愚、贤不肖之间邪?任道者,贤、智之责也,安其质而流于偏,故道废;尽其性而归于中,故道兴。愚、不肖何为哉!"这其实是针对当时那些高谈道德性命,好高骛远而不务实事的所谓"智者""贤者"所作出的批判。

水心又深得乎"执中达权"之旨,在其《习学记言·战国策》中认为学者之弊在于:"其质者不能论世观变,则常患于不知;其浮者不能顺德轨行,则挠而从之矣。"朴实的人不善于变通达权,浮躁的人又不愿顺德执中,以致中道失传。其实这都是脱离实际的偏颇现象,故必须加以纠正。

水心建议朝廷"即虚文而求实用","执常道以正治经","存至仁以厚民望",才能"立礼乐以定出治之本"①。总而言之,要"一以性命道德起后世之公心"。②"欲明大义,当求公心;欲图大事,当立定论"。然后把"修实政""行实德"明确地落实在为国为民"明大义""图大事"之上。

第三节　经制致治之学

叶水心之学主要是经制之学,亦即通过政治制度以经世致治之学,故关于政治方面的内容最为丰富,但其中始终贯穿着务实这一基本精神。水心针对当时国势衰弱、积耻未报、祖业未复的局面,主张"修实政""行实德""建实功",认为"善为国者,务实而不务虚"。

一　本仁义而同民利

水心认为"仁义"就是"利民"。他指出:"盖以圣人之道言之,既为之君,则有君职。""本仁义而同民利。"③水心的这种思想,显然是同他"通民之愿""因民之欲""为民之利"的义利统一的道德观相适应的。

水心对于儒家的"民本"之说有所发挥和深化。他在《国本》篇中说:"臣之所谓本者,其本所以为国之意而未及于民。臣非以民为不足恃也,以为古之人君非不知爱民,而不能爱民者,意有所失于内,则政有所害于外也。"这段话,粗看似乎水心不赞成"民为国本"的观点,其实是对于"民本"思想的深化。他不满足于"知爱民",而关键在于"能爱民",这就关系到为政者内心有否爱民之"意",也就是孔子所说的"仁"。所以他引孟子的话说:"三代之得天下也以仁,其失天下也以不仁。国之所以废兴存亡者亦然。"对此,他还作了形象的说明:"夫植木

---

① 叶适《水心别集》卷八《进卷·廷对》。
② 叶适《水心文集》卷十二《序·黄文叔周礼序》。
③ 叶适《习学记言》卷十四《孟子》。

于地,其华叶充荣者,末也;其根据盘互者,本也。此众人之所知耳。夫根据盘互,不徒本也,自其封殖培养之始,必得其所以生之意,而后天地之气能生之;一日失其意,则夫根据盘互者,拜然颠蹶,焦然枯槁而已矣,地安能受之哉!"表面看来,树木之"根据盘互"是"本",而深一层看,"封殖培养",才能使树木"得其所以生之意",这才是真正的"本"。后世君主所以"失天下",就在于"不能深知祖宗所以得天下之意","动摇侵伐其为国之本,而使之削薄而不悟"①。总而言之,只有"顺民心""能爱民",才能"得民心""得天下";而要做到这样,就在于为政者有为民办实事、办好事的"诚意"和"仁心"。这也就是水心"修实政,行实德"的重要内容。

从这种"民本"思想出发,水心对专制思想有所批判。他说:"人君必以其道服天下,而不以名位临天下。夫莫尊于君之名,莫重于君之位,然而不得其道以行之,则生杀予夺之命,皆无以服天下之心,……尚安能保其民而与之长守而不变哉!"他还对法家的种种专制主义论调进行了批判:"或以为所宝者在令,令行而莫能逆";"或以为权上之所独制,而不得与臣下共之者";"或以为人主之所持者法也"。正是因为这些"偏说鄙论,习熟于天下之耳目","是以申、商、韩之祸炽于天下而不可禁,而其君之德固已削矣"②。

水心还对古今君民关系作了剖析,他说:"古者民与君为一,后世民与君为二。古者君既养民,又教民,然后治民,而其力常有余;后世不养不教,专治民而其力犹不足。"这就造成"世之俗吏,见近忘远,将因今之故,巧立名字,并缘侵取,求民无已,变生养之仁为渔食之政,上下相安,不以为非"③。

"能爱民",就得施行"宽仁之政",表现在政治上就是提倡"恤刑"。水心指出:"历代用刑,各有轻重,不能尽举。然大要其君贤所任者仁人也,则用刑常轻;其君不贤而所任者非仁人也,则用刑常重。非惟用刑为然也,而历代议刑者亦莫不然。盖其人君子也,则议刑常轻;其小人也,则议刑常重。故观其所用,可以知其国;观其所议,可以知其人。""以为重刑所以致治,非重刑而天下不可治者,是可叹也!"然"天下之贤君不免有重刑之心,而天下之君子不免有议重刑之心者,其祸最大,其忧最甚,此不可以不极虑而深言也"。而所以如此,就在于为政者不懂得天下长治久安的道理,只"求一切之治而不知天下之情,怒一人之

---

① 均见叶适《水心别集》卷二《进卷·国本上》。
② 均见叶适《水心别集》卷一《进卷·君德一》。
③ 均见叶适《水心别集》卷二《进卷·民事上》。

罪而有并疾天下之意,用一朝之决贻无穷之患而不察也,岂不过哉"①!

"宽仁之政"表现在经济上就是要"惠民"。水心说:"盖先王之政,以养人为大。生聚所资,衣食之有无,此上之责也。""民有四五十年之病而上无一日之救,则非仁者之用心也。"②而所谓"人主之实德",则在于"深结其臣民之心"。他说:"其于天下之民也,真见其可佚而不可劳,可安而不可动,可予而不可夺也,非轻租、捐赋、宽逋负以为之赐也,而况于急征横敛而无极也。"③实施轻徭薄赋,才是惠民之实德。

二 君德与吏治

水心尤其重视天子的"行实德"。其《君德二》云:"所谓人主之实德者,……容受掩覆,大度不疑,有以深结其臣民之心,旷然而与天下为一,是宜可以服天下也。……真意实德充塞于人主之身而施之于天下,是故其高厚可以配天地,其明察可以并日月;顺阴阳之序,遂万物之性,裁成辅相以左右民;鼓舞动荡,运转阖辟,则令不期而信,权不制而尊,法不严而必。兵强国富,而讨除残暴不顺之夷狄,何向而不济!"④又《进故事》云:"人主必舍己而求是,乃从古致治之本原。"⑤这是奉劝君主不能单凭主观行事,而应听取各方面的意见以达到实事求是,才是致治之道。

对于在职的官员,水心主张"崇实用,退虚名",强调力行而反对华辞。其《始议二》云:"古之所谓忠臣贤士,竭力以行其所知,言欲少,行欲多,言之若粗,行之必酬,故人莫敢多言而精于力行。今世议论多而用力寡,……傅合牵连,皆取则于华辞耳,非当世之要言也。"⑥总之,无论君臣上下,只有兴起务实之风,才能根除当时那种虚浮不实的弊端。

"行实德"的重要性还表现在整顿吏治的问题上。水心指出:"贪官暴吏,展转科折,民既穷极,而州县亦不可为矣。"⑦因此,他认为朝廷"正纪纲之所在,绝欺罔于既形。无惟其近,惟其贤;无惟其官,以其是。摧折暴横以扶善类,奋发

---

① 均见叶适《水心别集》卷二《进卷·国本下》。
② 叶适《水心文集》卷十《东嘉开河记》。
③ 叶适《水心别集》卷一《进卷·君德二》。
④ 叶适《水心别集》卷一。
⑤ 叶适《水心文集》卷二十九。
⑥ 叶适《水心别集》卷十。
⑦ 叶适《水心文集》卷一《奏札》。

刚断以慰公言。国家之本,孰大于此!"①又《奏札》云:"非真贤实材,不足以赞事业。"②《上殿札子》云:"高谈者远述性命,而以功业为可略;精论者妄推天意,而以夷夏为无辨。"③这些言论足为黜虚崇实之证。

水心还非常强调为官要有"实言""敢言"的精神。他在《廷对》中说:"不敢言固可畏,不知言又大可畏也。""天下固不为无可言之事矣,而使他人不得言,言之则为越职,为生事。"因此,他奏请皇帝"责之以天下之所当言,其必有可言者,而国是可以渐定矣"④。水心之所以强调"所当言"是有道理的,因为在南宋朝廷内部对于"恢复大业"等有尖锐的纷争,"虚言""异说"比比皆是,只有提倡对国家统一有利的"实言",才能"渐定国是"。正如他所指出的:"是故今日之患,不患人主之不求言也,而患其求之而不及用;不患天下之不敢言也,而患其尽言而无所用。"从水心对于君民关系的阐述,对于"独制"思想的批判,以及提倡"实言""敢言"的精神来看,他确已包含着某些反专制的民主思想的成分,这对以后浙学中启蒙思想的兴起,无疑有其积极的影响。

在具体政论上,水心认为施政当以"皇极"为极致。"极"有标准、典范之义,"皇极"就是事物所能达到的最佳状态。其《皇极》云:"极之于天下无不有也:耳目聪明,血气和平,饮食嗜好,能壮能老,一身之极也;孝慈友弟,不相疾怨,养老字孤,不饥不寒,一家之极也;刑罚衰止,盗贼不作,时和岁丰,财用不匮,一国之极也;越不瘠秦,夷不谋夏,兵革寝伏,大教不爽,天下之极也。此其大凡也。至于士农工贾,族姓殊异,亦各自以为极而不能相通,其间爱恶相攻,偏党相害,而失其所以为极。是故圣人作焉,执大道以冒之,使之有以为异而无以害异,是之谓皇极。天地之内,六合之外,何不在焉。"⑤水心认为,无论一身、一家、一国乃至天下,都有一定的最佳状态;而如士、农、工、贾以及一姓、一族等等,虽也有其各自的最佳状态,但若互相之间只有斗争而不相协调,则各自的最佳状态也将遭受损害。只有运用"中和"法则把各种不同的"极"协调统一起来,才能使个别与全体都达到最佳状态,整个国家乃至整个宇宙的一切事物之间莫不如此。因此,水心在《上宁宗皇帝札子》中便将这种"中和"法则贯彻于施政方法上,他说:

---

① 叶适《水心文集》卷二《状表·辩兵部郎官朱元晦状》。
② 叶适《水心文集·补遗》。
③ 叶适《水心别集》卷十五。
④ 叶适《水心别集》卷九《廷对》。
⑤ 叶适《水心别集》卷七。

"销磨党偏,秉执中道,人材庶几复合,和平可以驯致";"治国以和为体,处事以平为极"。① 可见"中和"法则乃是切合实际而且行之有效的治国要道。

水心还认为,政治制度必须适应时代的发展。因而在《民事下》主张"因时施智,观世立法"②。他说:"尽观而后自为之,故无泥古之失而有合道之功。"③故《始议二》认为:"当为则为,毋以为昔未尝有;当改则改,毋以为今方循用。"④无论创新或革旧,或为或改,要在求主体行为与客观实际之"当"而已。这是一种对待历史经验的科学态度,也是事功之学的一项重要内容。

三　理财惠民之政

水心很重视理财之道,他不仅著有《财计》上中下三篇专论,而且在其他文稿中也多有论述。他认为平治天下国家,理财至为重要。他说:"自古以天下之财与天下共理之者,大禹、周公也。古之人,未有不善理财而为圣君贤臣者也。"因而他提出了不少关于理财惠民的建议。

(一)重理财之道,斥聚敛之弊

水心认为,善于理财之所以重要,就是要起到开源节流调节社会生产和生活的作用。然而,后世却产生了一种误解,以为理财是小人之事。这主要是因为人们把"理财"与"聚敛"混淆在一起了。为此,水心明确指出:"理财与聚敛异,今之言理财者,聚敛而已矣;非独今之言理财者也,自周衰而其义失,以为取诸民而供上用,故谓之理财。"所以,"君子避理财之名,而小人执理财之权。夫君子不知其义而徒有仁义之意,以为理之者必取之也,是故避之弗为。小人无仁义之意而有聚敛之资,虽非有益于己而务以多取为悦,是故当之而不辞,执之而弗置。而其上亦以君子为不能也,故举天下之财计属之小人,虽明知其负天下之不义而莫之恤,以为是固当然而不疑也。"正是因为分不清"理财"与"聚敛"的区别,"使君子避理财之名",而"上之任用亦出于小人而无疑",这样就使"举天下之大计"的财政大权落入了"小人"之手,结果是"民之受病,国之受谤,何时而已"⑤!

---

① 叶适《水心文集》卷一。
② 叶适《水心别集》卷二。
③ 叶适《水心别集》卷十二《外稿·法度总论一》。
④ 叶适《水心文集》卷十。
⑤ 均见叶适《水心别集》卷二《进卷·财计上》。

水心还进一步以民本思想为武器,来批评"以聚敛为理财"的错误思想。他说:"有民而后有君,有君而后有国,有君有国而后有君与国之用,非民之不以与其上也,而不足者何说? 今之理财者,自理之欤? 为天下理之欤?"故水心认为,只有"民富"才是"国用"的源泉,把人民"巧取"尽了,犹如"杀鸡取蛋""竭泽而渔",财源也就枯竭了。

(二)通商惠工,本末并重

在经济上,水心反对秦汉以来的"厚本抑末"之说,而主张孔孟所提倡的本末并重之道,因而赞同《春秋》所体现的"通商惠工"之旨,主张工商与农并重,强调理财富民,并要求发挥富商大贾的作用。他指出:"按《书》'懋迁有无化居',周'讥而不征',春秋'通商惠工',皆以国家之力扶持商贾,流通货币,故子产拒韩宣子不环不与,今其词尚存也。汉高祖始行困辱商人之策;至武帝乃有算船告缗之令、盐铁榷酤之入,极于平准,取天下百货自居之。夫四民交致其用,而后治化兴。抑末厚本,非正论也。使其果出于厚本而抑末,虽偏尚有义,若后世但夺之以自利,则何名为抑,恐此意(司马)迁亦未知也。"[1]在水心看来,"抑末厚本,非正论也"。春秋以前不仅不"抑末",而且实行"通商惠工"的政策;汉代开始行"困辱商人之策"等"抑末"措施,为的是统治者"取天下百货自居之""夺之以自利"。所以,水心的结论是:士、农、工、商"四民交致其用,而后治化兴"。水心还进一步为工商人士争取政治上的平等权利而呼喊,他说:"四民古今未有不以世,至于烝进髦士,则古人盖曰无类,虽工商不敢绝也。"[2]也就是说,荐举优秀人物入仕做官,古人是不敢把工商界拒绝在外的。

在专制社会里,盐茶禁榷之害,不仅严重破坏农业生产,造成社会动乱不安,而且直接阻碍商品经济的发展。在南宋,这个问题也非常突出。政府以很低的价格收购盐、茶,以高出数十倍的价格出售,官吏贪污受贿,人民怨声载道。作为关心人民疾苦、主张发展商品经济的水心,当然是反对政府的盐茶禁榷政策的,把它看成财政"四患"之一。他从维护盐民、茶农的权益出发,批评这种禁榷政策。他指出:"夫山泽之利,三代虽不以与民,而亦未尝禁民以自利。""要之今世之民自得罪者,其实无几,而坐盐茶、榷酤及它比、巧法、田役、税赋之不齐以陷于罪者,十分之居其六七矣。"又说:"欧阳氏言古者山泽之利,与民共之。

---

① 叶适《习学记言》卷十九《史记·平准书》。
② 叶适《习学记言》卷十二《国语·周至晋》。

此谓盐铁金锡之类可也。若茶则民所自种,官直禁而夺之尔,何共之有!"①"山泽之利",本来是劳动者创造("自种")的财富,连三代"亦未尝禁民以自利",可后世"官直禁而夺之",而民还得"坐盐茶、榷酤"之罪。水心痛斥这种"茶盐之患","榷之太甚,利之太深,刑之太重"。如果不改变这种政策,"则无以立国"。"虽然,榷之不宽,取利不轻,制刑不省,亦终不可以为政于天下"②。

(三)生财有道,用财有节

在经济上,水心主张生财有道,用财有节。其《民事中》云:"为国之要,在于得民。民多则田垦而税增,役众而兵强。田垦税增,役众兵强,则所为而必从,所欲而必遂。""而今也不然,……有田者不自垦,而能垦者非其田,此其所以虽蕃炽昌衍,而其上不得而用之者也。"③为了开发财源,水心反对"抑末"政策,提倡"扶持商贾",维护劳动者的"山泽之利",是同他的"宽民""富民"的主张密切相关的。他反对"抑制兼并",肯定"富人"的作用就是一个例证。水心指出:"俗吏见近事,儒者好远谋,故小者欲抑夺兼并之家以宽细民,而大者则欲复古井田之制使其民皆得其利。""夫二说者,其为论虽可通,而皆非有益于当世,为治之道终不在此。"关于"不夺抑兼并"的道理,就同他肯定"富人"的作用相联系。他说:"今俗吏欲抑兼并,破富人以扶贫弱者,意则善矣。"但是,"县官不幸而失养民之权,转归于富人,其积非一世也。小民之无田者,假田于富人;得田而无以为耕,借资于富人;岁时有急,求于富人;其甚者,庸作奴婢,归于富人;游手末作,俳优伎艺,传食于富人;而又上当官输,杂出无数,吏常有非时之责无以应上命,常取具于富人。然则富人者,州县之本,上下之所赖也。"水心承认"欲抑兼并""以扶贫弱"的动机虽善,他自己也主张对"豪暴过甚兼取无已者","吏当教戒之"。但"人主既未能自养小民,而吏先以破坏富人为事,徒使其客主相怨,有不安之心,此非善为治者也"④。水心从多方面肯定"富人"的社会作用,实际上是他承认私有制和雇佣关系的合理性。当时,东南地区的小商品经济正在发展。就以他的故乡永嘉县城来说,全年商税已高达25391贯之多,是全国各县平均商税的七倍。同时,如水心所谓"富人之所以善役使贫弱者","使之以事而

---

① 叶适《习学记言》卷四七《吕氏文鉴》。
② 叶适《水心别集》卷十一《外稿·茶》。
③ 叶适《水心别集》卷二。
④ 上引均见叶适《水心别集》卷二《进卷·民事下》。

效其食"①那样的以"事"受"食"的雇佣关系已随处可见。不仅农村有各种雇佣形式,而且在城里出现了漆器、造纸、丝织等手工作坊或"机户"。这当然是生产发展、经济活跃的表现,而水心的思想观念正是这种社会经济状况的反映,它比之"抑末厚本"的陈旧观念和"劫富济贫"的小生产观念来说,无疑具有历史的进步性。

正是从"扶持商贾"、开源节流的思想出发,水心对当时商税过重的现象提出了尖锐的批评。他指责宋代理财官员"诱赚商旅,以盗贼之道理其财"。所谓"经总制钱",是始于北宋末年的一种提高商税、牙税等税率的综合税。水心认定这种"经总制钱之患","强刮民财以数百万计,已散者视若泥沙,未用者弃之沟壑"②。他还指出:"今之茶盐净利,酒税征榷,何其浩大欤!""其又浩大者,经总制钱,强立寨名,从而分棣;和买、白著、折帛、折变,再倍而取;累其所入,开辟以来未之有也。入既如此,出亦如之。"可是,"不知取钱之多既若是,反忧不足欤"?"夫昔者不敢尽取虽少而犹足,今日不顾而取虽多而犹匮者,何欤?"③因此,他在开禧二年《上宁宗皇帝札子三》中说:"伏乞陛下特诏大臣,使国用司详议审度,何名之赋害民最甚,何等横费裁节宜先;减所入之额,定所出之费,不须对补,便可蠲除;小民蒙自活之利,疲俗有宽息之实。"④他建议朝廷将影响生产发展和人民生活的苛捐杂税,先削减一半,并在财政方面"量入为出",节省开支。

从节省开支出发,水心总结当时困扰南宋朝廷的最大弊端,乃是冗官、冗兵、冗费三大问题。"冗官"问题,在北宋就已存在。据史籍记载,北宋中期就有"率一官而三人共之"的现象,即一个官职有三个官员候缺。到南宋理宗时,竟发展到"六七人共守一缺"的地步。"冗兵"问题,在于政府的兵员逐年增加。北宋从初年的四十万增至一百万以上。南宋版图缩小,但军队仍在百万以上,占财政费用最大。南宋时的全部财政支出,"兵居十(之)八,官居十(之)二",故冗官、冗兵与冗费三患密切相关。对此,水心分别提出了具体解决的办法。

---

① 叶适《水心别集》卷三《进卷·官法下》。
② 叶适《水心别集》卷十一《外稿·经总制钱一》。
③ 叶适《水心别集》卷十五《外稿·应诏条奏六事》。
④ 叶适《水心文集》卷一。

第四节　恢复进取之略

南宋的当务之急是恢复中原,统一国家,这也是水心一生操心的主题。在这方面,水心主张既不可苟且偷安,也不宜轻举冒进,只有在制定全局方略之后,从"修实政、行实德"着手,做到"备成而后动,守定而后战",才能立于不败之地而获得成功。

一　力图恢复,反对和议

在恢复中原的大业上,水心首先继承传统的"夷夏之辨"的基本看法,并对此提出了处理夷夏问题的总原则,那就是:"为国以义,以名,以权。中国不治夷狄,义也;中国为中国,夷狄为夷狄,名也;二者为我用,故其来寇也斯与之战,其来服也斯与之接,视其所以来而治之者,权也。不得其义则不可以治,不得其名则不可以守,不得其权则不可以应。"①这就是说,中国与夷狄的关系,在正常情况下应当按照相互尊重,互不侵犯的礼义来处理;但在前来侵略的特殊情况下,则应具有应战的实力。他还进一步指出:"秦汉以来待夷狄者,不和亲则征伐,何也? 其所能尽于此矣! 和亲则主辱名卑而民得安;征伐有功则主荣名尊而民伤,无功则主与民共伤。"②这就揭示了统治者对待夷狄"不和亲则征伐"的深刻原因。

然而,"夫北虏乃吾仇也,非复可以夷狄畜;而执事者过计,借夷狄之名以抚之。夫子弟不能报父兄之耻,反惧仇人怀不释憾之疑,遂欲与之结欢以自安,可乎?"他认为:"昔祖宗之世也,内治已定,则所谓求和亲之利者,为保全边民计耳,是不惮自屈而力行之可也。今日存亡之忧,不得尚用往事为比。"③水心肯定"今日之事,实有困重难举之势"④。但他坚信只要有正确的方略,还是可以取胜的。他说:"外可以攻,内可以守,全国也;外不可以攻,内可以守,仅存之国也;可以攻而不为必攻之形,不足以守而为固守之势,折强大以就弱小,臣不知其说

---

① 叶适《水心别集》卷四《进卷·外论一》。
② 叶适《水心别集》卷四《进卷·外论二》。
③ 叶适《水心别集》卷四《进卷·外论二》。
④ 叶适《水心别集》卷四《进卷·外论三》。

也。""臣常患今世之言国事者,不见天下之势而好为无益之谋。"①水心在《上宁宗皇帝札子》中,更明确地指出:"甘弱而幸安者衰,改弱以就强者兴。""思报积耻,规恢祖业",就是"欲改弱以就强"②的表现。

水心针对当时"主和"之议和秦桧所谓"南自南,北自北"之论,批评"高谈者远述性命,而以功业为可略;精论者妄推天意,而以夷夏为无辨"③。他尖锐地揭露妥协投降派"不思夷夏之分,不辨逆顺之理,不立仇耻之义,一切其为南北之成形,而与宋、齐、梁、陈并称而已"④。他们只知割地奉赂以事金人,来换取自己苟且偷安于江南的生活。水心明确认定"今日人臣之义所当为陛下建明者,一大事而已。二陵之仇未报,故疆之半未复,此一大事者,天下之公愤,臣子之深责也。或知而不言,或言而不尽,皆非人臣之义也"⑤。他指出当时国家的危机"在外而不在内"。他说:"至于今日事势,亦当先论存亡。今日存亡之势,在外而不在内;而今日提防之策,乃在内而不在外。一朝陵突,举国拱手,堤防者尽坏而相随以亡,哀哉!"⑥这种把民族矛盾放在突出地位的观点,不仅完全符合当时的实际情况,而且为主战派提供了重要的理论依据。

二　备成而后动,守定而后战

水心不仅在同"主和"派的舌战中表现了深刻的理论见解,而且还对抗金的具体实施方略作了许多有益的探索。在当时的恢复大计上,水心既坚持抗金复国,又反对无准备进战。开禧二年(1206)韩侂胄决定北伐。水心认为当时将帅庸懦,军队缺乏训练,不能轻率从事。他在《上宁宗皇帝札子》中提出,朝廷既不可苟且偷安,也不宜轻举冒进;只有在首先制定全局方略之后,从"修实政、行实德"着手,做到"备成而后动,守定而后战"⑦,才是切合实际的军事行动。但他的建议未被采纳,结果战败。后来水心被任命为建康府知府兼行宫留守、沿江置使。他的精心措置和军政官员的密切协同,击退了侵占两淮地区的金兵,保卫了建康府的安全。他对长江北岸的防守作了周密的措置,决定在北岸建立堡

①　叶适《水心别集》卷四《进卷·外论四》。
②　叶适《水心文集》卷一。
③　叶适《水心别集》卷十五《外稿·上殿札子》。
④　叶适《水心别集》卷十《外稿·始议一》。
⑤　叶适《水心别集》卷十五《外稿·上殿札子》。
⑥　叶适《习学记言》卷四三《唐书·列传》。
⑦　叶适《水心文集》卷一。

坞,安置流民,"令其依山阻水,自相保聚,用其豪杰,借其声势";"春夏散耕,秋冬入堡,大将凭城郭,诸使总号令。虏虽大入,而吾之人民安堵如故"。达到"安集两淮,以捍江面"①的防御目的。

在战略上,水心主张应顺时而因势。其《息虚论二》云:"自古两敌之争,高者修德行政,下者蓄力运谋,皆有素治之术,先定之形,然必顺其时而因势之可为则胜,违时而求以自为则败。"②在战事上尤应反对奇谈空言而应注重实事。其《兵权下》云:"今天下之士,好为奇言,而言兵为尤奇者,十年于此矣。好恶之相形,权利之相诱,奇言盛而实言息矣。凡向之能为实者,今未有不转而为奇者也。"③《终论五》云:"力行今日之实事,以实胜虚,以志胜气,以力胜口,用必死之帅,必死之将,必死之士,以二年之外,五年之内,责其成功可也。"④这些言论说明,尤其在关系国家存亡的战略大计上,更应该从实际出发,不宜轻举妄动,必须作好充分准备,才能从事战争。

水心还在《纪纲二》中对于宋初撤消藩镇之举作过这样的论述:"为天下之纪纲,则固有常道。譬如一家,藩篱垣埔,所以为固也;堂奥寝处,所以为安也。固外者宜坚,安内者宜柔;使外亦如内之柔,不可为也。唐失其道,化内地为藩镇,内外皆坚,而人至不能自安;本朝反其弊,使内外皆柔,虽能自安,而有大不可安者。"⑤水心认为,唐代内地与边境都有藩镇掌握兵权而成"内外皆坚"之势,虽宜于抵御外寇,却易导致藩镇割据的内乱;宋代有鉴唐代之弊而撤销藩镇,收天下之兵权归于中央而成"内外皆柔"之势以求自安,但因边防兵弱而无力抵御外寇入侵,虽欲求安而终不可得。所以,只有使之当坚者坚,当柔者柔,以成"外坚内柔"之势,方为良策。

综上所论,水心之学,无论在政治、理财和恢复大计上,都贯穿着一种道德与功利并重、"内圣"与"外王"高度统一的旨在经世致用的务实之学。

---

① 均见叶适《水心文集》卷二《安集两淮申省状》。
② 叶适《水心别集》卷十。
③ 叶适《水心别集》卷二。
④ 叶适《水心别集》卷十五。
⑤ 叶适《水心别集》卷十四。

第五节　水心后学简述

水心门生众多,兹将其有著述存世者简录如下:

王绰,字诚叟,永嘉人。折节从水心,而水心以为畏友。著有《春秋传记》及《王徵君集》。

陈耆卿,字寿老,号篔牕,临海人。学于水心,嘉定七年(1214)进士,官至国子监司业。著有《论孟纪蒙》《赤城志》《篔牕集》。

王汶,字希道,黄岩人。师事水心,又师王诚叟。著有《东谷集》。

丁希亮,字少詹,黄岩人。从水心学,又从龙川、东莱游。著有《丁少詹集》。

周南,字南仲,吴县人。从水心学,绍熙元年(1190)进士,官至正字。忧时伤国,常以世道兴废为己任。著有《山房集》。

孙之宏,字伟夫,余姚人。水心晚年入室弟子,曾序水必《习学记言》之指。从孙嵘叟,字仁则,第进士,复中博学宏辞科,官至礼部侍郎兼太子宾客,谥忠敏。著有《读易管见》。

孟猷,字良甫,隆祐太后曾侄孙,居吴。学于水心,有《孟侍郎集》。

赵汝谲,字蹈中,大梁人。学于水心,为《水心文集》作序。嘉定进士,知温州。

邓传之,字师孟,永丰人。学于水心。著有《求斋稿》《易系辞说》一卷。

戴栩,字文子,永嘉人,岷隐先生族子。学于水心,得其旨要。嘉定进士,历官至太常博士。著有《五经说》《诸子辩论》《东都要略》《戴博士集》。

孔元忠,字复君,商河人。从水心受业。登进士,历知徽州、处州。著有《论语钞》十卷,《祭编》五卷,《编年通考》七十三卷,《书纂》二卷,《考古类编》四卷,《纬书类聚》二卷,《豫斋集》二十卷。

袁聘儒,字席之,建安人。绍兴三年(1133)进士。水心弟子,尝述水心《易说》。

叶绍翁,号靖逸,龙泉人。学于水心,著有《四朝闻见录》。

吴子良,字明辅,号荆溪,临海人。幼从陈耆卿学,亦曾登水心之门。著有《荆溪集》。

舒岳祥,字舜侯,一字景薛,人称阆风先生,宁海人。荆溪弟子。宝祐进士,仕终承直郎。著有《史述》《汉砭补》《史家录》《蘇墅稿》《避地稿》《篆畦稿》《蝶轩稿》《梧竹里稿》《三史纂言》《谈丛》《丛续》《丛残》《从肄》《昔游录》《深衣图说》共220卷,通曰《阆风集》。

刘庄孙,字正仲,宁海人。荆溪弟子。著有《易志》十卷,《诗传音旨补》二十卷,《书传》上下篇二十卷,《周官集传》二十卷,《春秋本义》二十卷,又有《论语章旨》《老子发微》《楚辞补注》《音释》《深衣考》,所为诗文曰《芳润稿》凡五十卷,又《和陶诗》一卷,《刘黄陂集》。

林处恭,临海人。受业于舒阆风,弟子极盛。著有《四书指掌图》。《宋元学案·水心学案》云:"水心之学,至阆风师弟后,无复存矣。"

第八章　四明学派的心学

南宋时期,地处浙东的明州(宁波),有以传陆象山心学为主要内容的"四明学派",其代表人物为舒璘、沈焕、杨简、袁燮四位学者,号称"甬上四先生"。他们始将江西的陆氏心学引入浙江,为后来明代的姚江心学开了先河。

第一节　舒璘的心学

舒璘(1136—1199),字元质,一字元宾,世称广平先生,奉化人。早年在太学读书时,曾问学于陆象山,请教于张南轩。朱子与吕东莱讲学于婺州,曾往从学,还与兄琥、弟琪同受业于陆象山。乾道八年(1172)中进士,历任信州、徽州教授,平阳知县,江南西路转运司干办,新安教授,宣州通判等职。淳祐中,赐谥文靖。著有《诗学发微》《诗礼讲解》《广平类稿》,惜皆久已失传。黄梨洲从其子孙中求得《广平类稿》残篇,即现存的《舒文靖公类稿》。[①]

广平虽主要传承陆氏心学,但也尊崇朱子,认为朱陆两家之学可以求同存异,颇有折衷朱陆的倾向。他说:"晦翁当世人杰地步,非吾侪所及,其有不合者,姑置之。"这种"姑置"朱陆之间的分歧的态度,也体现了浙学不主一家的风格。他与当时永嘉学者亦多有书信交往。

广平之学以"平实"著称,为学刻苦磨砺,笃实不欺,乐于教人。他与其兄弟师事陆象山时,其兄弟皆顿有省悟,而他却独称:"吾非能一蹴而至其域也,吾惟

---

① 本节有多处采用王凤贤先生《浙东学派研究》的有关内容,但在文字上作了调整和增删。

朝夕于斯,刻苦磨砺,改过迁善,日有新功,亦可以弗畔云尔。"在任徽州教授期间,鉴于徽州士习败坏已久,于是以身作则,教诸生以日用常行之道,虽隆冬酷暑,未尝少息。遇有质顽不善者,则必循循善诱,不敢稍加忿疾。终于使徽州士人渐知为学之方,学风为之一变。丞相留正誉之为"天下第一教官"。全谢山认为淳熙四先生中,广平之学"最为平实"。广平之学主要是以心学为基础的伦理思想和政治主张,而其特色则处处体现其平实之风。

广平心学的基本命题是"易之极即心之极"。其《答沈季父书》云:"赐所示太极说,谓易之极即心之极,甚善。人皆有此极而不自明,无他,私念障之也。某致力于兹三十年矣。日用甚觉得力,古人谓无偏党,无反侧,则极自会,有忿懥、好乐、忧患、恐惧,则心不正。"①说明"易之极即心之极"这一命题,是他经过三十年致力探索所获得的,正与沈季父来函所说不谋而合。这实际上是与"心即是道"的命题一致。广平在《答袁恭安书》中说:"我心无累,此道甚明。"在他看来,只要心之"本源既明",那从"是处流出"的必然是与"道"一致的行为,"以是裕身则寡过,以是读书则畜德,以是齐家则和,以是处事则当"②。这里所说的"道",其实就是"人道""人伦"。

"易之极"所以"即心之极",是因为"此心本良"。广平继承孟子的"性善论"和"良知说",认为"天之赋予我"的"至良至粹"的"理义之常",被后世歪曲了,"而孟轲氏灼见理义之原,欲挽其弊而反之动","皆所以起天下羞恶之心","使天下同归于至公之域"③。因此,广平肯定:"此心之良,人所具有。"④又说:"良知良能著于日用者如此,是真正本者矣。"⑤也就是说,"良知良能"乃是"心"的真正的"本原"。

但是,与袁絜斋的"性情皆善"论不同,广平所持的是"性善情恶"论。他说:"势利之交出乎情,道义之交出乎理。情易变,理难忘,势则然也。"人如果"溺心利欲之场","侥幸于富贵利达"之中,那就会使"良知良能"受到障蔽,出现"上则挟富贵以临下,下则冒廉耻以干上"的弊端,以至"使圣人举贤之公道一变而为干禄之私情"⑥。正因为"出于私情","后世义理不明,士失本心",所以"天下有

---

① 舒璘《舒文靖公类稿》卷一。
② 舒璘《舒文靖公类稿》卷一。
③ 均见舒璘《舒文靖公类稿》卷二《谢傅漕荐举札子》。
④ 舒璘《舒文靖公类稿》卷二《竺硕夫妻舒氏圹志》。
⑤ 舒璘《舒文靖公类稿》卷二《袁辅德墓志》。
⑥ 舒璘《舒文靖公类稿》卷二《谢傅漕荐举札子》。

大公之道行于古而不行于今"①。然而他坚信"人之良心,本自明白,特患无所感发,一旦省悟,即心之所向,莫非至善"②。所以他说:"某窃惟学之不讲,士失趋向,知道者鲜。国有学,郡有庠,邑有序,正所以讲明斯道,使人心不昧,以复其初。"③只要善于"导其良心,俾知与圣人不异,就日用间简易明白处讲究"④,就可"开掖若决始达之泉,若护始明之本"⑤。当然,最重要的还是靠内心的道德自觉。他说:"人情蔽欺,道德不著,不知者徒生矛盾,既知之彼自能解。良心既明,往往不告而知用,是益知自反,不敢尤人。"⑥

在广平的道德修养论中,有一点很值得重视,就是他明确反对"强自束缚"的"持敬之道"。他说:"持敬之说,汝素所不取。我心不安,强自体认,强自束缚,如箧箍桶,如藤束薪,一旦断决,散漫不可收拾,理所当然。夫子教人何尝如此。"在他看来,孔子所谓的"入则孝,出则弟,言忠信,行笃敬",都不是要"强自束缚"人的思想和行为,而是提倡发自内心的道德自觉。这样才能做到"此心不放,此理自明"⑦。广平的这一思想,既符合他的"人心本良"的道理,也适应道德修养的一般法则。

在政治上,广平"素以天下为己任,虽居冷官,未尝忘世事","尤留心中朝治乱之故"⑧。他一再指出:"当今时势,……国本之安危,则深有可虑者。"因为"上焉者谈论不切事情,下焉者又只相安于无事。故虽或有忧国之心而未有善后之计。窃恐日复一日,机不再来,又成虚度,此则深可忧也"⑨。又说:"当今时势,深有可忧,士大夫调停之功多而正大之议少,和同之风炽而笃实之意亏。"⑩所谓"调停之功""和同之风",显然是指统治集团内部的软弱退却的倾向。广平虽苦于"未有善后之计",但他强调要有"刚大纯全之气"和"兢兢业业"⑪的精神,要有

---

① 舒璘《舒文靖公类稿》卷二《谢张守举状》。
② 舒璘《舒文靖公类稿》卷一《再与楼大防书》。
③ 舒璘《舒文靖公类稿》卷一《请汪解元书》。
④ 舒璘《舒文靖公类稿》卷一《答袁恭安书》。
⑤ 舒璘《舒文靖公类稿》卷一《再与楼大防书》。
⑥ 舒璘《舒文靖公类稿》卷一《答杨国博敬仲书》。
⑦ 均见舒璘《舒文靖公类稿》卷一《再答叶养源书》。
⑧ 均见《宋元学案》卷七十六《广平定川学案》。
⑨ 均见舒璘《舒文靖公类稿》卷一《通陈郎中英仲书》。
⑩ 舒璘《舒文靖公类稿》卷一《与丰郎中书》。
⑪ 舒璘《舒文靖公类稿》卷一《与朱晦翁书》。

"国而忘家,万木挟持,大厦自固"①的信念;并颂扬那种为国"从容而就义"②的情操,抨击"寡廉鲜耻""廉耻节丧"③的腐败风气。

关心人民疾苦,是广平政治思想的重要内容。他反复提到"今民病极矣","其民贫益甚","民几无生理",真是"触目伤怀,自不能已"④。又云:"民病至骨,往往偿租之外,便已绝粮","民食倍艰","亦甚可怜矣"⑤。他还亲眼目睹"路旁有暴露者,心甚不忍"⑥。正因为广平对人民疾苦怀有深切的同情心,所以他"事关民瘼","不敢自默",而能以"敢冒言之"⑦。因而他的一些政治主张和建议,多是出于缓解人民疾苦而发的。包括改进"以丰补歉"的"国家常平之法",实行合理税收的"茶盐之法",减轻农民负担的"租税之法",救济灾民的"赈救之法",以及能消除"弊端"的"保长之法"⑧等等。黄梨洲曾评云:广平"所论常平、茶盐、保长、义仓、荒政,皆凿凿可见之行事"⑨。这里应当引起重视的是,广平不仅重视农民的疾苦,而且也关注商人的权益。他说:"贩夫贩妇,举贷经生以糊其口,贸易如意,得利仅如牛毛。"有时因"少利瞒税",而送府"受刑追偿,不惟举室饥饿,又且逋偿督迫,实可怜悯"⑩。所以,他主张实行合理税收,保护商人权益,"使商贾乐出于途"⑪。这与浙学所主张的农商并重之说显然是一致的。

第二节　沈焕的心学

沈焕(1139—1191),字叔晦,世称定川先生,原居定海,后迁鄞县。早年就与永嘉学者薛艮斋交往,互有通信联系。试入太学,始与临川陆九龄为友,从而学焉。乾道五年(1169)举进士,授上虞尉、扬州教授,召为太学录,调高邮军教

---

① 舒璘《舒文靖公类稿》卷一《答徐子宜书》。
② 舒璘《舒文靖公类稿》卷四《谢王右司荐举启》。
③ 舒璘《舒文靖公类稿》卷四《通太守张伯垓启》。
④ 舒璘《舒文靖公类稿》卷一《与某书》。
⑤ 舒璘《舒文靖公类稿》卷三《与陈仓札子》。
⑥ 舒璘《舒文靖公类稿》卷三《上赵运司札子》。
⑦ 舒璘《舒文靖公类稿》卷一《与李仓使唐卿书》。
⑧ 均见舒璘《舒文靖公类稿》卷三。
⑨ 《宋元学案·广平定川学案》。
⑩ 舒璘《舒文靖公类稿》卷三《上新安张守札子》。
⑪ 舒璘《舒文靖公类稿》卷三《论茶盐》。

授,后充干办浙东安抚司公事,又改婺源县令、舒州通判。谥端宪。所著《定川集》五卷,惜已失传,幸赖黄梨洲搜得残稿二卷编为《定川遗书》,仅存诗文数篇;又有后人所辑言行录为"附录"四卷。①

定川虽未亲向陆象山执弟子之礼,但其思想实受象山心学的影响,又"实兼得明招一派"。据全谢山《竹洲三先生书院记》所载,定川曾游明招山同吕东莱"相与极辩古今,以求周览博考之益。凡世变之推移,治道之体统,圣君贤相之经纶事业,孜孜讲论,日深广,期于开物成务而后已"。又与东莱之弟祖俭交往甚密,故深得吕氏明招之传。而吕氏之博览周考与朱子之格物穷理,在理论上有相通之处,所以定川也一直对朱子心存敬意。

定川论"人之一心",认为人有天赋至善之本心,而其所谓之"心",乃指"婴儿之心"。其在《训语》有云:"婴儿戏于亲旁,呼之则至,抚之则悦,了无间隔。学者此心常存,可谓孝矣。"这种至善纯洁的本心,可以感通天地万物,亦即其在《净慈寺记》所云:"吾观人之一心,精诚所达,虽天高地厚,豚鱼细微,金石无情,有感必通,况数椽之兴废乎。是心苟存,鬼神其相之矣。"

定川又认为要使"此心常存",就得在道德修养上"求之于心"。他在《净慈寺记》中云:"虽然天下之事,其将兴也,责于己,求于心;其将坏也,听诸神,归诸天。"他坚信"此心不倦,则道俗丕应,兴起法席,盖未艾也。不然,徒日燃熏,瀹供而神不我孚,吾恐山王去之远矣"。据定川自述,他之所以如此强调"心"的作用,并不是他的"独识",只是为了"振作颓废之概"罢了。

由于"道德仁义"发自至善的本心,所以定川强调要以"立大本"为"急务"。他在《训语》中说:"吾儒急务,立大本、明大义耳。本不立,义不明,虽讨论时务条目何为?"在他看来,道德仁义是"理一体同"的完善整体。又云:"道德仁义,浑然无偏倚之谓成。""道德仁义,理一而名二,体同而用殊,各行于其所当行,而不偏于一曲,非礼不能也。"也就是说,在"道德仁义"转化为"各行于其所当行"的时候,需要有"礼"加以规范,而"义是礼之变,等是礼之常"。"道德仁义"要有"礼"才得以体现。

在"道德仁义"的问题上,定川在《训语》中批评"杨墨之仁义,去道德而言之也"。而"老子之道德,去仁义而言之也"。"二者皆有弊,以执一偏,不知礼也。"先秦时期的杨子主张"为我""贵己",墨子主张"兼爱""相利",是从两个不同的

---

① 本节有多处采用王凤贤先生《浙东学派研究》的有关内容,但在文字上作了调整和增删。

侧面与体现事理之宜的"礼"相背离的；至于"老子之道"，则明确主张"绝仁弃义"。所以，从社会伦理的意义上说，定川指责他们"以执一偏，不知礼也"，显然是切中要害的。

与为政风尚有关的，是定川主张恢复"谏官"和"弹劾"的监督制度。他在《训语》中说："天子必有谏官，今世牧守遂无谏者。天子不得自行一事，而牧守皆擅喜怒，无敢问者。录事参军，自汉至唐，专掌弹劾，此职可复修也。"

他在《训语》中强调指出："学者工夫，当自闺门始，其余皆末也。今人骤得美名，随即湮没者，由其学无本，不出于闺房用力焉。故曰：工夫不实，自谓见道，只是自欺。"[①]他又赞扬那种"读书不求甚解，会意欣然忘食"的精神，认为这才是"真善读书"。

定川一生思想行谊，可从袁絜斋为其所作的行状见之。其文有云："君虽人品高明，而其中未安，不苟自恕，知非改过，践履笃实。其始面目严冷，清不容物，久久宽平，可敬可亲。面攻人之短，退扬人之善，切磋如争，欢爱如媚，古所谓直而温、毅而宏者，殆庶几乎。"可见在修养方法上，定川之学与广平同以"平实"见称。

第三节　杨简的心学

杨慈湖的心学，实源于陆象山的"心学"而更推进之，形成了所谓"天即己""心即道"的最为彻底的心学体系。其修养之道则以"诚"为本，而以"不起意"为宗，主张"无思""无为"以保持"本心"的虚明之体。

一　生平与学术旨趣

杨简（1141—1226），字敬仲，世称慈湖先生，慈溪人。乾道五年（1169）举进士，授富阳主簿，历任嵊县、乐平等县地方官，迁秘书省著作佐郎，兼权兵部郎官、礼部郎官，国史编修官兼实录院检讨官，出任温州知府，迁驾部员外郎、工部郎官、秘阁修撰、宝谟阁直学士，赠正奉大夫。其著作现存《杨氏易传》《慈湖诗传》《慈湖遗书》。

---

①　本节所引沈定川语均见沈焕《定川遗书》，故仅标篇名。

据载,慈湖在富阳任上时,陆象山路经富阳,与之论学半月,有得乎象山"本心"之旨,乃终生奉象山为师,故其学实以心学为宗,又能进而形成自己独具特色的心学体系。

慈湖之学,盖源于孔门的"为己"之学。不过,孔门所谓"为己"之学,其旨在于"为仁"乃主体之需要而出于内心之自觉,初未尝谓天地万物皆包含在一"己"之内。而慈湖则将"己"字推向了包含一切天地万物在内的高度。这一思想,在其《己易》中作了尽情的发挥:"易者,己也,非有他也。以易为书,不以易为己,不可也;以易为天地之变化,不以易为己之变化,不可也。天地,我之天地;变化,我之变化,非他物也。私者裂之,私者自小也。"①慈湖认为,《周易》讲的就是为己之学。所以,"善学易者,求诸己,不求诸书"。于是,慈湖又认为,学问必须与"己"合而为一,己与道,己与物,皆不容分隔成两截。他说:"自生民以来,未有能识吾之全者。惟睹夫苍苍而清明而在上者,名之曰天;又睹夫隤然而博厚而在下,又名之曰地。清明者吾之清明,博厚者吾之博厚,而人不自知也。"

据此,慈湖又把"人道"与"天道"合而为一,肯定"天人一道也"。他说:"天即己也,天即易也。地者,天中之有形者也。吾之血气形骸,乃清浊阴阳之气合而成之者也。吾未见夫天与地与人之有三也。三者,形也;一者,性也,亦曰道也,又曰易也。名言之不同,而其实一体也。"在这里,慈湖以《周易》"一阴一阳之谓道"为根据,认为"道"是"阴"与"阳"相互作用的统一体,而"道"乃是万物之本。所以,道是涵摄统一了包括人的本身在内的一切宇宙现象的本体。于是,慈湖把人与天地万物在"道"的层面上合而为"一"了。因而他又说:"举天地万物万化万理,皆一而已矣。……不以天地万物万化万理为己,而惟执耳目鼻口四肢为己,是剖吾之全体而裂取分寸之肤也,是梏于血气而自私也,自小也,非吾之躯止于六尺七尺而已也。坐井而观天,不知天之大也;坐血气而观己,不知己之广也。"这样,慈湖不仅把人与天地万物合而为一,而且还把一切天地万物统一于"己"了。甚至在《己易》中还进一步认为,天地万物的一切功能,无论日月之照临,四时之运行,乃至仁、义、礼、智等一切道德云为,都是由"己"而生发的。显然,慈湖已把"己"的地位和功用提高到无以复加的程度了。

其实,"天人合一"本来就是儒学的总体特色,即使是程朱学派,也主张"仁者与天地万物浑然一体"之说。不过,程朱之所谓"一体",主要是指人与天地万

---

① 杨简《慈湖遗书》卷七《己易》。

物之间存在着普遍联系而已,但仍然把"天地万物"看作主体"人"所认识的客体对象,而未尝把天地万物等同于人。及象山提出"宇宙即是吾心,吾心即是宇宙"之说,始有把"天地万物"等同于"吾心"的倾向。而慈湖则把象山的这一观点推向了极致而形成了自己独具的特色。

二　"吾心即道"的本体论

象山的"心学",本来就持"心即理"的观点而把"心"作为本体的。慈湖作为象山的入室弟子,治学自然以发明"本心"为其治学宗旨。而且在象山"心学"的基础上,又进一步形成了更为彻底的心学特色,而这种特色又是在他所认定的"己"的理论上继续展开的。

首先,慈湖在象山"心即理"的基础上,又进而提出了"吾心即道"的观点。他在《请学者书》中认为"吾心即道,不可更求"。他认定"吾心即道"之义实渊源于尧舜孔孟。其《论书》云:"书首言尧典舜典,典,常也。舜曰:惟精惟一,一亦常也。""故以三坟为大道,五典为常道。不常何以为道,不一何以为道。道心惟微,本精本一。人心即道心,心本常。"在这里,慈湖把"五典""精""一"理解为"常道",并把"人心"与"道心"等同起来。不过,慈湖之所谓"人心"与《书》之本旨已有所不同。因为《书》之"人心"所以区别于"道心",显然是指已受外物所蔽之"心",故曰"惟危";而慈湖认为"人心即道心"之"人心",只能是指未受外物所蔽之"人之本心"。因而他在《论书》中评述《中庸》"率性之谓道"一语时,就认为"不必言率",因为"性即心,心即道,道即圣,圣即睿。言其本谓之性,言其精神思虑谓之心,言其天下莫不共谓之道"。他把性、心、道合而为一了。慈湖在其《诗解序》中还认定"《易》《诗》《书》《礼》《乐》《春秋》,其文则六,其道则一",而"至道在心,奚必远求","吾心所自有之六经,则无所不一,无所不通。"这是说,六经本是载道之书,而既然"至道在心","吾心即道",因而六经与"心"完全是一致的。其在《泛论学》中更着重指出:孔子的"心之精神是谓圣"一语系圣人"切至之诲"。所以慈湖认为,举凡一切思虑言行,只要合乎吾心,也就自然合乎圣人之道了。

其次,慈湖认为,作为心体,是人人之所自有,而且是人人相同、天地万物相同的。其《绝四记》云:"夫清明之性,人之所自有,不求而获,不取而得,故《中庸》曰:'诚者自成也,而道自道也。'"慈湖之所谓"清明之性",实指心体而言。故在《己易》亦云:"能识恻隐之真心于孺子入井之时,则何思何虑之妙,人人之所自有也;纯诚洞白之质,人人之所自有也;广大无疆之体,人人之所自有也。"他在《二陆先生祠记》中自谓听了象山所揭示的"本心"之旨,于是"一语触其机,某始自信其心之即道,而非有二物,始信天下之人心皆与尧、舜、禹、汤、文、武、周公、孔子同,皆与天地、日月、四时、鬼神同"。这是说,作为心体,不仅人与人相同,而且人与天地万物也是相同的。故慈湖又把"人心"与"天心"统一起来。他说:"惟当乎人心,则当乎天心";"必合天下人心,则合天心"。这其实是发挥了《书·泰誓中》所说的"天视自我民视,天听自我民听"的民本思想。

其三,从象山"宇宙即是吾心,吾心即是宇宙"之说出发,慈湖也认为一切天地万物尽皆包含于吾心之中。他在《著庭记》中说:"心何思何虑,虚明无体,广大无际。天地范围于其中,四时运行于其中,风霆雨露霜雪散于其中,万物发育于其中,辞生于其中,事生于其中"。这是说,一切天地万物及其运行功用无不包含于"心"之中。他在《杨氏易传》中说:"物有大小,道无大小;德有优劣,道无优劣。其心通者,洞见天地人物尽在吾性量之中,而天地人物之变化,皆吾性之变化,尚何本末、精粗、大小之间?"其《论论语上》还说:"天高地下,物生之中,十百千万,皆吾心耳,本无物也。"

其四,慈湖还进一步认为"天地万物"皆由"吾心"而产生。他说:"夫所以为我者,毋曰血气形貌而已也。吾性澄然清明而非物,吾性洞然无际而非量。天者,吾心中之象;地者,吾心中之形。故曰'在天成象,在地成形',皆我之所为也。混融无内外,贯通无异殊,观一画而其指昭昭矣。"这是说,天地万物之一切形态变化,"皆我之所为",亦即皆由吾心而产生的。

其五,慈湖认为心体是固定不变的。他在《绝四记》中说:"此心常见于日用饮食之间,造次颠沛之间,而人不自省也。……是心本一也,无二也,无尝断而复续也,无向也不如是而今如是也,无向也如是而今不如是也。昼夜一也,古今一也,少壮不强而衰老不弱也。可强可弱者,血气也;无强无弱者,心也。有断有续者,思虑也;无断无续者,心也。能明此心,则思虑有断续而吾心无断续,血气有强弱而吾心无强弱,有思无思,而吾心不二也;不能明此心,则以思虑为心,虽欲无断续,不可得矣;以血气为己,虽欲无强弱,不可得矣。虽欲造次于是,颠沛于是,无须臾不于是,勉强从事,不须臾而罢矣。况于造次乎?况于颠沛乎?"这是说,一个人的血气是有变化的,但作为心体,是千古如斯而没有大小、强弱、断续之变化的。

由此可见,慈湖之心学,淋漓尽致地发挥了象山"宇宙即是吾心,吾心即是宇宙"以及"此心同,此理同"之义,并在此基础上继续推进,从而形成了自己最彻底的心学理论体系。

三　"不起意"的修养论

慈湖的修养论,既不同于程朱的道德与知识并重的"涵养须用敬,进学在致知"之说,也不同于象山的"存养"和"力行"之说,而是主张在自明"本心"的基础上,把"意"当作害"心"之源,强调以"不起意"为宗,进而提出了"无思""无为"以保持"本心"的修养理论。

慈湖《己易》云:"古圣作易,凡以开吾心之明而已。"然而自明本心,又当以"诚"为本。正如《中庸》所谓"诚则明"也。故其《己易》又云:"《书》曰:'作德,心逸日休;作伪,心劳日拙。'如此则亦伪而已矣,非诚也。孔子曰:'主忠信。'忠信者,诚实而已矣,无他妙也,而圣人以是为主本。"这是说,内心之"诚"体现在言行上则为"忠信",修心之道,只要以"诚"为本,则达到圣人的境界,其实是很简易的事。

然而,从自明本心的另一方面而言,又在于消除心之障蔽,即所谓"四毋"。其《绝四记》云:"孔子日与门弟子从容问答,其谆谆告戒,止绝学者之病,大略有四:曰意,曰必,曰固,曰我。门弟子有一于此,圣人必止绝之。"然而他又认为,四者之根源全在于"意",其他三者皆由"意"产生,故慈湖主张"自明本心"当以"不起意"为宗。其实,慈湖教人"不起意",并非教人槁木死灰,作个痴呆,而只是要人"复本心""由仁义行"而已。

不过,慈湖之所谓"意",较之象山"私意"的概念更为广泛,当是指人的本能之外的一切意识活动。其在《家记三·论礼乐》中说:"人心至灵至神,虚明无体,如日如鉴,万物毕照,故日用平常不假思为,靡不中节,是为大道。微动意焉,为非为僻,始失其性。"这是说,"心"是一种至灵至神但又无思无为的精神本体,一有意识活动,就是对这种本体的破坏,使之失其固有的善性而为恶。所以其《诗解序》云:"人心本正,起而为意而后昏。"其《乡记序》云:"人性皆善,皆可以为尧舜,特动乎意,则恶。"其《乐平学记》云:"千失万过,孰不由意而生乎? 意动于爱恶故有过,意动于声色故有过,意动于云为故有过。意无所动本亦无过,先圣所以每每止绝学者之意,门弟子总计之曰'毋意'。"

然而,慈湖认为"意"生于"不自知"。其《家记二·论书》云:"人惟不自知,故昏故愚。"而所谓"不自知",就是没有自我觉悟到"心"的"虚明无体"的本质,而与"心"有了隔阂。故《绝四记》云:"一则为心,二则为意;直则为心,支则为意;通则为心,阻则为意。"然而人又怎么会"不自知"而走上"二""支""阻"的歧途呢?慈湖认为原因在于"思"。其《杨氏易传·艮》云:"苟微起思焉,即为出位,即为失道。"而只有"不识不知","非思非为","心"才能保持其"昭明如鉴,不假致察,美恶自明,洪纤自辨"的"至善"本性。

于是,慈湖在其《杨氏易传·益》有云:"人心即道,故曰道心,道心无体。因物有迁,迁则有所倚,有所倚则入于邪;不动于意,本无所倚,本无所邪偏。何思何虑,自至、自中、自神、自明,自无所不通。……惟无思,故无所不明;惟无为,故无所不应。凡易之道,皆此道也,皆大易之道也。"这是说,"不起意"的实质,即在于"无思""无为",只有这样,才能自然臻乎"无所不通"之境。由是观之,慈湖之所谓"无思""无为",并非主张毫无作为,而是主张"循吾本性以往",即可自然合乎圣人之道了。

四　慈湖心学之实质

慈湖的心学,如果光从其文字表面看来,不仅未必符合孔孟原意,甚至与象山之学亦有差距。例如:其一,孔门所谓"为己"之学,系就自得于心而言;而慈湖则将"己"等同于天地万物。其二,《书》之所谓"人心",乃指已受外物所蔽的常人之心,故与"道心"对言;而慈湖则指人之本心,故等同于"道心"。其三,《论语·为政》记孔子曰:"七十而从心所欲不逾矩。"这里的"矩"即指事物的客观规律,亦即"道"。孔子自谓到七十岁才达到"心"与"道"适相符合的境界,分明"心"与"道"本系二物。而慈湖则不仅把"心"等同于"道"和天地万物,而且还认为天地万物尽皆包含在"吾心"之中,天地万物皆由"吾心"所产生。其四,孔门"毋意"之"意"以及象山之所谓"意",皆指有违正道的"私意"而言;而慈湖主张"不起意"之"意",乃指人的本能之外的一切意识活动。其五,孔孟都很重视"思",孔子谓"学而不思则罔",孟子谓"心之官则思",都认为"思"是心体的重要活动,孔子亦仅仅强调"思无邪"而已;而慈湖则一概地主张"无思""无为"。如此等等。不难看出,慈湖这些观点有一个显著的特色,就是为了强调某一方面而将其推向了极端。如果用儒家的中庸之道加以衡量,其失可谓是偏于太"过"之弊。

然而,如果从慈湖立说的出发点来看,实乃针对时弊而发的救弊之论。因为当时世人未免溺于物欲而昧其本心;而学者亦大都为了求取功名利禄而沉溺于章句之学而不知所以自拔，以致把文章学问与道德践履分裂为"二"。慈湖为了扭转这一颓势，不得不极力强调"本心"之说以倡导孔门"为己"之学，以期文章学问与道德践履合而为"一"。立论虽若有过激之嫌，但作为救弊之药，实有其可取之处。因此，学者若能根据"毋以辞害意"之旨加以领会，从中仍然可以获取许多有益的成份。

更何况，考察慈湖生平践履，皆能言行一致地遵照儒门礼教，而其为政，"务以德化感人，民自悦服"，道德文章，皆可师表当世。因此，对于慈湖之学，不仅要探讨其学说中的短长而吸取其精华，更重要的还应从其立身处世的道德践履中发扬其精神。这对于引导社会现实中某些物欲横流、道德败坏的不良风气，必将发挥其良好的效果。全谢山曰："慈湖之言不可尽从，而行则可师。"[1]这一论断似可作为探索慈湖心学之指针。

第四节　袁燮的心学

袁絜斋之学，虽然以象山心学为基础，但亦尊崇朱子之学，故心学特色不像慈湖那样显著，而是与广平、定川相似，具有调和朱陆的倾向，从而显示出平实、折中的思想特色。[2]

一　生平与学术旨趣

袁燮(1144—1224)，字和叔，世称絜斋先生，鄞县人。乾道初入太学，其时复斋陆九龄为学录，同里乡贤如舒广平、沈定川、杨慈湖亦皆在学，以道义相切磨。后见复斋之弟象山发明本心之旨，乃师事焉。淳熙八年(1181)第进士，授江阴尉，改福建常平属官，后召为枢密院编修官权考功郎，又知江州，兼国史编修实录检讨官，历迁国子司业、秘书兼祭酒，兼崇政殿说书，权礼部侍郎进侍讲。卒谥正献。著有《絜斋集》二十六卷，《絜斋家塾书钞》十卷，惜多散佚，现存有《絜斋毛诗经筵讲义》和《袁正献公遗文钞》。

絜斋"素尚名节，学有体用"。与金华、永嘉学者多有学术交往。据真德秀

---

① 《宋元学案》卷七十四《慈湖学案》。
② 本节有多处采用王凤贤先生《浙东学派研究》的有关内容，但在文字上作了调整和增删。

《正献公行状》所载："东莱吕成公接中原文献之正传，公从之游，所得益富。""永嘉陈公傅良，明旧章，达世变，公与从容考订，细大靡遗。"又谓其"讲道于家，以诸经《论》《孟》大义警策学者，于《书》《礼记》论说尤详，其所成就后学甚众"。絜斋之学，主要是心学指导下的伦理思想和政治思想。

絜斋首先肯定"心"是"人之大本"。他说："人生天地之间，所以超然独贵于群物者，以存是心焉。尔心者，人之大本也。"①还说："人生天地间，所以异于群物者，以知义理而已。义理，人心之所同，皆可以为善。"②这些说法，都是把人有"义理之心"作为区别于群物的根本标志。

絜斋又认为"人心"与"天地"同本。他说："惟静观此心，与天地同本，与圣贤同类。"③又说："人心与天地一本，精思以得之，兢业以守之，则与天地相似。"④一方面，人的至善本心，就是天所赋予的，"天与人以此心，至精至明"，⑤即便是常人，"天禀之良，未尝少亏也"⑥；另一方面，人心又可以感应天地，化育万物，"心足以御形，而不为形役"⑦，"故发形于外，有足以感动物者欤"⑧。特别是圣人之"心纯乎天"，"皆与天合"⑨。

正因为"人心与天地一本"，所以也得出了"吾心即道"的结论。他说："此心此理，贯通融会，美在其中，不劳外索。""吾心即道，不假外求，忠信笃实，是为道本。""以心求道，万物千差，通体吾道，道不在他。""道不远人，本心即道。知其道之如是，循而行之，可谓不差矣。"⑩这里所说的"道"，实际上是"人伦""人道"，也就是古代社会的伦理纲常。因而他说："天下之达道，人伦而已。人伦之外，焉有他道？"⑪又说："吾道一以贯之，非吾以一贯之也。舜由仁义行，非行仁义。若致力以行之，则犹与仁义为二也。"也就是说，由"仁义之心"发出的"行"，"与道一本"；要是勉强（"致力"）而"行仁义"，那就是与"仁义为二"了。所以他说：

---

① 袁燮《絜斋毛诗经筵讲义·汉广篇》。
② 袁燮《絜斋毛诗经筵讲义·子衿篇》。
③ 袁燮《袁正献公遗文钞·迁建嵊县儒学记》。
④ 《宋史·袁燮传》。
⑤ 袁燮《絜斋毛诗经筵讲义·风雨篇》。
⑥ 袁燮《絜斋毛诗经筵讲义·何彼秾矣篇》。
⑦ 袁燮《絜斋毛诗经筵讲义·螽斯篇》。
⑧ 袁燮《絜斋毛诗经筵讲义·汉广篇》。
⑨ 袁燮《絜斋毛诗经筵讲义·甘棠篇》。
⑩ 袁燮《袁正献公遗文钞》附录《言行》。
⑪ 袁燮《絜斋毛诗经筵讲义·汝坟篇》。

"心本不偏,制行而原于心,斯不偏矣。"①

二　性情皆善之说

在人性论和伦理观上,絜斋的思想很有特色。他认定"性情本一""性情皆善"。他以孔子所说的"思无邪"为依据,认为"先王盛时","人人有士君子之行,发而为诗,莫非性情之正","夫寂然不动之谓性,有感而发之谓情。性无不善,则情亦无不善。厥名虽殊,其本则一"。在他看来,孟子"道性善",则情亦"可以为善矣"。《礼运》系"孔子之遗言",谓"喜怒哀乐爱恶欲","是七情者,弗学而能,人之良能也,岂有不善者哉"。所以,诗人"吟咏情性","发乎情,民之性也。合二者而一之,毫发无差,岂非至粹至精,同此一源,不容以异观耶"②。意思是说,"人性本善",那"发之为情",就是"人之良能",当然也是"善"的。这实际上是把孟子的"性善论"贯彻到底。

正因为"性情皆善",絜斋就肯定情欲的合理性,主张"顺乎人情"。因而他说:"男女之欲,人情之所不能免也。"③"男女相悦,亦人之情也。"④又说:"安佚者,人情之所甚欲;行役者,人情之所甚惮也。"⑤还说:"人情相安","夫和平者,人之本心也"⑥。因此,"为政"必须"顺乎人情","合乎人心"。故云:"诗曰'宜民宜人',取其人民之相安也。""夫人情之相安,则有和顺而无乖戾,有欢乐而无怨仇,岂不甚可贵哉!"⑦又云:"《易》之'咸'曰:'圣人感人心而天下和平。'夫人心至于和平,则风俗粹美,不可以有加矣。"⑧

然而,絜斋只肯定发之"本善之性"的"情欲"是合理的,但人生活在群体之中,毕竟还会受到"物欲"和"习俗"的影响,使人的"本善之性"受到"私利""私欲"的障蔽,使"情欲"超出了"义理"的规范。诸如,"有己之心胜,则待物之意薄";"朝思夕虑,求足其欲","何其不仁哉"⑨。"小人之心","朝思夕念,不过于

---

① 袁燮《袁正献公遗文钞》附录《言行》。
② 均见袁燮《絜斋毛诗经筵讲义·诗序》。
③ 袁燮《絜斋毛诗经筵讲义·鸡鸣篇》。
④ 袁燮《絜斋毛诗经筵讲义·殷其雷篇》。
⑤ 袁燮《絜斋毛诗经筵讲义·陟岵篇》。
⑥ 袁燮《絜斋毛诗经筵讲义·芣苢篇》。
⑦ 袁燮《絜斋毛诗经筵讲义·桃夭篇》。
⑧ 袁燮《絜斋毛诗经筵讲义·芣苢篇》。
⑨ 袁燮《絜斋毛诗经筵讲义·樛木篇》。

爵位之崇,禄廪之厚,以足夫一己之欲"①。总之,"由天理而行,则是心常明;为人欲所蔽,则是心必昏"②。这种背离"天理"的"情欲",当然失去了其合理性。

因此,絜斋强调道德教育和道德修养的必要性。他指出:"古人病其然,设庠序学校,渐摩陶冶,使人心晓然皆知义理之可贵,不为物欲所迁,则教之功也。"并强调"挑达之乐在外,义理之乐在内。在外之乐俄顷间尔,在内之乐生生不穷"。如果说"一日而废食,不免于饥渴";那么"一日而不务学,必放其良心;良心陷溺,将不可以为人,此其害殆有甚于饥渴者"。所以,"为民上者,岂可不以教养为先哉!"③看来,在道德教育问题上,絜斋与慈湖反对一切"内外之分"的观点有所不同,但在教育必须"陶冶人心"这一点上是相同的。

关于人物之别和人性之善恶,絜斋皆用禀气之全或偏来说明。他说:"万物盈于宇宙之间,皆天地所生,人亦天地间一物耳,而惟人最灵。大抵禀气之全者则为人,禀气之偏者则为物。惟全故明,惟偏故昏。"这完全同于朱子的观点,而与象山之说不同。在修养方法上,亦与朱子接近,主张持敬积渐和博学广识。

在维护和振兴道德风尚的问题上,絜斋特别重视"在上者"的"表率"作用。他说:"一国之风俗,国君为之也。上倡其下者谓之风,下从其上者谓之俗。""倡之者善,而从之者无不善,则风俗日以淳;倡之者不善,而从之者亦不善,则风俗日以薄。"所以,"欲万世为人君者,谨其好恶而端其表仪也"④。他强调"人伦正则朝廷正矣"⑤。而"人君者,化育之所自出也"⑥。"行远自迩始,治外自内始,未有其家不可教而能化行于他人者。"⑦絜斋继承孔孟"反求诸己"的修养方法,提倡"修己而不责人",反对"责人而不责己"⑧,并借用古人的话说:"百姓有过,在予一人。"⑨这种过分夸大"人君"个人道德对社会道德风尚所产生的作用,虽有局限,但要求人君应以身作则的观点,则是可取的。

絜斋把教育看成是"当务之急"。他说:"阐斯道之奥,发是心之良,而辅成

---

①　袁燮《絜斋毛诗经筵讲义·柏舟篇》。
②　袁燮《絜斋毛诗经筵讲义·鸡鸣篇》。
③　均见袁燮《絜斋毛诗经筵讲义·子衿篇》。
④　均见袁燮《絜斋毛诗经筵讲义·还篇》。
⑤　袁燮《絜斋毛诗经筵讲义·驺虞篇》。
⑥　袁燮《絜斋毛诗经筵讲义·兔罝篇》。
⑦　袁燮《絜斋毛诗经筵讲义·芣苢篇》。
⑧　袁燮《絜斋毛诗经筵讲义·凯风篇》。
⑨　袁燮《絜斋毛诗经筵讲义·兔罝篇》。

国家之风教者,其惟学乎。夫学之于人,犹食之有谷粟,衣之有桑麻,岂可一日厥哉。""而教养一事多厥而不备,岂不知当务之急哉。"①

絜斋在论学方面非常注重"博览古今","精通经史"。他说:"为学要当通知古今,各识前言往行,古人所谓畜其德也。""学者但慕高远,不览古今,最为害事。""读书一事,却不可废,学问无有穷尽,用力愈久,所得愈深。"他还提到:"子路尝云'何必读书',而夫子斥其佞。书其可废哉?"②絜斋注重博学多闻的思想,与朱子同。

三　自强兴复之道

絜斋从政的年代,正是国家积弱危亡之秋,所以他特别强调要有"自强不息"的"刚健之心"。他在崇政殿应对条陈四事中,首先指出:"在《易》之乾,'天行健,君子以自强不息',宜健,而弱非天德也。故君德弱则不进,纪纲弱则不张,法度弱则不修,号令弱则不行,治内而弱则国家不尊,治外而弱则夷狄不慑。"因此,朝廷必须"法天行健,磨励精神,破庸人之论,以强中国之势"③。与国家统一的恢复大业相关联,絜斋非常强调要有雄心大志和勇于作为的精神。他说:"志者,心之所期也。""所期者大,则其规模亦大;所期者远,则其谋虑亦远。夫惟远且大也,故谓之志。古之人君,耻以中常自处,而必欲成大有为之事业,斯可谓人君之志也。"④絜斋的论述,是针对当时君臣"皆懦怯偷安无远志"而发的。他指出:"垂亡之国,自示削弱,谁不侮之?"⑤敌人正是"以我为怯,纠合群怨,致死于我,陛下其可不奋发乎"⑥!

因此絜斋认为,"功名"问题要以是否"合于义理"为标准。那种违背义理,"妄意于大者远者,固非矣;而无志于大者远者,亦岂君子之所贵哉"。所以,作为人君,"不可以妄图",亦"不可以无志"⑦。他强调要"以学为政,以政为民。凡可便于民者,知无不为,不苟目前之安图,为久长之计"⑧。即此可见,絜斋虽以

---

① 均见袁燮《袁正献公遗文钞·昌国州儒学记》。
② 袁燮《袁正献公遗文钞·答舒和仲书》。
③ 《正献公行状》。
④ 袁燮《絜斋毛诗经筵讲义·卷耳篇》。
⑤ 《宋史·袁燮传》。
⑥ 《正献公行状》。
⑦ 袁燮《絜斋毛诗经筵讲义·甫田篇》。
⑧ 袁燮《袁正献公遗文钞·丰惠桥记》。

心学为主,亦复重视国计大业。

絜斋"独以振兴恢复之事望其君",故其政治思想多有关"为政顺人心"之说。他说:"臣闻人心未易感也,而感人之深者,其惟盛德之君子乎。""人之为政,悦人心于一时者易,得人心于悠久者难。""人纯乎天,发而为政,皆与天合。以我之心,感民之心,民之不能忘,由我之不可忘也。"①因而絜斋深切同情当时应征赴战的爱国战士,强调"上恤其下,下忠其上,此所以交通而无间也"。"念之恤之,圣心之所不能忘也。"②他认为兵虽不可"轻用","然有国有家者,非兵无以宣威灵、制强暴,故亦不得已而用之"。然而用兵也有"顺乎人心","得民心之道"的问题。"外御其侮者,为固圉而举以仁伐","为救民而举兵",这就是"求所以顺乎人心者哉"③。

国家的复兴,还同朝廷用人问题密切相关。絜斋引用孟子的话说:"不信仁贤,则国空虚。""夫仁贤君子,国之所恃以安疆者也。有之则为朝廷之光,无之则为社稷之辱。"④因此,"贤才之于国,犹御寒之衣裘,养生之菽粟。汲引善类,无间亲疏,所以报国也"⑤。他主张政事要"广求贤俊、秉心公正者为之"⑥,也就是当取"材之足以集事","德之足以感人"⑦的德才兼备的人才。他说:"人主之任官,不可有一毫之私。"⑧但当今用人,"挟私害正者亦或有之,合于己则掩覆其大过,异于己则指扎其小疵。毁誉发于私情,则真才不得展布,赤心谋国者岂其然乎"⑨。正因为如此,就出现了"所用之才非真才"的现象,反而重用那些"似奋发而实怯懦","似多能而实寡陋","不皇皇于仁义而汲汲于荣禄"之辈,以至造成"重以贪吏,政以贿成","小民焦熬","人心不宁"⑩的恶果。由此可见,"天下之患,莫大于小人在人主之侧"。这些"小人之心",知"有己""有私",而不知"有国""为国"。他们"阿媚其君","排摈善类",致使"仁人不用","贤者不堪其忧",

---

① 袁燮《絜斋毛诗经筵讲义·甘棠篇》。
② 袁燮《絜斋毛诗经筵讲义·陟岵篇》。
③ 袁燮《絜斋毛诗经筵讲义·击鼓篇》。
④ 袁燮《絜斋毛诗经筵讲义·山有扶苏篇》。
⑤ 《正献公行状》。
⑥ 袁燮《袁正献公遗文钞》附录《言行》。
⑦ 袁燮《絜斋毛诗经筵讲义·甘棠篇》。
⑧ 袁燮《絜斋毛诗经筵讲义·伐檀篇》。
⑨ 《鄞县志·袁燮传》。
⑩ 均见《正献公行状》。

人主"可不自警乎"①。

絜斋还强调兴办武学的必要性,指出:"武学之设,自仁皇始,列圣因之,教育不废。""足以仰见圣哲之心,居安虑危,先事为备。"他认为轻视"武士"是没有根据的,古人就提倡"武勇",只不过"古人有言所贵于勇敢者,贵其敢行礼义也。用之于战胜则无敌,用之于礼义则顺治"。所以,"武勇者乎,君子者乎"②,这二者是可以统一的。这样的"武勇之士",不管是国家处于战时或者平时,都是需要的。

絜斋这种忧国忧民的思想,也渊源于儒家的民本思想。他主张"藏富于民",反对"厚敛于民",指出:"善为国者,富藏于民;不善为国者,富藏于府库。君民一体也,民既富矣,君安得而不富;不藏于民而厚敛焉,民既竭矣,君安能独丰哉?"③絜斋反对"苛政",提倡"节用"。他说:"官吏以刻核之心行苛暴之政,刑罚不中,民无所措手足。"这样,"邦本胺削,深为国家忧"。所以,他建议"奉行宽大"政策。又说:"军费省则民食宽矣。用度当节,或恐有伤国体,然民者邦之本,以邦本之故,少亏国体无害也。"④显而易见,絜斋的政治主张都是建立在"民为邦本"的基础之上的。

---

① 均见袁燮《絜斋毛诗经筵讲义·柏舟篇》。
② 均见袁燮《袁正献公遗文钞·武学登科题名记》。
③ 《絜斋毛诗经筵讲义·硕鼠篇》。
④ 均见袁燮《袁正献公遗文钞》附录《言行》。

第九章　程朱理学的传承

北宋中期，河南二程开创伊洛之学，以继承孔孟儒学的道统自任。程门一传龟山杨时，再传豫章罗从彦，三传延平李侗和韦斋朱松，四传至南宋初韦斋哲嗣考亭朱熹，乃集理学之大成，故与二程洛学合称"程朱理学"，成为宋、元、明、清历朝正统儒学。经程门后学、朱子本人及其后学传入浙江各地，自然也成为浙江影响最大的正统儒学。然而，传入浙江的程朱理学受浙江本土重视经史文献和事功学派的影响，无不对程朱原旨有所修正而具有浙学的总体特色。

第一节　张九成的理学

程门在浙江的二传弟子，除了前章所述永嘉诸儒所授者外，则主要受学于程门高弟龟山杨时、和靖尹焞、公路焦瑗以及私淑洛学的武夷胡安国等，然后将其学传入浙江。其中以龟山弟子张九成为最著名。

一　生平与著述

张九成（1092—1159），字子韶，自号横浦居士，亦称无垢居士，钱塘人。夙学天成，八岁诵六经，通大旨。其父使客试之，他应答如流。且曰："精粗本末无二致，勿谓纸上语不足多，下学上达，某敢以圣贤为法。"诸老惊叹曰："真奇童子也。"十岁善文，时侪称雄。从学于龟山杨时。

绍兴二年（1132）廷对中进士第一名，佥判镇东军，与监司不合，投檄而归。学士大夫簦笈云集，多执贽门下。入为太常博士，改著作郎，除宗正少卿、礼部侍郎,兼侍讲经筵。因论时政,忤权相秦桧,又反对和议,被弹劾落职,出为江州太平兴国宫祠官。后谪守邵州,何铸劾以依附赵鼎落职。终父丧,取旨与宫观,詹大方秉秦桧之意,论其与僧宗杲交游,谤讪朝政,遂遭放逐,谪居南安军。即在南安蛰居十四年,终日闭门读书,解释经义,目病就明,檐下砖痕,双趺隐然。广帅致籯金,则曰:"吾虽迁徙困乏,何敢苟取?"卒不受。秦桧死,复起用,出知温州。户部遣吏督军粮,他遗书痛陈其弊,户部持之,即丐祠归。宝庆初追赠太师,封崇国公,谥文忠。

横浦一生居官清廉纯正,治学辛勤不懈,为世所称。著有《尚书说》《大学说》《中庸说》《孝经说》《论语说》《孟子说》《无垢录》《横浦心传》《横浦日新》《横浦文集》等。

二　自具特色的理学

横浦是杨龟山门人,程门的再传弟子。其学术思想主要内容是天理说、格物说、慎独说。他在继承程门理学的基础上,亦颇能自具特色。

(一)天理说

横浦把"天理"或"理"作为自己思想体系的最基本范畴,乃是继承二程之学,但与二程对"天理"的理解稍有不同。明道所理解的"理",是指存在于万事万物之中的自然趋势、秩序;伊川所理解的"理",是指万事万物的根源或规定性。横浦所理解的"天理"基本上和明道一致,但其含义更为具体丰富。

首先,横浦所谓的"天理"是指存在于自然事物内的必然趋势,是事物之所以然的原因。他说:"天理决然遇事而发,欲罢不能也。"故违反"理"或昧于"理",自然界的秩序就要陷于混乱,"不知格物则其理不穷,其理不穷则天地、日月、四时、鬼神、河海、山岳、昆虫、草木,一皆颠倒失序"。

其次,横浦所谓的"天理"更多的是指伦理纲常原则。他说:"礼者何也? 天理也。""先王之乐自天理中来。""天理者,仁义也。"既然"天理"即是礼乐仁义等伦理道德原则,故他就把日常生活中符合这些伦理道德规范的言行,视为"天理"之表现。他说:"凡吾日用中事岂有虚弃者哉,折旋俯仰、应对进退,皆仁义礼智之发见处也。"反之,不符合这些规范的言行? 就是"人欲",当在诛灭之列。他以孔子作《春秋》为例说:"夫子不得已而作《春秋》,诛乱臣贼子以遏人欲于横流,扶天理于将灭。"可见"天理"主要是指伦常而言。

(二)格物说

如果说在天理观上横浦比较接近明道,那么在认识论和方法论上则比较接近伊川。因为他不是把明道提倡的"定性识仁",而是把伊川提倡的"格物穷理"当作认识和完成儒家道德修养的基本方法,故他主张"学者以格物为先","观六经者当先格物之学"。

横浦所谓的"格物",一方面具有认识论的意义,另一方面也具有修养方法的意义。首先,横浦认为万事万物皆有其理,一一认识这个"理",明白万事万物之缘由,就是"格物",即要在一念、一事、一物上考究出其原委,归纳出共同性的道理,即所谓"收万以归一";再反之用以观察一事一物之趋归,即所谓"通其一而行其万",所以这种"格物"论,具有认识外界事物内在条理的意思。

其次,横浦的"格物"还是一种道德修养方法或工夫。既然伦理道德原则即是"天理",所以"格物穷理"也就是体认这些伦理原则和道德规范,克制"人欲",使言行符合这些原则规范,并且日积月累,一旦豁然贯通,就可达到"昭昭无可疑"的境地,亦即他在另处所说的"格物则能穷天下之理,穷理则知至、意诚、心正、身修、齐家、治国、平天下矣"。这表明横浦"格物"说的主要内容还是阐明如何完成儒家的道德修养的问题。

(三)慎独说

"慎独"见于《大学》和《中庸》,郑玄注曰:"慎独者,慎其闲居之所为。"宋儒对"慎独"的理解大致相同,即认为"慎独"是品德修养方面的一项具体要求,即要求学者把道德修养贯彻到任何时候和任何地方。但横浦的"慎独"有其独特的内容。它是指一种修养境界。他说:"君子慎其独也,礼在于是则寂然不动也,喜怒哀乐未发之时也,《易》所谓'敬以直内'也,孟子所谓'尽其心、知其性'也。""天命之谓性,喜怒哀乐未发以前者也,所以谓之中。"可见横浦的"慎独"是指达到所谓"中",所谓"性",所谓"天命"的那种境界,也就是指"喜怒哀乐未发之时"的寂然不动的精神状态。实际上略似禅家所谓"见自本性,无动无静,无生无灭,无去无来,无是无非,无往无住"那种本然的心理状态,但又和禅家不同。横浦则主张达到此境界后,还要发而为道德行为,完成"修齐治平"的圣人事业。这是与禅家根本不同处。

达到"慎独"境界的修养功夫乃在于"不睹不闻处深致其察",是一种独自冥思的"知"的功夫,而不是"行"的功夫;是"非礼勿履"的道德践履功夫,当然不是"以血气为之"的社会实践功夫。这是把"慎独"之方法或功夫视为儒家道德修养的根本或全部内容,则是横浦思想的个性特色。

三　援佛入儒之弊

横浦与临济宗高僧宗杲关系密切,故而颇受其影响。横浦曾自谓:"吾与杲和尚游,以其议论超卓可喜故也。"据朱子所言,宗杲曾致书劝横浦曰:"左右既得把柄入手,开导之际当改头换面,胡宜说法,使殊途同归,则世出、世间两无遗恨矣。"从横浦留下的文字看,他是接受了宗杲的这个劝告,即以儒说佛,援佛入儒。

横浦认为佛教也有值得肯定的地方。他曾说:"佛氏一法,阴有以助吾教甚深,特未可遽薄之。"因横浦生平坎坷,逐落荒外,心境枯寂,尝谓"世间无非幻,而人处幻中不觉","万事元一梦,古今复何有?"其厌世态度和佛家出世态度很一致,因而他对佛家义旨有所认同,亦不足为怪。

横浦不仅对佛家义旨有所认同,而且还进一步"援佛入儒",用佛家思想解释传统的儒家观念。横浦思想中的佛家意识色彩有时比较隐晦,有时则比较明显。这主要表现在他对"仁""心"的解释上。

首先,横浦认为"仁即是觉"。横浦作为儒者,与其他理学家一样,极为推崇"仁"这一道德境界,认为"仁乃圣门第一语",谓"仁体从来大似天"。然而他的特点是对"仁"之内容的解释和实现方法提出新的观点。他说:"仁即是觉,觉即是仁,因心生觉,因觉有仁。"又说:"仁在吾心一念间,苟差一念隔千山。故知阋克分狂圣,已见前贤露一班。"可见横浦对"仁"之内容的解释和"仁"的实现方法的观点,与传统的儒家观点都是不同的。孔子说:"孝悌也者,其为仁之本与。""能行五者于天下为仁矣:恭、宽、信、敏、惠。"所以在传统的儒家观念中,"仁"是一个伦理的道德范畴,"仁"的实现乃是行为净化的实行过程。而横浦却把"仁"解释为一种生理心理范畴,把"仁"的实现或道德的完成唯一地归结于对"仁"的体察过程。另一方面,他把"仁"解释为"觉"这种生理心理过程,却和佛禅非常接近。因为儒家认为具有伦理道德内容的"性""心",在禅家看来只是生理行为和心理过程。

其次,横浦认为"心为根本"。儒家所理解的"心",一般是指人身中的思维能力和伦理道德本性。而视世界一切皆为心之所生,心为世界之根,则是佛家出世的观点。"三界所有,惟是一心","此法即心,心外无法,此心即法,法外无心"。横浦对"心"的理解是契合于佛家的,他说:"夫天下万事皆自心中来,……

论其大体,则天地阴阳皆自此范围而燮理,论其大用,则造化之功、幽眇之巧皆自此而运动。"基于这种认识,横浦进而由此得出两个结论:

一是"心即理"。在宋代理学中,"理"是自然和社会最后根源的范畴。在横浦这里,"心"既然也有这种性质,所以他也就认为"心即理",他说:"一念之微,万事之众,万物之多,皆理也。……心即理,理即心。内而一念,外而万事,微而万物,皆会归在此,出入在此。"

二是求道在求心。既然"心即理",则"尧舜禹汤文武周公之道具在人心","求道"即在于"求心",他说:"学问之道无他,求其放心而已矣,非止于务博洽、工文章也。内自琢磨,外更切磋,以求此心。心通则六经皆吾心中物也。"

在横浦的思想里,"心即理"和"求道在求心"这两个命题尚未充分论述,故还不能作为他思想特色的主要观点。及至陆象山的心学,正是围绕"心即理""发明本心"展开论述而显示其特色的。正是从这个意义上说,横浦的思想是二程理学和陆氏心学之间的一个过渡环节。

黄东发曰:"横浦先生忧深恳切,坚苦特立,近世杰然之士也。惟交游杲老,浸淫佛学,于孔门正学,未必无似是之非,学者虽尊其人,而不可不审其说。"[①]可谓对横浦的公允评价。

第二节　浙江的朱门后学

宋室南渡以后,理学重心南移。浙江大儒吕东莱与闽中朱子、湖湘张南轩共同倡道于东南。朱子曾来金华丽泽书院讲学,接引弟子,传播理学,故在浙江有众多传人,既有朱子本人的门生,亦有其再传以后的传人。他们遍布浙江各地,广收门生,传播程朱理学。其中尤以朱子本人的门生义乌徐侨与朱子高弟黄榦的门人金华何基两支的影响为最大。何基历传王柏、金履祥至元代许谦一脉,被朝廷视为朱学之嫡传,列为理学正宗;而明州则以黄震、王应麟为最著名,应麟虽主朱学,然亦贯通众学。由于他们与浙江学者有着广泛的交流,备受浙江事功之学的影响,故在主要传承程朱理学的基础上,也大都具有浙学的务实之风。

---

① 《宋元学案·横浦学案》。

朱子在浙江的及门弟子最有影响者有辅广、陈埴、叶味道、徐侨等人。

辅广,字汉卿,号潜庵,秀州崇德人,长期居于临安。漕举四试不第,以父荫授保义郎,转忠训郎。曾从吕东莱讲学,于绍兴五年(1194)在临安见到朱子,朱子认为"见伯恭旧徒无及之者"。赞扬辅广"身在都城俗学声利场中,而能闭门自守,味众人之所不味,虽向来金华同门之士,亦鲜有见其比者"。庆元三年(1197),潜庵到建阳考亭沧州精舍向朱子问学,三月离去。庆元五年,再次到考亭向朱子问学。朱子学大师魏了翁谓"汉卿从朱文公最久,尽得平生言语文字"。潜庵主要著作有《语孟学庸答问》《四书纂疏》《六经集解》《诗童子问》《通鉴集义》《潜庵日新录》《师训编》等。其中最重要者首推《诗童子问》,他利用经学注疏的方法,对朱子的《诗集传》进行了研究。其学术最大特点就是羽翼朱说,恪守朱说。他认为朱子只是对全部三百五篇诗进行评点,而对各篇的章、句的解释还留有很多空白,因而致力于把朱子的诗学理论的解释范围扩展深入《诗经》各篇、各章乃至各句,从而完成了朱子学对《诗经》的权威。

潜庵门人王文贯,再传而为东发黄震,乃浙东传承程朱理学之大儒。

陈埴,字器之,学者称潜室先生,永嘉人。少师水心,后从朱子学。举进士,为明道书院山长,从游者甚盛。后以通直郎致仕。著有《禹贡辩》《洪范解》《王制章句》,又辑朱子之答其所问者为《四端说》,集己之答弟子问者为《木钟集》。

叶味道(1167—1237),学者称西山先生,温州人。师事朱子,试礼部第一,登嘉定十三年(1220)进士,调鄂州教授,迁太学博士兼崇政殿说书。改变"说书之职止于《通鉴》而不及经"的惯例,主张先说《论语》,强调"坚志气以守所学,谨几微以验所学,正纲常以励所学,用忠信以充所学"[①]。官至秘书著作佐郎,谥文修。著有《四书说》《大学讲义》《礼解》,辑次《朱子语录》等,今皆不传。

徐侨(1160—1237),字崇甫,号毅斋,义乌人。早年从学于东莱门人叶邽。登淳熙十四年(1187)进士,调上饶县主簿。复登朱子之门,朱子称其明白刚直,命以"毅"名斋。故其学实得吕、朱两家之传。入朝为秘书省正字、校书郎,兼吴、益王府教授。继直宝谟阁,提点江东刑狱,因不阿附史弥远而被劾罢官。史弥远死,于端平元年(1234)与真德秀、魏了翁等人一齐被召还,升为秘书少监、太常少卿。朝见理宗,凡经奏对累数千言,力陈时弊,皆感愤剀切,剖析理欲,分别黑白。理宗多次慰谕,见其衣履敝垢,谓其清贫,赐以金帛。毅斋固辞不受,

---

① 见《宋史·叶味道传》。

徐对曰:"臣不贫,而陛下乃贫。"退而上疏云:"所谓贫者,乃邦本未建,疆宇日蹙,权幸用事,将帅非材,旱蝗相仍,盗贼并起。女谒、阉宦,蠹国膏肓;执政大臣,戕时蟊贼。比之于臣,未为贫也。"①理宗为之感动。当时阎贵妃得宠,与宦官董宋臣结党弄权,毅斋上言指责。任经筵侍讲,复开陈友爱大义,使皇子竑得复爵邑。又请以周敦颐、张载、程颢、程颐、朱熹从祀孔庙,以赵汝愚侑食,理宗皆如其言。又曾请锡命《论语》为"鲁经",有诏奉行,时议迁之而止。金使至,无国书,毅斋论宜馆之于外,忤时相意,乞休。帝慰留,迁工部侍郎,而请辞更坚,于是改任为奉内祠兼侍读。不久,以疾申前请,乃以宝谟阁待制奉外侍祠。卒,谥文清。毅斋为学,反对寻章摘句,割裂掇拾,以为进取之资;主张求其专精笃实,一以真践实履为尚。一生守官居家,清苦刻厉,尤为人所难能。有文集十卷,毁于火。今存《毅斋别录》一卷。

徐毅斋门人最著者有同邑王世杰、朱元龙、叶由庚等。

王世杰,字唐卿,义乌人。官秘书丞。从学于徐毅斋而有得焉。其学经门人石一鳌的发展而盛行于婺州。

朱元龙,字景云,世称厉志(一作励志)先生,义乌人。嘉定十六年(1223)进士,历除宗正丞兼权左司郎官。宦官陈恂益求建节,事下都司议,厉志议曰:"优异内官,宠赉节钺,虽出于特恩,主张国是,爱惜名器,必由于公论。不可。"宰臣传旨,令改拟,对曰:"吾职可罢,笔不可改也。"有宗室与民论圩田,众莫敢决,厉志曰:"于法品官不许佃民田,奈何天子属籍之亲,乃争田讼邪?"毅然决之。时议括两淮浮盐,厉志谓:"朝廷而行商贾之事,庙堂而踵诸阓之规,使史氏书曰'括浮盐自今日始',不可。"②又两上封事,自宫禁朝廷以及百官万民,皆痛切言之。又因以前史嵩之在督府,厉志劾其杀富民王伦为非,及嵩之入相,遂排斥厉志,予祠。家居十年而卒。厉志始受学于徐毅斋,又从陆象山高弟袁絜斋游,故其学会朱、陆之异以为同。

叶由庚,字成甫,世称通斋先生,义乌人。生而口吃,嗜读书,试有司不中,遂绝意进取。执经从徐毅斋学,毅斋授以"中、诚、仁、命、性、心"六字之说。这当然是朱门的嫡传学问。然而通斋诲学者则云:"古之人,若缠蔽于文字间,待其知至而后行,是终无可行之日也。"③人以为名言。他主张"知行并进",就与程

---

①　《宋元学案》卷六十九《沧州诸儒学案上》,《黄宗羲全集》,第五册,第730页。
②　《宋元学案》卷六十九《沧州诸儒学案上》,《黄宗羲全集》,第五册,第803页。
③　《宋元学案》卷六十九《沧州诸儒学案上》,《黄宗羲全集》,第五册,第803页。

朱的"知先行后"之说略有不同,因为"知行并进"更强调了求真务实的实践工夫,这也说明在朱学的嫡传中也融入了婺学的特色。常与金华何北山、王鲁斋辩析理学,不立异,不苟同,虚己精索,必求真是之归。

石一鳌(1230—1311),字晋卿,号蟠松,义乌人。少受业于王若讷,后又从王世杰游。覃思于《易》,著有《周易互言总论》十卷。其子定子,能传家学。石一鳌门人陈取青、黄潜则为元代理学之大家。

朱子之高弟勉斋黄榦在浙江有众多弟子,如叶士龙、韩翼甫、韩翼甫、何基、汪元春等,而其中尤以何基一脉,成为元明时期程朱理学之嫡传。

叶士龙,字云叟,号淡轩,括苍(今丽水)人。为勉斋黄榦弟子,故为朱门再传弟子。曾为考亭书院院长,编《朱子语录》十八卷。

韩翼甫,号恂斋,会稽人。亦为勉斋黄榦弟子,朱门再传弟子。官朝奉郎、大理寺主簿,入元后杜门不仕。其学出于潜庵辅氏。不贵文词,不急禄仕,真知力践,求无愧于圣贤。子韩性,字明善。终生不仕元,谥庄节。深明性理之说,为文一主于理。著有《礼记说》四卷,《诗音释》《书辨疑》各一卷,《庄节先生集》十二卷。门人有新昌黄奇孙、诸暨王冕。

汪元春,字景新,奉化人。黄榦弟子,又受《诗》学于王文贯。淳祐元年(1241)进士,累官宗学博士,出知兴化军而卒。门人有同邑徐天锡、徐天彝兄弟。

第三节　何基的理学

何基受业于朱子大弟子勉斋黄榦,历传王柏、金履祥、许谦,世称"金华四先生",或因开创者何基号北山而称"北山四先生"。他们所传之学,被朝廷视为朱学的嫡传,列为理学正宗。不过何基亦曾受学于吕东莱,婺学成分较重,其后期的思想重心虽渐渐地转到朱学上,但仍未失去吕学之本色。

何基(1188—1268),字子恭,金华人,居金华山北,世称北山先生。与兄南坡俱师事朱子高弟勉斋黄榦。勉斋告以必有真实心地、刻苦工夫而后可,北山悚惕受命,刻苦力学。于是研精覃思,平心易气,以俟义理之自通,未尝立异以为高、徇人而少变。凡所读书,朱墨标点,义显意明,有不待论说而自见者。充其知而反于身,莫不践其实。或朝政有阙,四方有警,忧形于色,至忘寝食,但终身未仕。景定五年(1264),诏令推举天下贤士,北山获荐,被任为添差婺州州学教授,兼丽泽书院山长,力辞。咸淳初,授史馆校勘兼崇政殿说书,改承务郎,主管西岳庙,终不出。卒年八十一,谥文定。著述莫不以朱学为依归。著有《易启蒙发挥》《大传发挥》《大学发挥》《中庸发挥》《近思录发挥》等书及《文集》三十卷,其中与鲁斋问辩者占十八卷。有一事至于十余往复,而终不变其说。今存《何北山先生遗集》三卷,《附录》一卷。

北山之学直继朱子,而淳固笃实,新意愈出不穷。尝谓:"为学立志贵坚,规模贵大,克践服行,鞠躬尽力,以必至为期。"①又曰:"规模不大,则心志不坚;新工不加,则旧学日退,而知识随血气为之盛衰矣。然义理尽无穷,未易便到极处,则吾辈讲学,正要相与合力,精思明辩,大家讨一个分晓的当受用处。又各要办得个耐烦无我之心。耐烦则不厌往复之详,无我则庶无偏私之蔽。纵有未明,虽十往返而不惮,如是则始得个至当之归。"②可谓名言。一生未尝开门授徒,闻而来学者,亦未尝立题目作话头,惟在勉人躬行务实。其《送王敬岩江东都宪》诗云:"功夫真处在持操,外泽中干亦谩劳。独探圣言求实用,岂同末俗为名高。"③即此可见其旨全在发扬婺学的务实传统。

北山对于读经之法,亦时有卓见。其论读《诗》云:"读《诗》别是一法,先须扫荡胸次洁净,然后吟哦上下,从容讽咏,使胸中有所感发兴起,方为有功。"论读《书》云:"以《洪范》参之《大学》《中庸》,其大本大经,盖有不约而符契者。曰'敬五事',则'明明德'之谓;曰'厚八政',则'新民'之谓;曰'建皇极',则'止于至善'之谓。至于皇极,则有休征而无咎征,有仁寿而无鄙夭,则'致中和、天地位、万物育'之谓,盖皇极之极功也。"这是明确地把《洪范》与《大学》《中庸》之中所提出的修己与安人并重的内容贯通起来。论读《易》云:"读《易》者,要当尽去其胶固支离之见,以洁净之心,玩精微之理,沈潜涵泳,庶有以得其根源,识其纲领,乃可渐观爻象,究其义理。"④关于《周易》经与传的关系,北山在其《系辞发挥序》中认为:"圣人之精,画卦以示;圣人之蕴,因卦以发。……经文主于占象者,画卦以示之精也;大传详于义理者,因卦以发之蕴也。"⑤故其论治经云:"治经当

---

① 《宋元学案》卷八十二《北山四先生学案》,《黄宗羲全集》,第六册,第215页。
② 《何北山先生遗集》卷四附录《何北山先生行状》,《金华丛书》本。本节所引本书皆据此本。
③ 《何北山先生遗集》卷二。
④ 上引均见《何北山先生遗集》卷四附录《何北山先生行状》。
⑤ 《何北山先生遗集》卷一。

谨守精玩,不必多起疑论。有欲为后学言者,谨之又谨可也。"①其论《太极图说》云:"《太极说》本自明白:以其无形而实有理,故曰'无极';而太极以其有理而却无形,故曰'太极本无极'。"论读《四书》云:"《四书》当以《集注》为主,而以《语录》辅翼之。大抵《集注》之说,精切简严;《语录》之说,却有痛快处,但众手所录,不无失真,当以《集注》之精严,折衷《语录》之疏密;以《语录》之详明,发挥《集注》之曲折。"晚年尤谓:"《集注》义理自足,若添入诸家语,反觉散缓。"②

关于理与气的关系,北山在其《孟子集注考》中云:"盖'天'以理之自然,言太虚之体也;'道'以理之运行,言太虚之用也。至就人身看,则必气聚而成人,而理因亦聚于此,方始有五常之名。故曰'合虚与气,有性之名'。所谓合虚与气者,非谓性中有理,又有气,不过谓气聚而理方聚,方可指此理为性尔。……合性与知觉有心之名。盖心统性情,性者,理也;情者,气之所为也。故曰'合性与知觉,有心之名'。"③

又《与门人张润之书》云:"理者,乃事物恰好处而已。天地间惟一理,散在事事物物,虽各不同,而就其中各有一恰好处,此所谓万殊一本,一本万殊者也。三圣所谓'中',孔子所谓'一贯',而《大学》所谓'至善',亦是此意。自古圣圣相去,率数百年,而谓自是传之者,都是做到此耳。"④

对于北山之学,清儒黄梨洲评云:"北山之宗旨,熟读四书而已。……盖自嘉定以来,党禁既开,人各以朱子之学为进取之具,天乐浅而世好深,所就日下,而剽掠见闻以欺世盗名者,尤不足数。北山介然独立,于同门宿学,犹不满意。……北山确守师说,可谓有汉儒之风焉。"⑤即此可见北山之学的风格。

北山之子何钦,与王城以风流文雅相尚,为忘年交。从子何凤,字天仪,号遯山,宋濂称其言论风范,可以冠冕风俗。

何北山门人除王鲁斋外,著名者尚有金华汪开之和倪公度、倪公武、倪公晦三兄弟,兰溪张润之等。

汪开之,字元思,金华人,东莱弟子汪独善之孙。居贫力学,又受业北山之门,与鲁斋为友,故其学亦兼吕、朱两家之传。鲁斋称其"坚砺勇往,能自拔于困

---

① 《宋史》卷四三八《何基传》,中华书局标点本,第37册,第12979页。
② 上引均见《何北山先生遗集》卷四附录《何北山先生行状》。
③ 《何北山先生遗集》卷一。
④ 《何北山先生遗集》卷一。
⑤ 《宋元学案》卷八十二《北山四先生学案》,《黄宗羲全集》,第六册,第216页。

苦之中,予为为己之学,实开端于元思"云。元思力学忍贫,尝自著《贫约》十条云:"不衣绢帛,不食夜饭,不雇仆从,不妄收买,不趁人情,不作杂书,不转假借,不转恳事,不为妄费,不借人物。"指心以誓。其友胡潜类聚圣贤处贫言行,为《固穷集》赠之,元思以《贫约》附焉,以质于北山,愈励其操。

倪氏三兄弟皆受业于北山,时称"箕谷三倪"。倪公度,字孟容。弟公武,字孟德,著有《风雅质疑》《六书本义》。弟公晦,字孟阳,鲁斋称其"迁善改过,专志于下学"①,仕至转运司干办公事,清廉介直,著有《周易管窥》。

张润之,字伯诚,号思诚子,兰溪人。从北山学,尽得其要。北山辑《敬思录》,发挥未就,仁山金履祥续成之,每条必质于思诚而后定。思诚长于仁山二十岁,与鲁斋为学侣,仁山以前辈视之,称之为丈,而平居商略讨论,情好最密,他人不及。北山之葬,思诚为定士丧礼,不用品官之仪,以成其志。鲁斋为北山成服用古礼,思诚不以为然,独不赴。仁山曰:"张丈之言,自可存以为朋友之纠弹也。"又谓:"思诚子于朱门为嫡孙行。端平、淳祐,文献灵光,值乱处约,蔬薪不继,人不堪其忧,处之裕如,至或靳之,不以为浼,冰雪中孤松也。"许白云亦谓其"天机骏利,襟度融朗,有浴沂咏归气象"②。

第四节　王柏的理学

北山门人以鲁斋王柏成就为最高。王柏(1197—1274),字会之,号鲁斋,金华人。少时倾慕诸葛武侯之为人,自号长啸。年逾三十岁时,始知家学之源,捐去俗学,探求真知,与友人汪开之同读四书,取《论》《孟》集义,别以铅黄朱墨,求朱子去取之意。以黄勉斋《通释》尚缺答问,乃约《语录》精要足之,合著《论语通旨》。一日,读"居处恭,执事敬"章,惕然曰:"长啸非持敬之道。"乃改号鲁斋。继而登北山之门受学,北山即授以立志、居敬之旨,举胡五峰之言云:"立志以定其本,居敬以持其志;志立乎事物之表,敬行乎事物之间。"③这是从修己方面立说,然而所谓"敬行乎事物之间",就不是脱离事物专凭主观之敬,而是认真对待客观事物之敬。北山且作《鲁斋箴》勉之。自是发愤奋励,读书精密,标抹点检,

---

① 上引均见《宋元学案》卷八十二《北山四先生学案》,《黄宗羲全集》,第六册,第 225 页。
② 上引均见《宋元学案》卷八十二《北山四先生学案》,《黄宗羲全集》,第六册,第 226 页。
③ 《宋元学案》卷八十二《北山四先生学案》,《黄宗羲全集》,第六册,第 214 页。

旨趣自见。鲁斋质实刻苦，有疑难问题，必向北山提出讨论。北山《文集》三十卷，其中回答鲁斋质疑的内容就占十八卷。

鲁斋谓古人左图右书，后世图学几绝，乃作《研几》七十余图，又作《敬斋箴图》，以日用从事，子弟白事，非衣冠不见。前来求学者甚众，其教必先之以《大学》。后被聘为丽泽、上蔡两书院讲席，乡之耆老硕德之辈来执弟子礼者亦不少。咸淳十年（1274）卒，年七十有八，谥文宪。

鲁斋工诗善画，著述丰富。著有《书疑》九卷，《诗疑》二卷，《诗目》四卷，以及《读易记》《诗辨说》《朱子指要》等。又尝以徐毅斋曾请命《论语》为"鲁经"，鲁斋善其议，乃作《鲁经章句》，而以《大学》《中庸》《孟子》为之传。

鲁斋之祖王师愈为杨龟山弟子，父王翰为吕东莱弟子，而鲁斋则从学于何北山，其学实兼得朱、吕两家之传，故对融合两家之学起有很大的作用。鲁斋虽笃信朱学，但对朱子所定的《诗》《书》《大学》《中庸》莫不有所更定。可见他并不盲从师说，而有自己的独立见解。而这正体现了婺学的求真务实精神。

在经学方面，鲁斋颇多不同于人的新见解。他对《周易》中的《河图》《洛书》与《尚书》中的《洪范》之间的关系作了探索，其云："自伏羲则《河图》，推一阴一阳之义，画出奇耦，皆因自然之势而生八卦。文王则《河图》，却因已定之卦，推其交合，乃求未画之图而易位置。《河图》者，先、后天之宗祖乎！大禹得《洛书》而列九畴，箕子得九畴而传《洪范》。《洛书》之数四十有五，而《洪范》之经，推其事五十有五，与《河图》之数不期而暗合，箕子之传，又推而倍大衍之数。《洪范》者，经传之宗祖乎！"[1]鲁斋认为，《河图》《洛书》与《洪范》所体现之道是一脉相承的。

尤其对于《诗经》，鲁斋提出了异乎常人的"删削淫诗"之说。其云："《诗》三百五篇，岂尽夫子之旧？汉初诸儒各出所记足之。夫子所删，容有存于闾巷浮薄之口者。乃以二《南》各十有一篇，两两相配，退《何彼秾矣》《甘棠》于《王风》，而削去《野有死麕》。《郑》《卫》淫奔诸诗，皆所当删也。"[2]诚然，鲁斋主张删除淫诗的观点，乃出于理学家之偏见，实不足取。

然而针对经学史上关于《春秋》的夏正、周正之争，鲁斋却提出了中肯的见解。其云："杜征南注：'隐公之元年，周王之正月。'明白有典矣。岂有鲁国之

---

① 《宋元学案》卷八十二《北山四先生学案》，《黄宗羲全集》，第六册，第221页。
② 《宋元学案》卷八十二《北山四先生学案》，《黄宗羲全集》，第六册，第222页。

史？不用周正而用夏正，是不奉正朔也。圣人义精理明，无其位而辄改正朔，悖莫甚焉。二百四十二年之间，四时之序常违，圣人欲行夏之时，正以此也。先儒谓周正非春，是矣；谓假天时以立义，则非也。谓以周正纪事，无位不敢自专，是矣；谓以夏时冠月为垂法后世；则非也。"①《春秋》之用周正，实为定论，不容置疑。

关于《中庸》，鲁斋认为《汉志》有《中庸说》二篇，故当分"诚明"以下为别一篇。其云："《中庸》古有二篇，'诚明'可为纲而不可为目。"②这是因为："修道，指其当行之路也；明诚，指其当知之路也。知而后能行，行固不先于知也。"③

关于治学之道，鲁斋主张从下学然后上达，故对当时好谈上达而耻言下学之弊作了批评。其云："寻乐之说，似觉求上达之意多，于下学之意少。窃谓苟无下学之功，决无上达之理。朱子于此一段公案，固曰：'学者但当从事于博文约礼，以至于欲罢而不能，而既竭吾才，则庶乎有以得之。'吁！此千古不易之教，而传之无弊者也。"鲁斋认为学者只有遵照朱子所教在"博文约礼"上狠下工夫，才是切实的为学之道。故又云："孟子之所谓自得，欲自然得于深造之余，而无强探力索之病，非有脱落先儒之说，必有超然独立之见也。举世误认自得之意，纷纷新奇之论，为害不少。且《集注》之书，虽曰开示后学为甚明，其间包含无穷之味。盖深求之于言意之内，尚未能得其彷佛，而欲求于言意之外乎？"④鲁斋认为，孟子之所谓"自得"，实从"深造"而来，并非"强探力索"可致。

鲁斋勇于问难质疑而不轻信盲从。作《书疑》和《诗疑》，对《尚书》和《诗经》两部古代儒家经典公然大发疑论，甚至对朱子所注《四书》亦起疑论，表现出大胆的疑经精神。

关于本体论上的理气关系，其云："原其继善成性之初，理与气未尝相离也。推其极本穷源之义，理与气不可相杂也。于不可相杂之中，要见其未尝相离之实；于未尝相离之中，要知其不可相杂之意，方谓纯粹峻洁，不悖厥旨。"理与气既"未尝相离"又"不可相杂"，就是论证了理与气之间既有联系又有区别的关系，从而进一步论证了气与性的关系，其云："夫气者，性之所寄也；性者，气之所体也。舜之命禹曰'人心'，曰'道心'，此分理气而并言；《汤诰》曰'降衷'，刘子

---

① 《宋元学案》卷八十二《北山四先生学案》，《黄宗羲全集》，第六册，第222页。
② 《宋元学案》卷八十二《北山四先生学案》，《黄宗羲全集》，第六册，第222页。
③ 《宋元学案》卷八十二《北山四先生学案》，《黄宗羲全集》，第六册，第220页。
④ 《宋元学案》卷八十二《北山四先生学案》，《黄宗羲全集》，第六册，第220页。

曰'受中',此于性中独提理言,所谓性即理也;告子曰'食色',曰'生之谓性',此于性中独提气言,故曰'不识性也'。"然后,鲁斋又从气与性的关系推衍出"五行"与"五常"的关系。其云:"古今之远,四海之大,人生消息变化之无穷,推其所以相生相克者,止于五行,五行,气也;五行之神,则仁义礼智之性也。"①

关于方法论上的中庸之道,鲁斋云:"子思曰'天命',则理气混然在中;曰'喜怒哀乐',本乎气者也,特以其未发无所偏倚,故谓之'中',此气而合理也。发而中节,亦气也,有理以帅乎其中,故发而能中节矣。"②于是,鲁斋又进而对常与变的关系作了探讨:"性即天赋之理也,君子修之吉,小人悖之凶,此常理也;君子修之亦有时而不吉,小人悖之亦有时而不凶,此非常理也,变也。气之不齐也,故有时而变;理则一定而不可易。学者当循其常而安其变,秉其彝而御其气,使理常为主,而气常听命焉。虽富贵贫贱夭寿之不同,而仁义礼智之在我者,皆不得而泯,此自昔圣贤教人之要法。"③客观环境虽有时而变,但事物发展的总规律则是不变的,故学者必须以理御气使之达到中和境界,乃为圣贤立身处世之要法。

鲁斋无功名官职,毕生尽力于研讨性命之学,但亦比较注重社会现实问题,关心国家安危,痛陈时弊,冀求统治者有所更张,挽回颓势。他看出科举制度的败坏,妨碍了国家选用人才。因而主张恢复古代的考选制度。他还指出,南宋之所以国贫民病,更在于吏治腐败。他以号称富庶之区的两浙地区为例,指出南渡以来,科配之数日繁,夏税名目竟有十三种之多,而地方官吏又借定经界版籍之名,巧取豪夺,成为当时之积弊。

在经济方面,他试图从解决国家财政负担问题入手,反对聚敛无度,借以缓和社会矛盾。故建议儒者必须重视并参预财政。其云:"三代以下所甚急者,富国强兵而已。富国强兵,必以理财为本,而儒者不屑为。夫理财而不用儒者,其害不可胜言矣。"④这里一针见血地指出了理学家不屑于理财所造成的流弊。在当时的理学界,为了显示自己重义轻利的清高风范,大都流行着一种羞于言利的偏见,认为一涉及利,就会与小人挂上钩。因而即使出仕从政,也都向往于能作坐朝论道的师儒,而不屑于作理财的实事。既然看重道德的儒者不屑于干理

① 《宋元学案》卷八十二《北山四先生学案》,《黄宗羲全集》,第六册,第220页。
② 《宋元学案》卷八十二《北山四先生学案》,《黄宗羲全集》,第六册,第220页。
③ 《宋元学案》卷八十二《北山四先生学案》,《黄宗羲全集》,第六册,第221页。
④ 《宋元学案》卷八十二《北山四先生学案》,《黄宗羲全集》,第六册,第219页。

财的工作,那么财政大权就必然落到不讲道德的小人手中,于是就不可避免地产生敛财害民、贪污受贿等种种腐败的弊政,以致"其害不可胜言矣"。如果儒者能主动地把理财任务担任起来,使财政大权牢牢地掌握在有道德的正人君子手中,那就可以有效地避免许多腐败现象。鲁斋的这一观点,与叶水心所论如出一辙,其实就是对脱离实际而空谈道德性命者的批判,而强调道德必须与有益于国计民生的实政结合起来,体现了浙学的务实之风。

从以上几方面看,鲁斋之学其实是兼取朱学与吕学之长而融合之,体现了浙学求真务实以期经世致用的基本精神。其学又广为他的后学所继承和发展。

鲁斋的门人以仁山金履祥的成就为最著。又有同邑桂山闻人诜,受学于鲁斋,传其子闻人梦吉,为元代理学大家。

第五节　黄震的理学

黄震(1213—1280),字东发,世称于越先生,慈溪人。宝祐四年(1256)进士,历任吴县尉、广德通判、绍兴通判,擢史馆校阅,参修宁宗、理宗两朝国史、实录。宋亡后隐居宝幢山,终饿而卒,门人私谥文洁先生。著有《黄氏日抄》《古今纪要》《戊辰修史传》等。

东发师事王文贯,文贯师事朱子与吕东莱的门人辅广,故为朱、吕的三传弟子。宗程朱之学而有所立异。既继承程朱的"天理论""性即理"的观点以及"格物致知说",阐发了程朱的主敬说,对韩愈、程朱的道统论也有所继承;但在宇宙论、认识论、人性论以及道统论诸方面均有所修正。认为"道即理","道即日用常行之理",而非"超出天地之外"①。主张以孔子的人性说统一各种人性说,认为孔子的"性相近,习相远","此六字参之圣人,稽之众庶,求之往古,验之当今,无人不然,无往不合,此平实语也"②。全谢山云:"四明之专宗朱子者,东发为最。"③东发之学,可视为对程朱理学的继承和修正。

黄百家云:"当宋季之时,吾东浙狂慧充斥,慈湖之流弊极矣,果斋、文洁不得不起而救之。然果斋之气魄不能及于文洁,而《日抄》之作折衷诸儒,即于考

---

①　黄震《黄氏日抄》卷95。
②　黄震《黄氏日抄》卷85。
③　《宋元学案》卷86《东发学案》。

亭亦不肯苟同,其所自得者深也。"①

在宇宙观方面,东发认为:"理无定型,亦无终穷。……事万变而不齐,而理无不在。……理本无所不包。"②"理虽历万世而无变。"这同朱子所谓"儒者以理为不生不灭",理"无所适而不在"等提法无异,也是认为客观事物之规律的"理"是超时空而存在的。

东发还因袭了朱子关于"天理流行"的观点,一再谈到"云为百措无非天理之流行"。"理"又被等同于"太极","天理流行"亦即"太极"之流行。所以,他又认为:"一太极之妙,流行发现于万物。"依照这种观点,天地间的一切事物,都成了他所谓的"理"(或称"太极")的体现。可见东发继承了朱子"天理论"观点。但与此同时,他对程朱理学关于"道"的观点又有所修正。

首先,东发批评那种认为"道"超出天地人事之外的观点。他说:"道即理也。粲然于天地间者皆理也。……非超出人事之外,他有所谓高深之道也。"在朱子那里,"道"作为与"理"等同的范畴,既是指作为道德伦理的"理",也是指作为宇宙主宰、万物本原的"理"。就前者而论,朱子认为"理"在事中;就后者而论,朱子则强调"理"在事先,认为:"未有天地之先,毕竟先有此理。"即认为"理"(即"道")可以独立存在于天地之外。这两种观点以"理生气"为纽带,互相联系,共存于朱子的"天理论"思想体系之中。然而,在上面的引文中,东发却是以"道"在事中的观点,否定"道"(即"理")在天地人事之外的观点。这就在实际上偏离了朱子的"理在事先"说。

其次,东发还批评了朱子后学的"道"论。他说:"文公既没,其学虽盛行,学者乃不于其切实而独于其高远……说《论语》,舍孝悌忠信不言而独讲一贯。"他指出,朱子后学这种"舍孝悌忠信不言而独讲一贯"的思想倾向,是对孔子《论语》所谓"吾道一以贯之"的断章取义,是"空荡之说"。同时,他还反复批评朱子后学中有的人认为"道不必贯而本一"的观点,正是直接继承了老子所谓"有物混成,先天地生"的"道"论。

如上所述,一方面,东发虽然因袭了朱子的观点,把"理"视为亘古永存、无所不在的超时空的存在物;然而,另一方面,又反复强调"道"("理")在事中的观点,否认天地人事之外"道"("理")的存在。《黄氏日抄》中并没有专门阐发过

---

① 《宋元学案》卷86《东发学案》。
② 本节所引黄震之语均引自黄震《黄氏日抄》,文渊阁《四库全书》本,第707—708册。

"理"生"气"的问题,而且东发还强烈反对那种不知"实修","惟言太极"的风气。他甚至还曾说:对于朱子,"世不患不见其明理之书,患不见其论政之书"。可见,东发对于从本体论的角度探讨"理"的问题并不重视,他的思想重心,无疑是偏向于"道"("理")在事中的方面。

在心性论方面,东发继承了程朱"性即理"的观点。他说:"'性即理也'一语,近世间有疑之者,愚意……性本指人物之所禀赋,然不得不推所赋之实理为说,故曰:'性即理也。'"可见,他同程朱一样,认为所谓"性"是人与物所禀赋的"天理"。对于由横渠所提出,尔后为程朱所因袭的关于"天地之性"与"气质之性"的观点,东发也表示赞同,并曾称誉这种观点"尤自昔圣贤之所未及"。东发在继承程朱性论的同时,也提出了修正性的见解。这主要表现在:他极力推崇孔子的"性相近"说,否认"性相近"说只是指气质之性。他之所以推崇"性相近"说,正是为了借此反对当时理学家那种热衷于谈"性"的风气。

东发对程朱性论的修正,在形式上表现为一种孔子"性相近"说复归的趋势。同时又对"性相近"的命题赋予了新解。他说:"性者,此理素具于此心,人得之于天以生者也。……性之所自来固无有不善,而既属于人则不能以尽同,故夫子一言以蔽之曰'性相近也'。"所谓"既属于人则不能以尽同",也就是他所说的"自阴阳杂糅属之人而谓之性,宜不能粹然而皆善"。显然,东发所谓的"性相近",其实际含义是说:人性之来源虽无有不"善",但人性并非皆"善"。

在认识论方面,东发继承了朱子的"格物致知"论。他称赞朱子说:"晦翁本《大学》致知格物以极于治国平天下,工夫细密。"他赞同朱子将"格物"的"格"字释为"至"字,而反对把"格物"释为"格去外物"。

东发还阐发了程朱的"主敬"说。叶水心曾批评二程:"程氏诲学者,必以敬为始,非孔氏本旨也。"东发对水心的观点予以反驳说:"敬也者,尧、舜、禹、汤、文、武、周公以来相传之说,非程子自为之说也。"这就为"主敬"说制造了历史根据。

东发在继承程朱的认识论的同时,也提出了修正性见解。首先,他批评了"生知"说,认为:"诸儒议论迭出,皆因待圣人过高,谓圣人不待学故也。然圣人亦与人同耳。"即便是所谓"圣人",也不可能生而知之,而只能是学而知之。其次,在认识主体的修养方法上,东发虽然赞同程朱的"主敬"说,但却不同意二程的"静坐"主张,认为"静坐"的修养方法是受禅学影响提出来的。这种批评,无疑是后来清初进步思想家批评理学注重静坐的先声。再次,在知行关系上,东发强调躬行,提出"言之非艰,行之惟艰",力图纠正朱子后学"不知其躬行"的倾向。他曾说:"自晦翁之学盛行,而义理之说大明。天下虽翕然而向方,流弊亦随之而渐生。……恐躬行之或缺,敬诚用力于躬行,何暇往事乎口说?某行天下,今逾半生,凡见言晦翁之学者几人,往往不知其躬行。"这清楚地表明,东发之所以强调躬行,正是不满于当时宗奉朱子的理学家们那种只知空谈义理,却不知躬行的现象。

综上所述,可以看出:一方面,东发在宇宙论、性论、认识论等问题上,继承了程朱理学的某些基本观点;另一方面,他在这些问题上又都有所修正。但从整体上看,他的哲学思想体系毕竟还是属于程朱理学。

第六节　王应麟融贯众学

王应麟是宋代儒学之殿军,就学术渊源而言,他和南宋中后期的朱、吕、陆三大学派,都有师承关系。他尊崇继承朱子的理学体系,然综罗文献实师法东莱,故能调和朱、陆之学,亦重事功之学;他于经史百家、文字音韵、天文地理、典章制度无所不究,尤长于考证。可见他能比较全面地体现浙学之特色。

一　生平与学术旨趣

王应麟(1223—1296),字伯厚,号深宁居士、厚斋,鄞县人。九岁通六经,师从吕东莱后学子文王埜。宋理宗淳祐元年(1241)进士,宝祐四年(1256)中博学宏辞科。历官太常寺主薄、通判台州,召为秘书监、权中书舍人,知徽州、礼部尚书兼给事中等职。为人正直敢言,屡次冒犯权臣丁大全、贾似道而遭罢斥。乃辞官回乡,专意著述二十年。宋亡后隐居。

深宁是一位忧时爱国、博学多识、治学严谨的学者。一生勤学不倦、博览群籍、著作宏富,《四库全书总目提要》谓其"在宋代罕其伦比"。著有《周易郑康成注》一卷,《诗考》一卷,《诗地理考》六卷,《六经天文编》二卷,《困学纪闻》二十卷,《汉书·艺文志考证》《通鉴地理考》《通鉴答问》《掖垣类稿》《小学绀珠》《蒙训》《词学指南》《汉制考》《姓氏急就篇》等各若干卷,编有大型类书《玉海》二百卷等。

深宁能比较客观地看待各家学说,"不掩人长",兼容并蓄,形成自己的学术特色。故全谢山在《宋元学案·深宁学案》谓其"不主一说,不名一家,而实集诸儒之大成","独得吕学之大成"。

他治学主张"言必有据",实事求是,反对凭私臆而决。每立一说,必广征博引,有本证和旁证,不以孤证、无证而断。他的著作《通鉴地理通释》一书,对每一地名的考释,必引数书为证,如《黄帝九州》一条,引述了《禹贡释文》《汉书地理志》《晋书地理志》《帝王世纪》,最后以《通典》之言考之。故被后人称为"征引浩博,考核明确,……其于史学最为有功"。

二　考据学之先驱

深宁甚疾当时学风空疏固陋,乃反其道而行之,发愤致力于典章制度之学,多实证而少空谈。其代表作《困学纪闻》即是考证札记之文。近代学者梁启超称之为"清代考证学先导",信可谓开清代考据学之先河。其学术成就主要有辑佚、补志、补注、汇释等,兹略述如下:

（一）辑　佚

古籍历经时代变迁,天灾人祸,或全书散佚,或部分散失,辑佚成为学术研究上一项重要工作。深宁为此付出了毕生的精力。他对已佚的汉代齐、鲁、韩三家诗说,广泛搜讨于《文选注》《后汉书注》《说文注》《尔雅注》《太平御览》《艺文类聚》等书,"粹为一编,以扶微学,广异义"。《四库全书总目提要》评曰:"应麟检诸书所引,集以成帙,以存三家逸文,又旁搜广讨,曰诗异字、异义,曰逸诗,以附缀其后,每条名著其所出。"汉代大儒郑玄的《周易注》在宋代已失传。深宁从李鼎祚《集解》及《释文》《诗》《三礼》《春秋》义疏,《后汉书》等书中,缀录成《周易郑康成注》一卷。又从《太平御览》《艺文类聚》《后汉书注》等书中,辑得《左子逸篇》三十八条。

（二）补志、补注、汇释

对古书的记载或旧注未完备者,进行补正。例如《汉书·艺文志》有唐代颜师古注,但是仅略疏姓名、时代。深宁始捃摭旧文,各为补注,撰成《汉书艺文志考证》一书,开补志之先河。

对古籍全书,或有关专题,或有关的语句进行汇释,由来已久。汉唐学者对古籍的注疏侧重于章句训诂、名物制度;宋人则重在阐发义理。深宁则兼而有之。《诗地理考》《六经天文》《通鉴地理考》《通鉴地理通释》《诗草木鸟兽虫鱼广疏》《尚书草木鸟兽谱》等,侧重于名物制度注疏,征引众家之说;《困学记闻》侧重于只字片语的阐释,既有章句训诂、名物制度的注释,也有义理的阐发。

（三）考据方法

深宁在考据学上不仅颇有成就,而且在考据方法上也有新的进展。例如"考异"列举诸说并存,考证异同,不轻易下结论。这种方法虽非始于深宁,但他运用自如,自有其新意,便于进一步研究。

深宁还在大量占有资料的基础上,分别作有关专题的考证。如《汉制考》一书,就是从汉人经注中,搜集考证有关汉代名物制度的材料而成。《困学纪闻》卷十六,则专辟专题考证,有《汉河渠考》《历代田制考》《历代漕运考》《两汉崇儒考》共四个专题。他还由浅入深,对某些古籍中的言、词、句的来源进行考索,探求本源,以获正解。

又如"匡谬",即对古籍记载错误,不仅辨误,而且旁证博引,提出纠正的证据。这方面深宁有新的突破。

综上所述,长于考证为深宁学术的一大特色。他在考据学上成绩卓著,对当代和后世有深远影响,尤其是对清代考据学派影响极大。

三　蒙书的成就

我国古代的蒙学之书,由来已久。《汉书·艺文志》著录有小学十家。到宋代,以识字和学习基本知识为内容的蒙学教育发展迅速,有村学、乡学、私塾、义学、家馆、冬学等项目。蒙学教材则有《蒙求》《太公永训》《三字训》《杂字》《千字文》《百家姓》《三字经》等。《宋史·艺文志》则有小学类二百六部一千五百七十二卷,这在数量上大大超过了前代。其中《千字文》《百家姓》《三字经》三部,对后世影响很大,且流传至今。深宁以小学、普及教育作为他治学的重要方面,并逐渐成为自己的学术特色。他著有《小学讽咏》(已佚)、《蒙训》(已佚)、《小学绀珠》《姓氏急就篇》《补注急就篇》和《三字经》等六部有关普及教育的专书。这在深宁的学术成就中占有重要的分量。

《小学绀珠》十卷,分天道、律历、地理等十七门,每门之中以数为纲,以所统之目系之。如卷一"天道"六下排列为:两仪、三才、四大、三无私、九天、五帝、七政……与其他类书不同,它所包括的内容极为广泛,其《自序》称:"采掇载籍拟锦带书,始于三才,终于万物,经以历代,纬以庶事。"

《姓氏急就篇》二卷,将姓氏诸字排纂成韵文体,以便记诵。与《百家姓》相比,《姓氏急就篇》收录的姓氏数量多,单复姓二千五十三个,而《百家姓》是单字排列,如"赵钱孙李,周吴郑王……",无任何实际意义。《姓氏急就篇》则三字、四字、五字、六字,甚或七字、九字成句,胪列名物、典故,意度融贯,是《百家姓》所不能比拟的。

《三字经》旧题王应麟著,《宋史·艺文志》及《宋史·王应麟传》未载,但历来认为是深宁所撰。它是一部百科全书式的童蒙教材,从形式到内容都很有学术价值。深宁所编著的蒙学读物,将知识性、思想性、趣味性三者融为一体。他在这方面所做的工作是很有特色的。

本篇小结

宋代,浙学进入鼎盛时期,众多学者成为学术上自成体系的旷世大儒。如范浚的养心经世之学,吕祖谦的经史文献之学,陈亮的事功之学,唐仲友的经制之学,薛季宣、陈傅良、叶适的经制事功之学,"甬上四先生"传承陆氏心学,"北山四先生"和黄震、王应麟传承程朱理学等,均表明浙学之兴盛。

若从地域上说,宋代浙学主要集中在四个地方,一是浙中以金华为中心的婺州地区,二是浙东以鄞县为中心的明州地区,三是浙南以永嘉为中心的温州地区,四是钱塘江以北的浙西地区。这四处,可谓浙学之重镇。

婺州之学,早在北宋前期,有东阳滕元发、浦江朱临、兰溪杜汝霖等,受业于安定胡瑗之门,始将安定的"经义"和"治事"相结合的"明体达用"之学带回婺州,开创了婺州义理与事功并重的治学之风。两宋之交,兰溪范浚直宗孔孟遗经,开创了婺州本土之学,是宋代浙江最早自成体系的理学家,故后儒称之为"婺学之开宗,浙学之托始"。南宋初期,婺州地区形成金华吕祖谦、唐仲友与永康陈亮三家并兴之势,达到了婺州学术的鼎盛时期。吕氏之学与朱子的理学、陆氏的心学三家鼎立,并称为全国的显学。南宋后期,同为朱子和吕氏后学的金华何基,历传义乌王柏、兰溪金履祥至元代金华许谦,世称"北山四先生",所传之学被朝廷视为朱学的嫡传,列为理学正宗。

永嘉之学,北宋前期有王开祖、丁昌期二先生倡学其间,而瑞安林石则始将安定胡瑗之学传入永嘉,世称"皇祐三先生",文教盛于一时。北宋中期,有周行己、许景衡、沈躬行、刘安节、刘安上、戴述、赵霄、张辉、蒋元中等所谓"永嘉九先生",从事学术和教育活动。前六人皆学于程门,后三人则为私淑,而周、许、沈等又曾从蓝田吕大临传承横渠张载之关学。南宋初期,有永嘉薛季宣、瑞安陈傅良二位学者,虽继二程理学,然又兼重事功之学,而由永嘉叶适集其大成,把永嘉之学理论化系统化,乃成为浙江"事功之学"的重镇。"永嘉之学"与陈亮的"永康之学"都被学术界称之为"事功学派",代表了浙学的主要特色。

明州之学,北宋中期有慈溪杨适、杜醇、鄞县王致、王说叔侄,以及自奉化徙居鄞县的楼郁,五位儒者,深受胡安定教学方法的直接影响,亦以讲学育人著称,号称"杨杜五子",实开四明学派之先河。南宋时期,有奉化舒璘、鄞县沈焕、袁燮和慈溪杨简四位儒者,世称"甬上四先生",以传陆氏心学为主要内容。其中杨简颇有把陆学禅学化的倾向;而舒璘、沈焕、袁燮三人的平实和折中,实际上是在向朱学认同。南宋后期,慈溪黄震,为朱、吕的三传弟子,宗程朱之学而有所修正。南宋末年,鄞县王应麟,致力于典章制度之学,并调和朱、陆之异,亦重事功之学而提倡经世致用。

浙西之学,北宋前期有钱塘吴师仁、吴师礼兄弟,以杭州本土之学开创浙西学术;而归安莫君陈、德清卢秉、嘉兴陈舜俞等人则受业于安定之门。他们分别在杭州、嘉兴、湖州三郡之间互相交流响应,共同带动了浙西学术的迅速发展。南宋初期,程门再传弟子钱塘张九成,传承理学而略近禅家之说。

宋代浙江的众多学者,在学术上既有基本一致的认识,也有各自独到的见解。基本一致的认识形成了浙学的总体特色;而各自独到的见解则不仅体现了浙江学术界百家争鸣之盛,同时也提升了浙学的整体水平。

在经史文献方面,吕祖谦"得中原文献之统",对经学和文史作了广泛的研究,为经史文献学之大家。叶适撰有《习学纪言序目》,对儒家经典、史书和主要人物进行广泛的评述,可谓是一部以儒学发展为主要线索的学术史巨著。王应麟从事经史文献的辑佚、补志、补注、汇释,其《困学纪闻》即是考证札记之文,可谓开清代考据学之先河。

在本体论方面,范浚谓"万类莫不共由谓之道,在我得之谓之德。仁也,义也,礼也,智也,皆得之在我者也"。吕祖谦主张"心与理合""道与心一",亦即"心"的活动必须符合事物之"理",才是达到了最高的境界。唐仲友认为,万物之运行是由"道"与"气"在天地之间互相作用所致,按照一定的规律运行,才导致天地万物的变化发展。陈亮反对朱子"理在气先"的观点,认为"道"存在于具体的事物之中;所谓"天理",只有实践贯彻于日常生活之中才有意义。杨简提出"吾心即道"的观点,认为一切天地万物尽皆包含于吾心之中,并进而认为"天地万物"皆由"吾心"而产生,成为最彻底的心学理论体系。何基认为"理者,乃事物恰好处而已"。黄震认为"粲然于天地间者皆理也"。

在认识论方面,陈傅良主张"只就事上理会道理"。叶适主张"欲折衷天下之义理,必尽详考天下之事物而后不谬",故强调要"察其情,因其势,断之于理"。张九成主张"观六经者当先格物之学"。而浙江学者大都强调"格物致知"应与"力行"统一起来。

在方法论方面,范浚认为"盖皇极者,大中也。天下之道,至中而极,无余理矣"。吕祖谦提出了"相反处乃是相治"的命题,认为"大抵天下之理,相反处乃是相治";"乱每基于治,危每基于安"。唐仲友认为,"中"必辅之以"权",方能变通而免执一之弊;"权"又不宜离乎"中",方能合道而免偏胜之病。叶适认为,"中庸者,所以济物之两而明道之一者也";又谓"古之圣贤,养天下以中,发人心以和,使各由其正以自通于物"。

在历史观方面,吕祖谦认为,"天下之事,向前则有功,不向前,百年亦只如此,盖往则有功也";"天下事若不向前,安能成其大"。陈亮认为,"皇降而帝,帝降而王,王降而霸",仅仅是社会现实之历史性变动的体现;斟酌这种现实的历史性变动而施以合乎时宜的政治之道,正是切于世用的政治原则。他认为,王道衰微而有霸道,五霸消亡而有汉家的霸王之杂,这其中体现了天人之际的历史性变动,具有某种不可逆转的必然性。

在人性论方面,王开祖认为"情本于性则正,离于性则邪"。范浚认为:"天降衷曰命,人受之曰性,性所存曰心。惟心无外,有外非心;惟性无伪,有伪非性。""桀、纣诚恶矣,龙逢、比干言其不善,则讳而怒之,是知不善之可耻者,固自善也。"舒璘主张"性善情恶"论,而袁燮则提出"性情皆善"论。黄震则认为:"性之所自来固无有不善,而既属于人则不能以尽同。"

在理欲观上,吕祖谦认为:"君子之耳目鼻口,所欲与人无异也。"不管是圣人还是常人,都有基本的生活需求和欲望,问题在于满足这些需求和欲望的手段是否合乎义理。陈亮认为"欲"是人的自然本性,所以他所倡导的不是"灭人欲",而恰恰是要在"有以制之者"的前提下将"人欲"作为"鼓动天下"以成就事功的工具;所谓行道,即在于使天下人之六情皆能得其正而已。

在义利观上,吕祖谦认为,"利"有公、私之分,"公利"与"义"是一致的,"私利"与"义"是有矛盾的;并认为"世俗多谓公私不两立,此大不然。所行若合道理,则公私两全,否则公私两失"。

在修养论方面,范浚强调"不自欺"以立"诚","知耻"为入道之端,"悔过"

为修道之要。杨简主张在自明"本心"的基础上，把"意"当作害"心"之源，强调以"不起意"为宗，进而提出了"无思""无为"以保持"本心"的修养理论。何基尝谓："为学立志贵坚，规模贵大，克践服行，鞠躬尽力，以必至为期。"黄震虽然赞同程朱的"主敬"说，但却不同意二程的"静坐"方式，而主张"敬诚用力于躬行"。

在教育方面，范浚要求学必须"得其正"，为士当以弘毅自期。吕祖谦提出"讲实理、育实材而求实用"的教学方针。唐仲友则提出："古之学者兼于艺，后之学者耻于艺。……圣人不欲学者之专于艺，而欲其兼于艺；不欲学者为艺之艺，而欲其为道之艺也。"故无论知识、文章、才艺，都必须以合乎道义为标准。王柏则主张从下学然后上达，故对当时好谈上达而耻言下学之弊作了批评："窃谓苟无下学之功，决无上达之理。"在学风方面，浙江学者大都主张"不私一说，兼取众长"的治学态度。这显然体现了浙学能兼容众说的治学特色。

在政治方面，周行己认为"天下之蔽，莫大于私；天下之明，莫大于公"。范浚谓"主道在先正心，……能正心矣，则判忠邪、察贤佞，如辨黑之与白，如观高山之与深沚，于以听言，洞然不惑"。吕祖谦大胆地极陈皇帝"独运万机"之弊。陈亮也认为，"人主之职"惟在于秉枢执要而已。陈亮又云："礼乐刑政，所以董正天下而君之也；仁义孝悌，所以率先天下而为之师也。二者交修而并用，则人心有正而无邪，民命有直而无枉，治乱安危之所由以分也。"唐仲友提出"人君有三畏：畏天命，畏民心，畏辅相之臣。畏天则敬，畏民则仁，畏臣则正"。叶适则认为"仁义"就是"利民"，也就是"修实政，行实德"的重要内容。

在理财方面，范浚认为，《周易》所阐发的圣人之道，其实就是"备物制用，立成器以为天下利"，亦即创造人所不可缺少的日常用具，以满足民生所需而已。吕祖谦率先提出"本末并举"的主张。唐仲友亦谓"商众则货通，工众则用足"。陈亮则提出"商藉农而立，农赖商而行"。叶适也认为"夫四民交致其用，而后治化兴。抑末厚本，非正论也"。并要求发挥富商大贾的作用。叶适认为"君子避理财之名，而小人执理财之权"，终至造成小人敛财害民、贪污受贿等种种流弊，实儒者不屑从事理财之过。王柏亦谓"理财而不用儒者，其害不可胜言矣"。

在兵防方面，范浚很重视战前的精心谋划，又重视战略形势，还从战术上对奇正变化之道作了精辟的论证。陈亮竭力主张恢复中原，他说："夫运奇谋，出奇兵，决机于两阵之间，世之所谓术也。此其为术，犹有所穷。而审敌情、料敌势,观天下之利害,识进取之缓急,彼可以先,此可以后,次第收之,而无一不酬其意,而后可与言术矣。"又云:"兵有正有奇,善审敌者然后识正奇之用:敌坚则用正,敌脆则用奇;正以挫之,奇以掩之,均胜之道也。"叶适主张做到"备成而后动,守定而后战",才是切合实际的军事行动。

第三篇

元明两代：理学传承与心学崛起

第一章　元代的理学

　　元代,相对而言,浙江经济比较繁荣,文化发达,名儒辈出,流派纷呈,其中以金华地区为最盛。金华有南宋北山何基所开创的北山学派,尊崇程朱理学,兼传吕氏史学,后学众多,而以金履祥和许谦为最著名,被朝廷视为朱学谪传,列为理学正宗,影响最为巨大。此外,宁波有持续发展的深宁之学,代表学者有胡三省和戴表元;杭州有邓牧独树一帜,富有创新与批判精神。

第一节　北山学派的理学道统

　　金华北山学派一支程朱理学,由南宋北山先生何基所开创,一传鲁斋王柏,再传宋元之交的仁山金履祥,三传至元代白云许谦,一脉相承,绵延数世,号称嫡脉。和其他程朱学派相比,它较多地保留了正统程朱理学的色彩。但是,在其流传过程中,由于社会历史条件的变化以及受本土婺学的影响,逐渐形成自己的学术特色和思想风格。

　　道统观念是理学的重要内容和特征之一。尤其是南宋以来,道统思想随着理学的发展而广为流行。当时的理学家们几乎无不言道统,以克绍道统自任。北山学派以程朱嫡传自居,故其道统观不可避免地带有浓厚的师承色彩。他们在统记濂洛以来师友渊源时,往往以学术传授次第作为道统承传世系。现存金仁山所编《濂洛风雅》,虽属一部辑录宋代理学诗的专书,但也明显地反映出这种师承性的道统观。该书冠以"濂洛诗派图",实即道统传授图。它尊周濂溪为理学开山祖,而以二程→龟山杨时→豫章罗从彦→延平李侗→朱子→勉斋黄榦

→北山何基→鲁斋王柏这一传授世系为正宗,余皆为旁支。许白云在解释道学与道统关系时说:"道学主于学,兼上下言之;道统主于行,独以有位者言之。……凡言统者,学亦在其中。'学'字固可包括'统'字。"此种"学""统"相涵论,实则为学派的理论。在理学宗派中,北山派程朱理学的宗派情绪最为强烈。这种师承性道统观,恰好表现其正统程朱理学的特点。

"理一分殊"论是程朱理学的世界观和方法论。北山派程朱理学在承袭这一理论时,其特点是:重"分殊"甚于言"理一",更加强调所谓"分殊而理一"的认识方法和途径。鲁斋在其《理一分殊》一文中,对此作了较为明确的阐述:

> 圣人于天下之理,幽明巨细,无一物之不知,故能于日用之间,应按事物,动容周旋,无一理之不当。学者苟未究其分之殊,又安能识其理之一?夫岂易言欤!愿诸君宽作岁月,大展规模,自洒扫应对,威仪动作,以至于身心性情之德;自礼乐、射御、书数、钱粮、甲兵、狱讼,以至于人伦日用之常,虽乾当坤倪,鬼秘神彰,风霆之变,日月之光,爰暨山川、草木、昆虫,莫不各有当然之则,所谓"万一各正,小大有定"也。于此事事物物上各见得一个太极,然后体无不具,用无不周也。异时出而从政,决不误人之天下国家,决不自误此身而负此生矣。此分殊所以最切于学者。

这里必须指出,鲁斋所谓"理一"之"理",在程朱理学体系中,是一种主宰客观世界而又超越于其上的天理,是世界的主体,也是认识论上最高的逻辑范畴。故所谓"分殊而理一",即在"理一"的前提下而"分殊",通过"分殊"又终归于"理一",因而形成"理一→分殊→理一"这样一个综合与分析的思想体系。

同时也应看到,所谓"理一分殊"论,虽然是从纯粹抽象的观念去把握认识对象,但在"分殊",即在具体认识对象的把握上,又强调各种不同事物之间所存在的差别,以及认识事物本身各有其理(太极)的重要性,从而使得这个思想体系能在一定程度上对具体事物进行具体分析而体现其务实精神。这是与心学单从内心领悟体认的思维方式的根本区别。

重视"分殊"的思想,并非始自鲁斋,而是本于延平对朱子的教言:"理不患其不一,所难者分殊耳。"朱子据此大倡格物致知、穷理尽性之论,并以这种"尊德性"与"道问学"兼重的修养方法与陆象山偏重"尊德性"的修养方法形成分歧。北山派程朱理学为了反对陆学,排斥佛老,他们比自己的前辈更强调"分殊而理一"的认识方法和格物致知的功夫。许白云在解释二程"涵养须用敬,进学在致知"两言时说:"所谓'致知',当求其所以知而思得乎知之至,非但奉持'致知'二字而已,非谓知夫理之一,而不必求之于分之殊也。"应当指出,以"致知"求"分殊",反映出北山派程朱理学学风上的重要特点。

这种学风与陆学只重发明本心而忽视读书格物的空疏学风相反,它是提倡读书,考索名物,训释经典,对自然(从天地山川到草木虫鱼)和社会(从典章制度到日用伦常)乃至人生(从日常生活到心性修养)广泛进行研究,从而使之包含一定的求实之风。而且,北山派程朱理学也受本郡吕学的巨大影响,因而较之其他地方的程朱理学更具有求真务实的特色。这也就是后来清初实学派为了反对王学末流的空疏之弊而大力提倡程朱理学的原因。

然而,程朱理学的末流又把理学推到了另一个"分殊"的极端,导致沉埋于经籍而忽视理论的系统化。这也就是陆氏所讥的"支离"之病。所以,只有会合诸家异同而各取其长,然后加以系统化,才是学术研究的正确方法,而这正是浙学最擅长的学术特色。

第二节 金履祥的理学

金履祥(1232—1303),字吉父,号次农,又自号桐阳叔子,兰溪人,居仁山下,世称仁山先生。所学甚广,凡天文、地形、礼乐、田乘、兵谋、阴阳、律历之书,靡不毕究。已而向往濂、洛之学,师事同郡王鲁斋,复登何北山之门,自是讲贯益密,造诣益邃,治学经史并重,不为性理之空言。全谢山称其"尤为明体达用之儒"。曾执教于严陵之钓台书院。德祐初,朝廷曾以迪功郎、史馆编修等职务召任,但他坚持不仕。宋末,国势阽危,执政者束手无措。仁山竟能向朝廷独进奇策,请以舟师重兵由海道直趋燕、蓟,俾捣虚牵制,以解襄、樊之围。而且,他所陈述海船沿途所经州县及海道中的岛屿险易,历历有据。可见他的计策,并非冒险的空谈,而是经过实地调查所得的可用之策。可惜未被采用,卒至于亡国。宋亡后,隐居金华山中,讲学于丽泽书院。兰溪唐良骥,建齐芳书院,延仁山讲道著书。卒,学者谥曰文安。一生著作甚丰,著有《尚书考注》二卷,《大学章句疏义》二卷,《论语集注考证》十卷,《孟子集注考证》七卷,《通鉴前编》十八卷,《举要》三卷,《仁山集》六卷。

在经学方面,其《尚书考注》对《尚书》中有的篇章提出怀疑。《自序》称"摆脱众说,独抱遗经复读玩味,为之正句画段,提其章旨与其义理之微、事为之概,考正文字之误,表诸四阑之外"。大抵攟摭旧说,折衷己意,与蔡沈《集传》颇有异同,其征引伏氏、孔氏文字同异亦确有根原。所列作书岁月则与所作《通鉴前编》参考后先,虽未必一一尽确,然亦非尽无据而作。《大学疏义》今存一卷,随其章第作疏义以畅其言,谨严笃实。《论语集注考证》与《孟子集注考证》,则于朱子未定之说,但折衷归一,于事迹典故考订尤多,对《集注》加以核补,实发朱子之所未发。盖《集注》以发明理道为主,于此类率沿袭旧文,未遑详核,故仁山拾遗补阙以弥缝其隙,于朱子深为有功。然其旁引曲证,不苟异亦不苟同,则视惟知有注而不知有经者相去甚远,故与朱子亦未免多所牴牾。对此,清儒黄百家曰:"其所以牴牾朱子者,非立异以为高,其明道之心,亦欲如朱子耳。"[①]即此可见,仁山虽是朱学之嫡传,却非一味盲从,而是取其精华并有自己的见解。这显然与婺州学风之影响分不开。

在哲学方面,仁山作有《复其见天地之心讲义》一文,从《周易·复》卦之卦义发挥天地生物之心。其云:"天地之化,包括无外,运行无穷,万类散殊,品物形著。圣人作《易》,所以体天地之撰。而夫子赞《易》,独于《复》之一卦系之曰:'复其见天地之心。'夫以卦而论,则卦之六十有四,爻之三百八十有奇,皆天地之心所寓也;以时而论,则春生夏长,万宝秋成,形形色色,生生性性,皆天地之心所为也。而圣人谓天地之心,独于《复》有见焉。盖六十四卦,固天地之用,不难见也,惟《复》乃见天地之心;春敷夏长,万物生成,皆天地之迹,不难见也,惟《复》乃见天地之心。"而所谓"天地之心",仁山认为就是生生之道之"仁",故仁山又云:"夫所谓天地之心者何也?仁也,生生之道也,语其象,则《复》卦一爻是也。夫当穷冬之时,五阴在上,天地闭塞,寒气用事,风霜严凝,雨雪交作,万物肃杀之极,天地之间若已绝无生息,而一阳之仁,乃已潜回于地中。吁!此天地生生之所以为化生万物之初乎?异时生气磅礴,品物流形,皆从此中出。故程子谓:'一阳复于下,乃天地生物之心也。'盖其仁意浑然,而万化之全美已具;生气闇然,而一毫之形迹未呈,此其所以为天地之心,而造化之端、生物之始也与?故邵子《冬至吟》有曰:'一阳初动处,万物未生时。玄酒味方淡,太音声正希。'

---

① 《宋元学案》卷八十二《北山四先生学案》,《黄宗羲全集》,第六册,第227页。

夫淡者味之本,为醨为醴,皆从此生;希者声之真,翕如纯如,皆从此变。而又终之曰:'此言如不信,更请问包牺。'"既然《复》卦之初爻是"造化之端"和"生物之始",故仁山认为伏羲画卦即从此爻开始。其云:"愚谓此一爻象天地之心,乃伏羲画卦之始。……伏羲画卦,先从天地之心画起,故先画一阳爻。以其相生,于是而有耦,又乘之而为四象,又乘之而为八卦,又乘之而为六十四卦,皆一画之生,而此心之用也。……程子又曰:'先儒皆以静为见天地之心,盖不知动之端乃天地之心也。非知道者孰能识之?'夫《复》卦一阳在下,便是动之端。……惟于极静之中,而乃有动之端焉,是乃天地之心也。"于是,仁山即从天道转入人心,并以动静之关系阐明人心与天心的区别。仁山云:

> 然以理而论,则静不足以见天地之心,而动之端乃见天地之心。以人心而论,则动不能见天地之心,而静可以见天地之心。何则?人之所以失其良心,迷此仁性,而终不能见天地之心者,盖其欲动情胜,而常失之于动也。夫物之感人无穷,人之好恶无节,此心所存,逐物而动,则飞扬升降,幻贸驱驰,安能体认义理、充养仁心?其于天地之心,惘然莫知也。故学者亦须收视反听,澄心定虑,然后可以玩索天理,省察初心,而有以见天地之心。……故静之工夫,古人以此养阳气之微,学者当以此观义理之妙,则天地之心岂不跃然而可见哉!

既然天道与人心有"动"与"静"之区别,所以就"复"而言,也有"天道之复"与"吾心之复"的区别。仁山云:"故尝谓有天道之'复',有吾心之'复'。天道之'复',前所说是也;吾心之'复',则凡善念之动是也。盖四端之心无时不发,而就中恻隐之心最先且最多,此正天地之心在吾心者。大抵人虽日营营于人欲之中,孰无一线天理之明?此即吾心之'复'也,人自不察,亦自不充耳。所以不察不充,正由汩于动而不能静之故。学者须是于此下耐静工夫,察此一念天理之'复',充此所复天理之正,而敬以持之,学以广之,力行以践之,古人求仁之功,盖得诸此。然则茂对天时之'复',以反求吾心之'复',惟诸君勉之。"然而,所谓"复",仅仅是仁心之端,还必须随时扩充保养,才能发展为全体之"仁"。故仁山又云:

> 是知"复"者,特此心之初耳。既复之后,无以长养之,则复失矣。朱子所谓"复而不固则屡失屡复"者也。自天地之有此"复"也,日长日

盛,进而为"临",又进而为"泰",又进而为"大壮",又进而为"夬",又进而为纯"乾"矣。人心之有是"复"也,亦必日增日长,进而为《临》之"大",为《泰》之"通",又进而为《大壮》之"动"以及《夬》之"刚决",《乾》之"不息",而与天合德焉,此又"复"之之后工夫也。……纲常既废而复明,国势阽危而复振,在诸君子必有得于《复》之义而充"复"之功用者,幸不废焉![①]

仁山认为,"天道之复"与"吾心之复"虽有所区别,然而本质上则是相通的,所以人必须"与天合德",方为合道。而仁山之所以探索"复其见天地之心"的目的,实在于"纲常既废而复明,国势阽危而复振",最终仍与现实中的经世致用联系起来。

关于理、气、性、命之理解及其关系,仁山也有独到的见解。他在《孟子性命讲义》中云:"'性也'之性,是气质之性;'有性焉'之性,是天地之性,此固不待言。惟二'命'字难分:'有命焉'之命一节,是气之理;'命也'之命一节,是理之气。何以谓气之理?是就气上说,而理亦在于其中,为之品节限制;何以谓理之气?是就理上说,而气却在于其中,有清浊厚薄之不同。"据此,仁山乃对"理"与"气"的关系加以探讨:

> 盖理气未始相离,天以阴阳五行化生万物,气以成形,而理亦赋焉,犹命令也。然理则一,而气则有清独厚薄之不同,所以在人便有智愚贤否、贵贱贫富之异,而理固无一而不在焉,此皆所谓命也。但"命也"之命,自其清浊厚薄者言之,则全属气;"有命焉"之命,自其贫富贵贱之分限言之,则便属理。"命也"之命在前,"有命焉"之命在后。然方其清浊厚薄,便自有贫富贵贱;才有贫富贵贱,便自有上下品节,所以总谓之"命"。

仁山认为,正由于气有清独厚薄之不同,因而人便有智愚贤否、贵贱贫富之异。仁山进而分析道:

---

① 《宋元学案》卷八十二《北山四先生学案》,《黄宗羲全集》,第六册,第228—231页。

　　夫清浊厚薄,气也,而清浊发于所知,厚薄发于所值。自其清者言
之,则仁之于父子也自至,义之于君臣也自尽,礼之于宾主也自节,智
自能辨贤否,圣人自能吻合乎天道;自其浊者言之,则于父子而仁有所
窒,于君臣而义有未充,于宾主而礼有未合,于贤否而智有所昏,于天
道固不能如圣人之自然吻合,此命之有清浊也。自其厚者言之,则为
父而得其子之孝,为子而得其父之慈,为君而得其臣之忠,为臣而得其
君之敬,宾主之相得,贤否之会避,圣人而得位得禄得名得寿;自其薄
者言之,则子孝而有瞽瞍之父,父慈而有朱、均之子,君贤而有管、蔡之
臣,臣忠而有龙逢、比干之戮,为主而晋侯见弱于齐,为宾而鲁君不礼
于楚,以言乎智则晏婴而不知仲尼,以言乎圣与天道而孔子不得位,此
命之厚薄也。

　　然而,既然是同出一理,何以人所禀之气会有如此之悬殊呢? 于是仁山又继续
分析道:“气化流行,纷纭错糅,化生人物,随处不同,或清或浊,或厚或薄,四者
相经相纬,相糅相杂,而发于心,验于身,遇于事,各有不同者。清者生知安行,
而浊者则反是;厚者气数遇合,而薄者则不同,此所以谓之命也。”[①]这样,一定之
“理”与万殊之“气”就在天之所“命”中统一起来了。当然,仁山所谓之“命”,决
非上帝所造之“命”,而是指天地万物的自然之道。这与婺州之学的理气说是基
本一致的。

　　仁山亦重史学,著有《资治通鉴前编》十八卷,上起尧舜,下接司马光《资治
通鉴》之前,勒为一书。其书用邵氏《皇极经世书》、胡氏《皇王大纪》之例损益折
衷,一以《尚书》为主,下及《诗》《礼》《春秋》,旁采旧史、诸子,表年系事,复加训
释。往往在论述史事时发挥义理,将历史纳入理学体系。盖其撰述之意在于引
经据典以矫刘恕《外纪》之好奇,惟仁山亦好持新说,其征引群籍,去取亦有失当
之处。然援据颇博,其审定群说亦多与经训相发明,这在讲学诸家中可谓究心
史籍而不为游谈者。别为《举要》三卷,凡所引经传子史之文皆作大书,惟训释
及案语则以小字夹注附缀于后,盖避朱子《纲目》之体而稍变《通鉴》之式。

　　在社会政治思想方面,仁山虽不如鲁斋敢于抨击时政,议论激烈,但他继承
了鲁斋注重现实的精神,没有采取北山那种与世隔绝的消极态度。在学术上,

---

　　①　《宋元学案》卷八十二《北山四先生学案》,《黄宗羲全集》,第六册,第231—233页。

他继承了鲁斋的疑经精神,唯不如鲁斋怀疑之甚,治学较为笃实。在北山四先生中,他对于经学和史学的研究,成绩最著。

仁山还编有《濂洛风雅》,选辑周、邵、张、程诸家诗,旨在教人涵养道德,明白义理,与一般的选本旨趣不同。

当时议者谓北山之清介纯实有似和靖尹焞,鲁斋之高明刚正有似上蔡谢良佐,而仁山则兼得二氏之风而并充于一己者。故全谢山云:"勉斋之传,得金华而益昌,说者谓北山绝似和靖,鲁斋绝似上蔡,而金文安公尤为明体达用之儒,浙学之中兴也。"①这是对仁山之学的高度评价。

仁山之同调胡长孺(1240—1314),字汲仲,永康人。初师青田朱子四传弟子余学古,九经子史,无不贯通,益信涵养主敬为最切。与仁山共同倡导开拓婺州的学术。咸淳中以任子入官,铨试第一。宋亡,退栖永康山。元初荐授扬州教授,至台州宁海县主薄。后隐杭之虎林山,曾为西湖书院山长。学有渊源,文章有精魄,海内重购其文。著有《瓦缶编》《建昌集》《宁海漫钞》《颜乐斋稿》《石塘文集》。门人谥曰纯节先生。

仁山传其学于许谦、柳贯,皆为元代理学大家。

第三节　深宁后学的文史之学

宋末由深宁王应麟开创的经史文献之学,在元代也有所继承和发展,学者众多,其中以胡三省和戴表元的文史之学最为著名。

一　胡三省详注《资治通鉴》

胡三省(1230—1302),字身之,号梅涧,台州宁海人。宋理宗宝祐四年(1256)进士,曾任泰和、慈溪尉,江都丞,江陵、怀宁令,寿春府学教授等职。咸淳十年(1274),主管沿江制置司机宜文事。宋亡后隐居不仕,从事著述。

梅涧博学能文,尤笃于史学。一生最大的贡献就是为《资治通鉴》作了详尽的注解。《资治通鉴》"网罗宏富,体大思精,为前古之所未有;而名物训诂,浩博奥衍,亦非浅学所能通"。在梅涧之前,为《资治通鉴》作注的人不少,但多"乖谬

---

① 《宋元学案》卷八十二《北山四先生学案》,《黄宗羲全集》,第六册,第214页。

弥甚"。梅涧"乃汇合群书,订讹补漏,以成此书"。他注《资治通鉴》先后近三十年。在《新注资治通鉴序》中说:"游宦在外,牵携以自随,有异书异人,必就而正焉。"他登第后,依《经典释文》作《资治通鉴广注》共九十七卷。宋恭帝德祐二年(1276),元军进入临安,所有书稿在战乱中散失殆尽。乱定还乡,重为《资治通鉴》作注,直到元世祖至元二十二年(1285)方才定稿。其《新注资治通鉴序》云:"凡纪事之本末,地名之同异,州县之建置离合,制度之因革损益,悉疏其所以然。"《四库全书总目提要》称其书云:"通鉴文繁义博,贯串最难,三省所释,于象纬推测、地形建置、制度沿革诸大端,极为贱备。"他的注释,翔实丰富,举凡天文地理,草木虫鱼,事件之本末,民族之起源,乃至别国之情况,靡不"穷波讨源,构会甄释"。他还对《资治通鉴》的体例行文特加发凡,前人注释的舛谬之处,全部予以改正。《通鉴》功臣之誉,受之无愧。

二　戴表元的文史之学

戴表元(1244—1310),字帅初,一字曾伯,号剡源先生,又自号质野翁、充安老人,奉化人,后迁婺州。宋咸淳七年(1271)中进士,任建康府学教授。入元后长期拒不出仕,隐居家乡,悉心学问文章。元成宗大德八年(1304),荐为信州教授,任满辞归。《元史》本传称:"其学博而肆,其文清深雅洁。""至元、大德间,东南以文章大家名重一时者,唯表元而已。"今存《剡源集》三十卷,另著有《急就篇注释补遗》,不传。

剡源之学不仅博而肆,且又泛而杂,宋季流行的学术各派几乎都有所继承但并不完全接受。其一,剡源之学主要传自深宁,故治学兼综百家,尤重史学,而又继承了东莱的《史记》之学。其二,剡源曾从舒岳祥游,为叶水心四传弟子,故受其影响很深。一是重事功,反对孟子之非利;二是重视诗文创作,批判宋末的重道轻文,并以辞章名世;三是与水心褒奖"永嘉四灵"有关,剡源之诗学主张与四灵及受四灵影响而起的江湖派有渊源关系。其三,剡源曾从方回传承朱子《诗》学。其四,受欧阳守道、刘辰翁影响明显。欧阳为宋元之际著名理学家,其弟子刘辰翁则是著名评点派文学批评家和词人。剡源为人深受欧阳影响,其诗文则具有刘氏风格。其五,剡源又很推重陆氏心学,这与地方学术与家学渊源有关系。因此,他在经史、诗文各方面都有很深造诣。

正因"其学博而肆",故他认为南宋理学诸家是"殊途同归"。他说:"自洛学东行,诸大儒各以所闻分门授徒:晦庵朱文公在闽,东莱吕成公在浙,南轩张宣公在湘,象山文安公在江西。其徒又各有所授,往往散布远近,殊途同归。"①他的学术特点可谓是兼综各家而服膺朱子,而其兼取各家之长的治学方法则仍宗东莱之学风。本来,兼取各家之长乃是浙学最显著的特色,然而剡源所缺少的乃是由博返约的工夫,所以他的学问显得泛而杂,未能自成体系而成为思想大家。

剡源的主要学术成就在文学思想方面:其一,他主张兼综百家,宗唐而不鄙宋,其精神实质是在广采百家、融会贯通的基础上,"勇变古人之法而自名家"②;其二,他认为诗的审美境界应该是不露圭角,故"入神"之诗应是熔冶各种风格于一炉而又偏露一端,浑然无迹,所谓"无迹之迹,诗始神";其三,他认为诗乃穷退之人"自适其不遇","自娱其不幸",诗的功能就是"自适"与"自娱"。剡源的自由而开放的学术思想为他的文学理论批评提供了很好的思想基础;兼综百家的理论特点也适应了元代文学思想的潮流。这使他在文论方面取得了卓越的成就,并形成了一定的影响。

剡源是一位开风气的学者,慨然以振起斯文为己任,有意识地匡正宋季诗风之弊。他在学术上和文学上兼容百家、不立门户的学风,既继承和弘扬了浙学的优良传统,也成为元代学术与文学思想的显著特点。他的诗文成就,博得了后人的称赏;他所提出的诗学观点,也有很高的理论价值。

第四节　邓牧的忧患之学

邓牧的学术思想既不属于程朱理学,也不属于其他任何学派,甚至还被专制统治者视为异端思想。不过,他在学术上的忧世内容和民本思想,深合儒家济世安民之旨;他的"君道""吏道"之论,实为清初黄梨洲"原君""原臣"思想之先声;而且他的创新精神和批判精神,则是弘扬了浙学的优良传统。究其学术宗旨,实深得乎儒者的忧患胸怀。所以,在此予以论述。

一　生平与背景

邓牧(1247—1306),字牧心,世称文行先生,钱塘人。他在《逆旅壁记》中自

---

① 戴表元《剡源集》卷十八《题新刻袁氏孝经说后》。
② 戴表元《剡源集》卷八《潘大可孙子释文序》。

谓"余家世相传,不过书一束"。可见他是出身于清贫书香门第的儒者。宋亡后,就隐居于余杭大涤山中的洞霄宫,终身不仕不娶,故自号三教外人,又号九锁山人、大涤隐人。据《洞霄图志·邓文行先生传》所载:"年十余岁,读《庄》《列》,悟文法,下笔追古作者。及壮,视名利薄之,遍游方外,历览名山,逢寓止,辄杜门危坐,昼夜唯一食。"他与谢翱、周密等友善,二人亦皆抗节遯迹者,故志趣相投,交往甚密,尝为谢作《谢皋父传》,为周作《蜡屐集序》,而谢传叙交情尤笃。所著有《伯牙琴》《洞霄诗集》《洞霄图志》等。其《伯牙琴·自序》谓以知音难遇,故以"伯牙琴"为名。

文行的学术思想,正如他在《集虚书院记》中谓孟集虚是"儒者,而寄迹道家者流"那样,他的避世隐居只是他不满现实的形迹,而其思想深处则是具有忧患意识的"儒者"胸怀,只是不得已而"寄迹道家者流"罢了。

二　立君为民的君道观

文行的学术思想反映在他的《伯牙琴》中,其突出之处是反对君主专制。其《君道》篇云:

> 生民之初,固无乐乎为君,不幸为天下所归,不可得拒者。……子不闻至德之世乎? 饭粝粮,啜藜藿,饮食未侈也;夏葛衣,冬鹿裘,衣服未备也;土垲三尺,茆茨不剪,宫室未美也;为衢室之访,为总章之听,故曰"皇帝清问下民",其分未严也;尧让许由而许由逃,舜让石户之农而石户之农入海,终身不返,其位未尊也。夫然,故天下乐戴而不厌,惟恐其一日释位而莫之肯继也。
>
> 不幸而天下为秦,坏古封建,六合为一,头会箕敛,竭天下之财以自奉,而君益贵。焚《诗》《书》,任法律,筑长城万里,凡所以固位而养尊者无所不至,而君益孤。惴惴然若匹夫怀一金,惧人之夺其后,亦已危矣。
>
> 天生民而立之君,非为君也,奈何以四海之广足一夫之用邪? 故凡为饮食之侈、衣服之备、宫室之美者,非尧舜也,秦也;为分而严,为位而尊者,非尧舜也,亦秦也。后世为君者歌颂功德,动称尧舜,而所以自为乃不过如秦,何哉? ……彼所谓君者,非有四目两喙,鳞头而羽臂也;状貌咸与人同,则夫人固可为也。今夺人之所好,聚人之所争,

"慢臧诲盗,冶容诲淫",欲长治久安,得乎?

夫惧人夺其位者,甲兵弧矢以待盗贼,乱世之事也;恶有圣人在位,天下之人戴之如父母,而日以盗贼为忧,以甲兵弧矢自卫邪?……有国有家不思所以捄之,智鄙相笼,强弱相陵,天下之乱何时而已乎!

在这篇《君道》里,他指出皇帝是最大的掠夺者和剥削者。他认为"所谓君者","状貌咸与人同",并不是什么"四目两喙,麟头而羽臂"的怪物,而是"夫人固可为"的。其所以要"立君",是为了"民"而非"为君"。现在的君主反而"夺人之所好,聚人之所争","以四海之广,足一夫之用",要想得到"长治久安",是不可能的。这显然是继承了孟子的"民贵君轻"的思想。

三　择才且贤的吏道观

文行有鉴于现实社会中酷吏害民的事实,因而对于当时的官吏制度十分不满。因而在《吏道》篇中,把他自己所主张的为官之道作了论述:

与人主共理天下者,吏而已。内九卿、百执事,外刺史、县令,其次为佐、为史、为胥徒,若是者,贵贱不同,均吏也。

古者君民间相安无事,固不得无吏,而为员不多,唐虞建官,厥可稽已,其去民近故也。择才且贤者,才且贤者又不屑为,是以上世之士高隐大山深谷,上之人求之,切切然恐不至也。故为吏者常出不得已,而天下阴受其赐。后世以所以害民者牧民,而惧其乱,周防不得不至,禁制不得不详,然后小大之吏布于天下,取民愈广,害民愈深,才且贤者愈不肯至,天下愈不可为矣。今一吏,大者至食邑数万,小者虽无禄俸,则亦并缘为食以代其耕,数十农夫力有不能奉者。使不肖游手往往入于其间,率虎狼牧羊豕而望其蕃息,岂可得也!

天下非甚愚,岂有厌治思乱、忧安乐危者哉?宜若可以常治安矣,乃至有乱与危,何也?夫夺其食,不得不怒;竭其力,不得不怨。人之乱也,由夺其食;人之危也,由竭其力。而号为理民者,竭之而使危,夺之而使乱,二帝三王平天下之道,若是然乎!

天之生斯民也,为业不同,皆所以食力也。今之为民不能自食,以日夜窃人货殖,搂而取之,不亦盗贼之心乎?盗贼害民,随起随仆,不至甚焉者,有避忌故也。吏无避忌,白昼肆行,使天下敢怨而不敢言,敢怒而不敢诛。岂上天不仁,崇淫长姦,使与虎豹蛇虺均为民害邪?

　　然则如之何? 曰:"得才且贤者用之;若犹未也,废有司,去县令,听天下自为治乱安危,不犹愈乎!"

在这篇《吏道》里,他对当时的官吏提出了愤怒的控诉。他说:"今一吏,大者至食邑数万,小者虽无禄俸,则亦并缘为食以代其耕,数十农夫力有不能奉者。"而在这样的"小大之吏布于天下,取民愈广,害民愈深"的情况之下,一方面是"才且贤者愈不肯至",又一方面则"使不肖游手往往入于其间",这和"率虎狼牧羊豕"一样,如何能收到"蕃息"的效果呢? 这显然是继承了孔子所说的"苛政猛于虎"的思想。故他主张"废有司,去县令,听天下自为治乱安危"。

　　由此出发,文行强调指出:在暴君和酷吏压迫之下,人民无法生活下去,要起来进行反抗,不仅是必然的,而且是合理的:"夫夺其食,不得不怒;竭其力,不得不怨。人之乱也,由夺其食;人之危也,由竭其力。而号为理民者,竭之而使危,夺之而使乱。"这反映了专制社会统治者与被统治者不可调和的矛盾。这种思想,显然是继承了《周易》"革"卦"汤武革命,顺乎天而应乎人"和《孟子》"闻诛一夫纣矣,未闻弑君也"的儒家思想。

四　君吏共理的理想社会

　　文行认为,暴君和酷吏的压迫以及人民的反抗,是从秦代才发生的,而在秦以前的古代并不如此。因而他对古代作了一番空想和虚构的描绘,在和当时现实的强烈对比中,刻画出一个幸福美好的空想社会。在那里也有皇帝,但只是公共事务的最高管理者,而不是最大的剥削者和掠夺者。皇帝的生活和老百姓一样,只是"饮食未侈","宫室未美";他的身份和地位,也和老百姓差不多,还是"其分未严","其位未尊"。因此,大家推来推去不愿做皇帝。但是一旦有人被选为皇帝,大家便都"乐戴而不厌,惟恐其一日释位而莫之肯继"。

　　在他所设想的社会里也有官吏。但他们只是被选出来帮助皇帝管理公共事务的人,而不是特殊阶级。因为那时"君民间相安无事,固不得无吏",只是"为员不多"。这些少数的官吏既然被选了出来,就能够为人民谋福利,而"天下阴受其赐"。这显然是继承了儒家"大同"理想中"选贤举能"的思想。

　　在这样的社会里,文行认为"天下非甚愚",是不会有人"厌治思乱,忧安乐危",而是"可以常治安"的。一切人民虽然"为业不同",但都是"皆所以食力"的劳动者。

这样的社会如何实现呢? 文行提出了两条主张:第一是"得才且贤者用之";第二是"若犹未也,废有司,去县令,听天下自为治乱安危"。这种主张,一方面表示出对于旧的社会制度没有任何妥协,他设想有一些"才且贤"的官吏出来就可以改善社会面貌,最为上乘;但另一方面,其弱点也就明显地暴露出来,正如他在《宝说》篇所说,在"一士穷达,常关系天地之大运,岂人力哉"的情形之下,不可能找到这样合乎理想的人,也就不可能找到实现这种理想社会的途径,而只能撤销一切统治机构,"听天下自为治乱安危"了。

《四库全书·〈伯牙琴〉提要》谓文行虽"无一词言及兴亡,而实侘傺幽忧,不能自释,故发而为世外放旷之谈,古初荒远之论"。这是说,在现实中满怀忧患意识无从发泄,只能借托古的方式来寄托自己的理想。诚然,文行的这种理想在现实社会中是走不通的,不过这对以后黄梨洲的《明夷待访录》中的进步思想,确实有其一定的影响。

第五节　许谦的理学

许谦(1270—1337),字益之,自号白云山人,故世称白云先生,金华人。自幼丧父,由其母陶氏口授《孝经》《论语》。稍长而正值宋亡家破,乃致力于学,勤奋刻苦。三十一岁,往兰江受学于金仁山,时仁山年已七十,门下弟子数十人,白云独得器重。仁山为揭治学之要云:"吾儒之学,理一而分殊,理不患其不一,所难者分殊耳。"又云:"圣人之道,中而已矣。"[1]白云由是致其辩于"分之殊",而要其归于"理之一",每事每物,唯求其合乎中道而用之。居数年,尽得其所传之奥。白云读书讲学四十年不出里间,对天文、地理、典章、制度、食货、刑法、文学、音韵、医经、术数之说,皆穷探其精微,即于释老之言,亦能探其蕴奥,辨其同异,别其是非。但他对于理学的承传,则拘守家法,重习经史,尤重"四书"。地方官屡欲荐举,皆固辞不受。晚年,屏迹居东阳八华山中,以讲学终生。学者负笈而至者,"远而幽、冀、齐、鲁,近而荆、扬、吴、越,皆百舍重跰而至"。他与当时

---

① 《宋元学案》卷八十二《北山四先生学案》,《黄宗羲全集》,第六册,第248页。

北方著名理学家许衡齐名,并称"南北二许"。他对程朱理学的传播,起有很大的作用。卒后,江浙行中书省请于朝,以同何北山、王鲁斋、金仁山齐名,建"四贤书院",以奉祠事,并赐谥文懿。所著有《读书丛说》六卷,《诗集传名物钞》八卷,《温故管窥》若干卷,《读四书丛说》四卷,《治忽几微》若干卷,《白云集》四卷等。

白云之学,自宋何北山、王鲁斋、金仁山一脉相传而来,故学者将四人合称"金华四先生"或"北山四先生",并被朝廷视为程朱理学之正传。其教以五性人伦为本,以开明心术、变化气质为立身之要,以分辨义利为处事之制,摄其粗疏,入于微密,随其材分,咸有所得。以身任道者垂四十年。

在经史文献方面,白云于四书及九经、三传皆有所考订发明,研究诸经亦多明古义。自蔡沈作《书集传》,解《书》者大抵乐其简易,不复参考诸书,白云独能博核事实,不株守一家,故作《读书丛说》以考典制,颇不为习闻所囿,故与蔡氏时有不合。

《诗集传名物钞》则正其音释,考其名物度数,以补先儒之所未备,仍存其逸义,旁采远引,而以己意终之。其所考名物音训,颇有根据,足以补《集传》之阙遗。而对于其师祖鲁斋所删《国风》三十二篇则疑而未敢遽信,正足见其是非之公。

关于《春秋三传》,则有《温故管窥》一书以探究微旨。据传,他读《九经》《仪礼》《春秋三传》时,对书中要领和领会之处,在书上分别表以己见。后吴师道得吕东莱点校的《仪礼》以相参校,所不同者仅十三条而已。即此可见其学与东莱之学实相一致。

关于四书则有《读四书丛说》四卷,其谓学者曰:"学以圣人为准的,然必得圣人之心,而后可学圣人之事。圣贤之心,具在四书;而四书之义,备于朱子,顾其词约义广,读者安可以易心求之乎!"[①]故书中发挥义理,皆言简意该,惟务平实。或有难晓,则为图以明之,务使无所凝滞而后已。其于训诂名物亦颇有考证,足补《章句》所未备,于朱子之学可谓有所发明。

白云所著虽多祖述旧闻,综合诸家之说,然其宗旨皆在阐归朱学。在诠释经传方面,白云虽然祖述鲁斋、仁山的某些观点,却没有真正继承他们的疑经精神。他虽然把金华朱学推向了鼎盛时期,而他本人在学术上却缺乏创造性的

---

① 《宋元学案》卷八十二《北山四先生学案》,《黄宗羲全集》,第六册,第249页。

见解。

在史学方面则有《治忽几微》一书,仿史家年经国纬之法,起太皞氏,迄宋司马光卒,总其岁年,原其兴亡,著其善恶,以资治国为政者之借鉴。

白云崇尚平凡而可以施诸践履的实学,而反对脱离实际的空疏之学。其《送胡古愚序》云:"夫圣人之道,常道也,不出于君臣、父子、夫妇、昆弟、朋友应事接物之间,致其极则中庸而已耳。非有绝俗离伦、幻视天地、埃等世故如老、佛氏之所云者。其道虽存于方册,而不明于世久矣。……古之立言者,诵于口而可以心存,存于心而可以身践,而成天下之务,则圣人之道也。今口诵之而不足明乎心,降其心以识之而不可施于事,是则佛、老之流之说耳。……道在天地间,宏博精微,非可以躁心求也。而乃攘袂扼腕,作气决眦,售其说而竞,复思欲以厌今人,陵古人,则吾未之信也。"①这是说,圣人之道是口之所诵、心之所存、身之所践三者一致的;而现在所流行的心学,这三者之间是脱离的,完全是袭取了佛、老之流的异端之说。

关于仁山启发白云之所谓"理不患其不一,所患者分殊"之语,本系朱子之师李延平告朱子的话。对此,清儒黄梨洲认为:当仁山、白云之时,因浙东流行陆氏门人杨慈湖一派的心学,"求为本体便为究竟,更不理会事物,不知本体未尝离物以为本体也。故仁山重举延平告朱子之语以救时弊,此五世之血脉也"。然而,"后之学者,昧却本体而求之一事一物间,零星补凑,是谓无本之学。因药生病,又未尝不在斯言也"②。可见仁山偏重"分殊"之语,实乃针对陆氏偏重"理一"的空虚之学而发的救弊之论。其实,"理一"与"分殊"的高度统一才是合乎圣人所传的中庸之道。

白云之子许元、许亨,皆为明初著名学者。许元,字存仁,明初为国子学博士,奉命进讲经史。太祖问《孟子》何言为要,对曰:"劝国君以行王道,施仁政,省刑罚,薄税敛,乃其要也。"③擢为祭酒,设立《教国子条例》数十事,皆见施行。其弟许亨,字存礼,学有渊源,而工于文辞。赴任北平教授。

"北山四先生"虽系朱门嫡传,但他们并无朱子那样重经轻史的看法。他们深受婺学的巨大影响,皆能博通经史及百家之学,重视文献而致力于经制考订,可见他们都是注重历史研究和各种实学的学者。

---

① 《宋元学案》卷八十二《北山四先生学案》,《黄宗羲全集》,第六册,第250页。
② 《宋元学案》卷八十二《北山四先生学案》,《黄宗羲全集》,第六册,第251页。
③ 《宋元学案》卷八十二《北山四先生学案》,《黄宗羲全集》,第六册,第262页。

第六节　程朱理学传人简述

元、明时期,朝廷规定以程朱理学作为科举取士的标准,故浙江亦与全国各地一样,朱学大为兴盛。在元代,除白云许谦而外,影响较大的还有金仁山的门生柳贯,石一鳌的门生黄溍,继起者又有李直方、陈樵、吴师道、张枢、闻人梦吉、吴莱,以及许白云的众多门人如朱震亨、范祖幹等,皆为一代著名理学家。

柳贯(1270—1342),字道传,浦江人。举为江山县儒学教谕,迁昌国州学正。历官至翰林待制承务郎兼国史院编修官,学者私谥文肃先生。道传作地方官时,廉洁自持,治狱明察公平;作朝官时,正直敢言,凡朝廷有大典礼,必酌以古今之宜而为之论定,人皆服其精审。著有《近思录广辑》三卷,《字系》二卷,《金石竹帛遗文》十卷,《柳待制文集》二十卷。

道传之学,受经于金仁山,学史于吴兴牟应龙,学文于同邑方凤,并遍谒徽州方回、龚开、钱塘仇远、永康胡之纯、胡长孺、奉化戴表元等故宋遗老以求其学,故能博通经史,学问皆有本末。虽宗程朱,然亦深受婺学影响而广究经世之学。自经史诸子、兵刑律历、数术方技,乃至异教外书,莫不贯通。虽主要以文章著称于世,但其为文皆本乎经史而崇实用。其文与黄溍、虞集、揭傒斯齐名,号为"儒林四杰"。当时学者,多愿出其门下。元明之交的大儒潜溪宋濂、九灵戴良皆为其受业门生。

黄溍(1277—1357),字晋卿,义乌人。延祐二年(1315)进士,任台州宁海丞,历官至翰林直学士、知制诰、同修国史,兼经筵讲官,升中奉大夫,执经进讲。卒后追封江夏郡公,谥文献。一生不肯轻于引荐,有人讥笑他"绝人太甚",他反驳道:"公朝爵禄,将以待贤者,岂为吾私亲设哉!"时人称其"清风高节,如冰壶玉尺,纤尘弗污"。所著有《日损斋笔记》一卷,《义乌志》七卷,《黄文献集》二十五卷。

晋卿受业于蟠松石一鳌、韶父方凤。其学能博极天下之书,而约之于至精。剖析经史疑难,以及古今因革、制度、名物之训,必旁引曲证,多为先儒所未发。以文驰名四方,文辞布置谨严,援据精切,俯仰雍容,不大声色。平时从不以师道自尊,而来学者益恭,则尽心施教,造就了不少人才。业成而仕,皆有闻于世,如宋濂、王祎皆出其门。

李直方,字德方,一名幼直,字良佐,世称复庵先生,东阳人。早年以世业治《尚书》,继而治河、洛之学。宋末隐居教学,晚岁家益贫,与其弟子耦耕于南山之麓,人皆以庞德公拟之。著有《易象数解》等。

陈樵(1278—1365),字君采,号鹿皮子,东阳人。始随父陈取青受家学,又从李直方受五经大义。取遗经精思,心领神会,自以圣贤大指可识,提出了"礼愈严而仁愈笃"的观点。乃入东白山大霞洞中著书。其微词奥义,多前儒所未道。虞集、黄溍、欧阳玄等皆向慕以为不可及。著有《易象数新说》《洪范传》《经解经》《四书本旨》《鹿皮子》等,合数百卷。

吴师道(1283—1344),字正传,兰溪人。师从金仁山,初工词章,及阅真西山遗书,幡然有志于为己之学。尝以"持敬致知"之学质之许白云,白云复以"理一分殊"之旨,由是造诣益深。元至治初,登进士第,授高邮丞,历任至国子助教,升博士,以奉议大夫、礼部郎中致仕。其教一遵鲁斋、仁山、白云之成法。著有《易杂说》二卷,《书杂说》六卷,《诗杂说》二卷,《春秋胡氏传附正》十二卷,《礼部集》二十卷及《战国策校注》《敬乡录》等。

张枢(1292—1348),字子长,金华人。幼而凤慧,外家蓄书万卷,悉取读之,过目辄不忘。凡古今沿革、政治得失、礼乐废兴,以至帝号官名,岁月后先,皆无脱误。以书谒许白云,请为弟子,白云不允,而以友待之。由是敛华就实,其学益粹。元至正间,脱脱修三史,奏辟为长史,力辞不就。再以翰林修撰、同知制诰兼国史编修官召之,行至武林,以病辞归而卒。著有《春秋三传归一义》三十卷,《续后汉书》七十三卷,《刊定三国志》六十五卷,《宋季逸事》若干卷,《林下窃议》《曲江张公年谱》各一卷,《弊帚编》若干卷。

闻人梦吉(1293—1362),字应之,金华人。受学于父闻人诜,七经传疏,皆手钞成集,训诂牴牾者,别白是非,使归于一。其学以诚为本,诲学者必先道德而后文艺,故于辞章若不经意,时而出之,文义深郁,亦粲然可观。因荐起,历处州学录、西安教谕、昌国学正、泉州教授,授福建副提举。学者私谥凝熙先生。宋濂、张丁、吴履等悉出其门,皆为明初著名学者。

吴莱(1297—1340),字立夫,浦江人。一生深究经史,旁及制度沿革、阴阳律历、山经地志、字学、族谱、兵谋、术数;其文有"崭绝雄深"之称。延祐七年(1320)被荐礼部,因所提建议与执政者不合,乃退居浦江深袅山中读书著述。卒后门人宋濂等私谥渊颖先生。著有《尚书标说》《春秋世变图》《唐律删要》《乐府类编》等十一种,二百十五卷;还有《诗传科条》《春秋经说》《胡氏传考误》等,卒时皆未及脱稿。后由宋濂选编其重要诗文为《渊颖集》十二卷。

有元一代，以白云门生最众，其年长者大都为元代后期的学者，其年少者多处于元明交替之际。其中以朱震亨、范祖幹、叶仪、胡翰的影响为最大，而叶、胡至明初出仕，故留待下章述之。

朱震亨(1281—1358)，字彦修，世称丹溪先生，义乌人。早年向许白云受学，白云为开明天命人心之秘，内圣外王之微。由是默察理欲之消长，数年而学坚定。其学以躬行为本，以一心同天地之大，以耳目为礼乐之原，积养之久，内外一致。乃以其所学者行之乡党州闾之间，兴利除害。又谓："吾穷而在下，泽不能及远，随分可自致者，其惟医乎!"①于是得罗知悌之传，遂以医名，乃以医学史上的四大家之一垂名于世。这说明朱震亨是把白云所传的"天命人心之秘，内圣外王之微"运用于为社会兴利除害的实践之中。并为此而学医，来实行他的济世抱负，从而把心性之学和济世事业高度统一起来。

范祖幹(？—1385)，字景先，号柏轩，世称纯孝先生，金华人。许白云谓"吾得范景先而学有传"。其学以诚意为主，而严之以慎独持守之功。尝谓："为学之本，莫大乎正心修身。欲修其身，莫若理会君子之所谓道者三。知斯三者，则知所以修身矣。若切己之实，归而求之可也。心不在焉而能自得其根本者，吾未之闻也。"②至正间为西湖书院山长。著有《群经指要》《读诗记》《大学中庸发微》《柏轩集》等。

黄百家评云："勉斋之学既传北山，……而北山一派，鲁斋、仁山、白云既纯然得朱子之学髓，而柳道传、吴正传以逮戴叔能、宋潜溪一辈，又得朱子之文澜，蔚乎盛哉! 是数紫阳之嫡子，端在金华也。"③即此可见北山学派的成就及其巨大影响。

---

① 《宋元学案》卷八十二《北山四先生学案》，《黄宗羲全集》，第六册，第 286 页。
② 《宋元学案》卷八十二《北山四先生学案》，《黄宗羲全集》，第六册，第 262 页。
③ 《宋元学案》卷八十二《北山四先生学案》，《黄宗羲全集》，第六册，第 216 页。

第二章　明代的理学

明代前期的浙江学术界,基本上以程朱理学占主导地位,但也深受本土事功学派的影响而不失浙学的本色。其中以宋濂、方考孺师弟的成就最为突出;而明初的刘基,史志虽未详其师承,但其擅长经世之学则至为明显;明代中期的章懋,亦仍能谨守程朱之学而不失其传;明代浙江的史学,则仍然发扬浙学重史之风而名家辈出,成就卓著。对此,本章皆择要予以阐述。至于明代中后期,姚江的"致良知"之学大行于世,则有待下章再行介绍。

第一节　明代前期诸儒简述

明代初期浙江的著名学者,大都为朱子后学许谦、柳贯、黄缙、吴师道、吴莱、闻人梦吉之门人,诸如叶仪、胡翰、宋濂、戴良、王祎、张丁等。其中宋濂兼学于柳贯、黄缙、吴莱、闻人梦吉之门;叶仪、胡翰受学于许谦,戴良受学于柳贯,王祎受学于黄缙,张丁受学于闻人梦吉,皆为明初名儒。

叶仪,字景翰,世称南阳先生,金华人。取四部书分程读之,义有未明,质于许白云,随所咨叩,咸为之尽,于是学业日进。白云命其子许元、许亨师事之。既而开门授徒,东南之士多趋之。明太祖取婺州,命知府王宗显开郡学,延叶仪、宋濂为五经师,戴良为学正,丧乱之后始闻弦诵之声。著有《南阳杂稿》。

胡翰(1307—1381),字仲申,世称长山先生,金华人。初从吴正传受经,从吴渊颖学古文词,又登许白云之门获闻朱学。入明聘修《元史》,负责编撰英宗、睿宗的本纪及部分传文。著有《春秋集义》《胡仲子文集》。

戴良(1317—1383),字叔能,号九灵,浦江人。受学于柳道传,并从黄晋卿、吴立夫游。元末任月泉书院山长及淮南行省儒学提举。见时事不可为,避地吴中依张士诚。见士诚将败,挈家泛海抵登莱,欲投扩廓军,道梗不得达,居昌乐数年。洪武中南还,变姓名隐四明山。明太祖物色得之,召至京师,欲官之,以老疾固辞,忤旨。不久暴卒,盖自裁也。九灵博通经史百家之学,天文、地理、医卜、佛老之书,皆精究其旨,尤深于《春秋》,而以诗文著称于世。当时与胡翰、宋濂、王祎合称四先生。著有《春秋三传纂元》《春秋经传考》《治平类要》,以及《九灵山房集》三十卷,《补编》二卷,《遗稿》五卷等。

九灵所著《治平类要》十篇,其《总序》中提出了"自古人君,虽有出类拔萃之资,至于治道之盛,则未始不由学而致"的观点,论证了君权必须与学术相统一的道理。故摘取二帝三王致治之由与汉、唐、宋为君之所以然,及先民之格言、史臣之论赞,会萃而成此书。以期"开基之主,继体之君,苟能潜心于此,穷讨而深思之,庶几由彼汉、唐、宋之为君,以上追二帝三王之盛治"。全书分君道、任相、驭将、用人、爱民、足食、制民、慎刑、远佞、纳谏十篇,全面论述了为政致治的基本要法,是一部独具卓识的经世杰作。

王祎(1322—1373),字子充,号华川,义乌人。师事黄晋卿,又受业于柳道传。长而博极群书,精通史学,兼善诗文。明太祖取婺州,任为中书省掾史,商略机务,历任为南康府同知。洪武二年(1369)召修《元史》,与宋濂同为总裁官。书成,擢翰林院待制、同知制诰兼国史院编修官,预教大本堂,教皇太子经学。洪武五年,奉命出使云南,招谕梁王把都,因不屈而遇害,谥忠文。著有《国朝名臣列传》,增补苏天爵《元朝名臣事略》,续成吕东莱的《大事记》为《大事记续编》七十九卷,又撰有《通鉴纲目书法》五十七卷,《华川集》二十卷以及《玉堂杂著》等。

张丁(1338—?),字孟兼,后以字行,浦江人。洪武初被征为国子监学录,参与编修《元史》。历任礼部主事、太常司丞,又出为山西佥事,升山东按察司副使。由于执法不阿,当场揭露布政使吴印的讦恶,以至反被吴印所诬陷。明太祖误听吴印先入之言,命械至京师,论罪弃市,深为士林所惜。所学实出闻人凝熙之门,诗文温雅清丽,具有体裁。刘伯温论开国文人,谓宋濂居第一,他本人居第二,张孟兼居第三。即此可见其所诣。今存《白石山房逸稿》二卷。

第二节　宋濂融贯诸家之学

明初潜溪宋濂兼传朱吕之学而集婺学之大成,而为开国文臣之首,开启了有明一代之学风。宋氏无论在经史文献、心性理学、典章制度以及文艺理论等各方面均卓有成就,故在学术史上有其巨大的影响。

一　开国文臣之首

宋濂(1310—1381),字景濂,自金华潜溪迁居浦江青萝山。元末,因荐授翰林院编修,以亲老固辞,避入龙门山著书。明太祖攻取婺州,聘为五经师,更任江南儒学提举。继又传授太子经学,改起居注,常侍左右,备顾问。洪武二年(1369),任《元史》总裁,书成后,升翰林院学士。历任侍讲学士、知制诰、兼修国史。奉诏总修《大明日历》百卷;又辑录重要的言行,编成《宝训》五卷。进为翰林学士承旨、知制诰。洪武十年,致仕归,除每年入朝一次外,终日闭户著书。洪武十三年,因长孙宋慎坐胡惟庸党而受株连,被谪茂州。至夔门,得病卒。正德中追谥文宪,并在八咏门外立祠祭祀。

景濂常向明太祖进言。曾说:"得天下以人心为本,人心不固,虽金帛充牣,将焉用之?"又言:"人主诚以礼义治心,则邪说不入;以学校治民,则祸乱不兴。刑法非所先也。"又言:"赏罚适中,天下可定也。"这充分体现了他的德治、礼治和法治兼相并用的政治思想。太祖问灾祥之故,他答道:"受命不于天,于其人;休符不于祥,于其仁。"[①]这又表现重视人道而否定天能施行灾祥祸福的人本思想。明初的诰制朝仪,大多出于其手;一代礼乐制作、典章制度,多为其所裁定。明太祖称之为"开国文臣之首"。

景濂一生勤奋好学,博极群书。早年受学于凝熙闻人梦吉,通五经;继从吴渊颖学古文词,尽得其阃奥;又游于柳道传、黄晋卿之门,柳、黄都自以为不及。故景濂之学,对于朱子的心性之学,吕东莱的经史文献之学,陈龙川的事功文章之学皆有所继承,乃具有集诸家之大成的恢宏气象。其道德文章,皆师表当世,名遍寰宇,文传外夷;且循循然奖引后进,当时文士多出其门下,开启了明代文

---

① 《明史》卷一二八本传,中华书局标点本,第十二册,第3784页。

学之风。所著有《周礼集说》《孝经新说》若干卷,《浦阳人物记》二卷,《龙门子凝道记》三卷,《燕书》一卷,《宋学士集》七十五卷。

二　经史文献之学

宋景濂在学术上的主要成就是经学。他首先肯定了"经"的崇高地位,其《徐教授文集序》云:"天地未判,道在天地;天地既分,道在圣贤;圣贤之殁,道在六经。凡存心养性之理,穷神知化之方,天人应感之机,治忽存亡之候,莫不毕书之。皇极赖之以建,彝伦赖之以叙,人心赖之以正,此岂细故也哉!"①《经畬堂记》云:"经者,天下之常道也。大之统天地之理,通阴阳之故,辨性命之原,序君臣、上下、内外之等;微之鬼神之情状,气运之始终;显之政教之先后,民物之盛衰,饮食、衣服、器用之节,冠昏、朝享、奉先、送死之仪;外之鸟兽、草木、夷狄之名,无不毕载。而其指归,皆不违戾于道而可行于后世,是以谓之'经'。……吾所谓学经者,上可以为圣,次可以为贤;以临大政则断,以处富贵则固,以行贫贱则乐,以居患难则安;穷足以为来世法,达足以为生民准。"②景濂认为,"经"是无所不包而又人所不可须臾或缺的"常道"。

于是,景濂进而着重阐明了天理、人心与六经的关系,从而提出了正确的治经之道和论述了世儒不善读经之弊。他在《六经论》中说:"六经所以笔吾心之理者也。是故说天莫辨乎《易》,由吾心即太极也;说事莫辨乎《书》,由吾心政之府也;说志莫辨乎《诗》,由吾心统性情也;说理莫辨乎《春秋》,由吾心分善恶也;说体莫辨乎《礼》,由吾心有天序也;导民莫过乎《乐》,由吾心备人和也。……然而圣人一心皆理也,众人理虽本具,而欲则害之,盖有不得全其正者。故圣人复因其心之所有,而以六经教之:其人之温柔敦厚,则有得于《诗》之教焉;疏通知远,则有得于《书》之教焉;广博易良,则有得于《乐》之教焉;洁静精微,则有得于《易》之教焉;恭俭庄敬,则有得于《礼》之教焉;属辞比事,则有得于《春秋》之教焉。然虽有是六者之不同,无非教之以复其本心之正也。"所以,"圣人之道,唯在乎治心。心一正,则众事无不正。……大哉心乎!正则治,邪则乱,不可不慎也"。于是,他提出治经之道:"惟善学者,脱略传注,独抱遗经而体验之,一言一辞,皆使与心相涵。始焉,则戛乎其难入;中焉,则浸渍而渐有所得;终焉,则经

---

①　《宋濂全集》,浙江古籍出版社,1999 年,第三册,第 1351—1352 页。

②　《宋濂全集》,第三册,第 1670 页。

与心一，不知心之为经，经之为心也。何也？六经者，所以笔吾心中所具之理故也。"所以他认为，"周、孔之所以圣，颜、曾之所以贤，初岂能加毫末于心哉！不过能尽之而已。"

然而，他又感叹世人不善学经之弊云："今之人不可谓不学经也。……察其所图，不过割裂文义，以资进取之计。"①而在《龙门子凝道记·虞丹微》中，又借虞丹子之口云："古之学经者期以治身，今之学经者将以荣身；古之学经者期以化民，今之学经者将以谀民；古之学经者期以立德，今之学经者将以丧德。"②可谓一语道中了世人不善于读经之弊。

景濂受命任《元史》总裁，在短短八个月间修成了占"二十四史"之一的历史巨著《元史》二百十卷。虽因急于成书而颇多舛漏，但也有胜过其他诸史的优点。例如：《历志》载许衡、郭守敬的《历经》，李谦的《历议》，而并及"庚午元历"之未尝颁用者以证其异同；《地理志》附载潘昂霄《河源考》，而取朱思本所绘"梵字图书"分注于下；《河渠志》则北水兼及于卢沟河、御河，南水兼及于盐官、海塘、龙山河道，并详其缮濬之宜等等，皆未尝不可为考古之证。《元史》的这些记载，都是史学界公认的长处。

景濂在其《大明日历序》中云："史事甚重，古称直笔，不溢美，不隐恶，务合乎天理人心之公。无其事而曲书之者，固非也；有其事而失书之者，尤非也。"③这就是他据以撰史的宗旨。

景濂博通诸子百家之学。所著《诸子辩》一书，自周之《鬻子》迄宋之《子程子》共四十余家著作进行了考辩。在其《序》中认为："先王之世，道术咸出于一轨"，而诸子则"各奋私知而或戾大道也"，故必须"辞而辩之"所以"解惑也"④。景濂或考辩其真伪，或评论其思想内容，或两者兼之；既肯定其在某方面的长处和价值，又揭示其谬误或流弊，旨在归于正道而已。

三　弘道明理之学

宋景濂全面地继承和发扬了吕东莱之学的优良传统，并能博通宋儒诸家之说而取其长，力主义理、事功、文辞三者的统一。他以经学为主线，沟通了朱、陆

---

① 《宋濂全集》，第一册，第72—73页。
② 《宋濂全集》，第三册，第1798页。
③ 《宋濂全集》，第二册，第875页。
④ 《宋濂全集》，第一册，第128页。

之辨，朱、陈之争，洛、蜀之异，而呈现出兼取众长的弘大气象。

在宇宙论上，他认为一切事物皆出于气之运行。其《辅教编序》云："春夏之伸，而万汇为之欣荣；秋冬之屈，而庶物为之藏息。皆出乎一元之气运行；气之外，初不见有他物也。"①其《白云稿序》云："日月星辰之昭布，山川草木之森列，莫不系焉覆焉，皆一气周流而融通之。"②

然而从人的活动而言，他又更重视心和理的作用。他认为"经"中有心学，有理学。他在《六经论》中说："六经皆心学也，心中之理无不具，故六经之言无不该。六经所以笔吾心之理者也。……人无二心，六经无二理，因心有是理，故经有是言。心譬则形，而经譬则影也。无是形则无是影，无是心则无是经。"③这样，就因"经"的关系打通了朱、陆之间的心、理之辨。

景濂又认为"经"中有义理，有事功。其《经畬堂记》云："夫五经孔孟之言，唐虞三代治天下之成效存焉。……小用之则小治，大施之则大治，岂止浮辞而已乎？"④所以他认为，儒家之道有二途：一重实际，一重理论。重实际的偏于应用，成为政治家的事功；重理论的偏于思索，成为道学家的义理。前者以社会为对象，所讲求的乃是济世安民的治人之道；后者以一己为对象，所体会的常在身心几微之间而成为修己之道。而所谓"道"，本是兼此修己和治人两方面说的。这样，就因"经"的关系沟通了朱、陈之间的"性理"与"事功"之争。

景濂还认为"经"中有文有道。其《浦阳人物记·文学》云："文学之事，自古及今以之自任者众矣，然当以圣人之文为宗。……天地之间，至大至刚，而吾藉之以生者，非气也耶？必能养之而后道明，道明而后气充，气充而后文雄，文雄而后追配乎圣经。不若是，不足谓之文也。何也？文之所存，道之所存也。"⑤这样，就因"经"的关系泯除了洛、蜀两派之间的"文"与"道"的界限。

然而，景濂与东莱一样，在主张宇宙间的一切事物皆出于气之运行的前提下，又着重突出了"心"的主观能动作用。他在《萝山杂言》中云："天下之事，或小或大，或简或烦，或亏或赢，或同或异，难一矣。君子以方寸心摄之，了然不见其有余。"⑥然而，"心"之所以具有如此功用，还在于能得其养。景濂认为养心之

---

① 《宋濂全集》，第二册，第 940 页。
② 《宋濂全集》，第一册，第 494 页。
③ 《宋濂全集》，第一册，第 72 页。
④ 《宋濂全集》，第三册，第 1670 页。
⑤ 《宋濂全集》，第三册，第 1838 页。
⑥ 《宋濂全集》，第一册，第 52 页。

要,则在于:"纳乎中而式乎轨者也。纳乎中而式乎轨,舍敬何以存之?"①养心之道,就在于使之合乎中道而已,而其关键则在于能"敬"。这分明是直接继承了孔子"修己以敬"和程朱的"主敬"传统。

然而,景濂虽然很重视"心"的功用,但是与陆象山所标榜的"心学"是有所区别的。因为象山的心学既不重视读书致知,且又排除经世事功;而景濂则既重视读书致知,而又兼重经世事功,内在之心与外在之知识、事功是高度统一的。

四 济世安民之学

景濂一生以圣人之道自任,故常怀忧国忧民的济世情怀。景濂著有《洪武圣政记》二卷,其书略仿《贞观政要》之例,分严祀事、正大本、肃军政、绝倖位、定民志、新旧俗六类,具载治国要法。

关于治国之道,景濂最重视为君之道和为臣之道。对此,他在《龙门子凝道记·五矩符》中提出了五矩、五彝之说,其云:"为君者当谨五矩,为臣者当行五彝,则天下治矣。"而所谓"五矩",一曰省愆,二曰受言,三曰尊士,四曰去骄,五曰推仁;所谓"五彝",一曰进贤,二曰任事,三曰守俭,四曰善谏,五曰知退。并认为:"夫愆不省,则心德有亏矣;言不受,则人情壅闭矣;士不尊,则大业弗立矣;骄不去,则贤者远避矣;仁不推,则贵贱罔附矣。贤不进,则国家空虚矣;事不任,则官旷职堕矣;俭弗守,则穷欲极奢矣;谏不善,则扞格难入矣;退不知,则幸进失己矣。为君者当谨五矩,为臣者当行五彝,而天下治,此之谓也。"②景濂认为,只有君臣都能适得其道,才能有效地平治天下。

关于治国的准则,景濂主张应以中道治民。所以他在《抱瓮子传》中,借抱瓮子的所谓"灌畦"之道来发挥其以中道治民的思想。其云:"蔬性不欲燥,燥则生意厄而不伸;蔬性宜湿,湿或过焉,则气伤而寱屈。吾日夜调之燮之,俾适夫厥中,则芃然而秀,嫣然而荣矣。"景濂从而领悟道:"所谓艺蔬得中,不使倚于一偏,不几于治民有政者欤!"③这显然是继承了大舜"执其两端,用其中于民"的政治思想。

关于治民之道,景濂认为不外乎"教"与"养"两条。他在《恭题御制〈论语

---

① 《宋濂全集》,第三册,第 1774 页。
② 《宋濂全集》,第三册,第 1756 页。
③ 《宋濂全集》,第二册,第 822 页。

解〉二章后》中云："臣闻圣人之治天下，养之以政，而教之以道。民非养不生，非教不明。三代以降，未有兼之者也。"①又在《长洲练氏义塾记》中云："古之为治者，其法虽详，然不越乎养与教而已。养失其道，则民贫；教失其道，则民暴。贫则流而为盗，暴则去而为邪，二者皆乱之始也，是以先王重之。"②这其实是对孔子先富后教思想的进一步发挥。

然而养民之关键，则在于官吏之清廉勤政。他在《龙门子凝道记·秋风枢》中云："私民一钱，盗也。官盗则民愈病矣！……不称其任而虚冒既廪者，亦盗也。"③他把官吏的贪污行为和不称职都等同于盗贼，可谓深刻之至。

所谓教民之道，则在于教之以礼。而礼的实质则在于适应时代和合乎人情。他在《平阳林氏祠堂记》中云："礼之由生，非天作而地设，制之者人也。太古无事之时，固未有所谓礼。礼之立，起于人情之变。……传曰'三王不同礼'，言礼因时而变也。……时不同，礼亦不同。礼虽不同，而其因人情而立教者，未尝不同也。……礼之目以千百数，求其意，不过禁邪止慝、导人以善而已。人情之变也，无礼以治之，虽日刑千人而不足；教之以礼，可以使之立化于俎豆间。岂刑罚之威，不若俎豆哉？制之以其所畏，不若因其所易知而教之之为速也。"④景濂认为，"礼"的功用要比"刑"的威力更为根本而有效。

景濂还对当时的一些弊政和社会上某些极端现象作了揭示。他在《龙门子凝道记·先王枢》中云："科举之文兴，天下无文辞矣；孝悌之名闻，天下无善俗矣；循廉之行著，天下无良吏矣；贞操之事彰，天下无烈妇矣；记诵之习胜，天下无真儒矣；穿凿之学多，天下无六经矣；忠直之行显，天下无全节矣。是皆衰代事也，治世则反是。"⑤这里有些言论表面上看好像不合常理，其实是对社会上某些偏重虚名和形式的误导现象所作出的非常深刻的揭露。

景濂还在《京畿乡试策问》中出了一道关于"儒吏之分"的题目⑥。这道题目的宗旨在于批判当时道德、经术与政事、法律脱离的弊端。景濂认为，儒者所学的道德、经术本就应该运用贯彻到具体的政事和法律中去。如果儒者只守道艺而不习法律，则道艺就成为空疏无用之物；如果官吏只习法律而不守道艺，则就

---

① 《宋濂全集》，第三册，第 1730 页。
② 《宋濂全集》，第三册，第 1728 页。
③ 《宋濂全集》，第三册，第 1770 页。
④ 《宋濂全集》，第三册，第 1690 页。
⑤ 《宋濂全集》，第三册，第 1777 页。
⑥ 《宋濂全集》，第一册，第 544—545 页。

会舞文弄法而为民害。所以,儒与吏、道艺与法律是应该相统一的。

五　文以载道之学

开启有明一代文风的文学大家宋景濂,不仅在诗文创作上冠冕当世,而且在文学理论上有很高的成就,对后世的文学发展起有指导的作用。他著有《文原》上下篇,推究文章的本原及其作用和利病,是专门的论文著作;而一些杂著以及为人所写的序文中,也经常谈到他的文学主张。

在文与道的关系上,景濂始终坚持文以载道、强调明道致用的主张,并重视文学的社会影响和教化作用;强调学以义理为宗,文以唐宋为归,力主义理、事功、文辞三者的统一。其《文原》云:"世之论文者有二:曰载道,曰纪事。纪事之文,当本之司马迁、班固;而载道之文,舍六籍吾将焉从?虽然,六籍者,本与根也;迁、固者,枝与叶也。"又云:"大抵为文者,欲其辞达而道明耳;吾道既明,何问其余哉!虽然,道未易明也,必能知言养气,始为得之。"①其《文说赠王生黼》云:"明道之谓文,立教之谓文,可以辅俗化民之谓文。"②《朱葵山人文集序》云:"志于文者,非能文者也,惟志于道者能之。"③《白云稿序》云:"文者,非道不立,非道不充,非道不行,由其心与道一,道与天一,故出言无非经也。"④可见景濂所以提倡文以载道,旨在弘扬儒家之正道。

景濂想进而把论道、论文融合为一,于是他提出"宗经"之说。其《徐教授文集序》云:"后之立言者,必期无背于经,始可以言文。不然,不足以与此也。""文至于六经,至矣尽矣,其始无愧于文矣乎!"⑤他认为经中有文,有道;宗经,则道在是,文在是,学亦在是,事功亦在是。文章以经为宗,即所谓师古之书;经中有道,故又须师古之道;道基于心,于是要师古之"心"。能师古之"心",才可以发展开去,见之于事功,发之为文章。故由圣人而言,则基于心以见道,本于道以为经;由学者而言,则必由经以窥道,由道以师心。这是他以文为中心而建立的师古理论。然而,景濂虽然主张为文应师古,但他认为应师古人之意而非师古人之辞,若仅仅在辞句上相师,则是没出息的。

<hr />

① 《宋濂全集》,第三册,第1404—1406页。
② 《宋濂全集》,第三册,第1568—1569页。
③ 《宋濂全集》,第三册,第1674页。
④ 《宋濂全集》,第一册,第495页。
⑤ 《宋濂全集》,第三册,第1351—1352页。

景濂认为,若要弘扬儒家之正道,首先还必须能得天地之正气。他在《吴公私谥贞文议》中云:"斯文,天地之元气。得其正者,其文醇;得其偏者,其文驳。……本乎道,辅乎伦理;据乎事,有益乎治。推之于千载之上而合,参之于四海之外而准,传之乎百世之下而无弊。若是者,其惟文之正者乎!"①这是说,只有胸怀浩然正气的人,作文才能合乎正道并进而弘扬正道。

景濂在其《华川书舍记》云:"群圣人与天地参,以天地之文发为人文。……上下一千余年,惟孟子能辟邪说,正人心,而文始明。孟子之后,又惟舂陵之周子、河南之程子、新安之朱子,完经翼传,而文益明尔。……故濂谓立言不能正民极,经国制,树彝伦,建大义者,皆不足谓之文也。"②他一方面把两宋理学家的载道之文作为文的榜样,而在另一方面则剔除了理学家重道轻文的偏见,弘扬了婺州学者文道并重的传统。而且,他在首先强调"文以载道"的前提下,又很重视文的艺术性。他说:"盖文主于变,变而无迹之可寻,则神矣。"③

景濂在学术上既推崇正统派程朱理学,也直接受本郡吕东莱、陈龙川事功学派的影响,并使之融合在自己的理论之中。很明显,景濂在文学创作上的成就,主要是继承婺州事功学派的传统;而在文学理论方面,则兼融程朱理学与事功之学为一炉了。是故景濂之文,实具有本乎经史而旨在经世致用的务实之风。

六　评论诸家之学

景濂虽然沟通了诸家之学,但也并非无原则地兼收并蓄,而是有选择地各取其长。这可以从景濂对于各家学说之利弊得失的评论中体现出来。景濂在《龙门子凝道记·段干微》中,对于宋代所流行的各学派作了专门评论。他对王临川的金陵之学评论云:

穿凿圣经而附会己说,甚者窃佛老之似,以诬吾圣人之教,学颜孟者固如是乎?又其甚者,一假功利以摇动天下,利源一开,鱼烂河决而莫之禁,如此尚可为国耶?予尝谓亡宋天下者,自金陵始也。

①　《宋濂全集》,第三册,第 1509 页。
②　《宋濂全集》,第三册,第 56—57 页。
③　《宋濂全集》,第三册,第 1839 页。

可见他对金陵之学基本上是否定的。不过,他又认为金陵之学也并非毫无可取之处,其"确执坚信,澹然不为位势动,是则何可及也? 所惜者,学之疵耳"。可见他所否定的是金陵之学的内容,而可取的则是其"确执坚信"的气魄和信念。景濂对苏氏的眉山之学评论云:

> 其文辞气焰有动摇山岳之势,盖其才甚高,识甚明,举一世皆奔走之。恨其一徇纵横捭阖之术,而弗知先王之道。士之轻佻浮诞者恒倚之以为重,礼义廉耻,则弃去而弗之恤。使其得君,其祸天下有不在金陵下也。

景濂对于苏氏的文学成就极其推崇,并认为其病在于颇染纵横家的习气,偏离了先王之道,未能符合文以载道之旨,故其末流之弊将不亚于金陵之学。景濂又对永嘉之学评论云:

> 永嘉之学,人或不同,大抵尚经制而求合乎先王,攻礼乐以振乎流俗,二者亦一道也。第其致力,忘大本而泥细微,而见诸行事者,皆缴绕胶固而无磊落俊爽之意,徒以辞章论议驰骋于一时,盖其所失也。其立言纯懿而弗背者,传之千百世可也。

景濂认为永嘉之学基本上合乎先王之道,其不足之处则在于没有抓住"大本"而过于琐碎与固执。这确实一语说中了永嘉之学的要害,因为永嘉之学确实缺少像朱子理学和象山心学那样明确的核心宗旨。景濂又论龙川永康之学云:

> 气豪而学偏者也。使其当今之世,拥百万兵驰骋于天下,堂堂之阵,正正之旗,实有一日之长。是何也? 其智数法术,往往可驭群雄而料敌情,而刚烈之气,又足以振撼而翕张之,其能成功宜也。若论先王之道德,一怒而安天下之民,则瞢乎未之见也。

景濂对于龙川的才略及其事功之学推崇备至,但认为其病则在过于偏激,未能符合先王以道德化民之旨。又对于象山的金溪之学,景濂评论云:

> 学不论心久矣。陆氏兄弟卓然有见于此,亦人豪哉! 故其制行如
> 青天白日,不使纤翳可干。梦寐即白昼之为,屋漏即康衢之见,实足以
> 变化人心。故登其门者,类皆紧峭英迈而无漫漶支离之病。惜乎力行
> 功加,而致知道阙,或者不无憾也。

景濂对于象山提倡心的功用极其赞赏,但对其只强调“力行”而不重视“致知”,
则又表示遗憾。而对于张九成的横浦之学,景濂评论云:

> 清节峻标,固足以师表百世,其学则出于宗杲之禅,而借儒家言以
> 文之也。儒与浮屠其言固有同者,求其用处,盖天渊之不相涉也,其可
> 混而为一哉? 金溪之学,则又源于横浦者也,考其所言,盖有不容掩
> 者矣。

景濂对横浦的“清节峻标”极为推重,但对其学将儒佛混同起来则深表不满。他
认为儒佛在内在治心方面或有相同之处,但在经世致用方面实有天渊之别。最
后,景濂独对于东莱的金华之学则作了无比的推崇,其云:

> 中原文献之传,幸赖此不绝耳。盖粹然一出于正,稽经以该物理,
> 订史以参事情,古之善学者,亦如是尔。其所以尊古传而不敢轻于变
> 易,亦有一定之见,未易轻訾也。当是时,得濂洛之正学者鼎立而为
> 三:金华也,广汉也,武夷也。虽其所见时有不同,其道则一而已。盖
> 武夷主于知行并进,广汉则欲严于义利之辨,金华则欲下学上达。虽
> 教人入道之门或殊,而三者不可废一也。

景濂认为,东莱的金华之学实与朱子的武夷之学、张南轩的广汉之学同出于濂
洛之正学,尽管教人入道之门有所不同,但可以相辅相成,同归乎圣人之道。其
实,景濂特别推崇东莱“稽经以该物理,订史以参事情”的经史并重之学,认为与
“古之善学者”相同,则可谓对于重经轻史的朱子理学和象山心学实有微辞。即
此可见,景濂在当时众多学派之中,最为推崇、所受影响最深的乃是东莱的金华
之学,故能忠实地继承并进而弘扬了东莱经史并重的传统。

　　于是他认为,当时的众多学派虽然立言各不相同,但只要能够各取其长而

融合之,实可以殊途而同归于圣道。故其结论云:"虽然,学以存此心也,心存则理之所存也。……吾何忧哉!然则将何忧?忧不如孔子而已矣。"[①]最后仍然归结为应以孔子之道为准则,以继承孔门正学为最高目标。可见景濂之学虽不如宋儒所见之精,却比宋儒所见为大。故后世的道学家和文章家都推崇景濂之学。

第三节　刘基的经世之学

刘基(1311—1375),字伯温,青田人。博通经史,尤通天文,精于《周易》象数之学,处事富有韬略。在明朝建立过程中,他以其雄才大略辅佐太祖灭陈友谅,平张士诚,直至北定中原,立下赫赫战功。《明史》本传称他"佐定天下,料事如神",民间更称誉他为诸葛武侯式的人物。他的著作后人合刊为《诚意伯文集》,其中《郁离子》十八篇乃其假托"郁离子"之名所作的寓言,实际上是他关于时事的杂文集,比较集中地体现了他的哲学及社会政治思想。

伯温之学,史志虽未详其师承,但他把修身养性的道德心性之学与经世致用的事功之学密切结合在一起则是非常明显的。

从哲学上看,伯温虽未能脱离宋代理学的基本规模,但其取向颇为不同。他并不认为治学的宗旨仅在人欲的遏制之中存养本有的善性,以养成一己之纯粹的道德,而认为更在于使道德学问本身的价值体现于王道事业之中,增进社会的普遍福利。在学术精神上,伯温与南宋的陈龙川有非常切近的相似之处。伯温认为,"天"并非一个超验的存在物,而不过是茫茫然之气而已;宇宙万物的差异性及其变化的多样性,均以气的流行不息为根本原因;"理"或纯粹的"善"也绝不可能游离于气而单独存在,因为气为天之质,而理为天之心,理为纯善,但纯善不能独行,而必须载于气以行。理、气必须同时相辅而行,这就是天道。正因为如此,天道也并不是一个形而上的、只能在内省的存想之中才可以把握的对象,而是可以经验的。天之行,圣人可以历纪之;天之象,圣人可以器验之。根据天道当下的实际情形,不失时机地置而措之天下之民,使人事的现实活动合乎天道,这一原本表述于《易传》的思想,构成了伯温政治思想的基本内容。

---

① 以上引文均见《宋濂全集》,第三册,第 1786—1788 页。

伯温亲历元末的天下大乱,对于如何使社会维系安定的局面,尤其是统治者应采取何种措施才能使社会处于长治久安之中,的确是用心进行过思考的。明代开国之初,伯温曾向太祖建议设立军卫之法,认为宋元之所以失天下,根源在于宽纵日久,人心弛靡,故应严肃纲纪,建立各种严格的规章制度,使有法度可依,违法则必究治。洪武八年(1375),明政权已较为稳固,因此伯温在临终时嘱咐其子,认为"当今之务,在修德省刑,祈天永命"。这可以视为伯温关于把握天道,根据时势的变化以措之于现实政事的一个实例。

基于他对天道的理解,首先认为治民必须"揆之以道",而反对"使之以术"。"揆之以道"即是以道治民,须是出以公心,取于民有道,使民众的衣食有所依,满足其必要的生活条件;"使民以术"则是出于一己之私心,取于民无道,唯以盘剥为能事,而一旦有人启民之智,则民也必然起而反叛,天下之陷于乱便也不可避免了。因此在社会经济方面,伯温有一个颇为值得重视的观点,就是"人,天地之盗也"。在他看来,天地之元气流行,以人得之为最充分,故"人者,天之子也",也以理为其心。天地化生一切万物,原为提供人的充分利用,因此出于民生的实际需要而"盗取"天地之物,不仅是正当的,而且引导民众去恰当地"盗取"天地之物,也正是圣人的基本职责;春而种,秋而收,逐其时而得其生,则天地之气机充沛,万物之蕃长不息,自然之资源愈为丰富,而民生之用度愈为充足。因此他认为,上古时的圣人如伏羲、神农,乃是天地之"善盗者",而后世之君天下者,不率民以盗天地之物,反而为"人盗",横征暴敛于天下之民,则民生之用不足,天下也必陷于乱。源于这种"人为天地之盗"的观点,他认为国家的富裕是以民众的富裕为基本前提的,国不自富,民足则富。因此统治者以道御天下的基本原则,就是使民众"聚其所欲",使他们有一定的财富积累,这样就不仅天下可以安定,而且国家也可以富足。

基于民足则国富的思想,伯温认为在国家的立法方面,与民生的"衣食之数"相关的方面是不应禁止的。他举盐为例,认为盐来源于海水,而海水则是天然之物,原为无主,而朝廷必以为己物而施行禁盐,则是与民争食。民虽犯盐禁,其错却在朝廷而不在民。

伯温的社会政治思想是以如何维系社会于安定局面为核心的,而关于社会动乱的原因,他更多地是从统治阶级方面去寻找原因。因此,也在某种程度上更多地揭示了历史的真实,并因而具有社会批判的意义。

第四节　方孝孺的理学

方孝孺(1357—1402),字希直,又字希古,宁海人。后来因蜀献王名其书斋为"正学",故世称正学先生。二十岁游京师,从学于宋景濂。洪武二十五年,因荐被召,授以汉中教授。蜀献王闻其贤,聘为世子师。惠帝即位(1399),召为翰林侍讲,不久升侍讲学士。凡国家大政,皆咨询于正学,君臣之间同于师友。修撰《太祖实录》及《类要》诸书,皆任总裁。建文四年(1402)六月,成祖兵入京师,惠帝自焚而死,正学亦被捕下狱。当时成祖欲使正学起草登位诏书,曰:"诏天下,非先生草不可。"正学当廷哭骂,掷笔于地,曰:"死即死耳,诏不可草!"成祖遂斩之于市,年仅四十六岁。其弟孝友一同被杀,其妻郑氏及两子中宪、中愈皆自缢而死,两女则自投秦淮河以殉。成祖又夷其十族,宗族亲友前后牵连而死者共八百四十七人。古来文人因得罪而受祸之惨烈,于斯为甚。

正学为人尚气节,为文有奇气,时人称为"小韩子"。其文醇深雄迈,峻健超拔,可与东坡、龙川相伯仲,故每一篇出,海内争相传诵。但在永乐年间,凡私藏正学文章者,罪至于死,故其书亦多散佚。其门人曾私录为《侯城集》,后世刊为《逊志斋集》。

在学术思想上,正学可谓谨守儒家传统,一生以讲明道德为己任,以振作纲常为己责,以继往绪、开来学为己事,以辅君德、起民瘼为己业。自持严峻,谨厚端方,不逾儒者的规矩法度。故而黄梨洲在《明儒学案》中认为,方正学与朱子真相伯仲,"为有明之学祖也"。不过从今存《逊志斋集》中所得,正学在学术思想上的建树并不很多。

在哲学上,正学主张"气"一元论,认为运行于天地之间而生万物者,唯阴阳之气而已。其气有精粗粹杂之不同,故万物也千差万别。人也是天地间得气而生者,气聚则生,气散则死,死即不复有知。他以这种气的聚散生灭之论批判佛教的生死轮回之说,认为佛教扰乱世道人心,其罪不容诛。在他看来,天下学问之正道,只是儒学而已。穷天下之理而必见诸躬行,尽"三纲六纪"而可达于天道,本于人身而可体现于政教,既以成己而又以成物,乃是圣人之学的极致。按照这一基本标准,他也对当世学风提出了严厉的批评,认为圣人之学的衰微,乃出于"四蠹"之害,即利禄之蠹、务名之蠹、训诂之蠹、文辞之蠹,要求尽去"四蠹"

而就圣学之正。

正学以古圣贤自期,以经纶天下为己任,因而在治学的目的上,坚持传统儒学内圣外王的观点,认为儒者之学,其至上境界为圣人,而其用则体现于王道,因而圣学必须在现实世界中转换出其实际效用,只有在这种实际效用的转换中,才能体现出知识的价值。

在政治思想上,正学有强烈的回归于先秦儒学的倾向,既以上古之治为政治的理想范本,也以恢复上古之道、上古之治为指导,认为"井田制"是消除天下纷争的根本大法。但是一方面,正是从这种对于上古之治的倡导当中,看到了正学对于现实社会的批判。比如他认为古代的政治措施有五:政、教、礼、乐、刑罚,前四者是根本,刑罚只是末节,而今世却是倒末为本,舍却政教礼乐而只以刑罚治国,故其国之不治,也就可想而知了;另一方面,正学虽倡导复古,却并不泥古,他以"知体""稽古""审时"三者作为行政的基本原则,认为缺一不可;若唯稽古之是求,而不知审时度势,则必为泥古不化,也不能收到效果。因此他又认为,学古而不达当世之事,只是"鄙木之士";但若一味地讲究"通乎时变"而不本于"道术",便为"权诈之士"。前者不足用,后者则不能用,都不是治国的良好人选。但其不良的效果又是不同的,"权诈"将至于亡国,"鄙木"之人却还不至于此。因此他认为,君子崇尚简朴而不崇尚浮华,与其用"权诈之士",还不如用"鄙木之士"。

在社会经济方面,正学认为必须使人民有相对的生产与生活资料,使他们无死亡之忧。要做到这一点,根本原则是"惟用天之所产以养天民",因此人君的基本职责,是引导人民恰当地利用天地之物,既不使之无用,也不使取之无度。这与刘伯温"天地之盗"的观点是一致的。正由于以这种社会生产的自然状态为理想,因而正学强调:"治国之道,安于均,定于分。"反对贫富的两极分化,认为富者益富,贫者益贫,都是天下大乱的根本原因。他认为国家的富裕与否,与理财的手段并没有关系;政治平易而刑罚不烦琐,人民安乐而土地得以垦殖,提倡俭朴而崇尚道德,上下相亲,雍熙和睦,才是富国之本。

第五节　章懋的理学

明代中期,有枫山章懋全面传承程朱之学,并极力加以弘扬,获得较大的成就并具有巨大的影响。

章懋(1436—1521),字德懋,世称枫山先生,兰溪人。成化丙戌会试第一,选庶吉士,授编修。因谏上元烟火,谪知临武。历南大理评事,福建按察司金事。考绩赴吏部,乞休。遂林居二十年,讲学枫木庵中,弟子日进。弘治中,复起为南京祭酒,以父丧力辞。廷议必欲其出,添设司业,处位以待之。终制就官,六馆之士人人自以为得师。正德初致仕,转南京太常、礼部侍郎,皆不起。嘉靖初,以南京礼部尚书致仕。年八十六卒,赠太子太保,谥文懿。

其学墨守宋儒,本之自得,非有传授,故表里洞彻。《明儒学案》谓:"金华自何、王、金、许以后,先生承风而接之,……皆不失其传云。"①这说明他能继承北山四先生所传的程朱之学而不失其传。

关于人与天地的关系,枫山说:"人,形天地之气,性天地之理,须与天地之体同其广大,天地之用同其周流,方可谓之人。"这是对"仁者与天地万物为一体"的进一步发挥。又说:"学者须大其心胸,盖心大则万物皆通,必有穷理工夫,心才会得大;又须心小,心小则万理毕晰,必有涵养工夫,心才会得小,不至狂妄矣。"这是说,学者既要心胸广大,又要小心谨慎。因为只有心胸广大,才能容人容物而与万物相通;只有小心谨慎,才能处事晴晰细致而不至于狂妄自大。但若要达到如此境界,就必须下穷理和涵养的工夫。

枫山之学主要在心性之学和修养工夫方面。首先,他揭示了性、命与日常生活的关系。他说:"盖人之性也,即天之命也。於穆不显,命之本体,而四时五行,万化出焉;至静无感,性之本体,而四端、五常、百行具焉。本体藏于寂,妙用通于感,运之于心为思虑,发之于身为貌言视听,施之于家为父子昆弟,措之于国与天下为君臣上下、礼乐刑政。"枫山认为,无论家庭之伦理抑或国家之政事,都从性和命的本体生发而来,所以,齐家治国平天下都应从本体入手。

关于"性"与"学"的关系,枫山云:"人生而静之谓性,得乎性而无累于欲焉之谓学。学在于人,而于性未尝加;不学在于人,而于性未尝损。学有纯正偏驳,而于性未尝杂。性本不学而能者也,而必假于学。性之动于欲也,学以求完夫性者也;而顾戕夫性,学之失其原也。"这是说,"学"对于"性"而言,虽然不能有所增损,但在"性之动于欲"的时候,还必须有赖于"学"来保持"性"体的本然之善。所以他又说:"以性为有内也,何性非物也;以性为有外也,何物非性也。

---

① 本节引文均见《明儒学案》卷四十五《章懋学案》,《黄宗羲全集》,第八册,第370—375页。

得乎性之体,则意可诚,心可正,身可修,家可齐,国治而天下平也。据此之谓德,履此之谓道,学此之谓学,勉之为贤,安之为圣。"只有坚持正确的治学宗旨,就可以达到圣贤之境。

关于修养的工夫,枫山继承程朱之教,主张穷理和居敬。他说:"穷理,自进退辞受之节分明不苟始";而"居敬,于专一上见功"。当学生问学时,枫山答云:"勉斋'真实心地,刻苦工夫'八字尽之矣。"

关于圣人之道,枫山认为具有传统的一贯性。他说:"尧曰执中,明其体之无所偏耳;舜曰精一,明其体之无所杂耳;孔子曰仁,子思曰诚,孟子曰尽心,圣学相传,千古一脉。一性尽而天下无余事,天下无余学也。"因而他认为:"惟唐虞三代,皆圣人致中和而参赞,下此一泰一否,为气运所推荡耳。"所以他在政治上提出:"格君心,收人才,固民心,然后政事可举。"他从"君心"和"人才"两方面着眼,以期达到"固民心"之效,可谓深得"政事可举"之纲领。

枫山对佛老两教以及当时不明圣人之教的俗儒都作了严厉的批评。他反对佛老两教的旗帜非常鲜明,他说:

> 老氏以无名为天地之始,无欲观人心之妙,无为为圣人之治;而佛家者流,则又生其心于无所住,四大不有,五蕴皆空,其道以性为心之体,吾惟修吾心,炼吾性而已,明吾心、见吾性而已,不必屑屑于其外也。是以其学陷于自私自利之偏,至于天地万物为刍狗,为幻化,弃人伦,遗物理,不可以治天下国家焉。

既然佛老之教不可治天下国家,那又为什么久行不衰呢？枫山认为这并非后儒没有进行排斥,而是圣学不明,自己没有做好之故。他说:"佛老之教,行于世久矣,后之儒者,非不倡言以排之,而卒不能胜之者,学之不明,性之未尽也。"于是他对不明圣学的俗儒作了无情的批评。他说:

> 今之学,则又异于是矣,心性之教不明,而功利之私遂沦浃而不可解,传训诂以为名,夸记诵以为博,侈辞章以为靡,相矜以智,相轧以势,相争以利,相高以技能,相取以声誉,身心性命竟不知为何物。间有觉其谬妄,卓然自奋,欲以行能功实表现于世,则又致饰于外,无得于内,莫不以为吾可以修身也,可以齐家也,可以治国平天下也,又莫

不以为吾不学佛老之梦幻人世,遗弃伦理也。然要其所为,不过为假
仁袭义之事,终不足以胜其功利之心,其去圣学也远矣。

枫山认为当时的俗儒完全沉溺于功利虚名之中,其所作为都是"假仁袭义"之
事,远离了圣学,用这样的做法去排斥佛老,是不可能使佛老信服的。他不无嘲
讽地认为,这种俗儒"犹幸生于今之世,毋使佛老见之也。使佛老生今世,而见
吾人所为,其不窃笑者几希!是求免于佛老之不吾辟,不可得也,暇辟佛老乎
哉?"这种专事追求名利的俗儒,必然要受到佛老的窃笑,想要免于被佛老所排
斥已不可得,还有资格去排斥佛老吗?所以枫山认为,佛老之所以长期流行,还
得归因于儒门圣道不明之故。然而枫山坚信正道自在人心,不可能被泯没。
他说:

所幸真性之在人心,未尝一息泯没,而圣学昭然,如日中天,敏求
之,精察之,笃行之,一切气禀物欲,俱不能累。必求真静之体,以立吾
心之极,惩忿惩此也,窒欲窒此也,改过改此也,迁善迁此也。不为佛
老之虚无,不为俗学之卑琐,斯为圣学也已。若曰是性也,吾有自然之
体也,不能戒惧慎独,以求必得,而欲以虚悟入,则意见之障,终非自
得。纵使谈说得尽,亦与训诂记诵辞章功利者等耳,而何以为学也?

枫山认为,只要儒者深明圣学,不受虚名物欲所累,既"不为佛老之虚无",也"不
为俗学之卑琐",切切实实地遵照圣人之道行事,则圣学必将大行于世,佛老也
就不足为害了。

第六节　明代的史学

明代,史学研究一直是浙江学术界一个最为活跃的领域。明初时期,以编
纂《元史》等历史巨著为主;明代后期,则以胡应麟的史学成就为最著;明末史家
则有谈迁、张岱与查继佐等,都倾心于明史的研究和著述,从而开启了清初浙东
的重史之风。

一　明初史家简述

明代初年,以史学名家的学者很多,其中参与编纂《元史》的,除了总裁宋濂、王祎以及胡翰等史学大家,尚有如下诸人:

宋僖,字无逸,号庸庵,余姚人。撰写《元史》的外国传,著有《庸庵集》。

朱右(1314—1376),字伯贤,号邹阳子,临海人。既参与修《元史》,又参与《大明日历》《皇明宝训》的编纂,其个人的史著则有《元史补遗》等,又有文集《白云稿》。

徐一夔(1318—1400?),字大章,天台人。曾为王祎推荐编修《元史》,不就,后参与修《大明日历》。著有《始丰稿》,其中多历史考证方面的内容,如《宋行宫考》《吴越国考》等,颇称精审;《织工对》则反映了元明间杭州丝织工的生活,史料价值很高。

明代浙江史学极其发达,可称学者如林,其成就也绝非《元史》及其编纂者所能全部体现。此后史学家接踵辈出,其中比较重要的有:

刘辰(1341—1418),字伯静,金华人。永乐元年(1403)曾参与纂修《太祖实录》,著有《国初事迹》。

胡粹中,名由,以字行,绍兴人。主要活动于永乐年间,著有《元史续编》《通鉴正误》《读史笔记》等。

谢铎(1435—1510),字鸣治,号方石,温岭人。力学慕古,长于经史之学。曾两度为国子师,预修《英宗实录》与《宪宗实录》,又奉命校勘《通鉴纲目》。个人的史学著作则有《元史本末》《尊乡录》《伊洛渊源续录》《赤城新志》《名臣事略》等,另有文集《桃溪净稿》。

王宗林(1523—1591),字新甫,又字敬所,临海人。著有《宋元资治通鉴》,又有《海运详考》《海运志》及《敬所文集》等。

二　胡应麟的史学成就

胡应麟(1551—1602),字元瑞,又字明瑞,号石羊生,又号少室山人,兰溪人。出身于官宦世家。万历四年(1576)中举后,屡次会试皆不第,故终生未入仕途。少室是明代后期一位博通众学而又能精研的学者。他在经史考据等各方面都有显著成就,而其毕生精力主要在史学研究方面。著述甚丰,其大量专著都收集在《少室山房笔丛》《少室山房类稿》之内,唯《诗薮》另行于世。

少室治学既尚综博,又贵简约,同时也长于考据,这使他在博览群书的同时又持己见。其学风严谨,在学术的许多领域都有建树。《少室山房笔丛》由十二个部分构成,其中《史书占毕》是史书史事的评论,《九流绪论》考论诸子百家的源流,《三坟补遗》专论《汲冢遗书》,《庄岳委谈》则泛论社会杂事。另有《史蒇》《史评》各十卷,惜已不传。

《史书占毕》以论史书为主,评品史书的优劣。他认为须从全体着眼,"举其全,挈其大,齐其本,揣其末",反对以局部的得失而定全体的优劣。一部史著的优劣,可从其"繁简"来评定。所谓繁简,并非指文字之多寡。繁是指叙事杂沓而条理不清,简则指文字简练而结构严谨。繁简各有所当,因而也就各有优劣,未可一概而论。他曾认为,史书的繁如果像《后汉书》那样是可以的,而如果像《旧唐书》那样则不可;其简像《三国志》那样是可以的,而像《新唐书》那样则不可。可见少室之所谓繁简,其实是在论"史法",而不仅仅是论文字方面的得失。

少室在目录学、书籍辨伪等方面也有成就。他曾发心要撰写一部《经籍会通》,在总览历代艺文及诸家所录并参之以当代的基础上,列其指归,分门别类,撰成一部集历代书录之大成的著作,长达百卷。但这部著作最后是否完成,今已无考。今存的四卷《经籍会通》,可能是少室为撰写百卷本《经籍会通》所作的札记,仍然是值得重视的。

少室本人的藏书极其丰富,他曾撰有《二酉山房书目》,是关于其私人藏书的一部目录学著作,其分类仍按四部,四部之外另附"别录",而在子部书目的分类上则有所发明。然此书未曾付刻,今也不传。

其群书辨伪的成就则比较集中地体现于《四部正讹》之中。该书不仅阐明了书籍辨伪的重要性以及伪书出现的种种不同情况,而且还提出了书籍辨伪的八种基本原则,即"核之《七略》以观其源,核之群志以观其绪,核之并世之言以观其称,核之异世之言以观其述,核之文以观其体,核之事以观其时,核之撰者以观其托,核之传者以观其人"。依据这些原则,他考辨了一百多种书籍的真伪。少室在群书辨伪方面的成就,对清代的考据学有很大影响。清儒姚际恒作《古今伪书考》,可以说是以少室的成就为前导的。

少室也是明代一位重要的文学家和文学理论家。撰有《诗薮》二十卷,分内、外、杂、续四编。内编专论古体、近体诗,外编论上古至元代诗,杂编论遗逸及"闰代"(五代、南宋、金)诗,续编论明初至嘉靖朝诗。该书集中体现了少室的文学主张及其诗的理论,征引丰富,时有精妙见解,实可以"诗史"视之。

　　像少室这样博学而多能的学者,在明代并不多见。但是少室的博学,是以史学为其根基。倾心于史籍的研究,讲求在博古的基础上锐意成一家之言,自树不朽。这不仅是少室的基本学术取向,也是浙江学人的一种普遍风气。

三　晚明时期的史学

　　晚明时期,有徐学聚、朱国桢等史家值得一提。而在明末史家中,值得特别重视的应是谈迁、张岱与查继佐三人,他们都亲身经历了明朝的灭亡,又都倾心于明史的研究,并以此寄托其对故国的哀思。

　　徐学聚,字敬舆,兰溪人。万历十一年(1583)进士,著有《历朝珰鉴》,是关于历代宦官事迹的辑录;《国朝典汇》则是关于洪武至隆庆历朝典章故事的汇编。

　　朱国桢(? —1632),字文宁,湖州人。万历十七年进士,著有《皇朝史概》《大政记》《大训记》《涌幢小品》等。《涌幢小品》记载明代典制、社会习俗、人物传记、倭患以及隆庆、万历以来的农民运动,多存历史真实,史料价值颇高。

　　谈迁(1594—1657),原名以训,字儒木,明亡后改名迁,海宁人。自幼好学,但科举仅得生员而止,靠教书、做文书工作维持生计。立志纂修明史,从天启元年(1621)开始写《国榷》,到天启六年完成初稿。这时,所能参考的资料多为私家著述,约有百种之多。到清顺治二年(1645),已经六易其稿,完成《国榷》百卷的巨著。不幸在顺治四年书稿被窃,不得不再行重修,所幸这次重修竟使质量大为提高。一是他抄录到了原先未见的《明实录》,掌握了大量原始史料;二是他有机会去北京亲自访问前明遗老,搜集了很多第一手资料;三是得到了许多学者的帮助,或提供资料,或提批评意见。这使《国榷》更趋完善。最终成为明代编年体史书的集大成之作。其主要特点约有三项:

　　第一,按日记录,内容详赡。这大概是受到《明实录》的影响。不过,由于他用大量的私撰史书对照《明实录》,所以很多记载比《明实录》更加可靠。尤其是没有修撰《实录》的崇祯、弘光朝,更是《国榷》的精华所在。

　　第二,间附案语,亦评亦辨。所谓评,是史评;所谓辨,是对史料的考辨。这是考信派史学的具体反映。

　　第三,文笔简练,敢于直书。他敢于对很多受政治影响而隐讳的史实大胆揭示。特别是书中对明代晚期建州女真史事的记载相当详确。因为他痛于清之亡明,故对"辽事"尤其关注。这些史料也显得特别珍贵。

　　除《国榷》外，谈迁的史学论著还有《枣林杂俎》《北游录》《西游录》《枣林集》《史论》《海昌外志》等。其中不少内容是他写《国榷》的副产品，可以帮助后人更好地了解《国榷》。

　　张岱（1597—1679），又名维城，字宗子，又字石公，山阴人。出生官宦世家。明末清初杰出的史学家、文学家，尤其擅长散文。著有《石匮书》《石匮书后集》《陶庵梦忆》《西湖梦寻》《琅嬛文集》等。其中《石匮书》《石匮书后集》则是晚明很重要的史学著作。

　　《石匮书》开始写于崇祯元年（1628），到明亡之时，大部分初稿业已完成。此后国破家亡，开始半隐居生活。到顺治十一年（1654），经过"五易其稿，九正其讹"，终于完成。这是《石匮书》的前编部分。顺治年间，谷应泰提督浙江学政，编《明史纪事本末》，张岱得以出入其间，见到大量史料，于是续崇祯一朝本末，又补南明朝史事，最终完成了《石匮书后集》。《石匮书》体例模仿《史记》，分本纪、表、志、世家、列传，凡二百九卷，《石匮书后集》仅本纪、世家、列传，凡五十五卷，共二百六十四卷。

　　清初史学家邵念鲁将《石匮书》与谈迁《国榷》并称，谓"两家俱有本末"，并指出：张岱在明亡之后，将史书改名曰《石匮书》，是"拟郑思肖之铁函心史也"，说明张岱想以此表达为故国存国史之意。正因如此，张岱对明朝的反思是很深刻的，如对明朝晚期君主怠政昏庸，大势旁落，党争迭兴，导致士风败坏、人格堕落等现实，都加以深刻揭示和批评。他将明亡原因归结为三点：党争误国，八股误国，崇祯误国。这些分析体现了张岱高明的史识。

　　《石匮书》充分体现了张岱的史才。因他是文章高手，十分推崇《史记》笔法，注意通过细节来刻画历史人物，这使《石匮书》的传记人物描写非常生动。其中尤数《文苑列传》《妙艺列传》写得最为成功。他还大胆运用口语、俗语、方言、俚语，把通俗化推向史著这一庄严领域，称得上是史学语言的革新。

　　查继佐（1601—1676），字伊璜，一字敬修，号兴斋，人称东山先生或朴园先生，海宁人。明末举人，明亡时人生之路发生重大变化。先是参加南明鲁王政权的反清斗争，失败后开始著述和讲学，开始着力写一部《明史》。因受清初"庄氏史案"牵连而被捕入狱，后因吴六奇之助而侥幸得脱。因为这次遭遇，故以"获罪惟录书"而命名其书为《罪惟录》。《罪惟录》的写作，易稿数十次，还曾数次到全国各地实地考察，体现了严肃的著史态度。

　　《罪惟录》是一部纪传体的明史，次序颇为纷乱，后由现代张宗祥等人整理，定为一百零二卷。其特点主要有四项：

第一，体例方面有不少变革。全书只有本纪、列传、志三部分，没有表，其实他是将"表"的内容合并于"志"中，就是抛弃了以往的表格方式，而转换成文字说明。志的部分很细，多达三十一项，设有《土田志》《贡赋志》《屯田志》等，很多志是根据明朝历史的具体情况而设，以集中反映明朝历史的特点。不过除了《地理志》《职官志》外，篇幅都不大，如《茶法志》仅几百字。

第二，本纪部分增加了《附纪》，用于容纳南明诸政权。这种体例，既保持了明朝史事和史料的完整性，也较好地体现出了南明政权的历史地位。这是个成功的创新。

第三，传的部分以类相从，没有单人的传记，如翼运、理学、经济、文史、独行等。在选择传主的标准上颇有眼光，如《艺术传》记载木工出身的工部左侍郎荆祥的事迹；《闺懿传》除了传统妇女，还记载了大量边缘化女子的事迹。这些都是很宝贵的史料。

第四，他与张岱著《石匮书》类似，也很讲究文笔和刻画人物，表现了出色的史才。不过有时过分追求奇笔，以至用传说代替史实，有失史学求真之旨。

总的来说，明代浙江的史学家大多能继承南宋由吕东莱所开创的史学传统，史家多以博学多能见称，往往不立门户，于诸家之说多所综合，学术胸怀可称开阔；史学著作长于考订，注重追溯源流，尤其重视典章制度的研究，治学态度可谓严谨；关注现实，重视外王经世事业，希图从历史的变迁中寻求现实的出路，其治史目的归于实用。凡此种种，都体现了浙江史学的优良传统，也直接开启了清代浙东史学的发展和繁荣。

第三章　王守仁的致良知之学

　　崛起于明代中叶的姚江阳明先生王守仁,是中国学术史上影响最大的浙江旷世大儒。他阐发陆象山心学而创建致良知学说,系以心物相融的"良知"为本体,以纵贯内外终始的"中庸"为方法,以知行合一的"致良知"为实践工夫,以经世致用为治学目标而自成体系。阳明之学一出,即风靡海内外而成为一代显学。

第一节　良知本体之义

　　王阳明的心学,并非像某些学者所说的那样是"主观和客观相分裂,认识和实践相脱离"的主观唯心主义理论,而是从传统精华和实践经验中总结出来的由心到物、由内到外、由知到行,而以中和为法则贯穿其终始,从而使"心"与"物"的功用完全达到一致的适应社会现实的经世致用之学。

一　建功与悟道

　　王守仁(1472—1529),字伯安,余姚人。尝筑室于会稽阳明洞,自称阳明子,故世称阳明先生。登弘治十二年(1499)进士,授刑部云南清吏司主事,改兵部主事。正德元年(1506),因得罪权宦刘瑾而被谪为贵州龙场驿驿丞。在龙场,阳明彻悟格物致知之旨,史称"龙场悟道"。五年,谪迁期满,任庐陵(今江西吉安)知县。七年,升授南京太仆寺少卿。十一年,任都察院左金都御史,奉命巡抚南赣、汀、漳。至次年,先后平定赣、闽、粤、湘四省边区为患多年的边民作乱,地方得以安宁,百姓为立生祠。十四年,以计一举平定宗室宁王朱宸濠的叛乱,建立了一生中最大的功勋。在此期间,广收门生,不废讲学,又兴立社学,修复濂溪书院,实行诗礼教化。同时,刊行古本《大学》而发明其义,编定《朱子晚年定论》,又由门人薛侃刻成徐爱所遗《传习录》二卷,又刻《象山文集》,亲自为序以表彰陆学。十六年初,始于南昌提倡"致良知"学说,完成了其心学体系的建立。六月升南京兵部尚书,九月归余姚,会弟子于龙泉山中天阁。十二月授封为新建伯。此后至嘉靖六年(1527),主要在绍兴从事讲学活动。是年五月,受命总督两广及江西、湖广军务,奉命往征广西的思恩、田州之乱,路经江西,沿途诸生请见问学,络绎不绝。至吉安,大会士友于螺川驿,讲论尧舜之道,阐发良知之妙。次年平定思、田之乱,即以归师袭破八寨、断藤峡等地瑶民武装反抗的积患。翌年因肺病复发,多次上疏告退未能获准,不久病卒于江西南安县青龙浦(今属大余县)舟中。临卒时,门人周积在侍,问有何遗言,阳明微笑道:"此心光明,亦复何言?"言讫而逝。门人遵其遗嘱,扶柩回乡,舆榇过处,士民沿途遮道哭奠,如丧考妣。行至江西东境之广信(今上饶市)成丧,然后归葬于绍兴兰亭镇鲜虾山。隆庆二年(1568),诏赠新建侯,谥文成。著作由其门人钱德洪等辑为《王文成公全书》三十八卷,其中以《传习录》《大学问》最能体现其阳明心学的精华。

阳明心学的形成,有其发展变化过程。据黄梨洲《明儒学案·姚江学案》所概括,在龙场悟道之前,其"学凡三变",即由词章之学而入佛老,终而彻悟儒家本心之学。而其"教亦三变",即"以默坐澄心为学的",至"江右以后专提致良知三字",最后才是"居越以后,所操益熟,所得益化",形成独具特色的良知之教,最终确立了以"致良知"为核心的心学思想体系。

二　"良知"的多种涵义

王阳明的心学,在探讨道之本原的理论上,是以古文《尚书》中的所谓"十六字心传"为基点而展开的。他在《象山文集序》中说:

> 圣人之学,心学也。尧、舜、禹之相授曰:"人心惟危,道心惟微,惟精惟一,允执厥中。"此心学之源也。中也者,道心之谓也。道心精一之谓仁,所谓中也。

"人心"指发乎形气者而言,"道心"指发乎义理者而言。由于"道心"发乎义理,故自然精一而符合中道。修养"人心"使之成为纯乎义理之"道心",乃是阳明心学的理论基础。这里显然是把"道心"视为道的本体,而把"允执厥中"作为把"人心"修养为"道心"的方法和准则。这可谓是阳明"心学"之总纲。

然而,他在具体阐述"心学"时,则其核心命题谓之"致良知"。若从"致良知"学说本身而言,则是以"良知"为本体,以"致"为治学工夫而自成体系。所以,若要正确领会阳明的"知良知"学说,首先得正确理解"良知"之本义。众所周知,"良知"的概念是由孟子首先提出来的。《孟子·尽心上》载:

> 孟子曰:"人之所不学而能者,其良能也;所不虑而知者,其良知也。孩提之童,无不知爱其亲者;及其长也,无不知敬其兄也。亲亲,仁也;敬长,义也。无他,达之天下也。"

程子云:"良知、良能,皆无所由,乃出于天,不系于人。"朱注亦云:"良者,本然之善也。"据此,则"良知""良能"当指天然具有善性的知觉和本能。其实,在孟子那里,"良知""良能"的意思都是指人的先天所具有的一种认知能力和行为能力。孟子的本意并非强调"良知""良能"的先天道德规范的意义,而是试图从一般的前提下推论出人性本善的特殊结论来。自宋代以后,学者多从程朱之说。不过,在程朱的学说中,"良知""良能"大抵是用来证明人本身先天所具有的一种本然的善,并未予以充分重视。即使在创建"心学"的陆象山那里,"良知""良能"也只是被用作"本心"的一种功能与作用,而未被当作人心或人性的本体而独立出来。首先拈出"良知"并以之大加提倡的是王阳明,他在认同程朱"本然之善"的基础上,又赋予了多方面的重要涵义。

首先,从本体论上说,阳明把"良知"看成是道之本体,所以在"中"的理论上将其与"道心"等同起来,认为"良知"就是"道心"。他曾明确指出:"舜之好问、好察,惟以用中而致其精于道心耳。道心者,良知之谓也。"又云:"未发之中,即良知也。无前后内外而浑然一体者也。"[①]所谓"无前后内外而浑然一体"者,分明是对道之本体的描述。

其次,"良知"作为一种"知",顾名思义更应该是认识的范畴。阳明云:"夫

---

① 《王阳明全集·传习录中》。本章下引本书只注篇名。

良知者,即所谓是非之心。""心之虚明灵觉,即本然之良知也。"又如其学生陆澄问:"知识不长进,如何?"阳明答道:"为学须有本原。须从本原上用功,渐渐盈科而进。……圣人到位天地、育万物,也只从喜怒哀乐未发之中上养来。"①这里所谓"本原",即指"未发之中"之"良知"。观此可见"良知"乃是为学求知的本原。又学生黄省曾问:"良知原是中和的,如何却有过不及?"阳明答道:"知得过不及处就是中和。"②这是说,只要在良知上能体认到何者为"过",何者为"不及",这就自然含有"中和"之义了。因为阳明是主张知行合一的,他认为既然在认识上已能辨别出"过"与"不及",那末在行为上也必然能达到中和之道了。故所谓"知得过不及处就是中和",分明是从认识论的角度作答复的。

再次,如果从"良知"之"良"着眼,则"良知"又是道德的范畴。阳明说:"性无不善,故知无不良。良知即是未发之中,即是廓然大公、寂然不动之本体,人之所同具者也。"又云:"喜怒哀乐本体自是中和的。才自家着些意思,便过不及,便是私。"③既有私,当然必须加以道德修养。显然,这都是从道德论的角度着眼的。所以在阳明哲学中,所谓"良知",是指人们所先天固有的、知是知非、知善知恶的完备的道德意识和道德判断力。从其为人们所先天固有而言,"良知"在本质上与"天理"具有同一性。这一点,保证了"良知"在是非、善恶的判断上具有普遍有效性。

因此,"良知"事实上包含两方面的含义:一方面是"知"之"良",另一方面是"良"之"知"。"良"体现了人性的道德化内容,而"知"则体现了人性的知觉品性。正因为"良知"具有这两方面的内容,"良知"既不能离开"知觉"而独立存在,也不能离开"善性"而独立存在。而一旦"知觉"不"善",则必然是因为"良知"的自然明觉的特性没有得到发挥。

阳明还从"体用一源"的立场出发,认为"良知"不仅是道之"体",而且还包括道之"用"在内。他说:"体即良知之体,用即良知之用。宁复有超然于体用之外者乎?"这就是阳明"体用一源"的理论。

由此可见,在阳明的哲学体系中,"良知"担当了道之本体、道德本体乃至认识之本原等诸多角色;而且还兼包体用而言,并以"中"为方法和准则贯穿其终始,以使良知永远保持其至善之本体。

---

① 《王阳明全集·传习录上》。
② 《王阳明全集·传习录下》。
③ 《王阳明全集·传习录中》。

三 "良知"与"未发之中"的关系

在王阳明的哲学体系中,"良知"无论作为宇宙本体、认识本体抑或道德本体,他都反复强调"良知"就是"未发之中"。《传习录中》云:

> 性无不善,故知无不良。良知即是未发之中,即是廓然大公、寂然不动之本体,人人之所同具者也。但不能不昏蔽于物欲,故须学以去其昏蔽,初不能有加损于毫末也。知无不良,而中寂大公未能全者,是昏蔽之未尽去,而存之未纯耳。体即良知之体,用即良知之用。宁复有超然于体用之外者乎?

这里明确说"良知"既是"未发之中",又是"寂然不动之本体",那末,所谓"未发之中"是否也同样是宇宙的本体、认识的本体和道德的本体呢? 假若单从文字表面的叙述看,确实也可以得出肯定的结论;何况阳明还明确地说过"未发之中"就是"寂然不动之体"的话。但是,如果从本质上理解,则"未发之中"与"良知"实属于不同的范畴。所谓"未发之中","未发"即指"寂然不动之体"的"良知"而言;而"中"则是衡量事物是否合乎"道"或者是否合乎"天理"的准则。故"未发之中"的完整意思就是说,"寂然不动"而且未受任何"物欲"所昏蔽之"良知"本体,才合乎"中"的准则。如果"良知"之本体已被"物欲"所昏蔽,那就偏离了"中"的准则而不合乎"道"或"天理"了。只有"学以去其昏蔽",使之恢复其本体之明的原貌后,才符合"中寂大公"的准则而合乎"道"或"天理"之本体。所以,"未发"之"中"属于方法论上的普遍原则或修养论上的道德准则;它与作为本体之"良知"并非重合或并行的关系,而是交互错综的关系。所以这段话的意思是说,未发之"良知"本体原是合乎"中"的准则的,但由于受到物欲的昏蔽,才使得良知"存之未纯"。尽管这种外加的昏蔽无损于良知的本体之明,却使得良知本来所具有的"中寂大公"未能全,亦即不完全合乎"中"的准则了。如果要使"良知"完全符合"中"的准则,就得"学以去其昏蔽",使良知之本体能完全恢复并永远保持其本体之明的原貌。这就是阳明"致良知"学说的理论基础。

四 "心外无物"之本义

王阳明的学说,古人称之为心学,今人称之为主观唯心主义。谓之心学,大体没错;然而若用"以主观和客观相分裂,以认识和实践相脱离为特征"的唯心论标准来衡量阳明心学①,恐又未必尽然。这是因为,只有专尚空谈而不必付诸实践如佛教禅宗之说,或者虽欲付诸实践却又难见实效如赵括谈兵之流的理论,才不妨与客观相分裂,与实践相脱离。然而阳明是主张经世致用的,他不仅热衷于将自己的理论付诸实践,而且还在实践中收到了可观的成效。其学说是否属于主观唯心主义姑置勿论;但若谓之"主观和客观相分裂,认识和实践相脱离",则未免失之偏颇了。

鄙意窃谓,阳明的学说固然以"心"为本体,却并非以"心"来取消客观;而是主张修养一个纤尘不染的心镜来观照客观事物,并以中庸之道作为法则贯穿于心物之间,使之达到内外一致、心物相融之境,以之达于经世致用的事业。

正因为阳明修养"道心"的目的在于经世致用,而经世致用的内容并不限于日用人伦之间而已,最终还在于"知天地之化育"以实现"修道之极功",亦即实现圣人之道的终极目标。所以,在把"人心"修养成为"道心"的基础上,就可以凭此"道心"按照"中和"的法则去正确地认识天地万物而参赞其化育以成就其"修道之极功"了。于是,内在之"心"与外在之"物"乃至整个宇宙,就在"中和"这一准则上达到了高度的统一。这一思想,在他的"致良知"理论中更有其精密的发挥。

今人往往抓住他回答友人关于"花树"之问的一段话作为根据,来评断他的"心外无物"的观点乃是以心来否定客观事物的存在。《传习录下》载:

> 先生游南镇,一友指岩中花树问曰:"天下无心外之物,如此花树,在深山中自开自落,于我心亦何相关?"先生曰:"你未看此花时,此花与汝心同归于寂;你来看此花时,则此花颜色一时明白起来,便知此花不在你的心外。"

鄙意窃谓,若用这段话为据来评断阳明"心外无物"的观点是以心来否定客观事物的存在,也未免陷于"以辞害意"之病而有违其原意了。阳明作为竭力提倡经世致用之学的思想家,何至于一概否认自己没有亲眼看到过的一切事物的客观存在呢? 实际上,阳明这段话中并没有否认花树的客观存在。所谓"你未看此

---

　　①　见任继愈《中国哲学史》,第三册,311 页。

花时,此花与汝心同归于寂",不过是说"心"与"物"之间在没有任何联系的情况下就无从产生与之相应的思维活动,无从认识其具体形象而已;所谓"你来看此花时,则此花颜色一时明白起来",就是说"心"与"物"之间在有了某种联系之后才能展开与之相应的思维活动,就像当看到花树之后对花的形象才有了认识一样。因此,所谓"心外无物",正是阐明了这样一种道理:"心"的认识潜力尽管是无限的(所谓吾心即是宇宙),然而它在具体条件的限制下却又是有限的。也就是说,"心"只能对业已与之有所联系的事物进行思维活动,而在此范围以外的事物则是不能单凭空想进行正确思维的。事物尽管是客观存在的,但对"心"而言,在未建立任何联系之前,则等于是不存在的。这才是"心外无物"之本意。

再若结合其"致良知"学说而论,所谓"心外无物"无非是说,"吾心"对于尚未与之建立任何联系的事物,是无从加以认识的,因而也是无从施以致良知之工夫的。所以,致良知的工夫就必须从眼前力所能及的切近事物开始,随着条件的逐步发展,然后由亲及疏,由近及远,逐步扩充推广,最终才能达到"天地以位,万物以育"的最高境界。由此可知,阳明的心学,并非专尚高谈的空中楼阁,而是立足于社会现实的经世之学。

阳明一生把自己的"致良知"学说具体贯彻到经世致用的事业之中,无论在政治上、武功上和教育上都取得了巨大的成功。由此可见他的学说,乃是以心与物、主观与客观、认识与实践之间力求一致为特色的立足于社会现实的学说。由是观之,阳明无论在理论上抑或在实践上,都是以恢复吾心本体之明为先务,然后达之于经世致用的事业。这种学说,不妨称之为明体达用的经世之学。

第二节　纵贯内外的中庸之道

中庸之道在儒家学说中具有极其重要的意义。作为以圣学正传自诩的王阳明,自然也非常重视中庸之道。他把中庸之道作为方法和准则贯穿于"致良知"学说之终始,以保持其学说的合理性与正确性。

一　中庸贯穿于致良知之终始

关于"中"的含义,就是中正、适中、合宜、合理、正确,无过无不及而恰到好处;系与偏颇和"两端"相对而言。关于"庸",历代注家有两种不同的解释:其一是"庸,常也",亦即通常而普遍之意;其二是"庸,用也",亦即关于"道"的具体运用问题。其实,两种解释既各有所指,又是相济相成的。若把两种解释结合起来,则"中庸"的完整涵义就是"正确而普遍适用的真理"。

阳明在继承"中"这一准则的基础上,更作了进一步的发挥。他在回答弟子陆澄的提问时,作了如下的讨论:

> (陆澄)曰:"澄于中字之义尚未明。"曰:"中只是天理。去得人欲,便识天理。"曰:"天理何以谓之中?"曰:"无所偏倚。"曰:"无所偏倚是何等气象?"曰:"如明镜然,全体莹彻,略无纤尘染着。……须是平日好色、好利、好名等项一应私心扫除荡涤,无复纤毫留滞,而此心全体廓然纯是天理,方可谓之喜怒哀乐未发之中,方是天下之大本。"①

阳明把"无所偏倚"的"中"等同于理学的最高范畴——天理,并将其描述成无私心杂念、毫无感情偏见、好像纤尘无染的明境一样空明虚静,这是他独创的见解。他还进而认为:"圣人大中至正之道,彻上彻下只是一贯。"②这是说,在形而上之"道"与形而下之"器"两者之间,自始至终贯穿着"大中至正"的精神。他又进一步对圣道的"极高明而道中庸"之义作了发挥:"今吾夫子之道,始之于存养、慎独之微,而终之以化育、参赞之大;行之于日用常行之间,而达之于国家天下之远。人不得焉,不可以为人;而物不得焉,不可以为物。犹之水火菽帛而不可一日缺焉者也。"③这是说,"极高明"与"道中庸"乃是辩证的统一。这分明是以"中"来贯穿全部圣人之道。

《中庸》曰:"喜怒哀乐之未发,谓之中;发而皆中节,谓之和。"阳明即以"体"与"用"的关系来解释这段话:"盖体用一源,有是体,即有是用。有未发之中,即有发而皆中节之和。"④"如此则知未发之中、寂然不动之体,而有发而中节之和、感而遂通之妙矣。"⑤"体用一源"是阳明学说中的重要命题,并融合于他的"致良知"学说之中。故《传习录》又曰:"天理亦自有中和处。过即是私意。……天理

---

① 《王阳明全集·传习录上》。
② 《王阳明全集·传习录上》。
③ 《王阳明全集·山东乡试录》。
④ 《王阳明全集·传习录上》。
⑤ 《王阳明全集·传习录中》。

本体自有分限,不可过也。人但要识得心体,自然增减分毫不得。"可见阳明的
"致良知"学说,正是以中庸之道为方法和准则自始至终贯穿于其中,而以"体用
一源"为逻辑形式而表现出来。

二　中是至善,过与不及是恶和异端

王阳明在认识论上以《中庸》的"中和"之说来论证其"致良知"学说的同时,
又在方法论上以《大学》的"至善"之说来体现其中道的本质和意义。他认为,
"至善"就是中道:

> 至善者,明德、亲民之极则也。……至善之发现,是而是焉,非而
> 非焉,轻重、厚薄,随感随应,变动不居,而莫不自有天然之中,是乃民
> 彝物则之极,而不容少有拟义增损于其间也。①

正因为"至善之发现"对于是非、轻重、厚薄"莫不自有天然之中",所以"至善"与
"中"一样,乃是一切事物和行为的极则。于是他又说:

> 故止至善之于明德、亲民也,犹之规矩之于方圆也,尺度之于长短
> 也,权衡之于轻重也。方圆而不止于规矩,爽其度矣;长短而不止于尺
> 度,乖其制矣;轻重而不止于权衡,失其准矣;明德、亲民而不止于至
> 善,亡其则矣。②

显然,阳明把"至善"视为衡量"明明德"与"亲民"的准则。然而,作为准则,就有
一个适度与否的问题,做到适度就是"中",不适度就是"过"或"不及"。"过"与
"不及",都是"中"的对立面;这种对立,完全是"是"与"非"的对立。所以阳明
说:"道也者,不可须臾离也;而过焉,不及焉,离也。"③偏离中道,也就是不能止
于至善而流于恶了。对此,《传习录下》载有阳明回答学生黄直提问的一段话:

> 问:"先生尝谓善恶只是一物。善恶两端如冰炭相反,如何谓只一

---

① 《王阳明全集·大学问》。
② 《王阳明全集·亲民堂记》。
③ 《王阳明全集·修道说》。

> 物?"先生曰:"至善者,心之本体。本体上才过当些子,便是恶了。不
> 是有一个善,却又有一个恶来相对也。故善恶只是一物。"

这就是说,合乎"中"就是"至善",而偏离中道的"过"或"不及",便是恶了。所以阳明认为,凡是同此良知之人,都应该避免过与不及而回复到中道上来,以"止于至善"之境。

然而,正如他所说的:"学未至于圣人,宁免太过不及之差乎!"①假若一旦偏离圣人所传的中道而倾向太过或不及,就难免流为异端了:

> 道一也。而知愚贤不肖之异焉,此所以有过与不及之弊,而异端
> 之所从起欤!……道苟不明:苟不过焉,即不及焉。过与不及,皆不得
> 夫中道者也。则亦异端而已矣。②

于是,阳明列举了佛老与五伯功利之徒的以"过"与"不及"为特征而表现出来的异端现象。他说:"盖昔之人固有欲明其明德者矣,然惟不知止于至善,而骛其私心于过高,是以失之虚罔空寂,而无有乎家国天下之施,则二氏之流是矣;固有欲亲其民者矣,然惟不知止于至善,而溺其私心于卑琐,是以失之权谋智术,而无有乎仁爱恻怛之诚,则五伯功利之徒是矣。是皆不知止于至善之过也。"③这是说,佛老二氏之弊在于取消齐家、治国、平天下之"亲民"事业而空谈"明明德",乃是"骛其私心于过高",这属于"过";五伯功利之徒则不务诚意正心之"明明德"工夫而肆志于"亲民",乃是"溺其私心于卑琐",这属于"不及"。二者尽管各自有志于"明明德"或"亲民",但都只致力于一方面而放弃了另一方面,所以都偏离了中道,不能"止于至善"而入于异端或邪道了。只有遵从《大学》所教,把"明明德"的道德修养与"亲民"的经世事业统一起来,才能避免过不及之弊而合乎中和之道,也就"止于至善"之境了。

三　仁与义的统一才合乎至善之"中"

关于杨、墨之为异端,阳明认为:"墨子兼爱,行仁而过耳;杨子为我,行义而

---

① 《王阳明全集·答徐成之》。
② 《王阳明全集·山东乡试录》。
③ 《王阳明全集·大学问》。

过耳。"①"仁"与"义"本是圣人所提倡的正道,但是一旦行之过当,也就陷入异端了。这是因为即便是仁爱之心,也有个爱得是与不是的问题:"爱之本体,固可谓之仁,但亦有爱得是与不是者。须爱得是,方是爱之本体,方可谓之仁。若只知博爱而不论是与不是,亦便有差处。"②"博爱"乃是圣人之存心,为什么会有"是与不是"的区别呢? 这是因为,只有"仁"与"义"的辩证统一,才合乎中道,才算"是";而杨、墨两家分别片面地致力于其中某一方面而取消了另一方面,故而难免流为异端了。正如董仲舒所说的:"仁者,人也;义者,我也。"《说文解字注》解释道:"谓仁必及人,义必由中断制也。"可见"仁"与"义"的辩证统一,也就是"为人"与"为我"的辩证统一,才符合至善之"中"。阳明与学生曾经讨论过这一问题:

> (黄省曾)问:"大人与物同体,如何《大学》又说个厚薄?"先生曰:
> "惟是道理自有厚薄。比如身是一体,把手足捍头目,岂是偏要薄手
> 足? 其道理合如此。禽兽与草木同是爱的,把草木去养禽兽,又忍得?
> 人与禽兽同是爱的,宰禽兽以养亲与供祭祀、燕宾客,心又忍得? 至亲
> 与路人同是爱的,如箪食豆羹,得则生,不得则死,不能两全,宁救至
> 亲,不救路人,心又忍得? 这是道理合该如此。及至吾身与至亲,更不
> 得分别彼此厚薄,盖以仁民爱物皆从此出,此处可忍,更无所不忍矣。
> 《大学》所谓厚薄,是良知上自然的条理,不可逾越,此便谓之义。"③

阳明认为,人的爱人爱物之心是"仁";而人与人乃至人与物之间存在着亲疏厚薄,乃是自然的条理,是不可逾越的,这就是"义"。所以,只有以爱人爱物之"仁"与裁制这种自然条理的"义"两者辩证地统一到中道上来,才称得上"爱得是";如果逾越了这种自然的条理,便为"爱得不是"而为"差处"了。因此,只有像孟子所提出的那样依照"亲亲而仁民,仁民而爱物"的次第,由亲及疏地推其仁爱之心,才是合乎人情物理而与"义"统一的"仁",才合乎至善的中道,才称得上"爱得是"。而墨子与杨子则各自从相反的方向背离了这种自然的条理。墨子把素不相识之人跟自己的父母兄弟等同起来,不分次第地加以"兼爱",这就

---

① 《王阳明全集·答罗整庵》。
② 《王阳明全集·答黄勉之》。
③ 《王阳明全集·传习录下》。

是"行仁而过";"行仁而过",也就不是"仁"而是异端了。反之,杨子则是"行义而过"。"义"者,正所以区别这种以"我"为中心的由亲及疏而施爱的层次而设的。杨子却片面地扩大了这种区别,完全否定人与人之间的关系而至于极端的"为我"的程度,这就是"行义而过";"行义而过",也就不是"义"而是异端了。

四　因时致中与处变达权

在对待客观事物方面,阳明并非以静止的眼光来观察事物,而是以发展变化的辩证观点来对待客观世界的。他观察到,事物是随着时间的推移而不断发展的,所以他就运用中庸之道的"时中"法则来对待这一趋势。

所谓"时中",就是按"时"而处于"中",即按照事物随着时间而发展的实际情况去把握与之相应的适中之道。对此,他提出了"古今异宜"的命题:"盖天下古今之人,其情一而已矣。先王制礼,皆因人情而为之节文,是以行之万世而皆准。其或反之吾心而有所未安者,非其传记之讹阙,则必古今风气习俗之异宜者矣。此虽先王未之有,亦可以义起,三王之所以不相袭礼也。若徒拘泥于古,不得于心而冥行焉,是乃非礼之礼,行不著而习不察者矣。"①这是说,人的与生俱来的本性虽然古今相同,但随着时代风气习俗的变化,礼制上也会出现古今异宜之处。面对这种情况,即使先王所未有的礼,亦可根据具体情况而自我创建。如果只知拘泥于古礼,必将成为背时的非礼之"礼"了。

阳明还看到,客观事物在随着时间的推移而不断发展的同时,其本身也往往是变幻无常而极其复杂的。故作为最高准则的中道,必须与之相适应,因而根据具体情况而有一定的灵活性。也就是在"执中"的同时还必须达"权"。能达"权",才能更准确地把握中道,以适应事物的变化发展。对此,他在学生王嘉秀问"孟子言执中无权犹执一"时回答道:"中只是天理,只是易,随时变易,如何执得?须是因时制宜,难预先定一个规矩在。如后世儒者要将道理一一说得无罅漏,立定个格式,此正是执一。"②这是说,任何事情都必须根据实际情况而采取与之相应的方式,而不能预先定一个固定的格式。所以在把理论具体运用到实践上时,阳明主张根据实际情况而采取原则性与灵活性辩证统一的"执中达权"法则。也只有这样,才真正符合中庸之道而适得事物之宜,以避免执一不通

---

① 《王阳明全集·寄邹谦之》。
② 《王阳明全集·传习录上》。

之弊。

综上所论,无论从阳明学说的理论上抑或体现在他一生事业的实践上考察,都始终贯穿了中庸之道这一方法和准则,从而使得他的致良知学说形成了体用一源、知行合一的经世学说。

第三节　知行合一的致良知工夫

王阳明的"致良知"学说,是以"良知"为本体,以"致"为治学工夫而自成体系。所以,"致"在修养工夫中具有特殊重要的地位,而中庸之道则作为"致"的方法和准则始终贯穿于他的修养论之中。

一　率性修道以致中和

《中庸》开宗明义云:"天命之谓性,率性之谓道,修道之谓教。道也者,不可须臾离也,可离非道也。是故君子戒慎乎其所不睹,恐惧乎其所不闻。莫见乎隐,莫显乎微,故君子慎其独也。喜怒哀乐之未发,谓之中;发而皆中节,谓之和。中也者,天下之大本也;和也者,天下之达道也。致中和,天地位焉,万物育焉。"阳明对此段文字作了全面的发挥:

> 圣人率性而行,即是道。圣人以下,未能率性,于道未免有过不及,故须修道。修道则贤知者不得而过,愚不肖者不得而不及,都要循着这个道,则道便是个教。……人能修道,然后能不违于道以复其性之本体,则亦是圣人率性之道矣。下面戒慎、恐惧便是修道的工夫,中和便是复其性之本体。如《易》所谓"穷理尽性以至于命",中和、位、育,便是尽性至命。①

显然,阳明认为能率性就是"中",未能率性就是"过"或"不及"而失中了。人之所以需要修道之"教",目的就是矫正其过或不及而使之合乎中和之性。

然而阳明曾说"良知即是未发之中",而其学说的核心命题是"致良知"。故

---

① 《王阳明全集·传习录》。

"致良知"的内容,实具有两层含义:一是指恢复良知的本来面目,即所谓"学以去其昏蔽",使之回复到"未发之中"的状态;二是指关于良知的运用,即所谓"致是良知而行",使之达到"发而皆中节之和"的境界。然而,"学以去其昏蔽"以恢复良知之原貌的目的,则全在于经世致用。其《书朱守乾卷》云:"人孰无是良知乎? 独有不能致之耳。……是良知也者,是所谓天下之大本也;致是良知而行,则所谓天下之达道也。天地以位,万物以育,将富贵、贫贱、患难、夷狄,无所入而不自得也矣。"故知"良知"即是"未发之中"之本体,而"致良知"则是达到"发而皆中节之和"的修养工夫。"良知"是否已恢复到本体之明,当以"中"为标准;而"致良知"是否能达到天地位、万物育的境界,当以"和"为法则。这就是"致良知"与"致中和"的关系。

关于第一层涵义,实际上也就是修养"人心"以造就"道心"的工夫。他的学生徐爱说:"心犹镜也。圣人心如明镜,常人心如昏镜。近世格物之说,如以镜照物,照上用功,不知镜尚昏在,何能照! 先生之格物,如磨镜而使之明,磨上用功,明了后亦未尝废照。"①"学以去其昏蔽"也像"磨镜而使之明"一样。只有纤尘不染之明镜,才能观照万物而无遗;只有合乎"未发之中"的良知,亦即道心,才能洞察万物而无差。这乃是致良知的内心修养工夫。

关于第二层涵义,乃是由心及物的工夫,也就是以第一层工夫修养而成的合乎"未发之中"的良知去应付客观事物,既应在道德上公正地区分善恶,也应在认识客观事物时正确地辨别真伪,从而运用中和的法则施诸实践,使之最终达到"天地位,万物育"的境界。这既是对客观事物的认识过程,也是将认识付诸实践的过程。这乃是致良知的经世致用事业。

即此可见,"学以去其昏蔽"的道德修养与"致是良知而行"的经世事业两者的统一,乃成为全面的知行合一的致良知工夫。

于是阳明又说:"性情之谓和,性命之谓中。致其性情之德,而三极之道备矣。"②"喜怒哀乐之与思与知觉,皆心之所发。心统性情:性,心体也;情,心用也。……且于动处加工,勿使间断。动无不和,即静无不中,而所谓寂然不动之体,当自知之矣。"③若要达到中和之境,首先必须从修养"性"和"情"着手。所谓"情"者,喜怒哀乐之已发也,亦即性之动也。阳明认为,要使性与情皆合乎中和

---

① 《王阳明全集·传习录上》。
② 《王阳明全集·白说字贞夫说》。
③ 《王阳明全集·答汪石潭》。

之道,不仅应于以静为特征的心之体的"性"上求之,更应于以动为特征的心之用的"情"上加工。若能长期致力于斯而勿使间断,才能使"性"与"情"分别合乎"中"与"和"的准则。而这,就必须凭借"诚"的素质了:"修道之功若是其无间,诚之也。夫然后喜怒哀乐之未发谓之中,发而皆中节谓之和,道修而性复矣;致中和,则大本立而达道行,知天地之化育矣。非至诚尽性其孰能与于此哉?是修道之极功也。"①阳明认为,天地万物本吾一体,吾之性既得其"中",则天地之位亦得以安其所矣;吾之情既得其"和",则万物之育亦得以遂其生矣。这就是"修道之极功"了。

在道德修养的工夫次第上,阳明又以中和之道把《大学》所谓八条目中属于自身修养范围的"诚意""正心"和"修身"三者贯穿起来。他说:"诚意只是循天理。虽是循天理,亦是不得一分意,故有所忿惧、好乐,则不得其正。须是廓然大公方是心之本体。知此即知未发之中。""正心、修身,工夫亦各有用力处。修身是已发边,正心是未发边。心正则中,身修则和。"②于是,阳明就把诚意、正心、修身三项修养条目统一到"中和"这一线索上了。

由此可知,阳明的"致良知"学说实以"中"为准则并分为内外两层工夫。首先,他把《尚书》的修养"人心"以造就"道心"、《大学》的"明明德"归纳为"学以去其昏蔽",亦即内心修养工夫;其次,又把《尚书》的"亲九族、平章百姓、协和万邦"与《大学》的"亲民"等归纳为"致是良知而行",既包括对于客观事物的认识过程,也包括将认识付诸实践的过程。而这内外两层工夫,实际上又是同一事物的两个方面。前者指内心修养,后者指付诸实践的行为;前者是后者的本原,后者是前者的发见流行。因而两者是不可截然分开的。于是,他就把未发之"中"与发而皆中节之"和"作为衡量道德的准则而贯穿在致良知学说中了。

至此,阳明几乎把先儒经典中的最高道德范畴及其内容,都在"中和"的理论上融会贯通起来了:从本体论上说,他以孟子所提出的"良知"为核心范畴,以《中庸》的未发之"中"为线索,将《尚书》的"道心",《大学》的"明德",《中庸》的"性"与"诚",以及宋儒的"理"或"天理"等都合而为一,以作为道之体;又把孟子的"良知"与《大学》的"致知"结合而成"致良知"作为中心命题,以《中庸》的发而皆中节之"和"为线索,将《尚书》的"执中",《大学》的"修身""亲民",《中庸》的修

---

① 《王阳明全集·修道说》。
② 《王阳明全集·传习录》。

道之"教",孟子的"求放心",宋儒的"存天理"等统一起来,以作为道之用。从认识论上说,他把"学以去其昏蔽"而恢复未发之"中"与"致是良知而行"以达到发而中节之"和"两方面统一起来而成"知行合一"的理论。从方法论上说,他在把"中"与"至善"合而为一,以之作为衡量行为修养之最高准则的同时,又把偏离中道的"过"与"不及"视为恶与异端而加以否定。这样把多种儒家经典的思想贯通起来,无疑是阳明的一大贡献。对此,他总结道:"《书》谓'惟精惟一',《易》谓'敬以直内,义以方外',孔子谓'格致诚正''博文约礼',曾子谓'忠恕',子思谓'尊德性而道问学',孟子谓'集义养气''求其放心',虽若人自为说,有不可强同者,而求其要领归宿,合若符契。何者? 夫道一而已。道同则心同,心同则学同。其卒不同者,皆邪说也。"[①]就这样,他在广集先儒思想而加以融合贯通的基础上,建立起了自己"致良知"的人生修养工夫和经世致用的思想体系。

二　致吾心之良知于事事物物

王阳明的"致良知"学说,显然是以《孟子》所谓"不虑而知"之"良知"作为心之本体,以《大学》的"格物""致知"作为治学工夫,而以中庸之道作为方法和准则贯穿于其中,以期最终达到"止于至善"的最高境界。

"格物"与"致知"本是《大学》八条目中的两条,也是阳明"致良知"学说的重要项目。阳明《答罗整庵少宰》云:

> 格物者,《大学》之实下手处,彻首彻尾,自始学至圣人,只此工夫而已,非但入门之际有此一段也。夫正心、诚意、致知、格物,皆所以修身;而格物者,其所用力,日可见之地。故格物者,格其心之物也,格其意之物也,格其知之物也。正心者,正其物之心也;诚意者,诚其物之意也;致知者,致其物之知也。此岂有内外彼此之分哉!

即此可见,在阳明的"致良知"学说中,从格物、致知到诚意、正心,并无内外彼此之分,而"格物"乃是其"实下手处"。于是,阳明对格物、致知作出了自己独具特色的解释,其《答顾东桥书》云:"所谓致知、格物者,致吾心之良知于事事物物也。吾心之良知,即所谓天理也。致吾心良知之天理于事事物物,则事事物物

---

①　《王阳明全集·示弟立志说》。

皆得其理矣。致吾心之良知者,致知也;事事物物皆得其理者,格物也。"据此,则"致良知"乃指将本心之"良知"扩充于事物,使事物皆得其理。由此出发,阳明又进而作了更为透彻的论述。《传习录中》云:

> 知如何而为温清之节,知如何而为奉养之宜者,所谓知也,而未可谓之致知。必致其知如何为温清之节者之知而实之以温清,致其知如何为奉养之宜者之知而实之以奉养,然后谓之致知。温清之事、奉养之宜,所谓物也,而未可谓之格物。必其于温清之事也,一如其良知之所知当如何为温清之节者而为之,无一毫之不尽;于奉养之事也,一如其良知之所知当如何为奉养之宜者而为之,无一毫之不尽,然后谓之格物。温清之物格,然后知温清之良知始致;奉养之物格,然后知奉养之良知始致。故曰:"物格而后知至。"

在这里,阳明从两个方面对"致良知"作了界定:一方面要具有实在的"知",另一方面又必须体现为具体行为之顺应其"知"而显示出合理性。这两个方面缺一不可。所以,在"致良知"这一命题里,不仅包含了"知",也包含了"行"。这样,"致良知"本身既体现了"知行合一"的特色,也体现了本体与工夫一齐收摄的价值特征。

然而,怎样才能认识乃至实现中道呢?阳明主张以《大学》所说的"诚意"为内在素质,"格物"为认识手段,并通过"致知"的工夫,然后达到合乎中道的至善之境。其《大学古本序》云:

> 大学之道,诚意而已矣;诚意之功,格物而已矣;诚意之极,止至善而已矣;止至善之则,致知而已矣。……故不务于诚意,而徒以格物者,谓之支;不事于格物,而徒以诚意者,谓之虚;不本于致知,而徒以格物、诚意者,谓之妄。支与虚与妄,其于至善也,远矣!

所谓"支"是不及,"虚"是过,都是固执于一端的偏失;而"妄"则更是盲目而无原则地乱来。这三种治学方法之本身就是违背中道的,其后果,不仅不能到达中道之境,相反地必将离开中道越远了。所以,要实现合乎中道的至善之境,首先还在于追求中道的方法和途径之本身必须符合中庸之道。这里最根本的条件在于必须具备"诚"的素质。《传习录上》云:"无所不中,然后谓之大本;无所不和,然后谓之达道。惟天下之至诚,然后能立天下之大本。"阳明认为只有以"至诚"存心,才能达到无所不中、无所不和的境界;即使面临任何事变,亦莫不合乎中和之道。

然而,要达到无所不中、无所不和的境界,并非可以一蹴而成的,而是应该根据自己的认识所及,有步骤地循序渐进。所以《传习录下》又云:"我辈致知,只是各随分限所及。今日良知见在如此,只随今日所知扩充;到底明日良知又有开悟,便从明日所知扩充。到底如此方是精一功夫。与人论学,亦须随人分限所及。"这段话旨在说明这样一种道理:致良知必须立足于本人的认识水平,既不可盲目地好高骛远而陷于"过",也不宜安于自暴自弃而流于"不及"。而应根据自己的能力所及,切切实实地下功夫,才能逐步由浅入深、从低到高,最终达到无所不中、无所不和的"此心全体廓然纯是天理"的境界。观此,阳明的"致良知"学说,不仅要求内心修养和外在行为都符合中和之道,而且还要求"致良知"之方法和进程的本身,也应避免过与不及之弊以合乎中庸之道。只有这样,才能最终达到无所不中、无所不和的"中和"境界。

三　周旋中礼为中行

儒家很重视礼乐教化。然而"礼"与"中庸"又是怎样的关系呢? 这可从两方面来理解:一方面,礼是以"仁"为道之本原,并根据中庸的法则制订出来的道德规范,故其中自然贯穿着中庸之道;另一方面,当礼一旦制定之后,反过来又作为衡量行为是否合乎中庸的标准,一般地说,凡是合乎礼的行为,也就合乎中庸之道。

《礼记·礼运》记孔子曰:"夫礼,先王以承天之道,以治人之情。"这就是说,礼体现了天然自有之中道,用以调节人的感情,使之达到发而皆中节之"和"。具体地说,在孔子的思想中,"仁"是道的本原,"中庸"是道的方法。"仁"与"中庸"的相互交织作用乃成为完整的"道"。从人类社会方面说,"仁"是人之所以为人的道理,它通过"中庸"这一方法所规定出来的关于伦理、政治、法律方面的行为规范就叫做"礼";"仁"通过"礼"的实施,才能达到上下各安其位、人与人之间和睦相处的理想社会;而"中庸"则贯穿于"仁"和"礼"之中,"仁"和"礼"通过"中庸"而达到统一。阳明正是继承并发展了这一思想,他主张通过"周旋中礼"的行为以达到"中行"之士的修养方法。他说:

礼也者,理也;理也者,性也;性也者,命也。"维天之命,于穆不
已。"而其在于人也,谓之性;其粲然而条理也,谓之礼;其纯然而粹善
也,谓之仁;其截然而裁制也,谓之义;其昭然而明觉也,谓之知。其浑
然于其性也,则理一而已矣。故仁也者,礼之体也;义也者,礼之宜也;
知也者,礼之通也。经礼三百,曲礼三千,无一而非仁也,无一而非性
也,无一而非命也。故克己复礼为仁,穷理则尽性,以至于命。尽性则
动容周旋中礼矣。①

"理"与"性"等,都是从孔子的"仁"发展而来的哲学范畴。"礼"既然是由天命之
性或天理之所出,自然与仁、义、智等德目都有相通之处。而根据阳明的理论,
这些德目与未发之"中"都是同实而异名的概念,所以做到尽性尽仁,就自然合
乎中道,也就自然周旋中礼了。在这一意义上,阳明还指出了两种各赴极端的
错误倾向:"故老庄之徒外礼以言性,而谓礼为道德之衰,仁义之失,既已堕于空
虚滉荡;而世儒之说,复外性以求礼,遂谓礼止于器数制度之间,而议拟仿像于
影响形迹,以为天下之礼尽在是矣。"②这是说,"外礼以言性"与"外性以求礼"都
是违背中庸之道的一偏之见;只有礼与性达到统一,才符合中道。

而且,阳明还认为礼之所以合乎中道者,并不在于礼之形式,而在于礼之实
质。他说:"礼,岂必玉帛之交错?凡事得其序者,皆是也";"乐,岂必钟鼓之铿
锵?凡物得其和者,皆是也"。所以他又进而认为:"礼乐者,与人交接之具;惧
独者,与人交接之本也。君子戒惧于不睹不闻,省察于莫见莫显,使其存于中
者,无非中正和乐之道,故其接于物者自无过与不及之差。"③这是说,只有在内
心含有"中正和乐之道",才能在处世接物时消除"过与不及之差",亦即周旋中
礼了。由是观之,凡事合乎中庸之道,才是礼乐的实质;而玉帛、钟鼓,仅仅是表
现礼乐的表面形式而已。

正因为礼的实质在于其符合中庸之道,所以反过来又可成为衡量行为是否
合乎中庸之道的准则。《礼记·仲尼燕居》记孔子云:"礼乎礼,夫礼所以制中
也。"这充分地概括了礼与中庸的这一层关系。阳明则把这一思想具体落实到
人伦上:

---

① 《王阳明全集·礼记纂言序》。
② 《王阳明全集·礼记纂言序》。
③ 《王阳明全集·山东乡试录》。

　　　人之生，入而父子、夫妇、兄弟，出而君臣、长幼、朋友，岂非顺其性
　　以全其天而已耶？圣人立之以纪纲，行之以礼乐，使天下之过、弗及焉
　　者，皆于是乎取中，曰：此天之所以与我，我之所以为性云尔。不如是，
　　不足以为人。①

父子、夫妇、兄弟、君臣、长幼、朋友等都是本乎天理、顺乎天性的人际关系。圣
人本乎天理而建立"五伦"之纪纲，顺乎天性以制定各种人伦关系之间所应遵循
的礼乐，故这种纪纲礼乐必然是合乎中道的，因而才能作为普天下的"过"与"不
及"之人所借以"取中"的准则。

　　综上所述，阳明的致良知之学，是以"良知"为道德本体，以"中庸"这一方法
贯穿终始，以之作为衡量道德修养与行为之最高准则，从而形成了自成体系的
"致良知"修养学说。

第四节　培养中行之士的教学理论

　　王阳明以天赋狂放豪侠之资而有志于圣贤之道，故毕生以中行品德自律并
以培养中行之士为己任，因而对偏狂或偏狷的门人分别给予因材施教，使之成
为中行之士，乃是他的教学目的。

　　关于人的品德教养，儒门有一总的准则，就是培养中行之士。《论语·子
路》记孔子曰："不得中行而与之，必也狂狷乎！狂者进取，狷者有所不为也。"
"狂者"是才资敏捷，勇于进取，敢于创新，但多任性而行的人，故偏于"过"；"狷
者"是质地朴实，为人耿介，但做事过于谨慎小心、循规蹈矩的人，故偏于"不
及"。唯"中行"兼有二者之长而无其偏，言行皆合乎适得事理之宜的中道。
"狂"与"狷"二者皆有可与入道的本质之美，然亦各有其偏；必须矫正其偏，使之
成为中行之士，才能与之同入于道。所以，孔子对未合中行的学生，必先指出其
偏向以矫正之。例如他说："求也退，故进之；由也兼人，故退之。"对过于拘谨保
守的冉求则勉以见义勇为，对过于冒失激进的仲由则戒以不宜过躁，目的即在
于使之成为适得事理之宜的中行之士。

────────

　　① 《王阳明全集·性天卷诗序》。

作为以圣学正传自诩的王阳明,自然很重视中行品德。因此,阳明在毕生授徒讲学之际,也始终以培养中行之士为己任。每当朋友或弟子之认识和行为容止或有偏失之处,务必谆谆诫勉,导以周旋中礼而成为中行之士。这一思想突出地表现在他因材施教时为了矫正"狂"和"狷"两种偏向所采取的不同方法上。

阳明培养中行之士的方法不外乎两种。一种是戒其过或勉其不及而使之合乎中行准则的教育方法。例如他在《书顾维贤卷》中说:"维贤温雅,朋友中最为难得,似亦微失之弱。恐诋笑之来,不能无动。才为所动,即依阿隐忍,久将沦胥以溺。每到此,便须反身痛自切责为己之志未能坚定,亦便志气激昂奋发,但知明己之善,立己之诚,以求快足乎己,岂暇顾人非笑指谪?"因为顾维贤是一个素质温雅但失之软弱的"狷者",所以在人格修养过程中往往经受不住别人的谈论而发生动摇,久之容易流于随俗浮沉之弊。针对这种"不及"的偏失,阳明勉励他必须痛自励志以坚定信念,使自己的志气激昂奋发起来,以求合乎中道。

与此相反,阳明在《书杨思元卷》中则矫正了另一种偏失:"子强明者、警敏者也。强明者,病于矜高,是故亢而不能下;警敏者,病于浅陋,是故浮而不能实。砭子之病,其谦、默乎?谦则虚,虚则无不容,是故受而不溢,德斯聚矣;默则慎,慎则无不密,是故积而愈坚,诚斯立矣。彼少得而自盈者,不知谦者也;少见而自衒者,不知默者也。"由于杨思元是一个过于强明警敏的"狂者",往往会自以为是而流于矜高浮浅之病。针对这种"过"的偏失,阳明告诫他必须矫以谦虚慎默而归乎笃实,才能合乎中道。

另一种则是因偏为用的教育方法。正如他所说的:"圣人教人,不是个束缚他通做一般,只如狂者便从狂处成就他,狷者便从狷处成就他。"[①]这是一种转化偏失之气而为中正之德的修养方法。他在《祭文相文》中说:"吾方日望文相:反其迈往直前之气,以内充其宽裕温厚之仁;敛其通敏果决之才,以自昭其文理密察之智;收其奋迅激昂之辩,以自全其发强刚毅之德。固将日趋于和平而大会于中正,斯乃圣贤之德之归矣,岂徒文章气节之士而已乎?"这种因偏为用以培养中行之士的修养方法,更是一种富有含宏开拓精神的认识。从易理而言,这是造就虽然偏刚但仍不违乎中道的所谓"刚中"之德或虽然偏柔但仍不违乎中道的所谓"柔中"之德的培养方法。

---

① 《王阳明全集·传习录下》。

概括而言，"狂"与"狷"的区别，从道体之本原上说，狂者强调率性自然，而狷者强调心有主宰；从运用之状态上说，狂者主张发散流行，而狷者主张收敛保聚；从主体之境界上说，狂者向往超脱洒落，而狷者信奉庄重敬畏。阳明在讲学中，两者基本上是并重而且是辩证统一的。这也是培养中行之士的基本原则。

关于"率性自然"与"心有主宰"的关系，阳明既认为"我只是这致良知的主宰不息，久久自然有得力处，一切外事亦自能不动"；又认为"只顺其天则自然，就是工夫"，"七情顺其自然之流行，皆是良知之用"。两者显然是并重而统一的。

关于"发散流行"与"收敛保聚"的关系，阳明一方面既说："精神道德言动，大率以收敛为主，发散是不得已。"另一方面又说："天地间活泼泼地，无非此理，便是吾良知的流行不息。"①可见两者并行而不相悖。

关于"敬畏"与"洒落"的关系，阳明更有一番精彩的表述。当舒国用提出"敬畏之增，不能不为洒落之累"的意见时，阳明回答道："夫君子所谓敬畏者，非有所恐惧忧患之谓也，乃戒慎不睹、恐惧不闻之谓耳；君子之所谓洒落者，非旷荡放逸、纵情肆意之谓也，乃其心体不累于欲，无入而不自得之谓耳。夫心之本体即天理也，天理之昭明灵觉，所谓良知也。君子之戒慎恐惧，惟恐其昭明灵觉者或有所昏昧放逸，流于非僻邪妄，而失其本体之正耳。戒慎恐惧之功无时或间，则天理常存而其昭明灵觉之本体无所亏蔽，无所牵扰，无所恐惧、忧患，无所好乐、忿懥，无所意、必、固、我，无所歉馁愧怍，和融莹澈，充塞流行，动容周旋而中礼，从心所欲而不逾，斯乃所谓真洒落矣。是洒落生于天理之常存；天理常存，生于戒慎恐惧之无间。孰谓敬畏之增，乃反为洒落之累耶？"②舒国用由于误解了"敬畏"与"洒落"两种品格的本质，而把两者对立起来，所以把"敬畏"视为"洒落"之累。基于这种认识，为了达到某一方面而取消另一方面，则必将陷于一偏而离乎中道。因此阳明向他指出，只有把两者统一起来使之相济相成，才能达到"动容周旋中礼，从心所欲而不逾"的真洒落境界，这才是中行之士。

阳明还认为，矫正偏失必须适度，假若矫之太过，就会走向另一个"偏"的极端。他说："偏于柔者，矫之以刚，然或失则傲；偏于慈者，矫之以毅，然或失则刻；偏于奢者，矫之以俭，然或失则陋。凡矫而无节，则过；过则复为偏。故君子

<hr />

① 《王阳明全集·传习录下》。
② 《王阳明全集·答舒国用》。

之论学也,不曰矫,而曰克。克以胜其私,私胜而理复,无过不及矣。……虽然,矫而当其可,亦克己之道矣。"[①]为了避免矫枉过正之失,他主张应该"矫而当其可",并倡议以"克"的方式来取代"矫"。因为有意于"矫",未必能完全合乎中道;然而只要"克"去私心以恢复天理,就自然合乎中道了。

第五节　适时务实的经世之学

王阳明把"致良知"学说具体贯彻到经世致用的事业之中,认为一切措施必须适应社会的发展与事物的变化。例如在政治上,他提出了"古今异宜"的观点,因而主张采取"因时致治"的施政方法;在军事上,提出了"兵无定势,谋贵从时"的战略思想等等。这些都突出地体现了一切从实际出发的精神,因而无论在政治上和武功上都取得了巨大的成功。

一　古今异宜,因时致治

在先秦的原始儒学中,"内圣"与"外王"之间是高度统一的。"内圣"是内在的道德修养,"外王"是外在的济世安民事业。儒家的学说强调以内在的道德修养为本,然后将其扩充贯彻于济世安民的经世事业之中,以达到两者的高度统一。故历代圣贤都主张通过道德修养来实现济世安民的目标,这就是孔子所谓"修己以安人"乃至"安百姓"事业。

王阳明的经世功业非常显著。在他的"致良知"学说中,实包含有两方面的内容:其一是"学以去其昏蔽",这属于"内圣"方面的道德修养功夫;其二是"致是良知而行",这属于"外王"方面的济世安民事业。故在《重修山阴县学记》中则把与"良知"同义的"道心"具体落实到人伦方面的所谓"五达道"之中:

> 道无不中;一于道心而不息,是谓允执厥中矣。一于道心,则存之无不中,而发之无不和。是故率是道心而发之于父子也,无不亲;发之于君臣也,无不义;发之于夫妇、长幼、朋友也,无不别、无不序、无不信;是谓中节之和,天下之达道也。放四海而皆准,亘古今而不穷。天

---

① 《王阳明全集·矫亭说》。

下之人同此心,同此性,同此达道也。

由此可见,阳明"致良知"的最终目标,乃在于以中和之道济世安民,以达到"天地以位,万物以育"的最高境界。这也就是对孔子"修己以安百姓"思想的进一步发展。

阳明又根据中庸之道的"时中"法则,在政治上提出了"因时致治"的理论:"其治不同,其道则一。孔子于尧舜则祖述之,于文武则宪章之。文武之法即是尧舜之道,但因时致治,其设施政令已有不同,即夏商事业施之于周已有不合。故周公思兼三王,其有不合,仰而思之,夜以继日。况太古之治岂复能得? 斯固圣人之所可略也。"①这是说,事物的总法则即尧舜的"允执厥中"之道虽然永远不会变,但是具体的情况是要随着时代的演进而发展变化的。所以,不仅太古之治不复能行,就是夏商事业施之于周已有不合,这才迫使周公在礼制上不得不有所改革:"昔者成周之礼乐,至周公而始备。其于文武之制,过者损之,不及者益焉,而后合于大中至正。此周公所以为善继善述而以达孝称也。"②周公对于自己父兄所建立的制度,其既已背时者也作了损益,才能适应时代的发展趋势。所以阳明认为:"予惟君子之政,不必专于法,要在宜于人;君子之教,不必泥于古,要在入于善。"又云:"吾闻为政者,因势之所便而成之,故事适而民逸。"③

因此,阳明还指出了两种背离"时中"法则的错误倾向:"专事无为,不能如三王之因时致治,而必欲行之以太古之俗,即是佛老的学术;因时致治,不能如三王之一本于道,而以功利之心行之,即是伯者以下事业。"④这是说,所谓"因时致治",既不能脱离时代的发展趋势,也不能违背中道的基本原则。若把"时"与"中"对立起来,就会流于偏失;只有把"时"与"中"两者辩证地统一起来,才能准确地把握时代发展的规律。

二　实施仁政,不事威刑

在政治上,王阳明系以仁者与万物同体的胸怀,由修己的人生哲学扩展为

---

① 《王阳明全集·传习录上》。
② 《王阳明全集·山东乡试录》。
③ 《王阳明全集·重修月潭寺建公馆记》。
④ 《王阳明全集·传习录下》。

济世安民的政治哲学,以期天下亲如一家,士农工贾各安其分,各勤其业,相生相养,以遂其仰事俯畜之愿。在阳明心学中,"良知"概念本身就是一个普遍原理,亦可谓之"公理",故已含有"公"字之意。天下之是非好恶,乃至公学公论等等,也无非都是良知的体现。故阳明指出:"世之君子,惟务致其良知,则自能公是非,同好恶,视人犹己,视国犹家,而以天地万物为一体。"①从这一思想出发,阳明一方面强调合理任用人才,故在用人上,提出了"因材器使"和"量力受任"的原则;而在另方面则主张切实地施行仁政,使民得到实惠。故所到之处,率多善政。尤其在江西境内,建树了不少可观的政绩。

据《年谱》载,阳明在任江西庐陵知县时,"为政不事威刑,惟以开导人心为本。莅任初,察各乡贫富奸良之实而低昂之。狱牒盈庭,不即断射。稽国初旧制,慎选里正三老,坐申明亭,使之委曲劝谕。民胥悔胜气嚚讼,至有涕泣而归者。由是囹圄日清"。其《告谕庐陵父老子弟》云:"吾非无严刑峻罚以惩尔民之诞,顾吾为政之日浅,尔民未吾信。未有德泽及尔,而先概治以法,是虽为政之常,然吾心尚有所未忍也。"由是县民感悟,息争睦族,兴孝悌,敦礼让,民渐向化。

《年谱》又载,在赣时,阳明实行十家轮牌之法。告谕父老子弟:"务要父慈子孝,兄爱弟敬,夫和妇随,长惠幼顺;小心以奉官法,勤谨以办国课,恭俭以守家业,谦和以处乡里;心要平恕,毋得轻易忿争;事要含忍,毋得辄兴词讼;见善互相劝勉,有恶互相惩戒;务兴礼让之风,以成敦厚之俗。"于是居民不敢纵恶,而奸宄无所潜形。

阳明不仅施仁政于良民,即使对于盗贼,亦恩威兼施,先抚后剿,务尽其情。其《告谕浰头巢贼》云:

> 人情之所共耻者,莫过于身被为盗贼之名;人心之所共愤者,莫甚于身遭劫掠之苦。今使有人骂尔等为盗,尔必怫然而怒;又使有人焚尔室庐,劫尔财货,掠尔妻女,尔必怀恨切骨,宁死必报。尔等以是加人,人其有不怨者乎?人同此心,尔宁独不知?乃必欲为此,其间想亦有不得已者。或是为官府所迫,或是为大户所侵,一时错起念头,误入其中,后遂不敢出。此等苦情,亦甚可悯。然亦皆由尔等悔悟不切。

---

① 《王阳明全集·传习录中》。

尔等当时去从贼时,是生人寻死路,尚且要去便去;今欲改行从善,是死人求生路,乃反不敢耶? 若尔等肯如当初去从贼时拚死出来,求要改行从善,我官府岂有必要杀汝之理? ……我每为尔等思念及此,辄至于终夜不能安寝,亦无非欲为尔等寻一生路。……何不以尔为贼之勤苦精力,而用之于耕农,运之于商贾,可以坐致饶富而安享逸乐。……若能听吾言改行从善,吾即视尔为良民,抚尔如赤子,更不追咎尔等既往之罪。……呜呼! 民吾同胞,尔等皆吾赤子,吾终不能抚恤尔等而至于杀尔,痛哉,痛哉! 兴言至此,不觉泪下。

此谕谆谆告诫,声泪俱下,哀怜之情,见于楮墨。浰头贼寇亦深受感动,其酋黄金荣、卢珂等即率众来投,愿效死以报。

在经济方面,阳明也施行了不少有益于社会民生的措施。他在赣时,曾请疏通盐法,开复广盐运销袁州、临江、吉安三府,既省赋于贫民,又可遏私贩,使三府之民无乏盐之苦,不但民受其惠,亦为军资所出。为足军国之需,阳明又请罢冗员之俸,损不急之赏,止无名之征,节用省费,以为经国之大计。及宸濠初平,适逢大旱,民不聊生。阳明乃为民请命,上《乞宽免税粮急救民困以弭灾变疏》以请宽免江西租税。其云:

夫荒旱极矣,而又因之以变乱;变乱极矣,而又竭之以师旅;师旅极矣,而又竭之以供馈,益之以诛求,亟之以征敛。当是之时,有目者不忍睹,有耳者不忍闻,又从而朘其膏血,有人心者而尚忍为之乎? ……故宽恤之虚文,不若蠲租之实惠;赈济之难及,不若免税之易行。

江西由于宽免两年租税,百姓得以渐回喘息,修复生理。这些措施,正体现了他不重虚文而重实惠的务实精神。

三　兵无定势,谋贵从时

在军事方面,王阳明提出了"兵无定势,谋贵从时;苟势或因地而异便,则事宜量力以乘机"的战略纲领,并以之灵活运用于军事实践,因而战功卓著。仅在江西境内,先后剿灭漳、汀、横水、左溪、桶冈、三浰诸峒贼寇,以计平定宸濠之乱。推其原因,主要在于军事上有其高明的策略。

首先,建制完密,赏罚严明。其《申明赏罚以励人心疏》云:"古者赏不逾时,罚不后事。过时而赏,与无赏同;后事而罚,与不罚同。况过时而不赏,后事而不罚,其亦何以齐一人心而作兴士气?""夫功无不赏,益兴忠义之心,赏当其功,自息侥幸之争;罪无不罚,足遏逃避之念,罚当其罪,自戢苟安之图。"

其次,量材任人,舍短用长。其《陈言边务疏》云:"人之才能,自非圣贤,有所长必有所短,有所明必有所蔽;而人之常情,亦必有所惩于前,而后有所警于后。吴起杀妻,忍人也,而称名将;陈平受金,贪夫也,而称谋臣;管仲被囚而建霸,孟明三北而成功。顾上之所以驾驭而鼓动之者何如耳。故曰:用人之仁,去其贪;用人之智,去其诈;用人之勇,去其怒。夫求才于仓卒艰难之际,而必欲拘于规矩绳墨之中,吾知其必不克矣。"

其三,选募精锐,训练有素。其《选拣民兵》中主张"挑选骁勇绝群、胆力出众之士,务求魁杰异材,缺则悬赏召募","日逐操演,听候征调",并提出了"教习之方,随材异技;器械之备,因地异宜"的建议。

其四,恩威并用,剿抚得宜。尽管阳明对一般盗贼多有招抚,但又认为不能滥用。他在《申明赏罚以励人心疏》中云:"盖招抚之议,但可偶行于无辜胁从之民,而不可常行于长恶怙终之寇;可一施于回心向化之徒,而不可屡施于随招随叛之党。"故曰"盗贼之日滋,由于招抚之太滥"。故在剿抚各地民乱之役,能根据不同情况而决定何者当抚,何者当剿,何者可力敌,何者可智取,施之悉得其宜。

其五,审时度势,随机应变。他在平定宁王之乱时,能当机立断地采取出奇制胜的措施,取得了决定性胜利。其《攻治盗贼二策疏》云:"事无掣肘,可申缩自由,相机而动。一寨可攻,则攻一寨;一寨可扑,则扑一寨。量其罪恶之浅深而为抚剿,度其事势之缓急以为后先。"这可视为阳明军事思想之精髓。

其六,善于调查,随事制宜。据载,他在安抚田州、思恩等地时,曾亲历各处村落,到穷山僻壤调查隐情,根据当地实际情况议定所以处置的方案,并广泛征求当地所在头目以及乡村父老的意见,在获得普遍赞同后才付诸实施。这些举措,足以证明阳明确实是非常重视调查研究并主张具体情况作具体分析的。即此可知阳明的成功殆非偶然。

由于阳明深谙军机战略,故能战胜攻取,所向无敌。在有明一代,以文人治军而战功卓著者,当以阳明为首。

　　从上述内容可以看出,在阳明的经世思想中明显贯穿着两条基本原则:一是适时,二是务实。前者体现为"因时致治"的政治思想和"审时度势,相机而动"的军事思想,后者则体现为在仁政惠民上的"不重虚文,而重实惠"的施治措施。由于阳明一生以"良知"作为本体而以"适时""务实"之道运用之,终于取得了经世功业的巨大成就。

第四章　王学的分化与转型

　　王阳明创立的姚江学派,在明代中叶之后,人才辈出,成为理学中的主流,影响甚为深广。在浙江的传人称为"浙中王门",其中以绪山钱德洪、龙溪王畿、久庵黄绾、阳和张元汴四人的学术最有代表性。他们虽都以"致良知"为宗旨,但立论各异,导致王学的分化。至明末大儒蕺山刘宗周,及其蕺山学派,亦属广义的阳明后学,既能洞察阳明后学的末流之弊,又能在理论上对其进行批判性改造与转型,并由此而建构自己独特的理论体系,可谓是明代浙学之殿军。①

第一节　浙中王门后学的分化

　　基于阳明心学的内在矛盾,在浙中王门弟子中形成了许多流派,导致了王学的分化,这在阳明生前就已发端。阳明虽然以"致良知"学说教育门人,但因门人众多,禀赋各异,所以他"随人分限所及"以因材施教,而门人则"各以质之所近领受承接",进而"各执其方,以悟证学"。到阳明去世后,终至各立宗旨,自创新说。就其大体而言,也许可以归结为因其天赋所近而形成了偏于"狂者"和偏于"狷者"两大趋向。其中一部分仍能恪守王门矩矱,在学术上依然注重知行合一的致良知工夫;多数人则各执王学的一端加以引申发展,而最能产生广泛影响的,则是那些从王学的某些命题出发,最终导致取消修养工夫的流派。

　　王学的分化,发端于阳明的弟子们对所谓"天泉证道"的"四句教"的不同理

---

　　①　本章有多处采用王凤贤先生《浙东学派研究》的有关内容,但在文字上作了调整和增删。

解。阳明曾把"无善无恶是心之体，有善有恶是意之动，知善知恶是良知，为善去恶是格物"这四句话定为自己的"宗旨"①。对这"四句教"，他的两个大弟子钱绪山和王龙溪具有不同的看法。从二人的分歧来看，龙溪依据意、知、物都是由心产生和决定，而心体之"无善无恶"是王学的理论前提，从而推论出意、知、物都应是"无善无恶"的，即所谓"四无说"；绪山则认为肯定"四无"就等于取消了"功夫"，故加以反对，并以"人有习心"作为自己"功夫"说的依据。由此而导致钱、王二人的学说继续向各自所持的观点发展，形成了以龙溪为代表的"良知现成"派，和以绪山为代表的"功夫"派。其他的一些王门后学，也不断地对"四句教"提出各种质疑。其中在学术流派上具有代表性的人物有钱绪山、王龙溪、黄久庵、张阳和等人。

王龙溪的思想在当时有很大影响，《明儒学案》卷十二《王龙溪传》云："自两都及吴、楚、闽、越、江、浙皆有讲舍，莫不以先生（龙溪）为宗盟。"但龙溪的思想具有二重性，既有反束缚的积极意义，又有"流于空疏"的消极作用。这一点，刘蕺山和黄梨洲都有评说。蕺山指出："先生独悟其所谓无者，以为教外之别传，而实亦并无是无。有无不立，善恶双泯，任一点虚灵知觉之气，纵横自在，头头明显，不离著于一处，几何而不蹈佛氏之坑堑也哉！"这样，王学"至龙溪，直把良知作佛性看，悬空期个悟，终成玩弄光景"②。梨洲针对龙溪的"四无"论指出："夫良知既为知觉之流行，不落方所，不可典要，一着工夫，则未免有碍虚无之体，是不得不近于禅；流行即是主宰，悬崖撒手，茫无把柄，以心息相依为权法，是不得不近于老。"③可见龙溪的"良知现成说"已含有偏离阳明"致良知"学说而陷入佛老空疏之弊的倾向。

在"浙中王门"中，钱绪山则重视"致良知"的工夫，针对龙溪的"良知现成说"提出了严厉的批判；其余如黄久庵和张阳和对龙溪的思想也都有所辩难和批评。久庵是一位既通程朱理学，又接受阳明心学的学者。阳和则不信"龙溪谈本体而讳言工夫"的论说。他们公开起来"辟龙溪"，指责其"欲浑儒释而一之"的谬论，成为浙中王门后学间争论不休的话题，从而引起了王学的转型。故此对他们四人的学术观点着重加以评述。

---

①　见《王阳明全集·传习录下》。

②　《明儒学案·师说·王龙溪》。

③　《明儒学案·浙中王门学案二·王龙溪》。

第二节   钱德洪的功夫论

钱德洪（1496—1574），初名宽，字洪甫，避先世讳，以字行，世称绪山先生，余姚人。嘉靖元年（1522），王阳明平濠归越，绪山与同邑数十人同禀学焉。次年，与王龙溪卒业于阳明，后来一起居守越中书院，一时称为教授师。嘉靖十一年（1532）中进士。官刑部陕西司员外郎时，因郭勋论死一案获罪嘉靖帝而下狱，斥为民。其思想和言论主要见《明儒学案》卷十一所录《会语》和《论学书》。今人辑有《钱绪山语录诗文辑佚》。

黄梨洲在《明儒学案·浙中王门学案一》中对于绪山与龙溪二人学术思想的不同特点作了如下评述："龙溪从见在悟其变动不居之体，先生（绪山）只于事物上实心磨练，故先生之彻悟不如龙溪，龙溪之修持不如先生。乃龙溪竟入于禅，而先生不失儒者之矩矱，何也？龙溪悬崖撒手，非师门宗旨所可系缚，先生则把缆放船，虽无大得亦无大失耳。"

据绪山自述其学经历了"三变"："其始也，有见于为善去恶者，以为致良知也。"后来，又认定："良知者，无善无恶者也，吾安得执以为有而为之而又去之？"最后又说："吾恶夫言之者之淆也，无善无恶者见也，非良知也。吾惟即吾所知以为善者而行之，以为恶者而去之，此吾可能为者也；其不出于此者，非吾所得为也。"又云："向吾之言犹二也，非一也。夫子尝有言矣，曰至善者心之本体，动而后有不善也。吾不能必其无不善，吾无动焉而已。彼所谓意者动也，非是之谓动也；吾所谓动，动于动焉者也。吾惟无动，则在吾者常一也。"对此，梨洲于《明儒学案·浙中王门学案一》评云："按先生之无动，即慈湖之不起意也。不起意非未发乎？然则谓'离已发而求未发，必不可得'者，非先生之末后语矣。"

实际上，绪山的学术思想，从以"为善去恶"为"致良知"开始；中间经历了一个"吾安得执""为有而又去之"的自我怀疑阶段；最后还是复归到"吾知为善者而行之，以为恶者而去之"的"能为"说。由此可见，从总体来说，绪山是注重"为善去恶"的修炼功夫的。

如何理解和阐发阳明的"致良知"，是绪山的主要课题。他所谓的"知"，就是阳明视为"心之本体"的"良知"，也即所谓"我的灵明"。绪山于《会语》有云："充天塞地间只有此知。天只此知之虚明，地只此知之凝聚，鬼神只此知之妙用，四时日月只此知之流行，人与万物只此知之合散，人只此知之精粹也。"其实，这个"知"不仅是"心"之本体，也被扩大为宇宙万物的本体了。这种延伸和扩大，是以所谓心、意、知、物的体用关系来说明的。绪山在《会语》中指出："心无体，以知为体，无知即无心也；知无体，以感应之是非为体，无是非即无知也；意也者，以言乎其感应也；物也者，以言乎其感应之事也。而知则主宰乎事物是非之则也。"意思是说，作为心的本体的"知"，通过所谓"感应"而"主宰乎事物是非"。这显然是对阳明的心本体论的继承和说明。

在绪山看来，作为心的本体的良知是"至善""无杂"的。其《会语》云："心之本体，纯粹无杂，至善也。良知者，至善之著察也。良知即至善也。"但"人有习心"，如果受到后天"气拘物蔽"的影响，意念上就会"有善恶在"。这就是他在《论学书·答聂双江》所说的："夫镜，物也，故斑垢驳杂得积于上，而可以先加磨去之功。吾心良知，虚灵也，虚灵非物也，非物则斑垢驳杂停于吾心何所？而磨之之功又于何所乎？今所指吾心之斑垢驳杂，非以气拘物蔽而言乎？既曰气拘，曰物蔽，则吾心之斑垢驳杂，由人情事物之感而后有也。既由人情事物之感而后有，而今之致知也，则将于未涉人情事物之感之前，而先加致之之功，则夫所谓致之之功者，又将何所施耶？"对于"吾心之良知"来说，受"气拘物蔽"的影响，是通过"人情事物之感"而引起的，而"致之之功"得在各个环节上入手。即《论学书·复何吉阳》所云："学者初入手时，良知不能无间，善恶念头杂发难制，或防之于未发之前，或制之于临发之际，或悔改于既发之后，皆实功也。由是而入微，虽圣人之知几，亦只此工夫耳。"

绪山与提倡"心体彻悟"的龙溪不同，他所重视的是阳明所说的"事上磨练"的实功，他把正心、诚意归结为"慎独"功夫，而"慎独即是致中和"①。他特别强调要在日常人伦物理中下"实地格物之功"。故在《论学书·与陈两湖》中指出："格物之学，实良知见在工夫，先儒所谓过去未来徒放心耳。见在工夫，时行时止，时默时语，念念精明，毫厘不放，此即行著习察，实地格物之功也。于此体当切实，着衣吃饭，即是尽心至命之功。"在修养论的问题上，绪山曾在《论学书·与季彭山》中批评龙溪说："龙溪之见，伶俐直截，泥工夫于生灭者，闻其言自当省发。但渠于见上觉有著处，开口论说，千转百折不出己意，便觉于人言尚有漏落耳。执事之著，多在过思；过思，则想象亦足以蔽道。"看来，强调"事上识取"

---

① 《钱绪山语录诗文辑佚·会语》。

还是只讲"心体彻悟"，确是钱、王二人修养论上的根本分歧。对此，绪山的《论学书·答傅少岩》从理论上阐述道："致知格物工夫，只须于事上识取，本心乃见。心事非二，内外两忘，非离却事物又有学问可言也。"绪山在《复龙溪》书中，也论述了这一问题："吾心本之民物同体，此是位育之根，除却应酬更无本体，失却本体便非应酬。苟于应酬之中，随时随地不失此体，眼前大地何处非黄金。若厌却应酬，必欲去觅山中，养成一个枯寂，恐以黄金反混作顽铁矣。"这表明，绪山在坚持心本体的前提下，在道德修养问题上，却按阳明"事上磨练"的路数，进一步向积极方面发展了。

第三节　王畿的良知现成说

王畿（1498—1583），字汝中，号龙溪，山阴（今绍兴）人。正德十六年（1521），阳明由江西返越，龙溪"首往受业"，并有志"终身受业于文成"，是阳明器重的弟子。阳明如遇出游，便留龙溪和绪山二人主讲书院，故他俩有"教授师"之称。嘉靖十一年（1532）进士，官至南京兵部武选郎中。此后，龙溪到处讲学，对宣扬王学起有重要作用。现存《王龙溪先生全集》二十卷。

嘉靖六年（1527），阳明去广西前夕，绪山与龙溪二位弟子侍坐在天泉桥畔，向老师请教。二人对阳明的"四句教"表明了不同的看法：

> 汝中曰：此恐未是究竟话头。若说心体是无善无恶，意亦是无善无恶的意，知亦是无善无恶的知，物亦是无善无恶的物矣。若说意有善恶，毕竟心体还有善恶在。德洪曰："心体是天命之性，原是无善无恶的；但人有习心，意念上见有善恶在，格、致、诚、正、修，此正是复那性体功夫。若原无善恶，功夫亦不消说矣。"

对于二人的争论，阳明的回答是：

> 我今将行，正欲你们来讲破此意。二君之见，正好相资为用，不可各执一边。我这里接人，原有此二种，利根之人，直从本原上悟入，人心本体，原是明莹无滞的，原是个未发之中，利根之人，一悟本体，即是

功夫,人己内外,一齐俱透了。其次不免有习心在,本体受蔽,姑且教在意念上实落为善去恶,功夫熟后,渣滓去得尽时,本体亦明尽了。汝中之见,是我这里接利根人的;德洪之见,是我这里为其次立法的。二君相取为用,则中人上下,皆可引入于道。若各执一边,眼前便有失人。便与道体各有未尽。[①]

这段师生的对话,后来被王门称为"天泉证道"。从二人的分歧来看,龙溪依据意、知、物都是由心产生和决定,而"心体是无善无恶"是王学的理论前提,从而推论出意、知、物都应是"无善无恶"的,即所谓"四无说"。绪山则认为肯定"四无"就等于取消了"功夫",加以反对,并以"人有习心"作为自己"功夫"说的依据。阳明的回答,并没有反对二人各自的论据,只是说他的"四句话"是可以分别针对"利根之人"和"其次"之人来说的,龙溪所理解的精神适合"利根之人",绪山所理解的精神则适合"其次"之人。要他们"相资为用","不可各执一边"。其实,这种解说并没有解决王学的内在矛盾。因此,钱、王二人的学说继续向各自所持的观点发展,形成了以龙溪为代表的"良知现成"派,和绪山为代表的"功夫"派。其他王门后学,也不断对"四句教"提出各种质疑。

在阳明那里,"良知"已经是最高的道德规范和万物的本源。龙溪的学说,是把这种主体道德哲学发展到更彻底的地步,他进一步提出了"无中生有"论和"良知现成"说。

"无中生有"论,是从良知本质是"无""空""虚""寂"这个前提出发的。龙溪云:"人心本来虚寂,原是入圣真路头。"[②]"空空者,道之体。"[③]而"空空即是虚寂"[④]。他把良知本体视为"空""无",是同阳明把良知视为"与物无对"的绝对本体相一致的。既然良知是超越一切具体物的绝对,所以龙溪认为它必然是"无善无恶""无是无非""无动无静""无形无方所",即没有任何规定性的"无"。

为什么"无"中能生"有"呢?龙溪根据阳明的"万物一体""体用一原"和"心无体,以天地万物感应之是非为体"等命题为依据,引伸出良知本体是"无",而

---

① 上引均见《王阳明全集·传习录下》。
② 《王龙溪先生全集·南游会记》。
③ 《王龙溪先生全集·致知议略》。
④ 《王龙溪先生全集·致知议辨》。

发用流行是"有"的道理。他说："良知惟无物,始能尽万物之变,无中生有。"①又说："夫目之能备五色,耳之能备五声,良知之能备万物之变,以其虚也。"②正因为良知是"虚",但它是"造化之灵体";"心无体",但它可以"感应"万物,尽"万物之变"。这里,龙溪力图把"空空"的"道体"与"万物之变"调和起来,这是他的世界观的一个特点。

"良知现成"是指良知本来具足,不假人为,能够自然地发用流行。龙溪所说的"良知不学不虑,本来具足,众人之心与尧舜同"③;良知"益然出于天成,本来真面目,固不待修证而后全"④等等,讲的都是这个意思。

显而易见,龙溪的"无中生有"论和"良知现成"说在理论上是密切相关联的。由于良知是自然而然的"无中生有"的,因此,对它来说"未发"和"已发"是统一的,它"自能收敛","自能发散",并且"独往独来,如珠之走盘,不待拘管,而自不过其则也"⑤。这种观点,完全排斥了人为的因素,显然已与阳明的学说相左了。故黄梨洲指出龙溪把良知说成"虚无之体,是不得不近于禅";而他主张"良知现成","流行即是主宰,悬崖撒手,茫无把柄","是不得不近于道"⑥。这种论断是有道理的。

龙溪的"良知现成"说,以笃信谨守一切矜名饰行之事,皆是犯手做作,终于使"自然无欲"衍变而为任情纵欲。其后学周海门、管东溟、陶石篑兄弟等皆宗其说。此论在当时之风行,结果导致"以名教为桎梏,以纪纲为赘疣,以放言高论为神奇,以荡轶规矩、扫灭是非廉耻为广大"的纵欲思想,使人放弃"为善去恶"的修行工夫,把人引向歧路,导致了莫大的弊端。

第四节　黄绾的艮止说

黄绾(1480—1554),字叔贤,号久庵,又号文翁、石龙,浙江黄岩人。官至南

---

① 《王龙溪先生全集·答季彭山龙溪书》。
② 《王龙溪先生全集·宛陵会语》。
③ 《王龙溪先生全集·与阳和张子问答》。
④ 《王龙溪先生全集·书同心册》。
⑤ 《明儒学案·浙中王门学案二》。
⑥ 《明儒学案·浙中王门学案二》。

京礼部尚书兼翰林院学士。曾自述其学有志于"穷师孔孟,达法伊周"①。正德八年(1513),久庵在北京与王阳明、湛甘泉相与论学。后来,又在余姚闻阳明"致良知之教",说王学"简易直截,圣学无疑。先生真吾师也,尚可自处于友乎"?自称为阳明的"门弟子"②。然而久庵其实是一位既通程朱理学,又接受阳明心学的学者。存世著述有《石龙集》二十八卷,《久庵先生文集》十六卷,《久庵日录》六卷,《游永康山水记》一卷,并撰有王阳明《行状》《辨王守仁理学疏》等。

久庵与龙溪友情不错,但学术见解上有分歧。据久庵《游雁山记》③所载,嘉靖二十一年(1542),他们曾以邀游浙东雁山的机会,"相与深辩"。两人"深辩"有两次,一次是在黄岩的石龙书院,"相与论绝学未明之旨,数晨夕";一次是在能仁寺,"列草铺,烧炉围坐,再论绝学,深辩释、老精微不同之旨","至夜半而寐"。在"深辩"中,两种观点的对立是很鲜明的。久庵曾谓:"今日君子,有谓仙、释与圣学同者";而另一种观点,则认为释、老的"顿悟上乘之旨",非是"圣学"④。

这里所谓的"绝学""圣学",就是以孔孟为代表的儒学。对于这种儒学的"道统",久庵认定是所谓"艮止之旨"。"艮止"一词,原出于《易·象传》:"艮,止也。""艮"象山,用来论说八卦变化达到应该所止之处,有极限和静止的意思。久庵经过一番论证,认定"止指心体",即所谓"常静而常明"的绝对之"心体"。其《易经原古序》云:"惟艮其止,止于其所,时止而止,时行而行,以观万象,以进观天健,以进观地厚,又观辞变象占,以进观天崇,以进观地卑,然后动静可不失其时,其道可光明矣。"这里所达到的"艮止"的境界,实际上就是要保持那个绝对"至善"的心体,也就是阳明所说的"良知"。所以,久庵把"艮止之旨"说成是"尧舜执中之学"。

久庵把这种"艮止"说,作为批评龙溪的"空无"说的理论武器。因为一方面,按照久庵的说法,"艮止"说视心体为"止",这个绝对的心体,本具一切,圆满自足,虽不见形影,无声无臭,但"非言无也",而是实在的,是"有"而非"无"。犹如《易》曰"易有太极";《诗》曰"天生蒸民,有物有则";孔子曰"成性存存,道义之门"。意思是说,"止"这个心体,实际就是儒学所说的"天道""天理"。具体说

---

① 黄绾《石龙集》卷十四《寄谢方石先生书》。
② 均见《明儒学案·黄久庵》。
③ 《台学统》卷四十四。
④ 《明道编》卷一。

来，就是"威仪三千，礼仪三百"的伦理纲常。这些都是实实在在的"有"，而不是空虚的"无"。而龙溪把"良知之体"说成"无是无非"之"无"，而把"发露于外"才看成"知是知非"的"有"。所以，龙溪关于"'无'者圣学之宗"的说法，是以心体为"无"，这不仅在道德修养上"坠于空虚"，而且来源于道家的"无名天地之始"，和禅宗的"有物先天地，无形本寂寥"之说，与"圣学之宗""奚啻千里"①。另一方面，久庵的"艮止"说，并不否认"习染"的存在。他明白认定"人生不能无习，人心不能无染，若不知慎独而致其知，而去其习染之私"，则"不获止于至善矣"②。这就是说，久庵很注重"去其习染之私"的修养功夫，只不过他对《大学》的"致知在格物"的功夫有独到的见解。他把"致知"放在首位，"格物"则是"致知"的功夫所要达到的功效。他说："致，思也。"③这个"思"，并非简单的"求之于心"的思心、守心。"思是工夫"，它既包括内在的性情涵养，也包括求外在的"物则之当然"。他曾明确地把"戒慎不睹，恐惧不闻"解释为"常睹常闻"。从"致知"即"功夫"的观点出发，久庵既批评了"先儒不明，乃以格物为致知工夫，故以格物为穷事物之理"的主张和做法，是"失之于外，支离破碎，而非圣人之学矣"，又批评了包括龙溪在内的"今之君子又不能明之，亦以格物为致知工夫，故以格物为格其非心，谓格其不正以归于正"，"工夫皆在'格'字上用"，"所以求之于心，失之于内，空虚放旷，亦非圣人之学矣"④。看来，久庵所谓的符合"圣人之学"的"致知功夫"，实际上就是儒家"内外交相成"的认识方法和修养功夫。

第五节　张元忭的悟修并进说

张元忭(1538—1588)，字子荩，号阳和，绍兴人。隆庆五年(1571)进士第一，先后任翰林院修撰、左春坊左谕德兼翰林侍读等职。曾编纂《绍兴府志》《会稽县志》，著有《不二斋论学书》《云门志略》《张阳和集》。

阳和也是"浙中王门"中与龙溪学术观点不同的学者。其学本"从龙溪得其绪论，故笃信阳明四有教法"，但不信"龙溪谈本体而讳言工夫"的论说，公开起

---

① 均见《明道编》。
② 《明道编》卷五。
③ 《明道编》卷一。
④ 《明道编》卷二。

来"辟龙溪",指责其"欲浑儒释而一之,以良知二字为范围三教之宗旨,何其悖也"①。

阳和之学以心学为宗旨,对"良知"说有自己的见地。他认为"心"学是儒学的"一贯之教",认为:"万事万物皆起于心。心无事而贯天下之事,心无物而贯天下之物,此'一贯'之旨也。"他把"曾子之三省","孟子之三反","居处之恭","非礼之禁"等等,都视为心学的内容,从而得出了"心无二,故学无二,二之,非也"②的结论。他还说:"心外无道,言心而曰易偏、易恣者,即非心也;道外无心,言道而不本于心者,即非道也。"③可见,阳和的心一元论思想是明白而彻底的。在"良知"说的问题上,阳和赞同江右王门的聂双江关于"误以知觉为良知"是"叛其师说"的观点,主张划清"良知"与"知觉"的界限。他说:"人有知觉,禽兽亦有知觉,人之知觉命于理,禽兽之知觉命于气。今但以知觉言良知,而曰良知不分善恶,不将混人性物性而无别耶?夫所谓良知,自然而然,纯粹至善者也。参之以人为,蔽之以私欲,则可以言知,而不得谓之良知矣。谓良知有善无恶,则可;谓良知无善无恶,则不可。致知之功,全在察其善恶之端,方是实学。今人于种种妄念,俱认为良知,则不分善恶之言误之也。"④阳和把"良知"理解为"纯粹至善"的人性的自然本体,如果"以知觉言良知",那就是"混人性物性而无别",至于把"种种妄念"俱认为良知。那就是"不分善恶"了。这里实际上涉及了对"王门四句教"的看法,他和钱绪山一样,不赞同"良知无善无恶"的说法,显然是反对龙溪的"四无"说的。

在道德修养问题上,阳和提出了"悟修并进"的主张。修养功夫之所以必要,是因为:"盖无垢无污者,心之本体也。"但"物交于外,欲动于中,能无垢无污乎?是故列圣之所以惓惓者,惟惧其本体之有蔽也,去其所蔽以还其真,而学余事矣。"⑤为此,他提出了"悟修并进"之说,认为:"人之资禀不能无高下,而教人者亦自有'权''实'。直指本体,不落阶级者,其'实'也;旁引曲辟,务以渐入者,其'权'也。上根之人可以'实'悟,中下之人必以'权'谕。"有人"每对人谈本体而讳言工夫,以为识得本体便是工夫。某谓本体本无可说,凡可说者皆工夫

---

① 上引均见《明儒学案》卷十五《张阳和》。
② 张元忭《张阳和集·又答田文学》。
③ 张元忭《不二斋论学书·与毛文学》。
④ 张元忭《不二斋论学书·寄冯纬川》。
⑤ 张元忭《张阳和集·寄冯纬川》。

也"。"经云'理以顿悟,事以渐修',悟与修安可偏废哉！世固有悟而不修者,是徒骋虚见、窥影响焉耳,非真悟也;亦有修而不悟者,是徒守途辙、依名相焉耳,非真修也。故得悟而修,乃为真修;因修而悟,乃为真悟。古之圣贤所以乾乾惕惕,若无一息之解者,悟与修并进。"①阳和以这种"悟修并进"说为武器,着重批评了当时"徒言悟而不言修""崇妙悟而略躬行"的弊端,指出:"近时之弊,徒言良知而不言致,徒言悟而不言修。"②结果是"世儒口口说悟,乃其作用处,殊是未悟者,悟与修分两途,终未能解。"③又说:"古人之讲学,讲其所行也;古之人力行,行其所学也。学、行岂两途哉！今也不然,讲学者惟务于空言而忽躬行之实;力行也,徒徇乎应迹,而忘著察之功。斯二者,盖胥失之矣。"④

围绕对王门"四句教"的不同理解而展开的学术争鸣,实际上暴露了王学心本体论和道德修养论之间内在的矛盾,这可谓是王学分化的内在根据。以龙溪为代表的理论,只谈"良知"本体而不谈"致"的工夫,确有流入空疏的消极作用。这不仅在理论上偏离了阳明"致良知"的本义,而且在现实中导致了明代晚期的许多社会流弊。于是,这番论争引发了使阳明心学向实学转型的趋势。

第六节　刘宗周修正王学

蕺山先生刘宗周,其学虽主要渊源于阳明心学,但因发现王学末流的空疏之说导致社会的诸多流弊,乃对"良知"说特别是对"四句教"的内在矛盾进行深入剖析,并对当时风行的良知现成说进行严厉批判。他既是王学的继承者,又是王学的修正者。

一　生平与为学宗旨

刘宗周(1578—1645),字念台,号起东,山阴(今绍兴)人,因曾讲学于山阴城北蕺山,故人称蕺山先生。二十四岁中进士。二十六岁师从湛甘泉再传弟子许孚远请教"为学之要","许先生告以存天理,遏人欲"。次年再次拜访请教,许

---

①　张元忭《张阳和集·寄罗近溪》。
②　张元忭《不二斋论学书·答周海门》。
③　《明儒学案》卷十五《秋游记》。
④　张元忭《张阳和集·寄冯纬川》。

又告以"为学不在虚知,要归实践",并勉励他"谨身节欲","胸次洒落光明"①等品德。万历三十二年(1604),赴京首任行人司行人,历官至左都御史等职。蕺山出仕之际,正值晚明局势动荡时期。蕺山结识东林名士,与之一起指陈时政,斥责阉党,而遭到三次革职。故黄梨洲《子刘子行状》云:"先生通籍四十五年,立朝仅四年,在家强半。"蕺山曾为抗清多次上奏,并亲自参与筹划抗清事宜。到南明弘光元年(1645),即清顺治二年,清兵南下。蕺山忠愤填胸,"绝食而死"②。蕺山一生除短期在朝外,大都从事教育和著述。有《刘子全书》四十卷,《刘子全书遗编》二十四卷。

蕺山之学,归根到底是以孔孟为宗。他对于孔子的"性相近,习相远"和孟子的"性善"论,对于《大学》的"诚意"之道和《中庸》的"慎独"之功,都作有切实的阐发,并赋予了某些时代特色和新的含义。

蕺山对于宋明理学家,所谓"上承濂洛,下贯朱王"。他对于"北宋五子"中的周濂溪极为推崇,尝称"濂溪为后世儒者鼻祖",并谓"孔孟之后论性学惟濂溪为是"。又认为"程子受学于周子",其间有密切的师承关系,程子所说的"天理","即是周子无极而太极"。所谓"下贯朱王",是指他早年偏重程朱理学,后来虽倾向于阳明心学,但认为朱王皆"说极说仁说静说敬,本是一条血脉","朱子实不支离",并肯定格物之说"以朱子之说为长";"阳明云致良知于事事物物之间,全是朱子之说"。这说明他的学风善于博采众长。

不过,蕺山之学的主要渊源,是阳明心学。黄梨洲在《子刘子行状》中指出:"先生于新建(阳明爵新建伯)之学凡三变,始而疑,中而信,终而辨难不遗余力。"蕺山晚年因发现阳明的"良知"说与《大学》的"诚意"之道有不合之处,从而对"良知"说特别是对"四句教"的内在矛盾进行了深入的剖析。他深恶阳明后学中的现成良知说而大加批判,并对阳明心学进行了修正。

二　宇宙论与人性论

在宇宙本体论上,蕺山明确提出"有是气斯有是理","离器道不可见"的命题,并加以阐述道:"一阴一阳之谓道,即太极也。天地之间一气而已,非有理而后有气,乃气立而理因之寓也。"③又云:"有物斯有性,有性斯有道,故道其后起

---

① 均见刘宗周《刘子全书》卷四〇上附录二《先君蕺山先生年谱》。
② 刘宗周《刘子全书·蕺山先生年谱》。
③ 刘宗周《刘子全书·圣学宗要·图说》。

也。而求道者,辄求之未始有气之先,以为道生气,则道亦何物也,而能遂先气乎?"①他还进而驳斥"虚生气"的观念:

> 或曰:"虚生气。"夫虚即气也,何生之有? 吾溯之未始有气之先,亦无往而非气也。当其屈也,自无而之有,有而未始有;及其伸也,自有而之无,无而未始无也。非有非无之间,而即有即无,是为太虚,是为太极。

这是对有"气"以前存在一个"虚无"世界的错误观念的有力批判。在蕺山看来,"虚即气也","未始有气之先,亦无往而非气也"。所谓"太虚""太极",并非空无世界。关于"道"与"器"的关系,他说:"天者,万物之总名,非与物为君也;道者,万器之总名,非为器为体也;性者,万形之总名,非与形为偶也。"

"道"是从"万器"中概括出来,它存在于"万器"之中,不离"万器"。"离器而道不可见,故道器可以上下言,不可以先后言。"蕺山的这些深刻的思想,不仅是批评宋以来某些理学家"理在气先"的观念,而且从根本上否定了"有物先天地"的佛、道思想。正如他所指出的:"有物先天地,异端千差万错,从此句来。"而"理即是气之理,断然不在气先,不在气外"。如此,"千古支离之说,可以尽扫"。② 正因为这样,黄梨洲高度评价了其师"器在道斯在,离器道不可见"的论断,认为它解决了"千古不决之疑,一旦沽出,使人冰融雾解"③。

蕺山的人性论,是以他的气一元论的宇宙观为基础的。他说:"盈天地间一气也,气即理也。天得之以为天,地得之以为地,人物得之以为人物,一也。"天、地、人、物,"皆一气自然之变化而合之","万物生生而变化无穷焉,惟人也得其秀而最灵,形既生矣,神发知矣,五性感动而善恶分,万物出矣"④。人与天地万物一样,都由阴阳二气化合而成,但人性毕竟有其特殊性,"惟人也得其秀而最灵"。他对于"心"与"性"的关系也作了分析,他指出:

> 盈天地间一性也,而在人则专以心言。性者心之性也,"性之所同

---

① 刘宗周《刘子全书·学言中》。
② 上引均见《明儒学案·蕺山学案》。
③ 黄宗羲《南雷文定后集·先师蕺山先生文集序》。
④ 刘宗周《刘子全书·圣学宗要·图说》。

然者理也"。生而有此理之谓性,非性为心之理也。如谓心但一物而已,得性之理以贮之而后灵,则心之与性断然不能为一物矣。①

蕺山认为,"心体"与"性体"是既有联系又有区别的。他说:"心以物为体","从心体看来","心之官则思","心"被看成是思维的器官。而"从性体来看","性体即在心体中看出",它"不思而得","从容中道"。所以说:"心"与"性"之间,是"一而二,二而一"②的关系。"夫性本天者也,心本人者也"③。性是一种自然的本体,它是纯善的。故蕺山说:"子曰性相近也,此其所本也。"④又说:"孟子因当时言性纷纷,不得不以善字标宗旨","最有功于学者"⑤。

既然"心以物为体",人心是由阴阳二气化合而成的,则"人心""道心"二者应当是统一的。蕺山说:"吾请言吾常心焉。常心者何?日用而已矣。居室之近,食息起居而已矣。其流行则谓之理,其凝成则谓之性,其主宰则谓之命,合而言之皆心也。"⑥在他看来,心者,"一物而已","人其生而最灵者也","灵而心其统也","尝醒而不昧者,思也,心之官也"⑦。所以,"常心者","日用而已矣"。蕺山指出,吾儒言心,佛氏亦言心,但各自的理解不相同,"佛氏之言心也,曰空","此言心而幻者也"⑧。进而,蕺山对"人心"与"道心"的问题发表了看法:"人只是人心,而道者人之所当然。乃所以为心也,人心道心只是一心。"⑨又说:"人心惟危,道心惟微,道心即在人心中看出,始见得心性一而二,二而一。"⑩基于这种"人心道心只是一心","道心即在人心中看出"的观点,蕺山明确提出了"王道本乎人情","人情即天理"⑪的观点。

于是,蕺山对于"气质之性"与"义理之性"发表了自己的见解:

---

① 刘宗周《刘子全书·原性》。
② 刘宗周《刘子全书·学言上》。
③ 刘宗周《刘子全书·易衍》。
④ 刘宗周《刘子全书·原旨》。
⑤ 刘宗周《刘子全书·证学杂解·解十九》。
⑥ 刘宗周《刘子全书·原道下》。
⑦ 刘宗周《刘子全书·原心》。
⑧ 刘宗周《刘子全书·原道下》。
⑨ 刘宗周《刘子全书·读书说》。
⑩ 刘宗周《刘子全书·学言上》。
⑪ 刘宗周《刘子全书·学言上》。

理即是气之理,断然不在气先,不在气外。知此,则知道心即人心之本心,义理之性即气质之本性,千古支离之说可以尽扫。而学者从事于人道之路,高之不堕于虚无,卑之不沦于象数,而道术始归于一乎。①

这说明,蕺山还是从"理存乎气"的根本观点出发,来论证"义理之性即气质之本性"的道理的。在《中庸首章说》中,他更明白地指出:"须知性只是气质之性,而义理者气质之本然,乃所以为性也。""气质、义理只是一性。"②在此基础上,蕺山批评了他认为不正确的几种说法:

若既有气质之性,又有义理之性,将使学者任气质而遗义理,则"可以为善,可以为不善"之说信矣!又或遗气质而求义理,则"无善无不善"之说信矣!又或衡气质义理并重,则"有性善有性不善"之说信矣!三者之说信,而性善之旨复晦,此孟氏之说忧也。③

很清楚,蕺山把自己信守孟子的"性善论"建立在"气一元论"的基础上。因此,把义理解释为"气质之本然"。如果把二者割裂了,那就背离了这种"性善论",也就与他的"气一元论"不相容了。正因为他肯定气质之性本善,所以赞同"养气"说:

人生而有气质之性,故理义载焉,此心之所为同然者也。然必学焉,而后有以验其实。学者,理义之矩也。人生而百年未必皆百年也。百年者先天之元气,而培养此百年元气,全在后天。④

正因为"性只有气质之性","义理"载于气质之中,而气质之性又被看成是至善的。所以,蕺山把"元气"的培养,比喻为寒暑、饥饱之"不失节"那样重要。因而

---

① 刘宗周《刘子全书·学言中》。
② 刘宗周《刘子全书》卷八。
③ 刘宗周《刘子全书·中庸首章说》。
④ 刘宗周《刘子全书·证学杂解·解十七》。

指出:"耳目口鼻之欲","可合天人,齐圣凡,而归于一"①。"天理人欲同行而异情,故即欲可以还理。"②"天理人欲本无定名,只争公私之间而已。"③这就肯定了人的情欲的合理性。蕺山提出的这些思想,后来为他的学生黄梨洲,特别是陈乾初所发展了。

三 "致良知"的内在矛盾剖析

蕺山对《大学》的"诚意"之道作了充分的发挥,把它同以"气质"为本的人性论联系起来,以"意"作为人性的本体,对"良知"说作了重要修正,建立了自己以"诚意"为内容的道德观。

蕺山首先肯定"诚意"是《大学》的基本精神所在。他说:"《大学》之要,诚意而已矣,格致,诚意之功也;《中庸》之要,诚身而已矣,明善,诚身之功也。"④"诚",一般都解释为忠信无欺之意;但对于"意",蕺山有独到的解释。他说:"心如谷种,仁乃其生意;生意之意即是心之意;意本是生生,非由外铄我也。"⑤作为人来说,"生意"就是"心之意",也就是生生不息之仁。如稻米中一角白点,是米之生意,由此发为根、芽、叶、结实,皆自此一点推出去。进而他对"心"与"意"的关系作了阐述:"心之主宰曰意,故意为心本,不是以意生心,故曰本。犹身里言心,心为身本也。"⑥就身体而言,"心为身本";但就"心"与"意"的关系来说,"意"是"心之主宰"。

蕺山心目中的"生意",就是存在于万物之中的"一元生生之气"。对于天来说,春夏秋冬,周流无间,是"天之一元生意";对于人来说,喜怒哀乐,周流无间,是"人之一元生意"。所以他说:"为学亦养此一元生生之气而已。"⑦他认为许多学者把"意"理解错了,有人混淆了"意"与"念"的区别,以"念"解"意"。他指出:"一念不起时,意恰在正当处也;念有起灭,意无起灭也。今人鲜不以念为意者,呜呼,道之所以尝不明也。"⑧他把"念有起灭","意无起灭",作为区别"意"与

---

① 刘宗周《刘子全书·学言下》。
② 刘宗周《刘子全书·学言上》。
③ 刘宗周《刘子全书·读书要义说》。
④ 刘宗周《刘子全书·会录》。
⑤ 刘宗周《刘子全书·学言下》。
⑥ 刘宗周《刘子全书·学言下》。
⑦ 刘宗周《刘子全书·会录》。
⑧ 刘宗周《刘子全书·问答》。

"念"的标志。

其实,在蕺山看来,"意"与"念"之间是一种体用关系。"意"是心之本体,是"人之一元生意"。这种"一元生生之气",人皆有之,"未感之先,一团生意,原是活泼泼地"。意是心的"一点光明"处,可见"意之有善而无恶矣"。但"心随感而见","心无主不免转念相生"。可见二者的关系是,"心为用,意为体"。但有人往往"疑心为体,意为流行"。所以"今以时起者为意,而又以转念而起者为意,不特病在意,且病在心矣"。王阳明"有善有恶者意之动",其错误就出在"以念为意","将一意字看坏"了。朱子讲"私意",加了个"私"字,"语意方完",但"毕竟意中本非有私也"①。

由此可见,蕺山认为意是"有善而无恶"的心之本体,而心之所感而发的念,则是可善可恶的。为此,他专门写了《治念说》,明确反对佛门的"无思""无念"说,肯定"念不可免",问题在于如何防恶念,举善念。这就要靠"心之官"来权衡了。他认为,"思"与"念"是有所不同的,思是一种自觉的思维活动,"慎思者,化念归思;罔念者,转引思以归念。毫厘之差,千里之谬也"。念不可免,思更不可废,"夫学所以治念也"。"与思以权","化念归思","此为善去恶之真法门也"②。这里,包含着一种主体道德自觉和提倡理性思维的精华。

在分清"意"与"念"的界限的同时,蕺山认为"诚"与"妄"也不能混淆。他说:"诚与伪对,妄乃生伪也。妄无面目,只一点浮气所中,如履霜之象,微乎,微乎。妄根所中曰惑,为利为名为生死,其粗者为酒色财气。"③"伪"和"惑"都是"妄根"引起的。这样,"妄"也势必与"念"相联系,这就是所谓"妄念"。故蕺山指出:

> 曰妄,有妄心斯有妄形,因有妄解识,妄名理,妄言说,妄事功,从此造成妄世界,一切妄也,则亦谓之妄人已矣。妄者,亡也,故君子欲辨之早也。一念未起之先,生死关头最为吃紧,于此合下清楚,则一真既立,群妄皆消。④

---

① 刘宗周《刘子全书·问答》。
② 刘宗周《刘子全书·治念说》。
③ 刘宗周《刘子全书·人谱·纪过格》。
④ 刘宗周《刘子全书·证学杂解·解二》。

正因为"妄乃生伪",所以"妄"必然与"真"相对立,最终则与"诚意"不相容。这就是蕺山所说的:"人心自妄根受病以来,自微而著,益增泄漏,遂授之以欺。欺与谦对,言亏欠也。"而《大学》首严自欺,自欺犹云亏心"①。蕺山分析"诚"与"妄"、"真"与"伪"、"信"与"欺"的对立,是针对当时社会"欺天罔人无所不至","不识人间有廉耻事"的现象而发的。他揭露说:"近世士大夫受病者,皆坐一伪字,使人名之曰假道学。"②

从《大学》诚意之道的理解出发,蕺山对阳明的"良知"说提出了质疑,其主要理由是"良知"说与《大学》之说终有分合"。他说:

> 阳明子言良知,最有功于后学。然只是传孟子教法,于《大学》之说终有分合。古本序曰:"《大学》之道诚意而已矣。诚意之功格物而已矣。格物之极止至善而已矣。止至善之则致良知而已矣。"宛转说来,颇伤气脉。③

从表面看,似乎蕺山是因为阳明的"良知"说是以孟子之言解释《大学》之道,所以说他"颇伤气脉",其实不然。蕺山主要是批评阳明"致良知"说,与《大学》的诚意之道"终有分合"。对此,他曾作过具体剖析。他认为《大学》所说的"致知",已包含了"知止""知先""知本"的意思。这样,"知在止中,良因止见,故言知止,则不必更言良知。若曰以良知之知知止,又以良知之知知先而知本,岂不架屋叠床之甚乎"④? 这就是说,《大学》的"诚意"说和"致知"说,实际上已经包含着阳明所谓的"致良知"的那些内容,硬是要在这中间加上个"致良知",实在是画蛇添足,多此一举。

蕺山还对阳明"四句教"的内在矛盾,进行了揭露和批评。他说:"至龙溪所传天泉问答,则曰:'无善无恶者心之体,有善有恶意之动,知善知恶是良知,为善去恶是格物。'益增割裂矣。即所云良知,亦非究竟义也。"⑤所谓"天泉问答"的阳明"四句教",当时龙溪就怀疑"未是究竟话头",看来蕺山也有同感。不

---

① 刘宗周《刘子全书·证学杂解·解三》。
② 刘宗周《刘子全书·证学杂解·解四》。
③ 刘宗周《刘子全书·良知说》。
④ 刘宗周《刘子全书·良知说》。
⑤ 刘宗周《刘子全书·良知说》。

过,他对"四句教"内在矛盾的揭露,却比龙溪深刻得多。对此,蕺山作了多方面的剖析。

其一,"四句教"混淆了概念。蕺山指出:"知善知恶"与"知爱知敬","相似而实不同"。"知爱知敬,知在爱敬之中","更无不爱不敬者以参之,是以谓之良知";而"知善知恶,知在善恶之外","第取分别见,谓之良知所发则可",但这"已落第二义矣"。意思是说,既然良知说以承认"知无不良"为前提,那"知爱知敬"才称得上是良知,而"善"与"恶"是对立范畴,所谓"知善知恶",这个"知"显然是"在善恶之外",说它是"良知所发"还可以,却不能说"知善知恶是良知"。所以说,"四句教"本身把概念混淆了。

其二,"四句教"暴露了良知说的内在矛盾。对此,蕺山提出了这样的质疑:"所谓'知善知恶',从'有善有恶'而言者也。因有善有恶而后知善知恶,是知为意奴也,良在何处?又反'无善无恶'而言者也。本无善无恶,而又知善知恶,是知为心祟也,良在何处?"①当年龙溪就提出过这样的疑问:"若说心体是无善无恶,意亦是无善无恶的意,知亦是无善无恶的知,物亦是无善无恶的物矣。"②这说明,阳明"良知"说的内在矛盾,在"四句教"中集中暴露了出来。

其三,"四句教"与《大学》本旨相抵触。蕺山说:《大学》明言'止于至善',则恶又从何处来?"对于这个问题,阳明虽在"天泉证道"中,区别了所谓本体"明莹无滞"的"利根之人"和"本体受蔽"的"其次"之人,说运用他的"四句教"时,对这两种人强调的侧重面是不同的。但漏洞并没有因此而得到弥补。所以,蕺山进一步提出:如果"去其恶而善乃至",是针对"下根人"说的,那就"不当有无善无恶之说"。因为"有则一齐俱有","无则一齐俱无","更从何处讨知善知恶之分晓"?他认为阳明的"四句教"所以有"种种矛盾",在于他把"意"字认坏了,所以"不得不进而求良于知";同时他又把"知"字认粗了,"又不得不进而求精于心"。总之,"四句教"和"良知"说,"非《大学》之本旨矣"③。

其四,归根到底,是"致良知"说与"诚意"之道不相合。蕺山指出:阳明虽说《大学》之道,诚意而已矣",但实际上"宛转归到致良知为《大学》宗旨";他虽说"以诚意为主意,以致良知为工夫",实际上"盖曰诚意无工夫"。其实,"致知工夫不是另一项,仍只就诚意中看出,如离却意根一步,亦更无致知可言"。阳明

---

① 上引均见刘宗周《刘子全书·良知说》。
② 王守仁《王文成公全书·传习录下》。
③ 刘宗周《刘子全书·良知说》。

所云"有善有恶意之动",是"善恶杂揉",那还"向何处讨归宿"呢？这根本不是"《大学》知本之谓",如果说"诚意即诚其有善有恶之意",那么,"诚其有善"固可为君子,若"诚其有恶","岂不断然为小人"？这样,"良知既致之后",不就"只落得做半个小人"①了吗！

由是观之,蕺山的思想是一以贯之的,那就是坚定不移地按照他解释并维护的《大学》诚意之道,来剖析阳明的"四句教"和"致良知"说的。他对"致良知"说和"四句教"的内在矛盾的揭露,不管从理论内容和逻辑水平上,都能给人以启示。可以说,蕺山确是对王学进行批判性总结的开创者。

四　以慎独之功立大本

蕺山的慎独之学,是对《中庸》所倡导的"慎独"之旨作了系统的论证和发挥。它不仅仅是一种具体的道德修养方法,而是同他的人性论和诚意说密切联系在一起的一种伦理学说。

首先,蕺山对"独"或"独体"这一范畴作了规定和阐发。其云:"古人慎独之学,固向意根上讨分晓。"②"圣学之要,只在慎独。独者,静之神、动之机也。动而无妄曰静,慎之至也。是谓主静立根。""工夫只说个慎独,独即中体,得慎独,则发皆中节,天地万物在其中矣。"③由此可见,在蕺山那里,"慎独"的含义已经远远超出郑玄注《中庸》所说的"慎其闲居之所为"的范围。蕺山所讲的"独"或"独体",都是从"性体"上说的。所谓"独即中体","中便是独体",实际上就是他所说的纯善之"生意","本善之性"。他认为"《中庸》之慎独与《大学》之慎独不同,《中庸》从不睹不闻说来,《大学》从意根上说来"。"独是虚位。从性体上看来,则曰莫见莫显,是思虑未起,鬼神莫知时也。从心体看来,则曰十目十手,是思虑既起,吾心独知时也。然性体即在心体中看出。"④蕺山注重从"意根上""性体上"来研究慎独之学,把它与"本体""人性"密切联系在一起。所以他说:"独之外,别无本体;慎独之外,别无工夫。"⑤这样,他就从"立大本"上来谈论道德修养问题。他说:"故中为天下之大本,慎独之功全用之立大本,而天下之达道行

---

① 均见刘宗周《刘子全书·学言下》。
② 刘宗周《刘子全书·证学杂解·解六》。
③ 上引均见刘宗周《刘子全书·学言上》。
④ 刘宗周《刘子全书·学言上》。
⑤ 刘宗周《刘子全书·中庸首章说》。

焉,此亦理之易明者也。"这就是说,把"独"看成是"中体",就捉住了"中"这个
"天下之大本",就能把慎独之功用在"立大本"上,这好比树本有根方有枝叶,栽
培灌溉工夫都得用在根上那样。为此,蕺山反对朱子以"戒慎属致中","慎独属
致和"的看法,指出:"岂不睹不闻与独有二体乎?戒慎与慎独有二功乎?致中
之外复有致和之功乎?"

蕺山更反对把慎独视为"第二义",他说:"或曰:慎独是第二义,学者须先识
天命之性否?曰:不慎独如何识得天命之性。"①可见,蕺山把慎独之功放在道德
修养的首要地位。他说:"孔门之学","慎独二字最为居要"。"圣贤千言万语,
说本体,说工夫,总不离慎独二字。独即天命之性所藏精处,而慎独即尽性之
学。"②正因为"说本体",独即是天命之性"所藏精处";"说工夫",慎独就是"尽性
之学";"不慎独",就不可能"识得天命之性"。这样,慎独就成了实现儒家道德
理想的最重要的途径。所以,"慎独是学问第一义,言慎独而身心意知家国天下
一齐俱到,故在《大学》为格物下手处,在《中庸》为上达天德统宗,彻上彻下之道
也"。

由于蕺山的"慎独"说,已经远远超出了个人独处时约束自己的一种修养方
法,因而他很重视人类特具的心智功能,强调道德修养的自觉性。他说:"《大
学》言心到极至处,便是尽性之功,故其要归之慎独。"并指出:"以知还独,是明
中之诚;以独起知,是诚中之明。"③在蕺山看来,慎独就是"毋自欺"④,"离独一
步便是入伪"。有了这样的道德自觉,当然就能把"慎独"这种修养工夫贯彻到
各个方面去了。这就是蕺山所提倡的从"微处"着手的修养工夫。他说:"慎独
只是个微字,慎独之功亦只于微处下一著子。""由人所不见处,一步推入一步,
微之又微。"这样,"善学者时时提醒,此便是圣路"⑤。

其次,蕺山的道德修养论,是把"主敬"与"慎独"联系起来阐述的。他说:
"敬之一字,自是千圣相传心法,至圣门只是个慎独而已。""由主敬而入,方能规
体承当,其要归于觉地,故终言迷悟,学者阅过此关而学成。"⑥"敬"作为一种道
德规范,就有戒慎的意思。蕺山说:"诚者,天之道也,独之体也。诚之者,人之

---

① 上引均见刘宗周《刘子全书·学言上》。
② 刘宗周《刘子全书·圣学宗要》。
③ 上引均见刘宗周《刘子全书·学言上》。
④ 刘宗周《刘子全书·学言下》。
⑤ 上引均见刘宗周《刘子全书·学言上》。
⑥ 刘宗周《刘子全书·圣学吃紧三关》。

道也，慎独之功也。"①又说："为学之要，一诚尽之矣；而主敬，其功也。"②这就是说，蕺山把"主敬"看作至"诚"见"独"的入门功夫，也就是他所说的"诚由敬入，孔门心法"③。"主敬而入，方能觌体承当。"这实际上是要寻求道德的自我完善，达到一种"至诚"的精神境界。

其三，蕺山把如何知过改过作为道德修养论的一个重要内容。他专门写了《改过说》三篇和《纪过格》一篇。他肯定圣人比之凡人并没有什么特殊，都是会犯错误的。"自古无现成的圣人"，只是"一味迁善改过，便造成圣人"④。他对"过"作了独到的解释，并对各种过失的表现、危害和改正办法作出了分析。特别是以言行一致的道理，来说明"知过"与"改过"的问题。鉴于有些人知过不改，甚至文过饰非，蕺山把"知"分为"真知"与"尝知"两类。出于"本心之知"，"即知即行是谓真知"。"真知，如明镜当悬，一彻永彻。"只有出于"本心"的"真知"，才能做到言行一致，知过即改。而出于"习心之知"，"先知后行是谓尝知"。"尝知，如电光石火，转念即除。"如果出于这种"习心"的"尝知"，就有知过不改、文过饰非的危险。这就是他所说的："常人之心虽明亦暗，故知过而归之文过，病不在暗中，反在明中；君子之心虽暗亦明，故就明中用个提醒法，立地与之扩充去，得力仍在明中也。"⑤如果不从认识论而从道德修养论的角度谈言行一致、知过改过的问题，蕺山把侧重点放在人们有否真诚动机上，应该说是有其合理性的，这也是他强调道德自觉的一个重要方面。

---

① 刘宗周《刘子全书·学言下》。
② 刘宗周《刘子全书·会录》。
③ 《蕺山刘子年谱》。
④ 刘宗周《刘子全书·人谱》。
⑤ 均见刘宗周《刘子全书·改过说》。

本篇小结

　　自宋代至明代中期，浙江的学术中心一直在浙中的婺州地区，及至明代中叶姚江王学崛起，才把学术中心从婺州转移到浙东以余姚为中心的明州地区。

　　婺州自南宋后期的何基传承程朱理学而创建北山学派，历王柏而传至宋元之交的兰溪金履祥和元代的金华许谦，被朝廷视为朱学谪传，并列为儒学正宗，影响至为巨大。尤其是朝廷规定以程朱理学作为科举取士的标准，儒者大都尊崇程朱之学。在元代，除金履祥、许谦而外，影响较大的还有浦江柳贯、吴莱、义乌黄溍、朱震亨，东阳李直方、陈樵，兰溪吴师道，金华张枢、闻人梦吉、范祖幹等；明初则有金华叶仪、胡翰，浦江宋濂、戴良、张丁，义乌王祎，乃至明代中期的兰溪章懋等，都是著名的理学家。他们虽以传承程朱理学为主，但也深受同郡吕学的影响，不失经世务实之旨。其中尤以宋濂能融贯诸家之学而集婺学之大成，影响最大。明代中叶以后，婺州之学渐趋式微。

　　其他地区则有元初钱塘人邓牧，以布衣隐逸而深怀忧世之忧。元代有王应麟的后学宁海胡三省和奉化戴表元，兼重文史之学。明初有青田刘基，擅长经世之学。宁海方孝孺，师从宋濂，笃守程朱理学。

　　元代至明代前期的浙江学术界，基本上以程朱理学占主导地位，但也深受本土事功学派的影响而不失浙学的本色。

　　崛起于明代中叶的余姚王守仁，阐发陆氏心学而创建"致良知"之学，并将其贯彻到经世致用的事业之中，无论在教育、政治和武功上都取得了巨大的成功。但因其学内部的矛盾而利弊互见，故其后学即行分化。

　　王门后学最著者有余姚钱德洪，绍兴王畿、张元忭和黄岩黄绾。他们围绕对王门"四句教"的不同理解而展开学术争鸣。钱德洪、张元忭、黄绾三人皆注重修养工夫,而王畿则提出了"良知现成"说,只言"良知"本体而取消"致"的修养工夫,以致造成严重的空疏流弊。明末山阴刘宗周,对王学的内在矛盾详加剖析,并使心学和理学逐渐融合,为清初转向实学开辟了途径。

元明时期的浙江学者,在学术上提出了不少独到的见解,兹稍加总结,简述如下:

在本体论方面,北山学派特重"分殊"甚于"理一",故善于分析具体事物而体现其务实精神。王守仁的心学,以"良知"担当道之本体、道德本体乃至认识之本原等诸多角色,而以"中"为方法和准则贯穿其终始,使良知永远保持其至善之本体。刘宗周则提出"有是气斯有是理","离器道不可见"的命题。

在认识论和方法论方面,王守仁认为"圣人大中至正之道,彻上彻下只是一贯";并认为中是至善,过与不及是恶和异端;仁与义的统一才合乎至善之"中"。故认为:"墨子兼爱,行仁而过耳;杨子为我,行义而过耳。"钱德洪认为"致知格物工夫,只须于事上识取,本心乃见"。

在人性论方面,刘宗周认为"性本天者也,心本人者也"。并明确指出:"须知性只是气质之性,而义理者气质之本然,乃所以为性也。"还认为阳明"有善有恶者意之动",其错误出在"以念为意","将一意字看坏"了。他认为意是"有善而无恶"的心之本体,而心之所感而发的念,则是可善可恶的。

在修养论方面,陈樵提出了"礼愈严而仁愈笃"的观点。章懋继承程朱居敬穷理之说,进而认为:"穷理,自进退辞受之节分明不苟始";"居敬,于专一上见功"。王守仁的工夫论分"学以去其昏蔽"的内心修养与"致是良知而行"的实践两层内容,乃成为知行合一的致良知工夫。而王畿的"良知现成"说则认为"良知本来具足,不假人为"。黄绾的"艮止"说,认为"人生不能无习,人心不能无染,若不知慎独而致其知,而去其习染之私",则"不获止于至善矣"。张元忭提出"悟修并进"说,指责王畿"欲浑儒释而一之,以良知二字为范围三教之宗旨"。刘宗周主张"工夫只说个慎独,独即中体,得慎独,则发皆中节,天地万物在其中矣"。

在教学方面,王守仁实行因材施教以造就"中行"的教学方法。即对偏于放纵的"狂者"勉以谦虚笃实,对偏于拘谨的"狷者"则勉以激昂奋发,以求皆合乎中道,乃可成为中行之士。

在政治方面,邓牧反对君主专制,指出皇帝是最大的掠夺者和剥削者。宋濂提出"为君者当谨五矩,一曰省愆,二曰受言,三曰尊士,四曰去骄,五曰推仁;

为臣者当行五彝,一曰进贤,二曰任事,三曰守俭,四曰善谏,五曰知退"。戴良提出"自古人君,虽有出类拔萃之资,至于治道之盛,则未始不由学而致"。刘基认为治民必须"揆之以道",反对"使之以术"。章懋提出"格君心,收人才,固民心,然后政事可举"。王阳明提出"古今异宜",主张采取"因时致治"的施政方法。

在兵防方面,金履祥在宋末临危之际,竟向朝廷独进奇策,请以舟师重兵由海道直趋燕、蓟,俾捣虚牵制,以解襄、樊之围。他所陈述的海船沿途所经州县及海道中的岛屿险易,历历有据。可见他的计策,并非冒险的空谈,而是经过实地调查所得的可用之策。可惜未被采用,卒至于亡国。王守仁提出"兵无定势,谋贵从时"的战略思想。对于盗贼,他主张恩威并用,剿抚得宜:"盖招抚之议,但可偶行于无辜胁从之民,而不可常行于长恶怙终之寇;可一施于回心向化之徒,而不可屡施于随招随叛之党。"

在史学方面,明初有以宋濂、王祎为总裁,胡翰等名儒参加所纂修的《元史》。明代中期有兰溪胡应麟著有《史书占毕》《九流绪论》,以评品史书的优劣和考论诸子百家的源流。明末有海宁谈迁著有《国榷》,山阴张岱著有《石匮书》,海宁查继佐著有《罪惟录》,皆为史家巨著。他们既继承了浙学重史的传统,也开启了清代浙东史学的发展。

在文学理论方面,戴表元主张"勇变古人之法而自名家";并认为诗乃穷退之人"自适其不遇","自娱其不幸",其功能就是"自适"与"自娱"。宋濂坚持文以载道、明道致用的主张,力主义理、事功、文辞三者的统一。

宋濂对于宋代王安石的金陵之学、苏氏的眉山之学、永嘉的事功之学、陈亮的永康之学、陆九渊的金溪之学、张九成的横浦之学等各家学说之利弊得失都作了评论,其中惟对吕祖谦的金华之学作了无比的推崇。他认为,各学派虽然立言不同,但只要能够各取其长而融合之,实可以殊途而同归于圣道。

第四篇

清代：继往开来的实学与史学

第一章　黄宗羲融贯诸家之学

明末清初之际，梨洲黄宗羲继绪其师蕺山之学，兼综诸说，会其同异，求真务实，使心学和理学逐渐融合，构建了一个较为完整的新的思想体系，实现了对王学末流的补偏救弊之功，在建树哲学理论上攀登了时代的高峰。①

第一节　兼取诸家之长

黄宗羲(1610—1695)，字太冲，号南雷，世称梨洲先生，余姚人。早年师从刘蕺山，博览群籍。明末协同东林名士与阉党进行斗争。清军攻下南京，梨洲于乱中脱身回浙东，纠合同乡子弟数百人，组织抗清义军，号世忠营，拥立鲁王。鲁王军溃，梨洲率残兵结寨四明，后又随鲁王走舟山，为匡复明室而奔走。及明统既绝，乃还乡，复举蕺山证人书院之会，著书讲学。他在学术上以旷世大儒的气魄开拓弘扬儒门传统，作出了垂范后世的巨大贡献。所著有《明儒学案》《宋元学案》(未完)《易学象数论》《授书随笔》《春秋日食历》《律吕新义》《孟子师说》《明史案》《行朝录》《明文海》《思旧录》《明夷待访录》《南雷文案》等。内容涉及经学、史学、哲学、天文、地理、历法、数学、文字学、文学和艺术等众多领域。今人辑为《黄宗羲全集》十二卷。

关于梨洲的哲学思想，学界对他的"盈天地间皆气也"和"盈天地间皆心也"两个命题，见仁见智，莫衷一是。其实，若要正确理解其实质，必须把握其二个

---

① 本章多处采用了王凤贤先生《浙东学派研究》的有关内容，但在文字上作了调整和增删。

方面：一是渊源，即师承关系和时代需求；二是基点，即最高层次的范畴和命题。

从渊源上说，梨洲之学直继孔孟，以弘扬圣人之道为己任；而从师承上说，则是其师蕺山所继承并经过修正的阳明心学。阳明哲学虽以"心"取代了"理"，有解放个性的作用，但并没有摆脱理学虚无本体的逻辑羁绊，其本体"良知"的虚寂空明往往就是入禅的通道。蕺山主要是对阳明"四句教"和"良知"说发起辨难，创立"慎独"之说。梨洲认为，"先生宗旨为慎独。始从主敬入门，中年专用慎独工夫。慎则敬，敬则诚。晚年愈精微、愈平实，本体只是些子，工夫只是些子。仍不分此为本体，彼为工夫。亦并无这些子可指，合于无声无臭之本然。从严毅清苦之中，发为光风霁月，消息动静，步步实力而见"①。这是说，蕺山"中年专用慎独工夫"，而晚年则趋向于"工夫即本体"，显得"愈精微，愈平实"。这就促使梨洲把"工夫"范畴当作本体范畴。而且，梨洲对程朱理学的许多观点也仍予充分肯定，于是乃藉此"工夫"本体以挽救王学，改造朱学，并进一步予以发展而组成新的学说。由此可见，梨洲的最高哲学范畴既非"气"，也非"心"，而是"工夫即本体"。在"工夫"的实践中，把"气"和"心"统一起来了。

此外，从《宋元学案》《明儒学案》中可以看到，他对宋元以来的各家学说都有深刻的研究，并对很多重要流派的利弊得失作了精密的分析和较为中肯的评价。在此基础上进行融会贯通，并站在时代的高度进行观察思考，从而创建自成体系的思想学说，取得了空前的巨大成就。

第二节　理气心性统一的本体论

梨洲在哲学上提出了"功夫即本体"的观点。他把"工夫"作为最高范畴，从而把理、气、心、性、情等加以整合，使之高度统一起来，乃成为具有独创性的思想体系。

一　工夫所至，即其本体

梨洲承绪其师"盈天地皆气也"的思想，故其《破邪论》认为整个世界无不"一气之流行"。然而流行之中"是必有真实不虚者存乎其间"。因此，其《孟子

---

① 上引均见《黄宗羲全集·子刘子行状》。

师说》谓"太虚之中,昆仑旁薄,四时不忒,万物发生,无非实理,此天道之诚也。人禀是气以生,原具此实理,有所亏欠,便是不诚,而乾坤毁矣"。故其《破邪论》认为"气"虽是构成世界的基本物质,但必须藉助于"实理"的存在,才"能使三光五岳之气,不为庞裂,犹如盲者行路,有明者相之,则盲亦为明"。可见,梨洲是把"理"与"气"的关系作为一个首要问题来对待的。

然而就梨洲理论思考的时代特征而言,他所注目的是当下的现实活动,具有强烈的"经世致用"意识。梨洲极力推崇孔子的经世致用之道,其《破邪论》曰:"余以为孔子之道,非一家之学也,非一世之学也,天地赖以常运而不息,人纪赖以接续而不坠。世治,则巷吏门儿莫不知仁义之为美,无一物之不得其生、不遂其性;世乱,则学士大夫风节凛然,必不肯以刀锯鼎镬损立身之清格。盖非刊注《四书》、衍辑《语录》,及建立书院、聚集生徒之足以了事也。上下千古,如汉之诸葛亮,唐之陆贽,宋之韩琦、范仲淹、李纲、文天祥,明之方孝孺,此七公者,至公血诚,任天下之重,屹然砥柱于疾风狂涛之中,世界以之为轻重有无,此能行孔子之道者也。"为此,实践"孔子之道",成为梨洲治学宗旨。基于此,对现实活动予以哲学透视,从中提炼最高范畴、最高命题,以构筑适合于新时代的思想体系,才是梨洲进入哲学沉思、建构哲学理论的入口处,从中才能找到他的哲学思想的制高点。

既然梨洲把人们的现实活动作为理论思考的入口处,那他必定认为"理""气"关系就存在于这种现实活动中。因此对现实活动进行哲学概括,升华出"工夫"这一最高范畴,并将之看成是本体范畴。其《明儒学案序》谓"心无本体,工夫所至,即其本体"。"心无本体",即是说"心"范畴不处于本体层面上,而"工夫所至,即其本体",则是指"工夫"实为本体层面上的范畴,因而"工夫即本体"这一命题也就得以确立。所以,在梨洲哲学思想中,"工夫"范畴就是一个最高范畴,"工夫所至,即其本体"就是一个最高命题。

实际上若从现实中存在的宇宙而言,古今学者所提出的能作为本体范畴者除非是三项:一是物质性的"气",这是宇宙的存在形质,与"理"相对,"气"与"心"相对则谓之"物",与"道"相对则谓之"器",实为同质而异名;二是规律性的"理",乃是"气"所遵循的运行规律;三是人之赖以认识"气"和"理"之"心"。若依西方哲学的说法,以"气"为本体者谓之气一元论,或称唯物论或唯物主义;以"理"为本体者谓之理一元论,或称客观唯心主义;以"心"为本体者谓之唯心论或主观唯心主义。各派争论不休而卒无定论。为什么至今仍谁也说服不了谁?

因为从哲学层面而言,气、理、心三者之间,是互为联系而不可或缺的并列关系,任何一项都不能凌驾于其他二项之上而成为最高的范畴。

然则什么范畴才能作为哲学的最高范畴呢?梨洲认为,唯一能整合三者的关系而使之高度统一的,则是人类的思维活动和实践活动。人类的思维活动和实践活动,就是儒家修养论所说的"工夫"。梨洲谓"心无本体,工夫所至,即其本体"。所谓"心无本体"是直接否定了"心"作为最高范畴的资格;而所谓"工夫所至,即其本体",则是正面提出了"工夫"才是哲学的最高范畴。也就是说,只有"工夫"才有资格凌驾于气、理、心三者之上而成为哲学的最高范畴。而且,在"工夫"范畴中,主客体是交融的,互以对方的存在为前提,因而"盈天地间皆气也"与"盈天地间皆心也"两命题是相统一的,是紧密不可分的,缺了其一,另一命题就难以理解,"工夫"范畴也就不复存在。如若割裂两个命题的本质联系,并把它们绝然对立起来,那就难免"唯物""唯心"争论不休而无所适从,只有"心"与"物"(气)两者达到高度的统一,"工夫"的本体范畴才得以成立。而儒家所谓的"工夫",抽象而言也就是"圣人之道"。这个"圣人之道",就是包括人类一切正确合理的思维活动和实践活动。

其实,在儒家学说中,无论孔子或孟子,都没有提到"本体"问题。他们在《论语》《孟子》中所谆谆教导的,无论是内在的道德修养抑或外在的安民事业,可以说都是属于"工夫"方面的问题。孔子所谓"从心所欲不逾矩"一语,就是对"工夫"发挥到极致的表述。"心"是先天赋予人的最高主宰,"矩"是天地万物藉以运行的客观规律,两者本身都是人所不能改变的客观存在。所以,对人而言,不管把"心"或"矩"提得多高都不重要,最重要的是"从心所欲"的行为如何使之能达到"不逾矩"的境界,这其间就是人所能努力的"工夫"问题。尽管孔子没有明确提出"工夫"是本体,但"工夫"是最根本、最重要的一环则是无可置疑的。可以说,孔子在"从心所欲不逾矩"这句话之中,就包括了他自"十五志学"到"七十从心"五十五年的全部工夫在内,如果不从切切实实的工夫着手,则不管把"心"或"矩"阐述得如何高深透切,都是于身无益、于世无补的空谈。所以,只有立志于"工夫"去读《论语》,才能真正传承孔子的儒学。因而可以说,梨洲"工夫所至,即是本体"之说,才是直接继承了孔孟之真传。

总而言之,梨洲是遵照孔孟所指引的道路来构建自己的学术体系的;而从师承上说,则是师从蕺山承绪阳明心学,把"工夫"范畴上升到本体层面,形成自己哲学思想体系的制高点,而这一观点,又是最切合孔孟的圣人之道的体现。

二　理气合一的自然观

梨洲视"气"为构成世界的基质，"通天地，亘古今，无非一气而已"。"一气充周，生人生物"，"其生气所聚，自然福善祸淫，一息如是，终古如是。不然，则生息无矣"。芸芸众生，历史演化，无不一气所为。然而此"气""流行之中有主宰也，若无此主宰，便不流行，则馁而不与天地相似，岂能充塞哉"！这个主宰即是"理"，"万古如是，若有界限于其间，流行而不失其序，是即理也，理不可见，见之于气"①。"盖一物而两名，非两物而一体也。"②所以"无气外之理"，"理气合一"③。

既然"理气合一"，所以"道、理皆从形、气而立，离形无所谓道，离气无所谓理。天者，万物之总名，非与物为君也；道者，万器之总名，非与器为体也；性者，万形之总名，非与形为偶也"④。"气"化万物而"形"，"道"也即在其中，无"形"无所谓"道"。"道"已不是万器的本原，只是其总名，传统的本体层面上的"道"已经不复存在了。"夫太虚，絪缊相感，止有一气。"⑤而"莫知其所以然而然，是即所谓理也，所谓太极也。以其不紊而言，则谓之理；以其极至而言，则谓之太极"⑥。"太虚"是"一气充周"，"太极"也在"气之流行"中，它们的本体地位都被剥夺了。以此，梨洲批判了"无极而太极"的虚玄之论，"周子则云'无极而太极'。无极则有极之转语，故曰'太极本无极'，盖恐后人执极于有也。而后之人，又执无于有之上，则有是无矣。转云无是无，语愈玄而道愈晦矣。不知一奇即太极之象，因而偶之，即阴阳两仪之象。两仪立，而太极即隐于阴阳之中，故不另存太极之象"⑦。

人禀"气"而生，"心即气之聚于人者"，故"形色，气也；天性，理也。有耳便自能聪，有目便自能明，口与鼻莫不皆然"。其"志即气之精明者是也，原是合一"。可见，"人与天虽有形色之隔，而气未尝不相通。知性知天，同一理也。

---

① 上引均见《黄宗羲全集·孟子师说》。
② 《明儒学案·诸儒学案上》。
③ 《黄宗羲全集·孟子师说》。
④ 《黄宗羲全集·子刘子行状》。
⑤ 《黄宗羲全集·易学象数论·图书四》。
⑥ 《黄宗羲全集·太极图讲义》。
⑦ 《黄宗羲全集·子刘子行状》。

《易》言'穷理尽性以至于命',穷理者尽其心也,心即理也"①。

在"一气"贯通的基础上,所有范畴相互间的割裂和形而上的悬置都将是不可能的,而理论的各部分也在这一基础上紧密相连,形成一个完整的思想体系。

然而"气"虽然是构成世界的基本物质,但它还得藉助于其主宰——"理"的存在,无"理"之气是无以构成世界的,故而要说本原,"气"还不够格。因此,与其说"气"是本原,还不如说"气"是基质,"理"虽是气之"主宰",但它也并非生"气",而是在"气之流行"中。"无气外之理","离气无所谓理",因此它也决非是最终的本原。显然,若论"本原",那么"理""气"当皆为世界本原,因为两者缺一不可,梨洲也常以"理气合一"作为自己的立论基点,并藉以评判先儒;但若以两者皆为世界本原,这就与梨洲"一元"论思想不符。可见,从"本原"论的角度看梨洲的哲学思想,的确矛盾重重,难以解释。

其实,梨洲所说的"气"是承载着人文信息的"气",这样的"气"从本原论的角度是无法理解的,只有从认识论的角度才说得通。而从认识论的角度只能概括出认识论的本体范畴,这就是"工夫"。只有在"工夫"范畴中,"理""气"才能合一;也只有从"工夫"范畴的角度,才能合理地解释"理气合一"的思想。

总之,处于本体层面的"工夫"范畴意蕴着"理气合一"的命题,并藉此推演出他整个哲学思想体系,这就是梨洲哲学思想的根本所在。

三　性情合一的人性论

梨洲循着"盈天地间皆气也"的思路,认为"圣人即从升降不失其序者,名之为理。其在人而为恻隐、羞恶、恭敬、是非之心,同此一气之流行也。圣人亦即从此秩然而不变者,名之为性。故理是有形之性,性是无形之理。先儒性即理也之言,真千圣之血脉也,而要皆以气为之"②。"若论其统体,天以其气之精者生人,粗者生物,虽一气而有精粗之判。故气质之性,但可言物而不可言人,在人虽有昏明厚薄之异,总之是有理之气,禽兽之所禀者,是无理之气,非无理也,其不得与人同者,正是天之理也。"

基于这种人、物的区别,梨洲指出:"孟子'性善'单就人分上说。生而禀于清,生而禀于浊,不可言清者是性,浊者非性,然虽至浊之中,一点真心埋没不

---

① 上引均见《黄宗羲全集·孟子师说》。
② 《黄宗羲全集·与友人论学书》。

得，故人为万物之灵也。"人之为人，是其"气"有"一点真心"存在，这"真心"就是人"理"，故所禀之"气"虽有"清""浊"，但皆为人之"性"。以此看来，则"无气外之理，'生之谓性'，未尝不是。然气自流行变化，而变化之中，有贞一而不变者，是则所谓理也性也"。何谓"贞一而不变者"？"人身虽一气之流行，流行之中，必有主宰。主宰不在流行之外，即流行之有条理者。自其变者而观之谓之流行，自其不变者而观之谓之主宰。"可见，"一气"流行之"主宰"即是"理也性也"。而"理者，纯粹至善者也，安得有偏全"？故而"万有不齐中一点真主宰，谓之'至善'，故曰'继之者善也'"。人性本"善"。

既然人性本善，那么"恶"从何来？梨洲认为，"《通书》立性者，刚柔善恶中而已矣。刚柔皆善，有过不及，则流而为恶，是则人心无所为恶，止有过不及而已。此过不及亦从性来"。所谓"恶"，只是"气"之运行失常，既非先天所生，亦非气之"质"异所成，故而只要存养此气，"则点铁成金"，去恶从善。同时，也正因为"性"是动态的，所以，"夫仁义岂有常所？蹈之则为君子，背之则为小人，故为善者不可自恃，为恶者不可自弃，所争在一念之间耳。才提起便是天理，才放下便是人欲"。

循着"一气充周"的思路，不光"性""理"合一，且"心""性"也是统一的。梨洲认为："天地间只有一气充周，生人生物。人禀是气以生，心即气之灵处，所得知气在上也。心体流行，其流行而有条理者，即性也。""心"乃"气"所形成。而"性"则是"气"之流行而不爽，因此即"心"即"性"，都是"一气"之所为。不过"性是空虚无可想象，心之在人，恻隐、羞恶、辞让、是非，可以认取。将此可以认取者推致其极，则虚空之中，脉络分明，见性而不见心矣"。"心"是实体，形于外，可见可闻，实质上，这里的"心"是伦理学意义上的行为载体；而"性"是结于"气"中，是行为主体的一种本质属性，只有通过抽象才能把握，"心"与"性"两者合一才构成行为主体。两者有"显""隐"之别，但同在"一气"中，"性"通过"心"才隐然可见，而"心"也只有具备"性"，才成其为行为主体。"性""理""心""气"的合一，也为"性"与"情"的合一提供了理论前提。

既然"性""情"皆"一气"为之，所以"不可言发者是情，存者是性耳"。"因恻隐、羞恶、恭敬、是非之发，而名之为仁义礼智，离情无以见性。""是故'性情'二字，分拆不得，此理气合一之说也。"以此而论，那么"体则情性皆体，用则情性皆用，以至动静已未发皆然"。既然"心""性""情"一体，所以"满腔子是恻隐之心，此意周流而无间断，那未发之喜怒哀乐是也。遇有感触，忽然迸出来，无内外之可言也"。"扩充之道,存养此心,使之周流不息,则发政施仁,无一非不忍人之心矣。"①

于是梨洲认为:"心即气之聚于人者,而性即理之聚于人者,理气是一,则心性不得是二;心性是一,性情又不得是二。使三者于一分一合之间,终有二焉,则理气是何物? 心与性情又是何物?"②可见"心"与"性"、"性"与"情"都是合一的。

总之,梨洲以"一气之流行"来贯通"心""理""性""情"诸范畴,藉此来批判宋儒妄分"天命之性"与"气质之性";同时也给"情"正了名,否认先儒归恶于"情",且"一气充周","生生不息",所以梨洲的人性论是一种充满"生意"的学说,各范畴都处于一种流变、发展中,没有绝对的东西。

第三节　经世致治之学

黄梨洲的政治思想集中反映在《明夷待访录》中。其原君、原臣、原法、置相、学校、取士、田制、财计等篇,从各方面阐述了他的经世致治之学。

一　天下为主君为客

他以人的价值观念为着眼点,在《明夷待访录·原君》中公开宣称:"有生之初,人各自私也,人各自利也。"充分肯定了人的个体利益的存在,并以此作为他批判君主专制政体,阐释自己的政治、经济思想的理论出发点。梨洲之肯定"利"的存在和西方"天赋人权说"有共通之处。

从肯定"利"的角度出发,梨洲分析了君主的源起。其《原君》云:"天下有公利而莫或兴之,有公害而莫或除之。有人者出,不以一己之利为利,而使天下受其利;不以一己之害为害,而使天下释其害。此其人之勤劳必千万倍于天下之人。夫以千万倍之勤劳而己又不享其利,必非天下之人情所欲居也。""君"的源起本质上只是"兴公利""除公害",是以己之"千万倍之勤劳""而使天下受其利"。这虽然不是当代的"公仆"论,但认为天子也是平常的人。他所以异于别

---

① 上引均见《黄宗羲全集·孟子师说》。
② 《黄宗羲全集·孟子师说》。

人的地方,在于有这样的价值观念:"以千万倍之勤劳,而己又不享其利"。这样的"人君","以天下为主,君为客,凡君之所毕世而经营者,为天下也"。这是儒家"先天下之忧而忧,后天下之乐而乐"的传统精神的光大,而对"君"作这样的价值观照,则是梨洲的高论。

从这样的价值观出发,梨洲揭露了三代以后的君主屠毒天下的行径:"后之为人君者不然。以为天下利害之权皆出于我,我以天下之利尽归于己,以天下之害尽归于人,亦无不可。使天下之人不敢自私,不敢自利,以我之大私为天下之大公。始而惭焉,久而安焉,视天下为莫大之产业,传之子孙,享受无穷。""今也以君为主,天下为客,凡天下之无地而得安宁者,为君也。是以其未得之也,屠毒天下之肝脑,离散天下之子女,以博我一人之产业,曾不惨然!"古今人君的价值意向如此绝然相对,所以"古者天下之人爱戴其君,比之如父,拟之如天,诚不为过也。今也天下之人怨恶其君,视之如寇仇,名之为独夫,固其所也"。藉此,梨洲得出了"君害"的结论:"然则为天下之大害者,君而已矣。向使无君,人各得自私也,人各得自利也。呜呼,岂设君之道固如是乎!"

然而,这种"君害"是如何形成的呢? 梨洲认为实由后世不明大道之小儒助长而成。他说:"小儒规规焉以君臣之义无所逃于天地之间,至桀、纣之暴,犹谓汤、武不当诛之,而妄传伯夷、叔齐无稽之事,使兆人万姓崩溃之血肉,曾不异夫腐鼠。岂天地之大,于兆人万姓之中,独私其一人一姓乎?"显然,梨洲的这种思想,是直接继承了孟子"民贵君轻"和"闻诛一夫纣矣,未闻弑君也"以及《周易》"汤武革命,顺乎天而应乎人"的优秀传统而加以发挥,在"民本"思想中赋予了"民主"意识。

梨洲的"君害"论与先秦儒家的"民为邦本"的思想有其渊源关系。孔子主张"为政以德"[①],希望能通过"德治"来使百姓服从统治,以达到"本固邦宁"的政治目的。梨洲则更赋予"民为邦本"以新的内涵,开始从根本上动摇对君主专制政体的信念,这表现在他从"利"的角度来分析君的源起,并把整个君主统治作为暴政予以否定。这样的批判便具有民主的色彩,即不再从维护君主统治出发来谈"民本",而是从百姓之"利"的角度出发来寻求一种新的统治形式,从而把"民为邦本"演化为"天下为主,君为客"。梨洲可贵之处是既有破,也有立,把他的民主思想贯穿在系统的政治、经济思想之中。

---

① 《论语·为政》。

二 出仕之义与为政之道

（一）出仕为天下非为君

梨洲关于君臣关系的思想，集中体现在《原臣》篇中，他明确否定那种"视于无形，听于无声，以事其君"，"杀其身以事其君"的愚臣观点，进而阐述了自己的"臣道"观。他说："盖天下之治乱，不在一姓之兴亡，而在万民之忧乐。"所以，君臣之间的关系应当是："缘夫天下之大，非一人之所能治，而分治之以群工。""夫治天下犹曳大木然，前者唱邪，后者唱许。君与臣，共曳木之人也，若手不执绋，足不履地，曳木者唯娱笑于曳木者之前，从曳木者以为良，而曳木之职荒矣。"在梨洲看来，君臣本是共治天下之人，区别只在于其职责不同，其治天下的目标则是共同的。为此他认定"君臣之名，从天下而有之者也"。

由此出发，梨洲阐述君臣之义："故我之出而仕也，为天下，非为君也；为万民，非为一姓也。吾以天下万民起见，非其道，即君以形声强我，未之敢从也，况于无形无声乎！非其道，即立身于其朝，未之敢许也，况于杀其身乎！"出仕是"为天下"而"非为君"，所以对未出仕的士人来说，"吾无天下之责，则吾在君为路人"。出仕之后，"不以天下为事，则君之仆妾也；以天下为事，则君之师友也"。这样的"君臣之义"，显然包含了民主精神。然而，"世之为臣者昧于此义，以谓臣为君而设者也。君分吾以天下而后治之，君授吾以人民而后牧之，视天下人民为人君囊中之私物。今以四方之劳扰，民生之憔悴，足以危吾君也，不得不讲治之牧之之术。苟无系于社稷之存亡，则四方之劳扰，民生之憔悴，虽有诚臣，亦以为纤芥之疾也"。这样的臣，在梨洲看来，昧于臣道，只不过是为一姓为一人奔走服役之徒。更有甚者，"以君之一身一姓起见，君有无形无声之嗜欲，吾从而视之听之"。"君为己死而为己亡，吾从而死之亡之。"这只能算是君之"宦官宫妾"或"私昵者"，这就更为梨洲所不齿了。

（二）置相之道

梨洲对明太祖罢相很不满。其《置相》云："有明之无善治，自高皇帝罢丞相始也。"而"宰相既罢，天子更无与为礼者矣。遂谓百官之设，所以事我，能事我者我贤之，不能事我者我否之。设官之意既讹，尚能得作君之意乎"？然而，"昔者伊尹、周公之摄政，以宰相而摄天子，亦不殊于大夫之摄卿，士之摄大夫耳"。因此，只要"使宰相不罢，自得以古圣哲王之行摩切其主，其主亦有所畏而不敢不从也"。梨洲认为宰相对天子有制约、辅弼功能，"天子传子，宰相不传子。天子之子不皆贤,尚赖宰相传贤足相补救,则天子亦不失传贤之意"。所以,"原夫作君之意,所以治天下也;天下不能一人而治,则设官以治之,是官者,分身之君也"。故梨洲主张置相。

对宰相的职能,梨洲是这样构思的:"宰相一人,参知政事无常员。每日便殿议政,天子南面,宰相、六卿、谏官东西面以次坐。其执事皆用士人。凡章奏进呈,六卿给事中主之,给事中以白宰相,宰相以白天子,同议可否,天子批红;天子不能尽,则宰相批之,下六部施行,更不用呈之御前,转发阁中票拟;阁中又缴之御前,而后下该衙门。""宰相设政事堂,使新进士主之,或用待诏者。""四方上书言利弊者及待诏之人皆集焉,凡事无不得达。"这样的宰相及其领导下的六部,权力可谓至大,皇帝只参与"同议"和"批红"两件事。这种设想颇具内阁制的色彩,如没有民主思想是无以构思的。

(三)养士与取士

既然置相必得用士,那么取士也成为关键一环,故梨洲专门撰有《取士》之篇。对于取士的原则,梨洲十分赞赏古代"取士也宽,其用士也严"的做法,认为"宽于取则无枉才,严于用则少幸进",以便最大限度地网罗人才,并确保人才的质量。所谓"宽取士之法,有科举,有荐举,有太学,有任子,有郡邑佐,有辟召,有绝学,有上书";而"严于用"则是"一人之身,未入仕之先凡经四转,已入仕之后凡经三转,总七转,始与之以禄"。梨洲对"取士"的各条途径都有详细的说明,总的说就是要把有真才实学的人都尽量搜罗出来,以改良吏治。这种"人才"观也同样富有民主色彩。

要取士,就要养士,故梨洲又专门撰有《学校》之篇。他说:"学校,所以养士也。"在梨洲看来,养士的内容不只局限于让士人接受文化教育,而是包括在议政中培养士人的素质。他说:"天子之所是未必是,天子之所非未必非,天子亦遂不敢自为非是,而公非是于学校。"让学校成为议论朝政是非的场所,简直成了议会的雏形。在这样的学校环境中培养出来的士,便具有一定的从政气质和才能,自然不会是只知打躬作揖的"规规小儒"了。这种设想与置相限制君权的思想是一致的。

当然,在梨洲看来,学校也具有教养士人、提高士人文化素养的重要功能。"天之生斯民也,以教养托之于君","学校之法废,民蚩蚩而失教,犹势利以诱之,是亦不仁之甚"。对民不教养是"不仁"之政,则"教养"当是"仁政"必不可少的内容之一。只是梨洲把教养的对象不仅限于士人,他把天子、大臣也列为对象,"每朔日,天子临幸太学,宰相、六卿、谏议皆从之。祭酒南面讲学,天子亦就弟子之列"。且"天子之子年至十五,则与大臣之子就学于太学,使知民之情伪,且使之稍习于劳苦,毋得闭置宫中"。视天子、大臣如同士人一样地要接受太学的教育,这不仅抹去了他们的神圣光彩,而更重要的在于梨洲完善了君臣的人文观念,期望能够改善吏治。

为此,梨洲提出了不少设想,如"郡县学官,毋得出自选除。郡县公议,请名儒主之。自布衣以至宰相之谢事者,皆可当其任,不拘已仕未仕也"。选择学官只问其学识、品性,不论其职位,且公议之,而不是选除之。以这样民主推荐的德才兼备的学官来主持学校的教学,自然有利于教学的效果。

（四）有治法而后有治人

在法律方面,梨洲撰有《原法》之篇。他对"法"的阐释也是出于限制君权的目的:"使先王之法而在,莫不有法外之意存乎其间。其人是也,则可以无不行之意;其人非也,亦不至深刻罗网,反害天下。故曰有治法而后有治人。"这种高度重视法制的思想,多少反映了当时市民阶层要求政治民主的愿望。

为此,梨洲区分了三代以上之法和三代以下之法。他说:"三代之法,藏天下于天下者也。山泽之利不必其尽取,刑赏之权不疑其旁落,贵不在朝廷也,贱不在草莽也。"所以"此三代以上之法也,因未尝为一己而立也"。而"后世之法,藏天下于筐箧者也。利不欲其遗于下,福必欲其敛于上",以至于"天下之人共知其筐箧之所在,吾亦鳃鳃然日唯筐箧之是虞,故其法不得不密。法愈密而天下之乱即生于法之中,所谓非法之法也"。"然则其所谓法者,一家之法,而非天下之法也"。因此,他认为"三代以下无法"。可见,梨洲仍以"天下为主,君为客"的原则区分了"三代之法"和后世的"一家之法",并以"三代之法"来否定"一家之法",通过对"三代之法"的憧憬表达了他的民主思想和政治思想。

三　工商皆本的理财论

在经济思想方面,梨洲也是站在"万民"的立场上来阐述自己的观点的。这主要体现在《田制》和《财计》两篇之中。

梨洲在《田制》中认为,定赋的原则应是"合九州之田,以下下为则,下下者不困,则天下之势相安"。出于这种对百姓生存权利的注重,他十分赞赏汉代文、景之治的三十而税一的制度,"夫三十而税一,下下之税也"。为此,他要求"授田于民,以什一为则;未授之田,以二十一为则。其户口则以为出兵养兵之赋"。

土地问题,一直是困扰古代统治者而又无法解决的重大问题。对此,梨洲主张恢复井田制,但这是以明代军屯制为范式的井田制。"以实在田土均之","每户拨田五十亩",尚余之田"听富民之所占,则天下之田自无不足"。这种主张虽然在当时的情况下纯粹是一种空想,但其出发点很明确,是为了实现"耕者有其田"。

在《财计》篇中,梨洲还对秦汉以来的"崇本抑末"之说作了新解,认为:"有为佛而货者,有为巫而货者,有为倡优而货者,有为奇技淫巧而货者,皆不切于民用,一概痛绝之。"显然,他把"不切于民用"的称之为"末",要抑的也是这种"末"。至于"工商",虽历代均称之为末,都加抑制,但梨洲否定了这种传统观点,认为:"世儒不察,以工商为末,妄议抑之。夫工固圣王之所欲来,商又使其愿出于途者,盖皆本也。"其实,视工商为末的"崇本抑末"论,本是有违孔孟儒家思想的法家之说。梨洲这种"工商皆本"的思想,既恢复了孔孟原儒的合理思想,也充分体现了时代的要求。

与视"商"为"本"的观点相一致,梨洲提出了自己的富有时代特色的货币理论。在他看来,"钱币所以为利也,唯无一时之利而后有久远之利。以三四钱之费得十钱之息,以尺寸之楮当金银之用,此一时之利也。使封域之内常有千万财用,流转无穷,此久远之利也"。商品流通必须藉助于货币的流通,因此需要"常有千万财用,流转无穷"。货币的生命在于流通,因此只有"流转无穷",才可谓"久远之利也"。而要使货币得以流通,梨洲认为必须有两个条件。

其一是必须有可以流通之货币。梨洲认为:"有明欲行钱法而不能行者:一曰惜铜爱工,钱既恶薄,私铸繁兴;二曰折二折三,当五当十,制度不常;三曰铜禁不严,分造器皿;四曰年号异文。"又加上"今矿所封闭,间一开采,又使宫奴主之,以入大内,与民间无与,则银力竭"。没有可以流通之货币,当然无所谓货币流通。为此,梨洲提出"废金银",认为:"诚废金银,使货物之衡尽归于钱。京省各设专官鼓铸,有铜之山,官为开采,民间之器皿,寺观之像设,悉行烧毁入局。"只有大量铸币,才能为流通提供足量的货币。然而铸币毕竟并非易事,为了满足商品经济发展的需要,梨洲认为必须行"钞法",即发行纸币。显然,光靠铸币无以适应商品经济的发展。而"银与钞为表里,银之力绌,钞以舒之",发行纸币能够缓解这个供求矛盾。当然纸币也不能滥印,"钞之在手,与见钱无异。其必限之以界者,一则官之本钱,当使与所造之钞相准,非界则增造无艺;一则每界造钞若干,下界收钞若干,诈伪易辨,非界则收造无数"。钞与钱相当,且造与收相当,这样才不致于引起混乱。

其二是要求币制的统一。在梨洲看来,所用货币"年号异文","行用金银,货不归一",这种币制上的差异将阻碍货币流通。为此,他极力主张统一货币,认为:"千钱以重六斤四两为率,每钱重一钱,制作精工,样式划一,亦不必冠以年号。"对于这样的货币,梨洲自信"如此而患不行,吾不信也"。梨洲主张统一货币的思想,反映了商品经济发展的需要。

第四节　编撰学术思想史

黄梨洲编撰学术思想史的主要成果是《明儒学案》。其研究思想和方法也集中反映在该书中。

在中国古代,涉及学术史方面的著述早就有了,诸如《庄子·天下》《荀子·非十二子》,《礼记》中的《学记》《儒行》《檀弓》,《史记》中的《儒林传》《孔子世家》《仲尼弟子列传》,《汉书·儒林传》,《宋史·道学传》等等,但这些著作还不足以称为系统的学术史专著。至于朱子的《伊洛渊源录》,以继承道统自诩,周汝登的《圣学宗传》"扰金银铜铁为一器",孙奇逢的《理学宗传》"杂收不复甄别"。只有梨洲的《明儒学案》才称得上中国历史上第一部从内容到体例都较为完备的学术史专著。

梨洲首创这部皇皇巨著,充分发挥了自身作为史学主体的作用。其《明儒学案发凡》云:"大凡学有宗旨,是其人之得力处,亦是学者之入门处"。故本着会合众说,兼综诸家的观点,在《发凡》中倡言:"学问之道,以各人自用得着者为真。凡依门傍户,依样葫芦者,非流俗之士,则经生之业也。此编所列,有一偏之见,有相反之论,学于其不同处,正宜着眼理会,所谓一本而万殊也。"本着"自用得着者为真"的原则,会通"一偏之见""相反之论",以此可见梨洲的治学态度:溯其源而又重现实,谨严而又贵在创新。

梨洲在完成了《明儒学案》以后,又续纂《宋元学案》,可惜未完而卒。但发凡起例,规制已定,后由其子百家和全谢山续成。

梨洲在编撰《明儒学案》时,把自己的史学宗旨及史学研究方法贯彻在著述之中。

首先,梨洲十分注重史料的收集,且又欲兼综诸家,所以"是书搜罗颇广"。在《明儒学案》中,有明一代思想家学派繁多。梨洲本着"一本万殊"的精神,客观地对待各家各派,无论其学术倾向如何,皆兼容并包,分别予以立案,以便尽可能全面地反映一代学术思想发展的概况。

《明儒学案》全书六十二卷,记载了明代二百余名学者的生平及思想,揭示了明代二百余年学术思想发展的脉络,条分缕析,浑然一体。难怪首次刊刻《明儒学案》全书的贾润在其《序》中叹为"后学之津梁,千秋不朽盛业也"。

然而,历来有学者对梨洲所收学者、所列学案在分量上偏重于王学而间有微词。《四库全书提要》就指责梨洲有"门户之风"。就连全谢山也认为"惟是先生之不免""门户之见深入而不可猝去,便非无我之学"[①]。说梨洲有"门户之见",无非是因为《明儒学案》突出了阳明学的位置。其实,一则王学在明代确是一个主要学派,在明中叶后曾风靡一时成为显学,如实反映思想史上的这种客观现实,正是史学工作者的求实态度;二则梨洲对于阳明后学的评述也是有所分析的,他既批评了王学"末流"的坏学风,也赞扬了像蕺山那样对王学所作的积极改造。总之,梨洲以富有时代特征的理论为根基,对王学的流变及与其他学派的关系爬梳整理,清理学脉,存异求同,无疑是在为构建新时代的哲学思想体系打基础。至于明代的有些学者和著作没有搜罗殆尽,那也正如《明儒学案发凡》所说的:"然一人之闻见有限,尚容陆续访求";"海内有斯文之责者,其不吝教我,此非末学一人之事也"。

梨洲在《明儒学案发凡》中说明:"是编皆从全集纂要钩玄,未尝袭前人之旧本也。"对每一位学者的思想资料的辑录都建立在把握其全集的基础上,而不是从别人那里转录,十分重视第一手资料。且其搜罗范围之广,包括语、录、记、说、论学书、论学诗、文集、题跋、著撰、讲义、杂述、问答、图、记、随笔等等。其治学之谨严,用力之精深,可想而知。而"纂要钩玄",又以透露"其人一生之精神"为准则。在搜罗和筛选思想资料的过程中,又充分地体现了梨洲的求实态度和创新精神。

其次,梨洲虽有自己的"为学宗旨",但绝不以自己的观点强加于人,不以自己的宗旨去取代别人的宗旨,而是在充分占有材料的基础上实事求是、客观公正地予以评述,并真实反映他们的为学宗旨,"一偏之见""相反之论",均为所

---

① 全祖望《鲒埼亭集》外编卷四十四《答诸生问南雷学术帖子》。

列,这是其注重史学主体在史学研究中之作用这一思想的具体表现。

梨洲在《明儒学案发凡》中指出:"天下之义理无穷,苟非定以一二字,如何约之使其在我。故讲学而无宗旨,即有嘉言,是无头绪之乱丝也。学者而不能得其人之宗旨,即读其书,亦犹张骞初至大夏,不能得月氏要领也。"通过把握宗旨来把握学者,继而把握学派,最终揭示一代学术思想的发展,这就是梨洲的"得力处"了。但尊重学者的"宗旨",不等于不对其思想内容加以概括、梳理,不然也达不到清理学脉的目的。所以,梨洲十分注意辨析各家各派宗旨的异同,以"一二字"的概括来点明各家各派的要旨,以"使其在我"。如河东,标明重"践履",白沙,则标为贵"自然";同是江右王门,邹东廓则标为"戒惧",聂双江概括为"归寂",罗念庵为"主静"。

同时,为了能更全面地把握这种宗旨,梨洲不光对学者的思想资料作"纂要钩玄"以显现其宗旨,更重要的是还注重对其作动态考察,从发展中求其真谛。如对罗整庵,就在开首的小传中,用整庵的自述表明罗氏先入释门,后又离佛而求心性之学,最后才着重介绍罗氏的思想,这对于读者把握罗氏思想的来龙去脉及其精华所在自然是大有裨益的。对于学派的自身流变那就更是少不了这种动态考察了。

最后,为了实现自己的史学宗旨,把明代繁复错综的学术思想发展脉络清晰地描绘出来,梨洲总结先贤的经验,创立了一种能承担这种"描绘"功能的全新的学案体,使这种体裁达到了时代的最高水准,也为后代所模仿。

全书把明代二百余名学者列入十九个学案,凡有统系关系的学案都有一个案主,并把与案主相关的其他学者列入其中,学派的分别十分醒目。学案的前端有简短的评语,把该学派的要旨、流变及其他的一些情况勾勒出来,以醒眉目。对其案主则是先介绍生平经历、学术渊源,再述其思想,标其宗旨,最后辑录本人的著述。其后按其师承关系等因素为线索,分成各卷。通过一个个具体的学案,就把个别的学者统一在一个有某种特征、某个宗旨的学派中。这不光是一种有秩的归类,且还可以在一个学派的背景中来了解某个学者的思想,这无疑有助于对学者宗旨的把握。

同时,诸学案的排列也不是一种任意的组合,而是按照学术思想发展的脉络来统领的,通过学术发展的内在逻辑贯穿各派,形成一个"一本万殊"、渐次演进的演化模式。莫晋在其《明儒学案序》中大略地揭示了这一模式:"要其微意,实以大宗属姚江,而以崇仁为启明,蕺山为后劲。凡宗姚江与辟姚江者,是非互见,得失两存,所以阐良知之秘而防其流弊,用意至深远也。"

梨洲把吴与弼的《崇仁学案》放在卷首,认为"椎轮为大辂之始,增冰为积水所成,微康斋,焉得有后时之盛哉!"他把"一禀宋人成说",然"躬耕食力","身体力验","故必敬义夹持,明诚两进,而后为学问之全功"的吴与弼,视为承宋启明的转折性人物。而"白沙出其门,然自叙所得,不关聘君,当为别派"①。因此《白沙学案》次其后。然而,"有明之学,至白沙始入精微。其吃紧工夫,全在涵养。喜怒未发而非空,万感交集而不动,至阳明而后大"②。心学学派形成了。其后是"恪守宋人矩矱"的《河东学案》。而"关学大概宗薛氏,三原又其别派也"③。这样,四个学案记述了两大派系,而为明代主要学派王学的发展、演化打下了基础。

"大宗属姚江",先是详尽地描述了王阳明的学说,而后用浙中、江右、南中、楚中、北方、粤闽六个学案分叙王学后学,并以止修、泰州两学案记载了王学别派。浙中乃王学发祥之地,同时也孕育了裂变的萌芽。"姚江之学,惟江右为得其传",补偏救弊,"盖阳明一生精神,俱在江右"④。南中亦然,此时王学为鼎盛。而"天台之派虽盛,反多破坏良知学脉"⑤。北方、粤闽则干脆背弃阳明宗旨。"阳明先生之学,有泰州、龙溪而风行天下,亦因泰州、龙溪而渐失其传。"⑥泰州学派的极端左倾孕育了王学的自我否定。这样,王学萌芽、发展、分化、流变的过程就被勾勒出来,而读者也就可以从中体会王学的真正精神,并为理解蕺山的"慎独"说提供了学术渊源的历史背景。在梨洲看来,蕺山是王学的正统继承者,是王学末流中的清流,独得王学的精华所在。

另外,梨洲本着"道犹海也""一本万殊"的原则,保留了王门以外学者的一偏之见、相反之论。"王、湛两派,各立宗旨";"其后源远流长,王氏之外,多湛氏学者,至今不绝"⑦。"诸儒学案者,或无所师承,得之于遗经者;或朋友夹持之力,不令放倒,而又不可系之朋友之下者;或当时有所兴起,而后之学者无传者,

---

① 上引均见《明儒学案·崇仁学案》。
② 《明儒学案·白沙学案》。
③ 《明儒学案·三原学案》。
④ 《明儒学案·江右王门学案》。
⑤ 《明儒学案·楚中王门学案》。
⑥ 《明儒学案·泰州学案》。
⑦ 《明儒学案·甘泉学案》。

俱列于此。"①从而确立了这批学者在学术史上的地位。这种做法从整理历史文化遗产的角度来看,那是容易理解的。

这样的学案体裁,自然能充分地体现梨洲的史学宗旨,把有明一代学术发展的脉络清晰地梳理出来了。

第五节　开浙东史学之先河

黄梨洲在中国思想史上的重要地位,除了他在哲学思想、政治思想和学术史方面的贡献,尤其是在史学上有其重大的建树,因而被学者称为清代浙东史学的开创者。他主要在三个方面对浙东史学作出了自己的贡献:一是经世致用思想的倡导和史学人才的培养,二是明史的研究,三是学术思想史的研究。第三项已详前节,兹将前二项略作阐述。

一　治史以经世

梨洲年轻时就有志于史学研究。他认为"夫二十一史所载,凡经世之业,无不备矣"②。史书所载蕴含着"经世之业"的阐述,故学者应当治史。

梨洲十分推重"六经",认为"六经皆先王之法也。其垂世者,非一圣人之心也,亦非一圣人之竭也"③。"六经"作为治世的法则既非一朝一代的典章,亦非出自某圣人之手,它本身是一种历史发展的产物。梨洲把治史与治经接合起来,使之相辅相成。他说:"学必原本于经术而后不为蹈虚,必证明于史籍而后足以应务。"④梨洲致力于史学研究是为了总结历史发展的经验,并为现实的社会发展提供理论依据和历史借鉴。

基于"经世致用"的治学目的,梨洲的史学思想主张"寓褒贬于史"。他认为史必须扬善惩恶,如果善恶不分,忠奸不辨,甚至颠倒是非,混淆黑白,"为史而使乱臣贼子得志于天下,其不如无史之为愈也"⑤。史书的作用之一,即发挥自

---

① 《明儒学案·诸儒学案》。
② 《黄宗羲全集·补历代史表序》。
③ 《黄宗羲全集·孟子师说》。
④ 全祖望《甬上证人书院记》。
⑤ 《黄宗羲全集·留书》。

己特有的扬善惩恶的功能，一方面应将"大奸大恶"之"人之行事载之于史，传之于后，使千载而下，人人欲加刃其额，贱之为禽兽，是亦足矣"①，以此使"乱臣贼子惧"；一方面必须对忠烈之士亦书之于青史，以便"古今来事无巨细，唯此可歌可泣之精神长留天壤"②，让后人敬仰他们，并成为后人学习之楷模。梨洲为很多明末清初爱国节操之士写过传记，在《文定凡例》中说："余草野穷民，不得名公巨卿之事以述之，所载多亡国之大夫，地位不同耳，其有裨于史事之缺文一也。"他极力利用作墓志铭、神道碑铭、墓碑、墓表、圹志、行述、事略、哀辞、传记、寿序等，来表彰那些为国为民，不畏强暴，甘于献身的事迹，使他们的事迹得以留传。如他写的《兵部侍郎苍水张公墓志铭》，详记张苍水抗清事迹，极赞他扶危定倾、不顾成败利钝，以吾力之一丝尚存，不容自已的爱国壮怀，及从容就义的高尚精神。这种以碑传为史传，在清初民族矛盾尖锐、文网深刻的社会背景下，梨洲却毫无顾忌，据事直书，这种无畏的忠于史实的史德，足可为后人的楷模。

梨洲在抗清兵败后曾先后主讲绍兴证人书院、余姚姚江书院，传播学术，培养人才。他身教言传，将自己的史学思想和治史方法授予门生，为浙东学派的兴起培养了人才。在学风上力辟"束书不观""游谈无根"的不良习气，树立了博览群书、独立思考、经世应务的良好学风。

二　明史的研究

梨洲对明史的研究，就其著述成果而言，可以分为两部分：一是所撰的《弘光实录钞》四卷，《行朝录》三卷，两书详细记载了明末清初展开的抗清斗争的全过程，保留了大量宝贵的史料；二是搜集史料选编的《明史案》二百四十二卷，《明文案》二百十七卷，及增益《明文案》而成的《明文海》四百八十卷。前一部分在当时属现代史，很多史事是他的亲身经历，具有很高的历史价值；后一部分显然是他为了编修明代通史预作准备的。就梨洲史学研究的方法而论，则有如下三个方面。

第一，梨洲十分注重史料的搜集，真可谓广寻博求，不遗余力。在抗清斗争中，尽管他处于九死一生、颠沛流离之中，仍不辞辛劳地记下所见所闻，虽历尽

---

① 《黄宗羲全集·破邪论·地狱》。
② 《黄宗羲全集·张节母叶孺人墓志铭》。

周折也将这些第一手史料保存下来。

他所选编的《明文海》,搜罗极为丰富,几近有明一代文库。《四库全书总目提要》评价道:"宗羲之意,在于扫除模拟空所依傍,以情至为宗。又欲使一代典章人物,俱藉以考见大凡","其搜罗极富,所阅明人文集几至二千余家","其他散失零落,赖此以传者,尚复不少,亦可谓一代文章之渊薮。考明人之著作,当必以是篇为极备矣"。

梨洲还提出"以诗补史"的史料学见解,他认为那些历代英雄豪杰之士如文天祥、张苍水等人所写的自己经历的诗赋,也是最真实的史料,可供后人研究当时社会状况之用。

梨洲搜集史料也决非限于历史人物、事件、典章法令等史料,他的史料概念要宽阔得多,建置沿革、山川变异自不消说,即使乡邦文献所记的亭台楼阁也作为史料予以考证、保存。

第二,梨洲在史学研究中还十分注重真实性,对所得史料总要广证博考,去伪存真,才加引用,并力求客观地作出合乎历史真实面目的论述。即使对自己昔日积累的史料,也决不轻率运用,同样要予以核实,以确保其无误。同时,他还对公私不同体裁史书提出自己的取舍。他认为:"国史取详年月,野史取当是非,家史备官爵世系。"①这对史学考证工作提供了一个很好的意见。这种对公私不同史书应有不同取舍的观点,后为章学诚发展成史学体裁的理论。

第三,梨洲十分注重史学家在治史中的作用。作为史家,当然要对史实有透彻的了解,要在论述中写出自己的见解,这是作史的首要问题;否则在章句之间即使花了很多功夫,也不过枝叶。他的这个观点发展到章学诚,就是对于"史德"的注重。当然,注重史学家的主体作用,并非把史学研究的客体当作不足轻重的东西,而恰恰是以尊重客体的真实性作为前提的。

梨洲认为,史学家在史学研究中的作用表现为这样几个方面:一是通过自己的思维运作确保史学研究的客观性,以真实地揭示历史的本来面目。二是在史学研究中应当有自己的是非观,这除了"寓褒贬于史",还得对历史事件作出中肯的评论,有助于读者了解历史事实的本质属性。三是要以饱含自身情感的笔写出历史的过程来,这种富有情趣的史书将具有更强的教育功能,能够沟通人与人的感情交流,从而达到感发正义的目的。

---

① 阮元《国史儒林传稿》。

梨洲虽没有直接参与清廷组织的明史编修,但他还是通过其他途径间接地参与其事。康熙十八年(1679),清廷开明史馆,诏征博学鸿儒。史馆总裁叶方蔼、徐元文几番邀梨洲入馆,均为他所拒。然而编修明史是梨洲的宿愿,尽管他以明遗民自居而不愿入馆参事,但他更不愿对明史编修放任不管。因此,最后还是同意门生万斯同以布衣入史馆,不署衔,不受俸,以"修故国之史以报故国"。梨洲认为"一代是非,能定自吾辈之手,勿使淆乱,白衣从事,亦所以报故国也"①。万斯同临别时,梨洲以《大事记》《三史钞》等文献授之。除了万斯同,梨洲还有一些门生,包括儿子黄百家都参与了明史编修。

梨洲还把自己保存的史料提供给史馆编修明史。当时由于梨洲拒绝了叶、徐的邀请,于是叶方蔼乃请诏下浙江巡抚,凡梨洲所著或所编书中有关史事者,悉数抄录至京,宣付史馆。如《明文案》就被抄录送付史馆,成为主要参考书,其中保存明代的政治、经济和文化等材料对修《明史》具有很大的作用。《明文案》所收奏疏,也有相当部分为《明史》所引用。

梨洲还对《明史》编修中的一些疑难问题表示了自己的看法。如徐乾学任总裁时,曾订定《修史条议》六十一条,其中尤以另立"道学传"一条,争论更大。此时,梨洲已完成《明儒学案》的编纂,凭着他对明代各派学术观点、师承流派的深刻把握,写出专文《移史馆论不宜立理学传书》,文中说:"某窃谓道学一门所当去也,一切总归儒林,则学术之异同皆可无论,以待后之学者择而取之。"这一看法为史馆所接受。《明史·历志》撰成后,史馆也曾把稿子寄与梨洲,梨洲认真审阅后,提出了修改意见,并作了补正。另外,《地理志》的审定,疑难史料的鉴别等等,都曾征询梨洲的意见。可以说,《明史》从体例到内容都不同程度地受到梨洲史学思想的影响。

梨洲还计划重修宋史,只因身体日衰,未尽而终,仅存丛目补遗三卷。还辑有《续宋文鉴》《元文抄》等。

---

① 黄嗣艾《南雷学案卷七·万石园先生》。

第二章　清初浙西的实学

由于清初实学是在否定晚明王学空疏之弊的基础上复兴起来的,学者们大都着眼于现实的需要,着力阐发程朱理学中的"明体达用之学",于是高举"崇朱黜王"的旗帜而大力提倡经世致用思想,从而使程朱理学得以复兴,也使这一时期的理学体现出务实的特点。这在浙西理学家中表现得尤为突出。

第一节　程朱理学之复兴

明代中期以来,王阳明所倡导的"致良知"之学,曾经"流传逾百年,其教大行","门徒遍天下",致使"笃信程朱,不迁异说者,无复几人"[1]。明代学术界发生了朱学让位于王学的大转变。然而,正如《明史·儒林传》所说,"其教大行,其弊滋甚",阳明心学空谈心性的弊端在其发展中日益暴露。尤其是王学末流之士,"束书不观","游谈无根","置四海之穷困不言",而终日谈空说玄;平日高谈"为生民立命,万世开太平",一旦国家有事,则"蒙然张口,如坐云雾",造成虚无主义和清谈之风的泛滥。当时的东林学者"志于世道",对王学末流这种置国艰民危于不顾、弃儒入禅、空谈心性而不务实际的社会思潮极为不满。他们归宗程朱的"理为主宰""性善为宗"之说,"力阐性善之旨,以辟无善无恶之说"[2],大力倡导治国平天下的有用之学。继而复社名士,"振东林之绪",认定造成明

---

① 《明史·儒林传序》。
② 胡慎《东林书院志序》。

末吏治腐败，士人无行，"登明堂不能致君，长郡邑不知泽民"的缘由，即在于"士子不能通经术"，以致王学末流"奉天竺为大师，授禅宗以资辨；其说汪洋，其旨虚渺"①。"止言良知，不言致"②。明末东林学者和复社名士的这些思想，在清初学者那里得到进一步伸展。

不过，明末清初的浙东学者，虽然也已感觉到王学末流的严重弊端，但由于大都出于王门后学，所以基本上都继承蕺山的学绪，对王学作了较多的修正，并融合程朱之学，起到对王学的补偏救弊的作用，纠正其空疏之弊，使之转向实学方面发展，以期挽狂澜于既倒。

然而从明亡后的全国学术界来看，深怀"亡国之思"的学者们，在回顾、总结明亡的教训时，普遍认为明朝中后期在思想界占主导地位的王学是导致明亡的重要原因，对明朝的覆灭负有不可推卸的历史责任。

有鉴于此，清初许多学者不约而同地举起了尊崇程朱、批判王学的旗帜。如理学名臣熊赐履直接把明亡完全归罪于王学。他说："自姚江提宗以来，学者以不检饬为自然，以无忌惮为圆妙，以恣情纵欲、同流合污为神化，以灭理败常、毁经弃法为超脱。道术人心敝文坏极，若非东林诸子回狂澜于横流泛滥之中，燃死灰于烬尽烟寒之后，茫茫宇宙，竟不知天理、人伦为何物矣！"③

清初大儒顾亭林亦指出："刘、石乱华，本于清谈之流祸，人人知之，孰知今日之清谈，有甚于前代。昔之清谈谈老庄，今之清谈谈孔孟，未得其精而遗其粗，未得其本而弃其末。不习六艺之文，不考百王之典，不综当世之务，举夫子论学、论政之大端，一切不问，而曰一贯，曰无言。以明心见性之空言，代修己治人之实学。股肱惰而万事荒，爪牙亡而四国乱，神州荡覆，宗社丘墟。"④他认为明末阳明后学的"清谈"孔孟，"以明心见性之空言，代修己治人之实学"，其危害更甚于魏晋之清谈老庄，使国家和民族陷入了空前的危机之中。

与之同时的大儒王船山也有同感，其《张子正蒙注序论》云："姚江王氏阳儒阴释诬圣之邪说，其究也，刑戮之民，闽贼之党，皆争附焉，而以充其'无善无恶，圆融事理'之狂妄。"这里既揭露了心学"阳儒阴释"的本质，又指出了它的严重危害。这种观点，几乎成为清初学术界的共识。

---

① 张采《知畏堂集·文存》卷一。
② 张采《知畏堂集·文存》卷二。
③ 《闲道录》，转引自杨向奎著《清儒学案新编》一。
④ 顾炎武《日知录》卷七。

　　其实,把明亡之责归罪于阳明本身,也非公允之论。他一生务实经世不作空疏之谈姑置勿论,只因他的心学确实有其内在矛盾而且含混不清,引起门生的不同理解而各自偏向某方面发展,才导致后学的分化。然而,同样是王门后学,如浙中的工夫派和江右的归寂派、主静派、主敬派等大多数人,都仍能恪守师门矩矱,从致良知的"致"字上狠下修养工夫,故未陷入空疏之病;而以浙中王畿和泰州王艮为代表的"现成派"或"狂禅派",极力主张"良知现成"说,只讲"良知"本体而讳言"致"的修养工夫,乃导致空疏之病。然而遗憾的是,从事工夫修养远没有空谈高论那样吸引力大,而且借孔孟名义宣扬佛老的空虚之谈,对于一般士人来说更有其诱人的力量,终于导致空疏之学盈天下。而清初诸儒所严励批判的王学空疏之弊,正是业已偏离王学的"良知现成"说。

　　学者们在批判王学的过程中,普遍认为要振兴儒学,救王学空疏之弊,出路在于回归程朱,复兴理学。"欲正姚江之非,当真得紫阳之是",乃成为清初许多学者的共识。因而崇朱黜王乃成为一时之主流,使得朱子之学成为官方学术的正统。因而清初的学术,以批判王学之流弊为起点,从而促使程朱理学得以复兴。

　　在这一大环境中,浙江的学术思潮也不例外。梁启超《中国近三百年学术史》谓清初"专标程朱宗旨以树一学派,而品格亦岳然可尊者,最初有张杨园、陆桴亭,继起则陆稼书、王白白"。其中张杨园、陆稼书皆为浙西的著名学者。

　　其实,"崇朱黜王"的观点,在浙西学者那里表现得最为突出。如杨园张履祥、晚村吕留良、稼书陆陇其即其主要代表。

　　张杨园阳明的"良知之教,使人直情径行,其弊至于废灭礼教,播弃先典"。这便是导致明末"礼教陵夷,邪淫日炽,而天下之祸不可胜言"的根源所在。故极力主张"祖述孔孟,宪章程朱"。

　　吕晚村指斥王学为"阳儒阴释",认为阳明的良知之说,乃是"生民祸乱之原"。并声称:"某平生无他识,自初读书即笃信朱子之说。"因而主张"今日辟邪,当先正姚江之非"。

　　陆稼书提出:"吾辈今日学问只是尊朱子,朱子之意即圣人之意,非朱子之意即非圣人之意,断不可错认了。"

　　而且,清初统治者在尊崇孔子的同时,大力表彰程朱理学。所以,清初程朱理学的复兴,既是专制统治者大力提倡的结果,也是晚明学术思想发展的必然产物。而如张杨园、吕晚村、陆稼书等浙西学者,既对于清初程朱之学有传承和重倡之功,也突出地倡导了清初的务实之学。

第二节 张履祥的务实力行之学

张杨园极力崇朱黜王,主张"居仁由义"为学问,"居敬穷理"为工夫,平实谨慎,不骛高远,故特为乾嘉以后学者所称道。

一 终身布衣的儒生

张履祥(1613—1677),字考夫,又字渊甫,号念芝,桐乡人。因居杨园村,世称杨园先生。早年曾向刘蕺山问学。明亡,杨园缟素不食者累日,后便退居乡村,杜门谢客,躬行稼穑,以教授弟子为务,以白鹿洞教规作为学生的座右铭。他主张耕读不偏废,把学耕列为一门功课,学馆有田十多亩,亲自带学生播种、收割。故尝著《补农书》,对于耕种、植桑、养鱼、酿酒等资生之事都有记述,几乎一切农家事无所不备。

他虽然一生清苦,但始终抱志持节,不肯仕清。晚年德望甚隆,来学者众,皆以友道处之,不以师道自尊。晚年,杨园应聘执教于吕晚村家塾,以恪守朱学影响吕氏父子。时人把他和陆陇其并提,视为程朱学派的正传。同治十年(1872),从祀文庙。

著述有《愿学记》《读易笔记》《经正录》《近古录》《言行闻见录》《初学备忘》《备忘录》《近鉴》《训子语》《训门人语》《补农书》《丧葬杂录》《诗文集》等,卒后其著作被汇编为《杨园先生全集》五十四卷。

杨园讲求操守高洁,贫贱自守,自持甚严。不以财官论富贵,不视稼穑为贫贱。他亲身从事农业劳动,倡导以"治生"为目的的"经济之学";强调以勤俭为本的伦理道德,主张以追求"厚利"为目的,把农产品商品化;又重视为"小民""营本"的治水思想,为实学思潮的发展作出了一定贡献。

杨园还提出"务本节用,足国之道不外乎是","国以民为本,民以食为天"的主张,提倡"重农、兴学、讲武",认为只有"从百苦中打炼出一副智力",才能够"外可以济天下,内可以承先人";而如果"爱以姑息,美衣甘食,所求而无不得,所欲而遂,养成膏粱纨袴气体,一与之大任,必有不克负荷者矣"。这些主张,都是针对晚明以来理学家的空疏弊端而发,具有很强的现实意义。

杨园在学术上是有所发明和开拓的,他对朱学既尊崇又有所修正,而且还强调经史并重。务实而重史,可以说是继承了浙学之精神传统。

二　崇朱黜王的务实之学

杨园历经明清两朝的更迭和社会大动荡的残酷现实,迫使他对王学进行了认真的反省。特别是在读了朱子所辑的《大学》《近思录》之后,更深信"《大学》之道,格物而已",由阳明心学转向朱学的"格物穷理",并进而向王学发起猛烈的攻击,成为清儒中"尊朱黜王"论的首倡者。

他在《答沈德孚》中指责姚江王学"以异端害正道,正有朱紫苗莠之别,其弊至于荡灭礼教,今日之祸,盖其烈也"。晚年评阳明《传习录》,详揭其阳儒阴释之弊。又在《备忘录一》里将王学斥为与禅学无异,"姚江之教,较之释氏,又所谓弥近理而大乱真也"。认为王学较佛教具有更大的欺骗性。

杨园之由陆入朱,实与他的乐谨严而鄙放旷,尚践履而黜空谈的思想趋向有关。其《答沈尹同书》论诚意、格致云:"吾人日用工夫,止有庸德之行,庸言之谨,内省不疚,无恶于志而已,此诚意之事也;其致知格物之事,则博学、审问、慎思、明辨是也。"其《答颜孝嘉》云:"读书所以明理,明理所以适用。今人将'适用'二字看得远了,以为致君泽民,然后谓之适用,此不然也。"这是说,并非只有"致君泽民"的事业才是"适用",而是平时的人伦日用之中,随时都存在"适用"的问题。

在批判王学的同时,杨园认为唯"程朱之言为无弊","三代以上,折衷于孔孟;三代以下,折衷于程朱"。他认定程朱理学是孔孟之真传,朱学是儒学的集大成,是正学。由此出发,杨园力倡朱子的"居敬穷理"之教。他在《与何商隐书》中指出:"吾人学问,舍'居仁由义'四字更无所谓学问;吾人功夫,舍'居敬穷理'四字更无所谓功夫。"他认为居敬是存心功夫,穷理是致知功夫。"惟居敬能直其内,惟穷理能方其外。惟内之直,能立天下之大本;惟方外,能行天下之达道。"但居敬穷理并非截然不同的两种功夫,"博学、审问、慎思、明辨,是为穷理;其不敢苟且以从事或勤始而怠终及参以二三,即为居敬"。这同朱子"学者功夫,唯在居敬穷理二事,此二事互相发"的思想是一致的。

然而在如何"致知"上,杨园不说"致知在格物",而提出"致知在力行"的观点,强调致知与力行的统一。其《愿学记一》云:"致知者,所以为力行也。今人言致知,多不及力行,岂非好言精微,反遗却平实。"杨园认为,讲致知,不去力行,尽管道理讲得高深玄奥,却非实际之理,于事无益。

中国古代说践履、躬行以至力行等,其主要内涵是道德修养工夫,日常洒扫应对等。而杨园的"力行"概念,却包含着耕耘之类农业生产劳动。其《备忘录四》云:"学者肯实去做工夫,方是学,如学耕须去习耕。"学是通过做工夫得到的,要想懂得耕,就要去亲身参加耕耘劳动。同时,他又认为力行是致知的目的,"仁义要躬行实践"。否则,致知便毫无意义和价值。这种"致知在力行"的思想,是对朱子"致知格物"理论的发展。

三 勤俭为本的力行之学

杨园一生以"力行"为治学宗旨,于是提出了以勤俭为道德之本,以耕读相兼为践履内容,以治生为立身目标的经世致用之学。

(一)勤俭为道德之本

在道德伦理方面,杨园反映了劳动农民的优良品德和本质。这表现在他不把道德归之人的天赋观念或主观产物,而主张把道德建立在勤劳和俭朴的基础上,这就使他的道德观有了新内容。

杨园认为,勤俭应是道德的根本原则,是防止道德堕落和树立优良品德的根本。从个人立身来说,"俭以养德,勤以养身";从家庭来说,"作家以勤俭为主"。勤俭还是国计民生的根本,"民生在勤,勤则不匮","勤则善心生",能俭则能"绝妄为","百务俱兴"。不勤俭则流于游惰,游惰则造成道德败坏,成为"凶德"。所以杨园认为"勤俭"为"立德之本"。

勤俭最重要的好处是可以"远耻辱"。因为勤俭可以"治生",能"治生则无求于人,无求于人则廉耻可立,礼义可行。廉耻立,礼让兴,而人心可正,世道可隆矣"[1]。他所说的"勤俭""治生"就是"亟之以农桑稼穑为主",即勉力从事农业生产劳动。他还批判"近世以耕为耻",看成是"小人之事"的思想,是不懂"耕则无游惰之患,无饥寒之忧,无外慕失足之虞,无骄佟黠诈之习"[2]。游惰和骄佟黠诈则是道德堕落的开始和表现,这无异是对豪门奢华风气的揭露和批判。

杨园把勤俭与立廉耻联系起来,即把道德原则与物质生活紧密联系在一

---

① 张履祥《张杨园先生全集》卷三九《备忘录一》。
② 张履祥《张杨园先生全集》卷四七《训子语上》。

起,这是对儒家道德学说的一大发展。他已认识到人应有"恒产"养身,才谈得上进而养德。他又强调"仁义要躬行实践",主张在劳动实践中建立道德。杨园的道德观还体现在要求树立独立的人格方面。他所说的"立廉耻",就是要治生,不求于人。只有治生不求于人,才能不依附于人,才能保证自己的独立人格。

(二)耕读相兼的践履之道

杨园反对空言道德,强调实行道德"要肯去做工夫","空言无得力处";道德"不修就败坏"。道德的完善和提高要靠修持,其方法和途径是"耕读相兼"。他在《备忘录三》中说:

> 人言耕读不能相兼,非也。人只坐无所事事,闲荡过及妄求非分,……若专勤农桑,以供赋役、给衣食而绝妄为,以其余闲读书修身,尽优游,农功有时多则半年。……是以开卷诵习,讲求义理,不已多乎。窃谓心逸日休,诚莫过此。

从事耕作余闲读书,可以使人弃绝妄想妄为;片面强调读书,轻视劳作,闲荡优游过日,就会产生非分之想。因此,耕余读书,才是完善道德的重要方法和途径,故主张"耕读不可偏废"。"读而废耕"固然坏处很多,"耕而废读"也就"礼义遂亡"。他并且主张耕读"不可虚有其名",耕必"力耕",学必"力学",惟其如此,才有道德上的不妄想、不妄求和不妄为。妄想、妄求、妄为,意味着非道德的思想行为。杨园强调自我修养要通过"知稼穑之艰",即在劳动实践的基础上,杜绝非分之想,进而讲求义理,以提高遵循道德的自觉性。

耕读相兼,也就是主张体力劳动与脑力劳动相结合。因为他是一个长期亲身参加劳动的下层士人,能亲身感受到农民的痛苦。他说:"农人终岁勤劳,丰年所得无几何。无田者以半输租,有田者供赋役三分之一,衣食之计不免称贷,故曰稼穑艰难也。"[①]从认识根源说,杨园的伦理道德思想强调"恒产"养身,"勤俭"养德,"治生"立廉耻以及身行实践等。所以,这作为一种理论提出,确实有很高的意义。

杨园在以"仁义"为"立人之道"的前提下提出了"勤俭"为"立德之本";在以

---

① 张履祥《张杨园先生全集》卷四七《训子语上》。

"居敬穷理"为认识方法的前提下又提出了"耕读相兼"的"力行"观点。可谓对传统儒学和程朱理学开拓了新的内容。

（三）旨在治生的当务经济之学

杨园崇尚经世致用，乃提出了以"治生"为目的的"当务经济之学"，以期有益于世道民生。在他看来，从事稼穑就是治生实务，才是"自立之道"。不讲"治生"，就谈不上人品学问。其《与吴汝典》书云："一家俯仰之需及吉凶诸费不能无所赖藉，若竟不为料理，此身终亦站不定，何处可言人品学问乎!"故他主张"举目可见，举足可行"的实理，"当下便可做得"的实功。

杨园的"当务经济之学"更重要的是针对当时的取士制度。自从明初定科举八股文取士后，大批儒生把一生精力消耗在空疏无用的制艺文中，而被录取者多属无真才实学，只知猎取个人功名利禄之辈，于国于民，毫无实益。他总结制艺文种种弊端，主张"读有用之书，毋专习制艺，当务经济之学"。"学者固不可不读书，然不可流而为学究，固须留心世务。"杨园这种经世致用思想，不仅完全否定了王学末流的空疏与诞妄，而且也纠正了朱子偏于"内圣"的理论不足。这也体现了浙学所坚持的经世致用的务实精神。

综观杨园的"经济之学"，可以概括为几个主要方面：读有用之书，不可当毫无实际能力的学究；学更重在做工夫，躬行实践，不尚空谈；要留心世务，学以治生为先，即要经世务、济民生。他的这种"经济之学"虽无很丰富的内容，然而作为伏处一隅，终身生活在民间的儒生，能从批判阳明心学"无实"中，针对当时学术急需解决的空疏问题而倡导"经济之学"，还是很可贵的。

四　追求厚利的农政之学

明末，继徐光启的《农政全书》刊行之后，有佚名的《沈氏农书》出现。杨园考虑到《沈氏农书》有其不够完备之处，乃撰成《补农书》，体现了杨园的农政思想。

（一）食者，生民之原

我国古代社会建立在家庭生产的自然经济基础上，传统的"农本"思想只承认农业是财富之源，实为自然财富论。而杨园的农政思想却重视劳动创造财富。

他在《备忘录一》云："无财非贫，忘稼穑为贫。"《初学备忘上》云："稼穑之艰，学者尤不可不知。食者，生民之原，天下治乱国家废兴存亡之本也。古人自天子以至庶人未有不知耕者。"《训子语上》云："一方有一方之物产,天地生此以养人,在人为财富,但反求诸己,竭力从事,不闭塞其利源。"又云："(货财)其源不可不清,其流不可不治。源则问其所自来,义乎不义乎,……果其取之天地,成之筋力,如君子劳心禄入是也,小人之劳力稼穑桑麻畜牧是也。"从这几段中可以看出他的劳动致富论有以下几点内容:

第一,农业生产是民生之本,它决定天下治乱和国家兴废存亡。因此,人人都应懂稼穑并从事耕种。

第二,财富"取之天地,成之筋力"。自然界生长可以养生的物产,但要依靠人的筋力,即人的劳动来实现财富的创造。因此,从事稼穑的劳动是创造财富的源泉,抛却稼穑则断绝了生财之道。

第三,把"小人之劳力稼穑桑麻畜牧"的收入与"君子劳心禄入"同等看待,都是取得财富的手段。

(二)农业生产的经营管理

传统的农业,历来以种植稻谷为主体。杨园在《补农书》中提出了以桑蚕生产代替稻谷生产的主张。这实际上是改变农业的经营方向。其考虑的出发点是"蚕桑利厚","地之利薄"。他详细比较了多治地种桑比多种田产谷的好处:种桑省工、省壅,时令不如种田紧,不忧水旱,且可以养蚕获更多的盈银。可见改变农业经营,实以追求"厚利"为目的。

更值得重视的是,稻谷当然也可以酿酒、制糖,但在当时主要是作为直接的生活消费;而桑蚕则直接与商品经济、手工业生产相联系。这一思想孕育着近代资本主义生产方式的萌芽,应该说是很重要的。

随着经营方向的改变,当然要讲求经营管理。任何产品的价值都体现在生产资料和劳动力两部分之中,故杨园重视计算生产成本和提高劳动效能。

关于计算成本。付给劳动者的报酬和生产资料的耗费即为生产成本。土地所有者如果想要获取更多的利润,不能不考虑如何降低成本,为此就要精打细算。

关于提高生产效能。要想多获利,除降低成本外,还可通过更新设备、改进技术和提高劳动效能来实现。要想提高劳动效能,在无新式生产工具时,就要加强劳动强度,发挥生产力中劳动力这一因素的作用,其办法有:

其一是强调"力勤"。《补农书》对选择雇工标准是"力勤而愿者为上",即忠厚而肯卖力干的壮健劳动力。而要使之"力勤",还有待雇主如何发挥他的能力。一方面应善待长工；另一方面是"别勤惰"，"结其心"，即区别对待勤与惰者，实行物质奖励，使"勤者既奋，而懒者亦服"。这对长工来说是"结其心"，从雇主来说，是用经济手段管理农业生产。

其二是重视安排。农业生产季节性强，只有重视安排，不误农时，保证有计划进行生产劳动，方能使农业丰收。杨园说农事有三大纲，即正疆界，浚沟渠，修岸塍。三者都属农田水利基本建设。他认为，要贯彻这三大纲，全在一"豫"字，即事先作好计划安排，对农事季节早作准备。在农事上，提出别忙闲，分难易，按季节，据晴雨作周密安排，做到合理支配人力、物力和使农事适时。

其三是主张分工和协作。由于劳动者的体力、技艺、经验不同，要使雇工们"既廪称事"，发挥各人所长，分工和协作可以提高劳动效率。

《补农书》虽然主张把一部分农产品商品化，但其目的在积累财富，而不是用于扩大再生产。这说明，其经营不是以农业资本家身份而是以经营地主身份进行的。虽然如此，杨园的《补农书》中的农政思想以及在三百余年前就主张农产品商品化等，是十分可贵的。

（三）治水为营本之长策

明代自中后期以来，朝政日敝，"水利不讲，农政不修"，民生因此穷困。为了改变这种状况，杨园多次考察了嘉兴、湖州地区自然地势和历年水旱灾情的根源，提出了切实可行的治水方案。嘉兴、湖州地区地势倾斜，西南高而东北低，境内东苕溪经临安、余杭、杭县、德清到吴兴；西苕溪经孝丰、安吉、晓墅碧浪湖与东苕溪汇合北流入太湖。当二苕汇合时，受南来诸水冲阻，流速骤减，泥沙下沉，造成淤塞，滨湖数十条港不得入太湖，及一遇大雨，上游山洪暴发，水势倾写而下，造成全境洪水泛滥成灾。因此，治水关键在疏浚湖口淤塞。但腐败的专制朝廷和诛求无餍的"长民者无至诚恻怛之心"，"浚治失时"。有鉴于此，杨园提出依靠地方和居民自己的力量治水的主张。其治水思想主要表现为：

第一，他在《与曹躬侯》书中认为，治水是"兴百年之利泽，振数十万之穷民"的大计。为"久利之见"，必须以治水为"营本"之"长策"。

第二，治水方针应"谋之于预"。他强调要"先尽力沟洫"于"未灾之时"，防患于未然。他希望"占田多者"的地主和豪室接受"失之于前"的教训，图"善之于后"的长远治水计划。

第三，治水要有步骤。按"先后之始"，区别缓急，分区分期进行。根据嘉、湖地区的实际情况，他提出的步骤是："宜以崇（德）、桐（乡）为始，而海宁继之。"

即先疏浚下流,使上游水有所归。

第四,"乃用民力"兴工。他主张依靠群众自己的力量自救自兴,就近施工,既省工又见效快,能发挥当地群众的积极性。他又主张以工代赈的"两全之道",使堤防得修,障塞得开,"一时饥民,藉以得食"。既可免"饿殍转徙之悲",又可令永远"水旱不能成灾"。

据《嘉兴府志》卷二九载,杨园这一治水方案,后得到清廷官吏柯耸采纳实施,并取得了成效。

第三节　吕留良的正心救俗之学

吕晚村之学重在夷夏之防,故虽笃信朱学,但是对朱学的理气、心性、道器、知行这一类理学范畴,始终未予论列,而是牢牢地立足于正人心、救风俗的现实问题上。他把民族大义视为大于君臣之伦的域中第一事,本质上就是反对清朝的异族统治。这在当时确实有其深刻的现实意义。

一　反清生平与文字狱

吕留良(1629—1683),字庄生,初名光轮,字用晦,号晚村,崇德(今桐乡)人。出生于世代仕宦家庭,在明清更迭之际,全家卷入了历史的漩涡。晚村抱亡国之恨,与其侄宣忠投笔从戎,"散万金之家以结客",召募义勇,起而抗清。兵败后,归家于梅花阁专意教授子侄,致力于探讨"治乱之原"。以行医为业,与桐乡张杨园等结为同志,刻印书籍,表彰朱子学说。晚年身益隐,名益高,几次以死拒绝清廷征辟。后索性削发为僧,法名耐可,字不昧,自号何求老人,结茅庐于埭溪妙山。从此,"屏绝礼教,病不见客",著书立说,直至病逝。

康熙末年,湖南生员曾静因崇拜晚村之学,乃派门生张熙到浙江吕家访求晚村遗书,并常与晚村学生严鸿逵等来往,接受晚村的反清思想。雍正六年(1728),曾静又派张熙到西安劝请川陕总督岳钟琪起兵反清,不料岳反向清廷告发,于是清代最大的文字狱"曾静案"事发,曾、张和晚村之子毅中等皆被捕。又抄出晚村的诗文中有"清风虽细难吹我,明月何尝不照人"等句,更成为加罪的口实。雍正亲自审问,并专门下发一道长篇上谕声讨晚村,被斥为"名教中之罪魁"。于是下令将早已去世多年的晚村和其子葆中、学生严鸿逵等剖棺戮尸,晚村另一子毅中和严鸿逵的学生沈在宽,以及曾为晚村建祠、刻书、私藏吕氏著作的人也一律处死,其他妇女幼孩等亲属则被发配宁古塔为奴。晚村著作亦被禁毁。此案成为有清一代文字狱中最耸人听闻的案例,直到清亡,冤狱始得昭雪。

晚村博学多才,一生以倡导朱子学说著称于世,于四书用力最勤。在所著书及所评选时文中,处处抒发其政治主张和学术见解。他强调民族气节、夷夏之防,认为这些比"君臣之伦"还重要,"为域中第一事"。他的思想学说在当时的士人中影响很大,他被尊称为"东海夫子"。死后还立祠祭祀,直到四十多年后案发为止。著作今存《四书讲义》《四书语录》《吕子评语》《吕晚村先生文集》等。

晚村在学术上一直从民族大义出发,试图对明朝灭亡的原因进行沉痛的探索,使清初知识界从王学末流的玄谈中猛醒,转向治乱原因的探讨,进而总结中国历史上清谈误国的教训,以达于经世致用之旨。这无疑是具有历史进步意义的探索,也正是晚村学术思想的可贵之处。晚村一生以天下为己任,是一位有作为的学者和思想家,在清代学术史上有其特殊重要的地位。

二　评选时文以明道救世

晚村一生的学术活动,从顺治十二年(1655)起,开始从事时文评选。此后虽一度中断,但自康熙五年(1666)后,这方面兴趣益趋浓厚,直到康熙十二年才结束选文生涯。其间经他评选结集的时文本子,竟多至二十余种,"风行海内,远而且久"。于是,其学遂为时文评选所掩,以致有"时文选家"之称。

然而晚村对"时文选家"之称早有澄清,他在《答张菊人书》中说:"某喜论四书章句,因从时文中辨其是非离合,友人辄怂恿批点,人遂以某为宗宋诗、嗜时文,其实皆非本意也。"他尤其憎恶"选家"之称,他在《答许力臣书》中说:"某僻劣无似,于选家二字,素所愧耻。"又在《答赵湛卿书》中说:"选手二字,某所深耻而痛恨者。"何以要耻为"选家"?晚村认为:"近世人品文章,皆为选手所坏。"为了表明不与时文选家为伍的志向,他即于康熙十二年以后,断然结束了选文生涯。

既然晚村早就对"时文选家"之称深恶痛疾,那又为什么还要长期耽于此事?诚然,评选八股时文只是为了供科举士子考试之用,但晚村之所以致力于此,是另有深意,不过也得分前后两个阶段进行评价。

第一阶段,即顺治十二年至康熙五年,晚村之所以从事时文评选,一则是为了寄托"无所用其心"的精神空虚,另则无非是一种谋生手段。因而并无多大历史价值。

然而康熙五年以后,晚村之所以继续评选时文,则另有目的。其《与施愚山书》云:"某跧伏荒塍,日趋奄固,偶于时艺,寄发狂言,如病者之呻吟,亦其痛痒中自出之声。"意思是说,他是借时文评选来抒发胸中的郁积。晚村胸中有何郁积?其子葆中为其所写《行略》曾有阐述:"于是归卧南村,向时诗文友皆散去。乃摒挡一切,与桐乡张考夫、盐官何商隐、吴江张佩葱诸先生及同志数人,共力发明洛闽之学,大声疾呼,不顾世所讳忌。穷乡晚进有志之士,闻而兴起者甚众。"郁积于胸而为世所忌讳的议论,在当时的历史环境中,不外乎就是有触清廷禁忌的政治主张和夷夏之防而已。

晚村去世后,其弟子车鼎丰辑《吕子评语》刊行,曾在卷首指出:"此编自成吕子明道救时之书,与从来讲章本头丝毫不相比附。时下动将吕子之说,夹和蒙、存等说数,一例编纂混看,此种冤苦,直是无处申诉。"车氏特别强调:"吕子评刻时文,不过借为致其说于天下之具耳。"后来,湖南人曾静正是读了晚村评选的时文,才走上反清道路的。

雍正初,曾静反清案败露,曾氏供称:"因应试州城,得见吕留良评选时文,内有妄论夷夏之防及井田、封建等语,遂被鼓惑。"由是观之,晚村的时文评选,不过是借以阐发其政治主张和民族大义的手段,有着鲜明的经世致用色彩和现实意义。这也就是车鼎丰所说的"明道救时"之意。

三　正姚江之非,得紫阳之是

在清初学术界,晚村以坚定的"尊朱辟王"面貌出现。他不仅大量印行程朱遗著,而且反复重申对朱子学说的笃信和尊崇。为了维护和表彰朱学,他斥王学为"阳儒阴释"的禅学。他在《答吴晴岩书》中曾表明主张:"今日辟邪,当先正姚江之非。"甚至断言:"陈献章、王守仁,皆朱子之罪人,孔子之贼也。"

晚村一生以"经世致用"为志职,他之反王尊朱,满怀着挽救明末清初颓废的风俗人心的目的。他在《与某书》中说:"弟之痛恨阳明,正为其自以为良知已致,不复求义理之归。非其所当是,是其所当非,颠倒戾妄,悍然信心,自足陷人于禽兽非类,而不知其可悲。乃所谓不致知之害,而弟所欲痛哭流涕,为天下后世争之者也。"这就是说,晚村之所以抨击王学,是因为阳明的"致良知"说"陷人于禽兽非类"，所以他才要"痛哭流涕，为天下后世争"。

何谓"陷人于禽兽非类"？说得直接一些，就是明朝灭亡，满族入关，大好河山被异族所占也。因此，晚村在《复高汇旃书》中进而指出："道之不明也，几五百年矣。正、嘉以来，邪说横流，生心害政，至于陆沉，此生民祸乱之源，非仅争儒林之门户也。"这一段话，把晚村憎恶王学的根源和盘托出。那就是因为王学的泛滥，酿成了明朝的覆亡。在他看来，对王学采取什么态度，不只是为了争儒林的门户，而且是关系到天下治乱的大是大非问题。因此他在《与施愚山书》中说："所论者道，非论人也。论人，则可节取恕收，在阳明不无足法之善；论道，必须直穷到底，不容包罗和会。一著含糊，即是自见不的。"他又在《答张菊人书》中说："今日之所以无人，以士无志也。志之不立，则歧路多也。而歧路莫甚于禅，禅何始乎？始于晋。今中国士大方以晋人为佳，而效之恐不及，又孰知有痛乎！"晚村在这里所说的"痛"，指的显然是国家和民族的存亡。这样，晚村便把他的"尊朱辟王"同他的历史反思融为一体了。

晚村否定了王学，于是又回到传统的儒家学说中去寻找依据。他认为"宋人之学，自有轶汉唐而直接三代者"，而朱子又是集宋学之大成的大师。因而他在《复张考夫书》中主张："救正之道，必从朱子。"又在《复高汇旃书》中大声疾呼："欲正姚江之非，当真得紫阳之是。"晚村表彰和提倡朱子学说的过程，也就是他孜孜以求"紫阳之是"的过程。

什么是朱子学说的"真"和"是"？晚村尖锐地指出："从来尊信朱子者，徒以其名，而未得其真。"晚村对宋元之际的朱门后学吴澄、许衡尤为不满，他认为吴、许身为宋人，却出仕元朝，大节有亏。他说："所谓朱子之徒，如仲平、幼清，辱身枉己，而犹哆然以道自任，天下不以为非。此义不明，使德祐以迄洪武，其间诸儒失足不少。"因而他得出结论："紫阳之学，自吴、许以下，已失其传，不足为法。"这样的结论姑且不论其正确与否，但其魄力甚大。他向当时的知识界提出了对朱子学说进行再认识的课题。

晚村这一课题的提出，正是他对明清更迭的现实进行历史反思的一个重要构成部分。他在《复高汇旃书》中阐述道："德祐以后，天地一变，亘古所未经。先儒不曾讲究到此，时中之义，别须严辨，方好下手入德耳。"德祐为南宋恭宗年号，恭宗被元兵所掳北去，南宋遂亡。晚村回顾往事，是要以德祐覆亡喻明清更迭。至此，他所谓"先儒不曾讲究到"的"紫阳之是"，呼之欲出，那便是为他所一贯坚持和表彰的民族气节。所以，晚村主张："今示学者，似当从出处、去就、辞受交接处画定界限,扎定脚跟,而后讲致知、主敬工夫,乃足破良知之黠术,穷陆派之狐禅。"这样的朱学观,不仅前无古人,而且同清初陆陇其、张烈、熊赐履、李光地等御用理学家的尊朱辟王殊若霄壤,不可同日而语。

清初,理学界众说纷纭,所以晚村一再发出"吾道日衰,正人代谢","世教日敝,学统几绝"一类的喟叹。因而在《戊戌房书序》中重申:"不学六经,不足通一经。"主张"学宫士必通经博古,明理学为尚"。将"通经博古"与"明理学"视为同等重要的事情。

从宏观上看,以经学济理学之穷,直至掩理学而上,这是清初学术发展的趋势。晚村置身于学术风气转换的历史时期,意识到理学的深刻危机,试图以阐发朱学的"真"和"是"来探求学术发展的新路,并提出"通经博古"主张,显然顺应了清初学术发展的趋势。

四 明君臣之义,严夷夏之防

晚村生当明清更迭之际,不愿意接受满族入主中原的现实,乃把探寻"治乱之原"作为自己的为学宗旨,对明清更迭的现实进行沉痛的历史反思。

作为一个对社会负责任的思想家,他把唤起士人的觉醒视为义不容辞的责任。他大声疾呼:"今日之所以无人,以士无志也。"晚村所说的"志",不仅是一般的忧国忧民的抱负,而更包括不可须臾丧失的民族气节。在他看来,当时中国没有胜任力挽狂澜于既倒的人,就在于士人中没有确立他所说的志节。

晚村针对当时士人中寡廉鲜耻的现状,在《今集附旧序》中尖锐地指出:"今日文字之坏,不在文字也,其坏在人心风俗。"而其《戊戌房书序》则对那些空谈心性,无视国家和民族存亡的"庸腐之儒",进行了猛烈的抨击:"今天下有坏人心、乱教化者若干人,去之可以强国,而奸民窃盗不与焉;天下有损事业、耗衣食者若干人,去之可以富国,而冗兵滥员不与焉,则庸腐之儒是也。"为了廓清"庸腐之儒"的危害,救正人心风俗,晚村孜孜努力于士人正气的培养,尤其注意激发起人们的民族气节。他在《梅花阁斋规》中强调"辞受取予,立身之根本"。因而主张:"今日为学,正当以此为第一事,能文其次也。"

晚村所谓的"第一事",后来在《四书讲义》中讲评《论语·宪问》时,他借解释该篇"微管仲,吾其被发左衽矣"一句,发挥道:"看微管仲句,一部《春秋》大义,尤有大于君臣之伦,为域中第一事者。故管仲可以不死耳,原是论节义之大小,不是重功名也。"朱子为此章作注云:"被发左衽,夷狄之道也。"他认为,管仲

"尊周室，攘夷狄"，"皆所以正天下也"。晚村正是着眼于管仲的"尊周室，攘夷狄"，强调孔子的结论"原是论节义之大小，不是重功名"，从而把民族气节视为"域中第一事"。

"今日之所以无人，以士无志也。"这既是晚村进行历史反思的沉痛结论，也是严酷的社会现实在思想家脑海中激起的必然反映。这样的认识一旦形成，晚村则以之去立身，去待人，从而成为他全部思想的出发点。

晚村与张杨园、陆稼书同时，并且颇有交往。晚村在《答潘用微书》中自称："某之畏友只考夫（杨园）而已。"与杨园交契之深可知。至于他与稼书的关系，早年二人论学甚洽，稼书的议论多是承袭晚村的。然而二人的"尊朱黜王"，出发点和目的都截然不同，因而二人之结局也天悬地隔。

晚村之尊朱黜王，实际上是要将尊朱与君臣大义、夷夏之防结合起来，才能凸显出吕氏思想及其学术争论的现实意义。故在晚村的阐述中，可以明显地看到，朱子理论中的天理和人欲作为个人道德修养的规范之义已经被淡化，取而代之的是君臣大义、夷夏之防。就现实而言，实际上就是抵制清朝之统治。

其实，晚村是想通过崇朱黜王，理顺君臣大义和夷夏之防，然后在此基础上复返三代之治。所以，在晚村的著作中，曾多次提出复封建、井田、学校等的具体主张，希望通过这种形式来达到改变现实的目的。其思想与其说是对王学末流的批判，毋宁说是对现实政治的批判，尤其是对夷夏之防的强调。很显然，他所针对的是清朝的异族统治。晚村的经世务实之学的现实意义，正在于此。

第四节　陆陇其的舍虚求实之学

清初浙西由张杨园、吕晚村发扬光大的朱学，到了稼书陆陇其那里一跃而成为高居庙堂的官学，两者虽均高举朱子理学的旗帜，然宗旨与目的已大相径庭。

一　生平与学术宗旨

陆陇其（1630—1693），初名龙其，字稼书，平湖人。康熙九年（1670）进士，历官嘉定、灵寿县令、四川道监察御史。为政清简，均有政绩。他以志行高洁而享誉民间，却不容于官场，以至仕途困顿。后辞官归乡，以授徒终老。

稼书早年也曾学习王学,后来在思考明亡的历史缘由时,痛切地感到王学空疏的流弊和危害,从此专心崇尚程朱理学,转而激烈地批判王学。

当晚明时,许多学者已有见于王学之失,或救其偏,或尊朱学以批评王学,如东林学派的顾宪成、高攀龙皆如此。而稼书则更进一步认为顾、高在许多实质问题上尚未脱王学的影响。他在《答嘉善李子乔书》中说:"泾阳、景逸亦未能脱离姚江之藩,谓其尊朱学则可,谓其为朱学之正脉则未也。"他在《读象山对朱济道衡》中说:"大抵象山、阳明、景逸、念台皆是收拾精神一路功夫,但象山主静,阳明则不分动静;景逸主静,念台则分动静;象山、阳明都不要读书穷理,景逸、念台则略及于读书穷理;象山、阳明则指理在心外,景逸、念台则指理在心内。究竟则一般。"所谓"皆是收拾精神",是说他们在修养方法上不同程度地都主张离物存心的修养方法,所以他认为泾阳、景逸虽然痛言阳明之弊,但在本质上都未能完全摆脱王学的藩篱。

稼书对吕晚村尊朱辟王极为推崇,据他自言,初学朱子理学时理解很肤浅,仅能"粗知其梗概",年四十余,始结识晚村,受其影响,最终成为朱学笃信者,进而服膺朱子理学,而对阳明心学攻击不遗余力。

稼书为学,以朱子之学为圣学正宗,认为一切当以朱子之是非为是非,而视阳明学为异端邪说。由于他一生志在卫道,故死后备受清廷推崇。雍正二年(1724)从祀孔庙,为清代从祀之第一人。乾隆元年(1736)特谥"清献",加赠内阁学士兼礼部侍郎。乾隆时修《四库全书》,稼书所著《三鱼堂文集》《三鱼堂外集》《四书讲义困勉录》《读朱随笔》《读礼志疑》《三鱼堂剩言》《松阳钞存》《松阳讲义》等皆收入,并且在《提要》中对其备极赞扬而无微词,可谓隆宠集于身后。此外还有《古文尚书考》《礼经会元疏释》《三鱼堂四书大全》《续困勉录》《战国策去毒》《问学录》等。后人编为《陆子全书》一百四卷。

二　崇朱黜王,以实补虚

陆稼书反思明亡的缘由,深感王学空疏之弊对当时士林学风的严重危害。他在《周云虬先生四书集义序》中指出:

> 考有明一代盛衰之故,其盛也,学术一而风俗淳,则尊程朱之明效也;其衰也,学术歧而风俗坏,则诋程朱之效也。每论启、祯丧乱之事而追原祸始,未尝不叹息痛恨于姚江。故断然以为今之学非尊程朱而

黜阳明不可。

在稼书看来，明中叶以前，由于尊崇程朱理学，因而社会安定繁盛，学术正而风俗淳；自阳明之学兴，世风愈下，变乱迭出，最终导致崇祯甲申之变。因而他把阳明学术和明代的盛衰兴亡联系在一起，比之于西晋永嘉之乱。其《松阳钞存》云："嵇阮之清谈盛，而永嘉之乱兴；姚江之良知炽，而启、祯之祸作。"其《策·道统》又云："异端纷出，持身者流入晋魏，讲学者迷溺于佛老，以方正为迂阔，以传注为尘腐，教弛俗败，而宗社随之。尝推论及此，未尝不叹息痛恨于嘉、隆以来诸儒也。"《学术辨》指出："阳明之病，在认心为性。"又在《周云虬先生四书集议序》中说，王学"虽不敢自居于禅，阴合而阳离，其继起者，则直以禅自任，不复有所忌惮，此阳明之学所以为祸于天下也"。

稼书严辞驳斥那种"阳明之流弊非阳明之过也，学阳明之过"的观点，指出："大抵学术之弊，有自末流生者，有从立教之初起者。如学考亭不得则流于腐，此自末流生者也；若姚江则立教之初已诞矣，何待学之不得而后流于诞？此不可同日而论也。"[1]他认为朱学本身无弊，完满无缺，即使末流有弊，也是后儒不善学之过；而阳明的"良知"之论本身弊端百出，故"阳明之流弊"罪在阳明，"明亡天下"之责应由阳明承担。

稼书在《又与范彪西进士》中以为"姚江没，而天下之虚病不可不补"。意思是说，解决当时的社会和思想问题，应当用程朱的"实"来补救王学的"虚"。他要求把理学从空疏引向笃实，是与当时实学思潮的方向是一致的。

稼书在崇朱辟王上较之张杨园、吕晚村更为坚决。他在《答嘉善李子乔书》中说："夫朱子之学，孔孟之门户也。学孔孟而不由朱子，是入室而不由户也。"其《答某》云："愚近年所见，觉得孟子之后至朱子，知之已极其明，言之已极其详，后之学者更不必他求，惟即其所言而熟察之、身体之。"又认为"继孔子而明六艺者，朱子也。非孔子之道者皆当绝，此今日挽回世道之要也"。其《松阳讲义》又云："吾辈今日学问只是尊朱子，朱子之意即圣人之意，非朱子之意即非圣人之意，断不可错认了。但有一说，未有朱子章句或问时，这章书患不明白；既有朱子章句或问，这章书不患不明白，只怕在口里说过了，不曾实在自家身心上体认。"这是说，现在尊崇朱子之学，不必再去重复探讨朱子讲过的那些道理，而

---

[1]　陆陇其《三鱼堂文集》卷五。

是要把朱子所讲的理论付诸身体力行之实,使人在安身立命和品格情操方面真正有所提高,有所受用。他在《策·经学》中强调:

> 自尧舜而后群圣辈出,集群圣之大成者孔子也;自秦汉而后诸儒辈出,集诸儒之大成者朱子也。朱子之学即孔子之学。……愚尝谓今之学者无他,亦宗朱子而已。宗朱子者为正学,不宗朱子者即为非正学。汉儒不云乎?诸不在六艺之科孔子之术者,皆绝其道,勿使并进,然后统纪可一而法度可明;今有不宗朱子之学者亦当绝其道,勿使并进。

稼书这种在当时看起来十分激烈的具有宗派形式的理论,在它的背后实际上表现了那一代士人对于明亡的痛苦的深切意识。所以他在《上汤潜庵先生书》中说:“自阳明王氏目为影响支离,倡立新说,尽变其成法,知其不可,则又为晚年定论之书,援儒入墨,以伪乱真,天下靡然响应,皆放弃规矩而师心自用,学术坏而风俗气运随之,比之清谈之祸晋,非刻论也。……今之学者必尊朱子而黜阳明,然后是非明而学术一,人心可正,风俗可淳。”总之,他将朱、王截然对立,认为“阳明之学不熄,则朱子之学不尊”。

三　求之虚不若求之实

稼书在哲学上对理学的理气问题,理一分殊问题,太极阴阳问题都作了不同程度的探讨。其《策·理气》云:“天下一气而已,天下之气一理而已。气不能离理,而理亦不能离气。天得之而为天者,人得之而为心。古今圣贤之所发明者,不越此理气,不越此理气之在天地与理气之在人心者耳。”稼书强调理气不能相离,表明了他对理气关系的看法。

然而稼书认为,理学的理气论包含有不同的方面,在论述上也有不同的侧重。其《策·理气》云:

> 有就理气浑沦言之者,有就理气散殊言之者;有就天地而言其浑沦、散殊者,有就人心而言其浑沦、散殊者。此源流分合,所以若不相一,而实无不一也。
>
> 《易》之继善,《正蒙》之太虚,程子之所谓形体、主宰、性情,邵子所

谓道为太极,此就天地而言其理气者也。其于穆不已而循之不见其端者,天地之理气浑沦;其万物各得而著之莫穷其际者,天地之理气之散殊。……

子思之言未发,孔孟之言心,张子所谓含虚与气,含性与知觉,邵子所谓心为太极,此就人心而言其理气者也。其无思无为而卷之退藏于密者,人心之理气之浑沦;其随感而应,而放之则弥六合者,人心之理气之散殊。

这是说,理气之说既有论天地而言,又有论人心而言,前者是自然观,后者是心性论。无论自然观或心性论,在讨论时都有不同的角度。就自然观而言,可以从"理气之浑沦言之",即把宇宙作为一个总体,从整体上进行讨论;也可以从"理气之散殊言之",即从理气所结合的具体事物,从宇宙中的具体现象来讨论。在心性论上同样如此,心的未发是指"理气浑沦言之",心之已发是指"理气散殊言之"。这就明确指出,宋明理学的理气论,不仅是一种宇宙论,而且也用来讨论心性和修养方面的问题。稼书把理气论分为两个大的方面,而每一个方面的讨论又都有总体和局部、一般和个别的不同角度,这样的分析是颇为细致的。

在稼书看来,天与人,浑沦与散殊是既分又合,既二又一,就是说它们实际上是统一的。他说:"言天言人虽分,而天之所以为天,人之所以为人,未尝不合也。言浑沦言散殊虽分,而浑沦者即在散殊之中,散殊者不出浑沦之外,又未尝不合也。"这是说,天、人虽然不同,但受同一个普遍规律支配。浑沦,是就宇宙的总体性质、一般特性而言;散殊,是就宇宙中具体事物而言。但一般与个别是统一的,是"合",不是"离"。以存在论的角度看,一般不在个别之外,个别又在总体之中。

稼书还区分了"一定之理"与"不定之理"。他在《松阳讲义》中说:"仁、敬、孝、慈、信中皆有一定之理,有不定之理。一定之理万古不易,不定之理因时变化。"这就是说,"理"是变和不变的统一。任何道德原则,作为一个具体的原则都不是绝对的、凝固的,它的具体内容和应用方式要随时代而改变。同时在变中又有不变,保持着这一原则的连续统一。仁与孝在不同时代内容可以有所变化,但它之所以成为仁、敬、孝、慈、信……就是因为它们具有自身普遍意义和稳定性。否则,仁就不再是仁,孝就不再是孝了。这是稼书从实际生活中总结出来的一种对道德原则的看法,是颇有价值的。

关于太极问题,稼书认为最重要的不在于作形而上学的玄思,而应当在自己的道德意识的培养上切实用功。他在晚年所作《太极论》中说:

> 论太极者,不在乎明天地之太极,而在乎明人身之太极。明人身之太极,则天地之太极在是矣。先儒之说太极所以必从阴阳五行天地生物之初言之者,惟恐人不知此理之原,故溯其始而言之,使知此理之无物不有,无时不然,虽欲顷刻离之而不可得也。学者徒见先儒之言阴阳五行,言天地万物,广大精微,而不以我身切实求之,则岂先贤示人之意哉?……故善言太极者,求之远不若求之近,求之虚而难据,不若求之实而可循。

稼书认为,宋儒讲太极为万化之根,这是惟恐人们不了解理的本原,并非让人仅去追求天地之太极。讲天地之太极也还是要落实到人。因而要明白人的太极而非明白天地之太极,才是学者真正的目的。从明白人的太极来说,一个人一切思虑行为完全合乎义理,这就是朱子讲的"万物统体一太极"了;每一个念头,每一件事都有个理来贯穿,这就是朱子讲的"一物各具一太极"了;人不脱离日常生活,又不受流行的习俗所沾染,这就是朱子讲的"太极之不离乎阴阳亦不杂乎阴阳"了。稼书这种以人生论解释《太极图说》和朱子的太极思想的方法,显然是在把理学的形上思考转向人的具体生活和道德实践上来。因而他认为,盲目地追求天地之太极是"虚而难据",只有把太极与自己的身心实践完全结合在一起,才是"实而可循"。稼书对太极论的从"虚"向"实"的引导,无疑是与当时实学思潮的普遍影响密切相关。

四　实行必由乎实学

古代所说的实践,多指切实地践履已知的道德原则和规范。稼书反对王学舍外求内,绝物存心的空疏学风,强调应该"内外交相养"。他在《读呻吟语疑》中对吕坤《呻吟语》中的一条作了如下批注:

> 一条谓"内外本末交相培养,此语余所未谕,只有内与本,那外与末主张得甚"!愚谓此似与孟子持志养气之论显背。《易》言"敬以直内,义以方外",亦是交相培养,若轻视外与末,岂程子所谓体用一源

乎？圣贤之学虽云美在其中则自然畅于四肢、发于事业,是欲其中之
充实,非内外本末交相培养不可。

稼书反对那种重内轻外的修养方法,他用孟子和《易传》内外并重的论点为根
据,坚持人的道德发展必须内外、本末同时并进,缺一不可。在理学中,所谓
"外"常主要指读书以穷物理,稼书也主张广泛读书,他在《松阳钞存》中说:"必
穷十三经,必阅《注疏》《大全》,必究《性理》,必览朱子《文集》《语类》,必观《通鉴
纲目》《文献通考》,必读《文章正宗》。"不如此不足以穷理格物。同时,稼书也认
为,"外"的工夫虽不可少,但读书必求务实。他在《谦守斋记》中极力反对"视圣
贤之书不过干禄之具,而不实体之身心,不实验之人情事变,穷其皮肤润色为文
章"的读书方法。如果把读书只当作追求利禄的工具,那就违背了圣贤教人读
书的本意,因而必须把圣贤讲述的道理切切实实地在自己身心上体会,应用于
人情事变之中,才是读书的目的。

　　所以,稼书特别强调实行和实学。他在《松阳讲义》中关于《论语》中"子夏
曰贤贤易色"章解释说:"这一章是子夏想实行之人,因思实学之重。学字对行,
则便专指穷理一边。大抵天下无实行之人则不成世道,然实行必由乎实学。"稼
书主张学术必须致于实用,要把所学的知识融入日常生活中去。所谓"实学"
"实行",就是主张用学术来指导自己的行为,把自己确信的道德理想实实在在
地体现在事亲、事君、交友的实践之中。

　　稼书认为,崇尚实学,反对空疏,重要的一点就是要即事接物。他在《读朱
子白鹿洞学规》中说:

　　　　朱子白鹿洞学规无诚意正心之目,而以处事接物易之,其发明《大
　　学》之意可谓深切著明矣。盖所谓诚意正心者,非外事物而为诚意,亦
　　就处事接物之际而诚之正之焉耳。故传释至善而以仁敬孝慈信为目,
　　仁敬孝慈信皆因处事接物而见者也。圣贤千言万语,欲人之心范围于
　　义理之中而已,而义理不离事物。

稼书认为,穷理而离物,就只能是"悬空的理会"。所以"止于至善"也必须实止
实行,不离事物。他在《松阳讲义》中说:"天下事事物物皆有定理,人当用致知
力行工夫以求止于此上耳。最忌将至善离却'明''新'事理悬空看了。"

　　在致知和力行的问题上,稼书提出,知有"与行无先后之知",有"行先之知",有"行后之知"。他在《松阳钞存》中说:"愚谓圣贤之言知行,有分先后言者,有不分先后言者。如子思之尊德性、道问学,程子言涵养须用敬、进学则在致知,皆不可分先后,然却又不是王阳明知行合一之谓。"就是说,尊德性与道问学,致知与涵养,虽然也属于知与行的范畴,但其间没有先后。他说:"圣贤说学,因有从力行说起者,但不是专务力行而不致知。……知在行先者,因无分大小,皆须理会。知在行后者,大纲已不差,只是要详取其节目。"这是说,人要做一个有道德的人,首先要知道什么是道德的原则,从这方面说,知在行先;同时人在实践过程中对道德原则的了解不断深化和具体,从这方面说,知在行后。人的认识过程本来是知与行的反复循环,稼书区分了行先之知、行后之知,知与行无先后之知,把理学的知行问题作了更为细致的分疏。

　　为了使格物穷理不流于泛观博览,使存心养性不流于空疏遗物,稼书十分强调《大学》的"格物致知"与《中庸》的"戒慎恐惧"互相包含、互相贯通。他说:"《大学》言八条目,而戒慎恐惧贯于其中;《中庸》言戒慎恐惧,而八条目贯乎其中。"他认为,格物致知与戒慎恐惧的紧密结合,才是真正的"实学",他在《松阳讲义》中说:"今须逐一扫去异说,归于正义,方见子思吃紧为人之意,方见程子所谓其味无穷,皆实学也。"

　　稼书强调实行实学,反对空谈心性,要求使学问向人的道德实践方面发展。这种注重实践的倾向,与当时经世致用的社会思潮一起,共同汇成了实学发展的潮流。

第三章 清代浙东的实学

明末清初,反对空疏而崇尚实学成为学术研究之总趋势。浙东的学者大都源自王门心学而来,所以他们推求实学的方式不同于浙西明确提出"崇朱黜王"的宗旨,而是大都继承刘蕺山的思路和方法加以发挥。一方面纠正阳明心学本身弊端,以挽回王学末流的空疏之弊,使之回归务实之学;另方面则吸取程朱理学的某些观点加以融合,从而创建新的学术体系。其代表人物为黄梨洲,响应者主要有梨洲的同学陈确,梨洲之弟宗炎,弟子邵廷采等。于是,弘扬经学的务实精神乃成为浙东学术界的共同学风。①

第一节 陈确的素位之学

陈确(1604—1677),字乾初,原名道永,字非玄,海宁人。从其籍贯而言,与浙东实有一江之隔;但从学派归属而言,因其师从蕺山,故亦属于浙东学派。幼以孝友称,为人刚直,尚气节。闻蕺山诚意慎独之说,始沉潜理学。入清之后静修山中,论学明理,尤多心得。在性善、力行的基础上提出了素位之学。著述有《大学辨》《禅障》《性解》《学谱》《葬论》《丧俗》《社约》等,今有《陈确集》行世,在清代浙学的发展过程中具有相当重要的影响。

---

① 本章多处采用了王凤贤先生《浙东学派研究》的有关内容,但在文字上作了调整和增删。

一　性情才皆善的人性论

陈乾初对宇宙的本原和社会政治经济问题论述不多,其理论体系的基础主要是人性学说,发挥性善之旨,最多创见。其学主要通过人性论和认知论予以表述,而认知论又以人性论为立论基点。

乾初在其《性解上》指出:"孔子曰'性相近',孟子又'道性善',论自此大定,学者可不复语性矣。荀、韩之说,未尽蠲告子之惑;至于诸儒,恍惚弥甚。故某尝云:孔子之旨,得孟子而益明;孔孟之心,迄诸儒而转晦。皆由未解孟子'性善'之说与《易》'继善成性'之说故也。"若要理清被历代诸儒讲得"转晦"的人性论,在于正确地理解孟子的"性善"说和《易》的"继善成性"说。

其《大学辨四》云:"性学日淆,学者日从空中摸索,白首茫然,可为大哀。确尝以为告子之说至有宋而益著,孔孟之教至先生(蕺山)而始明,非妄言也。先生尊心之论,正欲人尽心以知性,即孟子之旨。盖尊心乃所以尊性也。故曰:无心外之性,无心外之理,无心外之学,无心外之道。"因为"性学日淆"的主要原因在于"学者日从空中摸索",越谈越虚,故蕺山之学的"尊心之论"则把"性"从玄虚的"理"拉回到现实的"心"中,"心"成为"性"的载体,与"性"相关的"理""学""道"也就从学者的玄思中返回"心"中,所以说"尽心以知性"。乾初归"性""理""道"于心,以此形成自己理论思考的始点,同时也从根本上抽掉了宋儒分别"天命之性"与"气质之性"的理论依据。

把"性""理""道"统一于"心",只是横向的贯通,而与此相应的还有纵向的贯穿,那就是"天命""性""气""情""才"的不同层次的相互关联。其《气情才辨》云:"一性也,推本言之曰天命,推广言之曰气、情、才,岂有二哉!由性之流露而言谓之情,由性之运用而言谓之才,由性之充周而言谓之气,一而已矣。"诸范畴中,"性"处于核心地位,决定了人性论的性质。它既本之于"天命",又外现为"气""情""才",但它们本质上都是统一的。于是,乾初以一元的"性善"论观点,把"性""心""理""道"和"气""情""才"等范畴有机地统一起来。其中"天命""性"是抽象的、一般的,"气""情""才"是形象的、具体的。基于此,其《气情才辨》云:"性之善不可见,分见于气、情、才,情、才与气,皆性之良能也。天命有善而无恶,故气、情、才亦有善而无恶。""气、情、才皆善,而性之无不善,乃可知也。"这不光因为"气""情""才"统一于"性",且以其具体存在而外现"善"之属性。

乾初在《恕说》中表述"性"的内涵:"欲善而恶恶,人之性也。"可见"性"并不是一种静态的抽象的属性,而是一种动态的本能的呈现,表现的是一种欲望、一种要求。这当然不是指人的生理本能,而是指人所表现出来的生存本能,是人为了自己的生存而表现出来的要求规范人的行为的一种欲望,也就是动态的趋善避恶的过程。因而"为善"不再是一种外部的强制,而是一种发自内心的自觉。这就为其"性全"说奠定了基础。

其实,与乾初同学的梨洲所理解的"性"也是动态的。但梨洲是"气"之"流行之有条理者",侧重于"气"之运动规律和"理气合一"之说;乾初是"孳孳为善","迁善改过",侧重于行为主体的"日常人伦"之活动。如果把两者联系起来,可谓互臻其妙。这种动态的"性",无疑"全是一团生气",从而否定了宋儒的形而上之桎梏,为构建新的人性论开启了一条生路。

于是,乾初对宋儒进行了批判。其《性解上》云:"故性一也,孟子实言之,而诸家皆虚言之。言其虚则恍惚易遁,彼下愚者流皆得分过于天;言其实,则亲切不诬,自大贤以下无所辞罪于己。二说之相去,关系世道人心不小,其敢久置而勿讲欤?盖孔孟之言性,本天而责人;诸家之言性,离人而尊天,不惟诬人,并诬天矣。盖非人而天亦无由见也。"同是一"性",孔孟言之是"本天而责人",是善是恶与主体的活动息息相关,所以任何人都"无所辞罪于己"。理论思考的焦点聚于人,自然是实学。而宋儒则是"离人而尊天",把视线从"人"移到"天",这就势必贬低主体的能动作用。"天"的决定性强化,"人"的能动性弱化,所以"下愚者流皆得分过于天"。"天"比之"人",不能不说是可望而不可及的东西,自然是"虚学"了。

正因孔孟是"实学",宋儒是"虚学",故其《原教》云:"盖孟子言性必言工夫,而宋儒必欲先求本体,不知非工夫则本体何由见?孟子即言性体,必指其切实可据者,而宋儒辄求之恍惚无何有之乡。"孔孟注重人的作用,所以"言性必言工夫",欲以人的活动来解释人之善恶的原委。而宋儒注重于天的作用,孜孜于"性"本于"天",专求本体不重工夫,越谈越玄。通过和孔孟的比较,乾初点出了宋儒的致命弱点。显然,乾初是向孔孟人性论回复的"性一元"论者。

纵观自先秦迄宋明的各种人性论,莫不把"善""恶"与主体的某种因素或属性相联系。但乾初则虽本"性善",然其将恶之根源归于主体之践履,这就跳出了主体自身属性的藩篱而着眼于主、客体的相互作用。因此,他以主体的自身活动否定了先贤诸说之形而上的割裂,把恶的先天性连根刨起,而承认人在本质上都一于善。现实生活中的人之所以有善恶,完全在于自身的"习"。这种对个体践履活动的充分肯定,蕴含着时代精神。

二　理在欲中的理欲观

陈乾初把《易传》中"继善成性"之说作为主体道德完善的能动过程,提出了自己的"性全"之论,阐发了"天理正从人欲中见"的"理欲"观。其《性解上》云:

> 《易》"继善成性",皆体道之全功,正对下仁知之偏而言,而解者深求之,几同梦说也。一阴一阳之道,天道也,易道也,即圣人之道也。道不离阴阳,故知不离仁,仁不能离知,中焉而已。故曰"一阴一阳之谓道",即《中庸》中节之和,天下之达道也。继之,即须臾不离,戒惧慎独之事;成之,即中和位育之能。在孟子,则"居仁由义""有事勿忘"者,继之功;"反身而诚""万物咸备"者,成之之候。继之者,继此一阴一阳之道也,则刚柔不偏而粹然至善矣。如曰"恻隐之心,仁之端也",虽然,未可以为善也;从而继之,有恻隐,随有羞恶、有辞让、有是非之心焉。且无念非恻隐,无念非羞恶、辞让、是非之心,而出靡穷焉,斯善矣。成之者,成此继之之功,即《中庸》"成己仁也,成物知也,性之德也"之谓。向非成之,则无以见天赋之全,而所性或几乎灭矣。故曰:成之为性;故曰:言体道之全功。

人之"性"本善,即"仁"即"知","中焉而已",但这还仅仅只是一种意念活动,要继之以"戒惧慎独",方可语善。然而"性"是动态的,作为"性善"也是一个动态的"为善"过程。因此,"继之"后,就是"成之",即"中和位育之能",通过"中和位育",就能"见天赋之全",这就是"性全"。

其《性解下》云:"《中庸》言'中和位育',又言'至诚尽性',而极之尽人物,赞天地,皆指性之全体言。谓必如是,方可以悟性。"看来,"中和位育"就是"至诚"。其《瞽言四·与刘伯绳书》云:"诚之者,择善而固执之者也,犹谓非工夫,可乎?故明善亦诚身中事,非有先后也。曰择曰执,以为工夫,莫全于此矣。"原来所谓"诚"就是通过一种择善、执善的"工夫"而呈现的一种"至善"的境界。"择"是认知,"执"是践履,合之就是"知"和"行"的统一。"至诚"就是达到这种境界,所以说"至诚尽性"。那么"中和位育"也无非就是在"工夫"中明"性善",

这与他"言性必言工夫"的思想是一致的。

藉此，他在同书中述说自己的"性全"说："是故资始、流形之时，性非不具也，而必于各正、葆合，见生物之性之全；孩提少长之时，性非不良也，而必于仁至义尽，见生人之性之全。"

显然，乾初的"性全"指的是一种"迁善改过"的发展、演变的运动过程，"为善"的意念在"践履"的工夫中不断地经历磨难，去除各种"恶"的干扰，最后"仁至义尽"，达到"善"的境界。这样一种发展到极致的"工夫"论，充分地发挥了人的能动作用。

由是观之，乾初的人性论是一种基于平等，而又注重"工夫"的学说。其《无欲作圣辨》云："饮食男女皆义理所从出，功名富贵即道德之攸归。""人心本无天理，天理正从人欲中见，人欲恰好处，即天理也。向无人欲，则亦并无天理之可言矣。"同时，乾初还指出："欲即是人心生意，百善皆从此生，止有过不及之分，更无有无之分。"为此，他赞同其师蕺山的观点："山阴先生曰：'生机之自然而不容已者，欲也；而其无过不及者，理也。'斯百世不易之论也。"乾初把"人欲"与"天理"两者合而为一，"天理正从人欲中见"。而基于"工夫"论所得出的这一结论，对新的道德规范的呼唤也隐然可闻。

由此出发，乾初对以往的"理欲"观进行了批判。他说："周子无欲之教，不禅而禅，……周子以无立教，是将舍吾儒之所难，而从异端之所易也，虽欲不禅，不可得矣。"①乾初批判"无欲之教"，旨在强调"百姓日用之间"的正当性。乾初这种"理欲"观，与王船山"人欲即天理之大同"的思想是一致的。

三　尽性力行的素位之学

陈乾初在其《近言集》云："确窃以为学者但言虚心，不若先言立志。吾心先立个主意，必为圣人，必不为乡人；次言实心于圣人之学，非徒志之而已，事事身体力行，见善必迁，知过必改。"即此可见乾初的认识论由两部分组成：一是"格致"之说，讲的是"先言立志"，后言为学；二是"力行"之论，讲的是"见善必迁、知过必改"。其《答格致诚正问》云："学莫先定志，志为圣贤，而后有圣贤之学问可言。格物致知，犹言乎学问云耳。故曰：志于功名者，富贵不足以移之；志于道德者，功名不足以移之。故志于富贵，则所格所致皆富贵边事矣；志于功名，则

---

①　上引均见《陈确集·无欲作圣辨》。

所格所致皆功名边事矣；志于道德，则所格所致皆道德边事矣。此非格致之异，而吾心之异焉也。"

在乾初之学中，与"立志"说紧密相联的，就是"知行合一"的"力行"观。其《大学辨三·答张考夫书》所说："学问思辨，皆是行时工夫。如学事父则无所不用其孝，学事君则无所不用其忠，然不敢谓忠孝之已至也。故又须审问、慎思、明辨，以求其至当者而笃行之。要之，笃行之后，又何可一日而废学问思辨之功也哉！""知"的过程就是"行"，"行"则依靠"知"来"求其至当者"。其《圣学》云："若但知性善，而又不力于善，即是未知性善。"其《大学辨三·答张考夫书》云："不知必不可为行，而不行必不可为知，知行何能分得？然《中庸》先自下一注脚矣，曰'诚则明'，'明则诚'，是无先后之证也。'道之不明'节，言不行由不明，不明由不行，是知行合一之证也。故合知行之言，亦千古不易也。故弟尝谓阳明子之合知行，决可与孟子道性善同功。"乾初揭示"知行合一"是一个"千古不易"的命题。它在认识论中的地位和"性善"在人性论中的地位一样重要，都是立论的出发点。

于是，他在《舜明于格物一节》中指出："然则知之即所以行之乎？谓夫人惟行之之力，则始若无所知，而卒归于无所不知；亦惟知之之真，则尝若勉于行，而实未尝不安于行。若是者，一之至也。一之，斯存之矣。"人只要肯"行"，那么"知"也就在其中，从"无所知"到"无所不知"。当然，"知"也绝非无足轻重，只要是"真知"，就能使人"安于行"。但"行"毕竟重于"知"，因为"行"是"知"的源泉，两者缺一不可，互为前提。

从这样的"力行"观出发，乾初倡言"素位之学"。其《近言集》云："学者高谈性命，吾只与同志言素位之学，则无论所遭之幸与不幸，皆自有切实功夫，此学者实受用处。苟吾素位之学尽，而吾性亦无不尽矣。"

所谓"素位之学"，其实就是务实之学。其《学解》云："学人所处，子臣弟友，不一其职；所遇，贫富顺逆，不一其境，而贫苦者恒居什七。日用工夫，各有攸宜。"其《瞽言四·与刘伯绳书》云："尧舜之揖让，汤武之征诛，周公之制礼作乐，孔子之笔削，皆是素位之学。素位是戒惧君子实下手用功处。子臣弟友，字字着实；顺逆常变，处处现成。何位非素，何素非道，虽欲离之，不可得矣。所谓慎独者慎此，所谓致良知者致此。知得素位彻，是明善；行得素位彻，是成身。精微细密，孰过此乎？学者惟不肯切实体验于日用事为之间，薄素位而谈性命，故卤莽粗浮耳。行素而以诚身者，宁有此病也？"其《井田》云："井田既废，民无恒产,谋生之事,亦全放下不得,此即是素位而行,所谓学也。"可见,"素位之学"的范围很广,亦即每个人都根据自己所处的环境和条件,贯穿于修身、齐家、治国、平天下各项事业之中,其要在于身体力行,在"百姓日用""谋生之事"中间找学问。尽管每个人的具体情况不一样,以至于具体学问也相异,但"务实"这点是相同的。这样的"素位之学"与"天理即在人欲中"的观点是相一致的。

乾初的"知行合一"的"格致"观,还蕴含着"学无止境"的思想。其《大学辨》云:"至善,未易言也;止至善,尤未易言也。古之君子,亦知有学焉而已。善之未至,既欲止而不敢;善之已至,尤欲止而不能。夫学,何尽之有! 有善之中又有善焉,至善之中又有至善焉。"正因为"学问"没有止境,所以《大学辨》云:"君子之于学也,终身焉而已。则其于知也,亦终身焉而已。故今日有今日之至善,明日又有明日之至善,非吾能素知之也,又非可以一概而知也,又非吾之聪明知识可以臆而尽之也。"其《答格致诚正问》云:"道虽一贯,而理有万殊;教学相长,未有穷尽。学者用功,知行并进。故知无穷,行亦无穷;行无穷,知愈无穷。先后之间,如环无端,故足贵也。"学习是一个日积月累的过程,认识真理也是无止境的过程。

第二节　黄宗炎的理象合一之学

黄宗炎(1616—1686),梨洲之弟,字晦木,一字立溪,世称鹧鸪先生。清军南下,与兄梨洲组织抗清义军,结寨四明,号世忠营。军败,遭清兵追捕,乃潜于海昌、石门之间。曾从学蕺山,于象纬、律吕、轨革、壬遁之学,多有所得。著有《周易象辞》二十二卷,《寻门余论》二卷,《图学辨惑》一卷。另有《六书会通》《二晦》《山栖》诸集,已佚。

一　理象合一的宇宙观

黄晦木有鉴于王学末流的空疏之弊,针对阳明心学过于注重人的能动性以致步入玄虚,故十分看重现存世界的客观性,以期消除心学的极端主观性,力图对王学末流起有补偏救弊的作用,因而着意于探溯宇宙的本原。这一思想集中反映在《周易象辞》一书中。

晦木认为,宇宙的演化从"众动未侵"的初始状态向"天地既剖,阴阳已分"

的"千变万化"状态过渡,而"一气之氤氲",则"万物皆资之以为始",人也化生其间。晦木即基于这一演化过程来强调人之介于天地间的中心地位及人之化生后所产生的巨大作用。

在他看来,"一气絪蕴"化人生物,则天地"咸在虚位",而人则"裁成辅相","经纶变化出焉","吉凶悔吝生焉"。人成了世界的基础。人化世界中虽有人的因素,但其阴阳化合也还是具有客观性的,因此整个人化世界实质上是主、客观的统一。这就形成晦木构建哲学思想的基点。

从"一气絪蕴"的角度看,"理"应是"气"之运行的规则,所以说"非理无以行气,非气无以载理,理与气固未尝分"。"以谓理在气先,此理悬空何所附丽"?而"万物之初始乎气,气禅于形而后生物","物"生"象"即可成,所以"苟无其象,则无其理。古今无象外之理,理外之象也"①。这就从"理气合一"进到了"理象合一"。这是从非人化之宇宙本原跃升到人化世界。

这种跃升的关键就在于人的参与,"天之高远,旋转虽疾速,使无人以运行其中,谁律其时,孰齐其政,莫能作君作师,无可裁成辅相,则天之为天,亦且虚生矣。惟人有以连合其上下,节制其去来,使旷荡不可测识之物一就我之度量。人之为人,厥惟艰哉"。没有人就无所谓社会,而无"裁成辅相","天"也只是形同"虚生"。而人一旦参与其间,则"于此致其心力,无一息之可间断,观天之气化,一日一旋,周而复始",于是"仰观俯察,远物近身,悉备于中"②。乃"律其时"而"齐其政",使"万物就我之度量",外在世界成了人的内在世界的外化,一个人化世界就形成了。"象"是人化的产物,也是人化的标志,是主体对万物的"指而名之,区而别之",主、客体得以统一。可见,"理象合一"既是一般和具体的统一,亦是主观性和客观性的统一。"理象合一"即成为人化世界的本质存在。

从"理象合一"出发,晦木解释"道""器"范畴的存在及其关系:"至理无形,凡见于卦画爻象,已落于形矣。因形而不局于形,能求其所以然之故,则形达于上而谓之道。""理"虽无形,但"象"有形,故"象"中之"理"亦是"落于形"的,这种"落于形"之理即是一事一物的特殊之理。而冲破"形"的局限,则达于"道"。"道"是更深层次的规律之所在,对于具体事物而言,它是最一般的存在,故而说:"形而上者谓之道,形而下者谓之器。"③"器"乃"气"之所成。而"理象合一",

---

① 上引均见黄宗炎《周易象辞》卷二。
② 上引均见黄宗炎《周易象辞》卷一。
③ 上引均见黄宗炎《周易象辞》卷十八。

"道器合一"亦当在其中。

二 重在践履的认识论

黄晦木同样用"理象合一"的观点阐释"物"范畴："物者,大即君臣、父子、兄弟、夫妇、朋友,身心意知,天下国家之属;小即沟池疆界,权量尺度之属。"①这样的"物"已集自然、社会、主体、客体于一身,是对人化世界的真正包罗万象的概括。"物"既是认知的对象,也是认知的结果,是一种流变中的积淀。这种集大成的概括只能是认识论意义上的结论。

这种作为认知对象的"物",在具体的认知活动中就成为认知客体,而主体诸因素就形成认知主体从"物"中分离出来,与客体相对立:"心为众体之主宰,心仁则众体皆仁矣。故云体仁元长万善,仁长众人,嘉美会集,则仪文度数自然而生,动容周旋,悉合乎礼。利以及物,使物物各得其宜,则义从利出。人己均平,公私普济,则条理辨别,皆适于和。"②主体是人化世界的主宰,通过主体内在世界的外化,则"仪文度数自然而生",万物只要符合这个"仪文度数",那就"各得其宜","义从利出",而整个世界则"公私普济""皆适于和"。故而对主体素质的造就当是关键所在了。

晦木认为,主体的素质主要是后天培养造就的,"今生知之人不多见,惟学而造于圣域者,人人可为,质美不学,究非令器"。为此,晦木很重视人在孩提时代的教育,认为"稚子昏昧无知,错杂无辨,蒙蒙然锢闭而未经启发,其所含藏包蓄,无不具备。养善防恶在此时,端本慎习亦在此时也,圣人所以重教也"③。后天的"养善防恶"能使其形成符合社会准则的价值观。

当然,一个人的价值观的确立并非孩提时代的教育所能完成的,还得有赖于日后立身处世中磨练而得。"君子之于学也,唯恐怠惰之乘,心将纵恣而不直,必斋戒神明,常如宾祭之当前,则敬以直内也。无适无莫而确乎不迁,有廉有偶而无之不合,于错杂纷乱之际,条理秩然,则义以方其外也。敬立于内,以主宰;义立于外,以裁制。知无不行,始无不终,其德日新月盛而不可遏。"为了防止"心""纵恣而不直",所以需"敬以直内",以合于外。而一旦"条理秩然",则将"义立于外"而"裁制"外物,主体的内在世界即得以外化。同时,主体自身的

---

① 黄宗炎《周易象辞》卷五。
② 黄宗炎《周易象辞》卷一。
③ 上引均见黄宗炎《周易象辞》卷三。

价值观,也在这种"知无不行"的裁制外物的过程中"进德修业,日新月盛而不可遏",主、客体在相互作用中都得以发展、完善。主体藉助于践履,"敬内"得以"方外",而"方外"又进一步完善"敬内",以此形成良性循环。

基于这样的践履观,主体唯一具有先天性的素质就只有人的生理属性。"耳不习而能听,目不习而能视,口不习而知食,鼻不习而知臭,此气质也,然即此已是天性。苟欲除却耳目口鼻别寻义理,则杳冥眩惑,其为疑也甚矣。"①感觉器官是气禀所成,所以具有先天性。感觉器官是主体把握事物义理的基础,所以离却"耳目口鼻别寻义理"是不可能的。然而,主体的感觉仅仅是认识的始端,而"心"才是"主宰"。"耳目口鼻皆听命于心,心之官则思,思则不听淫声,不视艳色,思则箪豆万钟非义不受。""心"主宰"耳目口鼻",对"耳目口鼻"所感之得进行抉择,并制约其活动,以防"耳目之官有以变之。惟恐其随物而不正"。一旦"耳目口鼻""变而从正",那么主体"出门以交天下,至于成功,依然赤子之良知,不放失其本心也"②。

既然主体的素质主要是在践履活动中形成,且与"裁制外物"同步发展、完善,因此,主、客体的对立也就在这种活动中消融而趋于统一。"得诸身心为之德,错诸事功谓之行,德与行非可分者","惟以身心所成就之德,为我躬行实践,旦暮之所施,为孝弟忠信,日可见之行事者也"③。可见主体的"行",一方面是主体内在世界的外化;而另一方面则在外化的过程中,将外在世界的客观性融于自身,使自身素质得以完善,所以说"德与行非可分"。且这种"行"是一种实实在在的、具体的活动。"大哉,圣人之道,非虚位也,并虚理也,待其人而后行,行则始可谓之道。"④"圣人之道"也得在"行"中得以显现。晦木虽然没有明确提到"工夫即本体"这一命题,但其思想中已渗入了这一命题的精神。

通过这样的践履,主体方可把握事物发展的"道""理",方可有所作为,所以说:"人之践履,大而纲常名教,小而饮食起居,处处各得其当,则心泰身安,行无不通矣。"⑤当然,要真正把握"道""理"亦并非易事,关键在于至"诚",才能有所作为。因为"天下之事理莫神于虚,人身之智力莫贵于诚。虚则无碍,诚则必

---

① 上引均见黄宗炎《周易象辞》卷二。
② 上引均见黄宗炎《周易象辞》卷六。
③ 黄宗炎《周易象辞》卷一。
④ 黄宗炎《周易象辞》卷四。
⑤ 黄宗炎《周易象辞》卷二十。

通"。这个"诚"即是真实性。

三　天地生生无穷之善

在伦理观上,晦木仍然贯彻其"理象合一"的思想。溯其源而论,则"乾道本善,而元为之始,是万善之宗主,其流行转布,生生无穷之善,皆从此出,则包容贯穿,莫隆于此,元乃善之长也"。"善"范畴历来被视为表征人的人文属性,但晦木却将其延伸至宇宙源起的始点,成为"乾道"的一种属性。因为乾卦蕴含着宇宙演化的最初的动因,正是这种内在的动因使得"乾"卦"集阳"而"生阴",所以有"乾"必有"坤","乾坤二卦虽若判隔,而阴阳一体"①。以此则天地形焉,万物生也。正因"乾"卦具有这样的特性,所以说"生生无穷之善",这样的"善"显然已不是传统伦理学意义上的"善",而是"生生"之意。

然而这种"善"本质上却是"万善之宗主",它将直接关系到人性之善。"性,人之阳气;性,善者也,从心,从生。心为人之主宰,而其所以生,则性也。心本于性,即天地生生之道也。人得此性,亦以生生为心。"②"心"虽为人之主宰,但没有"性"之"生生之道",也就无所谓"心",所以说"心本于性"。而这种"生生之道"说穿了无非是"生存之道"。晦木将"善"作为一般范畴上升到生存层次,并从"天人合一"的角度来阐释人性问题,把人的"生生之道"溯源至宇宙的"生生之道"。这种溯源,一则从宇宙的大时空中论证人性的合理性;二则也从逻辑上把人的生存问题看成是整个宇宙的基本问题,从而使生存问题跃入更高的层次而成为人们审视现实的新角度。

从生存角度出发,晦木认为:"饮食者,天下之同欲,生民之必须,有不得其而争端起矣。以强凌弱,以众暴寡而劫夺炽矣。"③满足生理需求是人之生存的基本条件,所以是"天下之同欲,生民之必须",这种"欲"非但不是"恶",且还是"善"。只有当不平而起争端,"以强凌弱,以众暴寡"时,"恶"才从中而生。所以说:"有欲未便为私,为恶。如耳恶逆喜顺,目喜美恶恶,口鼻喜甘香恶苦臭,亦是人所同然,不足为败德。征而为恻隐、羞恶、辞让、是非,乃情可为善也。至若陷溺于声色香味,则欲始为私欲,为恶德矣。"④以此肯定了人的正当的生存欲

---

① 黄宗炎《周易象辞》卷二。
② 上引均见黄宗炎《周易象辞》卷一。
③ 黄宗炎《周易象辞》卷三。
④ 黄宗炎《周易象辞》卷一。

望,那么新的伦理观念的产生当以满足人的生存欲望为客观标准。

对于人的伦理观念的形成,晦木十分强调"习"的作用。基于血缘关系的"孝弟"观念是人出于生存的需要而产生的,然这需在后天的"习"中加以扩充,才能形成一系列的伦理观念,而一旦"敬义既立",则"良知良能皆可由仁义行,从心不逾"。同时,从发展变化的观点看,人之善恶的形成也有一个积累的过程,"天下至善、大恶,未有不积而成者,积必由渐而至"①。既然是一个"由渐而至"的过程,那么去恶从善,关键就在于自身行为的自我调节。可见,在晦木的"性善"论中,"恶"的先天性已无踪影,且"善"的先天性也是很淡的。这表明古代的先天的伦理观已经在向近代的实证的伦理观过渡。

四 因所当因,革所当革

从"理象合一"思想出发,晦木认为社会发展过程也是有"理"可寻的。他指出:"运会之自然不待勉强者也,若世道之治乱,则必因乎人力。任事有其人,凡先此之否塞,无非造就圣贤豪杰之具,使之增益其所不能,而为后日之喜悦。"②历史的发展有其自身的必然规律,但人并非无所事事,历史在发展过程中既给人类提出难题,同时也造就了解决这些难题的人及其条件,人就凭借这些条件来克服困难。可见,晦木既不抹杀历史发展规律的客观性,也不陷入宿命论,其见解是非常深刻的。

关于历史发展的最初的、亦即基本的动因,晦木认为源起于人类生存的需要。"饮食人所必须,亦为天下之所共欲,耕也而馁在其中,俎豆而攘夺随后","圣人著须之险,知饮食之有争斗,将欲先事而杜讼之源,使民无讼"③。故晦木认为:"三代以上,民为贵,作之君,作之师,以养斯民教斯民而已。民虽众,愚而无智,不能兴大利;弱而不强,不能除大害。于是有圣人出焉,能人所不能,天下共爱戴之,皆曰是诚我愚弱者之父母也。群然奉之,加隆重焉,使其居处服食有异于众人。彼所居之地,原劳苦忧勤,在他人所不堪,何可又令其耕食织衣,务其小而遗其大哉。所以耕,先奉以食;织,先奉以衣。民为其易,君为其难。"④可见,人君的产生、典章制度的建立,都是出于解决人的生存问题的需要。因此,

---

① 上引均见黄宗炎《周易象辞》卷二。
② 黄宗炎《周易象辞》卷五。
③ 黄宗炎《周易象辞》卷三。
④ 黄宗炎《周易象辞》卷十四。

人之生存这个现实问题成为人们考察历史的支撑点,历史的发展就是一个不断解决人类生存问题的过程。

因此,历史的发展必然有其自身的运动规律,决非是个人意志的体现,所以晦木认为:"一代之兴,必有因时之道,权宜而得中。"①"因时之道"就是历史发展的规律,"权宜而得中"就是顺应历史的发展,及时地采取变革措施,使现实变得合理。"大之为世运之升降,道德之污隆;小之为政治之得失,寒暑之迁移。君子观之,审察时变,其莫为莫致者,无不别白于心目,何非常之足骇欤? 人文者,古今之所尚,风会之所趋,行之既久,其弊必生。昔日之经天纬地,不特弃为尘土,且滔滔日下而厉民者多矣。君子观乎此,则因其所必当因,革其所必当革,损之而得其中,益之而得其正,化乎旧而成乎新,渐仁摩义,天下之风俗焕然矣。"②历史在发展过程中,总有一些陈旧的东西要被抛弃,因此就必须创造一个新的适合于人生存的环境。

当然,变革也决非是简单地抛弃旧有的一切,而是有所"因",有所"革"。"千古之民彝,百王之损益,其大经大法是可垂万世而不变,则当斟酌于往者之所尚,而得其尽善尽美矣,何必悉出于一时之更易哉!"③所谓"千古",实指"三代以上",这是晦木的理想社会形态,它所具有的典章制度、风物人情自然是后世的楷模。所以从本质上说,所"因"的是传统文化中的精华部分,而他有"因"有"革"的变革观毕竟是一种深刻的见解。

为了能使传统有"因"有"革"地得以延续,晦木以其敏锐的思维,道出了一个儒者所应承担的历史责任:"学者观其法式而效习之,谓前言往行,学之于古;见贤思齐,三人有师,学之于今。……乃包含遍复,宽大以宅心,于理何所不备,于人何所不容,可谓居天下之广居矣。"④理想中的新的文化形态应在这样的基础上构建起来。

---

① 黄宗炎《周易象辞》卷十七。
② 黄宗炎《周易象辞》卷七。
③ 黄宗炎《周易象辞》卷十七。
④ 黄宗炎《周易象辞》卷一。

第三节 邵廷采的磨砥躬行之学

邵廷采(1648—1711),原名行中,字允斯,改名廷采,字念鲁,余姚人。博通群经,不屑于制科举业而笃志于圣学。早年即慕阳明、蕺山之学,亦喜读朱子《纲目》,曾问学于黄梨洲。主讲姚江书院,自称为"姚江末学"。学人谥之曰文孝先生。著有《思复堂集》,此外尚有《诗经儿课》《礼经节要》《东南纪事》《西南纪事》《姚江书院志略》等。

一 虚心广见,磨砥躬行

邵念鲁综合前辈诸说,融合明清之际浙中王学两派为一体,并兼综朱、王,熔理学、心学为一炉。他认为:"立名真伪,学术异同,海内后贤自有定论,吾党不任其责。至于随事得师,虚心广见,何所不宜?"①因此"致知诚意,因时指授,取其笃信,不必定宗一家也"②。"务追千圣一传,磨砥躬行,无徒剿腾良知口说为也。"③这种立足于"磨砥躬行"的言会众端、兼综诸说的治学态度,表达了整理旧文化、构建新文化之时代需求,也体现了浙学兼容众说之学风。

念鲁云:"阳明祖述孔孟,直示以万物皆备,人皆可以为尧舜之本。"④又云:"自宋世理学昌明,程朱大儒择精语详,有国者至以《五经》《四书》制科取士,可谓盛大矣。然人人崇用朱传,而不知反验之身心,口之所能言、笔之所能书,顾茫然也。先生思振其衰弊,以为人皆可尧舜,独持此不学不虑之良知,而作圣之功,不废学虑。孩提之不学不虑,与圣人之不思不勉本体同,而求端用力在于致。"⑤正因为"人人崇用朱传",驰"心"而外,无以自返,结果"心"上功夫反而荒废,失却了做人为学的根底,士风虚伪颓废,越谈越玄,越学越虚。为此,阳明揭出"良知"之意,力倡返心求真,欲除宋儒之"虚无"。所谓"'致良知'三字,实合致知存心一功。所谓察识于此而扩充之,直是任重道远,死而后已之事"⑥。念

---

① 邵廷采《思复堂文集》卷七《谢陈执斋先生》。
② 邵廷采《思复堂文集》卷一《王门弟子所知传》。
③ 邵廷采《思复堂文集》卷四《姚江书院后记》。
④ 邵廷采《思复堂文集》卷一《姚江书院传》。
⑤ 邵廷采《思复堂文集》卷一《明儒王子阳明先生传》。
⑥ 邵廷采《思复堂文集》卷七《候毛西河先生书》。

鲁认为"致良知"即"致知存心"，和理学的"致知"，心学的"存心"融为一体。这就使"致良知"说具有了新意。

所以，念鲁云："非存心无以致知，后人自分，而晦庵、象山自合耳。顾晦庵之学，已皎然如日月之丽天。先生(阳明)欲表章象山，以救词章帖括之习，使人知立本，求自得，故其言曰：'朱、陆二贤者天姿颇异，途径微分，而同底于圣道则一。其在夫子之门，视如由、赐之殊科焉可矣。'"①可见，在念鲁眼中，阳明"致良知"说已是兼综朱、陆。故又云："故知善知恶是良知，为善去恶是格物。统中人以上、中人以下，循循焉俱由此二言入。""致良知实功，唯为善去恶，故曰：'致知在格物。'其小异于朱子者，正心诚意之事并摄入格致中，举存心、致知不分为二，是固《中庸》尊德性、道问学之本旨也。"因此，"正心诚意之事"就是"存心"之功，是心学的基本要点，注重的是认知主体自身素质的培养和造就；而"格物致知"则是理学的基本要点，尤其是朱子所十分强调的主体认知客体的"格致"活动。把两者结合起来，那就是在注重认知主体自身素质培养的前提下，对于客体的格致活动。这种"合一"的思想，就认知论的内容而言，是更为丰富、更为全面了；就审视角度而言，则消除了片面性而显得更为合理了。这种"合一"的思想被念鲁说成是阳明对朱、陆的综合。且不说阳明是否综合朱、陆，但把这一论说视为念鲁探究阳明学的一种深刻而独到的见解则未尝不可。同时，这种见解也表明了念鲁的认识论观点。

因此，念鲁在《答蠡县李恕谷书》中这样评价朱、王之异同："阳明之所云致知者，摄于约礼之内，始学即审端一贯；朱子之所云致知者，散于博文之中，铢铢而称，两两而积，其后乃豁然贯通焉。此同归中有殊途之别。""底于圣道"是同一的，而途径各异，前者是由内至外，后者是由外至内。而阳明后学曲解师意，以致于"禅入焉"。只有蕺山洞察精微，把握了"良知""真意"，揭出"慎独"之旨。故而"至蕺山先生专注诚意，以慎独为致知归宿；择执并至，而不补格致于诚意之前；合一贯之微旨，审执中之极则。孔孟以后，集诸大成，无粹于此"。这种"择执并至"的合一思想，实含"践履"之意，当是朱、王"同归"的极好注释。故其《复友人书》谓"于明儒，心服阳明而外，独有蕺山"，认为"朱、王之学，得刘而流弊始清，精微乃见"。

念鲁深受王学熏陶，尤其受蕺山影响颇深，所以他为学一于心学。其《后蒙

---

①　邵廷采《思复堂文集》卷一《明儒王子阳明先生传》。

说》云："千圣之学，'人心惟危'四言尽之矣。孟子之'不动心'，所以持人心之危也；其曰'性善'，则所以明道心之微也。后世商鞅之变法，李斯之助虐，王莽之肇篡，扬雄、王安石之僭经蔑圣，皆由一念人心之危而炽；尧舜、三代之治功，濂、洛、关、闽之学术，亦由一念道心之微而开。吁，可畏哉！"他把"人心"的作用抬到如此高度，把世之治乱、学术之兴废，统统归于人心之一念。他认为"人心"对于人的言行具有制约作用。人有身体，耳、目、口、鼻、四肢，都各有所司，"然心为身之大体，耳、目、手足、口、鼻为小体。小体不思而蔽于物；心之官则思，先立乎其大，则小者不能夺。故修身必先正心"。"先正心"就是要先确立主体的认知素质，造就主体认知活动的前提条件。所以只有把"心"搞"正"了，人才能"动容周旋皆合礼，是谓身修"。

念鲁还说："圣人之学在躬行，读书其一端也。然欲发明心理，知古今，识事变，济时行道，扬名显亲，自非读书皆无由致。"

二　性善则情亦善才亦善

在人性论上，邵念鲁与陈乾初的观点是一致的。其《后蒙说》云："人有性，有情，有才。性善，则情亦善，才亦善。愚夫愚妇皆有性之人，即皆有才情之人。"可见念鲁也是远绍孔孟，强调人性本"善"，而对"性""情""才"的关系的理解也一如乾初。

何谓"性"？"人伦有五：父子有亲，君臣有义，夫妇有别，长幼有序，朋友有信。天命之性，生来有此五者，所以异于禽兽而为人也。""口于味，目于色，耳于声，鼻于臭，四肢于安佚，此人之情，亦谓之性。"可见人"性"由两部分构成：一部分是"天命之性"，即人伦五常，这实际上是人的社会属性；另一部分是"气禀之性"，指的是饮食、男女，即人之常情，这实际上是人的自然属性。"天命之性"与"气禀之性"是合成一体，不能分离的，因为"性至善不离乎气，而实不杂乎气"。但"天命之性"毕竟是人区别于禽兽的关键，所以它理所当然地成为人"性"中的主要部分，主体的修养，根本上就在于回复"天命之性"，"诚道，天之道，乃天命之性；思诚者，人之道，则复性之功也"。

不过，肯定了"天命之性"的重要性，也并不妨碍念鲁承认"气禀之性"的合理性，并不像宋儒那样视"气禀之性"为"恶"之源头，力图"变化气质"回复到"天命之性"。在他看来，"刚柔、缓急，民之气禀异矣；饮食、男女，民之大欲存焉。

圣人制礼乐刑政,以平其气禀,节其嗜欲"。① 人的七情六欲本来就是一种客观存在的东西,把它作为祸根加以否定显然是不合情理的,但嗜之过度也必然丧失人的本性,所以念鲁倡导"节欲"说。

三　天无常归,归于有德

念鲁本着浙东学派"经世致用"的为学精神,尤究心史学,著史论,搜遗文,追逸事,影响后学不小。

念鲁认为,历史发展有着自己的必然趋势,其《关市略》云:"夫自有生民,其不能不趋于兼并者,势也。虽以圣人为君相,无可如何。在上者封建并于郡县,在下者八家之世并于豪强,虽皆上之失道致然,然而此固自然之理也。故封建非圣人意,当此之时,其势不得不分。郡县亦岂秦意? 当此之时,其势不得不合。"所以深而论之,则"分之久必暂合,合而不于其所则必复分,然后求有德者而归焉"②。历史发展的趋势是不以人的意志为转移的,即使是圣人也"无可如何"。认识到历史发展的这种必然性,当是把握历史发展趋势的前提。

历史发展虽有其客观趋势,但最终是"求有德者而归焉"。因此历史发展一旦完结其选择过程后,接下去就是"有德者"如何顺乎时宜有所作为了。这时历史的发展就在于人的能动性。而所谓"有德者"的治国,实质上就是孔孟早就倡导的"仁政","唯能养民致贤,修德以俟天命,则九州之内天地而可王也"③。

本着这种"天无常归,归于有德"④的基本思想,念鲁对传统的"正统"论提出了自己的看法:"有天行之统,有人心之统,是两者万世而不亡。叔子所谓'正统绝而归之偏统,偏统绝而归之窃统'者,天之所在,人不能违也。《纲目》既以甲子纪之矣,吾则谓存窃统而终不使附偏统,存偏统而终不与于正统者,人之所在,天亦不能违也。"⑤从天人关系的角度来理解"正统"的含意,且更着重于人,这实质上是把"民为邦本"的政治思想贯彻到了史学研究中。显然,"天人合一",即"天之归""德之治"的统一,被视为"正统"观念的真正意蕴,也是审视历史发展中各朝代是否"正统"的标准。

---

① 上引均见邵廷采《思复堂文集》卷十《后蒙说》。
② 邵廷采《思复堂文集》卷八《正统论》。
③ 邵廷采《思复堂文集》卷八《史论》。
④ 邵廷采《思复堂文集》卷八《正统论》。
⑤ 邵廷采《思复堂文集》卷八《正统论一》。

本着这一标准,念鲁认为:"其开地大而享国长久,守之以仁义,吾取汉、唐及明而已。""汉兴,复其见天地之心乎? 以高祖之宽大,平暴乱;文景之恭俭,几刑措;武帝之雄才,疆四荒而修六经。……四百余载,英谊之君六七作。是以大汉之名,到于今中外称之。虽治体杂王霸之间,规模气象远矣。此汉继周后,断然居正统之首位。""唐除隋暴,天下归心。""明起草泽取天下,秉天地之义气,以严立国。"所以说,"吾于三代而下,取其足当正统者,仅有汉、唐及明"①。他从天人关系的角度来理解"正统"观念,并把"仁政"作为其基本内核,藉此重新审视历史发展的各阶段。这样的"正统"观念已经逸出了传统的"正名"范围而变成了一种理想社会的典范。所以,这种"正统"观念表述的实质上是念鲁所崇信的理想社会形态。基于"经世致用"的原则,念鲁渴望着能将理想变成现实,为此而作了《田赋略》《户役略》《国计略》等,从各个方面阐述了自己的政治、经济思想。

念鲁深受梨洲的影响,对学术思想的流变颇感兴趣,虽然没有《明儒学案》这样的著作,但辨章学术,考镜源流,也写出了《王门弟子所知传》《刘门弟子传》《姚江书院传》等文。把这些《传》连在一起,基本上刻画了明末清初王学流变及浙东学术兴起、发展的大致轮廓,为后人的研究提供了线索。

念鲁有感于"千古失传之事"的现状,立志于旁搜遗文佚事以作传,以表彰忠烈,寄托哀思,也为后人的研究留下宝贵的资料。故念鲁作《宋遗民所知传》《明遗民所知传》,以表彰忠烈之士。另外,念鲁还写有一些《记》,对楼、台、庙、阁多有记载,保留了许多乡土的风物人情。

总之,念鲁以史学思想的阐释和乡邦文献的搜集,对后学产生影响,尤其是其从孙邵晋涵及浙东史学大师章学诚,更受其影响颇深。

---

① 上引均见邵廷采《思复堂文集》卷八《正统论二》。

第四章　清代浙东的史学

　　清代初期,浙东众多学者为了反对空疏而崇尚实学,乃从研究心性之学转而注重研究史学,从而开创了浙东史学的研究领域。自黄梨洲首开其端,继之者主要有万斯同、全祖望、章学诚、邵晋涵等,皆以经世致用为目的而研究史学,乃形成影响巨大的浙东史学流派。①

第一节　万斯同的史学成就

　　万斯同(1638—1702),字季野,号石园,鄞县人。受学于黄梨洲,以史学著称。朝廷开局修明史,季野遵师命以布衣参史局。著有《明史稿》五百卷,《读礼通考》一百六十卷,《补历代史表》六十四卷,《纪元会考》四卷,《宋季忠义录》十六卷,《南京六陵遗事》一卷,《庚申君遗事》一卷,《河源考》四卷,《儒林宗派》十六卷,《石鼓文考》四卷,《石园文集》八卷,《群书疑辨》十二卷,《书学汇编》二十二卷,《历代宰辅汇考》八卷,《周正汇考》八卷,另有《两浙忠贤录》《明季两浙忠义考》等。后客死京邸,所携之书大都散佚。所纂《明史稿》也为史馆总裁王鸿绪占为己有,并为其篡改。

---

　　① 本章多处采用了王凤贤先生《浙东学派研究》的有关内容,但在文字上有所调整和增删。

一　治史可建万世之长策

万季野擅长史学,他认为:"诚留意于此,不但可以通史,并一代之制度,一朝之建置,名公卿之嘉谟嘉猷,与夫贤士大夫之所经营树立,莫不概见于斯,又可以备他日经济之用,则是一举而兼得之也。"①从这段话中可看出他致力于史学的初衷是从修史中总结历史经验,"备他日经济之用"。同时也是为了把贤士大夫、名公巨卿的功勋业绩留传下去,以供后人学习和研究。

所谓"备他日经济之用",是遵守其师梨洲的教诲,也正是浙东学派有别于其他学派的特色。他说:"愿辍艺文之学而专意从事于此,使古今之典章法制烂然于胸中,而经纬条贯实可建万世之长策。"这就是他史学研究的宗旨。为了实现这一宗旨,他可以"不惮冒天下之讥而为是言","他日用则为帝王师,不用将著书名心,为后世法,始为儒者之实学,而吾亦俯仰于天地之间而无愧矣"。

若要实现这样的宗旨,其研究史学的内容就必须囊括古今,接合时代的实际而指出其得失。季野曾有设想:"将尽取古今经国之大猷,而一一详究其始末,斟酌其确当,定为一代之规模,使今日坐而言者,他日可以作而行耳。"②这是要求举凡治国平天下的古今大猷都在其研究视野之内,且都要从历史的沿变的角度去加以研究,力求揭示其历史作用,并斟酌其现实意义。

从这种"经世致用"的思想出发,季野批判了腐儒的"自私之学",他说:"经世之学,实儒者之要务,而不可不宿为讲求者,今天下生民何如哉?历观载籍以来,未有若是其憔悴者也。使有为圣贤而抱万物一体之怀者,岂能一日而安居于此。夫天心之仁爱久矣,奚至于今而独不然,良由今之儒者,皆为自私之学而无克当天心者耳。"所以,他发奋要"以文章报国",拯民于水火,"吾窃不自揆,常欲讲求经世之学"。

季野还感觉到古时之良法随着朝代的更替而在消亡。他说:"吾尝谓三代相传之良法,至秦而尽亡;汉、唐、宋相传之良法,至元而尽失。明祖之兴,好自用而不师古,其他不过因仍元旧耳。中世以后,并其祖宗之法而尽亡之。至于今之所循用者,则又明季之弊政也。"通过对历史的回顾,得出了这样的结论:"夫物极而则必变,吾子试观今日之治法,其可久而不变耶?"③这"物极必变"就

---

① 万斯同《石园文集》卷七《寄范笔山书》。
② 上引均见万斯同《石园文集・万季野先生墓志铭》。
③ 上引均见万斯同《石园文集・与从子贞一书》。

是季野对历史发展的最深层概括,认为当时的弊政非变不可。何谓"变"?"自无而有之谓变","变即生之谓也";"彼此互易而为变,则非本原之谓"①。新的时代需要有新的事物的产生,而不是局限在旧时代框架中的自我调节。

季野还提出了"中西文化互补"说:"适西法既入,其说实可补中国所未及。"并对兼通中西之学者予以赞扬:"梅子既贯通旧法,而兼精乎西学,故其所著《历学辨疑》,旁通曲畅,会两家之异同,而一一究其指归,乃知西人所矜为新说者,要皆旧法所固有;而西学所独得者,实可补旧法之疏略。"②这种对不同文化融会贯通的思想,从发展民族文化的角度来讲,当是一种很高的境界,也是浙学所具备的基本特色。

二　撰写《明史稿》的宗旨

万季野的史学成就主要是《明史稿》和《儒林宗派》。明清之交以《明史稿》命名的书有多部,其中季野主编修撰的《明史稿》,是清修《明史》定稿最重要的底本。

季野早有治明史之志,这一方面固然出于故国之思,国可灭而史不可不存;另一方面则因为明朝是刚消逝的朝代,其得失比之于数百年以至千余年前的唐宋来,对今日的借鉴作用无疑更为明显。作为关心生民之憔悴、世道之治乱的学者,目光自然集中于明史的研究。当时明史的私人著述虽然不少,但都不尽人意。季野有感于"国史承伪袭谬未有成书,乃发愤以史事为己任"③。力求能修出一部能真实反映明朝盛衰过程的信史来,以实现自己的史学宗旨。

季野博览群书,使他"自两汉以来,数千年之制度沿革,人物出处,洞然腹笥;于有明十三朝之实录,几能成诵。其外,邸报、野史、家乘,无不遍览熟悉,随举一人一事问之,即详述其曲折始终,听若悬河之泻"④。正是这样的功底,才使得他在明史纂修中得心应手。当他以布衣参史局时,纂修官每当稿至,皆送季野复审,季野阅毕,谓侍者曰:取某书某卷某页,有某事当补入;取某书某卷某页,某事当参校。侍者如其言而行,绝无差错。对汗牛充栋的明史著作,他居然都能烂熟于胸,足可见其平时搜集史料所下的工夫。

---

①　万斯同《石园文集》卷四《卦变考》。

②　万斯同《石园文集·送梅定九南还序》。

③　黄百家《万季野先生墓志铭》。

④　黄百家《万季野先生墓志铭》。

季野还非常注重史料的甄别。他认为"实录者,直载其事与言,而无可增饰者也"。但"实录"未必就是实录,所以他还要"因其世以考其事,核其言而平心以察之,则其人之本末可八九得矣"。这是因为实录所载之言之事,其"言之发或有所由,事之端或有所起,而其流或有所激,则非他书不能具也"。因此,"凡实录之难详者,吾以他书证之,他书之诬且滥者,吾以所得于实录者裁之"①。如他对记载明太祖言行的《洪武实录》就颇为不满。"高皇帝以神圣开基,其功烈固卓绝千古矣。乃天下既定之后,其杀戮之残一何甚也!当时功臣百职鲜得保其首领者,迨不为君用之法行,而士子畏仕途甚于阱坎,盖自暴秦以后所绝无而仅有者。此非人之所敢谤,亦非人之所能掩也。乃我观《洪武实录》,则此事一无见焉。纵曰为国讳恶,顾得为信史乎。"②

季野又在《读〈弘治实录〉》中指出:"孝宗为一代守成令主,而《实录》所纪当时之弊政何其多也!盖帝务通下情,人人得以尽言,故一有过举,尽形之于奏牍,人之见之者以为帝德之有失也,而不知正其能纳谏之美也。向非帝能纳谏,群臣安敢尽言?后人亦何由知其详哉。至如嘉靖之世,其治乱,视此何啻什佰,今读其史,其弊之大者因已章著,而其小者反不若此之数数,然彼岂无失之可指乎?亦群工百职箝口而不敢言故,后人无由知其详耳。且孝宗十八年之间,国家最为无事,而《实录》卷帙之多反有过于诸帝,亦由奏疏之多耳。余恐读者不察,徒见其疵而不见其美也,于是乎言读是书者,其尚以是求之。"他不为表面现象所迷惑,而是透过现象看本质,还历史以本来面目。

季野修史继承了先贤寓褒贬明善恶的史学传统,认为列传应当"采实录之明文,搜私家之故牒,旁及于诸公之文集,核其实而辨其诬,考其详而削其滥,使善无微而不显,人无隐而不章,此实不朽之盛事而亦先贤之有待于后人者也"③。即有善扬善,也不讳言其短,以还其本来面目。为此,季野还非常注意弘扬无闻于世的节操之士,搜集其遗集,发掘其轶事,并为之立传。这样的笔墨在季野的著述中不胜枚举。如他作《海外遗集后序》一文,就写下该书作者毗陵吴宗伯公的生平主要事迹。一个风骨傲然的东林志士,藉季野之笔遂章著于世。

季野不仅光前贤于无闻,而且对由于国史之谬有污前贤名节的记载,也以自己的笔予以昭雪。如其《书国史〈唐应德传〉后》一文,对贤者的遭诬为之辨

---

① 上引均见《万季野先生墓表》。
② 万斯同《石园文集》卷五《读〈洪武实录〉》。
③ 万斯同《石园文集》卷七《与李杲堂先生书》。

白。而对奸佞小人则深恶痛绝，如《题〈从吾录〉后》一文，对吴玄之所辑之《从吾录》当世君子多为其所掊击，季野直指其心而斥之。

季野修史还非常注重图表的功能，认为"史之有表，所以通纪传之穷，有其人已入纪传而表之者，有未入纪传而牵连以表之者，表立而后列传之文可省，故表不可废。读史而不读表，非深于史者也"①。于是，从云在楼借读二十一史，补其缺略，作东汉后历代诸表，又尝作开国行朝诸臣年表、方镇年表等，并自创体例作大事年表。这些史表提纲挈领，一目了然地将人物和事件有序地展示出来，既便于人们了解历史，也便于有志者研究历史。

三　编撰《儒林宗派》的意义

万季野所编撰的《儒林宗派》十六卷，纪孔子以下迄于明末诸儒，时间上跨越了季野以前的整个时代，所载人物之多可谓空前。此书却能以其严谨的结构，把诸多人物有序地组合起来，以时代发展为脉络，把诸儒的授受源流一一标出，看起来一目了然，而上无师承，后无弟子者，则别附著之。此书纂成，实现了梨洲的未竟之愿。

这种以时代发展为经，以学派衍生为纬的框架，使得《儒林宗派》显得比《明儒学案》的规模更为宏大，其区分也更为细致。《明儒学案》着重于王学流变，兼及他派与诸儒，而《儒林宗派》所载已没有学派的侧重，自孔子以下的传经之儒，一一具列。如同是记载蕺山学派，《明儒学案》所列《蕺山学案》只收蕺山一人，而《儒林宗派》所列刘氏学派则收吴麟徵等十二人，并以图表的形式标明他们的师承关系。

进行这样一种对中国学术发展史的大规模整理，在中国历史上，季野实是第一人。以前虽有各种学术思想史著述出现，包括梨洲的《明儒学案》及未竟的《宋元学案》，都只是断代的学术史，或是某一方面的专史，而像《儒林宗派》这样的时间跨度，且全面反映学术思想演化的著述，尽管它只是一种图表，其规模却是空前的。《四库全书提要》谓其"除排挤之私，以消朋党，其持论独为平允"；"较之《学统》《学案》诸书，则可谓涤除锢习，无畛域之见矣"。消除学派偏见这一点，正充分说明了季野对传统文化批判继承的精神。

《儒林宗派》虽只以图表的形式呈现，但若没有对古代典籍的充分把握，要

---

① 钱大昕《潜研堂集·万季野传》。

想列出如此之多的人物及相互关系,那是不可想象的。而《儒林宗派》正是以其条分缕析、详尽记载的庞大规模,为后人的进一步研究提供了重要的条件。

总之,季野把"经世致用"的思想贯穿于自己从事的史学事业中,创写了皇皇巨著,使浙东史学得以发扬光大,亦为浙学宝库提供了不少珍品。

第二节　全祖望的文献之学

全祖望(1705—1755),字绍衣,号谢山,鄞县人。为人峻严狷介,不慕虚名。虽满腹经纶,却常为穷困所扰,饔飧或至不给。三十二岁成进士,入庶常馆,因不附时相,遂罢官归里。在京期间,曾借《永乐大典》读之,但取欲见而不可得者,分其例为五:一经,二史,三志乘,四氏族,五艺文。每日各尽二十卷,而以所签分,令人抄之。曾主讲蕺山书院,因太守微失礼而固辞,视千金若腐鼠。又受东粤制府之邀而主讲端溪书院,影响粤之学风颇深。后半生极为穷困,以致未能竟其所学。著有《经史问答》十卷,《汉书地理志稽疑》六卷,《七校水经注》四十卷,《宋元学案》(补续)数十卷,《三笺困学纪闻》若干卷,《续甬上耆旧诗》一百二十卷,《鲒埼亭集》三十八卷,《鲒埼亭集外编》五十卷,《诗集》十卷,其未成或已佚者,则有《读史通表》《历朝人物世表》等。

一　采醇略疵,会同朱陆

全谢山虽崇阳明之学,私淑梨洲,但丝毫没有门户之见。其《杜洲六先生书院记》云:"夫门户之病最足锢人,圣贤所重在实践,不在词说""彼其分军别帜,徒晓晓于颊舌者,其无当于学也明矣。"《题郝仲舆诸经解后》云:"先儒之说返之吾心而不安者,当博考之,深思之,力求其是。若豫储参商之见,以相寻于口舌,是则经学之贼也。"本着这种"重在实践,不在词说"的精神,谢山赞同学术界的"会同朱陆之说"。其《奉临川先生帖子一》云:"夫圣学莫重于躬行,而立言究不免于有偏。朱、陆之学,皆躬行之学也。其立言之偏,后人采其醇而略其疵,斯真能会同朱、陆者也。若徒拘文牵义,晓晓然逞其输攻墨守之长,是代为朱、陆充词命之使,即令一屈一伸,于躬行乎何预?"谢山立足于"实践",对已有文化"采醇"而"略疵",以此整合成适应时代需要的新的文化形态。这种整理文化的态度可说是体现了时代精神,也是浙东学派整理文化遗产的基本准则;其"重在实践"的观点更是"经世致用"精神的最好体现。

对朱、陆异同的考察，当是谢山会同朱、陆，并形成自己学术思想的起点。他在《淳熙四先生祠堂碑文》曾这样阐释朱、陆异同："予尝观朱子之学出于龟山（杨时），其教人以穷理为始事，积集义理，久当自然有得，至其以所闻所知必能见诸施行，乃不为玩物丧志，是即陆子践履之说也；陆子之学近于上蔡（谢良佐），其教人以发明本心为始事，此心有主，然后可以应天地万物之变，至其戒束书不观，游谈无根，是即朱子讲明之说也。斯盖其从入之途，各有所重，至于圣学之全，则未尝得其一而遗其一也。"所谓陆学"本心"，谢山认为无非是"读书穷理，必其中有主宰，而后不惑，固非可徒以泛滥为事，故陆子教人以明其本心，在经则本于孟子扩充四端之教"①。这就是说"读书穷理"首先要正己之心，只有这样，才能把握其"主宰"。谢山这种思想与梨洲的重"意"，乾初的"正心"是一脉相承的。因而会其异，合其同，以构建新的思想体系。

谢山曾概述"物有本末"云："心之为物，实主于身，次而及于身之所具，则有口鼻耳目四肢之用。又次而及于身之所接，则有君臣、父子、夫妇、长幼、朋友之常。外而至于人，远而至于物。极其大，则天地古今之变；尽于小，则一尘一息。是即所谓身以内之物，曰心，曰意，曰知；身以外之物，曰家，曰国，曰天下也。盖语物而返身，至于心、意、知；即身而推，至于家、国、天下，更何一物之遗者。而况先格其本，后格其末，则自无驰心荒远，与夫一切玩物丧志之病。"②这里表述了两层意思：一是"物"兼内外，二是物分本末，但内外本末皆由"心"主宰。这里的"物"并非仅仅是对外在客观世界的概括，而是把主体的自身素质也包括在内。熔"天地古今之变"，"一尘一息"为一炉，合"心""意""知""家""国""天下"为一体，把主、客体统一在一起，而不是把它们绝然对立起来。这是站在认识论的立场上看世界，似乎整个世界就是主、客体的水乳交融。这也是对梨洲"盈天地间皆气也""盈天地间皆心也"两命题合一的极好注释。而对"物"作本末之分，以"心"为本，次及"口鼻耳目四肢之用"，又次及日常人伦，"盖语物而返身"，"先格其本"，"后格其末"，这显然是承绪心学。所以谢山认为，"格物之学，《论语》皆详之。即以读《诗》言之，《诗》三百，一言以蔽之曰'思无邪'，格物之学在身心者；诵诗三百，授之以政，格物之学及于家国天下者。事父事君，格物之大

---

① 全祖望《鲒埼亭集外编》卷十四《淳熙四先生祠堂碑文》。

② 全祖望《经史问答》卷七。

者;多识于鸟兽草木,格物之小者"。可见,谢山非常注重主体自身素质的构建,认为只有在此基础上才谈得上主、客体的统一而能达到预期的效果。

二　旁罗博综,表彰奇节

谢山搜集文献,旁罗博综,堪称大家。他认为"百年以来,文献以忌讳脱落"①,所以,欲为之广采遗文以补史,并正诸家之谬。对此,他最重视表彰奇节之士,对于明清之际仗义死节之士尤为乐道。翻开《鲒埼亭集》,满目皆见忠义之士的碑铭墓表、行状事略,志表文词、传记序跋。其目的是使这些忠义之士为世所知,他们的文为世所闻,以慰英魂于九泉,昭功德于人间,并为后人写下可信的历史资料。同时,他对有节义之女子,也极推重而予以表彰,认为:"明之灭也,熹、毅二后,亡国而不失时教之正,有光前史。而臣僚之母女、妻妾、姐妹亦多并命。降及草野,烈妇尤多,风化之盛,未有过于此者。以为明史当详列一传,以表章一朝之肜管者也。又降而南中、吴中,以及淮扬之歌妓,亦有人焉,此不可以其早岁之失身,而隔之清流者也。"②更可贵的是他能注重大节,即使为社会所不齿的妓女,如其大节凛然,也应予以列传。

谢山于地理律历、地方风情、制度沿革,乃至于书院亭榭,都悉心考究,详为记载。在整理文献中他就以"耻一物不知"的精神,不惜殚精竭虑,广涉博采,从而为后代留下了丰富的历史资料。谢山还十分注意乡邦文献的搜集,并多有考证。他的辛勤劳作对于保存浙东文献无疑是一大贡献。

为了尽可能地保存古代文献和使文献得以较广的流传,谢山从《永乐大典》中辑补遗文,考辨事理。他的这一番辑补工作,得以从《永乐大典》中整理出不少宝贵的历史资料。特别是后来《永乐大典》遭到浩劫,辑存的这些资料就更为宝贵了。

谢山搜集文献不但广博,且还十分注重其真实性,非常看重亲见亲闻的第一手资料。对有疑义的,则亲访考察。如对南宋六陵遗事,谢山就亲至攒宫山下踏看,凡不能亲访所得,也当问之于前辈。对于所引用的史料,十分重视原始资料。他还善于利用各种资料,如用《水经注》的资料来补遗《汉史》之未备。

谢山有感于"著述者捉影捕风,为失益多,兼之各家秉笔不无所左右祖,虽

---

①　全祖望《鲒埼亭集》卷八《明建宁兵备道金事鄞倪公坟版文》。

②　全祖望《鲒埼亭集外编》卷十二《沈隐传》。

正人君子或亦有不免者。后学读之,如梦丝之不可理"①,故强调治史应"推原其故","反复考定而后得之"②。对于学术思想的分歧也不盲从,主张溯源其本,研寻其迹,指出其分合异同之原委。这种求实的态度使得谢山对于名人或师长,也敢于提出批评,毫不掩饰其过。一旦发现自己有错,亦必及时改正。

谢山治史,秉承《春秋》旨意,扬善惩恶。他从人物的整个历史出发,分清功过,即使晚节不贞,也决不掩其前此之清明,足见其评品人物之公正。同时,他品评人物也不求全责备,而重其大节,若"持论太过,天下无完节矣"③。

此外,谢山还非常重视史表的作用,认为"百世之下,执遗文坠简以观往事,蛛丝马线正于原委棼错之中,求其要领。然苟得一表以标举之,则展展历历在目矣"④。他对如何作表亦有所阐述:"史之有表,历代不必相沿,要随其时之所有而作。如东汉之宦者侯表,唐之方镇年表,辽之外戚世表,此皆历代所无而本史必不可少者也。"⑤"《辽史》于属国之外,又有部族一表。诸国所以识其大者,诸部所以识其小者。大小虽有不同,然但取其有关于一代之故,则某所谓随其时之所有而作之者也。"⑥

三 续补《宋元学案》

谢山的卓著成果,莫过于《宋元学案》的修补。《宋元学案》乃梨洲在完成《明儒学案》一书后所纂,当时梨洲已年届七十高龄,想在有生之年完成宋元四百年学术思想史之编纂,但仅完成十七卷就去世了。后其子黄百家继其业,亦未竟而卒。谢山于乾隆十年(1745)在半浦陪祭梨洲时接受了续补《宋元学案》的委托,用了十年时间编纂此书,但直至去世,也未最后定稿。后梨洲玄孙稚圭及其子平黼加以整理补充,定为八十六卷。道光十八年(1838),鄞县王梓材、慈溪冯云濠初刻该书,亦为之校补,认为:"是书既经谢山历年修补,自当从谢山百卷之目。梨洲后人,亦列谢山于续修,而别为八十六卷之目,于序录未能印合。故是刻以百卷为准,取卢氏(卢镐)藏稿,细心校理,具见百卷条目,井然不紊。"遂以百卷定稿,刊刻行世。王梓材的最后定稿也注重客观性,尽量保持原稿面

---

① 全祖望《鲒埼亭集外编》卷四十三《与史雪汀论〈行朝录〉书》。
② 全祖望《经史问答》卷八《诸史问目答郭景兆》。
③ 全祖望《鲒埼亭集外编》卷二十五。
④ 全祖望《鲒埼亭集外编》卷四十二《移明史馆帖子三》。
⑤ 全祖望《鲒埼亭集外编》卷四十二《移明史馆帖子三》。
⑥ 全祖望《鲒埼亭集外编》卷四十二《移明史馆帖子四》。

貌,他在《刊例》中指出:"有梨洲原本所有而为谢山增损者,则标之曰'黄某原本,全某修定';有梨洲原本所无,而为谢山特立者,则标之曰'全某补本';又有梨洲原本,谢山唯分其卷第者,则标之曰'黄某原本,全某次定';亦有梨洲原本,谢山分其卷第而特为立案者,则标之曰'黄某原本,全某补定'。"而"每学案中所采语录文集各条,有知为梨洲原本者,则注明黄氏原本,有知为谢山所补者,则注明全氏补。至于学派诸子传,有梨洲有传,而谢山修之加详者,则注修字。有梨洲无传,并无其名,而谢山特补之者,则注'补'字,庶使一览了然,不至两家混淆"。另外,还仿梨洲、谢山残存之原表,为之增补,"以便观览"。且对所"采录文集粹语","大事表"等等,也遵谢山之原意而增补加注。可见,王梓材的校补真可谓是浩繁而又细致了。《宋元学案》之问世,梓材的功劳至为巨大。

谢山之续补《宋元学案》,主要有五个方面的功绩。

其一,"梨洲原本无多,其经谢山续补者,十居六七"[①]。全书九十一个学案,谢山增补四十五个,修补十七个,可见该巨著大部为其所作。为完成此著,谢山真是不遗余力,利用其熟悉宋代史事的有利条件,为之参伍考订,增定补编,即如其自述:"予续南雷《宋儒学案》,旁搜不遗余力,盖有六百年来儒林所不及知而予表而出之者。"[②]

其二,"梨洲黄氏,标举数案,未尽发凡。至谢山全氏修补之,乃有百卷序录之作,即是书之凡例也"。谢山于学案卷首作一"序录",对全书所收各学案作一整体概述,对各学案既分别述说其主旨特征,又阐释其师承流派,使读者开卷即有一个整体的了解,真可谓"开宗明义"。同时也为后人进一步整理、修补学案提供线索,梓材就是典例。

其三,"是书修补,谢山兼为修宋史而作,故有《宋史》所略,而是书列传特加精详。语多本之《永乐大典》,其中经济著述间或采入,盖圣门立四科意也"。谢山利用自己熟悉宋代史事的条件,为案主列传详于《宋史》,以补《宋史》之所略。又立附录于传后,搜集遗闻轶事及学界评论,供读者参考。这对读者全面了解案主的生平提供了方便,对研究案主思想的形成及发展提供了宝贵的资料。同时,本着"经世致用"的原则,所采文集颇为广博,非仅采集其哲学思想。

其四,宋元儒者派别繁多,且各有所重,故要揭示其师承源流,学派流变,至

----

① 上引均见《宋元学案刊例》。
② 全祖望《鲒埼亭集》卷三十《戴山相韩旧塾记》。

为复杂。为此，谢山仿梨洲之意，为之作表，便利读者作整体了解。

其五，正因为"宋元儒诸派传授，尤纷然错出"，故谢山能师承梨洲，本着"和会诸家，总归圣道之一"的宗旨，对各家各派不定一尊，"细为标目"，以"标其门人私淑与再传三传之派别"。

总之，谢山为续补《宋元学案》，倾注了自己后半生的大部分精力，即如王梓材所言："谢山著述之功，莫精于七校《水经注》，莫专于修补《宋元学案》。"[①]而《宋元学案》之大体修成，也了却其师未竟之愿，于师门有功，同时也为后人留下了丰厚的文化遗产，大大地便利了后人对宋、元学术思想史的研究。

第三节　章学诚的史志理论

章学诚(1738—1801)，字实斋，号少岩，会稽人。乾隆四十三年(1778)进士，授国子监典籍。毕生从事讲学、修志和史志研究。先后主讲大名之清漳书院、永平之敬胜书院、保定之莲池书院、归德之文正书院，并纂有多种地方志书。晚年曾入湖广总督毕沅幕府，助毕沅修《续资治通鉴》。著有《文史通义》《校雠通义》。后有嘉业堂刻本《章氏遗书》，征辑较为完备。

一　道以器显，即象求道

在哲学思想方面，实斋本着"经世致用"的精神，欲通过史学研究来探索历史发展的轨迹，为其方法论寻求认识论依据，以便把握其所以然，因而竭力把认识论的阐述与其史学研究的方法论相联系。这一点也构成其哲学思想的特色。

实斋对"道"之显现的解释，亦从百姓日用，即人之生存的角度，从具体走向一般。《原道上》认为："人生有道，人不自知。……人众而赖于干济，必推才之杰者理其繁；势纷而须于率俾，必推德之懋者司其化。是亦不得不然之势也，而作君作师，划野分州，井田、封建、学校之意著矣。故道者，非圣人智力之所能为，皆其事势自然，渐形渐著，不得已而出之，故曰天也。"这里的"道"已不再是玄虚之"道"，而是实实在在的存在于人们日常活动中的"道"了。这样的"道"，存在于万事万物之中，"道者，万事万物之所以然，而非万事万物之当然也。"这

---

　①　上引均见《宋元学案刊例》。

样的"道"所意蕴的只能是事物发展的最一般的规律,当然不可能为人的感官所直接把握,而只能为人的抽象思维所把握。

《原道上》又云:"《易》曰'一阴一阳之谓道',是未有人而道已具也。'继之者善,成之者性',是天著于人,而理附于气。故形其形而名其名者,皆道之故,而非道也。"当人类没有形成时,自然界的"一阴一阳"之道即已存在。而一旦人禀气化,天即著"道"于人,是谓之"理"。"理"并非仅附于人,同时也存在于事物之中;"道"是一般,"理"是特殊;"道"体现在某一具体事物中,即成为该具体事物之"理"。

"道"虽然具有自为性,但通过理论探索,是可以为人所把握的。《原道上》谓"学于形下之器,而自达于形上之道也"。即人们可以通过对可感知的"形下之器"的思考,来把握蕴藏于其中的不可直接感知的"道"。

所谓"自达",《易教下》云:"万事万物,当其自静而动,形迹未彰而象见矣。故道不可见,人求道而恍若有见者,皆其象也。""道以器显","万事万物"即是"器","道"即通过"万事万物""自静而动"中呈现的"象"而得以显现,故而即"象"可以求"道"。

实斋认为,"情""意"都是人所为。人之所以能与天地相关联,而使自己成为转化活动中的一个重要环节,其关键在于"气"。而"气化而生"仅说明了天、地、人的关联,还没有区分人与物的不同,因为物虽也"气化"而成,但却不能参与"自然之象"转化为"营构之象"的活动。故《假年》指出:"人之异于物者,仁义道德之粹,明物察伦之具,参天赞地之能,非物所得而全耳。"可见,人之区别于物者,根本在于人具有文化素质以及变革世界的能力,所以能"参天赞地",成为"自然之象"转化为"营构之象"的中介环节。《原学上》云:"盖天之生人,莫不赋之以仁义礼智之性,天德也;莫不纳之于君臣父子夫妇兄弟朋友之伦,天位也。"气化成"人","天德""天位"也就赋之于身,这与孟子的善端说是一致的。不过这仅是指的"意",而具有"意"之人"感于人世之接构",则产生"情之变易",从而具备"参天赞地之能"。可见,"意"是先天的,"情"是后天的,"情"本"意"而发,"意"藉"情"而显。这里的"意"并非仅指主体的伦理观念,而是其认知素质的全体。正是这种"意"的存在,使人区别于物,从而形成"参天赞地"的主体能量。

二 治学为能持世而救偏

实斋本着"经世致用"的精神,认为治学应为"持世"之用。他在《原学下》指出："天下不能无风气，风气不能无循环，一阴一阳之道，风于气数者然也；所贵君子之学术，为能持世而救偏，一阴一阳之道，宜于调剂者然也。……是故开者虽不免于偏，必取其精者，为新气之迎。"实斋看到了一个时代的学术风气，对于学术思想的发展产生着巨大影响。若想去其敝而成其用，则"必取其精者"，这个"精者"当是时代本质的反映，即是"持世而救偏"之根本所在。故实斋指责"趋时而好名"的俗儒"不知持风气，而惟知徇风气"。

从这种"持世而救偏"的宗旨出发，实斋十分强调"史意"。其《言公上》云："作史贵知其意，非同于掌故，仅求事文之末也。"其《浙东学术》云："史学所以经世，固非空言著述也。"要求治史能有补于治世。其《答甄秀才论修志第一书》谓"史志之书有裨风教者，原因传述，使观者有所兴起"。

然而治史的更重要任务是体"道"，去发现历史发展之"阳变阴合"的"自然之势"。这种重"势"的思想引导他用发展的眼光来看待历史的变迁，强调变法图新以治世。其《砭俗》认为"变化无方，后人所辟，可以过于前人矣"。所以，变革就是"前人所略而后人详之，前人所无而后人创之，前人所习而后人更之"，而变革的尺度则"要于适当其宜而可矣"①。通过对前人所作之成法的创新增补，使新的制度符合时代发展的需求，这当然是利国利民，有补于治世的了，所以说"夫变法所以便民"②。同时，这种变法图新的思想也意蕴着"尽人功以求合于天行"的"天定胜人，人定亦能胜天"的观点。这种注重人的能动作用的观点，表明重"势"的思想并没有使实斋走向宿命论。

这种变法思想也同样反映在实斋对儒家经典的探本溯源上。实斋认为，"六经"所以产生，其本身就是一个历史演化的过程。《经解上》："古之所谓经，乃三代盛时典章法度，见于政教行事之实。"可见，所谓"六经"是三代时期人类社会活动的精华，是为适应人类生存的需要而产生的。圣人也只是依据"理势之自然"而予以不断概括总结而已。至于"六经"内容，自然"不出官司典守，国家政教；而其为用，亦不出于人伦日用之常"，所以说"六经皆器也"③。"六经"的形成既然是一个历史演化的积累过程，是"后圣法前圣"的不断变革、创新的过程，那么可以说，"六经"既是历史变迁的积淀，也是经受了历史发展之考验的，

---

① 章学诚《文史通义》内篇三《天喻》。
② 章学诚《文史通义》外篇一《和州志艺文书序例》。
③ 章学诚《文史通义》内篇二《原道中》。

所以实斋说"六经皆史也"①。

《原道下》云:"夫道备于六经,义蕴之匿于前者,章句训诂足以发明之;事变之出于后者,六经不能言,固贵约六经之旨,而随时撰述以究大道也。……盖必有所需而后从而给之,有所郁而后从而宣之,有所弊而后从而救之。""六经"是不能显现后世之"道"的,所以对后世之"道"还需要探索。但这种探索并非凭空进行,而是在"贵约六经之旨"的基础上,根据现实生活中"有所需""有所郁""有所弊"的实际情况,"随时撰述以究大道"。故《史释》云:"君子苟有志于学,则必求当代典章,以切于人伦日用;必求官司掌故,而通于经术精微。则学为实事,而文非空言,所谓有体必有用也。"这种"贵约六经之旨","切于人伦日用"的探索,既不泥古,也不弃古,而是一种扬弃和升华。

总之,实斋对整理古代文化遗产的态度、基本原则、处理方法等诸多方面进行了探讨,在史学理论上作出了同时代人望尘莫及的杰出贡献。而浙东学派对古代文化遗产的整理,发展到实斋,可谓是达到了理论的峰巅,如果说全谢山是文献大师的话,那实斋就是史论大师,两人相得益彰,各臻其妙。

三　智以藏往,神以知来

实斋的史学理论,以经世为目的,从史学家自身素质的培养、史学方法的构建、史料的搜集与整理这样三个方面进行了深入的探讨,从而形成了一个较为系统的理论体系。

刘知几谓史学家修史必须具备才、学、识三者,对此,实斋是首肯的,但他更重视史德。其《史德》云:"非识无以断其义,非才无以善其文,非学无以练其事。""盖欲为良史者,当慎辨于天人之际,尽其天而不益以人也。尽其天而不益以人,虽未能至,苟允知之,亦足以称著述者之心术矣。而文史之儒,竞言才、学、识,而不知辨心术以议史德,乌乎可哉?""德者何? 谓著书者之心术也。""史德"即是作为史学家自身修养的首位要素。实斋之所以倡言"史德",是为了构建一种新的价值观,以适应时代变迁的需要。

《史德》又云:"气合于理,天也;气能违理以自用,人也。情本于性,天也;情能汨性以自恣,人也。史之义出于天,而史之文,不能不藉人力以成之。人有阴阳之患,而史文即忤于大道之公,其所感召者微也。""气""情"既能合乎"理",也

---

① 章学诚《文史通义》。

能违乎"理"，是"合"是"违"，要在于"人"。要使文能达义，则必须合乎"天"，而不恣于"人"。

关于"史德"的培养，《史德》又云："好善恶恶之心，惧其似之而非，故贵平日有所养也"，"盖言心术贵于养也"。而史学家平日的自身修养，则在于"必敬以恕"。《文德》云："主敬则心平，而气有所摄，自能变化从容以合度也。""恕非宽容之谓者，能为古人设身而处地也。"所以"不知古人之身处，亦不可以遂论其文也"。"敬"是直"内"，"恕"是涉"外"；"敬"藉"恕"而显，无"恕"也就无"敬"。

至于"识、才、学"，《文德》云："夫识生于心也，才出于气也；学也者，凝心以养气，炼识而成其才者也。""识"用来"断其义"，主体之判断能力的形成，与其价值观是紧密相连的，故《史德》谓"能具史识者，必具史德"，"识生于心也"。"才"用来"善其文"，故《史德》谓"夫史所载者事也，事必藉文而传，故良史莫不工文"。只有"气昌而情挚"的"天下至文"，才能打动人心，起到应有的作用。"识"与"才"虽有某种先天禀赋，"识"是先天的人文禀赋，"才"是先天的生理禀赋，都是气禀所成。但两者的最终合成，还得靠后天的学习，所以说，"学也者，凝心以养气，炼识而成其才者也"。当然，这种学习有两个任务：一是通过学习"炼识"和"成才"；二是通过学习，掌握大量的历史事实。而"炼识"可判事，"成才"可叙事，搜罗史料以集事，所以说"学"以"炼其事"。

既然历史发展有其必然之"道"，而史学研究又在于探寻这个"道"，那么锻造合适的探索工具当是必要的一环。实斋在《原道下》阐述自己的方法论基本原则："《易》曰：'神以知来，智以藏往。'知来，阳也；藏往，阴也。一阴一阳，道也。文章之用，或以述事，或以明理。事溯已往，阴也；理阐方来，阳也。其至焉者，则述事而理以昭焉，言理而事以范焉，则主适不偏，而文乃衷于道已。""知来"是明了事物变化之所以然，把握未来的发展趋势，"理阐方来"是治史目的，所以是阳；而"藏往"是明了事物变化之迹，显现事物发展的过程，是"事溯已往"，是治史手段，所以是阴。"藏往"为"知来"提供客观事实材料，没有"藏往"当然就无所谓"知来"；而"知来"则使"藏往"显现其真实目标，使"藏往"成为一个有序的过程与未来相连接。没有"知来"，"藏往"只是一堆杂乱的、没有价值的存在。所以两者密不可分，相互关联。

实斋又提出了"记注""撰述"两种治史之术。"记注"汇集历史事实，服务于"藏往"，旨在"欲往事之不忘"，故要求"赅备无遗"；"撰述"重在阐明事理，服务于"知来"，旨在"欲来者之兴起"，故要求"决择去取"，以"明其大道"。"藏往"与

"知来"相济，才能实现"持世以救偏"的史学宗旨。

四　方志学理论的构建

实斋一生曾参与过诸多方志的编修工作，力图通过方志的编修来实践自己的史学主张，并藉此形成一套较为完备的方志学理论，其典范是《湖北通志》。

实斋认为史"有天下之史，有一国之史，有一家之史，有一人之史"①。所谓"天下之史"就是国史，而"一国之史"就是州县方志。而且一人、一家、一国之史，一身兼有两任，它们既是一种特定体裁的"史"，也是更高层次之史的"史料"，且其体裁也具有两种性质。不光是体裁，即其论述方法也莫不如此，在方志看来是撰述的，在国史看来也仅是记注而已。

本着"持世而救偏"的史学宗旨，实斋欲通过修志来佐一方之政教，振一方之风气。其《答甄秀才论修志第一书》云："史志之书，有裨风教者，原因传述忠孝节义，凛凛烈烈，有声有色，使百世而下，怯者勇生，贪者廉立。""天地间大节大义，纲常赖以扶持，世教赖以撑拄。"在修志中融入《春秋》笔法，扬善惩恶，扶纲常，振风教，这是"经世致用"治学精神的直接体现。方志不光为国史提供史料，还有澄清史料真伪的任务。

从方志的上述两个功能看，它理所当然地应成为国史的一部分。《记与戴东原论修志》云："方志如古国史，本非地理专门。"所谓"古国史"，即是指"郡县志乘，即封建时列国史官之遗"②。既然把它当作一个列国的史书，而"方州虽小，其所承奉而施布者，吏、户、礼、兵、刑、工，无所不备，是则所谓具体而微矣"③。州县虽小，当是国家的一种缩影。

作为修志之主体，当然也必须具备德、识、才、学四个要素。由于修志与编纂国史毕竟有所区别，所以实斋还提出了修志人员的组织、分工问题。他认为修志工作应由地方官府组织，众人协作进行，故每个人都应有自己的职责。《修志十议》云："提调专主决断是非，总裁专主笔削文辞，投牒者叙而不议，参阅者议而不断，庶各不相侵，事有专责。"在这个集体中，每个人都按照自己的职责行事，发挥自己的专长，协调成一种集体的力量。

为此，实斋还倡议州县设立志科，从史料的搜集、保存、整理等各方面作了

---

① 章学诚《州县请立志科议》。

② 章学诚《为张吉甫司马撰大名县志序》。

③ 章学诚《方志立三书议》。

阐述。其《州县请立志科议》云："平日当于诸典吏中,特立志科,金典吏之稍明
于文法者,以充其选。而且立为成法。""积数十年之久,则访能文学而通史裁
者,笔削以为成书,所谓待其人而后行也。"这种"特立志科"的设想把修志工作
纳入官方化、制度化、经常化的轨道,当能使修志工作持续地进行。

　　既然视方志为史,那么"志为史裁,全书自有体例。志中文字,俱关史法,则
全书之命辞措字,亦必有规矩准绳,不可忽也"①。故实斋主张把史学体裁具体
运用于方志的纂修,以形成一套方志体裁。他用于纂修国史时整理史料的四种
体裁,也是纂修州县方志的史裁,这就是"志""掌故""文征""丛谈"。这四种体
裁是相互关联的。"志"乃撰述而成,是方志的主体,通过它能了解州县的历史
变迁。"掌故""文征""丛谈"乃记注而成,是资料汇编,既为读者提供全面的第
一手资料,以备证史之用,同时也为国史的纂修提供原始史料,当然也藉此保存
了大量的官府文籍、地方文献,于后人当是一笔丰厚的文化遗产。

　　综上所述,实斋本着"持世而救偏"的史学宗旨,创立一个自成系统的方志
学理论体系。同时,他还把这一理论应用于修志实践,对后人影响颇大。

第四节　邵晋涵的史学评论

　　邵晋涵(1743—1796),字与桐,又字二云,号南江,余姚人。早年习闻蕺山、
梨洲之说,深受影响。礼部会试第一,赐进士出身。及开四库馆,除翰林院庶吉
士,继授编修,主持编纂史部,兼辑"续三通"。嗣擢侍讲学士,充文渊阁直阁事,
日讲起居注官。又历任至国史馆提调,兼掌进拟文字。著有《韩诗内传考》《榖
梁正义》《孟子述义》《尔雅正义》《史记辑平》《旧五代史考异》《南都事略》《皇朝
谥迹录》《南江诗文钞》《輶轩日记》等。

一　取鉴前史,评其得失

　　邵南江在四库馆期间曾为诸史作提要,但被纪昀删改得面目全非,而《聚学
轩丛书》所收之《南江书录》则备载南江对《史记》至《明史》"二十二史"及《两朝
纲目备要》《通鉴前编》《通鉴纲目前编》等史书所作的提要,从不同角度对诸史

---

　　①　章学诚《文史通义》外篇三《与石首王明府论志例》。

作出评价,较真实地反映了南江的史学思想。

南江对欧阳修、宋祁所撰之《新唐书》把一些该载的典章制度、制诰之辞删去表示异议。认为:"夫唐《大诰》、唐《六典》为一代典章所系,今纪传既尽去制诰之辞,而诸志又不能囊括六典之制度,徒刺取卮言、小说以为新奇,于史例奚当乎? 芟除字句或至失其本事,不独文义之塞踬也。"在他看来,欧、宋以文人修史,视史学几同文学,该载的不载,不该删芟的倒删了,以致不见其本事,当然不合史例。然而他又认为,《新唐书》在史料上比《旧唐书》有所增益,则应肯定的。他说:"夫后人重修前史,使不省其文,则累幅难尽;使不增其事,又何取乎重修。故事增文省,自班固至李延寿,莫不皆然。"故对欧、宋所作的增益就指出:"此搜罗遗佚而有裨于旧史者也。且旧史于咸通以后,纪传疏略,新书则于韩偓之纳忠、高仁厚之平贼,与夫雷满、赵匡凝、杨行密、李罕之之僭割,具书于传。一代兴废之迹备焉,岂得谓其无补于旧史与!"既指出《新唐书》的缺点,同时又不掩其删烦补阙之功,他的评论是公正的。他还批评陈振孙对《新唐书》的不公正的指责,指出:"陈振孙又谓事增文省正新书之失,以今考之,皆不明史法者也。"①

南江对《辽史》编纂大为不满,认为"辽代载籍可备修史之资者本少",而"当日史臣见闻既隘,又迫限时日,无暇旁搜,而局于三史并行之议,敷衍成文,取盈卷帙。观诸志叙例,惟取其门类相配而不顾其事迹之有无,其张皇补苴之心亦良苦矣"。"此其重复琐碎之病,在史臣非不自知之,特以事迹寂寥,惟恐卷数之隘难以配宋、金二史,不得已而为此重见叠出、瓜分缕割也。"史料不多而又要"取盈卷帙",岂能修出信史。

他对《金史》则颇有好评:"金人重典章,修法制,实录以时纂辑,中原文学彬彬称盛,撰著之书多有裨于史事。"尤其是元好问"以金源氏有天下,典章法则几及汉唐,国亡史作,己所当任。……乃构野史亭,著述其上,凡金源君臣遗言德行,采摭所闻,有所得辄以片纸细字为记录,至百余万言,纂修金史多本其所著"。有了这样的史料基础,加上纂修者的勉力而为,遂使《金史》"首尾完密,条例整齐,约而不疏,赡而不芜,在三史中为最善"②。

南江认为:"合累朝之史为通史,自成一书,起例发凡,宜归划一。"这是说,如果把几个朝代的史书合为一体,必须在体例上有所变通,以求一致。为此,他

---

①　上引均见邵晋涵《南江书录·新唐书》。

②　邵晋涵《南江书录·金史》。

批评李延寿所撰之《南史》云："今延寿于《循吏》《儒林》《隐逸》传,既递载四朝人物,而《文学传》则因《宋书》无《文学》传,遂始于齐之邱灵鞠。谓宋无'文学'乎,抑必仍《宋书》门类之旧,而不敢增益乎?《孝义传》搜缀湮落,以备阙文,而萧矫妻羊,卫敬瑜妻王,先后互载,男女无别,将谓史不当有《列女传》乎,抑因四史无《列女传》而仍其旧乎?且《南史》体制之乖裂,不必绳以迁、固之义法也,即据《北史》以参证,而知其疏舛矣。"①李延寿之《南史》一因旧史体例,不思变更,难免产生不伦不类、体例混乱的偏颇。所以在史书体例上,南江主张应根据实际情况适当变通,贵在创新,意在务实。

二　史以纪实,瑕瑜不掩

南江要求史家必须实事求是地治史,写好人物的记传,以事实论功过,不可轻言褒贬。他说:"夫史以纪实,综其人之颠末,是非得失,灼然自见,多立名目奚为乎!名目既分,则士有经纬万端,不名一节者,断难以二字之品题举其全体,而其人之有隐慝与丛恶者,二字之贬转不足以蔽其辜。宋人论史者不量其事之虚实,而轻言褒贬;又不顾其传文之美刺,而争此一二字之名目为升降。辗转相遁,出入无凭,执简互争,腐毫莫断。"为此,他对为范晔《后汉书》作注的刘昭评价颇高,认为"刘昭注尤谙悉于累朝掌故,荟萃群说,为之折衷。盖能承六朝诸儒群经义疏之学,而通之于史,以求其实用,亦可见其学之条贯矣"②。

南江对史家面临威胁利诱而毫无畏惧,仍旧秉笔直书,忠实于史的品德深为钦敬,而对其中一些遭到"中伤"或被后人误解,不仅十分同情,而且不惜花费精力,为之辨白。如他对魏收《魏书》的辨白就是一例。他写道:"收以修史为世所诟厉,号为'秽史'。今以收传考之,则当时投诉,或不尽属公论,千载而下,可以情测也。议者云:'收受尔朱荣子金,故减其恶。'夫荣之凶悖恶著而不可掩,收未尝不书于册。至论云:'若修德义之风,则韩、彭、伊、霍,夫何足数。'反言见意,史家微辞,乃转以是为美誉,其亦不达于文义矣。又云:'杨愔、高德正势倾朝野,收遂为其家作传。其预修国史,得杨休之之助,因为休之父固作佳传。'夫愔之先世为杨椿、杨津,德正之先世为高允、高祐;椿、津之孝友亮节,允之名德,祐之好学,实为魏之闻人。如议者之言,将因其子孙之显贵,不为椿、津、允、祐

---

①　邵晋涵《南江书录·南史》。

②　上引均见邵晋涵《南江书录·后汉书》。

立传而后快于心乎?《北史·杨固传》,固以讥切聚敛,为王显所嫉,因责固剩请米麦,免固官。从征峡石,李平奇固勇敢,军中大事悉与谋之,是固未尝以贪虐先为李平所弹也。固他事可传者甚多,不因有子休之而始得传。况崔暹尝荐收修史矣,而收列崔暹于酷吏,其不徇私惠如此,而谓得休之之助,遂曲笔以报德乎!"南江用了大量的史料来证明魏收治史并非如历来所议论的那样,事实上魏收并未因个人利益和用个人意气来随意标榜人物,而是遵循了史家"直笔"的原则。但这样一部史书又何以遭到别人的非议?南江分析了当时的社会背景,认为:"自崔浩以修史被谤获祸后,遂酿为风气。故李庶诉于杨愔,谓魏收合诛,其一时讙讼之状,犹可概见。收之得免,幸也。"这就道出了收书被谤的真实原因。当然,魏收治史也有不足之处,"收叙事详赡而条例未密,多为魏澹所驳正"。但尽管如此,毕竟瑕不掩瑜,故而《北史》不取魏澹之书,而于澹传存其叙例,亦史家言外之意也。澹等之书俱亡,而收书终列于正史,然则著作之业,固不系乎一时之好恶哉"①。如此条别分析,正本清源的客观评价,令人信服。

南江在评价史家、史书时,从不求全责备,而是着眼于大处。如评价《陈书》列传时,认为"盖察(姚察)当日专致力于《梁书》,而《陈书》但启其端绪,列传多属思廉(姚思廉)撰定。今读其书,首尾完善,叙次如出一手,信思廉之善承家学也。虽其纪传年月间有抵牾,要不得以微疵而掩其全体耳。"②这种不斤斤于吹毛求疵的评价,反映了南江思想的深刻性。

三 关于《宋史》与《旧五代史》

元朝托克托等人所撰之《宋史》,向来被论者讥为"繁芜而鲜所举正",尽管后人多有匡纠,但仍错误不少,以致于"其前后之复沓抵牾,不一而足"。这样的史著自然为南江所不满,因而有志于重修《宋史》。其实,黄梨洲即已有此宿愿,并着手搜集有宋一代史料,而万季野、全谢山、章实斋对《宋史》也极为关注。可以说,重修《宋史》是浙东史学家们的一个重大课题,可惜的是南江亦最终未能竟成其业,成为憾事。

在南江看来,《宋史》之所以这样错谬百出,体例混乱,原因在于"当时修《宋史》大率以宋人所修国史为稿本,总遂成编,无暇参考"。这样草创成篇,岂能修

① 上引均见邵晋涵《南江书录·魏书》。

② 邵晋涵《南江书录·陈书》。

出信史。且"宋人好述东都之史,故史文较详;建炎以后稍略,理、度两朝宋人罕所纪载,史传亦不具首尾。遂至《文苑传》止详北宋,而南宋仅载周邦彦等寥寥数人;《循吏传》则南宋无一人,岂竟无可考哉? 抑亦姑仍东都书之旧而不为续纂也。"①可见《宋史》之所以如此,一则史料不足,且又不加考订,草率从事;二则详北宋而略南宋。因此,南江十分注意史料的收集、考订,并着手纂辑《南都事略》,以与北宋王偁之《东都事略》相续,为重修《宋史》打好基础。为此,他取熊克、李焘、李心传、陈均、刘时举诸人之书,及宋人笔记,旁搜互出,参伍考订,纂辑成篇,词简事增,可惜未能竟其全功。重修《宋史》就只能成为一个美好的愿望而遗留世间。另外,他还曾帮助毕沅复审《续通鉴》,其书即面目大变,以致于毕沅"手书报谢",可见南江对宋史之熟谙,也足见其整理宋史之功。

南江除了为重修《宋史》做了大量准备工作,还从事于《旧五代史》的辑校。宋初,薛居正曾撰《五代史》一百五十卷,取材《实录》,言多符实。而后欧阳修《五代史记》七十五卷问世,"自谓得《春秋》遗意,当时推重其书,比诸刘向、班固"。自此,《五代史记》被称为"新五代史",而薛著被称为"旧五代史",并渐遭冷落。但欧阳修以文人修史,失实颇多,以致于为后人所讥。南江认为五代是一个承唐启宋的时代,其"法度之损益,累代相承,五代虽干戈相继,而制度典章上沿唐而下开宋者,要不可没"。这一时期的历史自然是十分重要的。南江认为欧阳修的《五代史记》虽也有其一定的价值,但"取旧史任意芟除",且"只述司天、职方二考,而于礼乐、职官、食货之沿革,削而不书,考古者茫然于五代之成迹",又"掌故之不备"②。显然不是理想的史著。"旧五代史"虽"无波澜意度",但"据《实录》排纂事迹",其真实性则优于《五代史记》。但《旧五代史》自元、明以下,几近湮没,幸亏明《永乐大典》尚有辑录。只《大典》的体例是"因韵求字,因字考事",因此在《大典》中的《旧五代史》不是完整地载录,而是分散的、支离的。南江决意还《旧五代史》本来面目,他不畏困难、不辞辛劳,"就《玉海》以辨其篇第,就《大典》以辑其遗文",重新按代分编,搜集成书。而对《大典》之缺文,则据《册府元龟》《太平御览》《通鉴考异》《五代会要》《契丹国志》《北梦琐言》等补之;同时博考新旧《唐书》《东都事略》《宋史》《辽史》《续通鉴长编》《五代春秋》《九国志》《十国春秋》和宋人说部文集、五代碑碣之尚存者,参互校订。其所补

①　上引均见邵晋涵《南江书录·宋史》。

②　上引均见邵晋涵《南江书录·五代史记》。

之文,分行注明出处,以区别于《大典》所载原文。对辑自《大典》之文,也标明卷数。若《大典》所载字句脱落、音义舛误,则引前代征引《旧五代史》之书,以资参校。经过如此劳作,《旧五代史》于乾隆四十年(1775)辑校完毕,重新面世,得以并列二十五史之中。

南江虽没有洋洋巨著,但其整理《宋史》,辑校《旧五代史》,其功之伟,当为史界所公认。

第五章　清代经史考据之学

本来,无论实学与考据之学都不能与经史截然分开。经学家以经之义理发挥实学,史学家亦以史事阐明实理,考据学家则主要为经史文字辨伪训诂,而治史又需经之义理作为指导,其间仅有所偏重而已。然而清初的浙江学术界主要有实学与史学两大学术成就,故本编先将具有巨大影响的学者按其主要倾向已作专文叙述而外,又将其余从事经史之学者列于本章加以简述。

自宋代以来,学者从以文字训诂为主的汉学转向以探讨义理为主的宋学。然而到了清初崇尚务实之学,发现宋儒对经典多有误读、曲解甚或篡改之处,因而产生疑古之风,出现回归汉学之势,转向考证辨伪之学;及至乾隆、嘉庆之际,由于文字狱的因素被禁锢了思想,文人为了逃避政治压力,大都从事对古籍的文字考据之学,称为"乾嘉考据学",亦称"朴学";到晚清同治、光绪年间,新学日兴,汉学渐趋式微,而浙江仍有多家朴学大师为之殿后。清代的辨伪、考据、辑佚、训诂之学,虽从思想学术而言很少开创和建树,但从整理国故文献而言则厥功甚伟,故本章略加阐述,以见其大旨。

第一节　清代前期的经史之学

清代前期是浙学大放异彩的时代,除了前面专文所述者外,还有不少学者在经史实学方面也有一定成就,故此予以简要介绍。

朱之瑜(1600—1682),字鲁屿,号舜水,余姚人。自幼雅好史学。清军占领浙江,积极投入抗清活动,曾先后四次历尽艰辛东渡日本,途中辗转安南、交趾、暹罗等地,意欲借兵以资恢复之势。因受郑成功、张苍水之邀,返国从军北伐。兵败后,又流亡海外,最后定居日本长崎。受日本水户藩主德川光国礼聘为宾师,迎至水户讲学。在他的指导下编纂《大日本史》,影响盛极一时。卒后葬于日本,有《朱舜水文集》二十八卷。

舜水在学术上,抨击阳明心学,其基本论点颇近宋代陈龙川、叶水心一派,提倡事功,反对空谈性命。在哲学上强调"道在彝伦日用",主张从"日用之能事"做起达到"明德笃行";在为学目标上,提倡"学贵有用"的功利主义;在认识论上,强调"学知"而反对"良知",并倡导"学贵实行"的知行学说;在人性论上,认为性成于"习",善恶的形成,决定于后天的生活教育和社会环境,反对善恶决定于先天禀受气质清浊的说法,因而他认为,人只要刻苦努力,充之以学问,可以达到圣人;在民族大义上,具有强烈的民族正义感,强调夷夏之防,并提出抗清复明的方略;在政治上,继承儒家的"民本"思想,重视民生,主张有利于民的社会改革;在教育上,倡导"兴教任贤"的社会教育等等,都是当时进步的务实之学。由于他终老海外,所以他的思想在国内影响不大。他对于日本的巨大影响,是因为他提示了"明德笃行"的事功思想和政治、教育等方面的革新途径,对后来的明治维新有很大的作用,故一直受到日本学者的尊崇。

潘平格(1610—1677),字用微,慈溪人。早岁从事程朱之学,后又用力于陆王之学,继而从事老庄、禅学,而最终认定朱、王、老、佛皆有悖于孔孟之道,皆非圣学,故又直继孔孟,独发"求仁"之义。著有《求仁录》《著道录》《四书发明》《契圣录》《辨二氏之学》等。其学以"求仁"为宗旨,认为"仁者,浑然与天地万物为一体",以"格物"为手段,"格物,即格通身、家、国、天下",以"见在真心"为格物求仁之依据,而"见在真心,恰恰浑然天地万物一体。盖真心无对待,无对待则浑然一体。真心见在日用,不自识知;不自识知则浑然一体"。其对于人伦日用的强调,为后来很多人如李塨等所推崇,与明末清初的实学思潮当有一定联系。然因其学之杂陈,亦颇受黄梨洲批评。但无论如何,其思想之独创性是非常明显的。

李邺嗣(1622—1680),原名文胤,以字行,号杲堂,鄞县人。明亡,与父兄一起参与抗清斗争。兵败后两次被捕,父死狱中,因深怀家国之痛而绝意仕进。其文通贯经史,故在其《万季野诗集序》中云:"吾党之学二:一曰经学,一曰史学。是以学者先之以经以得其源,后之以史以尽其派。则其于文章之事,可以极天地古今之变,波澜四溢,沛然有余。"史学著作有《历朝纪略》《古史论》《汉史论《西京节义传》《汉语》《续汉语》等。其中《西京节义传》上补班固《汉书》之不足，下开全谢山撰写南明志士碑版文的风气，具有重要的史料价值。他表彰两汉节义之士的目的，正是彰显南明死节之士的气节。

朱彝尊(1629—1709)，字锡鬯，号竹垞，又号沤舫，秀水（今嘉兴）人。康熙十八年(1679)举博学鸿词，授翰林院检讨，入明史馆编修《明史》。期间曾七上史馆总裁书，陈述史书编修见解，几乎涉及史书编修的方方面面和各个环节，还论及史学的性质、著史的态度原则等重大问题。他首先提出："国史者，公天下之书也，使有一毫私意梗避其间，非信史矣。""史当取信百世，岂可以无为有？"其次又提出"作史者必先定其例"，而体例应"本乎时宜，贵因时而变通之"的观点。再次又认为史书取材必须"博采群书，精慎考证"，"岂可止据《实录》一书，遂成信史邪"？所论集中反映了他的史学思想，同时也可窥见清初实学思潮的一个侧面。他的七书在史馆引起轰动，大家展开了一场大讨论，对《明史》的编修起有很好的促进作用。继任日讲起居注官，又入直南书房。后称疾归里，专事著述。著有《经义考》三百卷，《曝书亭集》八十卷，《日下旧闻》《词综》《明词综》等。魏禧《曝书亭集序》谓其"凡山川碑志，祠庙、墓阙之文，无弗观览，故所作文，考据古今人物得失最工，而经传注疏，亦多所发明"。

竹垞长于经史之学，而尤以经学成就为最巨。他鉴于当时治经者多拘泥墨守一家之说，致使历代经学著作多有亡佚，乃著《经义考》。其书统考历代经义之目，自周迄明，分门别类，收其大略。每一书前首列撰人姓氏、书名、卷数，注明该书存、阙、佚或未见等状况；次录原书序跋目录及诸家论断，附以自己的考证和提要评论。其书搜罗宏富，被称为最详博的私撰经学目录学著作。虽其考证或有不足，然实开考据之学的先河。

吴乘权，约生活在康熙年间，字楚材，山阴人。自幼喜好历史，但嫌历代史书烦冗，乃与友人周之炯、周之灿，根据历代编年体史加以删繁就简，编成《纲鉴易知录》一百七卷。记事上起三皇五帝，下讫明代末年。成为后人学习历史的入门之书，影响很大。又与吴调侯合编《古文观止》十二卷。

吴任臣(？—1689)，字志伊、尔器、征鸣，号讬园，仁和（今杭州）人。学兼经史、词章、律历。康熙十八年(1679)以博学鸿词入翰林，授检讨，在明史馆参与《明史》历志部分的编纂。著有《周礼大义》《礼通》《春秋正朔考辨》《山海经广注》《讬园诗文集》等，而以《十国春秋》最为著名。

《十国春秋》一百十六卷，记五代时十国的历史。讬园因不满欧阳修《新五代史》记事简略,乃广搜史籍数百种,专门撰成十国历史。其体例略仿陈寿《三国志》,本纪、世家、列传分国叙述,人以国分,各为经纬。又作五表,即《十国纪元表》《十国世系表》《十国地理表》《十国藩镇表》《十国百官表》,将纷繁复杂的史实,用表清晰地记录下来。书中又附有《拾遗》和《备考》各一卷,对旧说不实之处,多所辨正,考订极为精审。

沈炳震(1678—1737),字寅驭,号东甫,归安(今湖州)人。绝意科举,潜心经史。曾费十多年心血,编成《新旧唐书合钞》二百六十卷,融合《新唐书》与《旧唐书》两家之长,合为一炉,并订正两书中的许多错误。又著《廿一史四谱》五十四卷,用表谱形式编排正史中的纪元、封爵、宰执、谥法等内容,是一部体例新颖、便于查找的史学工具书。另著有《三礼异同》《历代帝系纪元歌》《沈氏族谱》《增默斋诗》《井鱼听编》《唐诗金粉》等。

第二节　清初的疑古考辨思潮

在清初学术界的疑古与考辨思潮中,以经学革命为突破口,对许多传世古籍的真伪重新作了认真的考辨。浙江学者在这方面成就非常突出。

浙东学派的开山祖黄梨洲,不仅在哲学和史学上为浙江学人做出了榜样,同时也是清代浙江疑古考辨思潮的先驱。他作《易学象数论》六卷,力辨河洛、方位图说之非,掊击汉宋诸儒之先天象数学;又著《授书随卷》一卷,为回答阎若璩等对《尚书》的提问而作,对《古文尚书》提出大胆怀疑。这两部书对清代浙江乃至全国的经学研究都有深远影响。前者实为后来胡渭《易图明辨》之先导;后者则直接启导了一代经学大师阎若璩对《古文尚书》所作的定论性辨伪。梨洲主张义理与考据并重,其《陆文虎先生墓志铭》有云:"取宋儒理明义精之学,用汉儒博物考古之功",既深入宋儒之室,又以汉学为不可废。这与后来汉学家独尊汉学、搞烦琐考据的做法截然不同。由梨洲倡导的这种"综名核实",注重实证,反对主观臆断的学术宗旨和研究方法,在清初浙江从事疑古考辨的毛奇龄、朱彝尊、万斯大、胡渭、姚际恒等学者那里得到了进一步弘扬。

毛奇龄(1623—1716),字大可,又名甡,号秋晴,一号初晴,世称西河先生,萧山人。明季诸生。明亡,哭于学宫三日,后于城南山筑一土室,读书其中。清兵入浙，参与抗清斗争。兵败，改名换姓，闭户读书，并曾流离江淮间达三十余年。康熙十八年(1679)举博学鸿词科，授翰林院检讨，充明史馆纂修官，负责起草后妃、名臣、盗贼、土司等三十余篇传记。并上书总裁云："千秋信史，所贵核实，故曰不遗善，不讳恶；又曰劝善惩恶，比之赏罚。"又谓一切"依违姑且调停之说，其于史学皆有害"。这一观点，与朱竹垞的论点相呼应，成为古代史学中的精华。后以病归，不复出，潜心研究经学。其治学素重考辨，胆大心细，著有许多考证辨伪之作。著有《四书改错》《诗传诗说驳议》《河图洛书原舛篇》《太极图说遗议》等。门人蒋枢编其遗著，分经集、文集二部，经集收经学著作五十种，文集包括诗、赋、序、记、杂著等，凡二百三十四卷。两者合计一百二十一种，四百余卷。著述之富，甲于近代。

西河淹贯群书，博学多能，强调读书，反对空谈，具有敢于怀疑、勇于探索的疑古考辨学风。他研究经学，讲求"通经致用"，重事功实学，认为所谓圣学、圣道乃在于"重事功，尚用世，以民物为怀，以家国天下为己任"。其《圣门释非录》批判宋儒"尚浮词"而"薄事功"，与"经义全然乖反"，不合圣学宗旨。其《折客辨学文》又批评宋儒是"空讲理学，有知无行"，强调"知是理必行是理，知是事必行是事"，有知无行是"空理"，有知有行才是"实功"。

西河大胆抨击"河图""洛书"，怀疑《周礼》《仪礼》，特别是勇于批判《四书》及朱子的《四书集注》。他批判宋明儒家之讹误，条理明晰，考据细密。尤其是他崇尚汉代经学，却并没有唯汉为是。其《经义考序》云："予之为经，必以经解经，而不自为说。苟说经而坐与经忤，则虽合汉、唐、宋诸儒并为其说，而予所不许。是必以此经质彼经而两无可解，夫然后旁及儒说。然且儒说之中，汉取十三而宋取十一，此非右汉而左宋也。汉儒信经，必以经为义，凡所立说，惟恐其义之稍违乎经；而宋人不然，……第先立一义，而使诸经之为说者悉以就义，合则是，不合则非，是虽名为经义，而不以经为义。"尽管西河在学术上负气好胜，但作为清初经学研究的先驱，诚如梁启超在《清代学术概论》所称，仍"不失为一冲锋陷阵之猛将"，为"清学界最初之革命者"，是"反宋学的健将"。《清儒学案·西河学案》也指出："盖自明以来，申明汉儒之学，使人不敢以空言说经，实自西河始。"

西河学宗阳明而黜朱子，以道学为道家之学。此论从另一个层面显示了理学融合诸家之特质。西河学识渊博，然自恃才高，睥睨当世，好为驳辨，他人所已言者，必力反其词，言语往往过激，甚至流于不稽。其于宋儒专驳朱子，力诋理学;于当代则专攻顾亭林、阎若璩、胡渭,以三人于学界声望最著。如其针对阎若璩《古文尚书疏证》考订《古文尚书》为伪,乃作《古文尚书冤词》,力主其真。全谢山曾作《萧山毛检讨别传》,具载其为人狂傲之态与不检之行,又摘其学之纰谬。《四库提要》云:"奇龄之文,纵横博辨,傲睨一世,与其经说相表里,不古不今,自成一格,不可以绳尺求之。然议论多所发明,亦不可废。"

万斯大(1633—1683),字充宗,号褐夫,晚又号跛翁,鄞县人。师从黄梨洲,不事科举,潜心经学研究。梨洲所撰《万充宗墓志铭》记其主张云:"非尽通诸经,不能通一经;非悟传注之失,则不能通经;非以经释经,则亦无由悟传注之失。何谓通诸经以通一经? 经文错互,有此略而彼详者,有此同而彼异者,因详以求其略,因异以求其同,学者所当致思也。何谓悟传注之失? 学者入传注之重转,其于经也,毋庸致思;经既不思,则传注无失矣,若之何而悟之。何谓以经释经? 世之言传注者,过于信经。"充满了经学研究的辩证思想,梨洲称其"会通各经,证坠辑缺,聚讼之议,涣然冰释"。这在清初学者致力于经文本义、冲破宋儒"传注之重围",归还儒经本来面目方面,具有积极的学术价值。他一生专注于《春秋》和三《礼》的研究,认为《春秋》有专传论世、属辞比事、原情定罪诸义。治《礼》不拘汉宋,不盲从。怀疑《周礼》非周公所作,而系后人伪托。尤其偏重三《礼》中论郊、论社、论祖宗、论明堂泰坻、论丧服诸义。辨正商周改月改时及兄弟昭穆排列次序等,堪称精当。著有《周官辨非》二卷,《仪礼商》三卷,《礼记偶笺》三卷,《学礼质疑》二卷,《学春秋随笔》十卷,《唐宋石经考》等,另有未刊稿《礼记集解》三百卷和《春秋明辨》二种。

胡渭(1633—1714),初名渭生,字朏明,号东樵,德清人。清初著名经学家、地理学家。因屡赴省试不第,乃绝意仕进,专门研究经学。后入太学,曾参与修《大清一统志》。著有《易图明辨》《洪范正论》《大学翼真》《禹贡锥指》等。

《易图明辨》是专门为辨斥宋儒所谓"河图""洛书"而作的一部疑古著作。《易经》本是古代占卜之书,没有图像。五代时道士陈抟取大衍算数作五十五点之图以为"河图",又取乾凿度太乙行九宫法作四十五点之图以成"洛书",并谎称二书是龙马神龟从河中负出,还编造了所谓太极、无极、先天、后天之说,将其与《易经》附会在一起,托之于伏羲、文王、周公、孔子。陈抟把这些传给种放、穆修,再传给李之才、刘牧、邵雍、周敦颐等。东樵继黄梨洲《易学象数论》之后,进一步揭示"河图""洛书"之伪。他指出:"《诗》《书》《礼》《春秋》皆不可无图,惟《易》无所用图,六十四卦、二体、六爻之画,即其图也。"所谓的"河图""洛书"不过是陈抟道士的修炼术，是后代晚出的伪书，"而非作《易》之根柢"。其自序云："自此，学者乃知宋学自宋学，孔子自孔子，离之双美，合之两伤。"他的《洪范正论》也尖锐地指出，"汉儒专取灾祥，推衍五行，穿凿附会，事同谶纬"，直接批驳了汉儒的"五行灾异"之说。梁启超《清代学术概论》云："渭之此书，以《易》还诸羲、文、周、孔，以《图》还诸陈、邵，并不为过情之抨击，而宋学已受致命伤。……自此学者乃知欲求孔子所谓真理，舍宋人所用方法外，尚别有其途。不宁唯是，我国人好以'阴阳五行'说经说理，不自宋始，盖汉来已然。一切惑世诬民汨灵窒智之邪说邪术，皆缘附而起。胡氏此书，乃将此等异说之来历，和盘托出，使其不复能依附经训以自重，此实思想之一大革命也。"

东樵精通地理学，实为清代沿革地理学开山者之一。其地理学名著《禹贡锥指》，对于九州山川形势及古今郡国分合同异、道里远近夷险，都有清晰的考证，集中体现了其注重实学、关心时务的经世思想。他认为历来论《禹贡》者于地理皆疏舛，穿凿附会，因借参修《大清一统志》之机，遍观天下郡国之书，博览群籍，考其异同，著成《禹贡锥指》二十六卷，又为《古今山河郡国形势图》等四十七图，依《禹贡》经文训解，将古今郡国分合，河道迁徙，山脉走向，一一条分缕析。特别是他从国计民生出发，对黄河迁徙和治河问题非常重视，专立"河道"一章，备考历代河道决溢、改流、迁徙演变之迹，并提出黄河在历史上五次大改道的论证，对黄、淮水系及两岸决堤提出许多意见。东樵不仅指出旧错误，提出新解，而且认为治舆地之学，必须"足践其地，目察其形，心识其所以然，而后可以断古今之是非"。强调实际调查研究的重要性。他还提倡"通经致用"，论当时的黄、淮之势，主张导河北流，有益于世。

姚际恒(1647—1715)，字立方、首源，号善夫，祖籍安微桐城，迁居杭州仁和。他熟通诸经，对汉儒经传，始而怀疑，继而考据辨正。曾积十四年之精力著成《九经通论》，对诸经提出大胆的怀疑和评论；更列举经史子部疑伪之书数十种，一一为之考辨，著成《古今伪书考》十二卷，《考释》二卷；另外著有《庸言录》《诗经通论》等。

善夫所撰《尚书通论辨伪例》，攻伪古文《尚书》；又撰《尚书伪书考》，论据详严。阎若璩对他的著作十分赞赏，谓其识见"多超人意外"，在他的《古文尚书疏证》中多有摘录。他在《古今伪书考·自叙》中认为："造伪书者，古今代出其人，故伪书滋多于世，学者于此真伪莫辨，而尚可谓之读书乎？是必取而明辨之，此读书第一义也。"其专为辨伪而作的《古今伪书考》，全书分"全部伪作者""真书杂以伪者""非伪而撰人名氏伪者""书不伪而书名伪者""未能定其著书之人者"五大类。立论严谨,构想精深,为学者所推崇。

第三节 乾嘉时期的考据辑佚之学

乾隆、嘉庆时期,学术界开始转向了以文献整理为主要方式的研究风格,于是出现了汉学取代宋学之势。这种学风,主张以训诂名物考据的方法治经,推崇和笃守汉儒经说,不敢有所突破,更不敢驰骋创说,从博古、求古、存古发展到尊古,要之以文字、音韵、训诂、目录、校勘、辑佚为主,学术的氛围从"求道"转向了"为学",这就是当时的"汉学思潮",通称"朴学"或"乾嘉考据学"。这在浙江尤以校勘大家卢文弨和辑佚大家严可均两人所取得的成就最为突出。

卢文弨(1717—1795),字绍弓,号矶鱼,又号檠斋,晚更号弓父,世称抱经先生,祖籍余姚,迁居杭州仁和。乾隆七年(1742)考授内阁中书,十七年成进士,授翰林院编修,官至翰林院侍读学士,提督湖广学政。后辞官归,讲学于江浙各地,曾先后主持江苏钟山书院、杭州紫阳书院、常州龙城书院,直至去世。毕生潜心汉学,善于校雠考据,学风严谨扎实,是当时著名的校勘学家。遇有秘钞精校之本,辄宛转借录。家藏图书数万卷,皆手自校勘,精审无误。凡所校定,必参稽善本,证以它书。其一生所校之书达二百五十多种,主要有《周易注疏校正》《周易略例校正》《尚书大传补遗》《尚书大传考异》《尚书注疏校正》《韩诗外传》《吕氏读诗记补阙》《仪礼注疏校正》《礼记注疏校补》《大戴礼记》《春秋左传注疏校正》《春秋繁露校》《孟子音义》《经典释文考证》《荀子》《吕氏春秋》《白虎通德论校勘补遗》《逸周书》《方言》《释名》《新书》《独断》《颜氏家训》《封氏闻见记》《钟山札记》《龙城札记》等,以及对《史记》《汉书》等史书、诸子书的校勘,又合经史子集三十八种,摘字而注,名《群书拾补》。其所校勘、注释的经子诸书尝汇刻为《抱经堂丛书》,又著有《抱经堂文集》等。

抱经的校勘以识字为本,其具体方法和见解主要有:第一,广收异本,以对校为主要手段,同时灵活运用他校、本校、理校等方法。第二,充分运用文字音韵训诂知识。第三,推求版式行款,寻求著述义例。关于这一点,他提出"注疏释义合刻,似便而非古法也"的观点,对指导校勘有较高的理论价值。又提出著名的"史汉目录"之说,其《钟山札记·史记目录》云:"古书目录往往置于末,如

《淮南》之要略,《法言》之十三篇序皆然。"甚至"《易》之序卦传,非即六十四卦之目录欤?《史》《汉》诸序,殆昉于此"。"太史公自序,《史记》之目录也;班固之叙传,即《汉书》之目录也。乃后人以其艰于录求,复为之条例以系于首。后人又误认为前之目录,即以为作者所自定,致有据之妄訾謷本书者。"这就还原了古书体例。第四,求真存疑,反对臆改。他在《钟山札记》中多次提醒人们"慎勿以私见改作"。他说:"夫校书以正误也,而粗略者或反以不误为误。"又说:"凡传旧书,一切行款俱当仍其本来,不得意为纷更。"第五,态度谦虚,不耻下问,尽量吸取众家之长,即友朋后进之片言,亦择善而从之。如他校《经典释文》吸取了段玉裁等三十五人的意见;校《逸周书》,荟萃所见,吸取了惠栋、段玉裁等的许多成果;校《白虎通》,吸取了十一人的成果;校《颜氏家训》,吸取了赵敬夫、孙志祖等人的意见。第六,著录校勘成果"相形而不相掩"。抱经在所校改之处都将所改误字注于其下,并简要说明校改根据及理由,这就使书之误迹和校勘意见一并显露,防止因校改不慎而产生新的错误。这些都充分体现了抱经治学的客观态度。

抱经综合运用以上方法和经验,在校勘中触类旁通,发现并解决了大量古书中的疑难问题,并且往往是论证精核,推理有据。他的校本历来以"精善"著称于世,深受人们的珍视和好评。在当时凡他所校之书,皆视作"名儒手泽,珍秘不敢亵视"。至今学术界仍一致称他为清代最伟大的和第一流的校勘学家。

抱经皓首穷经,埋头故纸堆,以毕生精力从事校勘考据等学术上的技术性工作,并在实践中总结出一整套校勘学见解理论和经验方法,虽在学术思想上缺少创见,但在对古代校勘学方面的贡献可谓极其巨大。

严可均(1762—1843),字景文,号铁桥,乌程(今吴兴)人。嘉庆五年(1800)中举,官严州建德县教谕。后以老归,专事著述。精于考据,毕生致力于古籍的考证、校勘、辑佚工作。在其校勘中,尤善《说文》,尝为《说文长编》《说文翼》《说文校议》《说文声类》等;又有《京氏易》《仪礼古今文异同说》;又校勘唐石经,著《唐石经校文》十卷,以为"石经者,古本之终,今本之祖。治经不及见古本,而并荒石经,匪直荒之,又交口诬之,岂经之幸哉"? 故其欲为今版本正其误,为唐石经释其非,"随读随校,凡石经之磨改、旁增者与今本互异者皆录出,辄据《注疏》《释文》,旁稽史传及汉唐人所征引者,为之旁证"[①]。

[①]　引自《清史稿·严可均传》。

铁桥作为清代辑佚之大家,最为世人所熟知的是历时二十七年辑成的《全上古三代秦汉三国六朝文》七百四十六卷,收录起于上古,迄于唐前,以为《全唐文》的前编。凡经、史、子、集、注释书、类书、释道藏、金石文等达三千四百九十七家,自完篇以至零章断句,搜辑略备,而于字句异同衍脱,均详加考订,每家文章之前,又冠以小传,为清代辑佚学领域最有价值之巨著。成为此后相关研究不可或缺的资料,堪称"艺林渊海";此外,还辑有《孝经郑注》等诸经逸注及佚子书数十种。其校辑诸书,刊为《四录堂类集》。还有《铁桥漫稿》为其诗文集。铁桥称得上清代最有贡献的辑佚学家。

乾嘉时期,浙江从事考据的学者,较著名的尚有以下诸家,亦多有贡献。

吴廷华(1682—1755),原名兰芳,字中林,号东壁,杭州仁和人。康熙五十三年(1714)举人,雍正时试授内阁中书舍人,后出为福建海防同知。于六经笺疏,无所不窥。乾隆初曾荐与修《三礼义疏》。自著有《周礼疑义》《仪礼疑义》《仪礼章句》《礼记疑义》《东台小录》《东壁书庄集》等。

诸锦(1686—1769),字襄七,号草庐,秀水(今嘉兴)人。雍正二年(1724)进士,改翰林院庶吉士,散馆,以知县用,改就金华府教授。乾隆元年(1736)举博学鸿词,授翰林院检讨,与修"三礼",典福建、山西乡试,官至右春坊右赞善。博闻强识,于经学笺疏考证尤精。著有《毛诗说》《飨礼补亡》《周易观象补义略》《绛跗阁诗稿》等。

杭世骏(1695—1772,或作 1696—1773),字大宗,号堇浦、秦亭老民,仁和(今杭州)人。乾隆元年(1736)召试博学鸿词科,位列一等第四,授翰林院编修,奉命与修《三礼义疏》,并任武英殿"十三经"与"二十四史"校勘。八年,以考选御史,试时务策,条上四事,皆切中时弊。因言辞激烈,尤其是关于用人中重满轻汉的批评,触怒乾隆帝,被革职斥归。从此绝迹宦海,靠授徒自给,先后主讲广东粤秀书院、扬州安定书院数十年。藏书数万卷。其学以六经为之根,贯穿群史,出入百家,而尤精于史学。著有《续礼记集说》《礼记质疑》《石经考异》《续经籍考》《史记考异》《汉书疏证》《后汉书疏证》《三国志补注》《晋书补传赞》《北齐书疏证》《诸史然疑》《金史补》《两浙经籍志》《历代艺文志》《词科掌录》《续方言》《道古堂文集》等。

曹庭栋(1699—1785),字楷人、六吉,号六圃,嘉善人。廪贡生。中年后绝意仕进,于所居垒土为山,环植花木,奉母终老,名曰慈山,并自号慈山居士。乾隆元年举孝廉方正,亦不就。潜心著述达五十年。有《易准》《昏礼通考》《孝经通解》《逸语》等，还曾与其弟庭枢分纂《经义异同辨》一书，未成。

吴召南（1703—1768），字次风，号琼台，晚号息园，天台人。乾隆元年（1736）举博学鸿词科，授检讨，官至礼部侍郎。曾参修《通鉴纲目三编》《续文献通考》《大清一统志》《大清会典》等。后以疾乞归，主讲蕺山、敷文等书院。其学问广博，而根于经史，对经史源流得失及版本异同等，多所考证。熟于三《礼》，而尤精舆地之学，又特重水利。著有《尚书注疏考证》《礼记注疏考证》《春秋注疏考证》《历代帝王年表》《史汉功臣侯第考》《后汉功卿表》《宋史目录》《水道提纲》《宝纶堂集》《宝纶堂文钞》《宝纶堂诗钞》等。

次风所著《水道提纲》二十八卷，详载天下水道，以为"万川会同者海也"，故以海为首。其《序》论水道之纲目云："以一水论，发源为纲，其纳受支流为目；以群水论，巨渎为纲，余皆为目；如统域中以论，则会归有极唯海，实纲中之纲。凡巨渎能兼支流注海者，亦目中有纲，纲中有目耳。"故其编纂体例有新的发明，并不依据《水经》旧例；所载亦不以州县疆域为限，而是以巨川为纲，以巨川所汇众流为目；各水之源流分合、方隅曲折，及流经山川都邑之名，并以当时实际流向及当时所用地名为准。不附会古义，而又标识其古迹，以见古今之沿革同异。所谓"取其质不取其文"，"取其实不取其虚"，方法颇为科学。他在清一统志馆考校图籍，于直省外，又专辑外藩、蒙古、属国诸郡道里翔实，是以志成之后，亦尝条其水道。故于西北地形，多能考验。且天下舆图备于书局，又得以博考旁稽，乃参以耳目见闻，互相钩校，以成是编。其《自序》谓古来地理之书，志在艺文，情侈观览，或记仙踪佛地，逞异炫奇，形容文饰，唯以供词赋之用，而无益于民生之实用，然"古圣人体国经野以建都邑，利农田，济舟楫，设津梁，转运阜财，襟带险固，孰有不于水深究其本末者乎"？正表明其所以著是书之目的乃在切于经世之实用。故是书除体例创新而外，实以考证翔实、切于实用为最大特色。

盛世佐（1718—1755），字庸三，秀水（今嘉兴）人。乾隆十三年（1748）进士，官贵州龙里县知县。深于经学考证，辑有《仪礼集编》一书，卢文弨著《仪礼详校》颇采其说。

赵一清，字诚夫、正甫，号东潜，杭州仁和人。家有藏书数十万卷，毕生从事考据词章之学。于乾隆年间撰成《水经注释》四十卷，为清代地理考据学名著。《四库全书总目》评云："正文旁义，条理分明"；"考据订补，亦极精核"；"旁引博征，颇为淹贯；订疑辨讹，是正良多"。

周震荣（1730—1792），字青在、良谷，嘉善人。乾隆十七年（1752）举人，历官安徽青阳、直隶永清知县,擢永定河南岸同知。精研经学考证,著有《周礼萃说》《历代纪元表》《两汉三国姓名记》《正名》及诗文集等。

吴兰庭(1730—1801),一作兰亭,字胥石,号镇南,归安(今湖州)人。乾隆时举人。生平研习历史,精通职官、建置、沿革、地理等。著有《读通鉴笔记》《五代史记考异》《五代史纂误补》《考订宋大中祥符广韵》《南雪草堂集》等。

汪辉祖(1731—1807),字焕曾,号龙庄、归庐,萧山人。乾隆四十年(1775)进士,两为湖南乡试同考官,两署道州知州,为官清廉,多有善政。因事夺职,回乡著书以终。精于史学,尤注意姓氏之学。历代史书卷帙浩繁,查找人名如大海捞针,而同姓名者又多,极易混淆,龙庄纂成史学姓名工具书五种,即《史姓韵编》《九史同姓名略》《三史同名录》《二十四史同姓名录》《二十四史希姓录》(今存前三种),为检索历史人物提供方便,并为后人编纂同类史学工具书奠定了基础。又著有《元史本证》以纠正《元史》的各种谬误。此外,尚著有《病榻梦痕录》《梦痕录余》《越女表微录》《春陵褒贞录》《善俗书》以及游幕刑名之学的《学治臆说》《学治续说》《学治说赘》《佐治药言》《续佐治药言》等书,记载有丰富的清代经济、政治、法律、社会文化生活等各方面的史料,为治清代历史的重要参考资料。

孙希旦(1736—1784),字绍周,号敬轩,瑞安人。乾隆二十七年(1762)举人。四库馆开,为分校官。四十三年成进士,授翰林院编修,充武英殿分校官,国史、三通馆纂修官。为学精治经学考证,著有《礼记集解》《尚书顾命解》《求放心斋诗文集》等。

丁杰(1738—1807),原名锦鸿,字升衢,号小山、小疋,归安(今湖州)人。乾隆四十六年(1781)进士,当得县令,以亲老乞改儒官。后十余年,选宁波府学教授。博通经史考据,旁及《说文》、音韵、算数,尤长于校雠,为当时所推重。四库馆开时,他刚在京师,任事者请他佐校,小学一门往往出其手,并与馆中朱筠、戴震、卢文弨、金榜、程瑶田等著名考据学家相互讲习。著有《大戴礼记绎》《周易郑注后定》《小西山房文集》等。

梁玉绳(1744—1819),字曜北,号谏庵,又号清白士,钱塘人。终身未仕,唯读书著述。长于考订,尤精于史学。于《史记》用功尤勤,积二十年之功成《史记志疑》三十六卷,依据先秦经传和诸子典籍以及秦汉之书,相与考辨,匡误纠谬,于研究《史记》很有裨益。钱大昕称其可以和裴骃的《史记集解》、司马贞的《史记索隐》、张守节的《史记正义》并列为四,可见其对于《史记》之贡献。此外,还著有《人表考》《元号略》《吕子校补》《瞥记》《志铭广例》《庭立纪闻》《蜕稿》等,合刊为《清白士集》。其弟梁履绳(1748—1793),字处素。通声韵,尤精于《左传》,著有《左传补释》三十二卷。

徐养原(1758—1825),字新田、饴庵,德清人。父天柱,举进士,官翰林院编修,于诸经皆有考证。养原嘉庆六年(1801)副贡生。阮元抚浙,集高材生校勘《十三经注疏》,分任《尚书》《仪礼》。自著有《周官故书考》《仪礼今古文异同疏证》《春秋三家异同考》《论语鲁读考》《六书故》《说文声类》《毛诗类韵》《古音备徵记》《周髀解》《九章重差补图》《乐曲考》《管色考》等。

王绍兰(1760—1835),字畹馨,号南陔,晚年又号思惟居士,萧山人。乾隆五十八年(1793)进士,历官知县、知府,擢福建布政使、福建巡抚,再署闽浙总督。晚年闭门读书,深研经学,长于考证,以汉学考据为职志,题其斋为"许郑学庐"。著有《周人经说》《周人礼说》《国朝八十一家三礼集义》《仪礼图》《袁宏后汉纪补证》《管子地员篇注》《说文段注订补》《说文集注》《读书杂记》以及文集《许郑学庐存稿》等。

宋世荦(1765—1821),字卣勋,号确山,临海人。乾隆五十三年(1789)举人。以教习官陕西扶风知县,后因逆大府意罢归。研求经训,著有《周礼故书疏证》《仪礼古今文疏证》《确山骈文》《红杏轩诗钞》等,并辑刊乡邦文献为《台州书》。

金鹗(1771—1819),字风荐,号诚斋,临海人。年十七补弟子员,与同邑洪颐煊、洪震煊共肄业于杭州诂经精舍。潜心经学考据,有《求古录礼说》《四书正义》等。

洪颐煊(1765—1833),字旌贤,号筠轩,晚号倦舫老人,临海人。学使阮元招他与弟震煊肄业诂经精舍。家藏善本古书达300余种,及碑版钟鼎彝器书法名画等,多为世所罕见者。所著有《孔子三朝记》《礼经宫室答问》《管子义证》《读书丛录》《汉志水道疏证》《台州札记》《经典集林》《诸史考异》《筠轩诗文钞》等。

洪震煊(1770—1815),字百里,号杉堂,颐煊之弟。嘉庆十八年(1813)拔贡生,曾参与阮元校刻《十三经注疏》和《经籍籑诂》。自著有《夏小正疏义》《石鼓文考异》《杉堂诗钞》等。

上述著作的内容不外乎名物、训诂、校勘、辑佚、考据以及文字音韵等,而极少再见到清初学者所著书中之"辨""疑""伪"等客观存在字眼。正如梁启超在

《中国近三百年学术史》所云："辨伪风气，清初很盛，清末也很盛，独乾嘉全盛时代，做这种工作的人较少。乾嘉诸老，好古甚笃，不肯轻易怀疑。"以小学方法为主的乾嘉学风，对于文献资料的整理、辑佚、考证而言，有非常重要的贡献，也在一定程度上还原了历史和文献的真实，为后人的研究提供了大量翔实的、可靠的考辨成果。

第四节　晚清时期的校勘训诂之学

以标榜汉学为宗旨的乾嘉考据之学，在浙江一直持续到道光朝（1821—1850）初期。自道光以后，从横向比较看，浙江在汉学方面依旧是人才、成就最突出的省份之一；但从纵向即从历史发展的角度看，浙江和全国一样，传统学术在这以后已日趋式微。

这一由盛而衰的转变之所以发生，大约有几方面的原因：其一，汉学研究方法虽然精善，但经几代大师发明略尽，所余者不过糟粕。其二，道光以后，社会危机严重，学者皆知大乱将至，追根寻源，归咎于学非所用，作为汉学自然成为众矢之的。其三，作为清代汉学兴盛之重镇的江浙地区，经太平军的冲击，文献荡然，后起者转徙流离，更无余裕以自振其业。其四，鸦片战争后，志士思所以振作，经世致用观念勃然复活，加之海禁既开，对外求索之欲日炽，西学知识与清初所谓经世实学相结合，导致学者不屑于埋头训诂之学。因而在晚清学术界从事汉学研究者为数不多，不过与全国其他省份相比，浙江的汉学家们仍可称得上才俊辈出，成果卓著。兹试作介绍如下：

黄式三（1789—1862），字薇香，号儆居，定海人。博览经史，于学不立门户，兼治《易》《尚书》《春秋》《论语》，暮年好《礼》，而尤以精研三《礼》著名。论禘郊宗庙，谨守郑学；论封域、井田、兵赋、学校、明堂、宗法诸制，有大疑义，必釐正之。著有《诗从说》《诗序通说》《复礼说》《崇礼说》《约礼说》《春秋释》《论语后案》《儆居集经说》《史说》等书凡一百十卷。

俞樾（1821—1906），字荫甫，号曲园，德清人。道光三十年（1850）进士，授翰林院编修，后任河南学政。咸丰七年（1857）以出题不谨罢职。既归之后，曾主讲苏州紫阳书院、上海求志书院、德清清溪书院、归安龙湖书院，主持杭州诂经精舍三十余年。又总办浙江书局，建议江、浙、扬、鄂四书局分刻二十四史，并于浙局精刻子书二十二种,称为善本。专意治经,旁及诸子,为晚清一代经学大家,晚年声名扬溢海内外,《清儒学案·曲园学案》称之为"同光间蔚然为东南大师"。著有《群经评议》五十卷,《诸子评议》五十卷,《古书疑义举例》七卷,《易贯》五卷,《诗名物证古》《礼记郑读考》《春秋名字解诂补义》《论语注择从》《孟子高氏学》《四书辨疑》《群经音义》《广雅释古疏证拾遗》各一卷。一生所著凡五百余卷,集为《春在堂全书》行世。

曲园以乾嘉间的王念孙、王引之为宗,但也吸收了道光间常州学派的治经方法,以正句读、审字义、通古文假借为治经之道。所著《群经评议》,为古代经籍校正误文,发明故训,解决了许多前人没能解决的难题。《诸子评议》成就尤引人注目,他以同样的方法,对文辞深奥的先秦诸子之书作了训释和考订,且多有精义阐发,为后人治诸子学奠定了学术基础。《古书疑义举例》专举经子诸书中由于文法或用词异于后世产生疑难,或因错简误字致使文句不通者八十八例,每条举数事相证,一一讲解疏通,使读者可知其例而通其类。

黄以周(1828—1899),字元同,号儆季,又号哉生,定海人,式三之子。博综群书,秉承家学,以传经明道为己任,"以为三代下之经学,汉郑君、宋朱子为最。而汉学、宋学之流弊,乖离圣经,尚不合于郑、朱,何论孔孟"①? 故其治经不拘汉宋门户,既非难汉儒之支离其义,又非难宋儒之离经臆说,而奉顾亭林"经学即理学"之旨,必据经传以推阐其义理。又遵循孔门"博文约礼"之旨,擅长三《礼》之学,从事于古代典制之研究。主张以礼指导文章,范围政教,充实义理。乃博采汉唐以来关于礼制之训释,撰成《礼书通故》一百卷,考释古代礼制、学制、封国、职官、田赋、乐律、刑法、名物、占卜等甚详,足窥古制之堂奥。学者称该书可与唐代杜佑《通典》相比隆。其《经训比义》《子思子辑解》等被誉为"皆卓然可传世"之书。另有《古文世本》《军礼司马法》《黄帝内经集注》《儆季杂著》等数十卷。

孙诒让(1848—1908),字仲容,号籀庼,瑞安人。同治六年(1867)中举,官刑部主事。后辞归,专事著述。晚年主讲温州师范学校,为浙江教育会会长。遵其父孙衣言之训,从事"经世致远之学"。博通群经诸子,在经学、校勘、训诂等方面成就卓著,乃清代最后一位朴学大师。著有《周礼正义》八十六卷,《周礼政要》二卷,《墨子闲诂》十九卷,《札迻》十二卷,以及《古籀拾遗》《名原》《契文举

---

① 《清史稿·黄以周传》。

例》《周书斠补》《大戴礼记斠补》《尚书骈枝》《经迻》《籀庼述林》《九旗古义述》《永嘉郡记》《温州经籍志》等。

仲容于经学特擅《周礼》,以为古代典谟备于六官,而秦汉以来治《周礼》者未能融会贯通其义,郑玄之注简奥,贾公彦疏则又疏略,故以《尔雅》《说文》正其训诂,以大小戴《礼记》证其制度,博采汉唐以来及乾嘉间诸儒之说而作《周礼正义》,以发郑注之渊奥,补贾疏之遗阙,集古今《周礼》研究之大成。他又认为《周礼》所记载之古代政治制度,与西洋各国所赖以富强者多有共通之处,足以借鉴古制而为当世实际之用,故又撰《周礼政要》以阐其义。

仲容在子学中擅长墨子,精研覃思而作《墨子闲诂》,集墨学研究之大成。墨学为先秦显学,而汉晋以降,其学几归绝息,治之者甚少,而其书亦讹误脱漏,不可校读。"盖先秦诸子之讹舛不可读,未有甚于此书者",而尤以《备城门》以下诸篇为甚;其中又多古言古字,若"非精究形声通假之源,无由通其读也"。仲容备采前人旧说,总其大成,"谨依经谊字例,为之诠释。至于订补《经说》上下篇旁行句读,正《兵法》诸篇之讹文错简,尤私心所窃自喜"①。经过仲容的校正梳理,《墨子》乃始可读,故其书一出,盛誉鹊起,以为古今治《墨子》之冠。

仲容在校勘、训诂方面的主要著作则推《札迻》,其书校勘秦汉及齐梁故事杂记七十七种。他不仅在学术上正如章太炎《孙诒让传》所谓"兼包金榜、钱大昕、段玉裁、王念孙四家,其明大义,钩深穷高,几驾四家之上",而且在政治上更有致力于国家富强之深义。

古老的汉学毕竟难与迅疾奔腾的时代潮流相协调,因而在思想开通的孙仲容这里宣告终结。这一方面表现在这位大师深刻的学术反省:"近者五洲强国竞争方烈,救灾拯溺,贵于开悟国民,讲习科学。不佞曩者所业,固愧刍狗已陈,屠龙无用,故平日在乡里未尝与少年学子论经子三义,即儿辈入学校,亦惟督课以科学"。另方面更表现在他的朴学著作已呈现出从传统向近代过渡的学术趋势。他所撰的《墨子闲诂》,不仅采用传统的校勘和文字训诂方法,订正了错简和讹误,而且运用西方科学文化知识对原著作了精确的考察,为墨学的研究做了开创性的工作;更在于他治墨学的深意,即揭示《墨子》一书中"如欧士论理家雅里大得勒(亚里士多德)之演绎法,培根之归纳法及佛氏之因明论者"这类中国学术近代化所需的哲学"精理"和"微言大例",并且尝试运用近代学理诠释古

---

① 上引均见孙诒让《墨子闲诂序》。

籍。例如在"日中舌南也"句下,注曰"中国处赤道北,故日中为正南"等,已有近代学术思想的萌芽。

其《周礼政要》问世的缘起是 1901 年清廷"重议更法,友人以余尝治《周礼》,属捃摭其与西政合者,甄辑之以备裁择。此非欲标揭古经以自张其虚骄而饰其腐败也,夫亦明中西新故之无异轨,俾迂固之士,废然自反,无所腾其喙焉尔"。即尝试运用古文经为当代政治变革服务,全己采用类比的方法,先录一段《周礼》原文,次作注解,再引欧美各国的有关制度,日本明治维新以后的新政策相比附,说明"华盛顿、拿破仑、卢梭、斯密亚当之伦所经营而讲贯,今人所指为西政之最新者,吾二千年之前之旧政已发其端"。虽颇有附会之嫌,但这种治经方法及其所表达的内容、思想倾向,都表现出近代精神。所以,仲容可称为中国学术由古代到近代的承上启下之人物。

作为信仰域的汉学,虽在光绪年间开始退出学术界的主导地位,但作为一种崇尚求真务实的学术,其精神资源则被后人所继承,并被新一代士子转化为连结传统学术向现代学术过渡的桥梁。

本篇小结

清初的学者,都从反省王学末流的空疏之弊转向崇尚务实之学。浙西的学者以标榜"崇朱黜王"为宗旨大力提倡经世致用之学。主要代表有张履祥、吕留良、陆陇其。他们都强调实学力行,反对空谈心性,对程朱理学有所开拓和改造。

浙东的学者因大都源自王门心学而来,故一方面讲求经学,兼融朱学,以纠正阳明心学自身弊端使之回归务实之学,开创了新的哲学体系;另一方面则从研究心性之学转而研究史学,开创了浙东史学的研究领域。浙东学派的开创者为黄宗羲,其余在讲求经学为主的实学方面主要有宗羲的同学陈确,弟宗炎,弟子邵廷采等;在史学方面主要有宗羲的后学万斯同、全祖望、章学诚、邵晋涵等。

这一时期的学者提出了诸多颇有价值的观点:

在本体论方面,黄宗羲提出了"功夫即本体"的命题,把"工夫"作为最高范畴,把理、气、心、性、情等高度统一起来,成为具有独创性的思想体系。陆陇其云:"有就理气浑沦言之者,有就理气散殊言之者;有就天地而言其浑沦、散殊者,有就人心而言其浑沦、散殊者。此源流分合,所以若不相一,而实无不一也。"章学诚谓"道者,万事万物之所以然,而非万事万物之当然也"。

在认识论方面,张履祥不说"致知在格物",而提出"致知在力行",强调致知与力行的统一。陆陇其提出"知"有"与行无先后之知",有"行先之知",有"行后之知";"知在行先者,因无分大小,皆须理会;知在行后者,大纲已不差,只是要详取其节目"。

在伦理方面,吕留良特重夷夏之防,把民族大义视为大于君臣之伦的域中第一事,故而立足于正人心、救风俗的现实问题,其本质在于反对清朝的异族统治。

在人性论方面,朱之瑜认为性成于"习",善恶的形成,决定于后天的生活教育和社会环境。陈确认为"由性之流露而言谓之情,由性之运用而言谓之才,由性之充周而言谓之气";"性之善不可见,分见于气、情、才";"气、情、才皆善,而性之无不善,乃可知也";"欲善而恶恶,人之性也"。邵廷采亦谓"性善,则情亦善,才亦善"。章学诚则谓:"气合于理,天也;气能违理以自用,人也。情本于性,天也;情能汩性以自恣,人也。"

在修养论方面,陈确云:"孟子言性必言工夫,而宋儒必欲先求本体,不知非工夫则本体何由见?孟子即言性体,必指其切实可据者,而宋儒辄求之恍惚无何有之乡。"又云:"学者高谈性命,吾只与同志言素位之学,则无论所遭之幸与不幸,皆自有切实功夫,此学者实受用处。"张履祥认为只有"从百苦中打炼出一副智力",才能够"外可以济天下,内可以承先人";而如果"养成膏粱纨袴气体,一与之大任,必有不克负荷者矣"。他还倡导以"勤俭"为"立德之本",可以使"廉耻立,礼让兴,而人心可正,世道可隆矣"。

在理欲观方面,陈确云:"饮食男女皆义理所从出,功名富贵即道德之攸归。""人心本无天理,天理正从人欲中见,人欲恰好处,即天理也。""欲即是人心生意,百善皆从此生,止有过不及之分,更无有无之分。"他赞同其师蕺山"生机之自然而不容已者,欲也;而其无过不及者,理也"的观点。黄宗炎认为"有欲未便为私为恶,……至若陷溺于声色香味,则欲始为私欲,为恶德矣"。

在教学方面,黄宗羲认为"学必原本于经术而后不为蹈虚,必证明于史籍而后足以应务"。李邺嗣谓"学者先之以经以得其源,后之以史以尽其派,则其于文章之事,可以极天地古今之变"。张履祥认为"学者固不可不读书,然不可流而为学究,固须留心世务"。邵廷采认为"圣人之学在躬行,读书其一端也。然欲发明心理,知古今,识事变,济时行道,扬名显亲,自非读书皆无由致"。

在政治方面,黄宗羲认为"为天下之大害者,君而已矣";"以天下为主,君为客,凡君之所毕世而经营者,为天下也"。"盖天下之治乱,不在一姓之兴亡,而在万民之忧乐"。

在理财方面,黄宗羲认为:"世儒不察,以工商为末,妄议抑之。夫工固圣王之所欲来,商又使其愿出于途者,盖皆本也。"张履祥则提出了农业生产的经营管理和治水的思想。

在史学方面,黄宗羲首创有系统的学术史体例而撰《明儒学案》,又撰《宋元学案》未成,后由全祖望补撰完成。万斯同著有《儒林宗派》,纪孔子以下迄于明末诸儒的事迹和学术。章学诚谓"古之所谓经,乃三代盛时典章法度,见于政教行事之实",因而提出"六经皆史"之说。又提出:"文史之儒,竞言才、学、识,而不知辨心术以议史德,乌乎可哉?"他对地方志的修纂方式和体例内容都有系统的建树。邵晋涵整理《宋史》,辑校《旧五代史》成就卓著,又对历代史籍多有公允的评论。清代浙东史学,以其"倡导经世致用"、"贵在变通创新"、"注重理性思辨"三大特点形成自身独特的风格。

在文化方面,万斯同还提出了"中西文化互补"说:"适西法既入,其说实可补中国所未及。""西人所矜为新说者,要皆旧法所固有;而西学所独得者,实可补旧法之疏略。"

清代考据学大致可分三个时期。清初学者以疑古与考辨为主。代表人物有毛奇龄、朱彝尊、万斯大、胡渭、姚际恒等。毛奇龄富有敢于怀疑、勇于探索的疑古考辨学风。他大胆抨击"河图""洛书",怀疑《周礼》《仪礼》,特别勇于批判《四书》及朱子的《四书集注》。朱彝尊著有《经义考》,统考历代经义之目,自周迄明,分门别类,收其大略。万斯大主张:"非尽通诸经,不能通一经;非悟传注之失,则不能通经;非以经释经,则亦无由悟传注之失。"胡渭著有《易图明辨》以辨斥宋儒的"河图""洛书";其《洪范正论》直接批驳汉儒的"五行灾异"之说;而《禹贡锥指》则为清代沿革地理学开山者之一。姚际恒著成《九经通论》,对诸经提出大胆的怀疑和评论;又著《古今伪书考》《考释》等书,列举经史子部疑伪之书数十种,一一为之考辨。

乾嘉之世则以训诂与辑佚为主,其中尤以校勘大家卢文弨和辑佚大家严可均所取得的成就最为突出。卢文弨毕生从事校勘考据等技术性工作,所校之书达二百五十多种,并总结出一整套校勘学的理论和方法。严可均最为世人所熟知的是《全上古三代秦汉三国六朝文》七百四十六卷,还辑有《孝经郑注》等诸经逸注及佚子书数十种。

晚清则由经学转向诸子,并在方法上有所创新。主要有俞樾、黄以周、孙诒让三位学者,成为浙江最后的汉学大家。俞樾所著《群经评议》《诸子评议》,为经子古籍校正误文,发明故训,解决了许多前人没能解决的难题,且多有精义阐发;又著《古书疑义举例》,对古书致疑之处多有精辟论析。黄以周毕生从事礼学研究,所著《礼学通故》,考释古代礼制甚详。孙诒让是清代最后一位朴学大师，作《墨子闲诂》，集墨学研究之大成。其书不仅采用传统的校勘和训诂方法，而且还运用西方科学文化知识对原著作了精确的考察。

　　清代考据之学，对于文献资料的整理、辨伪、辑佚而言，有非常重要的贡献，也在一定程度上还原了历史和文献的真实。

第五篇

近现代:儒学的转型与创新

第一章 龚自珍开浙学之新风

晚清时期,随着西学东渐,社会变化剧烈,学术界亦开启了新的学风。龚自珍生活在清廷由盛转衰的转折点,预感大变乱即将到来。于是他借经论政,谈古论今,用时而明朗、时而隐晦的笔法,议论迫切的政治问题。从思想上、经济上、政治上、教育上提出了一系列改革方案。

第一节 开风气的一生

龚自珍(1792—1841),字璱人,号定庵,又名易简、巩祚,字伯定,晚年又号羽琌山人,杭州仁和人。出身儒门官宦世家。早年师从外祖父段玉裁学《说文解字》。继而师从常州学派今文经学大家刘逢禄学《公羊春秋》,深通今文经学的微言大义,然其志趣不在考证群经,而注重"天地东西南北之学",即经世致用之学。道光九年(1829)三十八岁,中进士。先后曾担任宗人府及礼部主事、内阁中书等闲官,一生不得志于宦海。他与魏源、黄爵滋、林则徐经常在京聚会,借今文经学之名提倡经世致用之学,在士人中产生很大影响。道光十八年(1838),黄爵滋、林则徐奏请禁烟,林则徐受命为钦差大臣往广东查禁,定庵作序相赠,提出了积极的建议。次年,京师人以"定庵言多奇僻,世颇訾之",定庵乃辞官还乡,作《病梅馆记》以喻要求个性解放之意。二十年(1840),鸦片战起,林则徐撤职,次年发配伊犁。是年,定庵在丹阳云阳书院讲学,暴疾死,传说是因为主战得罪了军机大臣穆彰阿致死。

定庵生活在清朝由盛转衰的转折点,亲眼看到民生憔悴、民变蜂起的形势,又看到列强侵略、鸦片烟流毒全国的危局。他痛恨清廷的无能和官僚的腐朽，对君主专制制度从根本上发生怀疑，预感大变乱即将到来。他认为如果清廷不能改革，就会有"山中之民"起来改革。于是从经济上、政治上、教育上准备了方案，绘出了蓝图。其方法是借经论政、谈古论今，用时而明朗、时而隐晦的笔法，议论迫切的政治问题，慷慨激昂，倡导社会改革，主张禁绝鸦片，振兴经济。历年先后写成《明良论》《尊隐》《乙丙之际箸议》《平均篇》等重要论文，发表政见；又作《阐告子》，主张性无善恶论；写成《东南罢番舶议》和《西域置行省议》，提出施政的建议；继又写成《农宗篇》及《论私》等论文，提出改革社会的理想；又写《五经大义终始论》《壬癸之际胎观》等论文，借五经的微言大义发挥自己的观点；写成《古史钩沉论》及《尊史》，借读史来论政；作《六经正名》等论文，发挥"六经皆史"的观点，指出六经不作于孔子。

定庵博览群书，贯通百家，于《易》《书》《诗》《礼》《春秋》以及诸子百家无所不通，融百家之学于一炉。他既是功底深厚的朴学家，又是清代后期今文经学的倡导者。虽然承接朴学传统，但他继承和发扬了儒家以天下为己任的传统，发展了今文经学变易进化的思想，以经学与济世相结合，开启了经世致用的风气。其思想深处蕴涵着"为学"与"求道"的焦虑，强烈要求改变沉闷学风，使学术回归经世致用之传统。时人把他与魏源并称"龚魏"，因为他们倡导的今文经学不是停留在书本上，而是针对现实，直接议政，批判腐败政治，呼吁改革，所以又称之为"经世致用"之学。定庵以"但开风气不为师"的气概立志改革，于是提出了许多更法改制的主张，成为近代改革运动的先驱。因而是学术思想史上"开一代新风"的著名学者，在中国近代学术思想史上是一位承前启后的重要人物。后来章太炎等的学风就是这个思路的进一步发展。尽管今天看来并未突破专制主义的范围，但实在不愧为以后变法维新运动的先声。

定庵尝自编《定盦文集》三卷，《续集》四卷，以及《补》《补编》《拾遗》等，今人辑为《龚自珍全集》。其中《明良论》《平均篇》《农宗》《乙丙之际箸议》《壬癸之际胎观》等，表现了他的专制改良主义的社会观点。

第二节　通经以济世

定庵幼年从考据学大师段玉裁学《说文》，对小学功夫颇为重视，认为"小学之事,与仁爱孝悌之行一以贯之"。但他与考据学家又有不同,认为小学只是入门之学,不能囊括全部学问。而对其导师今文经学大家刘逢禄的公羊学则心悦诚服。但他治经的目的,则与常州学派今文学家为治经而治经的目的完全不同。他主张"通经"以"济世",把经世致用作为治经的归宿,所以他研究学问不限于《公羊春秋》,而是兴趣极其广泛,除博通诸经而外,还兼及文史。他的经学济世的特点,不仅较之古文经学家显著,即使与其他志在笃守家法的今文经学家比较,也独具特色。

首先,定庵反对以阴阳灾异之说附会儒家经书。他在《乙丙之际塾议第十七》中指出,汉代君臣常常"借天象傅古义,以交相儆也"。王公借天象谏诤天子,天子借天象罢免三公,三公也因天象自免。他们的用意是好的,但"不得阑入孔氏家法"。孔子修《春秋》,水旱就直书水旱,并不牵扯人事;箕子在《洪范》中言庶征,分休征、咎征,也不牵扯人事。对于水旱疫疠,古人没有"步之之术",无法预计。故大臣言事,应该探求事情的"本真",就事立论。借天象来傅会,"取虚象,无准的,无程期",毕竟不足为训。君主若诘问借天象言事的大臣:"诚可步也,非凶灾;诚凶灾也,不可以步。"凡是可以推算的现象,就不是凶灾;真正的凶灾,就不可推算。对于这样的诘问,借天象言事的大臣是无法回答的。故借天象谈人事,实不足取,应该"载笔治历,守《春秋》;言咎征,守箕子"。所以他依据当时的天文学知识,认为天上的星象都是自然现象,否认天象与人事有什么必然联系。有次彗星出现,他致信管天文的陈博士,请他查核关于彗星的档案,是否有定数可循。他在《与陈博士笺》中说:"近世推日月食精矣,惟慧星之出,古无专书,亦无推法,足下何不请于郑亲王,取钦天监历来慧星旧档案汇查出,推成一书? 则此事亦有定数,与日食等耳。自珍最恶京房之《易》,刘向之《洪范》,以为班氏《五行志》不作可也。此书成,可以摧烧汉朝天士之谬说矣。"这是说,日食和月食既然可以推算,则"慧星之出"也有其必然的客观规律,而可以推算出来。由此观点出发,他认为在远古把干旱、水涝、疾疫,以及对农业生产、人的身体所造成的危害,与星象的变异联系在一起,那是因为科学不发达的缘故。随着历算学的发展,天降灾异的谬说很容易识破。因为天上星象既然能被推算,就说明它不能预示凶灾。所以,汉代京房的《易传》、刘向的《洪范》以及班固的《五行志》等宣扬"天人感应"、天降灾异等谬说都可以摧烧,还《周易》《洪范》《春秋》的本来面目,这样才能避免以灾异迷信解经,而真正发挥经书中的微言大义。

其次,定庵继承和发展了今文经学变易进化的思想。他认识到古往今来的历史是不断进化的。他在《上大学士书》中说:"自古及今,法无不改,势无不积,事例无不变迁,风气无不移易。"他依据"公羊三世说"的"据乱世、升平世、太平世",把社会分为"治世、乱世、衰世"三个阶段。他在《五经大义始终论》中把上古作为"据乱世",商朝为"升平世",周朝为"太平世"。从这种"三世说"的历史观出发,认为清代王朝已经到了一个黑白颠倒、是非混淆、善恶不分,"将萎之华,惨于槁木"的衰世。他预见一个新的社会即将到来,并为此而大声呐喊:"我劝天公重抖擞,不拘一格降人材。"但是,由于定庵根本不想触动专制制度本身,加之这种变易观并未经过精密的系统论证,所以他的变易思想还是停留在"渐变"的基础上分析社会问题。他在《平均篇》中明确地说:"可以更,不可以骤。"在《与人笺》中说:"风气之变之必以渐也。"这是说"渐变"是可以的、必须的,但应该避免突变和质变。他还用动静、体用关系说明其变易思想:"体常静,用常动。"变化的只是事物的功用,而不是事物的本体。换句话说,作为制度根本的"体"是不动的,也是不能变的;而动者、变者,只是"用"而已。由于定庵否认事物的突变,就不可避免地陷入历史循环化。他说:"万物一而立,再而反,三而如初。"故他的"治世、乱世、衰世"社会发展三阶段说,就是典型的由乱到治、由治到乱的历史循环论。

其实,定庵的今文经学,虽从正统派的今文经学脱胎而来,但又不同于正统派。他不仅反对谶纬灾异,而且以经学与经济相结合,开启了经世致用的风气,使后来治今文经学者,"喜以经术作政论"。这其实也体现了浙学的务实之风。

定庵还发展了章实斋"六经皆史"的观点。其《古史钩沉论二》云:"六经者,周史之宗子也。《易》也者,卜筮之史也;《书》也者,记言之史也;《春秋》也者,记动之史也;《风》也者,史所采于民,而编之竹帛,付之有司者也;《雅》《颂》也者,史所采于士大夫者也;《礼》也者,一代之律令,史职藏之故府,而时以诏王者也;《小学》也者,外史达之四方,瞽史谕之宾客之所为也。"不仅六经是史,而且诸子百家也源出于史。"诸子也者,周史之小宗也。"他认为诸子之学都是周史的分支。所以,史是文化的宝库。故又云:"灭人之国,必先去其史;隳人之枋,败人之纲纪,必先去其史;绝人之材,湮塞人之教,必先去其史;夷人之祖宗,必先去其史。"定庵这些见解所说明的道理,殖民者征服一个民族,除了经济掠夺和政治控制外,就靠消除那个民族的历史和文化。

定庵还发展了章实斋的三代"君师合一"的观点。其《乙丙之际箸议第六》

云："自周而上，一代之治，即一代之学也；一代之学，皆一代王者开之也。"王的政令载之文字就是书、礼、法；管记载的官谓之史；在下面纳租税者谓之民；民之识立法之意者谓之士；士之能阐释法意以相诫者谓之师儒。所以，"是道也，是学也，是治也，则一而已矣。"然而，三代以后不同了，君师分开了，各家分门别户，"源一而流百焉，其书又百其流焉，其言又百其书焉"。这时，朝廷对于"祖宗之遗法"已不清楚。诸子所讲虽抱残守缺，但仍不失为一家之言，用之"犹足以保一邦，善一国"，尚未完全流为空谈。再往后代，师儒又降一级："重于其君，君所以使民者则不知也；重于其民，民所以事君者则不知也。生不荷耰锄，长不习吏事，故书雅记，十窥三四，昭代功德，瞠目未睹，上不与君处，下不与民处。由是，士则别有士之渊薮者，儒则别有儒之林囿者，昧王霸之殊统，文质之异尚。其惑也，则且援古以刺今，嚣然有声气矣。是故道德不一，风教不同，王治不下究，民隐不上达，国有养士之资，士无报国之日。殆夫！殆夫！终必有受其患者，而非士之谓夫！"定庵所揭示的，正是清代以八股取士的科举制度和为考据而考据，以及空谈天道性命的学风。定庵所追求的是新的"君师合一"，即政治与学术的统一。这种愿望虽然是合理的，但在专制时代无法实现。

定庵于通经而外，兼通史学，于史尤长西北舆地；其文从六书小学入门，以周秦诸子、吉金乐石为崖郭，以朝章国故、世情民隐为质干；晚尤好西方之书，自谓所造深微。故以自己渊博的知识，对今文经学加以改造，以作为讥切时弊、改革现实的思想武器。

第三节 性无善恶论

在人性善恶的问题上，龚定庵明确表示了"性无善恶"的观点。其在《阐告子》中论"性"云：

> 龚氏之言性也，则宗无善无不善而已矣，善恶皆后起者。夫无善也，则可以为桀矣；无不善也，则可以为尧矣。知尧之本不异桀，荀卿氏之言起矣；知桀之本不异尧，孟氏之辨兴矣。为尧矣，性不加菀；为桀矣，性不加枯。为尧矣，性之桀不亡走；为桀矣，性之尧不亡走。不加菀，不加枯，亦不亡以走，是故尧与桀互为主客，互相伏也，而莫相偏

绝。古圣帝明王,立五礼,制五刑,敝敝然欲民之背不善而向善。功劘
彼为不善者耳,曾不能攻劘性;崇为善者耳,曾不能崇性;治人耳,曾不
治人之性;有功于教耳,无功于性;进退卑亢百姓万邦之丑类,曾不能
进退卑亢性。告子曰:"性无善,无不善也。"又曰:"性,杞柳也;仁义,
杯棬也。以性为仁义,以杞柳为杯棬。"阐之曰:浸假而以杞柳为门户、
藩牚,浸假而以杞柳为桎荃梏,浸假而以杞柳为虎子、威俞,杞柳何知
焉?……是故性不可以名,可以勉强名;不可似,可以形容似也。杨雄
不能引而申之,乃勉强名之曰"善恶混"。雄也窃言,未湮其原;盗言者
雄,未离其宗。告子知性,发端未竟。

定庵认为,性只是一种可以雕琢、塑造、加工的素材;它本身无所谓善恶,善恶都
是后天产生的。孟子看到人可以为善,就说性善;荀子见到人可以为恶,就说性
恶。其实,他们所说的都不是性本身,而只是性发展的结果。礼仪、刑罚、教育
这些东西,可以攻不善,并不能攻性;可以崇善,并不能崇性;可以教人,并不能
教性;可以治人,并不能治性。他以告子的"性,杞柳也;仁义,杯棬也"为例,指
出:杞柳只是一种材料,你可用它做杯盘,做刑具,做夜壶,做便桶,器物有所不
同,但在杞柳都是无所谓的。性到底是什么? 他自己也说不上来。"故性不可
以名,可以勉强名;不可似,可以形容似也"。其实,他比告子只多举了几个例
子,性究竟是什么,他也是"发端未竟"。他甚至没有抓住"习相远也"来做文章,
更没有把"习"具体化为"注错习俗",更谈不上用人的社会存在说明人性。虽说
"善恶皆后起者",但他没有说明善恶如何后起。

　由于定庵认为性无善恶,因而很重视后天的学习和培养。故其《江子屏所
著书序》谓"欲闻性道,自文章始"。在治学方法上,定庵主张"尊德性"与"道问
学"并重。他说:"孔门之道,尊德性、道问学二大端而已矣。"或问"道问学"优于
"尊德性"么? 定庵答道:"否,否! 是有文而无质也,是因迭起而欲偏绝也。圣
人之道,有制度名物以为之表,有穷理尽性以为之里,有诂训实事以为之迹,有
知来藏往以为之神。谓学尽于是,是圣人有博无约、有文章而无性与天道也。"
这是说,为学既要掌握具体知识,又要深通一贯的道理和事物发展的规律。然
而工夫是否应有先后? 定庵认为"始卒俱举,圣者之事也;余则问学以为之阶"。
因而他在《陈硕甫所著书序》中主张儿童入学,先从小学"六书""九数"学起,不
要一进学就授以"治天下之道"和"穷理尽性幽远之言"。他强调"黜空谈之聪

明,守钝朴之迂回,物物而名名,不使有遁"。老老实实从识字读书、积累具体知识做起;离开这种工夫而谈一贯之道,不过是空谈而已。

定庵揭穿了统治阶级所宣扬的"大公无私"。他在《论私》一文中指出,"圣帝哲后",哪个是无私的呢? "究其所为之实,亦不过曰:庇我子孙,保我国家而已"。这真是一语道破了事实。其他如忠臣、孝子、贞妇,更可以说人人有私。古来的君主,有两个人"至公无私"。一个是燕国的子哙,他要把八百年的燕国让给子之;一个叫汉哀帝,他要把汉家二百年的天下让给董贤。这两个人,比起文、武、成、康、周公,不更算圣人了么? 现在谈什么"大公无私"的人,为什么不效法子哙、哀帝呢? 可见他们谈"大公无私"是假的。禽兽是最"无私"的,它们不分父子,更不分朋友。至于人,则很早很早就"有私"了。《诗经》上有许多诗歌,有的讲"先私而后公",有的讲"先公而后私",有的讲"公私并举",有的讲"公私互举"。照"大公无私"论者的准则,这些诗人岂不该"诛",该"废",该"服上刑"么? 可是,"大公无私"论者并不这样,他们仍然歌颂文、武、成、康、周公,而不歌颂子哙、哀帝,仍然不知所云地背诵《诗经》。这些人都是一些什么样的人呢? 他们都是一些口是心非的伪君子! 他们是"以墨(翟)之理,济杨(朱)之行"! 他们口里讲的是"大公无私",实际做的是"有私无公"!

他有篇《病梅馆记》,曲折地表达了他要求个性自由的心意:

> 或曰:梅以曲为美,直则无姿;以欹为美,正则无景;梅以疏为美,密则无态。固也,此文人画士,心知其意,未可明诏大号,以绳天下之梅也;又不可以使天下之民,斫直、删密、锄正,以殀梅,病梅以求钱也。梅之欹,之疏,之曲,又非蠢蠢求钱之民,能以其智力为也。有以文人画士孤癖之隐,明告鬻梅者,斫其正,养其旁条,删其密,夭其稚枝,锄其直,遏其生气,以求重价,而江浙之梅皆病。文人画士之祸之烈至此哉! 予购三百盆,皆病者,无一完者。既泣之三日,乃誓疗之,纵之,顺之,毁其盆,悉埋于地,解其棕缚;以五年为期,必复之全之。予本非文人画士,甘受诟厉,辟病梅之馆以贮之。

在这篇出色的杂文里,定庵指出,文人画士的孤僻的嗜好,认为"梅以曲为美","以欹为美","以疏为美",影响人们把梅都弄成曲的、欹的、疏的,于是江浙之梅都成了"病梅"。他希望自己多暇日,又多闲田,把"病梅"都买过来,栽在土里,听其自由生长,使它们不再成为"病梅"。

这篇杂文的深刻用意,在于控诉专制礼教束缚人的个性,使人都成了"病人"。"善恶皆后起也",梅本来不是"病梅",但文人画士的癖好可以使它们成为"病梅";人本来不是"病人",但专制礼教可以使人成为"病人"。要使人的个性得到正常发展,先要解除束缚人之个性发展的专制桎梏。这是从定庵的性无善恶论应当得出的结论。其实,这也是定庵所提倡的养士、用士思想的理论基础。

第四节　历史三世循环论

龚定庵从今文经学的济世思想出发,以春秋公羊学三世说为理论基础,把主观方面的圣人"心力"说和客观方面的社会"农宗"说结合起来,藉以说明历史运行三世循环论的必然性。

一　推动历史的心力论

龚定庵的社会历史观,主要体现在《壬癸之际胎观》九篇之中。"胎"就语义讲有事物之基础、根由之意,则"胎观",意谓对事物究极根由进行探讨。他在《壬癸之际胎观第一》云:"天地,人所造,众人自造,非圣人所造。"这里所讲的"众人自造"天地,并非强调人民大众创造历史,而是为了把其创造根源引向抽象的人。故《平均篇》把世风之变归根于"人心亡":"人心者,世俗之本也;世俗者,王运之本也。人心亡,则世俗坏;世俗坏,则王运中易。"

"人"的本质,被叫作"我"。其《壬癸之际胎观第一》云:"圣人也者,与众人对立,与众人为无尽。众人之宰,非道非极,自名曰我。"所谓"非道非极"显然在于否定主宰众人的力量为客观力量;也就是说,以"我"作为人之主宰,旨在强调支配人的力量,系人自身具有的主观精神力量。他进而把这一主观精神力量说成是决定客观世界的力量。在众人中,每个人都是一个"我",所以才说都是"我"造的。各个"我"不是孤立的,"众人也者,骈化而群生,无独始者"。他们并生群居,组成社会,过社会生活。人与禽兽原来并没有区别,过社会生活是后来的事,所以叫"后政"。"后政"是从小单位开始,不是从天下开始。"其后政,非始政。后政也者,先小而后大。"等到由小到大的社会生活建立起来以后,"后政不道,使一人绝天不通民,使一人绝民不通天"。久而久之,才有"圣人"出来,假借"天"的名义来统治。这里真实的用意,是批判假借"天命","绝天不通民""绝民不通天"的"天子"。

定庵所说的"我"的力量,其实就是人的主观意志,所谓"心力"。其《壬癸之际胎观第四》云:"心无力者,谓之庸人。报大仇,医大病,解大难,谋大事,学大道,皆以心之力。"然而,"心力"与庶人无缘,因为他们属于"心无力者"。所以,"心力"亦就特指圣人的主观意志。其《壬癸之际胎观第九》云:"群言之名我也无算数,非圣人所名;圣何名? 名之以不名。群言之名物也无算数,非圣人所名;圣何名? 名之曰我。"这就是说,庶人称"我"毫无意义,他所强调的"我",特指圣人意志,所以他接着指出:"因之有差,尊之有差,名之有差;名之不以名,亦有差,域中之所名,无能以差。蠢也者,灵所藉力者也;暂也者,常所藉力者也;逆旅也者,主人所藉力者也。生亦多矣,大人恃者此生;身亦多矣,大人恃者此身。恃焉尔,欲其留也;留焉尔,欲其有为也;有为焉尔,不欲以更多也。是之谓大人之志。"

定庵说天地"非圣人所造",乃是为了最终把历史发展的动力归于圣人的意志;而他之所以又以"性"来规定圣人的"心力",与他在人性论上持"民我性不齐"这一观点,应有一定的联系。他在《辩知觉》一文中区别了"知"与"觉"的不同。他说:"知,就事而言也;觉,就心而言也。知,有形者也;觉,无形者也。知者,人事也;觉,兼天事言矣。知者,圣人可与凡民共之;觉,则先圣必俟后圣矣。"看来,"知"是指各种具体知识,"觉"则是指一贯的道理。把"知"与"觉"区别开来,是有道理的。但他又说:"夫可知者,圣人之知也;不可知者,圣人之觉也。"他把"觉"说成只有圣人才具备,这就把"觉"神秘化了。他认为民之本性,只可使之"知"而不可使之"觉",而"圣人可与凡民共之"者是"知",不同于凡民者在于"觉"。"觉,则先圣必俟后圣矣",它是圣人特有的本性。然而何谓"觉"? "不可知者,圣人之觉也"。何谓"不可知"? 其《语录》云:"圣人神悟,不恃文献而知千载以上之事,此之谓圣不可知,此之谓先觉。"这就是说,圣人先天具备有不学而知、不行而能的本性,而这决定了圣人无论在智力、意志还是品德上,都胜过凡民,即《壬癸之际胎观第九》所谓"民我性不齐,是智愚、彊弱、美丑之始"。

从定庵最终把"心力"归于"大人之志"这个层面来看,他所谓的"心力",不是知识论和认识论意义上的理性精神,而是指建立在"圣人之觉"的基础上的意志和力量。可见,定庵的历史哲学,属于英雄史观。故其推动历史的"心力论",虽然没有多少理论上的建树,但其所强调的主观精神力量,却正是他当时提倡打破社会沉闷风气所必需的思想。正如他自己宣称"一事平生无齮龁,但开风气不为师",体现在开一代思想之新风上。

二 社会起源的"农宗"说

定庵在其《农宗》中认为,社会生活起源于"农宗",即农业宗法组织。"天谷没,地谷苗,始贵智贵力"。自然生长的谷物吃光了,人类不能靠天吃饭了,就要开辟土地来进行生产。生产自然要以宗族为单位来进行。宗族自然又要分为大宗(嫡长子宗)、小宗(次子宗)、群宗(庶子宗)、闲民(不属于本族的人)。在他的"农宗"里,自然包含着地主与佃农。不过定庵认为,佃民是"有力者","佃非仰食吾宗也,以为天下出谷"。天下之人的生活实际上都靠佃农。在"农宗"之上,无论皇帝或大臣原来都只是农,区别只是"土广而谷众",靠抽什一之税,仰给于农宗。"然而有天下之主,受是宗之福矣"。天子、公侯之福,都受之"农宗"。有了从天子到农宗的社会组织,就要有一套"力能制其下"的方法,"名之曰礼,曰乐,曰刑法"。所以,礼、乐、刑法这一套统治方法是由下而上产生出来的。定庵把"农宗"作为社会生活的基础,作为礼、乐、刑法产生根源的观点,虽非严格科学的,但也有其合理的成份。其《五经大义终始论》认为,"夫礼之初,始诸饮食";"民饮食,则生其情矣,情则生其文矣"。在这个论断里,定庵已认识到先有经济生产,才有政治和文化的历史发展观念。

定庵本乎"农宗"是社会生活之基础的认识,故在《五经大义终始答问》里,利用《公羊春秋》的微言大义把历史发展分为三世:据乱世、升平世、太平世。"食货者,据乱而作",这时有了"农宗","天谷没,地谷苗",开始进行生产,这是历史的野蛮时期;"祀也,司徒、司寇、司空也,治升平为事",这时有了刑法制度,是历史的升平世;"宾师乃文致太平之事",这时有了文明礼乐,才是历史的太平世。

然而,历史进入太平后,并非永远太平,关键在于作为社会基础的"农宗"要受破坏。其《平均篇》认为,最上世,君臣取之于民是有限度的;到了下世,是无限度的。上世农之本业富,下世工商末业富,这就必然引起贫富的分化。社会财富象一池水,有人取之过多,必致有人不足,国家治乱兴亡就看贫富相差的程度,"千万载治乱兴亡之数,直以是券矣"。这是因为:"贫相轧,富相耀;贫者阽,富者安;贫者日愈倾,富者日愈壅。或以羡慕,或以愤怨,或以骄汏,或以啬吝。浇漓诡异之俗,百出不可止;至极不祥之气,郁于天地之间。郁之久乃必发为兵燹,为疫疠,生民噍类,靡有孑遗,人畜悲痛,鬼神思变置。"所以,贫富不齐总是动乱的根本原因,天下大乱,改朝换代,就是由此发生的。"其始,不过贫富不相齐之为之耳。小不相齐,渐至大不相齐;大不相齐,即至丧天下"。所以,"有天下者,莫高乎平之之尚也"。但是,平之的问题如果解决不了,则太平之后返乎据乱就是不可避免的了。

因此,定庵认为历史的发展是循环的。其《壬癸之际胎观第五》云:"万物之数括于三:初异中,中异终,终不异初";"万物一而立,再而反,三而如初"。其实,定庵认为治乱兴亡的原因在贫富不均是对的,这是对中国专制社会一治一乱原因的正确认识;但他认为历史是在一个圈子里循环则未必然。即使是中国专制社会的一治一乱,也并非简单的重复,更何况,历史终将走出旧的圈子,而走向新的征程。

第五节　批判衰世的积弊

龚定庵之所以倡导今文经学,目的在于"通经"以"济世"。今文经学成为他观察社会、认识社会以及揭露社会腐败、批判政治弊端和改良现实社会的理论基础。他把公羊学所谓"据乱之世""升平之世""太平之世"改称为乱世、衰世、治世,以分析清代社会演变的大趋势,指出清代社会经过乾嘉盛世之后,到道光年代已进入貌似治世的衰世时代,而衰世的出现便预示着乱世的来临。他因此而希望找到医治衰世的途径。因此,他觉得首先要揭露衰世的弊病,使世人由"视其世"而认识到距离乱世已经不远。

一　衰世的朝廷与官场

定庵认为,历史的发展有三世,一个朝代的发展也有三世,即治世、衰世和乱世。衰世从治世而来,还没有到乱世,所以外表看来像治世,但实质上,已在酝酿着大乱。其最大的特点是死气沉沉,庸庸碌碌。皇帝是庸主,"其力弱,其志文,其聪明下,其财少"[1]。他们死守着祖宗的成法,"天下无巨细,一束之于不

---

[1]　《龚自珍全集·古史钩沉论一》。

可破之例"①。大臣是庸臣,见了皇帝只会磕头,"朝见长跪,夕见长跪"。掌大权的,只"知车马、服饰、言词捷给而已,此外非所知也";清闲的"知作书法、赓诗而已"。此外,他们一无所能,一无所知。他们看皇帝的脸色说话,"蒙色笑,获燕闲之赏,则扬扬然以喜,出夸其门生、妻子";一见皇帝脸色不好,就"头抢地而出,别求夫可以受眷之法"②。他们靠熬资格升官,大约三十年到三十五年,可以熬到一品,那时年纪已老,精神已惫,唯一的愿望是保住禄位。他们"因阅历而审顾,因审顾而退葸,因退葸而尸玩。仕久而恋其笈,年高而顾其子孙,傫然终日,不肯自请去"③。他们堕落无耻,非行尸走肉,即庸俗傀儡,除了苟安其位以求性命利禄之保外,根本不把国家安危、人民疾苦放在心上。

在地方官中,最好的也只能"奉公守法",不敢有任何作为,办事都依靠"刑名师爷",即所谓"书狱"。书狱们从县、州到阁部结成一个大网,"豺踞而鸮视,蔓引而蝇孳"。这帮人"析四民而五,附九流而十"④,地方的实权实际操在他们手里。其实,这是"聚大臣群臣而为吏,又使吏得以操切大臣群臣"。在这种情况下,"虽圣如仲尼,才如管夷吾,直如史鱼,忠如诸葛亮,犹不能以一日善其所为,而况以本无性情、本无学术之侪辈耶"⑤!

这种恶劣的官场之风,必然涉及科举制度,形成恶性循环。那些通过科举进入仕途的人,"进身之始",便"言不由衷",做官以后,由于"少壮之心力,早耗于禄利之筌蹄",等到"其仕也,余力及之而已","浮沉取容,求循资序",这哪里还有心计去关心国计民生呢?

这就是衰世的官场状态。真可谓:上无明君,"左无才相,右无才史,阃无才将,庠序无才士,陇无才民,廛无才工,衢无才商,抑巷无才偷,市无才驵,薮泽无才盗,则非但鲜君子也,抑小人甚鲜",是一个连小人之材也十分缺乏的没有生气的社会。表面上还没有大乱,实则"乱亦竟不远矣"。"将萎之华,惨于槁木"⑥。这样的衰世是可怕的。

然而衰世从何而来?定庵认为,正是那些治世、盛世的高度集权的专制君主所造成的。他在《古史钩沉论一》中说:"昔者霸天下之氏,称祖之庙,其力强,

---

① 《龚自珍全集·明良论四》。
② 《龚自珍全集·明良论二》。
③ 《龚自珍全集·明良论三》。
④ 《龚自珍全集·乙丙之际塾议第三》。
⑤ 《龚自珍全集·明良论四》。
⑥ 《龚自珍全集·乙丙之际箸议第九》。

其志武,其聪明上,其财多,未尝不仇天下之士。去人之廉,以快口令;去人之耻,以嵩高其身。一人为刚,万夫为柔,以大便其有力强武。"他认为,专制君主为了树立自己的至高无上的绝对权威,不惜用尽专制手段竭力摧折臣民的独立人格和生气,王者"大都积百年之力,以震荡摧锄天下之廉耻;既珍、既弥、既夷,顾乃席虎视之余荫,一旦责有气于臣,不亦暮乎!"君主不把大臣当人看待,大臣起码的廉耻都给消灭、杀戮、铲除干净了,那么大臣也只有俯首帖耳,甘当奴婢。这样一来,官场腐败之风势必日盛一日:"官益久,则气愈媮;望益崇,则诌愈固;地益近,则媚亦益工。至身为三公,为六卿,非不崇高也,而其于古者巍然岸然师傅自处之风,匪但目未睹,耳未闻,梦寐亦未之及。臣节之盛,扫地尽矣。非由他,由于无以作朝廷之气故也。"大臣们为了保住自己的荣华富贵,以退缩为老成,看皇帝的脸色行事,正如其《对策》所谓"少说话,多磕头",逢迎拍马,趋炎附势。就是那些正直清廉的大臣,在皇帝的淫威面前,也只好退避三舍。他们的大功告成了,衰世也,就到来了。

二　衰世的士习与民风

定庵对当时社会的揭露和批判,认为士风不振是导致整个社会毫无生气的根本原因。作为社会风气之表率、号称四民之首的读书人的"士",则只会作八股文,"生不荷耰锄,长不习吏事。故书雅记,十窥三四;昭代功德,瞠目未睹。上不与君处,下不与民处";而且好"援古以刺今,嚣然有声气矣"[1]。不但不能担当起改良社会风气的社会责任,反倒自身先失去了人生目标,把心力用在谋生上,甚至以做无耻官僚的幕僚为最高追求,所谓"白面儒冠已问津,生涯只羡五侯宾"[2]。他们除了空谈以外别无所能,除了读书做官以外别无所知。

定庵把造成上述道德危机归咎于清廷的意识形态政策。其《乙丙之际箸议第九》指出,清廷实行"戕其心"的方针,目的就在于泯灭人们的理想,消磨人们的志气。即便有"才士与才民出,则百不才督之缚之,以至于戕之"。戕之"亦不及要领,徒戕其心,戕其能忧心、能忿心、能思虑心、能作为心、能有廉耻心、能无渣滓心"[3]。这是一个"不才"得势的社会,一定要把人都弄成驯顺的奴才,活着的死人。实行这种政策,不要说创造有利于人才成长的社会环境,就连成长起

---

① 《龚自珍全集·乙丙之际箸议第六》。
② 《龚自珍全集·己亥杂诗》第八十四首。
③ 《龚自珍全集·乙丙之际箸议第九》。

来的人才,也会被推残殆尽。他们以为,这样他们的江山就可以坐稳。然而靠庸才、奴才来支撑衰世的天下是不行的。这些奴才不过是"寄食焉之寓公,旅进而旅豢焉之仆从,伺主人喜怒之狎客",不会为主人分忧。"如是而封疆万万之一有缓急,则纷纷鸠燕逝而已,伏栋下求俱压焉者鲜矣"①。对于以"寓公""仆从""狎客"看待他们的王朝,他们不可能有共患难、同生死的忠心。就是连具有雄才大略始终未得以施展的定庵,到了晚年也只能遗憾地自嘲道:"纵使文章惊海内,纸上苍生而已。"他为当时"万马齐暗"、人才凋零而悲哀。既然是一个如此摧残人才的衰世社会,势必趋向无可救药的结果。

定庵对专制社会的批判,其深刻性在于从对当时社会腐败现象的揭露中,得出专制社会行将就木的结论。他把进入衰世的专制社会,比喻为一个患疥癣的病人那样,求治不得,"乃卧之以独木,缚之以长绳,俾四肢不可以屈伸,则虽甚痒且甚痛,而亦冥心息虑以置之耳。何也? 无所措术故也"②。他以特有的敏感,揭示了专制统治已经到了岌岌可危、面临残局的地步。他为身处衰世而不识"日之将夕",反倒粉饰太平、"与梦为邻"的庸臣们担忧,提醒他们说,行将毁败的社会,惨于被毁后的社会,这就好比"履霜之屩,寒于坚冰;未雨之鸟,戚于飘摇;痿痹之疾,殆于痈疽;将萎之华,惨于槁木"③。

他在《尊隐》一文中还把京师与山中进行了比较。作为统治中心的京师已如同鼠壤,基础空虚;反之,"山中之势重","山中之壁垒坚"。两相比较,"京师之日短,山中之日长矣"。他预言,"山中之民"揭竿而起推翻清王朝的时刻即将来临,已有山雨欲来风满楼之感:"俄焉寂然,灯烛无光,不闻余言,但闻鼾声,祖之漫漫,鶡旦不鸣,则山中之民,有大音声起,天地为之钟鼓,神人为之波涛矣。"社会发生一场大的变动已是不可避免。恰恰就在定庵卒后不到十年,发生了太平军之役,动摇了清王朝的统治基础,从而也印证了定庵的预见。

三　衰世的土地兼并与财政

定庵认为严重的土地兼并是导致社会混乱的根本问题。他有首写江南水利被破坏的诗,有两句云:"太湖七十溇为圩,三泖圆斜各有初。"④意思是说江苏

---

① 《龚自珍全集·明良论二》。
② 《龚自珍全集·明良论四》。
③ 《龚自珍全集·乙丙之际箸议第九》。
④ 《龚自珍全集·己亥杂诗》第一百四十首。

省松江县西、金山县西北太湖附近的泖湖,分别称为圆泖、斜泖、长泖的上中下三泖,本来用于灌溉农田的七十多条排水沟已变成了稻田的土堤,而三泖这一重要的水利设施已被破坏得面目全非。可是作为农业命脉的水利为什么被破坏呢? 他在《乙丙之际塾议第二十》里指出,这并非由于自然灾害,而是豪绅地主在朝廷的纵容下霸占土地所造成的:"今问水之故道,皆已为田。问田之为官为私? 则历任州县升科,以达于户部矣。问徙此田如何? 则非具疏请不可。大吏惮其入告,州县恶其少漕,细民益盘踞而不肯见夺。夫可以悍然夺之、徙之,不听则诛之,而民无乱者,必私田也。今田主争于官曰:我之入赋,自高曾而然。赋且上上。夺而徙之,两不便。湖州七十二溇之亡,松江长泖、斜泖之亡,咎坐此等。"豪强地主侵占土地已到了破坏水利设施的地步,其严重的程度可想而知。土地被大地主兼并,则广大农民必然缺少耕田。可靠少量田地为生的农民却是朝廷苛税征收的主要对象,这就势必从根本上断送农业的生产力。"国赋三升民一斗,屠牛那不胜栽禾",就是定庵对当时江南农业生产力遭到严重破坏的揭露。而对江南农民因苛税而宁可杀牛卖肉也不肯种田耕地的衰世现实,对于心怀强烈社会责任感的思想家,又怎能不"独倚东南涕泪多"[1]。农业生产力相对发达的江浙破坏到这种程度,则生产力本来就不发达的北方农业更遭到严重破坏。北方的农村,"萧萧黄叶空村畔"[2],走过"空村"见"荒村",到处都是凄凉的破败景象。

农业萧条所造成的直接后果是粮价上涨。而粮价的上涨,又引起市场混乱,以至于市场上使用的度量衡都没有统一的标准。因而即便在都市里,也很难饱饭一顿,所谓"五都黍尺无人校,抢攘廛间一饱难"[3]。

定庵并没有将他对现实社会的批判局限在揭露清廷的苛税重赋上,而是进一步启发人们去认识其性质。他在《升平分类读史雅诗自序》有针对性地说:"史之百王,仁不仁之差,大端有三:视其赋,视其刑,视其役而已矣。"这实际上是暗示人们清廷所实行的重赋之政,已非"仁政"。但在清廷大官僚看来,苛税重赋是巩固专制统治所必需。对这种见解,定庵在《西域置行省议》中给予严厉的驳斥:"开捐例、加赋、加盐价之议",好比一个人"割臀以肥脑,自啖其肉,无受代者",非但无济于事,而且自伤国体。

---

① 上引均见《龚自珍全集·己亥杂诗》第一百二十三首。
② 《龚自珍全集·己亥杂诗》第八十四首。
③ 《龚自珍全集·己亥杂诗》第二十首。

第六节　倡导社会改革

　　龚定庵继承和发扬了儒家以天下国家为己任的经世传统,更法、改制是他经世致用思想的主要内容。他把锋利的笔触指向了腐败的现实社会,在此基础上提出了许多更法、改制的主张,成为近代改革运动的先行者。

　　定庵用来提倡社会改革的理论基础,就是他所说的"万亿年不夷之道"。这个"道",实际上就是指"公羊学"所主张的历史"三世"循环法则。他说:"万物之数括于三:初异中,中异终,终不异初。"①他认为这一形而上学的循环论,同样适用于社会运动,遂以为"三世"循环乃古今历史发展的普遍法则:"通古今可以为三世。"②他根据这个理论,把每一个具体历史过程亦一分为三,所谓"世有三等":"治世为一等,乱世为一等,衰世别为一等。"他按照"三等之世"来划分清代社会盛衰治乱,指出康乾为治世,嘉道已入衰世,嘉道以后将出现乱世。他认为,乱世的出现是不可避免的,因为"三世"循环是必然的过程。定庵固然认识到专制社会行将灭亡的颓势难以挽救,但他仍幻想"颓波难挽挽颓心"③,希望靠主观努力挽救它,在进入衰世之际,主张能以更法、改制来挽回危局。所以他的社会危机论不可能导向革命而只能导向改良。

　　他之所以大胆而尖锐地揭露时代面临的危局,目的在于"醒世",最后还是落脚到改弦更张上。他在多篇文章中论述了更法、改制的必然性和必要性。其在《乙丙之际箸议第七》中说:

　　　无八百年不夷之天下,天下有万亿年不夷之道,然而十年而夷,五十年而夷,则以拘一祖之法,惮千夫之议,听其自陊,以俟踵兴者之改图尔。一祖之法无不敝,千夫之议无不靡,与其赠来者以劲改革,孰若自改革?抑思我祖所以兴,岂非革前代之败耶?前代所以兴,又非革前代之败耶?何莽然其不一姓也?天何必不乐一姓耶?鬼何必不享一姓耶?奋之,奋之!将败则豫师来姓,又将败则豫师来姓。

---

①　《龚自珍全集·壬癸之际胎观第五》。
②　《龚自珍全集·五经大义终始答问七》。
③　《龚自珍全集·己亥杂诗》第十四首。

这是说,清廷如其束手待毙,不如自行改革,以通变而求久安。从这里可以看出,定庵的改革论,仍然没有超出旧时代的思想藩蓠。

定庵的更法、改制思想还与他的"立反""顺逆"的矛盾观有联系。他认为任何事物有"立"必有"反",有"顺"必有"逆",只有经过"反"和"逆",事物才能正常发展。其《壬癸之际胎观第五》云:"哀乐爱憎相承,人之反也;寒暑昼夜相承,天之反也。万物一而立,再而反,三而如初。天用顺教,圣人用逆教。……冬夏,顺也;冬不益之冰,为之裘,夏不益之火,为之葛,逆也。乱,顺也;治乱,逆也。"这是说,任何事物都不是孤立存在,必有与之"相倚相瞽"的相反方面。故其《壬癸之际胎观第七》又云:"万事不自立,相倚而已矣,相倚也,故有势;万理不自立,相瞽而已矣,相瞽也,故有辨。相倚相瞽也,故有烦惑狂乱;有烦惑狂乱也,故有圣智。"他把由矛盾而产生祸乱看作是不可避免的,即所谓"顺";而主张发挥救治祸乱的人的能动作用,即所谓"圣人用逆教"。"有烦惑狂乱也,故有圣智",即人应当发挥以"逆"来治乱的能动性。这也就是定庵主张更法、改制的理论基础。

定庵更法、改制的内容,涉及诸多方面,如科考取消八股文,改为策论;提倡兴修水利,打击占民田的地主豪绅;主张禁鸦片,自造银元;建议妇女参加劳动,废除妇女缠足等。择其要者,大体有如下几方面:

其一,重视培养人才和合理选拔人才。培养人才首先在于提高"士"的道德修养。而要有效地实现这个目的,重在使士"知耻",亦即要使知识分子首先具备崇高的道德境界。因为"士"是四民之首,其精神面貌如何,对社会其他阶层影响极大。只要身为民之表率的"士"真正具备了崇高的道德境界,则国家稳固昌盛就有了根本的保证,即《明良论二》所谓"士皆知有耻,则国家永无耻矣;士不知耻,为国之大耻"。这是极力强调树立"士"的道德风尚的重要性。提倡"挽颓心",崇尚精神价值,改变社会腐败风气。

定庵并非根据社会生产力,而是根据人才来区分"治世"与"衰世"的:"书契以降,世有三等,三等之世,皆观其才;才之差,治世为一等,乱世为一等,衰世别为一等。"①这种社会历史观,决定了他的社会改革论的核心在于主张废除用人制度上的论资排辈,提倡"不拘一格降人才"。他在《明良论三》中叙述了当时用人论资格之大略,并揭露了用人论资格的弊端。他认为,当时社会种种弊端,或

---

① 上引均见《龚自珍全集·乙丙之际箸议第七》。

许就是因为用人上论资排辈,不尊重和不选拔人才。所以,欲改良这种"衰世"社会,不可不废除论资排辈的用人制度,"当今之弊,亦或出于此,此不可不为变通者也"。

定庵认为,量才用人有利于鼓励人们为成才而奋斗,但要使人成才,还需要创造有利于人才脱颖而出的社会环境。定庵认为要创造这样的社会环境,必须提倡尊重人的个性。上引《病梅馆记》,就是曲折地表达了他要求个性自由的心意,为创造有利于培养"士"的环境进行宣传。

为了有利于培养人才和合理使用人才,定庵主张修订礼仪制度,改革科举的陈规,扩大士大夫的权力,认为这样就可以挽救吏治腐败的局面,达到医治病国的目的。在修礼、科举、重臣威三者中,尤其要把调整君臣关系放在中心位置。定庵认为,清代的问题,不在于大臣擅作威风,而在于皇权过重,对大臣束缚太甚,大臣权力太轻。其《明良论四》云:"权不重则气不振,气不振则偷,偷则弊。"他按照古代君臣分权、各守其责的作法,强调君臣共治天下的原则:"为天子者,训迪其百官,使之共治吾天下,但责之以治天下之效,不必问其若之何而以为治,故唐虞三代之天下无不治。治天下之书,莫尚于六经。六经所言,皆举其理,明其意,而一切琐屑牵制之术,无一字之存,可数端瞭也。"三代之治、六经之治,只是定庵的理想境界而已。

其二,主张平均土地以发展农业生产。定庵认为,衰世固然根本在于人才极其匮乏,但由于农业生产力被破坏而造成的农业生产荒芜,也是一个重要的原因。所以他又提出,要改良当时社会,就要心怀"人主之忧"。所谓"人主之忧",是指所忧不在"货"而在"食",以"食重于货",也就是说要以发展农业生产为重。他说:"食民者,土也;食于土者,民也。"①意思是说农民靠土地为生,而剥削农民的人所以能实现其愿望与目的,就在于他们占有土地。则社会贫富不齐的根源就在于田地不均。而贫富不均是导致专制王朝覆灭的根源。其《平均篇》云:"贫者阽,富者安。贫者日愈倾,富者日愈壅。……至极不祥之气郁于天地之间。郁之久,乃必发,为兵燧,为疫疠,生民噍类,靡有孑遗,人畜悲痛,鬼神思变置。其始,不过贫富不相齐之为之尔。小不相齐,渐至大不相齐;大不相齐即至丧天下。"为了克服社会贫富不齐这一致命问题,最好办法就是平均分配土地。因而在土地问题上,定庵提出了"尚平"的理论,即所谓"有天下者,莫高于

---

① 　上引均见《龚自珍全集·乙丙之际塾议第十六》。

平之之尚也"。具体实施办法是，根据宗法关系，宗法组织，计农宗授田。他划分了大宗、小宗、群宗、闲民四个等级，按宗授田。大宗授田百亩，役使闲民五人为之耕种；小宗、群宗授田 25 亩，各役使闲民一人为之耕种。他希望通过这种办法，可以限制大地主兼并土地，可以吸收无地闲民为佃户，以发展生产，增加田赋，巩固国基，从而达到太平盛世。在这里，他揭示了专制制度的一个重大社会问题——贫富不均。这具有相当大的社会价值。然而，他的"平均"土地的主张，实际上并不包含把农民被侵吞的土地归还农民这个内容，只是要求在有土地的人中间、也就是豪门富户内部进行适当的土地调整。由此可见，他是在不触动地主阶级土地占有制的情况下，挽救农民日益陷于破产的境地，从而解决贫富不均的问题。所以，定庵的土地改革主张，也没有超越旧制度改良派的局限。

其三，主张加强防御，抵抗外国侵略。清廷之政，本已造成了很深的社会危机，且殖民主义者又在此时向中国大量输入鸦片，更加剧了这一社会危机。定庵以极大的义愤，揭露西方资本主义以鸦片毒害中国人民的罪行。他指出，鸦片的输入给中国带来了两大恶果，一是劳动力被摧残，"鬼灯队队散秋萤，落魄参军泪眼荧"①。这两句诗就是讲受鸦片毒害的烟鬼颠倒昼夜、眼泪鼻涕直流，已彻底丧失劳动能力。二是使中国白银大量外流，造成国内因白银匮乏而银价上涨，加剧财政危机。鸦片的危害显而易见，可为什么总禁止不了，使它泛滥成灾？定庵认为这是因为地方官有许多人正是走私鸦片的包庇纵容者，而他们又是朝廷派遣的："津梁条约遍南东，谁遣藏春深坞逢？不枉人呼莲幕客，碧纱幮护阿芙蓉。"②因而如何达到禁烟的效果乃是当时的重大问题。定庵和林则徐、魏源都是禁烟派，坚决反对鸦片输入。其《送钦差大臣侯官林公序》云："诛种艺食妖辣地膏者，枭其首于陇，没其三族为奴。"鸦片不得进口，对吸食者、种植者要严加处置，甚至没其家族为奴。他对英国侵略者不抱任何幻想，建议林则徐要严防海口，对投降妥协派要"杀一儆百"。

同时，他对西北边疆也十分关注。他努力研究西北地区地理，提出了移民实边、开发边疆的建议。他在《西域置行省议》中认为只有这样，"国运盛益盛，国运固益固，民生风俗厚益厚"。故建议把新疆建为行省，划分府县，设立官吏，

---

① 《龚自珍全集·己亥杂诗》第八十六首。
② 《龚自珍全集·己亥杂诗》第八十五首。

由中央直接管辖。这一极有远见的建议,当时朝廷无人重视,直到光绪九年(1883),新疆建置行省才成为事实。李鸿章极其佩服定庵的卓见,在《黑龙江述略序》中说:"古今雄伟非常之端,往往创于书生忧患之所得。龚氏自珍议西域置行省于道光间,而卒大设施于今日。"

定庵的改革论,无论是从"知耻"的角度谈"人才"培养的心理因素,还是从"人心"的视角论平均财富的重要性,都表明他在认识到"颓波难挽"之后,总想通过"挽颓心"即重新发扬伦理道德精神力量来挽救难以挽救的社会衰败颓势。他的这个立场,自有其哲学基础。他以人的主观精神力量"心力"作为历史发展的根本动力。由此观之,定庵的社会改良论,多从心理学上研究起,还没有进到人类学和历史学的研究。

定庵本意在于改良专制衰世的言论,实际上起到了宣告专制社会之终结,呼唤新时代到来的现实作用。总之,定庵一生关心国家大事,议论时政,提出了许多高超的见解,尽管这些主张,还只是补专制制度之弊,而不是触动专制制度,但他讲求经世致用的精神和学识,还是应该肯定和效法的。

梁启超《清代学术概论》云:"光绪间所谓新学家者,大率人人皆经过崇拜龚氏之一时期,初读《定庵文集》,若受电然。"因其学颇易为中国早期资产阶级改良派所接受。曹籀在《定庵文集序》中称定庵是"英雄挺拔之士","翘然独秀,抗先哲而冠群贤",其"出入于九经七纬,诸子百家,足以继往开来,自成一家"。"继往开来"四字,恰好表明了定庵在学术史上的重要地位。

第二章　儒学的批判与继承

晚清历经民国以迄现代,随着政治和社会的不断变化发展,学者的视野和认识也日益广阔而深化,对传统的儒学也有其新的认识。这一时期,浙江的学者如章炳麟、王国维、周树人等,都是当时第一流的学术大师,不仅代表了浙学的最高水平,而且也代表了全国学术的最高水平。

第一节　章炳麟的国故之学

清末民初的章炳麟,早年因追随康、梁而尊孔;继而脱离康、梁,则因排满需要而反孔;晚年又因潜心学术研究而尊孔。可见他的学术思想是根据他的主观需要而转变的。在学术上,他把群经与诸子并列看待,恢复先秦诸子的本来面目。他的政治思想以"种族革命"为宗旨,故对于明清儒者,多从反清的角度论定是非。而在考据学方面,到了章氏手里,逐渐走向终结并出现了新的学术转向。

一　生平与政治思想

章炳麟(1869—1936),初名学乘,字枚叔,后因慕顾炎武之为人,遂改名绛,号太炎,余杭人。太炎出身世代书香门第,从小即打下古学基础。尝读《东华录》,即生排满之念。其学师从俞曲园,又向孙仲容、黄徼季、谭献等大儒请教,深得乾嘉考据之学。

太炎曾一度与康有为、梁启超等合作,参加强学会的变法维新运动,并为该会《时务报》主其笔政。后因与康梁观念分歧而脱离《时务报》。及维新运动失败，乃携家避地台湾，辑其政治学术论文为《訄书》。

1903 年，因鼓吹革命而写《驳康有为论革命书》，又为邹容《革命军》写序，被捕入狱，判刑三年。出狱后东渡日本，加入同盟会，并任该会机关报《民报》主编。后《民报》被日本当局封禁，乃致力于讲学与学术研究，自编《太炎集》，并对所作文章作了修订，纠正了当年的反孔意识。1910 年，太炎与陶成章重组光复会，自任会长，与孙中山的同盟会产生分歧。

辛亥革命成功后，太炎任枢密顾问，宣称"中国本因旧之国，非新辟之国，其良法美俗，应保存者存留之，不能事事更张也"。又因反袁而与孙中山、黄兴二度合作，推动"二次革命"。1913 年，冒险入京见袁世凯而被囚禁三年，在此期间，演《周易》，修订《訄书》，手定《章氏丛书》。1916 年袁世凯去世而获释，返回上海。1917 年 10 月，孙中山在广州成立护法军政府，太炎任护法军政府秘书长。继又组织"国学会"，主张"发扬国故"以救世。1934 年秋，迁居苏州，将"国学会"扩大，出刊《国故论衡》。次年又另创"章氏国学讲习会"。1936 年在苏州病逝。所著今有通行本《章太炎全集》。

太炎的政治思想，以"种族革命"、反对代议制及"五无论"最为著名。种族革命的对象是清朝政府，所以要求汉族人民众志成城，强化民族主义。但这种民族主义不是狭隘的，而是反对强权，要求民族之平等与独立。太炎反对孙中山等人效法西方建立代议制，认为代议制实际上是专制制度的变相形式，不能真正实现民权平等和民生幸福，而认为最好的民主政府应该是行政权、立法权、司法权、教育权四权分立，从而更好地保障个体的真正的独立、自由、平等。其实，这对太炎而言不是根本的，而只是权宜之计，其最高的理想是无政府、无聚落、无人类、无众生、无世界的"五无论"，这才是个体自由、独立与平等的真正实现。这样的观念看上去很荒诞，不过也是他过于强烈的众生平等意识和绝对自由观念所导致的必然结果。

纵观太炎一生，如果作为"革命家"，实在可称之为"秀才造反"，除了坚决排满这一民族意识终生未变而外，实在缺乏贯彻到底的政治目标；但作为一位博通众学的学者，则确实有其显著的成就。

二　宇宙论与历史观

章太炎不仅博通中国的经、史、子、集之类古籍，而且接触了西方的自然科学、社会科学和哲学,故其世界观较之传统儒者有了很大的变化。

(一)宇宙论与无神论

其《视天说》云:"大钧播物,气各相摄,月摄于地,地摄于日,日复摄于列宿,其所以鼓之、舞之、旋之、折之者,其用大矣。安事此苍苍者为?"他对宇宙的理解,已基本上具有现代科学的水平。所以他的结论是,作为上帝之"天"是不存在的。他说:"且天之云者,犹曰道曰自然而已。今将指一器一物以为是道也,是自然也,其畴不大嚛喷沫者哉!"又说:"以恒星之体言,北极最大。古者以北极为帝星,宜亦有见于此。虽然,圆球则无不动也。北极虽大,宁独无所绕乎?若是则天固非有真形,而假号为上帝者,又安得其至大之尽限而以为至尊也!故曰:知实而无乎处,知长而无本剽,则上帝灭矣,孰能言其造人与其主予夺殃庆耶?"这就是说,能造人、能予人以祸福的上帝是不存在的。

关于地上的万物,太炎认为归根到底只是原子的结合。其《菌说》云:"盖凡物之初,只有阿屯(原子),而其中万殊,各原质皆有欲、恶、去、就,欲就为爱力、吸力,恶去为离心力、驱力,有此故诸原质不能不散为各体,而散后又不能不相和合。夫然,则空气、金、铁虽顽,亦有极微之知。今人徒以植物为有知者,益失之矣。"在这里,太炎虽然混淆了无生物的化学作用与有生物的生理作用的界限,但他指出无生物是由原子构成,则是正确的。又云:"其有叶绿质者为植物,能转徙者为动物耳。""而小者则生于人兽之肺,有则必病,是则所谓菌者是也。"可见太炎对于植物、动物乃至微小的菌类都已有了科学的认识。其《原人》则云:"莙藻浮乎江湖,鱼浮乎薮泽,果然獶狙攀援乎大陵之麓,求明昭苏而渐为生人。人之始,皆一尺之鳞也。"人是由低等生物进化而来的。

基于以上认识,太炎批判了天命论。其《菌说》云:"曰天者,自然而已;曰命者,遭遇而已。从俗之言,则曰天命,夫岂以苍苍者布令于下哉?嗟乎!愚者之颂天,宋偓之射天,上官安之骂天,其敬慢不同,而其以天为有知,或则哀吁,或则怨望,其愚一也。"天命论与因果报应论,都是愚蠢的迷信。

据此,太炎以犀利的笔锋,从实践上、理论上批判了西来的基督教和天主教。他指出基督教和天主教只是西人侵略的工具,是中国教徒混饭吃的门路。其《检论·争教》云:"景教者,远西成学之士之所轻,其政府亦未重也。纵之以入中夏,使驱于相杀毁伤而已,得挟其名以割吾地。"又在《东京留学生欢迎会演说辞》中说:"若说那基督教,西人用了,原是有益;中国用了,却是无益。因中国人的信仰基督,并不是崇拜上帝,实是崇拜西帝。最上一流,是借此学些英文、法文,可以自命不凡;其次就是饥寒无告,要借此混日子的;最下是凭仗教会的势力,去鱼肉乡愚,陵轹同类。所以中国的基督教,总是伪基督教,并没有真基督教。"太炎还在《无神论》中对基督教的所谓"无始无终、全智全能、绝对无二、无所不备"等从理论上进行深刻的批判。其结论是:"然则神造万物,亦必被造于他,他又被造于他,——此因明所谓'犯无穷过'者。以此断之,则无神可知矣。"如果说是"神"造了万物的话,那"神"又是谁造的呢? 如此穷追下去,就是犯了因明所谓"犯无穷过"的错误。

（二）俱分进化论与道德论

太炎早年也赞同达尔文的进化论,但随着认识的深入,他的思想起了变化,提出了所谓"俱分进化"的观点。这一理论的内容及其实质与进化论正好相反。太炎认为,进化并不能给人类带来幸福和欢乐,因为善和恶、苦和乐都是双方并进的。其《俱分进化论》云:"进化之所以为进化者,非由一方直进,而必由双方并进。专举一方,唯言智识进化可耳;若以道德言,则善亦进化,恶亦进化;若以生计言,则乐亦进化,苦亦进化。双方并进,如影之随形,如罔两之逐景,非有他也。知识愈高,虽欲举一废一而不可得。"这种并进的情况,在整个动物界皆是如此:"由下级之哺乳动物以至人类,其善为进,其恶亦为进也。"但人类之恶的进化更甚于其他动物:"虎豹虽食人,犹不自残其同类,而人有自残其同类者。""一战而伏尸百万,蹀血千里,则杀伤已甚于太古。纵令地球统一,弭兵不用,其以智谋巧取者,必尤甚于畴昔。何者? 杀人以刃,固不如杀人以术,……此固虎豹所无,而人所独有也。"人类求到的乐大,其苦也大:"下者奔走喘息,面目黧黑,以求达其五官之欲,其苦尤未甚也;求土地者,求钱帛者,求高官厚禄者,非直奔走喘息、面目黧黑而已,非含垢忍辱,则不可得。"甚者"笞我詈我蹴我践我,以主人臧获之分而待我,我犹鞠躬罄折以承受之,此其为苦,盖一切生物所未有也"。所以他认为,以进化求幸福求快乐,只是"人之根性"——兽性的扩展,而毫无人道可言。故其《四惑论》云:"求增进幸福者,特贪冒之异名……而最初所处之点,惟是兽性;循斯民处之点,日进不已,亦惟是扩展兽性……是则进化之恶,又甚于未进化也。"《俱分进化论》云:"以物质文明之故,人所尊崇不在爵位而在货殖,富商大贾之与平民,不共席而坐、共车而出……此非其进于恶邪?"所以,"知文明之愈进者,斯蹂践人道亦愈甚"[①]。所以他认为,要追求人类幸福,根

---

① 章炳麟《章太炎全集·记印度西婆耆王纪念会事》。

本问题不在于科学的进化，而在于道德的普遍提高。

太炎看到资本主义国家之间的弱肉强食，以及不断向外侵略掠夺的事实，他认为科学如果掌握在恶人手里，科学愈发达则危害也就愈大；科学只有受道德控制，才能为人类造福。如果进化是以道德的丧失为代价，就不算是幸福和快乐。所以，宁要道德不要进化，因为道德比一切更为根本。他在《革命之道德》中说："呜呼！吾于是知道德衰亡，诚亡国灭种之根极也。""方今中国所短者，不在智谋而在贞信，不在权术而在公廉。……是故人人皆不道德，则惟有道德者可以获胜，此无论政府之已立未立，法律之已成未成，而必以臬矣。"他进一步指出，革命成败的关键在于有无"革命之道德"。"无道德者之不能革命"，"道德堕废者，革命不成之原"。因而革命必须以道德为基础，要想取得革命的成功，就必须大力提倡和培育革命的道德。

他评论戊戌变法失败的原因，是由于"戊戌党人之不道德致之也"；庚子之变，也是因为"庚子党人之不道德致之也"。所以，基于革命的要求，他强调以"知耻""重厚""耿介"为道德的核心内容，以"诚信"为补充，而这也体现了中国传统文化的本质精神。在太炎这里，革命最终被还原为个体崇高的人格精神，因而强调个体精神、价值的绝对性，强调主体之间的意志独立和自由。用道德作为品评一切的标准，是太炎非常突出的思想特征。在他的思想体系里，道德不仅是个人修养的行为，而且是革命成败的关键，支配制约一切的根本。

显然，太炎夸大了精神在革命和历史发展中的作用，不免带有主观的成分。但是，他强调道德在建设社会文明中的重要意义，对后人有着启迪作用。

三　从批孔到尊孔

太炎对孔子和儒家的态度，一生中前后有所不同。如果说早年他由国学深厚的尊孔士人转而为批孔的骁将名闻一时的话，那么到了晚年，又成为主张"读经有千利无一弊"的儒者。个中原因，颇值得探讨。

戊戌以前，由于追随康、梁的维新变法运动，所以在政治上走的也是"纪孔保皇"的改良道路。但从与康、梁决裂，接受了革命民主思想以后，对自己早先有过宽容清帝的思想进行了反省和检讨。他在《訄书·客帝匡谬》中说："满洲弗逐，欲士之爱国，民之敌忾，不可得也。"又在《驳康有为论革命书》中揭露了清廷尊事孔子，奉行儒术的目的，在于"便其南面之术，愚民之计"。及太炎加入同盟会，主编《民报》，与改良派论战，他的批孔言论日趋激烈，认为汉武以后"定一尊于孔子",禁锢了人们的思想,阻碍了文化学术的发展。其实,太炎为排满革命的需要,为了反驳康、梁保皇派而抨击孔子,有其一定的战略意义;但如果从学术研究的角度历史地看孔子,就会发现,太炎对孔子和儒学的评议,有不少是偏颇失实之论、捕风捉影之谈。

辛亥革命以后,太炎对孔子和儒学的评论又发生了变化。当陈汉章为首组织孔教会、康有为也主张以孔教为国教时,太炎曾撰文发表见解,在内容上虽不赞同孔子为教主,但却肯定了孔子在中国历史上的功绩。他说:"为保民开化之宗,不为教主。世无孔子,则宪章不传,学术不起,国沦夷狄而不复,民居卑贱而不升,欲以名号列于宇内通达之国难矣。"又说:"故以德化,则非孔子所专;以宗教,则为孔子所弃。今忘其所以当尊,而以不当尊者诟之,适足以玷阙里之堂,污泰山之迹耳。"太炎由批孔到尊孔的转变,由此开端。而后在与其弟子吴承仕讲学的记录《菿汉微言》中,对孔子及后儒肯定性的评论就更多了。对于以前鄙视的"程朱以下尤不足论",现在也都予以肯定,"亦各达其志尔,汉宋争执,焉用调人"。到了晚年,在《与吴检斋书》中,提出"居贤善俗,仍以儒术为佳"。显然又成为尊孔崇儒的儒者。

对此,太炎在《菿汉微言结语》中对自己思想的演变有个概括:"始则转俗成真,终乃回真向俗。"这两个转折的关键在于1903年因苏报案入狱和1913年被袁世凯囚禁。1903年之前,太炎独以荀卿、韩非所说为"不可易"。入狱三年,通过研读佛典,改变了荀、韩不可易的观念,而以唯识学为核心对庄子齐物思想进行融合,标志着"由俗转真"的完成。1913年后被囚禁,则开始演《易》,回归孔子和儒家思想,即"回真向俗"。太炎对这次"回真向俗"思想变化的原因,在《菿汉微言》中曾有详述:

> 癸甲(1913—1914)之际,厄于龙泉,始玩爻象,重籀《论语》,明作《易》之忧患在于生生。生道济生,而生终不可济;饮食兴讼,旋复无穷。故唯文王为知忧患,唯孔子为知文王。《论语》所说,理关盛衰,赵普称半部治天下,非尽唐大无谂之谈。又以庄证孔,而"耳顺""绝四"之指,居然可明,知其阶位卓绝,诚非功济生民而已。至于程朱陆王诸儒,终未足以厌望。

这里道出了辛亥后,由于反袁被幽于龙泉寺,对孔子所作的新的反思。学界对太炎这种思想上的发展变迁,多归于其政治上的落后倒退。其实,前之反孔,实出于排满之需要;而后之肯定孔子,才归本于学术之研究。这从太炎前后著作中可以看出,前之反驳康梁多出于意气,而后之探讨学术,乃出于平心之论,从中可以窥见前后转变之痕迹。

四　自具特色的国故之学

在学术上,太炎首先是一位朴学家,他是乾嘉朴学的殿军人物。在其诸多作品中,朴学成果非常丰富,其中尤以《膏兰室札记》《春秋左传读》二书,都是在诂经精舍师从俞曲园之时所撰,这是其受传统训练最为重要的时期。

《膏兰室札记》是一部考释驳论的作品,其中考辨群经的内容并不多,而以考辨诸子著作为主,兼及史书、韵书及纬书等。即此可见太炎早年的学术兴趣。

至于《春秋左传读》,当时整个学界的氛围都是尊公羊学,对《左传》不太重视,甚至认其为伪经,如康有为的《新学伪经考》。而太炎依靠其深厚的音韵、文字学积淀,对《左传》作详细的诠释、疏解,从而证明《左传》非刘歆伪造。该书明显地表明了太炎古文经学的研究路径。

太炎的国故之学,在许多方面提出了与传统不同的看法,尽管难免有时出于主观需要而有失公允,然亦颇能自成体系而独具特色。

其一,太炎把群经与诸子并列看待,恢复先秦诸子的本来面目。故指出孔子不过是先秦诸子之一,也恢复了孔子的诸子面目。他在《訄书·订孔》中说:"孔氏,古良史也,辅以丘明而次《春秋》,料比百家,若旋玑玉斗矣。谈、迁嗣之,后有《七略》。孔子死,名实足以伉者,汉之刘歆。"他把孔子作为历史学家来对待,认为司马谈父子是其继承者,而且在名实方面只有汉之刘歆可与相比。

其二,太炎对孔门后学孟子与荀子也作了评判。与戊戌派崇孟抑荀相反,他则是崇荀子而抑孟子。他认为孟子在学问上没有什么建树,只是"博习故事则贤,而知德少歉矣。"而荀子则不同:"荀卿以积伪俟化治身,以隆礼合群治天下。不过三代,以绝殊瑰;不贰后王,以綦文理。"所谓"积伪俟化",是指荀子重视实际经验;"隆礼合群",指荀子面向社会人群;荀子法后王,故富于进取而不守旧;富有科学精神,故重视逻辑思维规律。太炎认为,荀子的逻辑思想如能实现,则可以富国强民。

其三,对于汉代思想家,他斥责董仲舒而尊崇王充。认为董氏是"神人大巫";而称王充"有所发摘,不避孔氏,汉得一人焉,足以振耻,至于今,未有能逮者也"。对于宋儒,虽然还保存有乾嘉古文经学派的反理学传统,但已超出汉宋门户之见。在学风上指责最多的是欧阳修和苏轼,认为欧阳修"不通六艺,正义不习,而瞍以说经,持之无故"。批评苏轼:"轼之器,尽于发策决科,上便辞以燿听者;义之正负,朝暮之间,不遑计也。"对于程朱,虽有许多抨击,但也认为"程朱犹有是非然否之辨"。

其四,对于明清儒者,多从"反清"的角度论定是非。对王夫之、顾炎武、吕留良等比较尊重,而对黄宗羲则以他"将俟虏之下问"加以贬抑。尤其对颜元评价很高,认为颜学的重要价值在于改变了程、朱、陆、王那样空谈心性,而转向于国计民生有益的实际学问。而对于王守仁和曾国藩则大加抨击:"尝试最观守仁诸说,独'致良知'为自得,其他皆采自旧闻,工为集合,而无组织经纬。""近世王守仁之名其学,亦席功伐已;曾国藩至微末,以横行为戎首,故土大夫信任其言,贵于符节章玺。"太炎认为,世俗多是崇拜功利而轻视学问,如王守仁的学问,实际是他的战功;而曾国藩不过是以横行为戎首,士大夫却把他的言论当作金科玉律。这对王、曾的人格评价不免有失偏颇。至于对康有为的今文经学派的批判,主要是政治上的歧见,已经不完全是学派门户之争了。

若从整体上考察太炎的学术思想,则缺乏贯通终始的一贯性,不仅前后不一,而且往往从这个极端跳到另一个极端。如在政治上,早年因追随康梁变法而承认清廷的合法性,后则因参加革命而转向激烈排满。诚然,这还可以用民族意识的觉醒加以解释,但对孔子的态度就颇为复杂了。早年因追随康梁而尊孔,继则因排满之需要而激烈反孔,晚年又因平心从事学术研究而再度转向尊孔。再如在历史发展观上,始则信奉适者生存的进化论,后又极端反对进化论而专门推崇道德。可见,从主观的需要出发而评价人物和学派,大概也是太炎治学的一大特色。

第二节　王国维的中西相参之学

王国维是近代思想家、史学家、美学家和文学家。一生为学三变,早年醉心哲学,继而研究文学艺术,晚年又尽弃前学专攻经史,成为一代学术大师。他在古文字、古器物、古史地方面的治学方法,既继承了乾嘉考据学的传统,也吸取了西方实证科学的精神,开启了现代学术的先声。他把康德和叔本华等西方美学观点与中国传统美学思想结合起来,成为自成体系的中国近代新的美学理论。

一　生平与著述

王国维(1877—1927),初名国桢,字静安、伯隅,初号礼堂,又号永观,晚号观堂,海宁人。出身儒门,家世清寒,早年接受传统旧式教育。1898 年至上海《时务报》馆充书记校对,利用公余,到日本人执教的东文学社听讲,学习外文及近代科学,受到学社主办人罗振玉的赏识。《时务报》停办后,进入罗振玉的东文学社掌管学社庶务,趁机学习英文,并接触到康德、叔本华哲学。后觉得哲学"可爱者不可信,可信者不可爱",便从哲学转向文学、史学、考古学和金石、音韵学方面。后又在罗振玉推荐下执教于南通、江苏师范学堂,讲授哲学、心理学、伦理学等,并编译《农学报》及《教育世界》杂志,复埋头文学研究。1906 年随罗振玉入京,经罗推荐,任清政府学部总务司行走、图书馆编辑等。1911 年辛亥革命后,时局动荡,京都大学诸教授函请罗振玉赴日,观堂亦携家眷同往。1916 年回国,为上海犹太商人哈同主编《学术研究》,并继读从事甲骨文、敦煌文书及语言文字研究,同时广校书籍。1921 年应聘为北京大学国学门通信导师。1923年,由蒙古贵族、大学士升允举荐,与罗振玉等应召任清逊帝溥仪南书房行走,领五品衔,上午入值,下午自课,从事学术研究,且得见内府藏器与藏书。1924年,冯玉祥发动北京政变,驱逐溥仪出宫,观堂亦走出南书房。1925 年与梁启超、陈寅恪同时应聘为清华研究院导师,有"三巨头"之号。1927 年国民革命军北上时,观堂留下"五十之年,只欠一死,经此世变,义无再辱"之句,投身颐和园昆明湖自溺而卒。

观堂一生著述(含译作)凡六十二种,大部分收入《王静安先生遗书》;又校勘各种书籍达一百九十多种。《观堂集林》为其古典研究成就的集中体现;《静庵文集》《续集》则体现其哲学、美学及教育思想;《人间词话》《屈子文学之精神》《宋元戏曲史》《古雅在文学上之位置》《人间嗜好之研究》等则是其文艺美学思想的结晶。

观堂与章太炎一样,早年所受的也是乾嘉考据之学的训练,作为朴学的殿军,在古典研究中留下了卓越的成就。其研究涉及殷墟卜辞、两周金文、战国文字、西域汉简、汉魏石经、敦煌文书、铜器定名、殷周礼制、三代地理、古文源流、字书韵书、版本校勘以及西北史地等,其成就自不可小觑。

二　中西相参的治学方法

观堂一生治学范围极广,如哲学、史学、文学、甲骨学、金石学、版本目录学、校勘学、语言学等等,而且于每一术业均深造自得,精湛绵密,学术上的如此巨大成就,是和他的治学态度和治学方法分不开的。他既继承了乾嘉朴学的传统,又接触了西方的哲学思想、文学思想和自然科学知识,因而使他具有和当时一般学者不同的眼光,治学方法亦与前人和同时代人具有不同特点。

第一,治学善用比较法,熔中西古今于一炉。观堂在《国学丛刊序》中描述当时中国文化事业的状况是:"京师号学问渊薮,而通达诚笃之旧学家,屈十指以计之,不能满也。其治西学者,不过为羔雁禽犊之资,其能贯穿精博,终身以之,如旧学家者,更难举其一二。风会否塞,习尚荒落,非一日也。"故他希图改变这种落后的局面。他认为,科学和史学是可以沟通的。他说:"凡事物必尽其真,而道理必求其是,此科学之所有事也;而欲求认识之真与道理之是者,不可不知事物道理之所以存在之由与其变迁之故,此史学之所有事也。"同时他又认为,世界上的科学和文化事业是相通的,不应割裂。他说:"世界学问不出科学、史学、文学,故中国之学,西国类皆有之;西国之学,我国亦类皆有之。所异者广狭疏密耳。"由此出发,他极力反对所谓"中学""西学"的说法,提出中学与西学只是程度上的差别,而无性质上的不同。因此,观堂在引入西方近代的科学方法(包括逻辑方法)的同时,又以独具的眼光,注意到了西学与中学的沟通问题,认为中西二字,盛则俱盛,衰则俱衰,风气既开,互相推动。这里不仅体现了一种开放的学术心态,而且敏锐地折射了中西文化融会的历史趋势。拒斥西方的学术与思想固然将阻碍中国传统思想学术的近代化;但如果完全无视传统文化,则西学也将因缺乏必要的结合点而难以立足。换言之,外来思想"即令一时输入,非与我中国古有之思想相化,决不能保其势力"。正是基于如上的历史自觉,观堂并不只限于西方近代科学方法的介绍和运用,而力图进一步找到与传统的结合点。比如,在观堂转向可信的实证论以后,其主要注意力便开始放在史学研究上。从殷周历史到戏曲史,从甲骨金文到汉晋竹简和封泥等等,都作过系统研究。就总体而言,这种研究与史实的辩证考订相联系,在某种意义可以看作是乾嘉工作的继续。而乾嘉学派在治学方法上,揭橥实事求是的原则,主张从证据出发,博考精思,无证不信。这种方法体现了一种实证的精神,在本质上与近代实证科学方法彼此一致。观堂已注意到这一点:"夫学问之品类不同,而其方法则一。……乾嘉诸老,广之以治经史之学。"①所以,观堂在研究甲骨文、上古史时,则拿地下实物与文字记载互相释证;在研究边疆历史、辽金元史时,则拿中外古籍进行互相补正;在写《人间词话》《宋元戏曲考》《红楼梦评论》这些著作时,则是把西方传来的观念同中国传统的思想资料进行参证。另外还从理论上对西方近代科学方法与清代朴学的传统方法作了多重沟通,并以此作为中西学的具体结合点。

第二,以实证史、以史考实的历史态度。观堂认为,研究学问的目的只是在"事物必尽其真,而道理必求其是"。作为一位学术研究者来说,"凡吾智之不能通而吾心所不能安者,虽圣贤言之有所不信焉,虽圣贤行之有所不慊焉"②。他提出"古书不可泥"的主张,既反对跟在古人后面亦步亦趋,但又反对完全否定古书;既不做排斥古书的疑古派,也不做按主观要求篡改古籍的托古改制派。一切要以求真的精神、客观的态度探寻事物发展的规律。

首先,观堂重视以"地下之新材料"来研究古籍和古史。比如,由于甲骨文字的发现,影响了对于《诗经》时代的重新认识,如果《诗经》的编辑是出于孔子之手,那么对于西周历史来说,《诗经》中即涵有"传说与史实混而不分"的成分。不仅《诗经》中是如此,其他古籍中也有类似情况。他说:《诗》《书》为人人诵习之书,然于六艺中最难读。以弟之愚暗,于《书》不能解者,殆十之五;于《诗》亦十之一二。……唐宋之成语,吾得由汉魏六朝人书解之;汉魏之成语,吾得由周秦人书解之。至于《诗》《书》,则书更无古于是者,其成语之数数见者,得比较之而求其相沿之意义,否则不能赞一辞。"③再如,对古籍是如此,对古文字亦如此。他说:"苟考之史事与制度文物以知其时代之情状,本之《诗》《书》以求其文之义例,考之古音以通其义之假借,参之彝器以验其文字之变化,由此而之彼,即甲以推乙,则于字之不可释,义之不可通者,必间有获焉。然后阙其不可知者,以俟后之君子,则庶乎其近之矣。"④这表明观堂已认识到要了解古代历史记录,必须以"考之史事与制度文物以知其时代之情状"为基础。这就是在甲骨文字发现之后,使观堂从卜辞和金文中看到中国古代社会一些真实情状,初步认识到这是解释古代记录的主要根据。

---

① 王国维《观堂遗墨致沈曾植七十寿序》。
② 王国维《国学丛刊序》。
③ 王国维《观堂集林》卷二《与友人论诗书中成语书》。
④ 王国维《观堂集林》卷六《毛公鼎考释序》。

其次，观堂认为，研究历史，必须把握历史的因果律。历史上的一切学说，一切制度、风俗，皆有其所以存在和变化的理由，"即今日所视为不真之学说，不是之制度、风俗，必有所以成立之由，与其所以适于一时之故，其因存于邃古，而其果及于方来"①。他说："一切行为都有外界及内界之原因，此原因不存于现在必存于过去，不存于意识必存于无意识，而此种原因又必有原因，而吾人对此等原因但为其所决定而不能加以选择。"②所以，在现象世界、历史领域，他是个决定论者。他主张："欲知古人，必先论其世；欲知后代，必先求诸古。欲知一国之文学，非知其国古今之情状、学术不可也。"③就是说，对历史人物和事件，既要研究其社会背景，又要追溯其历史渊源；要了解一国之文学，非了解其社会情状和文化学术的古今沿革不可。

第三，观堂主张治学必须从一般到特殊，从特殊到一般，要有全面性，不能孤立研究学问。其《国学丛刊序》云：

> 一切艺术，悉由一切学问出，古人所谓不学无术，非虚语也。夫天下之事物，非由全不足以知曲，非致曲不足以知全。虽一物之解释，一事之决断，非深知宇宙人生之真相者，不能为也。而欲知宇宙人生者，虽宇宙中之一事实，亦未始无所贡献。故深湛幽渺之思，学者有所不避焉；迂远繁琐之机，学者有所不辞焉。事物，无大小，无远近，苟思之得其真，纪之得其实，极其会归，皆有得于人类之生存福祉。……学问之所以为古今中西所崇敬者，实由于此。

观堂所谓的"曲"与"全"，实际上就是要求从个别到一般、部分与整体的统一上来把握事物。一方面要深知宇宙人生真相，就要有哲学思想作指导；另一方面，他认为宇宙间任何一个现象、任何一个历史事件，不分大小、远近，统统都要力求把握其真实。既要把握全，又要把握曲，归纳与演绎相结合，并作系统的历史的考察，才有可能把握考察对象的"所以存在之由与其变迁之故"。因此，他坚持"当以事实决事实，而不当以后世之理论决事实"，作为他研究学问的重要方法，应该说是在治学方法上的一大贡献。

---

① 王国维《国学丛刊序》。
② 王国维《文集续篇·原命》。
③ 王国维《文集续篇·译本琵琶记序》。

三 中西相通的性理之学

观堂对哲学研究有着较清晰而自觉的认识,认为哲学是"求真理、求智力之发达"的知识,并表示:"不研究哲学则已,苟研究哲学,则必博稽众说,而惟真理是从。"他对于西方哲学在中国的传播,有着开拓之功。

观堂从德国近代哲学家康德、叔本华的学说开始其对西学研究过程。撰写有《论性》《释理》《原命》《哲学辨惑》《康德之知识论》《论叔本华之哲学及其教育学说》《叔本华与尼采》《国朝汉学派戴阮二家之哲学说》《论哲学家及美术家之天职》等哲学论著。在这些论著中,他最早全面介绍了德国哲学家康德、叔本华等人的哲学思想,包括他们的宇宙观、知识论和伦理观、美学观,特别是对"性""理"这两个中国古代哲学中长期争论不休的基本问题,作了批判分析。他认为康德哲学主要由三部分组成:理论的(论知力)、实践的(论意志)、审美的(论感情),即纯粹理性、实践理性、审美判断学说。叔本华的贡献在于"由康德之知识出而建设形而上学,复与美学、伦理学以完全之系统"。

他用康德的理论来解释"性",认为性超乎人的知觉之外,只有超经验的性是真性,而真性又是不可知的。其《论性》云:"性之为物,超乎吾人之知识外也。"所以,"欲论人性者非驰于空想之域,势不得不从经验上推论之"。但"从经验上立论,不得不盘旋于善恶二元论之胯下"。政治、道德、宗教、哲学均如此,"善恶之相对立,吾人经验上之事实也。自生民以来至于今,世界之事变孰非此善恶二性之争斗乎? 政治与道德,宗教与哲学,孰非由此而起乎?"观堂由此出发,考察了中国哲学史上关于"性"的各种说法之后,得出如下结论云:

> 吾人之经验上,善恶二性之相对立如此。故由经验以推论人性者,虽不知与性果有当与否,然尚不与经验相矛盾,故得而持其说也。超绝的一元论,亦务与经验上之事实相调和,故亦不见有显著之矛盾。至执性善性恶之一元论者,当其就性言性时,以性为吾人不可经验之一物故,故皆得而持其说,然欲以之说明经验或应用于修身之事业,则矛盾即随之而起。余故表而出之,使后之学者,勿徒为此无益之议论也。

关于"理",观堂在《释理》中用叔本华的充足理由律给"理"下了广狭二义的定义。广义的理,即"理由":就自然界说,一切事物必有所以存在之故,即理由;就人的知识说,一切命题必有其论据,亦即理由。所以充足理由律为"世界普遍之法则"与"知力普遍之形式",并以宋代学者陈淳的"理有确然不易底意"来作证明。狭义的理,即"理性",就是"吾人构造概念及定概念间之关系之作用,而知力之一种也"。亦即从直观概念中制造出来的抽象概念。观堂把人的知识分为"直观的知识"和"概念的知识"两种。直观的知识从感性及悟性中得来,概念的知识则由理由的作用得来。他认为,无论广义之理还是狭义之理,都"不存在于直观之世界,而惟寄生于广漠暗昧之概念中",亦即"理"是"主观上之物",并无客观的意义。故其《释理》云:"理之解释有广狭二义,广义之理是为理由,狭义之理则理性也。充足理由之原则为吾人知力之普遍之形式,理性则知力作用之一种,故二者皆主观的非客观的也。"

观堂还指出,"理"还具有伦理学上的意义。宋代以后,"理"与"欲"常并持。如朱子谓"有个天理,便有个人欲,盖缘这个天理须有个安顿处,才安顿得不恰好,便有人欲出来";戴东原则谓"天理云者,言乎自然之分理也,自然之分理,以我之情絜人之情,而无不得其平是也"。观堂将朱、戴进行比较云:"朱子所谓'安顿均好'与戴氏所谓'絜人之情而无不得其平'者,则其视理也,殆以'义'字、'正'字、'恕'字解之,于是理之一语,又有伦理学上之价值。其所异者,惟朱子以理为人所本有,而安顿之不恰好者则谓之欲;戴氏以欲为人所本有,而安顿之使无爽失者,理也。"他对传统的"理"作了细致分析,确定其认识论的意义,又指明其含有形上学的意义和伦理学的意义,使这一范畴的内涵比较清晰了。

在"命"的问题上,他接受叔本华关于因果律存在于自然界和人的意志中的观点,认为没有什么自由意志,意志受动机支配,意志是不自由的,从而否定了西方哲学家的"自由意志"说。

四　中西相融的文艺美学

当时,西方的各种观念都随着国门的洞开而传入,观堂以其学术的敏锐性,积极吸取西洋学术之资源来研究传统,是近代中国最早运用西方哲学、美学、文学观点和方法剖析评论中国古典的开风气之先者。因而他并不完全依循传统的学术研究方法,而是深受康德、叔本华哲学的影响,并将其引入自己的学术研究。他强调以甲骨文、金文、汉简等考古发现所提供的资料印证古史,提供二重证据法,是为新史学研究之开山;他以西方哲学、美学的观念研究中国古典,奠定了中国近代美学的基础;其宋元戏曲史的研究,填补了中国文学史研究之空白;他以哲学的观念去解释《红楼梦》,成为新红学研究的开创者。诸如此类的例证,都表明观堂是现代意义上的学术研究的开创者。

观堂是中国近代美学的开创者之一。他最早向中国人介绍了西方美学理论,并最早阐述了什么是美、美的本质是什么等问题。他认为,事物之美并不在于它的内容或使用价值,"一切美皆形式之美也","美之性质,一言以蔽之曰,可爱玩而不可利用者是已。虽物之美者,有时亦足供吾人之利用,但人之视为美时,决不计及其可利用之点"。亦即美的性质在于它的超功利性。他还借鉴西方近代美学理论,在中国第一次对美进行分类,进而开创性地提出了美的范畴:自然美和艺术美、优美和壮美、悲剧和喜剧、古雅美、眩惑等,并对这些范畴进行了分析。观堂介绍的西方美学理论,以及他所阐述的近代美学思想,在晚清中国具有启蒙意义。

观堂把康德和叔本华等西方的美学观点与中国传统美学思想结合起来,运用在研究中国古典小说、诗词和戏曲方面,卓有贡献。他的美学思想由"游戏说""天才说""古雅说""境界说"构成,而"境界说"则是其中的精华。他在《人间词话》中提出的美学理论,认为境界包括自然景物与人的思想感情以及二者的融合;词的高下以有无境界为衡量标准;能写真景物真感情者,谓之有境界,否则谓之无境界;境界可分"以我观物"的"有我之境"和"以物观物"的"无我之境";在艺术创作方面,又有"造境"与"写境"之分。

观堂在古文字、古器物、古史地方面的治学方法,继承了乾嘉考据学的传统,也吸取了西方实证科学的精神。首先,与前人不同,他治学善于运用比较法,熔古今中西于一炉。其一是取地下之实物与纸上之遗文互相释证,如研究甲骨文、上古史;其二是取异族之故书与吾国之旧籍互相补正,如研究边疆地理,辽、金、元史;其三是取外来之观念与固有之传统思想互相参证,如写《殷周制度论》《红楼梦评论》《宋元戏曲考》《人间词话》这些著作。这比起乾嘉学派的学者来,视野确实要宽广得许多。

观堂对于康德、叔本华的介绍都起了非常重要的作用。而且西方哲学观念,尤其是叔本华的思想,对他的人生产生了重要的影响。在叔本华思想的影响下,他将生命意志或者欲望理解为处于无休止而又无法拘束的盲目冲动之中的原始力量,全部的宇宙人生无非是意志的客观化,故生活之本质就是欲望,是欲望追求的痛苦和暂时满足的倦厌。因为生活的本质无非是痛苦和空虚,所以就需要有某些超越于生活之欲望本身的东西来慰藉痛苦,因此一切"人间之嗜好"都是必要的选择。而对于观堂来说,最佳的慰藉方式则是文学艺术,因为文学艺术直接以人生之痛苦、空虚为表达对象,在文学艺术中,宇宙人生之普遍的痛苦得到了呈现。因此,文学艺术成为观堂后来的学术研究重点。

第三节　周树人批判继承儒学

有人可能会提出质疑:本编既然定义为主要是阐述具有浙江地方特色的儒学,那为什么作为"批孔健将"的周树人也要入选？ 其实,正因为学术界都把周当作"批孔的健将",所以非选不可。理由有三:第一,如果周之所批都是对的,那他就是儒学的他山之石,可藉以改善儒学之不足;第二,如果周之所批都是错的,那就有必要为儒学拨乱反正,加以平反;第三,也许双方都对或都错呢,那就应给予双方以实事求是的分析。其实,情况也许更为复杂,三种情况兼而有之,那就更需要细加剖析了。

一　生平与批判精神

周树人(1881—1936),字豫才,笔名鲁迅,绍兴人。出身于没落地主家庭。7 岁上私塾习读旧文。1898 年到南京洋务学堂求学,适逢戊戌变法,受维新思想影响,并开始接受进化论。1902 年到日本留学,先后入东京弘文学院普通科、仙台医学专门学校学习。1906 年弃医学文,并参加反清革命团体光复会。1909年回国,先后在杭州、绍兴任教,并参加辛亥革命活动。辛亥革命后,任绍兴师范学校校长,后曾任南京临时政府和北京政府教育部部员、佥事等职。1918 年任《新青年》编辑。"五四"运动中,参与提倡新文化。1920 年起先后在北京大学、北京师范大学、北京女子师范大学讲授中国小说史。1926 年后先后在厦门大学、中山大学任教,开始由进化论者转变成为阶级论者。1927 年到上海研究和介绍马克思主义文艺理论。1928 年参加由创造社、太阳社发起的关于无产阶级革命文学活动。1930 年起,先后参加自由运动大同盟、中国左翼作家联盟、中国民权保障同盟等进步组织,并写了大量杂文。1936 年于上海病逝。所著今有通行本《鲁迅全集》十六卷。

鲁迅的本色是杂文大家,并非研究传统学术的学者,其宗旨在于以文学唤起民众以推翻当时之专制统治。为了达此目的,就必须对专制统治者所推崇的理论进行无情的批判。所以,他与王国维否定美学功利性的观点不同,而是很重视美的功利作用。他在《摩罗诗力说》中阐述了他的美学思想和文学理论。他认为美的作用,一是能"涵养吾人之神思"。他说:"一切美术之本质,皆在使观听之人为之兴感怡悦。"这是美的"不用之用"。二是美能"启人生之閟机",可以使人"自觉勇猛发扬精进",也就是能唤醒民众面对专制统治者敢于反抗的精神。因而他主张"以诗移人性情,使即于诚善美伟强力敢为之域",以期推翻专制统治而实现自由平等之理想社会。

在同篇文章中,鲁迅批判传统文学理论云:"如中国之诗,舜云言志;而后贤立说,乃云持人性情,三百之旨,无邪所蔽。夫既言志矣,何持之云?强以无邪,即非人志。许自由于鞭策羁縻之下,殆此事乎?"他赞同虞舜"诗言志"的观点,而反对后贤"持人性情"和"无邪"的说法。因为"持人性情"和"无邪",就是安分守己而缺乏反抗的精神;只有胸怀仇恨专制统治者的"邪思",才能引起反抗的行动。所以在虞舜所说的"诗言志"里面是应该包括"邪思"的;如果强加以"无邪",就不是"人志"了。故孔子所谓"诗三百,一言以蔽之曰'思无邪'"的说法是不符合"诗三百"之本旨的。然而,若从儒家的立场出发,人民反抗暴君的行动本身就是正义之举而决不是"邪思"和"邪行"。《易》曰:"汤武革命,顺乎天而应乎人。"孟子亦曰:"闻诛一夫纣矣,未闻弑君也。"显然,鲁迅在这里所说的"邪",是带有引号的含有特殊意义的说法,而他所表达的真实意义,则与儒家反对暴君的思想是完全一致的。

在同篇文章中,鲁迅又说:"诗与道德合,即为观念之诚,生命在是,不朽在是。非如是者,必与群法偪驰。以背群法故,必反人类之普遍观念;以反普遍观念故,必不得观念之诚。观念之诚失,其诗宜亡。故诗之亡也,恒以反道德故。……无邪之说,实与此契。"在这里,鲁迅竟又把"诗""道德""诚""无邪"等观念与"人类之普遍观念"高度统一起来,并认为如果"诗"违背了这些"普遍观念",则"其诗宜亡",所以"无邪之说,实与此契"。也就是说,虞舜的"诗言志"与孔子的"思无邪"是完全契合的。由此可见,上文把虞舜的"诗言志"与孔子的"思无邪"对立起来的说法,完全是出于批判专制统治者所推崇的理论,以便唤起民众反抗精神的有激之言,而非学术意义上的正常评论。其实,鲁迅批判儒学的言论,皆可作如是观。

鲁迅没有写过专门讨论儒学的学术性论文,他之所以擅长批判传统文化的负面影响,完全是通过文学作品的形象描写实现的。其实,文学作品的形象描写,较之枯燥无味的学术论文更为深刻而生动,更能深入人心,因而影响也更为巨大。所以,鲁迅批判传统文化负面影响的内容很值得研究。

现代理论界常把鲁迅推为批孔的健将,认为鲁迅批孔的矛头,主要集中在如下几方面:一是批判仁义道德和纲常名教,二是批判中庸之道,三是批判国民劣根性。下文即从这几方面加以讨论。

二 关于批判仁义道德和纲常名教

鲁迅在《狂人日记》中写道:"我翻开历史一查,这历史没有年代,歪歪斜斜的每页上都写着'仁义道德'几个字。我横竖睡不着,仔细看了半夜,才从字缝里看出字来,满本都写着两个字是'吃人'!"在这里,光从字面的意思理解,所谓"仁义道德"就是"吃人"。因而理论界认为这就是对儒家核心思想"仁义道德"的严厉批判。

但是,如果按照儒家思想的正确理解,则是:"仁者爱人","仁者人也",所谓"仁",就是"爱人"和"人之所以为人"的道理;"义者宜也",就是处事适宜、合理、符合正义之意;"道"是事物运行的客观规律;"德"是"道"之有得于心者。这样的"仁义道德",究竟与"吃人"有何关系?

很显然,鲁迅在这里所批判的并非"仁义道德"本身,而是在批判借"仁义道德"之名以行"吃人"之实的专制统治者。其实,作为一种思想,不管其如何正确,只要一旦被专制统治者所利用,就难保其不变质。正如马克思主义也曾经被"四人帮"利用为整人斗人的武器,难道批判"四人帮"可以与污蔑马克思主义划等号吗? 更何况鲁迅之所以严厉批判专制统治者"吃人"的行径,就足以说明鲁迅深深怀有"爱人"之"仁"心,以体现其坚持"正义"之立场,也符合儒家所倡导的"道德"。所以,若从本质上说,鲁迅的思想与儒家的"仁义道德"完全是一致的。

关于"纲常名教","纲"是指"君为臣纲,父为子纲,夫为妇纲"之所谓"三纲";"常"是指"仁、义、礼、智、信"之所谓"五常";而"三纲五常"就是"名教"之内容。

关于"仁义",已如上述;而"礼"是指人人懂礼貌,才能使整个社会秩然有序;"智"是指有知识和智慧;"信"是对人讲信用。然而遍查《鲁迅全集》,也找不到批判懂礼貌、有知识和智慧、讲信用的内容。可见鲁迅批判"五常"的事实,根本是不存在的。

至于"三纲",确实是应该批判的,然而它并非孔孟儒家的内容。儒家的伦理关系是"五伦",包括夫妇、父子、兄弟、君臣、朋友五类具有典型性的人际关系。关于"夫妇"关系,孔子主张互爱互敬,认为夫妇间的"爱与敬"是"政之本"①,又主张"夫妇和"②,还提出丈夫应该尊敬妻子:"昔三代明王之政,必敬其妻也有道。"③关于"父子"关系,则是"父慈而子孝",就是先有"父慈",然后才有"子孝";而且孔子还认为:"当不义,则子不可以不争于父";"从父之令,又焉得为孝乎"?④ 关于"君臣"关系,孔子说:"君使臣以礼,臣事君以忠。"⑤孟子说:"君之视臣如手足,则臣视君如腹心;君之视臣如犬马,则臣视君如国人;君之视臣如土芥,则臣之视君如寇雠。"⑥荀子亦言为臣应该"从道不从君"⑦。由此可见,儒家所规定的夫妇、父子、君臣之间的关系,基本上是双方对等的关系,而"三纲"片面要求臣、子、妇对于君、父、夫必须绝对服从的关系,与儒家思想是背道而驰的。

其实,"三纲"的内容源于法家韩非子,汉儒董子为了适应汉代的专制统治,才把它吸收到儒学之内,到班固的《白虎通义》,才概括为"三纲"的名称。此后,才出现了所谓"君令臣死,臣不得不死;父令子亡,子不得不亡";"饿死事小,失节事大"的愚忠、愚孝、愚节思想,误导了整个专制时代,流毒非常深远。因而可以说,"三纲"其实是统治者出于专制统治的需要而把法家思想使之冒充了儒家思想,是后世儒学中的一种假冒伪劣产品。所以,鲁迅之批判"三纲",实在与孔子拉不上半点关系。

鲁迅批判得最严厉的是关于妇女的节烈思想。然而在儒家的四书、五经中根本没有禁止寡妇再嫁和要求寡妇终身守节的内容。只有在《白虎通义》载有孔子的高足曾子休妻之事:

　　曾子去妻,黎蒸不熟。问曰:"妇有七出,不蒸亦预乎?"曰:"吾闻

---

① 《大戴礼记·哀公问于孔子》。
② 《礼记·礼运》。
③ 《礼记·哀公问》。
④ 《孝经》。
⑤ 《论语·八佾》。
⑥ 《孟子·离娄下》。
⑦ 《荀子·大略》。

之也；绝交令可友，弃妻令可嫁也。黎蒸不熟而已，何问其故乎？"

乍一看，曾子仅为妻子黎蒸不熟一点小事而休妻，可谓无理之至，其实不然。从曾子的话看来，所谓"黎蒸不熟"并非休妻的真正原因，而是他的托辞。曾子之所以休妻，必然还有其更充足的理由，不过为了保全妻子的名誉以利于她再嫁，自己才甘冒无理出妻之恶名，仅借口"黎蒸不熟"的小过为由而不忍扬其大过。而且，从曾子还为出妻的再嫁利益着想这一事实看来，可知他平时对妻子必然是讲道理、重感情的，决非冷酷无情的无理休妻之人；即此还可看出：曾子认为妇女再嫁乃是正常现象。

曾子对于寡妇再嫁的态度，完全可以代表先秦儒家的态度。正因为如此，自春秋战国历经汉唐，多少名门贵族有过寡妇再嫁的事实；而男人也有很多娶回再婚寡妇的事例，都未引起非议。值到宋代以后，由于"三纲"说的要求越来越严，朝廷才有旌表节妇的政令，致使守节的寡妇越来越多，才受到鲁迅的严厉批判。

综上所述，鲁迅对"纲常名教"的批判，完全是对借儒家之名以行专制之实的统治者的批判，而不是对先秦儒家的批判。而且，鲁迅在批判"纲常名教"中所表达的真实思想，其实与先秦儒家的伦理思想，基本上是一致的。

三　关于批判中庸之道

中庸之道是儒家学说的哲学上的方法论，也是行为上的道德准则。它源于尧、舜、禹、汤一脉相承的"执中"之道，由孔子总结发展而成为有系统的中庸之道。其基本原则是坚持适中、合理、正确而可以持续发展的中道，反对"过"与"不及"两种各趋极端的偏失。具体内容包括：在多种不同事物之间，运用"和而不同"与"因中致和"的法则协调其关系，以达到互相统一的"中和"之境；在时间运行方而，运用与时俱进的"时中"法则，以适应时代的发展；在处理"常"与"变"的关系上，运用"执中达权"的法则，亦即原则性与灵活性辩证统一的方法，以应付突变的非常事故；在人的行为方面，要求处理好义与利、理与欲、德与才、言与行、文与质等各方面的关系，以期达到"中行"的品德，亦即"君子"的品德。这些方法和准则，都为历代儒者所尊崇并为处理一切事物所取法。

然而，到了"五四"时期的反传统浪潮中，中庸之道也受到猛烈的批判。难道数千年来备受尊崇的大中至正之道果真一下子就变得毫无是处甚至罪大恶极了吗？其实不然。只要对当时批判中庸的各种言论细加分析就会明白，就其所以批判的实质而言，并非反对中庸之道本身，而是反对凭借中庸正道之名以行欺诈之实的统治者，以及貌似中庸而实非中庸的"伪君子"。

鲁迅有一段常被批判中庸者所引用的话："倘有权力，看见别人奈何他不得，或者有'多数'作他护符的时候，多是凶残横恣，宛然一个暴君，做事并不中庸；待到满口'中庸'时，乃是势力已失，早非'中庸'不可的时候了。"①这里所谓凶残横恣做事并不中庸的"暴君"，显然就是《中庸》所揭露的"反中庸而无忌惮"的"真小人"之形象写照。这种"暴君"或小人，在得势时可以不顾中庸而凶残横恣，只有到了失势成为弱者时才必须以满口中庸来保护自己，这就变成了貌似中庸的"伪君子"。然而，这一改变，岂非正好说明中庸之道乃是弱者藉以抵抗强暴保护自己的理论吗？可见鲁迅所批判的并非中庸本身，而正是那种有权势时本来并不中庸的无忌惮的"真小人"，以及失去权势后不得不变成貌似中庸来保护自己的"伪君子"。因为在这段话中不仅丝毫看不出中庸本身有什么不对之处，相反正体现了中庸之道的压强护弱的公正品格。

学术界普遍认为，鲁迅批判那些遇到任何矛盾都要调和、折衷、公允，不分是非、毫无原则的"中庸之状可掬"的人，就是在批判"中庸"。其实，这种"中庸之状可掬"的人，孔子称之为"乡愿"，也是孔子所深恶痛疾的。孔子曰："乡愿，德之贼也！"由此可见，从本质上说，鲁迅正是以批判"乡愿"的方式来继承孔子的中庸之道。而且，鲁迅还有许多正面推崇中庸之道的精辟见解，可惜并未受到学术界的重视。这里不妨略作介绍，作为鲁迅坚持中庸之道的明证。

鲁迅的《文化偏至论》，正是批判文化现象中背离中道而趋向偏颇的错误倾向的专文。他说："文明无不根旧迹而演来，亦以矫往事而生偏至，缘督较量，其颇灼然，犹子与躄耳。"这里，"子"是断臂，"躄"是跛足。鲁迅认为，在文化方面如果为了矫正以往的偏颇而走向另一端的偏颇，无异于由断臂而变为跛足一样。这就是说，矫正偏颇必须掌握分寸，而以达到适中为原则。假若矫枉过正，就会走向另一极端的失中误区。他以断臂与跛足为喻，可谓形象之至！

于是，鲁迅批判近世盲目否定传统所造成的失中之弊。他说："近世人士，……言非同西方之理弗道，事非合西方之术弗行，掊击旧物，惟恐不力，曰将以革前谬而图富强也。……不知纵令物质文明即现实生活之大本，而崇奉逾

① 《鲁迅全集·华盖集·通讯》。

度,倾向偏趋,外此诸端悉弃置而不顾,则按其究竟,必将缘偏颇之恶因,失文明之神旨,先以消耗,终以灭亡,历世精神,不百年而俱尽矣。……诸凡事物,无不质化,灵明日以亏蚀,旨趣流于平庸,人惟客观之物质世界是趋,而主观之内面精神,乃舍置不之一省。重其外,放其内,取其质,遗其神,林林众生,物欲来蔽,社会憔悴,进步以停,于是一切诈伪罪恶,蔑弗乘之而萌,使性灵之光愈益就于黯淡:十九世纪文明一面之通弊,盖如此矣。"这是说,近世过度追求西方的物质享受,轻易放弃传统道德的精神文明,以致失去中正平衡而造成偏向一端之弊,必将导致"先以消耗,终以灭亡"的严重后果。

鲁迅又说:"夫安弱守雌,笃于旧习,固无以争存于天下。第所以匡救之者,谬而失正,则虽日易故常,哭泣叫号之不已,于忧患又何补矣?此所谓明哲之士,必洞达世界之大势,权衡较量,去其偏颇,得其神明,施之国中,翕合无间。外之既不后于世界之思潮,内之仍弗失固有之血脉,取今复古,别立新宗,人生意义,致之深邃,则国人之自觉至,个性张,沙聚之邦,由是转为人国。人国既建,乃始雄厉无前,屹然独见于天下,更何有于肤浅凡庸之事物哉!"鲁迅认为,安守旧习固然无益,然而盲目地"日易故常"亦于事无补。所以他反对"谬而失正"而主张"去其偏颇",凝合"沙聚之邦"而使之团结和谐,提倡"权衡较量"而善于变通,强调因时制宜和因地制宜的立国成效,才是创建合理的新制度之正道。这种观点不啻与中庸之道若合符节。

这里特别值得注意的是"外之既不后于世界之思潮,内之仍弗失固有之血脉,取今复古,别立新宗"。这就是说,当前的立国之道,既要吸取各种外来文化中的有益成分使之与世界的潮流接轨,也不宜失去中华民族文化中所固有的优秀传统,做到"取今"与"复古"兼顾,亦即继承传统与创造发明达到高度的统一,才能确立合理的新制度。由此可知,鲁迅之勇于批判传统只是批判传统文化中的糟粕而非全面否定传统,目的在于使传统文化更为优秀而精粹;而对于传统文化中一脉相承的优秀部分则主张作为"固有之血脉"坚守而"弗失"。这才是鲁迅从正面提出的立国之道。

所以,鲁迅还批判了当时青年中盲目反对传统而片面崇尚欧西的违戾风气:"青年之所思维,大都归罪于古之文物,甚或斥言文为蛮野,鄙思想为简陋,风发勃起,皇皇焉欲进欧西之物而代之,而于适所言十九世纪末之思潮,乃漠然不一措意。凡所张主,惟质为多;取其质犹可也,更按其实,则又质之至伪而偏,无所可用。虽不为将来之计,仅图救今日之阽危,而其术其心,违戾亦已甚矣。"

在这里,鲁迅批评了当时青年盲目崇拜西方文化并欲以之取代中华传统文化的错误思潮。鲁迅认为,西方那种片面追求物质享受的文化,乃是背离中道而趋向极端的"偏颇"文化,必将导致"违戾已甚"之弊。

鲁迅还在《摩罗诗力说》一文中对于近世丧失中道而深加叹惜:"中道废弛,有如断缐,灿烂于古,萧瑟于今。若震旦而逸斯列,则人生大戚,无逾于此。"这里,"震旦"是指中国,"逸"是逃避、避免,"戚"是幸福。鲁迅认为,中庸之道灿烂于古代,而现代遭受废弛,(以致造成现代社会许多不合理的现象。)如果中国能避免这一弊端,才是人生莫大的幸福。

由是观之,鲁迅所反对的无非是两种人:一种是借中庸之名以欺人的伪君子,另一种则是违背中庸而无忌惮的真小人;而自己所极力坚持的,正是大中至正的真中庸! 撼之"五四"时期批判中庸之道的实质,皆可作如是观。

四　关于批判国民劣根性

鲁迅所批判的"国民劣根性",除了上文所述的"乡愿"伪君子,还有对奴性的批判和对封闭性、保守性的批判。

关于奴性,鲁迅主要是通过《阿Q正传》塑造阿Q这个艺术形象加以揭露的,其主要表现在于:自轻自贱,欺软怕硬,安分守己,逆来顺受等等。鲁迅认为,奴性是我国国民的一种病态,是我国专制等级特权制度造成的。但是,现代学术界把鲁迅批判奴性说成是对孔孟儒学的批判,则是有待商榷的。

其实,在先秦儒家中,无论是孔、孟、荀三大儒乃至孔门众多后学,也无论他们毕生的言论抑或行为,其中根本找不出所谓奴性的丝毫迹象。

在人格方面,孔子主张"三军可夺帅也,匹夫不可夺志也"。在待人方面,孔子的学生子贡已能做到"贫而无谄,富而无骄",已经克服了贫富贵贱的等级观念。而孔子认为还不够,应该做到"贫而乐,富而好礼"[①],才能达到自然而然地完全超越地位权势观念的最高境界。

孔子的学生曾子在与他人交涉时,则做到"自反而不缩,虽褐宽博,吾不惴焉;自反而缩,虽千万人,吾往矣"[②]。他并不惧怕对方有多大的势力,而是在于自己是否理直气壮。

---

① 《论语·学而》。

② 《孟子·公孙丑上》。

孟子则主张"养吾浩然之气"①,强调要做到"富贵不能淫,贫贱不能移,威武不能屈"②的所谓"大丈夫"气象。

在《礼记·儒行》中,对儒者的人格作了多方面的描绘:"儒有可亲而不可劫也,可近而不可迫也,可杀而不可辱也。其居处不淫,其饮食不溽。其刚毅有如此者。""儒有忠信以为甲胄,礼义以为干橹,戴仁而行,抱义而处,虽有暴政,不更其所。其自立有如此者。""儒有博学而不穷,笃行而不倦,幽居而不淫,上通而不困;礼之以和为贵,忠信之美,优游之法,慕贤而容众,毁方而瓦合。其宽裕有如此者。"可见在按照儒家之道修养的人格中,根本不可能产生奴性。

然而,中国国民的奴性是如何产生的呢? 其实,在法家所推崇的高压政策之下,确实是要产生奴性的。因为历代的专制统治者把法家学说冒充儒家学说纳入阳儒阴法的统治术之内,才使国民产生了奴性。若把这种产生奴性的原因加到儒家身上,可谓牛头不对马嘴,更是对鲁迅思想的歪曲。

至于封闭性和保守性,鲁迅也没有说是儒家学说造成的。儒家主张"和而不同"而反对"同而不和"。只有在"同而不和"的理论指导下,才会产生封闭性和保守性;而在"和而不同"的理论指导下,只能提倡开放性和兼容性,因而不可能产生封闭性和保守性。

从历史上看,自从春秋战国,历经汉唐,迄于宋明,一直保持对外开放,交流频繁,引进了许多外国文化和融合了许多少数民族文化,从而使中国无论在文化上抑或科学技术上,长期都处于全世界的领先地位。及至清代实行闭关锁国政策,与外界失去交流,才导致了封闭性和保守性,才使文化和科技都一落千丈,造成了落后挨打的局面。

再从学术上看,由于儒家历代以来发挥"和而不同"思想,与佛、道两家之间并没有像西方宗教那样互相敌对而引起宗教战争,而是既有互相争论,也有交流融合,还倡导"三教合一",殊途同归。尤其是浙学一直提倡以"兼容众说,不主一家"为学术特色,所以在浙江境内形成程朱理学、陆王心学、吕氏文献之学以及永康、永嘉的事功之学等各派之间的交流融合,有效地推动了浙学长期的繁荣和发展。因而在浙学中并不存在封闭性和保守性。

鲁迅确实严厉地批判过封闭性和保守性,但这是清代的闭关锁国政策所造

---

① 《孟子·公孙丑上》。
② 《孟子·滕文公下》。

成的,所以鲁迅也没有说是儒家学说造成的。学术界把鲁迅批判封闭性和保守性说成是在批判孔子和儒学,简直是冤枉了鲁迅。

综上所述,鲁迅对于孔子和儒学,从文化学术的角度,曾作过不少的肯定;而他所批判的,基本上都是秦汉以后经过改造的阳儒阴法并为专制统治者所利用的纲常名教。所以,他所批判的并非先秦原儒本身,而是借儒家之名以行专制之实的统治者。因而可以说,鲁迅继承了浙学中一脉相承的批判精神,他是以秦汉以后违背儒家思想的专制制度为批判对象,从而继承并弘扬了先秦原儒的许多合理思想。

第三章　马一浮的六艺之学

　　现代大儒马一浮先生竭其毕生精力研究国学,在学术上提出了"国学乃六艺之学"的主张,从而创建了独树一帜的"六艺论"思想体系。其内容主要包括三层涵义:其一为"一切学术统摄于六艺",其二为"六艺统摄于一心",其三为"六艺之教即是人类合理的正常生活"。三层意思互相贯通,藉以说明六艺之道乃是放之四海而皆准的真理,从而得出"人类一切文化最后之归宿必归于六艺"的结论。纵观先生的一系列论证,可谓是现代儒者对于中华文化必将引领世界文化的高度自信之充分体现。

第一节　现代的通儒和醇儒

　　马一浮先生在现代新儒家中最有"通儒"和"醇儒"之称。所谓"通儒",当是指博通群经,深明儒理,洞明世事,练达人情,兼通诸子百家,旁及文史游艺,并能使之融会贯通的杰出学者;所谓"醇儒",当是在具备"通儒"品质的基础上,更能纯然以弘扬儒学为宗旨,以天地万物为一体,并能毕生躬行践履而自得于心的大儒。而先生,正是完全具备这种品格的人。

　　马一浮(1883—1967),幼名福田,字耕余,后改名浮,字一浮,遂以字行,号湛翁,别署蠲叟、蠲戏老人等,上虞人。自幼饱读诗书,光绪廿四年(1898)十六岁时,应会稽县试,名列第一。次年赴上海学习英文、法文,其间与谢无量、马君武共同创办《二十世纪翻译世界》杂志社,译介西方名人名著。光绪廿九年(1903)任清政府驻美使馆中文文牍(秘书)赴美,得以阅读大量西方著作并翻译了多种名著。次年回国途经日本,自费留日学习日文、德文。光绪三十二年(1906)回到杭州,曾一度寄住广化寺通读《四库全书》,手抄大量文史古籍。民国元年(1912),受教育总长蔡元培聘为秘书长,以世谊勉应,旋即以六经不可废而辞归。民国六年,蔡元培聘先生为北京大学文科学长,仍以反对"废经"而辞。长期独居陋巷,深究儒经,潜心研究中国传统文化。民国廿七年(1938)因避日寇于江西泰和,应浙江大学校长竺可桢之邀,讲六艺之学于内迁途中。同年随浙大迁至广西宜山,继续讲六艺之学。次年夏,在四川乐山乌尤寺创建"复性书院",主讲儒学,兼刻儒书。抗战胜利后,复归杭州隐居林下,主持智林图书馆,继续选刻古书。1953年受聘为浙江省文史研究馆馆长。毕生手稿及收藏之书画,在"文革"中被焚,抢救下的一部分,现存浙江省图书馆。1967年因病逝世,享年八十五岁。所著今已全面整理出版《马一浮全集》十册,《马一浮书法集》三册。

先生兼通中、英、法、德、日多国文字,博通经史,兼通道、佛和诸子百家之学以及西学。学术界一般把先生与熊十力、梁漱溟并称为"现代三大儒",而先生又是第一流的诗人和书法家。据此,称先生为"通儒"当毫无疑义。

然而,对于先生的"醇儒"之称,有人认为先生"儒佛兼治,儒佛并重"而有所置疑。但更多学者则认为先生并非"儒佛并重",而是"以儒融佛,以佛证儒,归本六艺"的现代新儒家。根据这种说法,则先生实可谓是较之历代先儒档次更高的"醇儒"。

首先,在宗旨上,先生提出了"六艺该摄一切学术"的命题,把古今中外的一切学术都纳入以"六艺"为载体的儒学框架之内成为儒学所涵盖的一部分。这就不仅仅是"以儒融佛"所能范围,而是达到以儒学来融贯包括佛学在内的一切学术的宏大气象了。

其次,尽管先生提出了"六艺该摄一切学术"的观点,但决非不分真伪、善恶、美丑的兼容并包,而是提出了"得失论"作为取舍的标准。他首先把儒学定为包含一切真、善、美的统一体,然后把其他学说中符合儒学的真、善、美部分称为"得"而加以融合,把违背儒学的伪、恶、丑部分视为"失"而加以摒弃,因而他并非从信仰层面认同道、佛,而是在尊儒的前提下着力于学理层面的探索,以挖掘道、佛学说中与儒家圣人之道契合一致的内容而加以提炼;而对于道、佛违背儒学的内容,则进行合理的批判。这使得儒学仍然保持其高度的纯洁性。

复次,在方法上,先生始终认为圣道广大,百家之学实有助于儒家义理之开发。因而他不仅囿于"以佛证儒",而是运用包括佛学在内的一切学术中有益于解释和论证儒学的内容来"证儒"。在这一"证儒"过程中,始终把儒学作为解释和论证的主体,而把百家之学当作解释和论证儒学的手段和工具。

最后,在目标上,先生把六艺之学与人类现代的日常生活密切结合起来。他认为"世界人类一切文化最后之归宿必归于六艺",而"六艺之教即是人类合理的正常生活"。这一观点,完全是运用了儒家所强调的必须适应时代发展的"时中"法则,把六艺之学推向了最进步的、最具有现代文明的最高境界。

由此可知,先生的为学宗旨和思想体系,是在"尊儒"的前提下,既继承了孟子、范缜、韩愈勇于排斥"异端"的优良传统,又提升了宋儒暗地吸取他家营养的方式而采取了公开吸取他家精华来充实儒学的方式;而且也避免了董子糅合法家、阴阳家的糟粕之弊;在此基础上,运用儒家所强调的适应时代发展的"时中"法则,把儒学建设成为与人类正常生活密不可分的完美无缺的学说。因此,把先生称为较之历代先儒更高档次上的"醇儒",亦不为过。

先生的"醇儒"本色,主要体现在他的"六艺论"中。精研六艺之学,乃是先生毕生致力的事业。先生自称"向来欲撰《六艺论》,未成而遭乱,所缀辑先儒旧说、群经大义,俱已散失无存",因而现在"只能举其要略"了[①]。可见撰写《六艺论》乃先生毕生之宏愿,可惜一生坎坷未遇其时,最终仍未能如愿撰成。看来,先生毕生未能写成系统的《六艺论》,乃是他的终生遗憾,也是学术界的一大遗憾。所幸的是,在先生现存的著作中,仍保存有不少关于"六艺之学"的精辟论述,使得我们的研究成为可能。

第二节　六艺统摄一切学术

马一浮先生在《楷定国学名义》云:"今先楷定国学名义,举此一名,该摄诸学,唯六艺足以当之。六艺者,即是《诗》《书》《礼》《乐》《易》《春秋》也。此是孔子之教,吾国二千余年来普遍承认一切学术之原皆出于此,其余都是六艺之支流。故六艺可以该摄诸学,诸学不能该摄六艺。今楷定国学者,即是六艺之学,

---

① 《马一浮全集》第一册第9页。

用此代表一切固有学术,广大精微,无所不备。"①国学即是六艺之学,就是吾国所固有的一切学术皆统摄于六艺之意。而以六艺之学来楷定"国学",最终仍归本于孔子之学,乃是先生治学之宗旨。

一　六艺统摄诸子和四部

关于六艺该摄吾国一切学术,先生分两部分进行论证,一曰六艺统诸子,二曰六艺统四部。其实,诸子之书既已包括在四部之内,只要论证六艺统四部,就可得出六艺统摄吾国固有的一切学术的结论。然而先生把诸子列出单独论证,是因为论证六艺统摄经、史、集三部很容易,而诸子与六艺的关系比较复杂,故论证也较难。

先生认为,经部本是六艺之学,固不待言;史部之编年记事出于《春秋》,多存论议出于《尚书》,记典制者出于《礼》;集部之文章体制流别虽繁,不外乎诗、文二门,皆可统于《诗》《书》,故一切文学皆《诗》教、《书》教之遗。而且,史部与集部不仅体制上皆原于六艺,取法于六艺,而且在内容上还都是对六艺之道的阐明与发挥,其判断是非亦皆以六艺为标准。故六艺足以统摄经、史、集三部,是毫无疑义的。

然而诸子各自立说,与六艺圣人之道颇多异同,"有得六艺之全者,有得其一二者",故必须分别加以论证。先生不取诸子出于王官之说,而谓诸子皆出于六艺,惟有儒家独得六艺之全,其余诸家有得有失。并认为墨、名、法三家皆出于《礼》,道家中的老子出于《易》,庄子出于《乐》,分别评断了诸子在国学中所处的地位。

先生论儒家云:"《王制》谓'乐正崇四术,立四教,顺先王《诗》《书》《礼》《乐》以造士',是知四教本周之旧制,孔子特加删订;《易》藏于太卜,《春秋》本鲁史,孔子晚年始加赞述。于是合为六经,亦谓之六艺。"所以孔子所创的儒家,是"得六艺之全者",故"不通六艺,不名为儒"。又"六艺之旨,散在《论语》,而总在《孝经》",《孟子》阐述六艺之旨素有"醇乎其醇"之称,故《论语》《孝经》《孟子》与六艺同列于经部。所以诸家之中,只有儒家全面而准确地继承了六艺之道。

然而先生认为:"欲知其余诸子皆出于六艺,则须先明六艺之流失。《礼

①　本节所引马一浮先生语,均出自《马一浮集·泰和会语》。

记·经解》曰：'《诗》之失愚，《书》之失诬，《乐》之失奢，《易》之失贼，《礼》之失烦，《春秋》之失乱。'六艺本无流失，'学焉而得其性之所近'，俱可适道；其有流失者，习也。心习才有所偏重，便一向往习熟一边去，而于所不习者便有所遗，高者为贤、智之过，下者为愚、不肖之不及，遂成流失。佛氏谓之边见，庄子谓之往而不反，此流失所从来，便是'学焉而得其习之所近'，而非六艺本体之失。"先生判其得失，分为四句：一曰得多失多，二曰得多失少，三曰得少失多，四曰得少失少。以此得失之多少来评断诸子与六艺之关系。

其论荀子云："其得多失少者，独有荀卿。荀本儒家，身通六艺，而言'性恶''法后王'是其失也。"

其论道家云："道家体大，观变最深，故老子得于《易》为多，而流为阴谋，其失亦多，'《易》之失贼'也，贼训害；庄子《齐物》，好为无端厓之辞，以天下不可与庄语，得于《乐》之意为多，而不免流荡，亦是得多失多，'《乐》之失奢'也，奢是侈大之意。"并撰有《论老子流失》一文进行专论。

其论墨家云："墨子虽非乐，而《兼爱》《尚同》实出于《乐》，《节用》《尊天》《明鬼》出于《礼》，而《短丧》又与《礼》悖。墨经难读，又兼名家亦出于《礼》。如墨子之于《礼》《乐》，是得少失多也。"

其论法家云："法家往往兼道家言，如《管子》，《汉志》本在道家，韩非亦有《解老》《喻老》，自托于道。其于《礼》与《易》，亦是得少失多。"

此外，先生对于其余诸家则作了如下概括："余如惠施、公孙龙子之流，虽极其辩，无益于道，可谓得少失少。""若诬与乱之失，纵横家兼而有之，然其谈王伯皆游辞，实无所得，故不足判。杂家亦是得少失少。农家与阴阳家虽出于《礼》与《易》，末流益卑陋，无足判。"先生意谓，从学术而言，这几家的价值都不高，故于国学可谓无足轻重。

于是先生断定："观于五家之得失，可知其学皆统于六艺，而诸子学之名可不立也。"①

综上所论，先生把六艺看作唐虞三代以来历代圣人的学术精华，并为诸子所共同继承的公器，而以继承的得失多少来评断诸子与六艺的关系。他认为继承六艺有得者才是精华，流失者则是糟粕，得多者精华亦多，得少者精华亦少。而我们所要弘扬的国学，自然应该是吾国固有学术中之精华部分，故诸子中有

---

① 以上引文均见《马一浮全集》第一册第11—12页。

得于六艺之道的精华部分才可包含在国学之内,其有违于六艺之道的糟粕部分则在所摒弃。据此,先生提出"六艺统诸子"的命题可谓是顺理成章的,因而先生楷定"国学即是六艺之学",是完全可以成立的。

二　六艺统摄西来一切学术

先生提出"六艺该摄一切学术"的观点,自然还应包括一切外来学术在内,其中最重要的当数近现代传入的西方学术。所以他说:"六艺不唯统摄中土一切学术,亦可统摄现在西来一切学术。"然而如何统摄呢？他说:"举其大概言之,如自然科学可统于《易》,社会科学(或人文科学)可统于《春秋》。因《易》明天道,凡研究自然界一切现象者皆属之;《春秋》明人事,凡研究人类社会一切组织形态者皆属之。"①这就是说,《易》和《春秋》所蕴含之理,可分别作为探索和运用自然科学和社会科学的指导思想。

关于"自然科学可统于《易》"的观点,先生认为:"物生而后有象,象而后有滋,滋而后有数。今人以数学、物理为基本科学,是皆《易》之支与流裔,以其言皆源于象数而其用在于制器。《易传》曰:'以制器者尚其象。'凡言象数者,不能外于《易》也。"②对此,《易·系辞》有云:"备物致用,立成器以为天下利,莫大乎圣人。"肯定了制作器械以利天下的重要性,还把创造发明推崇为圣人之业。不过,他所谓"自然科学可统于《易》"之说,仅就其重要者而言,实际上,其他诸经亦莫不以发明创造为要务。《书·尧典》载,帝尧施政的第一件事就是"乃命羲和,钦若昊天,历象日月星辰,敬授人时"③。他授命羲、和二氏根据天象的运行规律去探索天文科学,创制历法。《尚书》和三《礼》之中都记载了不少推动科学创造的事迹和制度,《春秋》则详细记载了许多天文、地震、灾情之类的自然现象,《诗经》则以文学语言体情状物,揭示了不少草木虫鱼的性能,这都是六艺重视科技的明证。"得六艺之全"的孔子,素以博物著称,曾对多种科学知识作过精深的研究。他作为基础教学内容的礼、乐、射、御、书、数等"六艺",则是兼包自然科学与人文科学的。其中"乐"是音乐知识,"书"是书写技巧,属于艺术范围;"射"是军事技术,"御"是驾驶技术,属于技术范围;"数"是计算技术及其法则,既属应用技术,亦属基础科学。当然,在实际教学中,孔子一个人不可能包

---

① 《马一浮全集》第一册第17页。
② 《马一浮全集》第一册第18页。
③ 《尚书·尧典》。

罗万象,事事都教;但作为学说而言,孔子所创的儒学,确实是可以兼容人文科学和自然科学的各种专业的。

又如《礼记》中的《中庸》曰:"能尽物之性,则可以赞天地之化育。"所谓"尽物之性",亦即掌握物的客观规律而加以运用之意。《大学》以格物、致知为八条目之始,"物"既指人文方面的事物,亦指自然之物。后世将自然科学称为格物之学,当有所本。当然,《大学》和《中庸》都是从人道立论,故在自然方面未能展开。所以,先生把自然科学统摄于兼论人道和天道之《易》,是有其充分理由的。诚然,《易》理并不包含现代一切具体的自然科学技术,然而《易传》"备物致用,立成器以为天下利"一语,就足以成为人类掌握自然科学的指导思想。因为自然科学也有可能对人类造成危害,这必须严加控制,而应以"备物致用,立成器以为天下利"作为发展自然科学的宗旨,才合乎圣道的要求。

关于"社会科学可统于《春秋》"的观点,先生认为:"人类历史过程皆由野而进于文,由乱而趋于治,其间盛衰兴废、分合存亡之迹,蕃变错综。欲识其因应之宜、正变之理者,必比类以求之,是即《春秋》之比事也;说明其故,即《春秋》之属辞也。属辞以正名,比事以定分。社会科学之义,亦是以道名分为归。凡言名分者,不能外于《春秋》也。"其实,先生所谓"社会科学可统于《春秋》",仅就其总纲而言。实际上,其余诸经都包涵有极其丰富的社会科学思想。故先生又说:"文学、艺术统于《诗》《乐》,政治、法律、经济统于《书》《礼》,此最易知。宗教虽信仰不同,亦统于《礼》,所谓'亡于礼者之礼也'。哲学思想派别虽殊,浅深小大亦皆各有所见,大抵本体论近于《易》,认识论近于《乐》,经验论近于《礼》;唯心者《乐》之遗,唯物者《礼》之失。凡言宇宙观者皆有《易》之意,言人生观者皆有《春秋》之意。"[1]

若以现代学术而言,先生认为:"今世所谓文学属于《诗》,政事、社会、经济属于《书》,人事、法制属之《礼》,音乐、艺术属之《乐》,本体论、宇宙论属之《易》;若夫《春秋》之义,以今人语言释之,则所谓有正确之宇宙观,乃有正确之人生观,知宇宙自然之法则,乃知人事当然之法则也。此六艺之统摄今世之学术也。"[2]可见六艺足以统摄古今中外一切学术。

---

①　上引均见《马一浮全集》第一册第 18 页。

②　《马一浮全集》第一册第 572 页。

既然吾国固有学术和西来学术、自然科学和社会科学皆可统于六艺,则"六艺该摄一切学术"的命题也就自然成立了。于是,先生总结道:"语曰'举网者必提其纲,振衣者必挈其领'。先须识得纲领,然后可及其条目。前讲六艺之教可以该摄一切学术,这是一个总纲,真是'范围天地之化而不过,曲成万物而不遗'。"①这是说,学者只要把握住"六艺之教"这个总纲作为探索天地万物之道的指导思想,一切学术也就包涵无遗了。

三　六艺统摄一切学术之依据

然而,正如先生所言:"儒家既分汉、宋,又分朱、陆,至于近时,则又成东方文化与西方文化之争,玄学与科学之争,唯心与唯物之争,万派千差,莫可究诘,皆局而不通之过也。大抵此病最大,其下三失随之而生:既见为多歧,必失之杂;言为多端,必失之烦;意主攻难,必失之固。欲除其病本,唯在于通。知抑扬只系临时,对治不妨互许,扫荡则当下廓然,建立则异同宛尔,门庭虽别,一性无差。不一不异,所以名如;有疏有亲,在其自得。一坏一切坏,一成一切成,但绝胜心,别无至道。……《系辞》之言最为透彻,曰:'天下同归而殊途,一致而百虑。天下何思何虑?'盖大量者用之即同,小机者执之即异。总从一性起用,机见差别,因有多途。若能举体全该,用处自无差忒,读书至此,庶可'大而化之'矣。"②这是说,古今中外学术流派众多,所言千差万别,互相论辩纷争,令人莫衷一是,无所适从。但先生认为:"物各适其所适,岂必相害哉!"③这是说,每种学术都有其独到之处,也各有其适用的对象,所以完全不必互相攻击。因此,若要解除这种学术多端的病根,唯一的办法就在于"通",亦即立足于高远,而从全人类利益的大局着眼,并遵照《易·系辞》所谓"天下同归而殊途,一致而百虑"的理论作为指导,则对于各种流派都可以互相求同存异、取长补短而加以综合利用。这样,就能"举体全该",自然"用处自无差忒",这就庶几可以"大而化之"了。

先生还认为,造成各种学术互相纷争的原因在于:"时人名学,动言专门;欲骛该通,又成陵杂。此皆不知类之过。"④于是,先生提出了解决的办法:"盖知类

---

① 《马一浮全集》第一册第 15 页。
② 《马一浮全集》,第一册,第 108 页。
③ 《马一浮全集》,第二册,第 49 页。
④ 《马一浮全集》,第一册,第 125 页。

则通，通则无碍也。何言乎知类也？语曰：'群言淆乱，折衷于圣人。'摄之以六艺，而其得失可知也。"①这就是说，如果形成专门的学术，就会导致互相隔阂；若将各种专门学术进行沟通，就会导致杂乱无章。若要避免这两种弊端，关键在于能"知类"。所谓"知类"，就是"群言淆乱，折衷于圣人"，亦即以圣人所垂训的六艺之教作为标准，对各种学术评断其得失。其符合六艺之道者则加以吸收融合，其背离六艺之道者则加以摒弃。这样，就可以把古今中外的一切学术融会贯通起来，以作为实现"人类合理的正常生活"的指导思想。这也就是先生主张以"六艺统摄一切学术"的宗旨所在。

　　然而，为什么一定要用"六艺"作为标准来评断各种学术之得失，从而使之"统摄一切学术"呢？先生认为："万事万物，皆有其当然不易之则。《诗》曰'天生烝民，有物有则'是也。圣人本此天则以处事接物，故能中节而免于悔吝。近人所谓真理，除此天则外亦别无真理可得。"又曰："处事接物未能洽到好处，正由于心中尚有锢蔽在。"②而所谓"有物有则"的当然不易之"则"，先生认为就是六艺所蕴含的"义理"；而所谓"义理"，也就是"近人所谓真理"，因为"除此天则外亦别无真理可得"。因而先生又曰："经术即是义理，离义理岂别有经术？若离经术而言义理，则为无根之谈；离义理而言经术，则为记问之学。"③所以，只有六艺所蕴含的"义理"，才有资格作为评断各种学术得失的标准，这也就是只有"六艺"才有资格"统摄一切学术"的道理。

　　然而，先生又认为："义理不明，经籍道熄，由来已久，不待异族之侵陵而吾圣智之法已荡然无存矣。唯学术不亡，然后民族乃不可得而亡。今日亦盛言固有道德、民族精神，然未闻抉示吾先圣所留贻，其为精神、道德之所寄者，果为何事也。以某之愚，窃谓当求之六经，而后学术之统类可明，文化之根本可得，自心之义理可显，而后道德可立，精神可完。"只有这样，才能"使知中国异于夷狄，而不致以夷狄为神圣；使知凡民可为圣贤，而不致以圣贤为虚无"④。这是说，只有以六艺作为指导思想，古今中外一切学术才可以融会贯通，传统文化的根本才可以得到弘扬，每个人心的义理才可以使之显现，全社会的道德才可以使之树立，然后人类的精神文明才可以达到完美。这样，才不致把异族的文化奉为

---

①　《马一浮全集》，第一册，第 109 页。

②　《马一浮全集》，第一册，第 734 页。

③　《马一浮全集》，第一册，第 413 页。

④　《马一浮全集》，第四册，第 36 页。

神圣,使人知道凡民只要遵循义理而行,都可成为圣贤。于是,"人类合理的正常生活",也就可以实现了。

第三节　六艺统摄于一心

马先生说:"心统性情,性是理之存,情是气之发。存谓无乎不在,发则见之流行。理行乎气中,有是气则有是理。因为气禀不能无所偏,故有刚柔善恶,先儒谓之气质之性。圣人之教,使人自易其恶,自至其中,便是变化气质,复其本然之善。此本然之善,名为天命之性,纯乎理者也。"①又说:"学者须知六艺本是吾人性分内所具的事,不是圣人旋安排出来。吾人性量本来广大,性德本来具足,故六艺之道即是此性德中自然流出的,性外无道也。"②所以,六艺之道中的所有德目都是自心本具的:"从来说性德者,举一全该则曰仁,开而为二则为仁知、为仁义,开而为三则为知、仁、勇,开而为四则为仁、义、礼、知,开而为五则加信而为五常,开而为六则并知、仁、圣、义、中、和而为六德。就其真实无妄言之,则曰'至诚';就其理之至极言之,则曰'至善'。故一德可备万行,万行不离一德。知是仁中之有分别者,勇是仁中之有果决者,义是仁中之有断制者,礼是仁中之有节文者,信即实在之谓,圣则通达之称,中则不偏之体,和则顺应之用,皆是吾人自心本具的。"③

于是,先生又把"自心本具"的各项德目与具体的六艺联系起来:"《易》本隐以之显,即是从体起用;《春秋》推见至隐,即是摄用归体。故《易》是全体,《春秋》是大用。……须知《易》言神化,即礼乐之所从出;《春秋》明人事,即性道之所流行。《诗》《书》并是文章,文章不离性道,故《易》统《礼》《乐》,《春秋》该《诗》《书》。以一德言之,皆归于仁;以二德言之,《诗》《乐》为阳是仁,《书》《礼》为阴是知,亦是义;以三德言之,则《易》是圣人之大仁,《诗》《书》《礼》《乐》并是圣人之大智,而《春秋》则是圣人之大勇;以四德言之,《诗》《书》《礼》《乐》即是仁、义、礼、智;以五德言之,《易》明天道,《春秋》明人事,皆信也,皆实理也;以六德言之,《诗》主仁,《书》主知,《乐》主圣,《礼》主义,《易》明大本是中,《春秋》明达道

---

① 《马一浮全集》,第一册,第 16 页。
② 《马一浮全集》,第一册,第 15 页。
③ 《马一浮全集》,第一册,第 15 页。

是和。……六相摄归一德,故六艺摄归一心。"并认为:"此理自然流出诸德,故亦名为天德;见诸行事,则为王道。六艺者,即此天德、王道之所表显。故一切道术皆统摄于六艺,而六艺实统摄于一心,即是一心之全体大用也。"①所谓"天德",亦即"内圣"之德;所谓"王道",亦即"外王"之道。先生认为无论"内圣"抑或"外王"皆统摄于六艺,而六艺实统摄于一心。

若从哲学的高度进行考察,"仁"是整个圣人之道的总纲,"诚"是整个圣人之道得以建立的基础,而"中"则是贯穿于一切德目之中而起到方法和准则的作用。只有在"诚"这一优质的基础设施之上,遵循"仁"的宗旨,准确地把握"中"这一方法和准则,才能指导六艺之学最有效地从事"修己以安人"乃至"赞天地之化育"的伟大事业,最终实现圣人所要求的"至善"的最高境界。而这一切德目既是自心所本具,又全部体现在六艺之中。所以,马先生"六艺统摄于一心"的命题是完全可以成立的。因而六艺之道乃是合乎情理之宜、放之四海而皆准的大道,才足以统摄一切学术,而六艺之教才是人类合理的正常生活。

于是,先生感叹道:"圣人以何圣? 圣于六艺而已。学者于何学? 学于六艺而已。大哉,六艺之为道! 大哉,一心之为德! 学者于此可不尽心乎哉?"②

第四节　六艺之教即是人类合理的正常生活

"六艺"作为统摄一切学术的思想体系,自然应涵盖哲学、伦理、政治、教育、经济、科技、军事、外交等所有学科的指导性理论。对此,马先生都有精辟的论证,由于内容广博精深,有待各方面的专家探讨,本编限于篇幅不作展开。然而,先生认为,"六艺"最为重要的,乃是关于每个普通人的日常生活的指导。他谓六艺"就义理言,则是常道,所谓'人伦日用之间所当行'者也"③。所以先生从人类生活的高度来论述六艺之学的意义。他说:"全部人类之心灵,其所表现者不能离乎六艺也;全部人类之生活,其所演变者不能外乎六艺也。"④"今人亦知

---

① 上引均见《马一浮全集》,第一册,第16页。
② 《马一浮全集》,第一册,第17页。
③ 《马一浮全集》,第一册,第574页。
④ 《马一浮全集》,第一册,第18页。

人类须求合理的生活,亦曰正常生活,须知六艺之教即是人类合理的正常生活。"①故先生认为,研读六艺,必须与一切日常生活贯通起来;只有实行六艺之教,才能实现人类合理的正常生活。故此略作概括阐述。

一　修身养德之道

关于修身,儒家主张以"敬"作为纲领。孔子提出"修己以敬",亦即以认真的态度对待人生,宋儒进而发展为精缜的"主敬说"。对此,先生曰:"敬则不失,诚则无间。性具之德,人人所同,虽圣人不能取而与之。学而至于圣人,方为尽己之性。"②这就是"率性以修德"的基本原理。

先生继承孟子的性善论立说,其曰:"孟子指出四端,乃是即理之气,所以为易简。今人亦言'直觉',若有近于'良知';言'本能',若有近于'良能'。然'直觉'是盲目的,唯动于气,'良知'则自然有分别;'本能'乃是气之粗者,如'饮食''男女'之类,亦唯是属气,'良能'则有理行乎其间,如'未有学养子而后嫁''徐行后长'之类乃是即气之理。此须料简。若但以知觉运动言知能,其间未有理在,则失之远矣。"③先生认为,告子和佛家所谓的"性",以及今人所谓"直觉"和"本能",都是单就气上说,而孟子所说的"良知"和"良能"则是兼理和气而言,故其间有着本质的区别。

故先生又曰:"盖人之习惑是其变,而德性是其常也。观变而不知常,则以己徇物,往而不反,不能宰物而化于物,非人之恒性也。若夫因物者,不外物而物自宾;体物者,不遗物而物自成。知物各有则,而好恶无作焉,则物我无间。物之变虽无穷,而吾心之感恒一,故曰'天下之动,贞夫一者',言其常也。"④此谓"善"乃性之常,"恶"乃性之变,而言性固当论其常。

关于善恶之原,先生以"中"与"失中"加以论述。学生问:"人性既善,恶从何来?"先生答云:"气质之性有善有不善,不善之来,起于熏习。又《乐记》云:'好恶无节于内,知诱于外,不能反躬,天理灭矣。'恶之细微者,祇是无节,发而不中,过与不及皆恶也。"⑤于是,先生针对子游向孔子关于"领恶而全好"之问作

---

① 《马一浮全集》,第一册,第15页。
② 《马一浮全集》,第一册,第85页。
③ 《马一浮全集》,第一册,第36页。
④ 《马一浮全集》,第一册,第85页。
⑤ 《马一浮全集》,第一册,第586—587页。

了如下解释:"恶者,过、不及之名;善即中也。……'领恶而全好'者,乃以修德,变化气质而全其性德之真,即是自易其恶,自至其中也。'无不遍'是以性言,'制中'则以修言,从性起修,从修显性,故子游因'制中'一语而有'领恶全好'之问,是悟性修不二之旨也。……明即修即性;更以得失对勘,显即事之治,重在于修。"①又曰:"自其性而言之,无弗遍、无弗中也。自其修而言之,有弗遍者,修之可使遍;有弗中者,制之可使中也。"②这是阐明"率性以修德"使之合乎中道,则所行皆善,而恶无从至矣。

先生又谓:"性以理言,修以气言。'知'本乎性,'能'主乎修。性唯是理,修即行事,故知行合一,即性修不二,亦即理事双融,亦即'全理是气,全气是理'也。"③这是阐明了性与修、理与气、知与能之间的关系。

关于修身之道,先生明确指明了途径和方法,其曰:"今为诸生指一正路,可以终身由之而不改,必适于道,只有四端:一曰主敬,二曰穷理,三曰博文,四曰笃行。主敬为涵养之要,穷理为致知之要,博文为立事之要,笃行为进德之要。四者内外交彻,体用全该,优入圣途,必从此始。"④先生对此依次曾作详细论述,因限于篇幅从略。

在现代商品化社会中,由于人们无止境地追求物质享受和感官刺激,导致道德沦丧、人文精神危机的情况下,纵欲主义、拜金主义、享乐主义、极端功利主义、极端个人主义正在大行其道。在这种身心失调而导致人格分裂的危机中,若能取法儒家以品德修养为主的修身之道,对于协调身心而实现和谐的人生,从而心情愉悦地安享"合理的正常生活",必将获得有益的成效。

二　齐家睦族之道

《大学》曰:"身修而后家齐,家齐而后国治。"故"齐家"乃是将内圣的"修己"之学贯彻到外王的"安人"事业中去的中间环节;而"五伦"中的夫妇、父子、兄弟三伦都属于家庭内部关系,即此可见齐家的重要。在家庭之间,六艺之教倡导父慈子孝、兄友弟恭、夫妇互敬互爱,以创建和睦的家庭。

---

① 《马一浮全集》,第一册,第 256 页。
② 《马一浮全集》,第一册,第 258-259 页。
③ 《马一浮全集》,第一册,第 34 页。
④ 《马一浮全集》,第一册,第 87 页。

马先生曰："熟玩《家人》《睽》二卦,可以尽处家之道。"①《家人·象》曰:"父父,子子,兄兄,弟弟,夫夫,妇妇,而家道正。"《睽·象》曰:"男女睽而其志通也。"故二卦是阐发齐家之道的卦象。

关于夫妇关系,先生曰:"婚者,所以重继嗣也。盖天下国家之本也,可不慎欤,可不重欤! 今人又言婚姻基于爱,余以为犹未尽也,宜益以敬,斯为尽善。《易经》咸、恒二卦表夫妇之道,咸卦象少男少女相悦以感,恒卦象长男长女相敬以恒。唯其相敬,始为恒久之道。不爱则恶,不敬则慢。有恶慢之凶德,无爱敬之佳行,乱之本也。爱而能敬,则太平之基也。故《诗》云:'刑于寡妻,至于兄弟,以御于家邦。'夫夫妇妇而家道正,正家而天下定矣。《中庸》云:'君子之道,造端乎夫妇,及其至也,察乎天地。'此理也,无古无今,终不可得而更者也。"这是以爱敬二字阐明夫妇关系,并把夫妇关系视为人伦之本。

关于子女对父母的孝,先生曰:"一言而可该性德之全者曰仁,一言而可该行仁之道者曰孝。"②又曰:"《孝经》以德摄行,故言'人之行莫大于孝',而又言'圣人之德,无以加于孝',是孝行即是孝德,孝德即是至德明矣。"③他对"孝"的道德意义作了高度的肯定和重视。

先生又曰:"《曲礼》曰:'太上贵德,其次务施报。'理得于心之谓德,事应于理之谓报。仁则无怨,亲则不倍。为德者无怨,仁也;为报者无倍,亲也。德者,尽其爱而无求报,君子于此见天地生物之心焉;报者,以顺承亲而不敢有其善,君子于此见天地成物之义焉。父母之于子,为德而已矣;子之于父母,为报而已矣。夫孝弟之心,发于其中而不能已者,其设心以为,不如是则欿然不能以自安。……报之事,始于事亲,终于安人。故可以事亲,乃可以莅众立事。充是心以达于天下,天下亲仁,斯怨恫不生,谋诈不作,矜伐无所施,而悖乱无自起。"④这是说,父母对子女是出于"尽其爱而无求报"之德;而子女对父母的"孝"的实质就是报答父母的养育之恩。而这种感恩之心"达于天下",就能收到"天下亲仁"的效果。

先生曰:"圣人语孝之始,谓此身'受之父母,不敢毁伤',则身非汝有,不可得而私也。'立身行道,扬名于后世,以显父母',则道与名亦不可得而私也。不

---

① 《马一浮全集》,第一册,第578页。
② 《马一浮全集》,第一册,第179页。
③ 《马一浮全集》,第一册,第187页。
④ 《马一浮全集》,第二册,第214页。

敢以父母之身行殆,不敢贻父母以恶名,以此身即父母之身,亦即天地之身也。如此,则私吝之心无自而起,而不仁之端绝矣。……人到无一毫恶慢之心时,满腔都是恻隐,都是和乐,都无偏倚,都无滞碍,乃知天地本来自位,万物本来自育,此是何等气象!……所以'圣人因严以教敬,因亲以教爱'。名为德教者,即此'爱亲者不敢恶于人,敬亲者不敢慢于人'二语已足。此所以为'至德要道'根本之教也。"①这是说,凡是爱亲敬亲的人,就"不敢恶于人","不敢慢于人",因而也会受到别人的爱敬。这乃是六艺之教的"至德要道"根本之教。

《书·伊训》曰:"立爱惟亲,立敬惟长。始于家邦,终于四海。"这是说,应该把"孝悌"的品德从家庭、家族进而推广到全国乃至普天之下。《颜渊》载子夏曰:"君子敬而无失,与人恭而有礼。四海之内,皆兄弟也。"子夏竟把兄弟相爱之"悌",一举而推向"四海之内",体现了"民胞物与"的宏大气象,在伦理史上起有极其巨大的积极进步的作用。故先生曰:"横渠《西铭》实宗《孝经》而作,即以事天事亲为一义,故曰'天地之塞吾其体,天地之帅吾其性','存吾顺事,没吾宁也',斯可谓成身矣。'乾称父,坤称母',斯能达孝矣;'民吾同胞,物吾与也',斯能达弟矣。"②

先生曰:"爱敬之发为孝弟,其实则为仁义,推之为忠恕,文之为礼乐。"③又曰:"爱人者,本爱亲之心以推之,故'不独亲其亲,不独子其子','老者安之,朋友信之,少者怀之',使天下无一物不得其所,然后乃尽此心之量,是以天地万物为一身也。……孝子之身则父母之身也,仁人之身则天地之身也。"④这是说,"孝悌"作为"为仁之本",并不应局限于家族而止,而应将之推广到全社会乃至全人类。

儒家的仁学把"亲亲"视为"仁"的本原,认为"仁者爱人"有一个由亲及疏、从近到远的过程。所以,"爱人"应以自己最切近的家庭内部作为起点,首先要从爱自己的亲人开始,即所谓"孝悌为仁之本"。这既符合人的天性,又比较容易做到。然后才能推广开来,达到最终爱一切人。

三 崇德广业之道

一个人要在社会获得生存,无论大小总得做点事业,所以"崇德广业"是每

---

① 《马一浮全集》,第一册,第189页。
② 《马一浮全集》,第一册,第149页。
③ 《马一浮全集》,第一册,第199页。
④ 《马一浮全集》,第一册,第148页。

个普通人都要面对的问题。

马先生曰："'夫《易》，圣人所以崇德而广业也。'又曰：'夫《易》，圣人所以极深而研几也。'是知'极深研几'即所以'崇德广业'，即所以'开物成务'。极深研几是成性，崇德广业是成能，开物成务是成位。"①这是六艺之教对于立身创业的最高阐述。

先生曰："理得于心而不失谓之德，发于事为而有成谓之业。知至是德，成能是业也。……'知至至之，可与几也'，致知而有亲也；'知终终之，可与存义也'，力行而有功也。'始条理者，智之事'，明伦察物尽知也；'终条理者，圣之事'，践形尽性尽能也。"②这是论证知、能与德、业的关系，进德在于知，而修业在于能也。然而先生又谓："世有诋心性为空谈，视义理为无用，守闻见之知，得少为足而沾沾自喜者，不足以进于知也；其或小有器能，便以功业自居，动色相矜，如此者，不足以进于能也。"③这是说，所谓知能，必须由自己切身体认而有得于心，且能虚怀若谷而不以小有器能为满足者，才有助于进德修业。

先生又曰："德业者，体用之殊称，知能之极果，亦即礼乐之本原，乾坤之大法也。'开物'为德，'成务'为业。'知周万物'者，德也；'道济天下'者，业也。大故配天，广故配地。'寂然不动'者，德之至也；'感而遂通天下之故'者，业之神也。'明于天之道'，德也；'察于民之故'，业也。'观其会通'者，德也；'行其典礼'者，业也。'唯极深而后能通天下之志'，德也；'唯研几而后能成天下之务'，业也。'定天下之吉凶'者，德也；'成天下之亹亹'者，业也。合深与几谓之神，合德与业谓之道，合易与简谓之《易》。故曰：'神无方而易无体。'体《乾》《坤》，则能知《易》矣，是以观象必先求之《乾》《坤》。"④这是申论"极深""研几"与"德""业"的关系，认为"极深"乃能"研几"，故"进德"乃所以"修业"也。

先生又曰："'唯深也，故能通天下之志'，崇德也；'唯几也，故能成天下之务'，广业也。吉凶之萌渐，治乱之由致，皆出于几；定天下之业者，几也。几见而业定，业定而务成矣。圣人所以易天下、利天下者，唯其几耳，故曰'知几其神乎'。然唯极深始能研几，此是吃紧为人处，急着眼看。"⑤这是进而阐明"极深"

---

① 《马一浮全集》，第一册，第355页。
② 《马一浮全集》，第一册，第35页。
③ 《马一浮全集》，第一册，第36页。
④ 《马一浮全集》，第一册，第352页。
⑤ 《马一浮全集》，第一册，第387页。

"研几"与"崇德""广业"的关系,认为只有"极深"以"研几",才能"崇德"而"广业"也。

于是先生又曰:"尽其知能,可期于盛德大业矣。'盛德大业至矣哉','日新之谓盛德,富有之谓大业'。'学有缉熙于光明',斯日新矣;六通四辟,小大精粗,其用无乎不备,斯富有矣。"①"德"以"日新"方盛,"业"以"富有"方大,乃所谓"盛德大业至矣哉"!

四　关于社会理想

六艺之教还以托古的方式提出了"大同"的社会理想,以作为最高的追求目标,并制订了经由"小康"进入"大同"的实施方案。

《礼记·礼运》所描述的"大同"社会是:"大道之行也,天下为公。选贤与能,讲信修睦。故人不独亲其亲,不独子其子,使老有所终,壮有所用,幼有所长,矜寡孤独废疾者皆有所养。男有分,女有归。货,恶其弃于地也,不必藏于己;力,恶其不出于身也,不必为己。是故谋闭而不兴,盗窃乱贼而不作,故外户而不闭,是谓大同。"

在这幅理想蓝图中,没有任何专制、压迫和剥削,全民都处于自由、平等、博爱的和谐气氛之中。实际上,这是六艺之道将人我和谐、群己和谐、整个国家内部的和谐扩而充之,变成全世界和全人类的和谐;将家庭之爱、亲友邻里之爱、民族同胞之爱推而广之,变成了全人类之爱。也就是说,儒家对内提倡以王道、德治来平和施政,对外提倡睦邻友好,和平外交,以"和而不同"的原则来实现"世界大同"。在这一美好的环境中,全人类才真正享受到了"合理的正常生活"。

然而,马先生一生历经二次世界大战以及大跃进和"文革"浩劫,眼见整个世界战乱不断和是非颠倒的不安定局势,曾对当时的现实社会作出了深刻的批判。他说:"今人所求之安乐,本是危道;所行之政事,本是乱道;所争之生存,本是亡道。自己造因,自己受果。无论夷夏,皆住颠倒见中,举世不悟。如抱薪救火,负石自沉,智者观之,深可哀愍。吾侪身当此陋,认识益明。应知先圣之言,决定不可移易。决当从自己身心做起。先将自己从习气中解放出来,然后方可

---

① 上引均见《马一浮全集》,第一册,第36页。

谋人类真正之解放。"①,先生从内心发出了危道、乱道、亡道皆由人类自己造成的感叹。他认为若要改变这种危乱之局,必须遵崇先圣所垂训的六艺之教,只有每个人都能"从自己身心做起,先将自己从习气中解放出来,然后方可谋人类真正之解放"。先生的这一感叹和判断,到现在面对诸多社会问题而大力弘扬传统文化的热潮中,也仍然具有其参考的价值。

所以,关于社会制度问题,马先生在抗战时期就曾提出过自己的设想。他说:"战事未可预料,而将来生活方式总须变更。财可私有,产不可得而私有。井田之制不可复,井田之意在均平,仍当取法。物质享受,须是化除悬殊,去泰去甚。农工自食其力,商则消费合作,办法尚为近理。士则劳心,亦须善于教人,非同裨贩,乃为有益于人。今人言生活,虽引车卖浆者皆知养家,家以外能推而及之者实少。须知生活不为一己方好。"②这就是说,将来的生活方式必须进行改革:根据六艺所提供的"大同"理想的精神,钱财可以私有,而如土地之类的产业资源则不可得而私有。古代井田制的具体措施虽然不可恢复,但是井田制实行土地公有的宗旨,在于平均土地,能使人人都有可耕之田,这一精神仍然值得取法。因为土地私有必然导致贫富悬殊,两极分化,这是引起社会不安定的根源。若要从根本上消除动乱的根源,就必须在物质享受方面化解悬殊,去其泰甚,保持平衡,使人人都有安定的工作。农工能使自食其力,商则使之交易合作,士则从事劳心教化。只有这样,才能逐步实现"大同"的理想。先生的这一设想,可谓基本上提供了从"小康"走向"大同"的途径和方向,从而"人类合理的正常生活"也就得到了实现。

第五节　人类文化最终归宿于六艺

马先生认为,研读六艺在于探求其中所蕴含的义理以经世致用。所以必须先明统类,确立目标,坚定信念,然后自成思想体系,并能使每个人都实行于日常生活之中,然后推向全人类,才能实现六艺之道的最高境界。

---

① 《马一浮全集》,第二册,第814页。
② 《马一浮全集》,第一册,第677页。

一　研读六艺在于探求义理

先生认为：“今日学子只知求知，以物为外，其结果为徇物忘己；圣贤之学乃以求道会物归己，其结果为成己成物。一则向外驰求，往而不反；一则归其有极，言不离宗。此实天地悬隔。学者要养成判断力，非从根原上入手不可。……不知反求自心之义理，终无入头处。”其实，这就是治学上的“为人”与“为己”的区别。“为人”在于求知于人，故所学都是表面工夫，最终必将内外俱失；“为己”在于自得于心，故所获才是真实学问，最终方能成己成物。而“为己”之学，在于探求六艺之义理；欲求六艺之义理，则在于六艺统摄于一心。

先生又谓：“某尝谓读书而不穷理，只是增长习气；察识而不涵养，只是用智自私。凡人心攀缘驰逐，意念纷飞，必至昏昧。以昏昧之心应事接物，动成差忒。守一曲之知，逞人我之见，其见于行事者，只是从习气私欲出来。若心能入理，便有主宰。义理为主，此心常存，无有放失，气即安定，安定则清明。涵养于未发以前，察识于事为之际，涵养愈深醇，则察识愈精密。见得道理明明白白，胸中更无余疑，一切计较利害之私自然消失，逢缘遇境，随处皆能自主，皆有受用。然后方可以济艰危，处患难，当大任，应大变，方可名为能立。能立才能行，学不至于能立，不足以为学。”①这是说，只有心中以义理作为主宰，才能临事不疑，临危不惧，从而获得成功。

所以先生认为：“今欲治六艺，以义理为主。义理本人心所同具，然非有悟证，不能显现。”②又谓：“六艺之本，即是吾人自心所具之义理。义理虽为人心所同具，不致思则不能得，故曰学原于思。”③所以，探求六艺之学，必须“向内体究，不可一向专恃闻见，久久必可得之。体究如何下手？先要入思维。‘体’是反之自身之谓，‘究’是穷尽其所以然之称”④。这就是说，探求六艺之道，必须通过心之思维，向内体认与向外穷理内外并用，才能获得六艺所蕴含的义理。

关于阐明六经本身而言，先生认为：“自来说经各家得失互见，言《礼》当宗康成，传《易》应推伊川，朱子《诗传》不尽可据而大义不误，《尚书》应用《蔡传》，

① 上引均见《马一浮全集》，第一册，第45页。
② 《马一浮全集》，第一册，第30页。
③ 《马一浮全集》，第一册，第44页。
④ 《马一浮全集》，第一册，第31页。

《春秋》应推《胡传》，杜预不及也。"①其论经术与义理之关系云："经术即是义理，离义理岂别有经术？若离经术而言义理，则为无根之谈；离义理而言经术，则为记问之学。"②又论经术、经学之别云："汉人言经术，通经可以为政，国有大疑大难，每以经义断之；唐人专事注释，便成经学；宋人以义理明经，见处远过汉人，乃经术正宗。"③这是说，"经学"是研究六经的基础，而"经术"亦即义理，才是研究六经以期经世致用的目的。故汉、唐之说虽不可废，要当以宋学为主。

　　然而，先生极力反对章实斋"六经皆史"之说。其曰："章实斋所云'六经皆史'，实颠倒见耳。"④并进而论证曰："吾乡章实斋作《文史通义》，创为'六经皆史'之说，以六经皆先王政典，守在王官，古无私家著述之例，遂以孔子之业并属周公，不知孔子'祖述尧舜，宪章文武'，乃以其道言之。若政典，则三王不同礼，五帝不同乐，且孔子称《韶》《武》，则明有抑扬，论十世，则知其损益，并不专主于'从周'也。信如章氏之说，则孔子未尝为太卜，不得系《易》；未尝为鲁史，亦不得修《春秋》矣。《十翼》之文，广大悉备，太卜专掌卜筮，岂足以知之；笔削之旨，游、夏莫赞，亦断非鲁史所能与也。'以吏为师'，秦之弊法，章氏必为回护，以为三代之遗，是诚何心？今人言思想自由，犹为合理；秦法'以古非今者族'，乃是极端遏制自由思想，极为无道，亦是至愚。经济可以统制，思想云何由汝统制？曾谓三王之治世而有统制思想之事邪？……且《汉志》出于王官之说，但指九家，其叙六艺，本无此言，实斋乃以六艺亦为王官所守，并非刘歆之意也。"⑤这是批评章实斋"六经皆史"之说实为谬论。

　　先生又曰："晚近学术影响之大，莫如章实斋'六经皆史'之论。章太炎、胡适之皆其支流。然而太炎之后，一变而为疑古学派，此则太炎所不及料者也。"⑥"章太炎非不尊经，而原本章实斋'六经皆史'之论，实乃尊史。《春秋》不可作史读，作史读则真'断烂朝报'矣。《尚书》虽亦当时诏令，而《蔡传》序文所谓'史外传心'者，最是中肯之语。"⑦"章太炎提倡读经，而以经为史，意味完全不同。余游绍兴，谒禹陵，见太炎所为碑文，称禹学于西王母之国，当今之叙里亚，得其勾

①　《马一浮全集》，第一册，第 574 页。
②　《马一浮全集》，第一册，第 413 页。
③　《马一浮全集》，第一册，第 575 页。
④　《马一浮全集》，第一册，第 573 页。
⑤　《马一浮全集》，第一册，第 11 页。
⑥　《马一浮全集》，第一册，第 603 页。
⑦　《马一浮全集》，第一册，第 605 页。

股之术,归而治水。不知其何所本,纵有依据,未必可靠。然以此称禹,异哉!"①
这是批评章太炎沿用实斋"六经皆史"之说,实为尊史而贬经;而其所撰禹碑,所
言尤为无稽。这是申论"六经皆史"说之贻害无穷。

先生认为章实斋"六经皆史"之说一出,六经皆成史料,失其义理教化之功;
而诸史亦成专记侵伐掠夺之事,无往而非利害计较之私,足以助长心术之害,
"真可谓流毒天下,误尽苍生"②。先生所持,诚为正论,实具有拨乱反正之功。

先生还认为:"今日学者为学方法,可以为专家,不可以成通儒。……古人
论学主通,今人论学贵别。……今之所谓专家者,得之于别而不免失之于通,殆
未足以尽学问之能事。虽然,分河饮水,不无封执之私;互入交参,乃见道体之
妙。……故百家众说,不妨各有科题,但当观其会通,不可是丹非素,执此议彼。
苟能舍短取长,何莫非道?万派朝宗,同归海若,容光必照,所以贞明。"③先生认
为,今人治学只求"专"而不求"通",故未足以尽学问之能事。无论是古今中外
的百家之学,抑或是自然和社会的各科之学,只有以六艺之"义理"贯通之,才能
成为足以"尽学问之能事"的"通儒"。

二　研治六艺必须确立目标和坚定信念

先生认为治学必先立志,故特为拈出张横渠的四句教作为研治六艺的宗
旨。横渠"四句教"云:"为天地立心,为生民立命,为往圣继絶学,为万世开太
平。"先生对此逐句加以阐发。

如何"为天地立心"? 先生曰:"天地之心于何见之? 于人心一念之善见之。
故《礼运》曰:'人者,天地之心也。'……盖人心之善端,即是天地之正理。……
故'仁民爱物',便是'为天地立心'。天地以生物为心,人心以恻隐为本。……
故'天地之大德曰生',人心之全德曰仁。学者之事,莫要于识仁求仁,好仁恶不
仁,能如此,乃是'为天地立心'。"

如何"为生民立命"? 先生曰:"儒者立志,须是令天下无一物不得其所,方
为圆成。孟子称伊尹'一夫不获','若己推而纳诸沟中'。……今人心陷溺,以
人为害天赋,不得全其正命者,有甚于桎梏者矣。仁人视此,若疮痏之在身,疾
痛之切肤,不可一日安也。故必思所以出水火而登衽席之道,使得全其正命。

---

① 《马一浮全集》,第一册,第606页。
② 《马一浮全集》,第一册,第605页。
③ 《马一浮全集》,第一册,第48—49页。

孔子曰：'老者安之，朋友信之，少者怀之。'学者立志，合下便当有如此气象，此乃是'为生民立命'也。"

如何"为往圣继絶学"？先生曰："道之不明不行，只由于人之自暴自弃。故学者立志，必当确信圣人可学而至，吾人所禀之性与圣人元无两般。孟子曰：'圣人先得我心之所同然耳。''心之所同然者何也？谓理也，义也。'……今当人心晦盲否塞、人欲横流之时，必须研究义理，乃可以自拔于流俗，不致戕贼其天性。学者当知圣学者即是义理之学，切勿以心性为空谈而自安于卑陋也。"

如何"为万世开太平"？先生曰："太平不是幻想的乌托邦，乃是实有是理。如尧之'光被四表，格于上下'；文王之'自西自东，自南自北，无思不服'，都是事实。干羽格有苗之顽，不劳兵革；礼让息虞、芮之讼，安用制裁。是故不赏而劝，不怒而威，不言而信，无为而成。《中庸》曰：'君子笃恭而天下平。'……程子曰：'王者以道治天下，后世只是以法把持天下。'……孟子曰：'以力假仁者霸'，'以德行仁者王'，'以力服人者，非心服也，力不赡也；以德服人者，中心悦而诚服也'。从来辨王、霸莫如此言之深切著明。学者须知孔孟之言政治，其要只在贵德而不贵力。"[①]先生所理解的"为万世开太平"，就是主张以道治天下、以德行仁政的"王道"。

先生认为"人人有此责任，人人具此力量，切莫自己诿卸，自己菲薄，此便是'仁以为己任'的榜样"[②]。这也就是研治六艺之学的宗旨和目标。

宗旨和目标既明，先生认为研治国学还必须具备一种信念："信吾国古先哲道理之博大精微，信自己身心修养之深切而必要，信吾国学术之定可昌明，不独要措我国家民族于磐石之安，且当进而使全人类能相生相养而不致有争夺相杀之事。具此信念，然后可以讲国学。"[③]因而先生断言："诸生若于六艺之道深造有得，真是左右逢源，万物皆备。所谓尽虚空，遍法界，尽未来际，更无有一事一理能出于六艺之外者也。"[④]

三　六艺之学的历史使命

马先生把认识过去、判别现在、创造未来作为学者的三不朽事业，并以此理

---

① 上引均见《马一浮全集》，第一册，第4—6页。

② 《马一浮全集》，第一册，第4页。

③ 《马一浮全集》，第一册，第3页。

④ 《马一浮全集》，第一册，第20页。

论对古今中外的哲学、文明、文化等现象作了细致的考察和精辟的阐述,从而得出了"世界人类一切文化最后之归宿必归于六艺,而有资格为此文化之领导者,则中国也"的结论。

(一)学者的三不朽事业

在浙江大学毕业典礼上,先生对《大戴礼》孔子之言"知不务多,而务审其所知;行不务多,而务审其所由;言不务多,而务审其所谓"三句话的意义,作了申说。

首先,先生对知、行、言三字作了解释:"国家生命所系,实系于文化,而文化根本则在思想。从闻见得来的是知识,由自己体究,能将各种知识融会贯通,成立一个体系,名为思想。孔子所谓知,即是指此思想体系而言。人生的内部是思想,其发现于外的便是言行,故孔子先说知,后说言行。知是体,言行是用也。依今时语便云思想、行为、言论,思想之涵养愈深厚,愈充实,斯其表现出来的行为、言论愈光大。"①先生认为孔子所说的三句话是分别就思想、行为、言论三者而言的,并对三者作了深刻的分析和定位。

然后,先生把知、行、言分别作为对待过去、现在、未来的三项不朽事业。其曰:"吾人对于过去事实,贵在记忆、判断,是纯属于知;对于现在,不仅判断,却要据自己判断去实行,故属于行的多;对于未来所负责任较重,乃是本于自己所知所行,以为后来作先导,是属于言的较多。"②先生认为,"知"是对于过去历史经验的总结,"行"是现在正在践履的行为,"言"是"本于所知所行,以为后来作先导",亦即总结自己的心得成为言论以垂训后世。所以,先生要求学者须具有认识过去、判别现在、创造未来三种力量。

最后,先生总结道:"明此三义,便知认识过去,要'审其所知';判别现在,要'审其所由';创造未来,要'审其所谓'。具此三种能力,方可负起复兴民族之责任。《易》曰'唯深也,故能通天下之志',是审其知之至也;'唯几也,故能成天下之务',是审其行之至也。"③

先生这番演讲的要义在于,作为一个学者,必须以六艺之教作为思想指导,对过去的历史事实进行判断和总结,以作为现在行为的指导,方能不为邪恶权

---

① 《马一浮全集》,第一册,第41页。

② 《马一浮全集》,第一册,第42页。

③ 以上所引均见《马一浮全集》,第一册,第42—43页。

势所屈服;然后又必须对现实社会中"不善或不美"的现象加以总结,目的是"发愿创造一较善较美之未来社会"。这就是说,学者应把一生中所知所行的心得体会总结成为一个思想体系,作为言论或著作垂训后世。其实,这也就是古人所谓立德、立功、立言"三不朽"中之"立言"之道。当然,"立言"是必须以"立德"作为基础的。

(二)东西方哲学、文明、文化之差异

马先生根据"认识过去要审其所知,判别现在要审其所由"的理论,对古今中外的哲学以及"文明"和"文化"等现象曾作过细致的考察和精辟的阐述。

对于导致中西哲学差别的原因,先生曾作过追溯和审察:"中土圣贤之学,道理只是一贯,故体用一源,显微无间,二之则不是;西方自希腊以来,其学无不以分析为能事,正是二体之学。然立说亦有权实,中国以权说显真教,西方则以权说为实体,是他的病痛所在。"①先生认为,中土圣贤以天人合一的理论作为指导,所以视天地万物为一体,物我无间,从而成为追求和谐的哲学;而西方学者自希腊以来,都以天人相分的理论作为指导而成为"二体之学",把"物"视为人的对立面,成为人所争夺的对象,从而形成人与人之间互相争夺的哲学。

先生又云:"西方学者以满足欲望为人生之最高境界,故贪求物质享受而至于争夺残杀;中土圣贤教人则以行仁由义为人生之最高境界,故不重视物质。须知仁、义、礼、智不是外来的东西,是人人自性本具,圣凡所同,返求诸己,个个圆满,无亏无欠,用不着争夺。中西先哲立教不同如此,不可不知。"②在这里,先生揭示了中西学说的区别。他认为,中土圣贤以"仁义"为人生之最高境界,故不重视物质,而"仁义"则是"为仁由己"而不是"由人"的,故也用不着争夺;然而西方学者则以满足欲望为人生之最高境界,故贪求物质享受而必至于争夺残杀。这是从哲学的高度所作出的推本溯源之论,可谓深刻之至。

对于现代和西方之所谓"文明",先生说:"近世所谓'文明',只务宫室车服之美、游乐之娱而已。然上下凌夷、争斗劫夺,无所不为。不知此正是草昧,岂得谓之文明。自近世以此为文明,遂使人群日陷于草昧而不自知,真可浩叹。'文明'一词来自西方,译自东土,国人沿用之,未加料简,遂有此弊。何谓'文明'?'文'者事之显,参错交互而不乱者也;'明'者性之德,虚灵不昧,无时或已

---

① 《马一浮全集》,第一册,第730页。
② 《马一浮全集》,第一册,第725页。

者也。'文'就人伦言，'明'就心理说。人伦有序谓之'文'，心中不昧谓之'明'。'文明'与'草昧'相对，'草'者杂乱之谓，'昧'者昏迷之称。近世人伦失常，昏迷颠倒，正是'草昧'。国人率皆以西方社会为'文明'，不知西方正是一部草昧史，岂得谓之'文明'！Civilization 一字由 civie 演变而来，故言西方文明者，莫不推源于希腊。考希腊人民，两种人居多，一武士，一海贾。武士善斗，商贾尚利，故希腊风俗喜争斗、尚游乐而已。此又何足贵耶？"①先生认为，西方之所谓"文明"，源自希腊；然而希腊的文明则主要产生于武士和海贾。武士善斗，商贾尚利，故希腊的风俗喜争斗、崇尚功利和游乐，由此而成为希腊的"文明"。其实，这种所谓"文明"，正是"草昧"的体现，而非真正的文明。先生认为"人伦有序谓之'文'，心中不昧谓之'明'"。可见只有达到每个人的心保持清明，全社会的人际关系整然有序，才是真正达到了"文明"。先生对于"文明"的理解，可谓独具卓识。

对于"文化"一词，先生也有独到的解释。他说："事物参错交互，相对而成，如君臣、父子、兄弟、夫妇、朋友，谓之'文'；为人君止于仁、为人臣止于敬、为人子止于孝、为人父止于慈、与国人交止于信，君臣有义、夫妇有别、长幼有序、朋友有信，又父慈、子孝、兄爱、弟敬，各止其当止，谓之'化'。近世言'文化'者，多从事物之末端上着眼，可谓不知'文化'之根本。"②即此可见，先生所理解的"文化"，是从人伦整然有序的精神文明方面着眼的。

在此基础上，先生进而阐明了东西文化之区别。他说："东方文化是率性，西方文化是循习。西方不知有个天命之性，不知有个根本，所以他底文化只是顺随习气。梁漱溟先生以向前、向后、调和三种态度分别东西文化，不过安排形迹，非根本之谈。"又曰："西方哲学，如经验派只说到习，理性派只说到种子，若义理之性，则皆未见到。"③因为天赋之人性是"善"的，所以东方"率性"而形成的"文化"也是以"善"为准则的；而被社会环境所染的"习"是善恶混淆的，所以西方"顺随习气"而形成的"文化"，也是只讲功利而不分善恶。由于西方资产阶级个人主义所表现出的"贪婪攫取性"和享乐主义，严重地销蚀资本主义社会，使之陷入文化和精神危机之中。

---

① 《马一浮全集》，第一册，第 755 页。
② 《马一浮全集》，第一册，第 756 页。
③ 《马一浮全集》，第一册，第 738 页。

（三）人类一切文化最后必归于六艺

马先生在对东西方哲学、文明和文化的差异作一番推本清源的分析之后，辨明受西方文化影响而出现的诸多社会弊端所以致病之由，认为只有中国的六艺之道，才是可以推行于全人类的放之四海而皆准的正道。

先生曰："学者当知六艺之教，固是中国至高特殊之文化：唯其可以推行于全人类，放之四海而皆准，所以至高；唯其为现在人类中尚有多数未能了解，'百姓日用而不知'，所以特殊。故今日欲弘六艺之道，并不是狭义的保存国粹，单独的发挥自己民族精神而止，是要使此种文化普遍的及于全人类，革新全人类习气上之流失，而复其本然之善，全其性德之真，方是成己成物，尽己之性，尽人之性，方是圣人之盛德大业。"①这段话，明确的阐述了弘扬六艺之道对于实现全人类皆能安享合理的正常生活之盛德大业所应担当的历史使命。

于是进而申明："六艺之道是前进的，决不是倒退的，切勿误为开倒车；是日新的，决不是腐旧的，切勿误为重保守；是普遍的，是平民的，决不是独裁的，不是贵族的，切勿误为封建思想。要说解放，这才是真正的解放；要说自由，这才是真正的自由；要说平等，这才是真正的平等。西方哲人所说的真、美、善，皆包含于六艺之中，《诗》《书》是至善，《礼》《乐》是至美，《易》《春秋》是至真。《诗》教主仁，《书》教主智，合仁与智，岂不是至善么？《礼》是大序，《乐》是大和，合序与和，岂不是至美么？《易》穷神知化，显天道之常；《春秋》正名拨乱，示人道之正，合正与常，岂不是至真么？"②这就是说，只有以中国固有的学术——六艺之学作为全人类的指导思想，全世界才能实现至真、至美、至善的最高理想境界。

先生又曰："夫天理终不可灭，人心终不可亡，此确然可信者，然其间必赖学术以维系之；不然者，几何不相率以渐而入于兽也？今之炫文者去经术，尚口者鳌躬行，贪功者矜货利，骛名者贼廉耻，人人皆欲有所凭假以求逞。循此以往，人与人相食，不待异族之噬而吾属尽矣。"③这是说，天理和人心必须依赖学术才能得到维系，而中国是依赖六艺之教来维系天理和人心的，如果取消"经术"，全社会必将贪矜功利而不顾廉耻，导致道德沦丧，人与人之间互相攻击斗争。这样，即使没有外国之侵略，自己必将陷于危亡之境了。

先生又曰："窃惟国之根本，系于人心；人心之存亡，系于义理之明晦；义理

---

①　《马一浮全集》，第一册，第 19 页。

②　上引均见《马一浮全集》，第一册，第 19 页。

③　《马一浮全集》，第二册，第 351 页。

之明晦,系于学术之盛衰。中土圣贤道要,尽在六经,唯六经可统摄一切学术,一切学术莫能外之。故必确立六经为道本,而后中土学术之统类可得而明,文化之原流可得而数,即近世异域新知,亦可范围不过。若舍己而徇物,逐末而遗本,是今日学者之大患也。六经者,圣人之权度,将以明伦察物,彰往知来。别是非,辨义利,正人心,厚风俗,其必由斯。"①这是说,六经是国学之本,人心之存亡、义理之明晦,都视六经学术之盛衰为转移。所以,只有"确立六经为道本",中国的学术和文化才能够传承和发展;而且,即使"近世异域新知",也可以在六艺之教的指导下,把它吸收进来作为发展六艺的内容。假若抛弃自己的家珍而去追随别人的废物,乃是所谓"逐末而遗本",这是目前学术界最大的弊端和忧患。

因而先生对今人的治学态度提出批评:"今人舍弃自己无上之家珍,而拾人之土苴绪余以为宝,自居于下劣,而奉西洋人为神圣,岂非至愚而可哀?"②乃感叹道:"古人谓其所生之国曰'父母之邦',亦曰'宗邦',本其爱亲之心,而后能爱其邦国,守之弗去。今人亦盛言爱国矣,其所谓爱国心者将何自而推之邪? 方言爱国,而于中国圣智之法视若无物,盛慕欧化,望尘莫及,岂非不爱其亲而爱他人邪? 古人言必则古昔,称先王,今则言必则现代,称夷狄,此谓他人父之类也。"进而勉励诸生道:"慎勿安于卑陋,而以经济落后为耻,以能增高国际地位遂以为可矜。须知今日所名为头等国者,在文化上实是疑问,须是进于六艺之教而后始为有道之邦也。不独望吾国人兴起,亦望全人类兴起,相与坐进此道。"③"人类如欲拔出黑暗而趋光明之途,舍此无由也。"④

于是先生断定:"吾敢断言,天地一日不毁,人心一日不灭,则六艺之道炳然常存。世界人类一切文化最后之归宿必归于六艺,而有资格为此文化之领导者,则中国也。"⑤即此可见先生不仅对六艺之教抱有足够的自信,而且还具有放眼全世界的胸襟,可谓寄希望于六艺者深矣。

---

①　《马一浮全集》,第四册,第329页。

②　《马一浮全集》,第一册,第20页。

③　上引均见《马一浮全集》,第一册,第20页。

④　《马一浮全集》,第一册,第45页。

⑤　《马一浮全集》,第一册,第20页。

本篇小结

　　晚清时期,随着西学东渐,社会变化剧烈,学术界亦开启了新的学风。此后历经民国以迄现代,随着政治和社会的不断变化发展,学者的视野和认识也日益广阔而深化。这一历史时期,浙江的学者如杭州人龚自珍、余杭人章炳麟、海宁人王国维、绍兴人周树人、上虞人马一浮等,都是当时第一流的学术大师,不仅代表了浙江学术的最高水平,而且也代表了全国学术的最高水平。

　　龚自珍是清代后期今文经学的倡导者,又是学术思想史上"开一代新风"的著名学者。他发展了今文经学变易进化的思想,与济世安民事业相结合而成为经世致用之学。在历史观上,他认为"自古及今,法无不改,势无不积,事例无不变迁,风气无不移易"。故依据"公羊三世说"而把社会分为"治世、乱世、衰世"三个阶段,并认为清王朝已经到了善恶不分的衰世,而衰世正是由治世的专制君主所造成。他认为三代时"君师合一",后世君与师分开了,才造成"道德不一,风教不同,王治不下究,民隐不上达"之弊,因而他主张新的"君师合一",即政治与学术的统一。又认为贫富不齐是发生天下大乱,改朝换代的根本原因,因而提出"有天下者,莫高乎平之之尚也"。于是他提出了许多改制和更法的主张,内容大体有这几方面:其一,重视培养人才和合理选拔人才;其二,主张平均土地以发展农业生产;其三,主张加强防御,抵抗外国侵略。他是近代改革运动的先行者。

　　章炳麟早年因追随康、梁而尊孔;继而脱离康、梁,又因排满需要而反孔;晚年又因潜心学术研究而尊孔。可见他的学术思想是根据他的主观需要而转变的。在宇宙论上,他说:"大钧播物,气各相摄,月摄于地,地摄于日,日复摄于列宿,其所以鼓之、舞之、旋之、折之者,其用大矣。"他对宇宙的理解,已基本上具有现代科学的水平。在历史观上提出了所谓"俱分进化"的观点,认为进化并不能给人类带来幸福和欢乐,因为善和恶、苦和乐都是双方并进的。在学术上,他认为"《论语》所说,理关盛衰",故提出"居贤善俗,仍以儒术为佳"的观点。其政治思想以"种族革命"为宗旨,故对于明清儒者,多从反清的角度论定是非。所著《膏兰室札记》《春秋左传读》则是考辨国故文献的朴学著作。

王国维既继承了乾嘉朴学的传统,又接触了西方的哲学思想、文学思想和自然科学知识,因而使他具有比较先进的治学方法。他认为哲学是"求真理、求智力之发达"的知识,对于西方哲学在中国的传播,有着开拓之功。他把康德和叔本华等西方美学观点与中国传统美学思想结合起来,成为自成体系的中国近代新的美学理论。他认为,事物之美并不在于它的内容或使用价值,"一切美皆形式之美也","美之性质,一言以蔽之曰,可爱玩而不可利用者是已"。他在古文字、古器物、古史地、考据学等方面都取得了显著的成就,如《殷周制度论》《人间词话》《宋元戏曲考》《红楼梦评论》这些著作,比起乾嘉学派的学者来,视野确已宽广得许多,可谓开启了现代学术研究的先声。

周树人常被现代理论界推为批孔的健将。其实他所批判的基本上都是秦汉以后经过改造的阳儒阴法并为专制统治者所利用的纲常名教,而对先秦孔孟的儒学则多有肯定。诸如他批判"仁义道德"是批判借仁义道德之名以行"吃人"之实的专制统治者;而其所表达的真实思想,与先秦儒家的伦理思想不啻若合符节。他批判"中庸"也是批判貌似中庸而实非中庸的伪君子;而他所极力坚持的,正是大中至正的真中庸;他的《文化偏至论》正是批判文化现象中背离中道而趋向偏颇的错误倾向的专文。至于他所批判的"国民劣根性"中的奴性、封闭性、保守性,其实都是清代的闭关锁国政策所造成的,而在儒家思想指导下的远古至明代,是全世界最具独立性、开放性和进步性的民族。所以,他所批判的并非先秦原儒本身,而是借儒家之名以行专制之实的统治者。因而可以说,他是以批判的方式,继承并弘扬了先秦原儒的许多合理思想。

马一浮在学术上提出了"国学乃六艺之学"的主张,从而创建了独树一帜的"六艺论"思想体系。其内容包括三层涵义:其一为"一切学术统摄于六艺",其二为"六艺统摄于一心",其三为"六艺之教即是人类合理的正常生活"。三层意思互相贯通,藉以说明六艺之道乃是放之四海而皆准的真理,从而得出"人类一切文化最后之归宿必归于六艺"的结论。这可谓是现代儒者对于中华文化必将引领世界文化的高度自信之充分体现。

　　马氏的"六艺论"在学术上具有三大特色：其一，以六艺之教为指导，容纳古今中外一切学术精华以弘扬儒学；其二，不仅以六艺之道为标准评判百家之学的得失，而且也运用百家之学尤其是佛学中符合六艺之道的内容来论证儒学，并随时对违离六艺之道的内容加以批评；其三，六艺之学是密切联系人类合理的正常生活而展开的，因而马氏的新儒学，不仅能自成严密的体系，而且是与人类的日常生活密切联系的、开放的、发展的学术体系。

　　然而马氏极力反对章学诚"六经皆史"之说，认为此说一出，"六经皆成史料，失其义理教化之功"①。这确实是有其充分的道理的。从史学的立场看，六艺固然可以作为史料使用，然而这毕竟不是六艺的主要功能；六艺的主要价值显然是在于指导人的一切思想和行为的义理，即使是史学，也只有在遵循六艺的义理指导之下才能有益于实用，所以马氏所持诚为正论，实具有拨乱反正之功。

　　其实，若能以中华的"六艺之教"作为主体，广泛地吸取古今中外一切文化的精华加以融汇贯通，使之成为具有中国特色的思想体系，以作为振兴中华的理论基础和指导思想，应该是我们走向大同社会最理想的道路。

---

①　《马一浮全集》，第一册，第605页。

结　语

由于浙江居民风俗俭朴淳厚，并具有勤奋好学的进取精神和经世致用的务实学风，故在长期发展历程中形成了自具地方特色的浙学。从总体上说，浙学是一种旨在求真务实以资经世致用的学术思想，因而有其巨大的影响。

一　浙学的总体特色

从浙学的历史发展看，既有浙江本土原始遗传的因素，也有本土学者直继孔孟的学术和来自中原文献之统的学术；还有诸如程朱理学、陆氏心学以及湖湘之学等自外省传入的学术；到近现代，还有来自西方的学术。各种学术的交流融合，乃形成浙学的总体特色。然而尽管与各种学术交流融合，浙学在具有中华民族传统的普遍性的同时，仍然始终保持有自己的特色。

一种学术思想的产生，往往是一种地域习俗和时代思潮的反映，因而浙学是在浙江这个特定的地域环境和历代以来各个时期的社会历史条件下逐渐形成的。其一，浙江地处我国东海之滨，农耕文明悠久，社会手工业经济和小商品经济一向比较发达，是全国经济繁荣之区；其二，自古以来由于受虞舜、夏禹、徐偃王、越王句践的影响，浙江具有孝友仁义、勤政节俭、图强进取的优良民风；其三，由于东晋衣冠南渡，五代吴越立国，南宋建都临安，因而成为文人荟萃之区；其四，文化传统悠久，尤其是宋代以来学者辈出，讲学论道之风甚盛，学术活动特别活跃，成为全国学术思想最发达的地方。综观浙江这种地域、历史、经济、政治、文化环境，对于形成富有浙江特色的学术思想，无疑具有决定性作用。

关于浙学自具特色的学风，兹试予总结，略加论述。

（一）经世致用，求真务实

浙学的总体目标在于经世致用，而其治学方法和学风则是求真务实。因为只有求真务实所得的学问，才足以经世致用。

浙学自从东汉王充首创实事疾妄之学，即以求真务实为准则。到南宋婺州的范香溪即表现为道德与事功并重的经世致用之学；吕东莱则以"讲实理、育实材而求实用"①的教学方针从事教学；唐说斋创有经制之学，陈龙川创有事功之学，永嘉的叶水心创有经制事功之学，都具有求真务实、经世致用的特色。于是，初步形成了所谓"浙学"的学术流派，"求真务实以资经世致用"这一特色乃得以定型，并成为浙学所自具特色的基调。而婺州乃成为当时浙学之中心，永嘉亦成为浙学之重镇。其影响及乎浙江全境甚至波及全国各地。

浙学有别于程朱理学和陆氏心学的主要特征在于"内圣"的道德与"外王"的事功并重，而"外王"的事功也就是济世安民的经世事业。程朱和陆氏由于重道德而轻事功，故而重经而轻史；而浙学的经世事业必须总结历史经验，故而经史并重而崇尚务实之学。这正是体现了儒家的积极济世之道。

自宋末开始，经元明两代至清初，浙学的中心从浙中的婺州逐渐转移到浙东的明州。这一过程，东莱之弟大愚吕祖俭和宋末鄞县王深宁从中起有巨大的作用。大愚在明州为官，把吕氏的经史务实之学带到明州；深宁兼传朱吕两家之学，而受吕学的影响最深，成为文献和史学方面的博洽大家。由于大愚和深宁的弘扬，明州的重史之风由此开创，而经世致用、求真务实的优良学风也在明州得以充分传播。明州本为陆学盛行之区，从此而代表浙学特色的吕学也得以广为流传。而且，即使是陆学传人，亦大都受吕学影响而逐渐由空谈心性走向了浙学的务实之路。明代王阳明，虽在理论上以传承陆氏心学自诩，但是在实践上却以知行合一为特色的实际功业，显示了浙学务实的经世致用之学。

清初大儒黄梨洲开创浙东实学与史学之派，其学虽自王学而来，但因为是在批判王学末流空疏之学的基础上发展起来的，故其基本精神更为接近吕学，而对王学的末流之弊则作了深刻的批判。而且他把治经与治史接合起来，使之相辅相成而为经世致用的务实之学。其同学陈确，弟宗炎，后学万斯大、万斯同、邵廷采、全祖望、章学诚、邵晋涵等，莫不秉承梨洲求真务实的学脉，在各自的经史研究中获得成功，使浙东的实学和史学成为浙学中具有巨大影响的主

① 《吕祖谦全集》，第一册，第84页。

力军。

清初浙西的代表学者张履祥则提出"以治生为目的"的当务经济之学,陆陇其提出"以实补虚","求之虚不若求之实","实行必由乎实学"等观点,也充分体现了求真务实以资经世致用的特色。

由是观之,求真务实以资经世致用,乃是浙学的基本特色。

(二)敢于批判,注重创新

浙江学者自东汉王充的《论衡》首开批判和创新之风,此后凡是浙学代表人物都具有敢于批判和勇于创新的精神。

吕东莱曾大胆批评皇帝"独运万机"之弊;而在丽泽书院讲学时,总是鼓励学者"质疑""创新"。其《杂说》云:"小疑必小进,大疑必大进。盖疑者,不安于故而进于新者也。"①而且他还教门人要敢于跳出习熟的范围之外。他在《丽泽讲义》中指出:"惟出窠臼外,然后有功。"他在《策问》中大胆要求学生"毋徒袭先儒之遗言,毋徒作书生之陈语"。东莱的这些思想,为破除陈旧观念的束缚提供了理论根据,起到了跳出古人窠臼,而有助于创新的作用。

又如陈龙川与朱子在学术上曾有不少争论,无所顾忌地与之反复辩难,还批评空谈道德性命的道学家"自以为得正心诚意之学者,皆风痹不知痛痒之人也"。②叶水心在《龙川文集序》中特别指出龙川修皇帝王霸之学,"其说皆今人所未讲"。今人所未讲,便是创新。

浙学敢于批判和勇于创新这一优良学风,不仅体现在几位代表人物之间,更重要的是在整个浙江学术界有其巨大的影响。宋元时期浙江有不少朱学传人受此学风的影响,都不死守朱子之说而敢于发明新义。即如号称朱学嫡传的"北山四先生"何北山、王鲁斋、金仁山、许白云都不墨守朱学而能经史并重,与其他地方的朱学大异其趣。《宋史·何基传》称基"精义新意,愈出不穷"。王鲁斋更对朱子的说法不少地方持不同见解,如说《大学》格致之传不亡,无待于补,《中庸》应分二篇,"无极"不是无形等都是。金仁山号称明体达用之儒。黄百家说:"仁山有《论孟考证》,发朱子之所未发,多所牴牾。其所以牴牾朱子者,非立异以为高,其明道之心亦欲如朱子耳。"③《元史·许谦传》称其"于先儒之说,有所未安,亦不苟同也"。可见四先生都对朱学有所质疑和创发。

---

① 《吕祖谦全集》第二册 258 页。

② 《陈亮集》,第 7 页。

③ 《宋元学案》卷八十二《北山四先生学案》,《黄宗羲全集》,第六册,第 227 页。

黄梨洲的名著《明夷待访录》,不仅对君权乃至整个专制制度都作了深刻而无情的批判,而且还提出了许多前所未闻的新见解。

此外,诸如唐末罗隐、宋末邓牧、清之龚定庵乃至现代鲁迅等,都具有一脉相承的敢于批判和勇于创新的精神。

浙学敢于批判的精神是很可贵的:首先,浙学批判的内容,除了极力批判弊政而外,还对许多只发空言、不务实学的现象作了批判,特别对道佛两教尤加痛斥,举凡一切谶纬、神鬼、迷信之说,也都反对;其次,他们敢于向禁区进攻,敢于向权威挑战,在他们面前不存在什么神圣不可侵犯的对象;再次,他们的批判虽然尖锐,但不借虚声吓唬人,不用大言压服人,而是有根据、有分析、有比较地摆论点,持之有故,以理服人。浙学之所以注重创新,不是为了标新立异或语必惊人,而是要求学者把精力用在广大的学术领域内去发前人之所未发。故其所以敢于批判和勇于创新的实质,正在于坚持实现浙学所主张的"求真务实以资经世致用"的宗旨。

(三)刻苦研习,严谨治学

浙学的诸多学者都下过刻苦持久的工夫,因而都很博学;研治学问也很严谨认真,因而取得了卓越的成就。

吕东莱一生家庭忧患频仍,除丧父母而外,三次丧妻,一次丧弟,二次丧子,一次丧女,屡遭不幸,致使正当四十二岁的盛年,即患上不治的风痹之症,行坐不便,但仍然长期坚持著述不息。他从身患重病至四十五岁去世的短短两年半时间中,还再次修订《吕氏家塾读诗记》,以及撰写《古周易》《周易系辞精义》《古易音训》《书说》《宗法》《祭礼》《欧公本末》《坐右录》《卧游录》《庚子辛丑日记》乃至历史巨著《大事记》等著作。其中《书说》和《大事记》尚未完成,而《读诗记》一直修订到离逝世仅隔一天为止,仍未完成。朱子的祭文中谓其"既一卧以三年,尚左图而右史"[①]。这种治学的精神毅力,确实是惊人的。

陈龙川研究皇帝王霸之学,"十年壁水,一几明窗",可谓清贫艰苦之至。一生两度入狱,屡遭凶患,而其志不馁。"学非一日之积",可谓是浙学诸家的共同信条。而宋景濂在《送东阳马生序》所记述的刻苦从学的感人经历,更为世所习知。正因为他能"勤且艰若此",才取得了学术上的巨大成就,可谓与东莱的治学精神一脉相传。这种刻苦勤奋且能毕生不懈的精神,一直激励着浙江的读

---

① 《吕祖谦全集》,第一册,第753页。

书人。

又如张杨园,终身布衣,不仅自己躬耕,而且还专门为书院置有田产,亲自带领学生从事耕作,以体现践履力行之道;他还把"勤俭"作为修德之本。

浙江学者不仅刻苦勤学,而且治学十分严谨认真。吕东莱早在给丞相周必大的信中透露过自己一生的治学步骤:"意欲及筋骸尚未衰惫,考治训诂,极意翻阅;至五十以后乃稍稍趋约,庶几不至躐等也。"[①]这说明,他的治学有严格的步骤,既无欲速之心,亦无追求捷径之意,而是打算在五十岁之前以博学为主,扎扎实实地打好基础,到五十岁以后才进一步从事由博返约的系统功夫。这确实是一种严谨而务实的治学方法。只可惜他未到五十岁就过早去世,还远远未达到他所能达到的高度。东莱这种严谨的治学态度,确实值得取法。

尤其是浙江的众多史学家和文献考据学家,更能以严谨认真的态度从事精慎细致的辨伪考证工作,以保证成果的质量和水平。浙江的学者普遍都能做到这一点,这在各章中都有详述,兹不赘。

浙学只有通过历代众多学者刻苦严谨的治学工作,才产生了多不胜计的辉煌成果,达到了卓越的水平。

(四)两端兼重,本末并举

儒家是以"执其两端用其中"的中庸之道,作为立身处世和治国安民的方法和准则的,因而强调互相联系的各方面之间的协调平衡而达到高度的统一,诸如真善美的统一,道德与知识的统一,内圣与外王的统一等。故在价值取向上,也表现为重群而不轻己,重本而不轻末,重义亦重利,重文事亦重武备,重人文亦重科技,重和谐而不取消斗争等等,无不体现了两端并重以达到协调统一这条基本原则。

然而,宋代道学家中的程朱理学和陆氏心学,在立言上确实都有重"内圣"而轻"外王"的倾向,而陆氏更表现为重道德而轻知识的倾向。他们的具体表现则为重经轻史、重道轻文、重体轻用、厚本抑末、重道德而轻事功等等,严重背离了孔门所传的中庸之道,以致由此而出现诸多偏离中道的失中现象,造成了社会各方面的种种流弊。

独有浙学的代表人物吕东莱,率先从理论上针对这种弊端提出批评。他说:"学者自应本末并举,若有体而无用,则所谓体者,必参差卤莽无疑。"这段话

---

① 《吕祖谦全集》,第一册,第444页。

明白宣示重体轻用、崇本抑末的倾向，不仅是偏，而且有大害。所以他在毕生的治学、教育、著述乃至实践活动中，无不贯彻了两端并重这条原则，在理论上力求各方面的协调平衡而达到高度统一的境界。

其实，儒家素有所谓本末之论。《大学》曰："物有本末，事有终始，知所先后，则近道矣。"这是说，凡事都有本末之分，而且必须先本后末，然后谓之"近道"。但是，有先后之分并不等于有轻重之分。正如《大学》以明德为本，新民为末，也只是说明"新民"必须先有"明德"作为基础而已，并非认为"新民"不重要，相反的是认为"明德"的最终目的就是"新民"，"明德"的价值也只有在"新民"的事业中才能有效地体现出来。

在经济方面，中国古代素有"以农为本，工商为末"的说法。儒家虽也认为农乃立国之本，但重农而并不轻工商。《中庸》将"来百工"列为治天下的"九经"之一，且谓"来百工则财用足"，可见对于百工之重视。孟子对于社会分工的重要性曾有较系统的论述，对各种行业都是并重的。但是，先秦的法家确实有重农轻商的倾向。法家主张以"耕战"为富强之本，而以工商为无益于国家的"五蠹"之一。及至汉儒吸收法家的重农轻商思想纳入儒学之后，崇本抑末、重农轻商才成为历代专制统治者所奉行的基本国策。宋明道学家也多持崇本抑末之说，导致了许多流弊，不利于经济的协调发展。

因此，东莱独能在理论上率先提出"本末并举"的观点，是具有力挽狂澜之重要意义的。继而龙川也提出了"商藉农而立，农赖商而行"的观点。永嘉学派的叶水心则指出："夫四民交致其用，而后治化兴，抑末厚本，非正论也。"这些观点，直接影响到清代浙东学派的代表人物黄梨洲，使之明确提出了"工商皆本"的思想。他在《明夷待访录·财计》中认为："世儒不察，以工商为末，妄议抑之。夫工固圣王之所欲来，商又使其愿出于途者，盖皆本也。"这种"工商皆本"的思想，显然是东莱"本末并举"和龙川"农商相通"等思想的进一步具体化和明确化，正说明浙学代表人物在"本末并举"这一观点上的看法是一致的。

同理，浙江学者都能保持经史并重、文道并重、道艺并重、体用兼明、本末并举、道德与知识并进、性理与事功兼修等原则，并成为浙学的显著特色。而这一特色，乃是浙学明显区别于其他道学流派而最符合孔门本旨的优良传统。

（五）广泛交流，兼取众长

在学术上提倡广泛交流，兼取众长，是浙学的又一个显著特色。这一特色由吕东莱家学的中原文献之统开其端，经东莱的进一步发扬，并为浙江学者所普遍认同和遵循。此后,一直有效地推动着浙学的正常发展。

东莱继承并发扬了吕氏"不私一说,兼取其长"的家风,主张在不同观点之间应广泛交流,以期达成共识;即使观点达不到一致,也应互相兼容,故而明确提出了求同存异的治学态度。他认为"道合志同之至"也总有分歧,所以他主张学者在学术问题上应该具备求同存异的度量,反对学派之间无谓的论争。而且,他还进而提倡学者对于不同的学术观点要广泛接触交流。他认为只与自己意见相同的人交往,是不利于自身学术水平提高的。其《与刘衡州》云:"近日思得吾侪所以不进者,只缘多喜与同臭味者处,殊欠泛观广接,故于物情事理多所不察,而根本渗漏处,往往鲁莽不见,要须力去此病乃可。"①他将学业"不进"的原因,归结为"多喜与同臭味者处,殊欠泛观广接",是有深刻道理的。故他在《与朱侍讲》书中坚决反对"道不同不相知"的观点,认为这样做"诚未允当",未免"颇乏广大温润气象"。基于这种认识,他才超越了当时诸家,使自己的学术"兼取众长",形成了博大宏富之学术体系。显然,这一特色,不仅为自己的学术发展开拓了广阔的天地,而且为整个浙学形成独树一帜的特色开创了宏大的气象。

以求同存异的态度来对待不同观点乃至不同学派之间的广泛交流,显然有益于推动学术的正常发展。东莱与朱、陆两派在学术上有明显分歧,但与朱、陆两人的友谊非常深厚,常能平心静气地与之探讨,并能以"和而不同"的原则以期殊途同归。这一原则集中体现在由东莱所组织的鹅湖之会上。鹅湖盛会开创了不同学派之间进行广泛交流的良好风气,使朱、吕、陆三家都有所获益。东莱之丧,各学派都来赴吊致哀,就是能以求同存异之心对待不同学派的结果。其弟吕大愚与陆氏门人杨慈湖、袁絜斋等长期相处,既能保持父兄所传的学术特色,又能与之广泛交流而吸取其长,就是继承了东莱所提倡的求同存异的优良学风。

陈龙川受东莱学风的影响,不仅与学术观点较近的吕东莱、陈止斋、叶水心等之间长期保持正常的学术交流,即使与朱子争论达数年之久,他在学术上所守的,朱子不能夺,但对朱子还是很尊重,也不全盘否定朱学,而对朱子的学问深表敬佩。这种不以学术上所见不同而影响道义上的互相尊重的优良风格,是值得称赞而发扬的。

---

① 《吕祖谦全集》,第一册,第453页。

后来继起的浙江学者,大多都能继承并发扬广泛交流、兼取众长的优良传统。而在清代浙东学派中更得到进一步发扬。黄宗炎《周易象辞》云:"学者观其法式而效习之,谓前言往行,学之于古;见贤思齐,三人有师,学之于今。会天下之众善,无所遗失,聚归于我矣。……包含遍复,宽大以宅心,于理何所不备,于人何所不容,可谓居天下之广居矣。"邵廷采《王门弟子所知传》亦云:"因时指授,取其笃信,不必定宗一家也。"这种既学于古,又学于今,"会天下之众善","于人何所不容","不必定宗一家"的学风,为构建新的文化形态建立了理论基础。文献学大师全谢山最痛恨门户之争,而注重实践。他说:"夫门户之病最足锢人,贤圣所重在实践,不在词说。"故对东莱能兼容诸家的治学风格深表推崇,并为自己治学所取法。

显然,"广泛交流,兼取众长"这一特色,又为整个浙学在广阔的天地中开拓了更为宏大的气象。

总之,正是浙学具有以上五方面的显著特色,才有利于浙学内部乃至与其他各学派之间展开正常交流;也由此而使浙学能在宋明道学盛行之世独树一帜,并在学术思想史上形成巨大的影响。

二　浙学的横向交流

在宋元明清各派理学家中,虽然彼此见解不同,但由于他们有一个弘扬圣学的共同目标,尽管在学术方面争论很激烈,而在朋友交情上都能保持深厚的友谊。实可谓"殊途而同归,一致而百虑"。这样以"和而不同"的态度来对待学术上的分歧,乃是儒门的优良学风。而这种优良学风在浙学中表现得特别显著,成为各学派的榜样,并为协调各学派的关系作出贡献。

由于浙学有提倡广泛交流和兼取众长的特色,因而不仅在浙江境内各派之间,如金华、永康、永嘉、明州各派之间,都有广泛交流的过程;而且与其他各省学派之间,如闽中朱学、江西陆学、湖湘之学、江右王学等主要学派之间,也都有辩论和交流的过程,互相取长补短,以推动学术的正常发展。

(一)浙江各派间的学术交流

浙学诸家都很重视师友之间的讲习与交流。各学派的代表人物,相互砥砺,商量所学,既频繁而又十分热烈。兹将浙学内部各学派之间交流的概况作一举例式的简述。

其一,金华学派与永康学派的学术交流。就浙江境内而言,吕东莱的金华学派与陈龙川的永康学派也是两个不同的学术流派。但是龙川最尊敬东莱,尝许东莱为平生第一知己,常把著作送请东莱指正,东莱也毫无保留地说出自己的看法。故从朋友情谊而言,堪称莫逆之交;然而在学术观点上,既有一致的地方,也有不同的地方。所以,两人也曾当面争论,往往自昼入夜。叶水心序《龙川文集》就提到东莱退居金华后,龙川间往视之,"极论至夜分"的情况。其间虽互有短长,然共同切磋,正可异质互补而收相济相成之效。

其二,金华、永康与永嘉三派间的学术交流。龙川也常与永嘉学派的陈君举争论,激烈到拍桌子的程度,但并不影响深厚的友谊。东莱被称为叶水心的学侣,曾在一起商量学问。水心自称自己鄙且钝而龙川却以为可教,而龙川则称水心俊明颖悟,更过六七年诚难为敌。可见他们之间是经常商讨学问的。

吕东莱的丽泽书院和明招堂,既是他的讲学之所,也是永康、永嘉的学者及其学子们前来交流学问之地。因受东莱宽宏雅量以及兼容众说态度的影响,各派的弟子一到丽泽,都能协调相处,互相交流学问的气氛非常融洽。

其三,金华学派与四明学派的学术交流。东莱的胞弟吕大愚在监明州仓任所上,与当地称为"甬上四先生"的舒广平、沈定川、杨慈湖、袁絜斋等成为讲论之友。四先生本来都是金溪陆氏的高弟,但其中广平、定川、絜斋又都曾师从吕东莱。是时,诸先生多里居讲学,惟广平在外为官。大愚经常应邀在他们的各处书院一起讲学,故甬上学者遂以大愚代广平,亦称为"四先生"。大愚把东莱所开创的吕学融入甬上众多学者之中。于是,甬上之学,在陆氏心学的基础上,又融进了吕学的务实之风。

综上所述,可见浙学各派之间交流学问的融洽气氛。尽管各派在学术观点上有较多分歧,但总体上都能以经世致用和求真务实为显著特色,殆非偶然。

(二)浙学与省外学派间的辩论和交流

浙东学派的代表人物吕东莱还与其他各地的学派作正常的交流,其中当数与闽中朱子、湖湘张南轩、江西陆象山的交流最为重要。这是因为,东莱与朱子、张南轩并称"东南三贤",而吕学与朱学、陆学则是南宋前期三分鼎足之势的三大学派,故他们之间的学术交流具有意义重大的代表性和典型性。

其一,浙学与湖湘之学的交流。湖湘学派的张栻(1133—1180),字敬夫,号南轩,系抗金名将张浚长子,广汉人,迁居衡阳。南轩师事湖湘派学者胡宏,被推为独得湖湘派真传的理学新秀。乾道五年(1169),东莱赴任严州州学教授,适值南轩亦来任严州太守,两人互相慕名已久,一见如故,各陈所学,乃成至交。

张还遣其爱女来向吕受学。次年，吕入朝任太学博士，张亦被召还任尚书吏部员外郎，而且两人同住在旧王承宣园内，"寓舍相望，于讲论甚便"①，因而往来更为密切，"张丈邻墙，日夕相过讲论"②。密切的学术交流切磋，使两人的学术思想相互渗透，相互影响。如在修养论上，张向吕灌输"收敛操存，公平体察"的观点；而吕则在史学上对张帮助亦多。直至乾道八年（1172），吕因父丧告归，两人才告分别。此后，两人之间一直以频繁的书信讨论学术问题。

其二，浙东吕学与闽中朱学的寒泉之会。朱子名熹（1130—1200），字元晦，祖籍徽州婺源，迁居闽之五夫里。朱、吕本系世交，从青年时即开始学术上的讨论和交流。淳熙二年（1175）三月，东莱带门生潘景愈入闽访问朱子，在朱讲学的寒泉精舍讲论学问。两人共同阅读并研究了北宋理学家周濂溪、张横渠、程明道、程伊川四人的著作，然后从四子的十四种书中辑出六百二十二条，分为十四类，汇编而成《近思录》十四卷，以作为初学者的入门教材。共编《近思录》是这次寒泉相会的主要目的和成果，标志着朱、吕两位理学大师的思想交流和合作著书的圆满成功，而《近思录》也就成为理学的经典著作。两位理学大师的相会也成了浙东士子与闽中士子的一次很好的讲道聚会。一个半月的寒泉之会，是朱、吕两人生平最长的一次相会，讨论的问题非常广泛，在很多方面取得了一致，对他们后来各自的发展都产生了直接的影响。

其三，浙东吕学、闽中朱学与江西陆学的鹅湖之会。陆九渊（1139—1193），字子静，号象山，金溪人。他开创了南宋道学中的"心学"一派，提出"宇宙便是吾心，吾心便是宇宙"的观点，而与朱子的"理学"有较大的分歧。东莱为了调和朱、陆之间的理论分歧，企图使二人的哲学观点"会归于一"，于是向陆氏兄弟发出邀请，约定在信州（今江西省上饶市西北）铅山鹅湖寺相会。东莱、朱子和潘景愈，以及应邀而来的蔡元定、何镐、詹体仁、范念德、徐宋臣、连嵩等一行师友弟子从建阳寒泉出发到达鹅湖寺；陆象山与兄复斋陆九龄也带领朱桴、朱泰卿、邹斌、傅一飞等一班弟子应约前来；临川太守赵景明亦邀约刘清之、赵焯一起来会，而赵焯本为东莱弟子。因鹅湖寺地处闽、浙、赣交界，有关学者闻风而至者，亦有不少。鹅湖之会共进行了十天，朱、陆双方就"心"与"理"的关系进行了辩论。朱子以心与理为二，理是本体，心是认识的主体；陆象山以心与理为一，以

<hr />

① 《吕祖谦全集》，第一册，第503页。
② 《吕祖谦全集》，第一册，第401页。

心统贯主体与客体。朱子以为理生万物,心具众理而应万物,故主张即事物穷理;象山认为心涵万物,心即众理而成宇宙,故主张离事自悟。但主要是前三日就"教人"之法的问题上引起了争辩。在这个问题上,朱子强调通过对外物的考察来启发人的内心潜在良知;陆氏兄弟则主张"先发明人之本心",反对多做读书穷理的工夫。而在以后长达五六天时间的切磋论学中,对一些具体的经学和理学问题还是多有一致。故从第四天以后,气氛趋于缓和融洽,其至双方相互介绍门下弟子,会间弟子也相互问学不受师阻。东莱作为会议的主持者,在会上并没有作明确的表态,对于朱、陆双方的观点,"甚有虚心相听之意"。并在会后一再肯定"诸公相聚切磋,甚觉有益"。但是,内心还是倾向于朱子的"教人"之法,认为二陆的主张过于疏阔。他在《与陈同甫》的书中评云:"元晦英迈刚明,而工夫就实入细,殊未可量;子静亦坚实有力,但欠开阔耳。"[1]"欠开阔",正是对陆学流于空疏的一种婉转批评。鹅湖之会虽然没有达到东莱"会归于一"的预期目标,但由此而拉开了学术界正常争鸣的序幕,促使朱、陆双方都作出一些积极而有益的反省,促进了学术的正常发展;而且也由此进一步显示了东莱所创建的代表浙江主要特色的婺学,最善于兼容并协调众说的学派特色。

其四,吕东莱与朱子的三衢之会。淳熙三年三月,东莱应朱子之约,两人相会于开化县北的汪氏听雨轩,以讨论长期所积的学术问题。两人主要讨论《诗》《书》《易》《礼》《春秋》五经中的问题。有些方面取得了认识上的一致,但也有不少方面出现了新的分歧。例如在《诗经》学上,东莱是南渡以来专主毛郑之说的《诗》学大家,而朱子则对《毛序》萌生了怀疑,把自己以前曾经主毛郑之说的观点视为"旧说"而准备加以扬弃。因此,东莱的《吕氏家塾读诗记》和朱子的《诗集传》分别成为代表主毛郑与反毛郑两种《诗》学的影响最大的著作。三衢之会是朱、吕两位大师在经学与道学思想发展上的又一个重要里程碑。

其五,陈龙川与朱子的学术辩论。浙东事功之学与闽中朱学之间的分歧与辩论,主要在陈龙川与朱子之间展开。然而,朱陈之争与朱陆之争的层次是不同的。朱陆之争是儒学的"内圣"方面"性即理"与"心即理"之争;而朱陈之争则是儒学范围内的"内圣"之性理与"外王"之事功之争。淳熙九年(1182),朱子任提举浙东茶盐公事,路经婺州,龙川专程拜访,两人初次见面,"获陪妙论","数日山间从游甚乐"。龙川呈其《策问》,坦陈己见,两人互相讨论学术问题,至为

---

① 《吕祖谦全集》,第一册,第472页。

融洽。别后彼此通信交流学问，龙川信中曾提出质疑："度外之功，岂可以论说而致；百世之法，岂可以辏合而行乎？天下，大物也。须是自家气力可以斡得动，挟得转，则天下之智力无非吾之智力，形同趋而势同利，虽异类可使不约而从也。若只欲安坐而感动之，向来诸君子固已失之偏矣；今欲斗饤而发施之，后来诸君子无乃又失之碎乎！"①这是说，若要成大事，必须使大家"势同利"，才能做到"虽异类可使不约而从"，事业才能成功；而单靠道德"安坐而感动之"是不够的。同年夏，龙川复去信录去《杂论》前五篇。朱子答书简评"新论奇伟不常，真所创见。惊魂未定，未敢遽下语，俟再得余篇，乃敢请益耳"②。并索后五篇。次年秋，朱子回闽后复书，对《策问》和十篇《杂论》作了简评："《策问》前篇，鄙意犹守明招时说；后篇极中时弊，但亦须大有更张，乃可施行。""去年十论大意，亦恐援溺之意太多，无以存不亲授之防耳。后生辈未知三纲五常之正道，遽闻此说，其害将有不可胜救者，愿明者之反之也。"这是借用《孟子》"男女授受不亲礼也，嫂溺援之以手权也"之语为喻，意谓《杂论》言权变之义太多，对于"未知三纲五常之正道"的后生辈来说，恐将导致不受礼所约束的流弊。此后，龙川与朱子反复作王霸义利、天理人欲、醇儒成人、三代汉唐争辩达数年之久，互相仍未被对方所折服。

其实，儒家之宗旨就是内圣与外王之道，朱陈所争，亦就此两端而彰显之。朱子要从身心之修养开始，渐进地推至社群与国家，乃至整个天下。他认定社会的构成必须建立在个人尊严挺拔的基础上，虽然这并非容易达到的，但并不能因为困难而放弃。故在复信中答云："惟圣尽伦，惟王尽制，固非常人所及，然立心之本，当以尽者为法，而不当以不尽者为准。"③然而在龙川看来，且不论由身心是否能推至国家，已是一大问题；即便是真能推得到，这南宋的江山如不能由弱转强，社会不免于动荡，民生不免于多艰，这又岂能是儒家之所求？故双方对于儒家之道的认识最终还是各持己见，谁也没有能说服对方。然而这种正常辩论，对于推动学术的发展，确实起有巨大的积极作用。

（三）江右王门批判浙中王门的良知现成说

若从学术流派而言，江右王门学者批判浙中王门良知现成说的性质，当属王学同门内部的批评；若从地域立场而言，则是浙东王学与江右王学之间的辩

①　《陈亮集》，第 264 页。
②　《朱文公文集》卷三十六。
③　《朱文公文集》卷三十六。

论和交流。

王阳明门人众多，禀赋各异，所以他"随人分限所及"以因材施教，而门人则"各以质之所近领受承接"，进而"各执其方，以悟证学"。到阳明去世后，终至各立宗旨，自创新说，乃导致阳明心学的分化。

王门后学按照学术的趋向不同，大致上可分为三派：一是以浙中王龙溪为代表的偏于"狂者"倾向的"良知现成"说，故学界称之为"现成派"或"狂禅派"，主张自然为宗，强调发散流行，崇尚活泼快乐，讳言工夫修证，无视格套名节；二是偏于"狷者"倾向的"归寂""主静"派，主要由江右王门的双江聂豹、念庵罗洪先、两峰刘文敏、思默万廷言、塘南王时槐等为代表，重视修养工夫，强调收敛主静，在体用关系上主张"体立而用自生"，因而很重视涵养心之本原；三是"谨守师门矩矱"而略近于"中行"规范的所谓"正统派"，亦称"修证派"或"主敬派"，主要以浙中绪山钱德洪、江右东廓邹守益、南野欧阳德、师泉刘邦采、明水陈九川等为代表，主张心有主宰，强调收敛保聚，而以主敬或主事为修养工夫，可谓王门中重修持的务实之学。后两派的主要代表除钱绪山外，大都是江右王门学者，而且就其本质而言，这两派都是偏重修持和工夫的学者。

江右王学是阳明后学盛行于江西一带的重要学术流派，在总体上都重视修持工夫，而与浙中龙溪之主张任性自然，提倡发散流行，崇尚纵情洒落的狂者之风大异其趣。由于以龙溪为首的良知现成说逐渐偏离阳明知行合一之教，导致道德虚无主义风行，引起许多社会弊端，不仅背离了浙东学派求真务实的总体特色，而且也违背了阳明致良知的宗旨。于是引起浙中王门内部的批评而外，更引起了江右王门主张"归寂说"和"主敬说"的众多学者猛烈的批评。

江右王学中偏于"狷者"倾向的归寂派或主静派，其中聂双江论学以"寂"为主，故治学以"归寂以通感，立体而达用"为宗旨；罗念庵论学以"静"为主，并认为"静定工夫"决非一朝一夕就可达到，只有"渐渐成熟"乃可；其徒万思默继其学，而以收心主静为旨；刘两峰论学以"虚"为主，又很重视心之主宰作用；其徒王塘南继乃师"性体本虚"之旨，兼取双江"主寂"、念庵"主静"之说，认为学从收敛而入，方能入微，终以"悟由修得"为依归。此派过分偏重内在的"守寂"或"主静"工夫，所以他们与龙溪的辩论，意在矫正现成派的偏外之弊，不失为救病之良药。

江右王学中略近于"中行"之道的修证派或主敬派，其中东廓之学得力于"敬"；南野和明水治学皆强调格物工夫，并突出表现为事上磨练的修养特色；师泉既重视"悟"的灵觉,也重视"修"的工夫。此派对于现成派的批评,主要是针对其偏重"自然"之弊而强调了"主宰"的重要性;针对其不讲工夫的偏失而强调了致良知工夫的重要性;针对其偏重超脱洒落之弊而强调了"主敬"的重要性。对于良知现成派而言,主敬派之说有如风浪中之中流砥柱。

由此可见,在批判良知现成说的辩论中,江右王门学者无论是主敬派抑或归寂、主静派,都一致体现了重视修持工夫的主张,在匡正良知现成说所导致的社会风行空疏之弊方面,起到了力挽狂澜的作用,开启了清初批判王学的先河,匡正了阳明心学转向务实之学,也使浙学从中获得了"他山之石"的效益,从而开启了清初实学和史学的发展。

三　浙学对地域文化的主导作用

浙学是在中华民族传统文化中的主流文化儒学的哺育下,通过浙江的自然环境和民风习俗的薰染陶冶而逐渐形成和发展起来的。浙学作为一种地域文化,理所当然会对本地区的士风民俗、各行各业乃至文艺创作等文化传统方面,起有理论上的指导作用。

首先,浙学所倡导的经世致用之学,不仅出仕从政者将之运用到施政治民之中,即使是平民布衣,也善于把经世致用之道具体运用到立身、治家、处世与创业之中。如兼通朱吕之学的宋代义乌徐毅斋,虽居显官,仍以俭朴自持。他在上疏力陈弊政时,理宗见其衣履垢敝,谓其清贫。徐侨对曰:"臣不贫,而陛下乃贫。"遂指出疆土缩小,将帅无能,盗贼四起,国库空虚,百姓困于横敛,群臣饱于私囊,天子孤立,国势垂危等弊端,正是国家贫弱的表现。奉化舒广平,"素以天下为己任,虽居冷官,未尝忘世事","尤留心中朝治乱之故"。他所提出的政治主张都体现了他的忧国忧民之热忱。他对荒政、茶盐、常平、义仓、役法等均有论说。他一再指出:"当今时势,官爵之崇卑,皆不足以吾党贺,而国本之安危,则深有可虑者。"而如宋之陈龙川、倪文卿,清之黄梨洲、吕晚村、龚定庵等,或以爱国情怀,或以民族大义从事著书立说。又如元代婺州朱丹溪,其学一以躬行为本,他把所学的"天命人心之秘,内圣外王之微"运用于为社会兴利除害的实践之中,并为此而学医来实行他的济世抱负,尝谓:"吾穷而在下,泽不能及远,随分可自致者,其惟医乎!"①遂专心学医,成为医学史上的四大家之一,从而

---

① 《宋元学案》卷八十二《北山四先生学案》,《黄宗羲全集》,第六册,第286页。

把心性之学和济世事业高度统一起来。婺州士人受其影响,以儒兼医者甚众,大都能把医术视为救世扶伤的济世之方。明代余姚王阳明,政绩与武功皆为世所共知,自不必多说。清初桐乡张杨园,虽终身布衣,得知明亡,缟素不食者累日。一生躬行稼穑,尝谓:"夫能稼穑,则可无求于人;可无求于人,则能立廉耻。知稼穑之艰,则不妄求于人;不妄求于人,则能兴礼让。廉耻立,礼让兴,而人心可正,世道可隆矣。"故尝著《补农书》,对于耕种、养鱼、酿酒等资生之事都有记述,几乎一切农家事无所不备,并提出了追求厚利的农学思想,对当地的农业发展起有巨大的作用。他以圣人之道为基础而成为著名的农学家,被士林视为程朱学派的正传,竟得以布衣之身从祀文庙。

其次,浙学的求真务实精神,造就了浙江之民脚踏实地的办事作风,举凡出仕从政者,则大都能做一些有利于当地百姓的实事。如宋代金华王师愈任宣教郎知潭州长沙县,施政一以仁恕安静为本,纲目严整而守之有常。百姓有讼事,即谆谆善诱,而对当时装神弄鬼、蛊惑民众者,则擒其首领,厉禁巫鬼,使民俗为之一变。在代知严州时,赏信罚必,土豪不敢妄为。救赈饥民尤为周密,并奏请蠲免徭役,减轻百姓负担。大旱之年,先有布置,境内无馁者,且有余粟救济其他地方。又东莱弟子金华叶秀发知高邮军时,高邮多湖泊,水高而田下,堤防不固,秀发详察地势之宜,组织民众,建造石埭,使之既可疏水以防水患,又可积水用于灌溉,以防旱灾。永康吴思齐,宋末任嘉兴县丞,一到任即亲自坐在监狱门口逐一审问案件,使不少冤案疑狱得以昭雪平反。金华叶审言,其学以寡欲为宗,任衢州明正书院山长时,即将被道流冒占的二百余亩田地,设法归还当地百姓,因而受到百姓的爱戴。兰溪名儒吴师道,任宁国路录事,时逢大旱,师道劝大户捐助,得粮三万七千六百石,以赈饥民;又呈请上司得救济粮四万石,钞三万八千四百锭,使三十余万人得免饥馑。任建德县尹时,逼使豪户退出强占的学田,并减轻了民众的茶税负担。浦江郑湜在任福建布政司左参议时,一到官就撤去贪吏,革除弊政,多年积压不决的案件,尽皆剖审无遗。当时南靖县有乡民起事,被诬牵连者数百家,官军部曲多掠夺其妇女为奴。郑湜提请诸将把她们全部放还,并赦免受累人家之罪,乡民皆感其德。

其三,浙江学者的刻苦严谨的治学精神,陶冶了浙江学子异常刻苦认真的学习作风。浙江的代表学者都能以刻苦严谨的精神治学。如吕东莱数年瘫痪在床,仍以久病之身从事治学,写了大量著作。尤其是宋濂耐苦从学的事例更为世所熟知。而在他们的影响之下,当地士人都能发扬这一精神。例如由松阳迁居金华的潘景宪,不以年长为耻,拜于东莱门下,读书刻苦,虽家道富裕,生活却很俭朴,还常以私谷敛散,以惠乡人。明末海宁谈迁,自幼好学,一生靠教书、做文书工作维持生计。早年就立志纂修明史,从天启元年(1621)开始写《国榷》,到天启六年完成初稿,所能参考的资料多为私家著述,约有百种之多,到清顺治二年(1645),已经六易其稿,完成《国榷》100卷的巨著。不幸在顺治四年书稿被窃,不得不再行重修。他的刻苦治学精神可谓卓绝。

在文献、史志、考据等领域尤其需要严谨认真,而这几方面更是浙学所擅长。如宋代文献学家吕东莱、王深宁,明代史家胡应麟、谈迁,清代文献学家朱彝尊、全祖望,史学家万斯同、章学诚、邵晋涵,考据学家万斯大、卢文弨、严可均、俞樾、孙诒让、王国维等,都以治学严谨认真著名。其中如卢文弨,皓首穷经,埋头故纸堆,以毕生精力从事校勘考据等学术上的技术性工作,并在实践中总结出一整套校勘学理论和经验方法,在校勘中触类旁通,发现并解决了大量古书中的疑难问题,往往论证精核,推理有据。他的校本历来以“精善”著称于世。至今学术界仍一致称他为清代最伟大的和第一流的校勘学家。

其四,浙学主张本末并举,农商相通,重视各行术业,故而浙江之民并不轻视工商技艺,促使各种行业与艺术特别兴盛。浙江各地虽然都以农业经济为主,但是又能根据当地的条件和传统发展其具有特色的各种技艺和工商业。如永康制造铁器的手工业异常发达,东阳则以木工、雕刻的手工业著称于世皆其显例。宁波、温州等地的人皆善于经商,而尤以婺州义乌则以货郎为业者甚众。义乌货郎把日常生活所需的小商品输送到各县的乡村,而把当地的废铜、废铁和鸡毛之类进行回收,这是把陈亮所提出的“农商相通”的理论具体贯彻到实际生活中去。由于浙学主张文道并重和道艺并重,浙江出现了诸如宋景濂、龚定庵、鲁迅等一流文章大家和吴昌硕、黄宾虹、潘天寿、丰子恺等一流绘画大师。尤其如浦江的士人在熟读经史之余大都能书善画,除张书旂、吴茀之等名家而外,还有许多普通人亦能以书画著称。因而现在浦江由国家命名为中华诗词之乡、中国书画之乡、中国民间工艺之乡。

其五,虞舜的孝友遗风对浙学的影响非常巨大,对于当地民俗影响最大者,当数许多较大的家族,都能把儒家孝友品德和一整套经世理论融合为一,以之运用到治家的具体实践中去。浙江自宋元明以来崇尚世代同居,从五世、六世乃至七世以上兄弟同居的大家族不可胜计。而最具典型性的,当数号称“江南第一家”的浦江郑义门,它是中国家族史上以儒治家而实行世代同居、共财、聚食的著名典型。郑氏全族同居共炊长达十五世之久,合家食指达二千余口之多,自南宋建炎初(1128 年前后)至明天顺三年(1459),历三百三十余年。其规模之大,历时之久,制度之严,更为世所罕见,故号称"义门"。其创始者郑绮,一生信奉儒学,主张以"孝义"立身,肃睦治家。他以一介布衣,不仅生前能令全族同居聚食,而且死后还能使其后代以数千余口之众共同遵其遗志,垂十五世之久,这决非单凭一番遗嘱、几则家规所能奏效,而是在于它有深厚的文化传统作为基础,全族成员都具有一种内在的、根深蒂固的共同文化心理作为精神上的凝聚剂,从而自觉地维护了整个家族的正常运行。这种共同的文化心理,不外乎儒家道德中的"孝义"二字。而这种"孝义"的文化心理及其家族管理制度,则自然与具有浙江特色之儒学的巨大影响有关。像郑义门这样一个家族,其结构宛如一个小国家的缩影。它既有"孝义"这一道德标准作为思想指导,又有一整套管理制度可供实际管理并使全家遵循,无论在管理制度、财政制度和监督制度等各方面都具有实际的可操作性。其实,这就是把浙学所倡导的经世致用之道贯彻实行于治家方面的典型的成功事例。除郑氏而外,浙江的其余中小家族乃至普通人家,尽管没有郑义门这样的规模,然而大都能把经世致用之道实施于治家之中,则是浙江较为普遍的现象。这显然是受浙学的巨大影响所致。

四 浙学的现代意义

浙学不仅在当时的众多学派中堪称深得孔门之正传的一种地域性学术思想,而且即使到现代,其中有许多合理的观点仍然值得继承与发扬。

其一,浙学提倡求真务实、经世致用、崇尚事功的精神。这种学风直接影响到浙江的民风民俗,体现为浙江人民有很强的事业心。浙江学者大都认为"道义"和"功利"二者的关系是统一的。他们认为"道"存在于"日用之间"的国计民生之中。道德修养不能徒事空谈,而要通过实事实功来体现。故而反对那种"百事不理""尽废天下之实"的所谓"道德性命"之说。这种"功利"与"道义"相统一的义利观,历来对浙江人有志于建功立业的事业心起有积极的作用。现代浙江籍的众多实业家在发展事业的过程中,见利思义,爱国爱乡,不仅在发展民族经济中作出了贡献,而且在资助家乡建设、发展文化教育和各种社会福利事业中,做了许多有益的事。随着现代化市场经济体制和法制建设日趋完善,诚信守约的经营理念也在不断加强。把国家和人民利益放在首位而又充分尊重公民合法利益的现代义利观,必将真正成为人们共同遵循的价值观念和道德规范。

其二，浙学具有敢于批判、勇于创新的精神。受这种学风的影响，浙江人思想活跃，敢想敢做，发扬敢为天下先的创业精神。浙江人头脑机灵，心态开放，较能接受新思想。在历史上，浙江人积极进取，不畏强暴，具有反专制、反侵略的光荣传统。在改革开放中，浙江人思想解放，走南闯北，敢冒风险，锐意创新，闯出了一条条符合本地区实际的社会经济快速健康发展的路子。面对经济全球化和国际市场竞争的世界发展格局，有志者同时必须是多智多谋者，才能成为不断创新事业的优胜者。所以，我们应倡导浙江人继续发扬浙学中敢于批判，勇于创新的精神，永远保持活跃的精神状态，发扬浙江自己的固有特色，从思想上保证浙江的事业永远走在全国的前列，以期跳出浙江，面向全国，走向世界，敢于到经济全球化和高科技竞争的浪潮中去创大业。

其三，浙江学者刻苦严谨的治学精神，历来为世所称。体现在学业上，浙江学子格外勤奋好学，这在历年的高考中，浙江籍的学生成绩都能名列前茅，即其明证。体现在事业上，浙江籍的企业家都能发扬艰苦奋斗的创业精神，职工都能发扬认真勤奋的敬业精神，即使是到外地打工者，也多能以艰苦耐劳的作风获得好评。许多浙江人，为了成就自己的事业，跑遍千山万水，历经千辛万苦，经受千锤百炼，终于成为艰苦创业的成功者。刻苦勤劳的浙江人，在创业的道路上，不畏艰险，不怕困难曲折，总是奋力向前，务在成功而后已。这种刻苦勤奋的创业敬业精神，确实值得大力弘扬。

其四，浙学的代表人物吕东莱、陈龙川和叶水心等，早在南宋时代就已经意识到"崇本抑末""重农轻商"的经济思想是扼杀商品经济发展，导致人民贫困的一个重要原因，于是分别提出了"本末并举""农商相通"的思想，大力促进了当地工商业的正常发展。这一思想，经清儒黄梨洲又系统总结并进一步加以发扬。故而历代以来，浙江的各种行业与艺术特别兴盛。即使到现代，这种思想仍可视之为适应商品经济发展的观念形态。由于浙江人商品意识的启蒙较早，乃成为以民营经济为重要特点的经济快速发展的精神动力。例如温州人所创业的"温州模式"，早已成为全国发展经济的榜样；永康素以铁工之业著称，因而发展成为现代著名的"五金之乡"；东阳素以木工、雕刻之业著称，因而发展成为现代著名的"百工之乡"；浦江素以多出文学书画之士著称，因而发展成为现代著名的"诗词之乡""书画之乡"和"民间艺术之乡"；义乌素以从事货郎小商著称，因而发展成为现代闻名世界的"小商品城"等等。无不与浙学在意识形态方面的巨大影响有关。所以,这种"本末并举""农商相通"的思想,更是构建现代化和谐社会的理论基础。

其五,浙学强调道德与知识并重的学风,对于培养德才兼优的人才起有理论上的指导作用,即使对于目前提倡素质教育的方针仍未失去其积极意义。宋儒道学中的陆氏心学一派,偏重道德而轻视知识,主张不必多读书,认为读书乃是支离琐碎之事,对于实现圣人之道并无益处。这无疑是背离儒门中庸之道的原则而走向极端的一种偏见。然而时至今日,各学校在教育方面又流于片面追求升学率,重知识而轻道德,只管灌输知识而不过问道德修养。这样的教育方式,分明又已背离中庸之道的原则而走向了另一极端,以致道德沦丧,社会流弊百出。所以,道德与知识并重,乃是教育事业所必须永远遵守的基本原则,因而浙学中关于道德与知识并重的教育理论及其方法仍然值得继承和弘扬。

其六,婺州学者所崇尚的不主一说、兼取众长的学风,不仅对于历代以来不同学派之间广泛展开学术交流,推动学术思想的正常发展,曾经起过巨大的积极作用;即使与今天所提倡的"百家争鸣,百花齐放"的方针也有其一致性。尤其是在当前世界各民族文化频繁交流之际,更能发挥其取长补短的积极作用。其实,早在清代前期,浙东学派的史学大家万斯同,在浙学兼容诸家之风的启发之下,就提出了"中西文化互补"的观点。他说:"适西法既入,其说实可补中国所未及。""西人所矜为新说者,要皆旧法所固有;而西学所独得者,实可补旧法之疏略。"这种对不同文化融会贯通的思想,其实就是从浙学的"不私一说,兼取众长"的学风发展而来,即此可知其价值。

浙学是浙江人民历代祖先集体智慧的结晶,是由浙江先贤们经过精心总结提炼,然后遗留给我们的一份珍贵遗产,其中不乏可供今天借鉴的精华。我们必须加以珍惜、继承、利用和进一步发扬。

浙学以继承和弘扬先秦儒家思想为使命,力求准确而灵活地运用儒家的中庸之道的方法来探索各种学术问题。其中"经世致用"是浙学的宗旨;"求真务实"是要求一切知识言行必须符合客观规律,亦即理论必须联系实际,而反对脱离实际的高谈妙论,这是实现"经世致用"之旨的理论基础;而敢于批判、勇于创新、刻苦讲习、严谨治学等,则是达到"经世致用"之旨所应具备的主体精神;其强调经史并重、文道并重、道艺并重、体用兼明、本末并举、道德与知识并进、心性与事功兼修之类,则是体现了"执两用中"法则的具体运用;其"不主一说、兼取众长",则是体现了"和而不同"法则之具体运用。而"执两用中"与"和而不同"，正是儒门中庸之道所用以正确处理事物关系的两大基本法则。就儒家的中庸之道而言，"执两用中"法则在于处理互相对立两端之间的关系以达到适得事理之宜而体现其正确；"和而不同"法则在于处理多种不同事物之间的关系以达到协调和谐而显示其博大。正确而又博大，正是先秦原儒学说的光辉形象，也是浙学的光辉形象。所以，在与之同时代的各学派中，浙学独能得儒门之正传。

浙学之中，尽管也难免含有某些因受时代局限而形成的消极成分，然而从总体上看，乃是一种以追求真理为目标的具有积极进步意义的学术思想。它立足于浙江的具体环境，并从全国各学派中吸取长处来丰富自己的内容，使之既切合浙江之实际，又能适应历史发展的趋势。而且，即使是某些受时代局限而形成的消极成分，也可以遵照中庸之道所提倡的与时俱进的"时中"法则加以矫正，使之适应时代的发展。今天，在对浙学进行全面而系统的研究的基础上，择精抉微，总结其有助于今天经世致用的观点和经验，以供浙江人民乃至全国人民从事创业的参考之用，乃是浙江士人所不容推卸的责任。

最后，再引浙江籍的现代新儒家马一浮先生的几段阐发儒家"六艺之学"的名言以结束全书。马先生说："全部人类之心灵，其所表现者不能离乎六艺也；全部人类之生活，其所演变者不能外乎六艺也。"[1]"今人亦知人类须求合理的生活，亦曰正常生活，须知六艺之教即是人类合理的正常生活。"[2]他又说："六艺之道是前进的，决不是倒退的，切勿误为开倒车；是日新的，决不是腐旧的，切勿误为重保守；是普遍的，是平民的，决不是独裁的，不是贵族的，切勿误为封建思想。要说解放，这才是真正的解放；要说自由，这才是真正的自由；要说平等，这才是真正的平等。西方哲人所说的真、美、善，皆包含于六艺之中。"于是先生断定："吾敢断言，天地一日不毁，人心一日不灭，则六艺之道炳然常存。世界人类一切文化最后之归宿必归于六艺，而有资格为此文化之领导者，则中国也。"[3]即此可见马先生不仅对六艺之教抱有足够的自信，而且还具有放眼全世界的胸襟。其实，浙学正是继承和弘扬"六艺之教"而深得其正传之学。因而马先生总结"六艺之学"的名言，也可以用之于总结浙学。

---

① 《马一浮全集》，第一册，第 18 页。
② 《马一浮全集》，第一册，第 15 页。
③ 《马一浮全集》，第一册，第 20 页。

主要参考文献

（唐）孔颖达等疏，（清）阮元校刻，《十三经注疏》，中华书局 1980 年影印本。

（宋）朱熹注，《四书章句集注》，中华书局《新编诸子集成》本。

宋元人注，《四书五经》，中国书店，1985 年。

（东汉）王充撰，《论衡》，上海人民出版社，1974 年。

（东汉）袁康、吴平撰，徐儒宗校点，《越绝书》，浙江古籍出版社，2013 年。

（东汉）赵晔撰，《吴越春秋》，《四部丛刊》本。

（唐）陆贽撰，《陆宣公奏议》，《四部丛刊》本。

（唐）罗隐著，潘惠慧校注，《罗隐集校注》，浙江古籍出版社，2011 年。

（宋）周行己撰，《周行己集》，浙江古籍出版社，2015 年。

（宋）许景衡撰，《横塘集》，《永嘉丛书》本。

（宋）刘安节撰，《刘安节集》，上海社会科学院出版社，2006 年。

（宋）刘安上撰，《刘安上集》，上海社会科学院出版社，2006 年。

（宋）张九成撰，《张九成集》，浙江古籍出版社，2013 年。

（宋）范浚撰，《范浚集》，浙江古籍出版社，2014 年。

（宋）薛季宣撰，《薛季宣集》，上海社会科学院出版社，2003 年。

（宋）陈傅良撰，《陈傅良先生文集》，浙江大学出版社，1999 年。

（宋）吕祖谦撰，《吕祖谦全集》，浙江古籍出版社，2007 年。

（宋）唐仲友撰，《帝王经世图谱》，文渊阁《四库全书》影印本。

（宋）陈亮撰，《陈亮集》，河北教育出版社，2003 年。

（宋）舒璘撰，《广平类稿》，《四明丛书》本。

（宋）沈焕撰，《定川遗书》，《四明丛书》本。

（宋）杨简撰，《慈湖遗书》，文渊阁《四库全书》影印本。

（宋）袁燮撰，《絜斋集》，文渊阁《四库全书》影印本。

（宋）叶适撰，《叶适集》，中华书局，1961年。

（宋）何基撰，《何北山先生遗集》，《金华丛书》本。

（宋）王柏撰，《鲁斋集》，文渊阁《四库全书》影印本。

（宋）黄震撰，《黄氏日抄》，文渊阁《四库全书》影印本。

（宋）王应麟撰，《困学纪闻》，文渊阁《四库全书》影印本。

（宋）胡三省撰，《通鉴释文辨误》，文渊阁《四库全书》影印本。

（宋）金履祥撰，《仁山文集》，文渊阁《四库全书》影印本。

（宋）戴表元撰，《剡源文集》，文渊阁《四库全书》影印本。

（宋）邓牧著，《伯牙琴》，中华书局，1959年。

（元）许谦撰，《白云集》，文渊阁《四库全书》影印本。

（明）宋濂撰，徐儒宗校点，《宋文宪公全集》，北京大学出版社，2017年。

（明）刘基撰，《诚意伯文集》，文渊阁《四库全书》影印本。

（明）方孝孺撰，《逊志斋集》，文渊阁《四库全书》影印本。

（明）胡应麟撰，《少室山房集》，文渊阁《四库全书》影印本。

（明）王守仁撰，《王阳明全集》，上海古籍出版社，1992年。

（明）徐爱、钱德洪、董澐撰，《徐爱钱德洪董澐集》，凤凰出版社，2007年。

（明）王畿撰，《王畿集》，凤凰出版社，2007年。

（明）黄绾撰，《黄绾集》，上海古籍出版社，2014年。

（明）张元忭撰，《张阳和集》，福州正谊堂本。

（明）刘宗周撰，《刘宗周全集》，浙江古籍出版社，2007年。

（清）黄宗羲撰，《黄宗羲全集》，浙江古籍出版社，2005年。

（清）陈确著，《陈确集》，中华书局，2009年。

（清）张履祥著，《杨园先生全集》，中华书局，2014年。

（清）黄宗炎撰，《周易象辞》，文渊阁《四库全书》影印本。

（清）吕留良撰，《吕留良诗文集》，浙江古籍出版社，2013年。

（清）陆陇其撰，《三鱼堂文集》，文渊阁《四库全书》影印本。

（清）万斯大撰，《学礼质疑》，文渊阁《四库全书》影印本。

（清）万斯同撰，《儒林宗派》，文渊阁《四库全书》影印本。

（清）邵廷采撰，《思复堂文集》，浙江古籍出版社，2010年。

（清）全祖望撰，《鲒埼亭集》，《四部丛刊》本。

（清）章学诚著，《文史通义》，中华书局，2014 年。

（清）邵晋涵撰，《旧五代史考异》，古籍影印本。

（清）毛奇龄撰，《四书改错》，华东师范大学出版社，2015 年。

（清）朱彝尊撰，《经义考》，文渊阁《四库全书》影印本。

（清）胡渭撰，《易图明辨》，文渊阁《四库全书》影印本。

（清）姚际恒撰，《古今伪书考》，《丛书集成初编》本。

（清）吴召南撰，《水道提纲》，文渊阁《四库全书》影印本。

（清）卢文弨撰，《抱经堂丛书》，《嘉业堂丛书》本。

（清）梁玉绳撰，《史记志疑》，中华书局，1981 年。

（清）严可均撰，《四录堂类集》，清刻本。

（清）俞樾撰，《群经评议》《诸子评议》，《万有文库》本。

（清）黄以周撰，《礼书通故》，中华书局，2007 年。

（清）孙诒让撰，《墨子闲诂》，中华书局，1986 年。

（清）龚自珍撰，《龚自珍全集》，浙江古籍出版社，2014 年。

章炳麟著，《章太炎全集》，上海人民出版社，2014 年。

王国维著，《王国维文集》，中国文史出版社，1997 年。

鲁迅著，《鲁迅全集》，人民文学出版社，1978 年。

马一浮著，《马一浮全集》，浙江古籍出版社，2013 年。

（清）黄宗羲撰，《宋元学案》，浙江古籍出版社，2005 年。

（清）黄宗羲撰，《明儒学案》，浙江古籍出版社，2005 年。

徐世昌主编，《清儒学案》，中华书局，2008 年。

庞朴主编，《中国儒学》，东方出版中心，1997 年。

姜林祥主编，《中国儒学史》，广东教育出版社，1998 年。

姜广辉主编，《中国经学思想史》，中国社会科学出版社，2003 年。

冯友兰著，《中国哲学史新编》，人民出版社，1980 年。

《二十四史》，中华书局点校本，1982 年。

赵尔巽撰，《清史稿》，中华书局，1977 年。

王凤贤、丁国顺著，《浙东学派研究》，浙江人民出版社，1993 年。

徐儒宗著，《中庸论》，浙江古籍出版社，2004 年。

徐儒宗著，《人和论》，人民出版社，2006 年。

徐儒宗著,《婺学通论》,杭州出版社,2006 年。

徐儒宗著,《吕祖谦传》,浙江人民出版社,2010 年。

徐儒宗著,《六艺论——马一浮六艺学研究》,浙江大学出版社,2019 年。

董平著,《浙江思想学术史》,中国社会科学出版社,2005 年。

万斌主编,《浙学研究集萃》,上海古籍出版社,2005 年。

吴光主编,《中国地域文化通览·浙江卷》,中华书局,2014 年。

后　记

　　我到浙江省社会科学院工作后，主要从事儒学研究，尤其注意历代浙江学人的治学之道。多年以来，我曾写过研究范香溪、吕东莱、陈龙川、叶水心、杨慈湖、宋潜溪、王阳明、黄梨洲、马湛翁等浙籍先贤的学术论文；曾独力整理校点《越绝书》《宋文宪公全集》，参与校点《吕祖谦全集》《宋濂全集》《吕留良诗文集》《马一浮全集》，以及负责《范浚集》《刘宗周全集》《黄宗羲全集》等浙籍先贤著作的审稿工作；又写有《吕祖谦传》《婺学通论》《浙东学派通论》《六艺论——马一浮六艺学研究》等属于浙学范围的学术性专著。通过这些古籍整理，论文和专著的撰述，以及多次参加关于浙学会议等学术交流活动，我基本上对浙学有了较为全面的了解。在此基础上，我又将长期收集的有关资料系统地研究疏理，从而于2017年写成了《浙学通论》的初稿。

　　在此期间，我获悉本院吴光先生和浙江师范大学的学者也分别在撰写《浙学通论》一书。对此，我曾与之交流，都认为各人所写必有自己特色，不妨多出几部，有益无害，所以我也没有任何顾虑继续撰写。2018年，我向我院的浙学研究院提出课题申请。陈野主任认为，吴光先生的《浙学通论》业已在本院立项，同一名称的课题肯定会影响审批，所以她建议最好将名称改为"浙学通史"，而且，本院正需要有人承担这个课题。我觉得这一建议很有道理，而且我当时认为，基本上也同样就是这些内容，无非是在体例上作些调整而已，于是我就同意了。

　　但是，到实际操作起来后，我才发现并非这么简单，而是复杂困难得多，一联串的问题依次袭来。首先，在体例上，必须把原来按照分科横排门类的写法改为纵叙史实的写法；其次，在内容上，原来只限于宋代到清代这段历史时期各学派的著名代表人物选为研究对象,而作为"通史",就必须补足先秦到隋唐五代以及近现代的内容,而这部分内容必须重新收集资料进行撰写,数量占全书三分之一强;其三,按"通史"的要求,原来按"通论"而写的许多阐微探幽的深入展开研究的内容反而用不上了,不得不割爱进行删除;其四,尽管对原来的内容作了大量删除,但加上所补的内容,电脑字数仍然由原来的 60 万字增加到 80 万字,后又作了精简。

为了解决这些问题,就不得不一再拖延下来;而为了赶时间,又不得不昼夜加班。因而所化的时间和精力简直无法想象。经过半年多的苦战,总算可以交稿了。不过我想,写书的过程,其实也是最好的学习过程。这些曲折使我对于浙学又有了更广更深的认识,所获实在不少。于是,我也就转苦为乐了。

在面对诸多困难的情况下,我一直受到陈主任的支持、鼓励和指导,终于完成了这份书稿;在出版过程中,又蒙编校人员的辛勤付出,这本书才得以顺利出版。对此,一并致以衷心的感谢! 而吾儿孟璋、小女闰璋长期承担资料收集和文字输入工作,亦附志卷末以资纪念。是为记。

岁次庚子季夏之月(公历 2020 年 7 月)吉旦
浦江徐儒宗谨识